MAX-PLANCK-INSTITUT
FÜR AUSLÄNDISCHES UND INTERNATIONALES PRIVATRECHT

Sammlung der deutschen Entscheidungen zum interzonalen Privatrecht 1962–1963

Im Institut bearbeitet
von
ULRICH DROBNIG

Sonderveröffentlichung von
RABELS ZEITSCHRIFT
für ausländisches und internationales Privatrecht

1967

WALTER DE GRUYTER & CO.
BERLIN

J. C. B. MOHR (PAUL SIEBECK)
TÜBINGEN

Satz und Druck: Druckerei Chmielorz GmbH, Berlin-Neukölln
Archiv-Nr 28 11 62/3

VORWORT

Das interzonale Recht ist zu unser aller Leidwesen noch aktuell und wird es auf absehbare Zeit wohl auch bleiben. Denn die Rechtsverschiedenheiten im geteilten Deutschland sind größer geworden. Sie werden sich mit dem Erlaß des Staatsbürgerschaftsgesetzes und des Familiengesetzbuches der DDR sowie mit der bevorstehenden Einführung neuer Gesetzbücher für das Zivil- und das Strafrecht weiter vertiefen. Auch in Zukunft aber werden die Gerichtsentscheidungen die wesentliche Quelle des interzonalen Rechts darstellen. Deshalb folgt den vier Rechtsprechungs-Berichten für die Zeit seit Kriegsende hiermit ein weiterer Zweijahres-Band.

Dieser Band umfaßt wie seine Vorgänger Entscheidungen west- und ostdeutscher Gerichte. Die letzteren sind durch den Zusatz „(sowjet.)" besonders gekennzeichnet. Alle anderen Entscheidungen stammen von Gerichten und Behörden der Bundesrepublik Deutschland.

Die Entscheidungen sind grundsätzlich ohne Kommentar und nur insoweit wiedergegeben, als sie sich auf interzonenrechtliche Fragen beziehen. Der Abdruck beruht im allgemeinen auf Abschriften aus den Gerichtsakten, da die Veröffentlichungen in den Fachzeitschriften in aller Regel und diejenigen in den amtlichen Sammlungen nicht selten unvollständig sind. Bei Entscheidungen, die auch in den amtlichen Sammlungen abgedruckt sind, ist die Seitenzahl dieser Sammlung im Text fortlaufend in eckigen Klammern vermerkt.

Dank der Mitarbeit interessierter Anwälte und Richter konnten mehr als 40 bisher unveröffentlichte Entscheidungen aufgenommen werden. Der Bearbeiter appelliert wiederum an alle Leser, durch Mitteilung solcher Entscheide den Nutzen der Sammlung auch in Zukunft zu erhöhen.

Hamburg, im August 1967 Ulrich Drobnig

Zitierweise: IzRspr. 1962—1963 Nr. ...

INHALT

ABKÜRZUNGEN

a. A.	= anderer Ansicht
aaO	= am angegebenen Ort
ABl.	= Amtsblatt
AcP	= Archiv für die civilistische Praxis
a. E.	= am Ende
ABGB	= Allgemeines Bürgerliches Gesetzbuch (Österreich)
a. F.	= alter Fassung
AG	= Amtsgericht, Aktiengesellschaft
AGB	= Allgemeine Geschäftsbedingungen der Banken
AGBGB	= Ausführungsgesetz zum BGB
AGg.	= Antragsgegner
AHK	= Alliierte Hohe Kommission
AktG	= Aktiengesetz vom 30. 11. 1937 (RGBl. I 107)
AltbG	= Altbankengesetz vom 10. 12. 1953 (GVBl. Berlin-West S. 1483)
AKG	= Allgemeines Kriegsfolgengesetz vom 5. 11. 1957 (BGBl. I 1747)
ALR	= Allgemeines Landrecht für die preußischen Staaten, gültig ab 1. 6. 1794
a. M.	= anderer Meinung
amerik.	= amerikanisch(-e Besatzungszone)
Anm.	= Anmerkung
AO	= Anordnung
AP	= Arbeitsrechtliche Praxis
ArbG	= Arbeitsgericht
ArbGG	= Arbeitsgerichtsgesetz vom 3. 9. 1953 (BGBl. I 1267)
ARSt.	= Arbeitsrecht in Stichworten
Art.	= Artikel
ASt.	= Antragsteller
AuR	= Arbeit und Recht
AVO	= Ausführungsverordnung
AZGB	= Rundschreiben des Ausschusses zonenmäßig getrennter Betriebe, Hamburg C I, Fölschblock
AWD	= Außenwirtschaftsdienst des Betriebs-Beraters
BAG	= Bundesarbeitsgericht
BAGS	= Entscheidungen des Bundesarbeitsgerichts
BAnz.	= Bundesanzeiger
BArbBl.	= Bundesarbeitsblatt
BayBS	= Bereinigte Sammlung des bayerischen Landesrechts
BayJMBl.	= Bayerisches Justizministerialblatt
BayObLG	= Bayerisches Oberstes Landesgericht
BayObLGZ	= Entscheidungen des Bayerischen Obersten Landesgerichts in Zivilsachen
BB	= Der Betriebs-Berater
BdL	= Bank deutscher Länder
BEG	= Drittes Gesetz zur Änderung des Bundesergänzungsgesetzes zur Entschädigung der Opfer der nationalsozialistischen Verfolgung (Bundesentschädigungsgesetz) vom 29. 6. 1956 (BGBl. I 559)
Bekl.	= Beklagter
Bem.	= Bemerkung

BErgG	=	Bundesergänzungsgesetz zur Entschädigung für Opfer der nationalsozialistischen Verfolgung vom 18. 9. 1953 (BGBl. I 1387)
Beschl.	=	Beschluß
Beschwf.	=	Beschwerdeführer
BEvakG	=	Bundesevakuiertengesetz vom 14. 7. 1953 (BGBl. I 586)
BewG	=	Reichsbewertungsgesetz vom 16. 10. 1934 (RGBl. I 1035)
BFH	=	Bundesfinanzhof/Sammlung der Entscheidungen und Gutachten des Bundesfinanzhofes
BGB	=	Bürgerliches Gesetzbuch
BGBl.	=	Bundesgesetzblatt
BGE	=	Entscheidungen des schweizerischen Bundesgerichts
BGH	=	Bundesgerichtshof
BGHSt.	=	Entscheidungen des Bundesgerichtshofs in Strafsachen
BGHWarn	=	Rechtsprechung des Bundesgerichtshofs in Zivilsachen
BGHZ	=	Entscheidungen des Bundesgerichtshofs in Zivilsachen
BK/O	=	Anordnung der Alliierten Kommandantur Berlin
BlfPMZ	=	Blatt für Patent-, Muster- und Zeichenwesen
BMdI	=	Bundesministerium des Innern
BöhmsZ	=	Zeitschrift für internationales Privat- und Strafrecht, begründet von Böhm (seit 1901: NiemeyersZ)
BoR	=	Board of Review (für Rückerstattungssachen in der britischen Zone)
BoRE	=	Entscheidungen des Board of Review
BPatGE	=	Entscheidungen des Bundespatentgerichts
BRD	=	Bundesrepublik Deutschland
brit.	=	britisch(e- Besatzungszone)
BRüG	=	Bundesrückerstattungsgesetz vom 19. 7. 1957 (BGBl. I 734)
BSG	=	Bundessozialgericht
BSGE	=	Entscheidungen des Bundessozialgerichts
BStBl.	=	Bundessteuerblatt
BT-Drucks.	=	Drucksachen des Deutschen Bundestages
Buchholz BVerwG	=	Sammel- und Nachschlagewerk der Rechtsprechung des Bundesverwaltungsgerichts, herausgegeben von Buchholz
Büro	=	Das juristische Büro
BVerfG	=	Bundesverfassungsgericht
BVerfGE	=	Entscheidungen des Bundesverfassungsgerichts
BVerwG	=	Bundesverwaltungsgericht
BVerwGE	=	Entscheidungen des Bundesverwaltungsgerichts
BVFG	=	Gesetz über die Angelegenheiten der Vertriebenen und Flüchtlinge vom 19. 5. 1953 (BGBl. I 201), abgeändert durch Gesetz vom 3. 8. 1954 (BGBl. I 231)
BWNotZ	=	Mitteilungen aus der Praxis. Zeitschrift für das Notariat in Baden-Württemberg
bzw.	=	beziehungsweise
Clunet	=	Journal de Droit international privé, begründet von Clunet
CoRA	=	Court of Restitution Appeals (für Rückerstattungssachen in der amerik. Zone)
DA	=	Dienstanweisung für die Standesbeamten und ihre Aufsichtsbehörden von 1938 i. d. F. vom 14. 1. 1958 (Beilage zum BAnz. Nr. 11)
DAVorm.	=	Der Amtsvormund
DAWRd.	=	Deutsche Außenwirtschaftsrundschau, vormals Deutsche Devisenrundschau
DB	=	Der Betrieb
DDR	=	Deutsche Demokratische Republik
DfBest.	=	Durchführungsbestimmung

DGVZ	= Deutsche Gerichtsvollzieher-Zeitung
d. h.	= das heißt
DIA	= Deutscher Innen- und Außenhandel
Die AG	= Die Aktiengesellschaft
DM	= Deutsche Mark
DMBilErgG	= Gesetz zur Änderung und Ergänzung des D-Markbilanzgesetzes (D-Markbilanzergänzungsgesetz) 1. Gesetz vom 28. 12. 1950 (BGBl. 811) 2. Gesetz vom 20. 12. 1952 (BGBl. I 824) 3. Gesetz vom 21. 6. 1955 (BGBl. I 297)
DMBilG	= D-Markbilanzgesetz vom 21. 8. 1949 (WiGBl. 279) i. d. F. vom 28. 12. 1950 (BGBl. 811)
DJ	= Deutsche Justiz
DNotZ	= Deutsche Notar-Zeitschrift
DÖV	= Die Öffentliche Verwaltung
DR	= Deutsches Recht
DRiZ	= Deutsche Richterzeitung
DRpfl.	= Der Deutsche Rechtspfleger
DRspr.	= Deutsche Rechtsprechung (Loseblatt-Sammlung)
DVBl.	= Deutsches Verwaltungsblatt
DVO	= Durchführungsverordnung
DWK	= Deutsche Wirtschaftskommission in der sowjet. Zone
EGBGB	= Einführungsgesetz zum Bürgerlichen Gesetzbuch
EheG	= Ehegesetz (Kontrollratsgesetz Nr. 16 vom 20. 2. 1946)
EheVerfO	= Eheverfahrensordnung vom 7. 2. 1956 (GBl. DDR I 145)
EheVO	= Verordnung über Eheschließung und Eheauflösung vom 24. 11. 1955 (GBl. DDR 849)
EHRV	= Erbhofrechtsverordnung vom 21. 12. 1936 (RGBl. I 1069)
EJF	= Entscheidungen aus dem Jugend- und Familienrecht
Entsch.	= Entscheidung
ErgGesWBG	= Ergänzungsgesetz zum Wertpapierbereinigungsgesetz vom 29. 3. 1951 (BGBl. I 211) und Zweites Gesetz zur Änderung und Ergänzung des Wertpapierbereinigungsgesetzes vom 20. 8. 1953 (BGBl. I 940)
EuV	= Erfindungs- und Vorschlagswesen
e. V.	= eingetragener Verein
FamRÄndG	= Gesetz über die Änderung und Ergänzung familienrechtlicher Vorschriften und über die Rechtsstellung der Staatenlosen vom 12. 4. 1938 (RGBl. I 380); Familienrechtsänderungsgesetz vom 11. 8. 1961 (BGBl. I 1221)
FamRZ	= Ehe und Familie im privaten und öffentlichen Recht
ffrs.	= französische Francs
FGG	= Gesetz über die freiwillige Gerichtsbarkeit
französ.	= französisch(-e Besatzungszone)
G, auch Ges.	= Gesetz
GBl.	= Gesetzblatt
GBO	= Grundbuchordnung
GenG	= Gesetz, betr. die Erwerbs- und Wirtschaftsgenossenschaften i. d. F. vom 20. 5. 1898 (RGBl. 810)
GG	= Grundgesetz für die Bundesrepublik Deutschland
GKG	= Gerichtskostengesetz i. d. F. vom 26. 7. 1957 (BGBl. I 941)
GleichberG	= Gesetz über die Gleichberechtigung von Mann und Frau auf dem Gebiete des bürgerlichen Rechts vom 18. 6. 1957 (BGBl. I 609)
GmbH	= Gesellschaft mit beschränkter Haftung
GmbHGes.	= Gesetz betreffend die Gesellschaften mit beschränkter Haftung vom 20. 4. 1892 (RGBl. 477)
GmbH-Rdsch.	= Rundschau für GmbH
GoldtArch.	= Goltdammer's Archiv für Strafrecht (N. F. 1. 1954 ff.; vorher: Deutsches Strafrecht)

GRUR	= Gewerblicher Rechtsschutz und Urheberrecht
GRUR/Ausl.	= Gewerblicher Rechtsschutz und Urheberrecht, Auslandsteil
GS	= Gesetz-Sammlung
GVBl.	= Gesetz- und Verordnungsblatt
GVG	= Gerichtsverfassungsgesetz
h. A.	= herrschende Ansicht
HannRpfl.	= Hannoversche Rechtspflege
HansJVBl.	= Hanseatisches Justizverwaltungsblatt
HEZ	= Höchstrichterliche Entscheidungen in Zivilsachen
HGB	= Handelsgesetzbuch
h. L.	= herrschende Lehre
h. M.	= herrschende Meinung
HöfeO	= Höfeordnung für die britische Zone vom 24. 4. 1947 (VOBl. brit. Zone 33)
HRR	= Höchstrichterliche Rechtsprechung
i. d. F.	= in der Fassung
IPR	= internationales Privatrecht
IPRspr.	= Die deutsche Rechtsprechung auf dem Gebiete des internationalen Privatrechts
IR-Marke	= international registrierte Marke
i. V. m.	= in Verbindung mit
IzRspr.	= Sammlung der deutschen Entscheidungen zum interzonalen Privatrecht
JFG	= Jahrbuch für Entscheidungen in Angelegenheiten der freiwilligen Gerichtsbarkeit und des Grundbuchrechts
JM	= Justizministerium
JMBl.	= Justizministerialblatt
JBl.Saar	= Justizblatt des Saarlandes
JMBl.NRW	= Justizministerialblatt für das Land Nordrhein-Westfalen
J. O.	= Journal Officiel
JR	= Juristische Rundschau
JuS	= Juristische Schulung
JVBl.	= Justizverwaltungsblatt
JW	= Juristische Wochenschrift
JWG	= Jugendwohlfahrtsgesetz vom 9. 7. 1922 (RGBl. I 633); Gesetz über Jugendwohlfahrt vom 11. 8. 1961 (BGBl. I 1206)
JZ	= Juristenzeitung
KG	= Kammergericht, Kommanditgesellschaft
KGJ	= Jahrbuch der Entscheidungen des Kammergerichts
KindGG	= Gesetz über die Gewährung von Kindergeld und die Errichtung von Familienausgleichskassen (Kindergeldgesetz) vom 13. 11. 1954 (BGBl. I 333)
Kl.	= Kläger
KO	= Konkursordnung
Komm.	= Kommentar
KostO	= Gesetz über die Kosten in Angelegenheiten der freiwilligen Gerichtsbarkeit (Kostenordnung) i. d. F. vom 26. 7. 1957 (BGBl. I 960)
KostRsp.	= Kostenrechtsprechung
KRABl.	= Amtsblatt des Kontrollrats in Deutschland
KRG	= Kontrollratsgesetz
krit.	= kritisch
KTS	= Konkurs-, Treuhand- und Schiedsgerichtswesen
LArbG	= Landesarbeitsgericht
LAG	= Lastenausgleichsgesetz vom 14. 8. 1952 (BGBl. I 446)
LG	= Landgericht

LM	=	Lindenmaier-Möhring, Nachschlagewerk des Bundesgerichtshofs
LVA	=	Landesversicherungsanstalt
LwVG	=	Gesetz über das gerichtliche Verfahren in Landwirtschaftssachen vom 21. 7. 1953 (BGBl. I 667)
MBl.	=	Ministerialblatt
MDR	=	Monatszeitschrift für Deutsches Recht
MilReg.	=	Militärregierung
MilRegGes.	=	Militärregierungsgesetz
MinBl.	=	Ministerialblatt der Deutschen Demokratischen Republik
MittDPatAnw.	=	Mitteilungen der Deutschen Patentanwälte
MittDVGR	=	Mitteilungsblatt der Deutschen Vereinigung für Gewerblichen Rechtsschutz und Urheberrecht
Mitteilungen	=	Mitteilungen aus der Praxis. Zeitschrift für das Notariat in Baden-Württemberg
MKSchG	=	Gesetz über den Mutter- und Kinderschutz und die Rechte der Frau vom 27. 9. 1950 (GBl. DDR 1037)
m. w. Nachw.	=	mit weiteren Nachweisen
ND	=	Nachrichtendienst des Deutschen Vereins für öffentliche und private Fürsorge
NdsRpfl.	=	Niedersächsische Rechtspflege
n. F.	=	neue Fassung
NJ	=	Neue Justiz
NJW	=	Neue Juristische Wochenschrift
NJW/RzW	=	Neue Juristische Wochenschrift, Beilage: Rechtsprechung zum Wiedergutmachungsrecht
Nr.	=	Nummer
OG	=	Oberstes Gericht der DDR
OGH Köln	=	Oberster Gerichtshof für die brit. Zone in Köln
OGZ	=	Entscheidungen des Obersten Gerichts der DDR in Zivilsachen
OHG	=	Offene Handelsgesellschaft
OLG	=	Oberlandesgericht
OLGE	=	Die Rechtsprechung der Oberlandesgerichte auf dem Gebiete des Zivilrechts
ORG	=	Oberstes Rückerstattungsgericht
ORGE Berlin	=	Entscheidungen des Obersten Rückerstattungsgerichts für Berlin
ORGE II	=	Ausgewählte Entscheidungen des Obersten Rückerstattungsgerichts, Zweiter Senat (Herford/Westf.)
ORGE III	=	Entscheidungen des Obersten Rückerstattungsgerichts, Dritter Senat (Nürnberg)
OVG	=	Oberverwaltungsgericht
PatG	=	Patentgesetz vom 5. 5. 1936 (RGBl. II 117) i. d. F. der Bekanntmachung vom 18. 7. 1953 (BGBl. I 623)
PStG	=	Personenstandsgesetz vom 3. 11. 1937 (RGBl. I 1146) i. d. F. der Bekanntmachung vom 8. 8. 1957 (BGBl. I 1125)
PVÜ	=	Pariser Verbandsübereinkunft
RabelsZ	=	Rabels Zeitschrift für ausländisches und internationales Privatrecht
RAG	=	Reichsarbeitsgericht, auch Rechtsprechung des Reichsarbeitsgerichts
RAGebO	=	Bundesgebührenordnung für Rechtsanwälte vom 26. 7. 1957 (BGBl. I 907)
RAO	=	Reichs-Rechtsanwaltsordnung vom 21. 2. 1936 (RGBl. I 107); Bundesrechtsanwaltsordnung vom 1. 8. 1959 (BGBl. I 565)
RBG	=	Reichsbürgergesetz vom 15. 9. 1935 (RGBl. I 1146)
RdA	=	Recht der Arbeit

RdL	=	Recht der Landwirtschaft
REAO	=	Anordnung der Alliierten Kommandantur (in West-Berlin) über die Rückerstattung vom 26. 7. 1949 (VOBl. Groß-Berlin I 221)
rechtskr.	=	rechtskräftig
REG	=	Gesetz Nr. 59 der amerik. MilReg. vom 10. 11. 1947 (VOBl. Hessen 113) und der brit. MilReg. vom 12. 5. 1949 (VOBl. brit. Zone 152)
RegBl.	=	Regierungsblatt
RErbhG	=	Reichserbhofgesetz vom 29. 9. 1933 (RGBl. I 685)
RG	=	Reichsgericht
RGBl.	=	Reichsgesetzblatt
RGRK	=	Kommentar zum BGB von Reichsgerichtsräten und Bundesrichtern
RGRK-HGB	=	Kommentar zum Handelsgesetzbuch von Reichsgerichtsräten und Bundesrichtern
RGSt.	=	Entscheidungen des Reichsgerichts in Strafsachen
RGZ	=	Entscheidungen des Reichsgerichts in Zivilsachen
RiA	=	Das Recht im Amt
RJA	=	Reichsjustizamt, Entscheidungssammlung in Angelegenheiten der freiwilligen Gerichtsbarkeit
RM	=	Reichsmark
ROW	=	Recht in Ost und West
RStBl.	=	Reichssteuerblatt
RuStAG	=	Reichs- und Staatsangehörigkeitsgesetz vom 22. 7. 1913 (RGBl. 583)
RVO	=	Reichsversicherungsordnung
RzW	=	Rechtsprechung zum Wiedergutmachungsrecht (bis 30. 6. 1961: Neue Juristische Wochenschrift, Beilage: Rechtsprechung zum Wiedergutmachungsrecht)
S.	=	Seite
SaarlRuStZ	=	Saarländische Rechts- und Steuerzeitschrift
SaBl.	=	Sammelblatt für Gesetze, Verordnungen und Bekanntmachungen des Bundes, der Länder und der Besatzungsmächte
SBZ	=	Sowjetisch besetzte Zone
SchlHA	=	Schleswig-Holsteinische Anzeigen
SED	=	Sozialistische Einheitspartei Deutschlands
SeuffArch.	=	Seufferts Archiv für Entscheidungen oberster Gerichte
Seuff.Bl.	=	Seufferts Blätter für Rechtsanwendung (ab 1913: Zeitschrift für Rechtspflege in Bayern)
SJZ	=	Süddeutsche Juristenzeitung
SMAD	=	Sowjetische Militäradministration (in Deutschland)
sowjet.	=	sowjetisch(-e Besatzungszone)
SRCE	=	Entscheidungen des Supreme Restitution Court (in Herford)
StAnpG	=	Steueranpassungsgesetz vom 16. 10. 1934 i. d. F. vom 11. 7. 1953 (BGBl. I 511)
StAZ	=	Zeitschrift für Standesamtswesen, seit 1949 Nr. 2: Das Standesamt
StPO	=	Strafprozeßordnung
u. a.	=	unter anderem
UEG	=	Umstellungsergänzungsgesetz vom 21. 9. 1953 (BGBl. I 1439); Zweites UEG vom 23. 3. 1957 (BGBl. I 285)
UG, auch UmstG	=	Umstellungsgesetz vom 27. 6. 1948 (VOBl. brit. Zone 149)
unveröff.	=	unveröffentlicht
Urt.	=	Urteil
usw.	=	und so weiter
u. U.	=	unter Umständen

UWG	=	Gesetz gegen den unlauteren Wettbewerb vom 7. 6. 1909 (RGBl. 499)
Ufita	=	Archiv für Urheber-, Film-, Funk- und Theaterrecht
v.	=	vom
VE	=	Verrechnungseinheiten
VEB	=	volkseigener Betrieb
Verkl.	=	Verklagter
VerlGes.	=	Gesetz über das Verlagsrecht vom 19. 6. 1901 (RGBl. 217)
VeröffBAV	=	Veröffentlichungen des Bundesaufsichtsamts für das Versicherungs- und Bausparkassenwesen
VerschÄndG	=	Gesetz zur Änderung von Vorschriften des Verschollenheitsrechts vom 15. 1. 1951 (BGBl. I 59)
VerschG	=	Verschollenheitsgesetz vom 4. 7. 1939 (RGBl. I 1186) i. d. F. vom 15. 5. 1951 (BGBl. I 63)
VersR	=	Versicherungsrecht
VersW	=	Versicherungswirtschaft
vgl.	=	vergleiche
VHG	=	Vertragshilfegesetz vom 26. 3. 1952 (BGBl. I 198)
VO	=	Verordnung
VOBl.	=	Verordnungsblatt
VOLRV	=	Verordnung über die Lebens- und Rentenversicherung aus Anlaß der Neuordnung des Geldwesens 3. VO vom 24. 9. 1948 (VOBl. brit. Zone 287)
Vorbem.	=	Vorbemerkung
VPKA	=	Volkspolizeikreisamt
VStG	=	Vermögensteuergesetz i. d. F. vom 10. 6. 1954 (BGBl. I 137)
VVB	=	Vereinigung volkseigener Betriebe
VVG	=	Gesetz über den Versicherungsvertrag vom 30. 5. 1908 (RGBl. 263)
VVO	=	Versicherungsverordnung (3. DVO zum UG) vom 27. 6. 1948 (VOBl. brit. Zone 167)
VwGO	=	Verwaltungsgerichtsordnung vom 21. 1. 1960 (BGBl. I 17)
WarnRspr.	=	Warneyers Rechtsprechung des Reichsgerichts auf dem Gebiete des Zivilrechts
WBG	=	Wertpapierbereinigungsgesetz vom 19. 8. 1949 (VOBl. brit. Zone 443)
WG	=	Wechselgesetz vom 21. 6. 1933 (RGBl. I 399)
WiGBl.	=	Gesetzblatt der Verwaltung des Vereinigten Wirtschaftsgebietes
WK	=	Wiedergutmachungskammer
WM	=	Wertpapier-Mitteilungen Teil IV B: Wertpapier- und Bankfragen, Rechtsprechung
WRP	=	Wettbewerb in Recht und Praxis
WRV	=	Weimarer Reichsverfassung
WZG	=	Warenzeichengesetz vom 5. 5. 1936 (RGBl. II 134)
z. B.	=	zum Beispiel
ZBl.DDR	=	Zentralblatt der Deutschen Demokratischen Republik
ZBlJugR	=	Zentralblatt für Jugendrecht
ZBergR	=	Zeitschrift für Bergrecht
ZgesKreditwesen	=	Zeitschrift für das gesamte Kreditwesen
ZPO	=	Zivilprozeßordnung
zust.	=	zustimmend
ZustErgGes.	=	Zuständigkeitsergänzungsgesetz vom 7. 8. 1952 (BGBl. I 407)
ZVOBl.	=	Zentralverordnungsblatt für die sowjet. Besatzungszone
ZZP	=	Zeitschrift für Zivilprozeß

I. ALLGEMEINES

1. Gerichtsbarkeit über die DDR

1. Die Kl., eine GmbH mit Sitz im Bundesgebiet, ist Inhaberin eines Sperrkontos bei der Bekl. zu 2), der Notenbank in Ost-Berlin. Sie verlangt von der Bekl. zu 2) sowie von der Bekl. zu 1), der DDR, die Auszahlung des Guthabens.

Die Kl. kaufte im April 1948 von den Buna-Werken in S. (sowjet.) 30 t Buna für 120 000 RM. Das Ministerium für Wirtschaft des Landes Thüringen hatte dieses Geschäft genehmigt mit der Auflage, daß die Kl. im Verhältnis 1 : 4 Autoreifen an das Ministerium zu liefern habe. Da jedoch die Kl. die Autoreifen nicht termingemäß liefern konnte, unterblieb zunächst der Transport des Bunas in die Westzonen. Der in der Sowjetzone tätige Vertreter B. der Kl. ließ das Buna für die Kl. in einer Halle des VEB L. einlagern. Nach der Währungsreform im Juni 1948 hatte das Land Thüringen kein Interesse mehr an der Erfüllung des Geschäfts.

Der Vertreter der Kl. bemühte sich, um das Buna vor dem Verderb zu bewahren, um eine andere Verwertung. Es wurde auf Anordnung der Deutschen Wirtschaftskommission im Januar 1949 an den VEB K. abgegeben, der dafür 120 000 DM-Ost an den VEB L. zahlte. Als der Verdacht entstand, daß der Vertreter der Kl. ein unerlaubtes Kompensationsgeschäft abgeschlossen hatte, überwies der VEB L. den Betrag auf ein Konto der Staatsanwaltschaft in H. (sowjet.). Anfang 1954 wurde das Geld zugunsten der Kl. freigegeben, weil sich der Verdacht einer strafbaren Handlung nicht bestätigt hatte. Der Betrag von 120 000 DM-Ost gelangte nunmehr auf Grund des Gesetzes zur Regelung des innerdeutschen Zahlungsverkehrs vom 15. 12. 1950 auf ein Sperrkonto der Kl. bei der Bekl. zu 2). Hier befindet sich das Geld auch heute noch, vermindert um inzwischen angefallene Vermögen- und Einkommensteuern sowie Verwaltungsgebühren. Die Bekl. verweigern die Freigabe des Geldes unter Berufung auf devisenrechtliche Verfügungsbeschränkungen.

Die Kl. stützt ihren Zahlungsanspruch darauf, daß das Gesetz vom 15. 12. 1950 einer Auszahlung nicht entgegenstehe, weil das Geld aus einem behördlich genehmigten Interzonengeschäft herrühre. Die Bekl. zu 1) müsse jedenfalls eine Ausnahmegenehmigung erteilen, weil Behörden der Bekl. zu 1) im Jahre 1949 die Überweisung des Geldes an die Kl. verhindert hätten, indem der VEB K. den Kaufpreis für das Buna an den VEB L. gezahlt und dieser wiederum das Geld an die Staatsanwaltschaft abgeführt habe. Die Bekl. zu 1) bzw. ihre Rechtsvorgängerin, das Land Thüringen, habe somit vertragswidrig gehandelt.

Die Bekl. haben sich nicht der westdeutschen Gerichtsbarkeit unterworfen. Die in Frage stehenden Maßnahmen seien in Ausübung hoheitlicher Gewalt getroffen; das gelte auch für die Bekl. zu 2) als Staatsorgan der Bekl. zu 1). Das angerufene Gericht sei auch örtlich unzuständig, und der Rechtsweg sei unzulässig.

Das LG hat die Klage wegen Mangels der Gerichtsbarkeit abgewiesen. Die Berufung der Kl. hatte im Ergebnis keinen Erfolg. Das OLG hat die Berufung durch Teilurteil hinsichtlich der Bekl. zu 1) (unten a) und durch Schlußurteil auch hinsichtlich der Bekl. zu 2) zurückgewiesen (unten b).

a) Ob den westdeutschen Gerichten die Gerichtsbarkeit fehlt, ist nach dem Recht der Bundesrepublik zu beurteilen. — Ist es zweifelhaft, ob der Beklagte der inländischen Gerichtsbarkeit unterliegt, so ist zur Prüfung dieser Frage das Prozeßverfahren durchzuführen und über die Frage wie über eine Prozeßvoraussetzung zu entscheiden. — Westdeutschen Gerichten fehlt die Gerichtsbarkeit über die DDR, wenn gegen diese Ansprüche aus hoheitlicher Tätigkeit erhoben werden. — Dagegen besteht eine Gerichtsbarkeit gegenüber der DDR, soweit gegen diese privatrechtliche Ansprüche erhoben werden. — Nach dem maßgebenden Recht der Sowjetzone sind die volkseigenen Betriebe und ist die „Deutsche Notenbank" rechtlich selbständig und nicht identisch mit der DDR.

OLG Frankfurt a. M., Teilurteil v. 30. 5. 1963 — 1 U 231/62: unveröffentlicht.

Aus den Gründen:

„Sachlich konnte die Berufung keinen Erfolg haben, soweit sie gegen das klageabweisende Urteil hinsichtlich der Bekl. zu 1) gerichtet ist. Das LG hat insoweit aus zutreffenden Gründen die Gerichtsbarkeit der Bundesrepublik Deutschland für diese Klage verneint. Diese Frage ist nach dem Recht der Bundesrepublik zu beurteilen.

Was zunächst die Prüfung angeht, ob die Klage hätte zugestellt und ein Verfahren durchgeführt werden dürfen, so wird zwar in Literatur und Rechtsprechung verbreitet die Auffassung vertreten, daß schon die Klagzustellung und die Terminsbestimmung dann abzulehnen seien, wenn sich die Klage gegen eine Person richtet, die der Gerichtsbarkeit der Bundesrepublik nicht unterworfen ist (so *Stein-Jonas-Schönke,* [ZPO] Anm. IV 3 zu § 216; OLG Hamburg, MDR 1953, 109[1]). Diese Frage hätte für diesen Rechtsstreit jedoch nicht ohne eingehende Prüfung beantwortet werden können. Es besteht zumindest in solch einem Falle, in dem nicht zweifelsfrei feststeht, daß die bekl. Partei der Gerichtshoheit der Bundesrepublik nicht unterworfen ist, ein praktisches Bedürfnis, das Verfahren durchzuführen und über diese Frage wie über eine Prozeßvoraussetzung durch Urteil zu entscheiden (so RGZ 157, 394; OLG Braunschweig, JR 1954, 263[2]; *Riezler,* Internationales Zivilprozeßrecht, 1949, 360).

Das LG hat auch zutreffend festgestellt, daß die Bekl. zu 1) der Gerichtsbarkeit der Bundesrepublik Deutschland nicht unterworfen ist, jedenfalls soweit die Kl. aus dem von ihr vorgetragenen Sachverhalt Ansprüche herleitet. Ausgangspunkt für die Beurteilung dieser Frage ist der gewohnheitsrechtlich anerkannte völkerrechtliche Grundsatz (vgl. *Riezler* aaO 396), daß ein fremder Staat — auch nicht in der Form der Gerichtsbarkeit — Herrschaft über einen anderen Staat ausüben darf. Das hat seinen Grund darin, daß

---

[1] IPRspr. 1952—1953 Nr. 286. [2] IzRspr. 1945—1953 Nr. 25.

ein fremder Staat nach den völkerrechtlichen Grundsätzen in seiner Staatshoheit nicht beeinträchtigt werden darf. Diese Grundsätze sind auch gegenüber der Bekl. zu 1) anzuwenden, auch wenn es sich bei ihr nicht um einen von der Bundesrepublik Deutschland anerkannten Staat handelt. Die Bekl. zu 1) übt in der sowjet. Besatzungszone Deutschlands die Hoheitsgewalt aus. Auch wenn man annimmt, daß das ehemalige Deutsche Reich sich in der Bundesrepublik Deutschland als identisches Rechtssubjekt fortsetzt, so schließt doch die tatsächliche Hoheitsgewalt der Bekl. zu 1) in der sowjet. Besatzungszone die Staatsgewalt der Bundesrepublik von der Ausübung ihrer Hoheit dort aus (so BGH — III ZR 106/60[3]). Als eine Beeinträchtigung der Hoheitsgewalt der Bekl. zu 1) wäre es jedenfalls dann anzusehen, wenn der Beurteilung des hiesigen Gerichts eine hoheitliche Betätigung der Bekl. zu 1) unmittelbar — nicht als Vorfragenprüfung bei der Beurteilung der Rechtmäßigkeit fremder Hoheitsakte in einem anderen privaten Rechtsstreit — unterworfen würde. Soweit die Kl. also Ansprüche geltend macht, die in hoheitlicher Betätigung der Bekl. und ihrer Bediensteten ihre Grundlage haben, ist die Gerichtsbarkeit nicht gegeben.

Die Bekl. unterliegen aber der Gerichtsbarkeit in der Bundesrepublik Deutschland, soweit sie sich privatrechtlich betätigen. Deutsche Gesetze bestehen für solche Fälle privatrechtlicher Betätigung fremder Staaten oder ähnlicher Rechtsgebilde nicht. Auch insoweit muß mangels anderer Normen von den im internationalen Recht geltenden Regeln ausgegangen werden. Ein anerkannter völkerrechtlicher Grundsatz, daß privatrechtliche Betätigung eines Staates nicht der Gerichtsbarkeit eines fremden Staates unterworfen ist, besteht nicht. So bejahen besonders kontinental-europäische Gerichte ihre Gerichtsbarkeit für Rechtsverhältnisse rein privatrechtlicher Natur auch dann, wenn auf der einen Seite ein fremder Staat beteiligt ist. So verfährt schon seit Ausgang des vergangenen Jahrhunderts die Rechtsprechung italienischer und belgischer Gerichte, in jüngerer Zeit des Schweizer Bundesgerichts mit Einschränkung auf Rechtsgeschäfte, die in der Schweiz abgeschlossen sind oder erfüllt werden sollen, und Frankreichs Rechtsprechung (vgl. *Dahm*, Völkerrecht I, 1958, 229; *Riezler* aaO 394; *Aubin*, JZ 1954, 118; *Schwenk*, NJW 1954, 1596; *ders.*, MDR 1958, 805). Gilt aber die Exemtion fremder Staaten nicht überall uneingeschränkt, so ist insoweit auch kein völkerrechtlicher Gewohnheitssatz herzuleiten. Allerdings wurde in der deutschen Rechtsprechung bisher bei der Beurteilung der Frage der Gerichtsunterworfenheit fremder Staaten kein Unterschied in deren privatrechtlicher und hoheitlicher Betätigung gemacht (so RGZ 62, 165; 103, 274; 111, 375). Der BGH hat es dahingestellt sein lassen, ob das bisher vertretene Prinzip noch in Zeiten anwendbar ist, in denen Staaten in immer stärkerem Umfang dazu übergehen, sich im Wirtschaftsleben zu betätigen, ohne daß diese

[3] IzRspr. 1960—1961 Nr. 1 b.

Betätigungen in einem noch erkennbaren Zusammenhang mit ihren hoheitlichen Aufgaben stehen würden. Er hat aber die Rechtsprechung des RG bereits insoweit verlassen, als er die Gerichtsbarkeit der Bundesrepublik Deutschland jedenfalls dann bejaht, wenn es sich um einen Anspruch gegen ein dem fremden Staat gehörendes Unternehmen handelt, dem der betreffende Staat nicht nur eine wirtschaftliche, sondern auch eine juristische Selbständigkeit für seine gewerbliche Betätigung eingeräumt hat (so BGHZ 18, 9[4]). Es läßt sich angesichts der nur vereinzelten Entscheidungen in der Rechtsprechung zu dieser Frage, der einschränkenden Beurteilung des BGH und angesichts einer starken Gegnerschaft im Schrifttum (vgl. im einzelnen *Riezler* aaO 389) auch nicht von einem deutschen Gewohnheitsrecht sprechen. Der Senat bejaht die Gerichtsbarkeit der Bundesrepublik Deutschland für Handeln fremder Staaten im bürgerlich-rechtlichen Verkehr aus der Erwägung, daß eine uneingeschränkte Ausdehnung der Gerichtsfreiheit fremder Staaten den Einzelnen in seinen privaten Beziehungen zu fremden Staaten weithin rechtlos machen würde, was, besonders bei der zunehmenden privatrechtlichen Betätigung der Staaten, unserer heutigen Rechtsvorstellung von dem Verhältnis zwischen Staat und dem Einzelnen nicht entspricht. Staaten, die sich auf dem Gebiet des privaten Rechtes — den anderen Rechtssubjekten gleichgeordnet — betätigen, dürfen sich der zivilrechtlichen Verantwortung für ihr Handeln und Unterlassen auf diesem Gebiete nicht entziehen.

Gilt für einen fremden Staat, daß er der Gerichtshoheit der Bundesrepublik für privatrechtliches Handeln oder Unterlassen unterworfen ist, so muß das um so mehr für die Bekl. zu 1), ihre Organe und ihre juristischen Personen gelten, die keine völkerrechtliche Anerkennung in der Bundesrepublik Deutschland genießen. Die Exemtion kann auch bei ihnen nur soweit reichen, als sie hoheitliche Gewalt ausüben. Die Bekl. sind also der hiesigen Gerichtsbarkeit insoweit unterworfen, als die Kl. gegen sie einen privatrechtlichen Anspruch schlüssig behauptet oder doch wenigstens noch bestehende privatrechtliche Beziehungen dartut, aus denen sich nach Ausübung des Fragerechts durch das Gericht (§ 139 ZPO) ein Anspruch privaten Rechts ergeben könnte. Diese Voraussetzungen hat die Kl. mit ihrem Vortrag hinsichtlich der Bekl. zu 1) jedoch nicht erfüllt. Die einzelnen Handlungen und Unterlassungen der Bekl. zu 1) bieten keinen Anhalt für eine nach privatem Recht zu beurteilende Rechtsbeziehung zwischen den Parteien:

1. Die Kl. sollte dem Land Thüringen für die Erteilung der Genehmigung zur Lieferung von 30 t Buna Autoreifen liefern. Von den diesem Geschäft zugrunde liegenden Vorgängen getrennt betrachtet, stellt sich das Handeln des Landes Thüringen als Erteilung einer Genehmigung, verbunden mit einer Auflage, dar, also nicht als privatrechtliches, sondern als hoheitliches Handeln. Die Auflage an die

[4] IPRspr. 1954—1955 Nr. 155.

Kl., für Erteilung der Genehmigung Autoreifen zu liefern, könnte als rein fiskalische Angelegenheit zwar nach verbreiteter Auffassung rechtswidrig sein (*Forsthoff*, Lehrbuch des Verwaltungsrechts, 8. Auflage, 198). Die Kl. hat sich jedoch auf dieses Geschäft eingelassen, so daß sie aus der Rechtswidrigkeit des Handelns des Landes Thüringen keine Vorteile für sich herleiten kann. Wenn man darum annehmen will, daß sich aus den Vereinbarungen der Kl. mit dem Lande Thüringen privatrechtliche Beziehungen ergeben haben und die Bekl. zu 1) auf Grund der Verwaltungsneugliederung in der sowjet. Besatzungszone Deutschlands durch Gesetz vom 23. 7. 1952 (GBl. 613) Rechtsnachfolgerin des Landes Thüringen ist, so läßt sich doch aus dieser Rechtsbeziehung heute nichts mehr herleiten; denn diese Rechtsbeziehungen sind nach dem Vortrag der Kl. erloschen.

Die Kl. trägt selbst vor, daß sie nach Kauf des Bunas (April/Mai 1948) zur Lieferung von Autoreifen nicht in der Lage gewesen sei und daß im Zusammenhang mit ihrem Lieferungsrückstand das Buna nicht hätte ausgeführt werden dürfen. Wie sich aus den Bemühungen B.'s um eine anderweite Verwertung des Bunas zur Jahreswende 1948/49 und aus der Tatsache, daß keine der Parteien noch eine Weiterabwicklung des ursprünglichen Geschäfts (Buna gegen Autoreifen) betrieben hat, ergibt, waren sich sowohl die Kl. als auch das Land Thüringen darüber im klaren, daß mit der Währungsumstellung im Jahre 1948 und den daraus folgenden wirtschaftlichen Umschichtungen die Geschäftsgrundlage dieser Vereinbarung entfallen ist und die ursprünglichen Verpflichtungen nicht mehr erfüllt werden sollten. Ist aber diese Rechtsbeziehung erloschen, so läßt sich aus ihr heute keine Gerichtsbarkeit über die Bekl. zu 1) mehr herleiten.

2. Auch die private Rechtsbeziehung aus dem Kaufvertrag über 30 t Buna im April 1948 im Werk S. ist erloschen. Der Kaufvertrag ist beiderseits erfüllt. Das Buna ist geliefert, der Kaufpreis gezahlt. Gewährleistungsansprüche sind nicht geltend gemacht worden. Auch insoweit besteht kein privates Rechtsverhältnis mehr, aus dem die Gerichtsbarkeit über die Bekl. zu 1) folgen würde.

3. Ein privates Rechtsverhältnis, dessen Grundlagen allerdings nicht näher dargelegt sind, könnte sich weiterhin aus der Einlagerung des Bunas in einer Lagerhalle ergeben, die dem VEB L. gehörte. Damit zusammen hängt sodann die Zahlung von 120 000 DM-Ost durch den VEB K. an den VEB L. und die spätere Zahlung durch den VEB L. an die Staatsanwaltschaft H. Aus diesen auf dem Gebiete des privaten Rechts liegenden Handlungen des VEB L. ergibt sich jedoch keine private Rechtsbeziehung der Kl. zu den Bekl.: Es ist nach dem Vortrag der Kl. schon zweifelhaft, ob sie selbst Vertragspartnerin des VEB L. gewesen ist oder ob B. den Vertrag über die Einlagerung des Bunas beim VEB L. in eigenem Namen abgeschlossen hat. Hat B. den Vertrag in eigenem Namen abgeschlossen, so entfällt schon deshalb eine privatrechtliche Beziehung der Kl. zur Bekl. zu 1). Im übrigen ist hinsichtlich der Frage, ob sich aus

den Beziehungen der Kl. zu dem VEB L. private Rechtsbeziehungen zur Bekl. zu 1) ergeben, den Ausführungen des LG beizustimmen. Vertragspartner der Kl. aus diesen Rechtsbeziehungen wäre nicht die Bekl. zu 1), sondern der VEB L. Das ergibt sich aus der Stellung des VEB in der Rechtsordnung der sowjet. Besatzungszone Deutschlands. Nach den im deutschen internationalen Privatrecht geltenden Regeln ist die Rechtsfähigkeit einer ausländischen Personenvereinigung nach dem Rechte des Gebietes zu beurteilen, in dem das betreffende Rechtsgebilde seinen Verwaltungssitz hat (RGZ 159, 33; *Raape,* Internationales Privatrecht, 5. Aufl. 1961, 195 ff.; *Martin Wolff,* Das IPR Deutschlands, 2. Aufl. 1946, 96; *Soergel-Kegel,* [BGB] Art. 10 EGBGB Anm. 8). Die Besonderheiten des deutschen interlokalen Privatrechts stehen der entsprechenden Anwendung dieser Regel nicht entgegen (*Soergel-Kegel,* Art. 10 EGBGB Anm. 51). Nach dem in Ostberlin und in der sowjet. Besatzungszone geltenden Recht verwalten die VEB als „Rechtsträger" das ihnen übertragene „Volkseigentum", und zwar als selbständige juristische Personen nach § 1 der VO über Maßnahmen zur Einführung des Prinzips der wirtschaftlichen Rechnungsführung in den Betrieben der volkseigenen Wirtschaft vom 20. 3. 1952 (GBl. 225). Die einzelnen volkseigenen Betriebe waren zwar zunächst in den Vereinigungen volkseigener Betriebe (VVB) in den Rechtsformen der Anstalten öffentlichen Rechts zusammengefaßt (vgl. dazu *Samson,* Grundzüge des mitteldeutschen Wirtschaftsrechts, 1960, 78). Alleiniger Träger der Rechte und Pflichten war die Vereinigung der volkseigenen Betriebe. Durch die oben genannte VO vom 20. 3. 1952 wurden die einzelnen volkseigenen Betriebe jedoch verselbständigt. Der einzelne VEB wurde Rechtsträger auch derjenigen Rechte und Pflichten, welche sich aus Handlungen der VVB ergaben, die sich ausschließlich oder überwiegend auf den einzelnen VEB bezogen. Die VVB wurden aufgelöst. Die einzelnen VEB sind also in der sowjet. Besatzungszone Deutschlands als juristische Personen ausgestaltet und sind selbständige Träger von Rechten und Pflichten. Sie sind also rechts- und parteifähig. Aus unserer Rechtsordnung, insbesondere aus dem Grundsatz des ‚ordre public' (Art. 30 EGBGB), ergeben sich keine Einwände gegen die Rechtsfähigkeit der einzelnen VEB. Wenn auch die VEB überwiegend öffentlich-rechtlichen Charakter haben und der Weisungsbefugnis anderer staatlicher Stellen unterliegen, so können sie doch in eigenem Namen Rechte für das ‚Volkseigentum' erwerben und gerichtlich geltend machen und können Pflichten für das ‚Volkseigentum' begründen. Sie können auch verklagt werden und unterliegen mit dem von ihnen verwalteten Vermögen in einem gewissen Umfang dem Zugriff ihrer Gläubiger (Rundverfügung Nr. 36/53 des Ministers der Justiz vom 20. 4. 1953; § 68 Vertragsgerichtsverfahrensordnung vom 22. 1. 1959 [GBl. I 86]). Sie unterscheiden sich nicht grundsätzlich von den hiesigen Anstalten des öffentlichen Rechts. Sie erreichen eine rechtliche Stellung mit einem Mindestmaß dessen, was nach der Auffassung unserer Rechtsordnung zu einer selbständigen juristischen Person gehört. So ist auch in der Rechtsprechung und Literatur der Bundesrepublik Deutschland anerkannt worden, daß die einzelnen VEB selbständige Träger von Rechten und Pflichten sind und daß sie in eigenem Namen auch in der Bundesrepublik klagen können und verklagt werden können (so BGHZ 30, 315[5]; 34, 91[6]; 34, 345[7]; *Soergel-Kegel,* Art. 10 EGBGB Anm. 50; *Wieczorek,* ZPO, § 50 Anm. B II e 1). Ist der VEB L. — was daraus zu folgern ist — aus seinen Handlungen materiell-rechtlich verpflichtet und kann auch prozessual dafür belangt werden, so scheidet eine Haftung der Bekl. zu 1) insoweit aus.

4. Die Beschlagnahme des Geldes durch die Staatsanwaltschaft in H. ist hoheitliches Handeln. Aus der Beschlagnahme hat sich ein öffentlich-rechtliches Verwahrungsverhältnis zwischen der Kl. und der das Geld verwahrenden Behörde ergeben. Ansprüche aus diesem Verhältnis sind nach unserer Rechtsordnung jedenfalls nicht privatrechtlicher Natur. Auch der Anspruch auf Rückgabe des beschlagnahmten Geldes nach Aufhebung der Beschlagnahme oder sonstigem Wegfall des Verwahrungsgrundes ergibt sich nach unserem Recht in der Bundesrepublik nicht aus einem die hoheitliche Beziehung ergänzenden vertragsähnlichen privatrechtlichen Verhältnis, sondern ist öffentlich-rechtlicher Natur (RGZ 115, 419; BGHZ 4, 193; 21, 219). Die Rechtsordnung in der sowjet. Besatzungszone Deutschlands kennt auch den Unterschied zwischen öffentlichem und privatem Recht, jedoch unter den Bezeichnungen Zivilrecht und Verwaltungsrecht (*Dornberger, Kleine, Klinger* und *Posch,* Lehrbuch des Zivilrechts der DDR, Allgemeiner Teil 8, 27). Da jedenfalls in der sowjet. Besatzungszone die Privatrechtsordnung sehr weitgehend zugunsten einer hoheitlichen Reglementierung des Zusammenlebens zurückgetreten ist und dieses Rechtsverhältnis während einer Beschlagnahme keinesfalls als privatrechtliches betrachtet wird, braucht an dieser Stelle die Frage nicht beantwortet zu werden, nach welcher Rechtsordnung sich die Frage entscheidet, ob es sich um einen privatrechtlichen oder um einen sich aus dem öffentlichen Recht ergebenden Anspruch handelt. Aus der Beschlagnahme des Geldes und dem sich daraus ergebenden Rechtsverhältnis — auch nach Aufhebung der Beschlagnahme — ist ein unserer Gerichtsbarkeit unterworfener Anspruch nicht herzuleiten.

5. Durch die Überweisung der 120 000 DM-Ost seitens der Staatsanwaltschaft in H. auf ein Sperrkonto der Bekl. zu 2) ist ein privatrechtliches Verhältnis zugunsten der Kl. entstanden. Die Kl. wurde durch Überweisung des Betrages auf das Sperrkonto zu ihren Gunsten über das Geld — wenn auch mit sich aus anderen gesetzlichen Bestimmungen ergebenden Einschränkungen — wieder verfügungsberechtigt. Sie erwarb einen Anspruch gegen die Bekl. zu 2) auf

[5] IzRspr. 1958—1959 Nr. 85. [6] IzRspr. 1960—1961 Nr. 84 b.
[7] IzRspr. 1960—1961 Nr. 134.

Auszahlung des Betrages (§ 328 BGB). Dieser Anspruch ist ein rein privatrechtlicher, und zwar sowohl nach den Gesetzen der Bundesrepublik als auch den in der sowjet. Besatzungszone geltenden Vorschriften, die jedenfalls auf dem Gebiete des Schuldrechts noch vom BGB ausgehen. Das ‚Zivilrecht' wird in der sowjet. Besatzungszone Deutschlands bezeichnet als ‚ein durch die Staatsgewalt begründetes System von Verhaltensweisen (Normen) zur Regulierung der Vermögensverhältnisse zwischen den Bürgern untereinander, zwischen den Bürgern und den staatlichen und gesellschaftlichen Institutionen, Unternehmungen und Organisationen, zwischen den staatlichen und gesellschaftlichen Institutionen usw. untereinander und zwischen den privaten Unternehmern' (Lehrbuch des Zivilrechts, Allgemeiner Teil aaO 8; vgl. auch *Samson* aaO 20). Während im Zivilrechtsverhältnis die Partner juristisch gleichgestellt sind, ist im Verwaltungsrecht auf wenigstens einer Seite ein Organ der Hoheitsgewalt in Ausübung vollziehend verfügender Tätigkeit beteiligt (so Lehrbuch des Zivilrechts aaO 27; vgl. auch *Samson* aaO 60). Diese Unterscheidung zwischen Zivilrecht und Verwaltungsrecht entspricht in etwa der Unterscheidung unseres öffentlichen und privaten Rechts. Auch die Hoheitsgewalt in der sowjet. Besatzungszone wird nicht nur hoheitlich, sondern auch zivilrechtlich tätig (Lehrbuch des Zivilrechts aaO 268; vgl. auch *Samson* aaO 61). Daher ist auch nach dem Recht der sowjet. Besatzungszone der Anspruch auf Auszahlung des bei der Bekl. zu 2) auf einem Sperrkonto festgelegten Betrages als ein Verhältnis zur ‚Regulierung der Vermögensverhältnisse', also nach unseren Begriffen als ‚privatrechtlich' anzusehen, da ein Organ der Hoheitsgewalt in vollziehend-verfügender Tätigkeit nicht beteiligt ist.

Dieser privatrechtliche Anspruch richtet sich gegen die Bekl. zu 2), nicht gegen die Bekl. zu 1). Die Frage, ob die Bekl. zu 2) als selbständiges Rechtssubjekt anzusehen ist, das klagen und verklagt werden kann, ist wiederum nach dem Recht des Gebietes zu beantworten, in dem sie ihren Sitz hat (s. oben unter 3). Die Bekl. zu 2) ist nach dem Gesetz über die Stellung der deutschen Notenbank vom 31. 10. 1951 die ‚Staatsbank' der Bekl. zu 1). Sie hat die Aufgabe, die Wirtschaftsplanung mit den Mitteln der Geld- und Kreditpolitik aktiv zu unterstützen. Ihr obliegt die Regelung des Geldumlaufs, die Organisation des Zahlungsverkehrs und der Zahlungsausgleich zu anderen früheren Besatzungszonen und zum Ausland. Ob sie als juristische Person anzusehen ist, wird in dem Gesetz nicht gesagt. Die Bekl. zu 2) hat in der Verfassung der sowjet. Besatzungszone Deutschlands die Stellung eines zentralen Organes der staatlichen Verwaltung (so *Mampel,* Die Verfassung der SBZ, Frankfurt 1962; *Bönninger-Hochbaum-Lekschas-Schulze,* Das Verwaltungsrecht der DDR, Allgemeiner Teil, Ostberlin 1957). Die Stellung als Organ bedeutet aber nicht unbedingt, daß sie nicht selbständig klagen könnte und verklagt werden könnte. Als Organ hat die Bekl. zu 2) nicht nur hoheitliche Aufgaben, d. h. nach den Begriffsbestimmungen in der sowjet. Besatzungszone Aufgaben des Verwaltungsrechts, auszuführen, sondern sie handelt bei der Durchführung ihrer Aufgaben, insbesondere der Kreditgewährung, auch auf dem zivilrechtlichen Gebiet. Sie wird hierbei als Partner der Schuldverhältnisse angesehen und als Rechtssubjekt der sich daraus ergebenden Rechte und Pflichten (so *Such,* NJ 1953, 397, 398). Eine solche Stellung eines staatlichen Organes ist auch in unserer Rechtsordnung keineswegs undenkbar. So handeln auch die kommunalen Körperschaften in der Bundesrepublik innerhalb der staatlichen Auftragsverwaltung als staatliche Organe und betätigen sich zugleich auf vielen Gebieten des Privatrechtes als selbständige juristische Personen des öffentlichen Rechts. Die Bekl. zu 2) ist somit als Partnerin dieses Rechtsverhältnisses anzusehen, so daß auch insoweit ein privatrechtlicher Anspruch der Kl. gegen die Bekl. zu 1) ausgeschlossen ist.

6. Soweit die Kl. ihren Anspruch darauf stützt, daß die Bekl. ihr Geld zurückhalten und keine Ausnahmegenehmigung auf Grund § 15 des Gesetzes zur Regelung des innerdeutschen Zahlungsverkehrs vom 15. 12. 1950 (GBl. 1202) erteilen, so handelt es sich um hoheitliches Handeln auf Grund der Devisengesetze in der sowjet. Besatzungszone, was keiner weiteren Erörterung bedarf. Daraus läßt sich also eine Gerichtsbarkeit gegen die Bekl. nicht herleiten.

Aus keiner der von der Kl. vorgetragenen Tatsachen ergibt sich somit eine privatrechtliche Beziehung zur Bekl. zu 1), die die Gerichtsbarkeit der Gerichte der Bundesrepublik für diese Klage gegen die Bekl. zu 1) eröffnen könnte. Die Berufung gegen das erstinstanzliche Urteil war daher insoweit abzuweisen. Ob die Klage gegen die Bekl. zu 2) zulässig und begründet ist, bedarf einer weiteren Klärung."

b) Die westdeutschen Gerichte haben Gerichtsbarkeit über eine sowjetzonale Körperschaft, soweit gegen diese privatrechtliche Ansprüche erhoben werden; ihnen fehlt jedoch die Gerichtsbarkeit für Ansprüche aus einer hoheitlichen Tätigkeit der Körperschaft. — Nach dem maßgebenden Recht der Sowjetzone ist die „Deutsche Notenbank" rechtsfähig. — Der Gerichtsstand des Vermögens besteht auch gegenüber Personen, die ihren Wohnsitz oder Sitz in der Sowjetzone haben. — „Forderungen", die der Deutschen Notenbank aus der Abwicklung des Interzonenhandels gegen die Deutsche Bundesbank zustehen, begründen gegen diese keine Leistungspflicht und daher auch kein Vermögen im Sinne des § 23 ZPO.

OLG Frankfurt a. M., Schlußurteil v. 16. 1. 1964 — 1 U 231/62: unveröffentlicht.

„Die Gerichtsbarkeit der Gerichte in der Bundesrepublik für die Klage gegen die Bekl. zu 2) ist gegeben. Gegen die Bekl. zu 2) besteht ein privatrechtlicher Anspruch der Kl. auf Auszahlung des auf dem Sperrkonto der Bekl. zu 2) gehaltenen Betrages. Dazu wird auf die Ausführungen des Teilurteils vom 30. 5. 1963 (Ziff. 5) verwiesen.

An diesem Ergebnis ändert sich auch nichts dadurch, daß die Bekl. zu 2) bei der Verweigerung der devisenrechtlichen Genehmigung zur Transferierung des auf dem Sperrkonto verwahrten Geldes in Ausübung hoheitlicher Gewalt handelte. Der Prüfung des Gerichts unterliegt der von den Parteien vorgetragene Sachverhalt in vollem Umfange und von allen Seiten. Soweit die Kl. ihren Anspruch gegen die Bekl. zu 2) auf Verweigerung der devisenrechtlichen Genehmigung stützt, wäre für diesen Anspruch allerdings ebensowenig die Gerichtsbarkeit in der Bundesrepublik gegeben wie gegen die Bekl. zu 1), weil die hoheitliche Betätigung der Bekl. zu 2) als Organ der Bekl. zu 1) nicht der Beurteilung der Gerichte in der Bundesrepublik unterliegt, wozu auf das Teilurteil des Senats vom 30. 5. 1963 Bezug genommen werden kann. Die privatrechtlichen Beziehungen zwischen den Parteien, aus denen sich die Gerichtsbarkeit der Gerichte in der Bundesrepublik ergibt, werden jedoch nicht dadurch ausgeschlossen, daß sich die Bekl. zu 2) auch hoheitlich betätigt hat. Die Rechtsbeziehungen hoheitlicher und privatrechtlicher Natur bestehen nebeneinander. Dafür spricht, daß nach § 2 des Gesetzes zur Regelung des innerdeutschen Zahlungsverkehrs vom 15. 12. 1950 (GBl. 1202) Sperrkonten nicht nur bei der Deutschen Notenbank, sondern auch bei anderen Kreditinstituten geführt werden können, die keine hoheitlichen Aufgaben wie die Bekl. zu 2) ausüben. Der Anspruch auf Auszahlung des Betrages gegen die anderen Kreditinstitute wäre unter allen Umständen privatrechtlicher Natur. Der Anspruch gegen die Bekl. zu 2) kann nicht deshalb anders beurteilt werden, weil sie auch hoheitliche Aufgaben wahrnimmt.

Die Bekl. zu 2) ist parteifähig. Parteifähig ist, wer rechtsfähig ist (§ 50 I ZPO). Die Rechtsfähigkeit richtet sich nach dem materiellen Recht. Nach den im deutschen internationalen Privatrecht geltenden Regeln ist die Rechtsfähigkeit einer ausländischen Personenvereinigung nach dem Recht desjenigen Gebietes zu beurteilen, in dem das betreffende Rechtsgebilde seinen Verwaltungssitz hat (so RGZ 159, 33; *Raape,* Internationales Privatrecht, 5. Aufl. 1961, 195 ff.; *Martin Wolff,* Das IPR Deutschlands, 2. Aufl. 1946, 96; *Soergel-Kegel,* [BGB] Art. 10 EGBGB Anm. 8). Gegen die entsprechende Anwendung der Regeln des deutschen internationalen Privatrechts auf das interzonale Privatrecht bestehen keine Bedenken (*Soergel-Kegel,* Art. 10 EGBGB Anm. 51). Danach ist das Recht der sowjet. Besatzungszone, das auch in Ost-Berlin, dem Sitz der Bekl. zu 2), gilt, anzuwenden. Die Bekl. zu 2) ist nach dem Gesetz über die Stellung der Deutschen Notenbank vom 31. 5. 1951 (GBl. 991) die Staatsbank der Bekl. zu 1). Sie hat die Aufgabe, die Wirtschaftsplanung mit den Mitteln der Geld- und Kreditpolitik aktiv zu unterstützen. Ihr obliegt die Regelung des Geldumlaufes, die Organisation des Zahlungsverkehrs und der Zahlungsausgleich zu anderen früheren Besatzungszonen und zum Ausland. Ob sie als juristische Person anzusehen ist, wird in dem Gesetz nicht ausdrücklich gesagt. Die Bekl. zu 2) hat in der Verfassung der sowjet. Besatzungszone Deutschlands die Stellung eines zentralen Organs der staatlichen Verwaltung (so *Mampel*, Die Verfassung der SBZ, Frankfurt 1962; *Bönninger-Hochbaum-Lekschas-Schulze*, Das Verwaltungsrecht der DDR, Allgemeiner Teil, Ostberlin 1957). Als Organ hat die Bekl. zu 2) nicht nur hoheitliche Aufgaben, d. h. nach den Begriffsbestimmungen in der sowjet. Besatzungszone Aufgaben des Verwaltungsrechts auszuführen, sondern sie handelt bei der Durchführung ihrer Aufgaben, insbesondere der Kreditgewährung, auch auf zivilrechtlichem Gebiet. Sie wird hierbei als Partner der Schuldverhältnisse angesehen und als Rechtssubjekt der sich daraus ergebenden Rechte und Pflichten (so *Such*, NJ 1953, 397, 398). Eine solche Stellung einer öffentlichen Körperschaft, die sie befähigt, als staatliches Organ hoheitlich zu handeln und zugleich sich auf privatrechtlichem Gebiet als selbständige juristische Person zu betätigen, ist auch in unserer Rechtsordnung in der Bundesrepublik nicht ungewöhnlich, so daß keine Bedenken bestehen, auch für die Bekl. zu 2) eine solche Stellung anzunehmen. Die Bekl. zu 2) ist somit rechtsfähig.

Aus den selben Erwägungen ergibt sich die Prozeßfähigkeit der Bekl. zu 2). Sie ist fähig, sich durch Verträge zu verpflichten.

Die Klage ist jedoch unzulässig, weil das angerufene Gericht nicht zuständig ist. Der allgemeine Gerichtsstand der Bekl. zu 2) befindet sich nicht in Frankfurt, sondern in Ost-Berlin. Auch ein besonderer Gerichtsstand, als welcher nach dem Vortrag der Kl. nach § 23 ZPO der Gerichtsstand des Vermögens in Betracht käme, ist nicht gegeben. § 23 ZPO ist auch anwendbar auf Personenvereinigungen, die in der sowjet. Besatzungszone Deutschlands ihren Sitz haben (*Baumbach-Lauterbach*, ZPO, § 23 Anm. 1). Nach dieser Vorschrift ist für Klagen wegen vermögensrechtlicher Ansprüche gegen eine Person, die im Inland keinen Wohnsitz hat, das Gericht zuständig, in dessen Bezirk sich Vermögen desselben befindet. Bei Forderungen gilt als der Ort, an dem das Vermögen sich befindet, der Wohnsitz des Schuldners. Die Kl. behauptet, daß die Bekl. zu 2) in Frankfurt Vermögen habe, nämlich Forderungen gegen die Deutsche Bundesbank, die ihren Sitz in Frankfurt hat. Diese angeblichen Forderungen der Bekl. zu 2) gegen die Deutsche Bundesbank stammen aus dem Abkommen über den Handel zwischen den Währungsgebieten der Deutschen Mark (DM-West) und den Währungsgebieten der Deutschen Mark der Deutschen Notenbank (DM-Ost) in der Fassung der Vereinbarung vom 16. 8. 1960 (abgedruckt in der Beilage zum BAnz. Nr. 32 vom 15. 2. 1961) und stellen den Aktivsaldo aus den verschiedenen bei der Bekl. zu 2) und der Deutschen Bundesbank geführten Konten zugunsten der Bekl. zu 2) dar. Bei diesem aus den einzelnen Konten gezogenen Aktivsaldo handelt es sich nicht um eine Forderung, die im Sinne eines echten Schuldverhältnisses als Vermögenswert anzusehen wäre und den Gerichtsstand nach § 23 ZPO begründen könnte. Ein Schuldverhältnis besteht da, wo eine Person von einer anderen eine Leistung — ein Handeln oder Unterlassen — fordern kann (§ 241 BGB). Solche Forderungsrechte bzw. Leistungspflichten bestehen zwischen der Bekl. zu 2) und der Deutschen Bundesbank auf Grund des vorerwähnten Abkommens nicht. Nach diesem Abkommen über den Handel zwischen den beiden deutschen Währungsgebieten erfolgen die Zahlungen für die gelieferten Waren und die erbrachten Dienstleistungen über sog. Unterkonten bei der Deutschen Bundesbank bzw. der Bekl. zu 2). Zahlungen werden von dem Empfänger der Ware oder dem Begünstigten der Dienstleistung in der Währung seines Wohnsitzes geleistet, und zwar an die Bank seines Währungsgebietes (Deutsche Bundesbank oder Bekl. zu 2). Dort wird die Zahlung der Bank des anderen Währungsgebietes in Verrechnungseinheiten auf dem Unterkonto gutgeschrieben. Die Bank des anderen Währungsgebietes ihrerseits zahlt nach Benachrichtigung den Preis für die Lieferung bzw. die Dienstleistung an den Berechtigten aus und belastet das entsprechende Unterkonto mit diesem Betrag. Die beiden Banken haben also nur die Funktion einer Verrechnungsstelle. Die Konten, die bei den beiden Banken geführt werden, werden in dem Abkommen als ‚Verrechnungskonten' bezeichnet. Die Banken selbst nennen sich in der zwischen ihnen geschlossenen Vereinbarung über die Durchführung des Vertrages vom 20. 9. 1951 (Beilage zum BAnz. Nr. 32 vom 15. 2. 1962 — Anlage 7) Verrechnungsbanken. Ein Ausgleich der Konten durch Zahlung ist weder in dem Abkommen über den Handel zwischen den Währungsgebieten noch in der Vereinbarung zwischen den Verrechnungsbanken vorgesehen. Zwar wird der Saldo auf den einzelnen Konten von der Deutschen Bundesbank — wie es aus ihrer Auskunft vom 12. 12. 1963 hervorgeht — täglich gezogen. Aus diesem Vorgang ist nichts dafür zu entnehmen, daß damit eine Forderung zugunsten jeweils der Bank begründet werden sollte, deren Saldo aktiv war. Ein solcher Wille ergibt sich weder aus dem Abkommen noch aus der Vereinbarung. Den einzigen Hinweis auf ein möglicherweise bestehendes Schuldverhältnis zwischen den Banken bietet Art. IX des Abkommens, in dem es heißt, daß ein von der einen Bank der anderen ‚geschuldeter' Betrag durch Übertrag zu Lasten eines Unterkontos auf dem Konto S ausgeglichen wird. Aus dieser Bemerkung ist jedoch nicht zu schließen, daß es sich hier um ein echtes Schuldverhältnis handelt, kraft dessen die eine Bank von der anderen eine Leistung, nämlich Ausgleich des Saldos durch Zahlung, verlangen könnte; denn wie aus Art. XVII des Abkommens hervorgeht, soll ein Ausgleich des Saldos nach Ablauf des Abkommens nicht durch Zahlung der Bank erfolgen, sondern die Passivsalden sind durch noch zu vereinbarende Leistungen (Warenlieferung bzw. Dienstleistungen) auszugleichen.

Eine Leistungspflicht der Banken gegeneinander unmittelbar ergibt sich aus dem Handelsabkommen und der dazugehörigen Vereinbarung nicht.

Fehlt es daher an der örtlichen Zuständigkeit des angerufenen Gerichts, so ist das erstinstanzliche Urteil, durch das die Klage abgewiesen worden ist, zu bestätigen, allerdings mit der Maßgabe, daß die Klage nicht mangels Gerichtsbarkeit gegenüber der Bekl. zu 2), sondern wegen örtlicher Unzuständigkeit abzuweisen war. Die Berufung mußte daher — weil der entscheidende Teil des Urteils wegen der Abweisung aus anderen Gründen nicht geändert zu werden braucht — zurückgewiesen werden."

II. PERSONEN- UND FAMILIENRECHT

1. Eherecht

2. (Ob sich bei gesetzlicher Erbfolge der Erbteil des überlebenden Ehegatten im Wege des güterrechtlichen Zugewinnausgleichs um 1/4 erhöht, ist nach dem Güterstatut der Ehegatten zu beurteilen.) — Im interzonalen Recht bestimmt sich das für eine Ehe maßgebliche Güterrecht grundsätzlich nach dem Recht des Ortes, an dem sich die Ehegatten am 7. Oktober 1949 gewöhnlich aufhielten. — Hielten sich die Ehegatten zu jenem Zeitpunkt in der Sowjetzone auf und sind sie später gemeinsam in das Bundesgebiet übergesiedelt, so ändert sich ihr Güterstatut entgegen Art. 15 EGBGB.

LG Lüneburg, Beschl. v. 29. 5. 1962 — 6 T (I) 83/62: FamRZ 1962, 431 (zust. *Drischler*); DNotZ 1964, 47; DRpsr. I (181) 63 a; Leitsätze in DRiZ 1962 B 107 Nr. 1396 und Mitteilungen 1962, 311.

Der ASt. hat im August 1938 vor dem Standesbeamten in C. (jetzt: Bundesgebiet) die Ehe geschlossen. Seine Ehefrau ist im September 1961 in C. gestorben. Zur Zeit der Eheschließung wohnte der ASt. in L. (jetzt: sowjet.), später in E. (jetzt: sowjet.). Der ASt. ist im September 1958 mit seiner Familie aus der Sowjetzone in das Bundesgebiet geflohen. Aus der Ehe sind zwei Kinder hervorgegangen. Einen Ehevertrag haben die Ehegatten nicht geschlossen.

Der ASt. hat unter Hinweis darauf, daß er mit seiner Ehefrau im Güterstand der Zugewinngemeinschaft gelebt habe, beim AG C. einen Erbschein beantragt, nach dem er seine Ehefrau zu ½ und seine beiden ehelichen Kinder sie zu je ¼ beerbt haben. Der Rechtspfleger hat um Berichtigung des Antrages ersucht, weil die Erbteile unzutreffend angegeben seien. Das AG C. hat die Erinnerung des ASt. gegen die Verfügung des Rechtspflegers zurückgewiesen. Die Beschwerde des ASt. hatte Erfolg.

Aus den Gründen:

Das AG geht zutreffend davon aus, daß die Frage, ob sich der gesetzliche Erbteil des ASt. nach § 1371 BGB um ¼ der Erbschaft erhöht, nach den Regeln des interzonalen Privatrechts zu entscheiden ist und daß diese Regeln in Anlehnung an das internationale Privatrecht zu entwickeln sind (vgl. u. a. BGHZ 1, 111[1]; 12, 83[2]).

Dem AG ist auch darin beizutreten, daß bei der sinngemäßen Anwendung des Art. 15 EGBGB die Frage der Staatsangehörigkeit des Ehemannes zur Zeit der Eheschließung nicht maßgebend sein

[1] IPRspr. 1950—1951 Nr. 59. [2] IzRspr. 1945—1953 Nr. 400 a.

kann. Es gibt nur eine gesamtdeutsche Staatsangehörigkeit. Sie kann daher nicht als Unterscheidungsmerkmal oder Anknüpfungspunkt im interzonalen Rechtsleben dienen.

Solange eine einheitliche gesamtdeutsche Rechtsordnung bestand, war es für das eheliche Güterrecht auch belanglos, ob der Ehemann in der sowjet. Besatzungszone oder in der Bundesrepublik wohnte. Dies änderte sich erst mit der Rechtsspaltung am 7. 10. 1949. Erst von diesem Zeitpunkt an ergab sich die Notwendigkeit und war es sinnvoll, nach dem gewöhnlichen Aufenthalt in dem einen oder anderen Teilgebiet und der Unterwerfung unter diese oder jene Rechtsordnung zu fragen. Statt auf die Staatsangehörigkeit bei der Eheschließung ist die Entscheidung daher auf den gewöhnlichen Aufenthalt zur Zeit der Rechtsspaltung abzustellen. Damals wohnte der ASt. mit seiner Ehefrau in der sowjet. Besatzungszone. Solange sich hieran nichts änderte, bestimmten sich ihre güterrechtlichen Beziehungen nach der dortigen Rechtsentwicklung.

Abweichend von dem AG vertritt die Kammer jedoch die Auffassung, daß sich mit der gemeinsamen Übersiedlung der Ehegatten in die Bundesrepublik ihr Güterrechtsstatut änderte. Es bestimmte sich von diesem Zeitpunkt an nicht mehr nach sowjetzonalem Recht, sondern nach dem Recht der Bundesrepublik. Der aus Art. 15 EGBGB hergeleitete Grundsatz von der Unwandelbarkeit des Güterrechtsstatuts kann jedenfalls im interzonalen Recht keine Anwendung finden. Die Rechtsentwicklung in der sowjet. Besatzungszone entspricht nicht der freiheitlichen Rechtsauffassung in der Bundesrepublik. Es kann daher nicht als sinnvoll anerkannt werden, deutsche Eheleute, die nach der Rechtsspaltung aus der sowjet. Besatzungszone endgültig in die Bundesrepublik übergesiedelt sind und sich damit deutlich sichtbar ihrer freiheitlichen Rechtsordnung unterstellt haben, gleichwohl in ihren güterrechtlichen Beziehungen weiter dem von ihnen abgelehnten Recht der sowjet. Besatzungszone unterwerfen zu wollen. Das interzonale Privatrecht kann aber nur sinngemäß aus den Normen des internationalen Privatrechts hergeleitet werden (vgl. hierzu u. a. *Raape,* Internationales Privatrecht, 5. Aufl., 154, 338 f.; *Soergel-Siebert,* [BGB] Art. 15 EGBGB Anm. 45; *Marquordt-Erman,* [BGB] Art. 15 EGBGB Anm. 9).

Der ASt. und seine Ehefrau haben also zur Zeit des Todes der Ehefrau im Güterstand der Zugewinngemeinschaft gelebt. Der ASt. vertritt daher mit Recht die Auffassung, daß sich sein gesetzlicher Erbteil nach § 1371 I BGB um 1/4 der Erbschaft erhöht."

3. Ehegatten, die aus der Sowjetzone in das Bundesgebiet übergesiedelt sind, haben ein berechtigtes Interesse daran, durch Ehevertrag und Eintragung im Güterrechtsregister klarzustellen, daß sie nicht im gesetzlichen Güterstand der Zugewinngemeinschaft leben.

AG Bochum, Beschl. v. 30. 5. 1962 — 15 AR 56/62: Büro 1962, 591; DNotZ 1964, 43 (zust. *Riedel*); DRspr. IV (473) 85b.

Die ASt. haben im Dezember 1955 vor dem Standesamt R. (sowjet.) die Ehe geschlossen. Sie wohnen jetzt in B. (Bundesgebiet). Im April 1962 haben die ASt. in notarieller Urkunde Gütertrennung vereinbart und beantragt, diese Vereinbarung in das Güterrechtsregister einzutragen. Der Rechtspfleger des AG B. wies den Antrag zurück (AG Bochum 16. 4. 1962 — 15 AR 56/62: Büro 1962, 591; DNotZ 1964, 43). Er ging auf Grund der Bekanntmachung des Bundesministers der Justiz vom 7. 10. 1960 (BAnz. Nr. 194) davon aus, daß die Ehegatten auch nach ihrer Übersiedlung in das Bundesgebiet im sowjetzonalen gesetzlichen Güterstand der Gütertrennung lebten. Die notariell beurkundete Vereinbarung, in Gütertrennung leben zu wollen, ändere nicht den gesetzlichen Güterstand und sei daher nach § 1412 BGB nicht eintragungsfähig. Das AG hob diesen Beschluß auf.

Aus den Gründen:

„Für die Entscheidung über die Erinnerung kann es dahinstehen, ob die ASt. in dem notariellen Vertrag vom 13. 4. 1962 den gesetzlichen Güterstand der Zugewinngemeinschaft ausgeschlossen und den Güterstand der Gütertrennung vereinbart haben oder ob der Vertrag nur eine Klarstellung dahingehend enthält, daß die Ehegatten an dem nach wie vor für sie geltenden Güterstand der Gütertrennung (Art. 15 EGBGB analog) festhalten wollen. Entscheidend ist vielmehr, daß die Ehegatten sich im rechtsgeschäftlichen Verkehr Dritten gegenüber auf das Nichtvorliegen des in der Bundesrepublik geltenden gesetzlichen Güterstandes nur dann berufen können, wenn eine entsprechende Eintragung im Güterrechtsregister vorhanden ist oder wenn der Dritte Kenntnis davon hat (§ 1412 BGB, Art. 16 EGBGB analog).

Ihnen muß daher auch die Eintragung ihres vom gesetzlichen Güterstand der Bundesrepublik abweichenden Güterstandes möglich sein."

4. Ein Bewohner der Sowjetzone ist „abwesend" im Sinne des § 2 IV des Eheanerkennungsgesetzes, da ihm ein Anerkennungsantrag an eine Behörde im Bundesgebiet nicht zuzumuten ist. — Ein Bewohner der Sowjetzone kann daher noch ein Jahr nach seiner Übersiedlung in das Bundesgebiet den Antrag stellen, eine freie Ehe anzuerkennen.

BVerwG, Urt. v. 26. 10. 1962 — VII C 56/61: BVerwGE 15, 85; FamRZ 1963, 359; StAZ 1963, 185; RzW 1963, 431.

Die Kl. lebte seit 1937 mit Rudolf H. in der Wohnung ihrer Eltern in D. (jetzt: sowjet.) zusammen. Eine Eheschließung war unmöglich, da der Vater der Kl. Jude war. Aus der Verbindung sind zwei in den Jahren 1938 und 1943 geborene Töchter hervorgegangen. Rudolf H. ist 1944 gefallen.

Nachdem die Behörden der Sowjetzone mehrere Anträge der Kl., ihrer Verbindung mit Rudolf H. die Wirkungen einer gesetzlichen Ehe zuzuerkennen, abgelehnt hatten, wurde im Dezember 1947 der Name der Kl. und ihrer Kinder in H. geändert.

Im Januar 1958 floh die Kl. in das Bundesgebiet. Am 29. 1. 1958 erhielt sie die Aufenthaltserlaubnis mit der Begründung, sie habe sich in der Sowjetzone wegen des Vorwurfes, Facharbeiter abzuwerben, in einer politisch bedingten Zwangslage befunden.

Am 8. 4. 1958 stellte die Kl. bei der bekl. Behörde den Antrag auf Anerkennung ihrer Ehe nach dem Bundesgesetz von 1950. Die Bekl. lehnte den Antrag ab, da die Antragsfrist am 31. 12. 1957 abgelaufen sei. Einspruch, Klage und Berufung waren erfolglos. Auf die Revision der Kl. hob das BVerwG die Vorentscheidungen auf. (Das BVerwG hat am gleichen Tage eine in der Begründung nahezu wörtlich identische Entscheidung erlassen: BVerwG Urt. v. 26. 10. 1962 — VII C 132/61: ROW 1963, 218.)

Aus den Gründen:

[*86*] „Das Gesetz über die Anerkennung freier Ehen rassisch und politisch Verfolgter vom 23. 6. 1950 (BGBl. I 226) — Eheanerkennungsgesetz — sah in § 2 III ursprünglich vor, daß der Antrag binnen eines Jahres nach dem Inkrafttreten des Gesetzes gestellt werden muß. Bereits in dieser Fassung des Gesetzes war in § 2 IV ‚Abwesenden, insbesondere Kriegsgefangenen' die Möglichkeit eingeräumt worden, den Antrag noch binnen eines Jahres nach ihrer Rückkehr zu stellen. Wenn sich der Gesetzgeber bei der Änderung des Gesetzes vom 7. 3. 1956 (BGBl. I 104) damit begnügte, die Antragsfrist bis 31. 12. 1957 zu verlängern, und davon abgesehen hat, diese Frist der für die Geltendmachung von Entschädigungsansprüchen maßgebenden Fristregelung anzupassen, dann ist kein Raum dafür gegeben, diese Anpassung im Wege der Gesetzesauslegung herbeizuführen. Daß der Gesetzgeber bewußt eine Verknüpfung der Antragsfrist des Eheanerkennungsgesetzes mit der Antragsfrist des Bundesentschädigungsgesetzes unterließ, ergibt sich daraus, daß an diese Koppelung zwar ursprünglich im Entwurf eines Dritten Gesetzes zur Änderung des Bundesergänzungsgesetzes zur Entschädigung für Opfer der nationalsozialistischen Verfolgung gedacht war (BT-Drucks. II/1949), daß sie aber dann doch nicht im Gesetz verwirklicht wurde. Allerdings wurde das Dritte Änderungsgesetz vom 29. 6. 1956 (BGBl. I 559), das in der Neufassung des Bundesentschädigungsgesetzes eine Antragsfrist bis 1. 10. 1957 vorsah, erst erlassen, als das die Verlängerung der Antragsfrist bis 31. 12. 1957 enthaltende Änderungsgesetz zum Eheanerkennungsgesetz vom 7. 3. 1956 bereits ergangen war. Doch ist eine Koppelung der Antragsfrist des [*87*] Eheanerkennungsgesetzes mit der Antragsfrist für Entschädigungsansprüche auch in der Fassung des BEG vom 1. 7. 1957 (BGBl. I 663) unterblieben, obwohl darin eine über die Antragsfrist des Eheanerkennungsgesetzes hinausgehende Fristverlängerung bis 1. 4. 1958 enthalten war.

Für diese unterschiedliche Fristregelung sind gute Gründe gegeben. Zwar gehört auch die Anerkennung freier Ehen in den Bereich der Wiedergutmachung nationalsozialistischen Unrechts. Doch unterscheidet sie sich von der Wiedergutmachung der im BEG geregelten Schadenstatbestände dadurch, daß sie in bedeutsamer Weise rückwirkend den familienrechtlichen Status der durch nationalsozialistische Unrechtsmaßnahmen Betroffenen verändert. Hierüber alsbald Klarheit zu schaffen, lag nicht nur im öffentlichen Interesse (vgl. BAnz. 1950 Nr. 120 S. 4 und BT-Drucks. II/2033), sondern war auch deshalb geboten, weil durch die rückwirkende Eheanerkennung erbrechtliche Folgen ausgelöst werden. Daher konnte es der Gesetzgeber im Gegensatz zu der im BEG getroffenen Regelung im Bereich des Eheanerkennungsgesetzes auch unterlassen, für jede unverschuldete Versäumung der Antragsfrist eine Wiedereinsetzung zu gewähren. Die andersartige Regelung des Eheanerkennungsgesetzes, die lediglich Abwesenden, insbesondere Kriegsgefangenen, die Möglichkeit eröffnet, den Antrag noch innerhalb eines Jahres nach ihrer Rückkehr zu stellen, läßt es in ihrer abgrenzenden Formulierung nicht zu, den Kreis der nachträglich Antragsberechtigten auf Personen auszudehnen, die aus anderen eine Wiedereinsetzung rechtfertigenden Gründen die rechtzeitige Antragstellung unterließen. Die ausdrückliche Beschränkung der nachträglichen Antragsmöglichkeit auf Abwesende, insbesondere Kriegsgefangene, schließt die Annahme einer Gesetzeslücke aus, die im Wege der Analogie geschlossen werden könnte.

Es können also nur Abwesende, insbesondere Kriegsgefangene, den Antrag auf Eheanerkennung noch nach Ablauf der gesetzlich vorgeschriebenen Frist stellen, und zwar innerhalb eines Jahres nach ihrer Rückkehr. Das Gesetz nennt zwar nicht die Merkmale, mit denen es das Vorliegen einer die nachträgliche Antragstellung rechtfertigenden Abwesenheit begrifflich verbindet. Der erkennbare Sinn der Regelung, die in ihrer praktischen *[88]* Bedeutung einer auf Abwesende beschränkten Wiedereinsetzung entspricht, und die besondere Hervorhebung der Kriegsgefangenen lassen jedoch keinen Zweifel darüber zu, daß hier an den Begriff des ‚Abwesenden' im Sinne von § 1911 BGB angeknüpft wurde, wie ihn die Rechtsprechung entwickelt hat. Die unbedingte Hervorhebung der Kriegsgefangenen verdeutlicht dabei, daß es nach der Vorstellung des Gesetzgebers keinen Unterschied machen soll, ob der Aufenthalt des Abwesenden bekannt oder unbekannt ist, und daß die Möglichkeit des Schriftverkehrs der Annahme einer Abwesenheit ebensowenig entgegenzustehen braucht wie die etwaige Kenntnis des Abwesenden von der Antragsmöglichkeit. Auch dies entspricht den für eine Abwesenheit im Sinne von § 1911 BGB allgemein anerkannten Voraussetzungen, wonach es erforderlich und ausreichend ist, wenn der Abwesende daran gehindert war, an den Ort zu gelangen, an dem seine Vermögensangelegenheiten besorgt werden müssen. Dabei kommt einer Verhinderung eine wesentliche Erschwerung gleich (vgl. *Palandt*., [BGB] Anm. 2 bb zu § 1911 und RGZ 98, 263). Für den Begriff der Abwesenheit ist es deshalb auch unerheblich, ob sich der ‚Abwesende' an seinem Wohnsitz befindet, da sich der Begriff der Abwesenheit nicht am Wohnsitz, sondern daran orientiert, ob der Abwesende ohne wesentliche Erschwerung an den Ort gelangen kann, an dem seine Angelegenheit zu erledigen ist (vgl. *Palandt* aaO). Demnach kann unter ‚Rückkehr' auch nur der Wegfall der eine Abwesenheit begründenden Umstände verstanden werden.

Zum Unterschied von anderen der rechtlichen Bewältigung der nationalsozialistischen Vergangenheit dienenden gesetzlichen Regelungen ist die Geltendmachung des Anspruchs auf Eheanerkennung nicht an einen Wohnsitz — weder zur Zeit der verhinderten Eheschließung, noch zur Zeit der Antragstellung — geknüpft. Die in ihrer Formulierung eindeutige Regelung des Eheanerkennungsgesetzes läßt eine andere Interpretation nicht zu. Nur die für die Anerkennungsentscheidung zuständige Landesjustizverwaltung wird gemäß § 3 I Eheanerkennungsgesetz durch den Wohnsitz des Antragstellers bestimmt. Da die Kl. ihren Wohnsitz in D., also nicht im Geltungsbereich des Eheanerkennungsgesetzes hatte, mußte sie ihren Antrag gemäß § 3 I Eheanerkennungsgesetz bei der Senatskommission für die Justizverwaltung in Hamburg stellen.

[*89*] Bereits die Inanspruchnahme einer im Gebiet der Bundesrepublik gelegenen Behörde mit dem Ziel, auf Grund einer bundesrechtlichen Regelung eine rückwirkende Änderung des damaligen Status herbeizuführen, konnte aber für die Kl. als eine Bewohnerin der sowjet. besetzten Zone mit der jedenfalls subjektiv begründeten Befürchtung verbunden sein (vgl. BVerwG Urt. vom 28. 6. 1962, NJW 1963, 70), sich durch dieses Bekenntnis zur rechtlichen Ordnung der Bundesrepublik der Gefahr von Maßnahmen seitens der sowjetzonalen Behörden auszusetzen. Schon die Unzumutbarkeit einer derartigen Gefährdung stellt eine wesentliche Erschwerung für die Geltendmachung ihres Eheanerkennungsantrags dar, die sie als Abwesende im Sinne von § 2 IV Eheanerkennungsgesetz erscheinen läßt, ganz abgesehen von den praktischen Schwierigkeiten, die einer persönlichen Vorsprache bei der zuständigen Behörde in Hamburg oder ihrer notwendig werdenden Vernehmung durch die Behörde entgegenstanden.

Im vorliegenden Fall steht weiterhin fest, daß die Kl. bereits im Januar 1958, also unmittelbar nach Ablauf der regulären Antragsfrist, in die Bundesrepublik geflohen ist und daß ihr durch Bescheid vom 29. 1. 1958 die Aufenthaltserlaubnis in der Bundesrepublik mit der Begründung erteilt wurde, sie habe sich in der sowjet. besetzten Zone wegen des Vorwurfs der Abwerbung von Facharbeitern in einer politisch bedingten Zwangslage befunden, der sie sich nur durch die Flucht habe entziehen können. Damit kann aber auch als festgestellt angesehen werden, daß für sie bereits vor Ablauf der Antragsfrist eine besondere Zwangslage bestand, die objektiv geeignet war, sie an der rechtzeitigen Antragstellung bei der zuständigen Behörde in Hamburg zu hindern.

Da die Kl. somit ‚Abwesende' im Sinne von § 2 IV Eheanerkennungsgesetz war und da sie ihren Antrag auf Eheanerkennung rechtzeitig innerhalb eines Jahres nach ihrer Rückkehr stellte, war der Revision stattzugeben."

5. Für die Beurteilung der Frage, ob deutsche Ehegatten in den deutschen Ostgebieten östlich der Oder-Neiße-Linie formwirksam eine Ehe abgeschlossen haben, kommt sowohl deutsches als auch polnisches Recht in Betracht.

OLG Celle, Beschl. v. 28. 6. 1963 — 5 Wx 54/63: StAZ 1963, 241.

Die Eheleute S. haben im April 1946 im Gemeindebüro von D. (östlich der Oder-Neiße-Linie) den dort noch tätigen deutschen Gemeindesekretär L. aufgesucht und erklärt, die Ehe miteinander eingehen zu wollen. L. nahm diese Erklärung entgegen, obwohl ihm die polnischen Behörden die Tätigkeit als Standesbeamter untersagt hatten. L. beurkundete die Erklärungen der Eheleute nicht im Familienbuch.

Nach ihrer Vertreibung aus Schlesien haben die Eheleute S. im Juli 1948 vor dem Standesamt G. (Bundesgebiet) die Ehe geschlossen. Bei Anlegung ihres Familienbuches beantragten die Eheleute, ihre Eheschließung auf den April 1946 zu datieren. Standesamt, AG und LG wiesen den Antrag zurück; das OLG wies die weitere Beschwerde der Eheleute zurück.

Aus den Gründen:

„Für die Entscheidung kann dahingestellt bleiben, ob deutsches oder das von Polen auch für die unter seiner Verwaltung stehenden deutschen Ostgebiete eingeführte polnische Eherecht anzuwenden ist (vgl. zu dieser Frage u. a. BGH, MDR 1957, 158 ff.[1] mit Anm. von *Beitzke* = FamRZ 1957, 88 mit Anm. von *Schätzel;* LG Bremen, FamRZ 1960, 154[2] mit Anm. von *Beitzke; Baade* und *Skubiszewski,* StAZ 1958, 29 ff.; *Skubiszewski,* StAZ 1959, 107; *Geilke,* DRiZ 1955, 242).

Daß die Ehe nach deutschem Recht nicht wirksam geschlossen ist, hat das LG zutreffend ausgeführt. Dabei braucht nicht entschieden zu werden, ob in D. im April 1946 § 1317 BGB a. F. oder §§ 15 I, 17 EheG 1938 anzuwenden gewesen wären — die §§ 11 Abs. I, 13 EheG 1946, die allerdings ohnehin mit den genannten Bestimmungen des EheG von 1938 übereinstimmen, wären nicht in Betracht gekommen, da die Gesetzgebung des Alliierten Kontrollrates sich nicht auf die polnisch verwalteten deutschen Ostgebiete erstreckte —, denn nach beiden Gesetzen müssen die Verlobten persönlich und bei gleichzeitiger Anwesenheit vor dem Standesamt erklären, die Ehe miteinander eingehen zu wollen.

Ob L. bis zum Verbot der Amtsausübung überhaupt noch Standesbeamter kraft deutschen Rechts war, kann unerörtert bleiben. Jedenfalls war er kein Standesbeamter mehr, nachdem ihm die Aus-

[1] IzRspr. 1954—1957 Nr. 325. [2] IPRspr. 1958—1959 Nr. 114.

übung dieses Amtes untersagt war. Denn diese Maßnahme der polnischen Behörden war selbst dann wirksam, wenn man die Handlungen dieser Behörden in den von ihnen verwalteten deutschen Ostgebieten an dem Maßstab des Art. 43 der Haager Landkriegsordnung mißt.

Nun gilt allerdings nach § 1319 BGB a. F. und § 15 II EheG 1938 auch derjenige als Standesbeamter, der, ohne Standesbeamter zu sein, das Amt eines Standesbeamten öffentlich ausübt. (Nach der ersten Vorschrift war für die Formgültigkeit der Ehe weiterhin erforderlich, daß den Verlobten der Mangel der amtlichen Befugnis unbekannt war. Nach dem Ehegesetz von 1938 muß die als Standesbeamter tätig gewordene Person die Eheschließung in das Familienbuch eingetragen haben.)

Das LG hat jedoch zutreffend ausgeführt, daß L. das Amt eines Standesbeamten nicht öffentlich ausübte. Seine Tätigkeit trat in keiner Weise nach außen hervor. Daran sah er sich durch das Verbot der polnischen Behörden gehindert. Seine Tätigkeit zeichnete sich geradezu durch Heimlichkeit aus.

Aber auch nach polnischem Recht haben die Eheleute S. im April 1946 keine rechtswirksame Ehe geschlossen. Nach polnischem Recht galt, und zwar auch in den deutschen Ostgebieten, das am 1. 1. 1946 in Kraft getretene Ehegesetz vom 25. 9. 1945. Nach dessen Art. 11 erfolgt die Eheschließung in der Weise, daß die beiden künftigen Ehegatten vor einem Standesbeamten in Gegenwart von zwei Zeugen öffentlich erklären, daß sie die Ehe miteinander eingehen wollen. Standesbeamter im Sinne dieses Gesetzes ist nur, wer von den polnischen Behörden als solcher eingesetzt worden ist, sicherlich aber nicht jemand, dem wie L. eine solche Tätigkeit von den polnischen Behörden ausdrücklich untersagt worden ist."

6. Auf die in den deutschen Ostgebieten östlich der Oder-Neiße-Linie wohnhaften Deutschen ist grundsätzlich deutsches Recht anzuwenden.

OLG Hamm, Urt. v. 2. 11. 1962 — 7 U 5/62: StAZ 1964, 201.

Die Parteien, deutsche Staatsangehörige, haben am 9. 9. 1945 in K. Kreis Breslau (östlich der Oder-Neiße-Linie) die Ehe geschlossen. Die Eheschließung nahm W. vor, der seit 1932 als Standesbeamter tätig gewesen war. Die Eheschließung wurde nicht in das Familienbuch eingetragen, auch nicht nach der Übersiedlung der Parteien in das Bundesgebiet in das Familienbuch des Hauptstandesbeamten in Hamburg.

Aus der Ehe der Parteien sind drei Kinder hervorgegangen. Der Ehemann befindet sich seit 1956 als Dauerpflegling in einem Krankenhaus; er wurde 1957 wegen Geistesschwäche entmündigt.

Die Kl. hat beantragt festzustellen, daß eine Ehe zwischen den Parteien nicht besteht; hilfsweise hat sie auf Scheidung gemäß §§ 44, 45 EheG geklagt. Das LG hat dem Feststellungsantrag der Kl. entsprochen. Auf die Berufung des Bekl. hat das OLG die Ehe auf den Hilfsantrag der Kl. geschieden.

Aus den Gründen:

„Die Parteien leben in einer nach deutschem Recht gültigen Ehe. Diese Ehe ist jedoch auf den Hilfsantrag der Kl. wegen Geisteskrankheit des Bekl. nach § 45 EheG zu scheiden.

Die Ehe der Parteien ist gültig; denn sie ist vor dem zuständigen deutschen Standesbeamten in K. geschlossen worden (§ 11 EheG). Durch die russische Besetzung und durch die ihr nachfolgende polnische Verwaltung deutschen Staatsgebiets ist die Zugehörigkeit der deutschen Staatsangehörigen zum Deutschen Reich nicht geändert worden (BGHZ 13, 265 ff. und 292 ff.). Denn Gewalt bricht nicht Recht. Auf die im deutschen Gebiet ostwärts der Oder-Neiße-Linie wohnenden deutschen Staatsangehörigen ist daher grundsätzlich deutsches Recht anzuwenden. Die von deutschen Beamten nach deutschem Recht vorgenommenen Verwaltungsakte sind somit gültig, ohne Rücksicht darauf, ob sie die Billigung der polnischen Verwaltung finden. Überdies hat der derzeitige polnische Ortskommandant geduldet, daß W. weiterhin als deutscher Standesbeamter tätig wurde. W. war seit 1932 ununterbrochen deutscher Standesbeamter in K. und daher auch berechtigt, die Ehe der Parteien am 9. 9. 1945 zu schließen. Zur Wirksamkeit der Ehe war weder die Eintragung ins Familienbuch des Standesbeamten von K. noch eine spätere Eintragung in das Familienbuch des Hauptstandesbeamten von Hamburg nötig. Denn einer solchen Eintragung bedürfen nur solche Eheschließungen, die nicht vor einem Standesbeamten geschlossen worden sind (§ 11 II EheG und § 1 des Gesetzes über die Anerkennung von Nottrauungen vom 2. 12. 1950 [BGBl. 778])."

7. Die Grundsätze des deutschen internationalen Privatrechts sind auf interlokale und interzonale Rechtskonflikte entsprechend anzuwenden. — Bei der entsprechenden Anwendung des Art. 15 EGBGB ist an den gewöhnlichen Aufenthalt des Mannes zur Zeit der Eheschließung anzuknüpfen. — Wenn Ehegatten, die in der Sowjetzone geheiratet haben, in das Bundesgebiet übersiedeln, so bleiben sie grundsätzlich dem sowjetzonalen gesetzlichen Güterstand der Gütertrennung unterworfen.

BGH, Beschl. v. 21. 6. 1963 — V ZB 3/63: BGHZ 40, 32; WM 1963, 896; FamRZ 1963, 512; NJW 1963, 1975; DRpfl. 1963, 280 (abl. *Riedel*); MDR 1963, 751; JZ 1964, 27; DNotZ 1964, 28; JR 1964, 18; ROW 1964, 132; Mitteilungsblatt des Königsteiner Kreises 1963 Nr. 10 no. 78; DRspr. I (181) 64a; Leitsatz in LM Nr. 2 zu Art. 15 EGBGB (*Piepenbrock*); DRiZ 1963 B 109 Nr. 1479; BB 1963, 920; JuS 1964, 36 (*Bähr*) und Mitteilungen 1963, 267.

Der Werkzeugmacher Max B. (Erblasser) und die Beteiligte zu 1) haben im September 1950 vor dem Standesbeamten in A. (sowjet.) die Ehe geschlossen. Die Eheleute haben eine güterrechtliche Vereinbarung nicht getroffen. Sie sind im Juni 1955 aus der sowjet. Besatzungszone, in der sie bis dahin lebten, in die Bundesrepublik übergesiedelt. Hier ist der Erblasser im Oktober 1961 ohne Hinterlassung einer Verfügung von Todes wegen in B. verstorben. Kinder sind aus der Ehe nicht hervorgegangen. Geschwister des Erblassers waren im Zeitpunkt seines Todes nicht vorhanden. Sein Vater ist vor ihm verstorben. Die Beteiligte zu 2) ist die Mutter des Erblassers.

Das AG hat der Beteiligten zu 1) auf ihren Antrag einen gemeinschaftlichen Erbschein erteilt, nachdem der Erblasser von seiner Witwe und seiner Mutter je zur Hälfte beerbt worden sei. Die Beteiligte zu 1) hat die Einziehung des Erbscheins beantragt mit der Begründung, sie habe mit ihrem Ehemann nicht, wie das AG angenommen habe, in Gütertrennung, sondern im gesetzlichen Güterstand der Zugewinngemeinschaft nach dem Gleichberechtigungsgesetz gelebt, so daß sie Miterbin zu drei Viertel geworden sei. Das AG hat eine Einziehung des Erbscheins abgelehnt, das LG die Beschwerde der ASt. zurückgewiesen. Mit der weiteren Beschwerde verfolgt die Witwe des Erblassers ihren Antrag auf Einziehung des Erbscheins weiter. Das OLG Hamm (Beschl. v. 18. 1. 1963 — 15 W 447/62: FamRZ 1963, 253; DRpfl. 1963, 159 — zust. *Riedel;* Leitsätze in NJW 1963, 512; DRiZ 1963 B 70 Nr. 1004 und Mitteilungen 1963, 74 und 183) möchte der weiteren Beschwerde stattgeben, sieht sich jedoch an dieser Entscheidung durch den Beschluß des OLG Bremen vom 8. 10. 1959 (FamRZ 1960, 158)[1] gehindert und hat deshalb die Sache dem BGH vorgelegt. Der BGH hat die weitere Beschwerde zurückgewiesen. (Die gegen diese Entscheidung eingelegte Verfassungsbeschwerde hat das BVerfG mit Beschluß vom 18. 12. 1963 — 1 BvR 451/63 — gemäß § 93 a III BVerfGG verworfen.)

Aus den Gründen des Beschlusses des BGH:

„A. Die Voraussetzungen des § 28 II FGG liegen vor, weil, wie sich aus den nachfolgenden Ausführungen ergibt, das OLG mit der beabsichtigten Entscheidung bei der Auslegung einer reichs-(bundes-)gesetzlichen Vorschrift, welche eine der in § 1 FGG bezeichneten Angelegenheiten betrifft, von dem vorerwähnten, auf weitere Beschwerde ergangenen Beschluß des OLG Bremen abweichen würde.

B. Die weitere Beschwerde ist gemäß § 27 FGG zulässig, jedoch nicht begründet.

[*34*] Nach § 1931 I Satz 1 BGB ist der überlebende Ehegatte neben Verwandten der zweiten Ordnung zur Hälfte der Erbschaft als gesetzlicher Erbe berufen. Der gesetzliche Erbteil des überlebenden Ehegatten erhöht sich nach §§ 1931 III, 1371 BGB in der seit dem Inkrafttreten des GleichberG (1. 7. 1958) geltenden Fassung um ein Viertel der Erbschaft, wenn die Ehegatten im Zeitpunkt des Erbfalles im Güterstand der Zugewinngemeinschaft gelebt haben. Die Beantwortung der Frage, ob der Erbschein vom 31. 10. 1961 unrichtig ist und eingezogen werden muß (§ 2361 I BGB), hängt deshalb davon ab, in welchem Güterstand der Erblasser und seine Ehefrau zur Zeit des Erbfalles gelebt haben.

1. Nach Art. 8 I Nr. 3 GleichberG finden die Vorschriften über den Güterstand der Zugewinngemeinschaft, soweit die Ehegatten nichts anderes vereinbart haben, Anwendung, wenn die Ehegatten am 31. 3. 1953 im Güterstand der Verwaltung und Nutznießung des Mannes

---

[1] IzRspr. 1958—1959 Nr. 8.

gelebt haben. Das AG und auch das LG halten die Voraussetzungen dieser Vorschrift nicht für gegeben und den erteilten Erbschein für richtig. Das Beschwerdegericht führt dazu aus: Die Eheleute B. hätten am 31. 3. 1953 in der sowjet. Besatzungszone gewohnt, in der seit dem Inkrafttreten der Verfassung der sog. DDR am 7. 10. 1949 Gütertrennung gegolten habe; diesem Recht seien sie unterworfen gewesen. Durch ihre Übersiedlung in die Bundesrepublik habe der Güterstand sich nicht geändert. Der aus Art. 15 EGBGB abgeleitete Grundsatz der Unwandelbarkeit des Güterrechtsstatuts müsse auch im interzonalen (interlokalen) Recht Anwendung finden mit der Maßgabe, daß an die Stelle der Staatsangehörigkeit als Anknüpfungspunkt der gewöhnliche Aufenthalt des Mannes trete. Die Anwendung des Art. 15 EGBGB könne nicht zugunsten reiner Zweckmäßigkeits- und — immerhin zweifelhafter — Billigkeitserwägungen aufgegeben werden, ohne eine erhebliche Rechtsunsicherheit zu schaffen und die Rechtszersplitterung in Deutschland weiter zu vertiefen. Der Gesetzgeber habe im Gleichberechtigungsgesetz keine besondere Regelung für interzonale Konfliktsfälle getroffen, obwohl ihm zweifelsfrei bekannt gewesen sei, daß sie in der Rechtsprechung und Rechtslehre durch die Anwendung des deutschen interlokalen Privatrechts gelöst würden und es an Vorschlägen für eine Änderung dieses Rechtszustandes nicht gefehlt habe. Die aus dem Grundsatz der Unwandelbarkeit des Güterrechtsstatuts sich ergebende Lösung könne im übrigen durch den Abschluß eines Güterrechtsvertrages ausgeschlossen werden.

2. Das OLG Hamm hält die Entscheidung des Beschwerdegerichts, die mit der Rechtsauffassung des OLG Bremen (aaO) übereinstimmt, für unrichtig. Es meint, an dem Grundsatz der Unwandelbarkeit des Güterstandes könne dann nicht mehr festgehalten werden, wenn deutsche Eheleute die Sowjetzone verlassen und in der Bundesrepublik ihren Wohnsitz genommen haben. Die Flüchtlinge aus der Sowjetzone seien regelmäßig ohne nennenswerte persönliche Habe in die Bundesrepublik gekommen. Sie müßten hier eine neue Existenz aufbauen. Erst durch das in der Bundesrepublik neu erworbene Vermögen erhalte ihr Güterrechtsstatus wieder einen tatsächlichen Inhalt. Es erscheine deshalb nicht gerechtfertigt, die sowjetzonale Gütertrennung noch als für die Eheleute verbindlich anzusehen, während für sie im übrigen die Rechtsordnung der Bundesrepublik maßgebend sei. Ihr Güterrechtsstatus habe sich gewandelt in dem Zeitpunkt, in dem sie ihren Wohnsitz in Westdeutschland genommen hätten. Seit dieser Zeit lebten sie im gesetzlichen Güterrecht der Bundesrepublik. Dieser Ansicht stehe der Grundsatz der Rechtssicherheit nicht entgegen, zumal da der Gesetzgeber durch das Gleichberechtigungsgesetz den Grundsatz der Unwandelbarkeit des Güterstandes aufgegeben habe.

3. Der BGH vermag der Auffassung des vorlegenden OLG nicht zu folgen. Er schließt sich der Ansicht des OLG Bremen an.

a) Die Frage, welcher gesetzliche Güterstand für Ehegatten gilt, die seit der Eheschließung in der Sowjetzone im dortigen gesetzlichen Güterstand der Gütertrennung gelebt haben und vor dem Inkrafttreten des Gleichberechtigungsgesetzes in die Bundesrepublik übergesiedelt sind, insbesondere ob an die Stelle der Gütertrennung nach sowjetzonalem Recht der Güterstand der Zugewinngemeinschaft (§§ 1363 ff. BGB) getreten ist, hat keine ausdrückliche gesetzliche Regelung erfahren. Es handelt sich um einen interzonalen Konfliktsfall, der durch die Teilung Deutschlands und die dadurch eingetretene Rechtsspaltung entstanden ist. Das interzonale Recht ist dem sogenannten interlokalen Recht zuzurechnen, nach dessen Grundsätzen die Anwendung des in verschiedenen Rechtsgebieten desselben Staates geltenden Rechts zu beurteilen ist. Im Gegensatz zum deutschen internationalen Privatrecht, das die Anwendung des deutschen und des in einem fremden Staat geltenden Rechts regelt, fehlt es an ausdrücklichen Vorschriften für interlokale Konfliktsfälle.

Das OLG Hamm geht in Übereinstimmung mit dem Beschwerdegericht zutreffend davon aus, daß die Regeln des interlokalen Kollisionsrechts in Anlehnung an das internationale Privatrecht entwikkelt werden müssen (vgl. BGHZ 1, 109, 111 f.[2]; 12, 79, 83[3]). Dies bedeutet, daß [*35*] die Grundsätze des internationalen Privatrechts auf interlokale (interzonale) Konfliktsfälle entsprechend anzuwenden sind. Nach Art. 15 I EGBGB wird das eheliche Güterrecht nach den deutschen Gesetzen beurteilt, wenn der Ehemann zur Zeit der Eheschließung ein Deutscher war. Erwirbt der Ehemann nach der Eingehung der Ehe die Reichsangehörigkeit, so sind für das eheliche Güterrecht die Gesetze des Staates maßgebend, dem der Mann zur Zeit der Eingehung der Ehe angehörte (Art. 15 II Halbsatz 1 EGBGB). Aus dieser Vorschrift ist in der Rechtsprechung und Rechtslehre der Grundsatz der Unwandelbarkeit des Güterrechtsstatuts hergeleitet worden, der besagt, daß der gesetzliche Güterstand durch einen Wechsel der Staatsangehörigkeit nicht berührt wird. Dieser Grundsatz hängt, wie *Staudinger* (BGB, 9. Aufl., Art. 15 EGBGB A I 3, S. 304) zutreffend ausführt, mit dem Prinzip der wohlerworbenen Rechte zusammen; denn das Güterrechtsverhältnis, in dem die Eheleute stehen, begründet gegenseitige Rechte und Pflichten; wohlerworbene Rechte werden aber durch den Statutenwechsel nicht berührt. Auch Art. 2 II des Haager Ehewirkungsabkommens vom 17. 7. 1905 (abgedruckt bei *Palandt,* [BGB] Anhang zu Art. 15 EGBGB) bestimmt, daß eine Änderung der Staatsangehörigkeit der Ehegatten ohne Einfluß auf das eheliche Güterrecht ist. Maßgebend für das Güterrecht ist das Heimatrecht des Mannes in der Form, in der es zur Zeit des Wechsels der Staatsangehörigkeit bestand, während etwaige Änderungen nach diesem Zeitpunkt unberücksichtigt bleiben (sog. Versteinerung des Güterstandes). Bei entsprechender Anwen-

---

[2] IPRspr. 1950—1951 Nr. 59.

[3] IzRspr. 1945—1953 Nr. 400 a.

dung des Art. 15 II EGBGB auf interlokale Konfliktsfälle muß an die Stelle der Staatsangehörigkeit ein anderer Anknüpfungspunkt treten. Als solcher kommt der gewöhnliche Aufenthalt des Mannes zur Zeit der Eheschließung in Betracht. Nach dem Grundsatz der Unwandelbarkeit des Güterrechtsstatuts bestimmt sich deshalb bei Flüchtlingen der gesetzliche Güterstand nach dem Heimatrecht, das für den Ehemann im Zeitpunkt der Übersiedlung in die Bundesrepublik maßgebend war. Dies war beim Erblasser der sowjetzonale Güterstand der Gütertrennung.

[*36*] Im Schrifttum (vgl. die Zusammenstellung bei *Brand-Kleef*, Die Nachlaßsachen in der gerichtlichen Praxis, 2. Aufl., § 43, S. 110, 111; ferner *Kegel*, Internationales Privatrecht 258 ff.; *Raape*, Internationales Privatrecht, 5. Aufl., 151 ff., 338; *Firsching*, DNotZ 1960, 644 unter Nr. 8; *Lange*, Lehrbuch des Erbrechts 31; *Müller-Freienfels*, JZ 1957, 685, 690 Fn. 33; *Palandt*, BGB, 22. Aufl., Art. 7 EGBGB Vorbem. 14g ff, Art. 15 Anm. 2, 3 und weiter die Abhandlungen von *Riedel*, DRpfl. 1962, 310 ff. und 1963, 160 [Anmerkung zum Vorlagebeschluß des OLG Hamm] sowie *Tröster*, DRpfl. 1962, 253 ff.) werden zu der Frage, ob der Grundsatz der Unwandelbarkeit des Güterrechtsstatuts überhaupt auf Flüchtlinge und Vertriebene anzuwenden ist, unterschiedliche Auffassungen vertreten. Zum Teil wird die Anwendung des Unwandelbarkeitsgrundsatzes bei vertriebenen Volksdeutschen bejaht, bei Sowjetzonenflüchtlingen verneint, zum Teil bei beiden Flüchtlingsgruppen entweder Unwandelbarkeit oder Wandelbarkeit angenommen. Es überwiegt jedoch die Ansicht, daß bei Flüchtlingen an dem Grundsatz der Unwandelbarkeit des Güterrechtsstatuts nicht festgehalten werden könne (vgl. z. B. die Zitate bei *Riedel*, DRpfl. 1962, 319 Fn. 36 ff.). Dagegen wird in der Rechtsprechung überwiegend die gegenteilige Auffassung vertreten. Außer dem OLG Bremen halten das OLG München (NJW 1953, 628[4]) und das BayObLG (BayObLGZ 1959, 89 = FamRZ 1959, 357[5]; BayObLGZ 1961, 123 = FamRZ 1961, 319 sowie FamRZ 1963, 251) an dem Grundsatz der Unwandelbarkeit fest (a. A. LG Lüneburg, FamRZ 1962, 431[6]; vgl. auch LG Aachen, FamRZ 1962, 385[7]).

Abgesehen von verfassungsmäßigen Bedenken, die gegen die Vereinbarkeit des Art. 15 II EGBGB mit dem Grundgesetz und damit gegen den Grundsatz der Unwandelbarkeit des Güterrechtsstatuts geltend gemacht werden, wird die Wandelbarkeit des Güterstandes im wesentlichen wie folgt begründet: Bei der Übersiedlung von der Sowjetzone nach Westdeutschland handele es sich um eine Massenerscheinung, [*37*] die der Gesetzgeber beim Erlaß des BGB nicht habe voraussehen können. In dem Zonenwechsel liege in der Regel eine eindeutige Option für das Rechtssystem der Bundesrepublik; die Beteiligten wollten sich also der Rechtsordnung der Sowjetzone entziehen und sich dem Recht Westdeutschlands unterwerfen.

---

[4] IzRspr. 1945—1953 Nr. 42.

[5] IPRspr. 1958—1959 Nr. 120.

[6] Siehe oben Nr. 2.

[7] IzRspr. 1960—1961 Nr. 12.

Es sei abwegig, wenn man den Flüchtlingen nach dem Verlust von Hab und Gut ein leeres fremdes Güterrecht aufzwingen wollte. Schließlich sei auch der Zonenwechsel nicht einem Staatsangehörigkeitswechsel oder der Niederlassung eines Ausländers im Inland gleichzustellen.

b) Die Bedenken, die gegen die Anwendung des Grundsatzes der Unwandelbarkeit des Güterrechtsstatuts bei Flüchtlingen erhoben werden, sind nicht begründet.

Einer Stellungnahme zu der Frage, ob Art. 15 II EGBGB, soweit er an die Staatsangehörigkeit des *Mannes* anknüpft, mit dem Grundsatz der Gleichberechtigung (Art. 3 II GG) vereinbar ist, bedarf es im gegenwärtigen Verfahren nicht, weil beide Ehegatten einen gemeinsamen Wohnsitz und Aufenthalt gehabt haben, so daß sichergestellt ist, daß für beide gleiches Recht zur Anwendung kommt.

Zur Begründung der Auffassung, Art. 15 II EGBGB stehe mit dem Verfassungsgrundsatz des Art. 3 I und III GG in Widerspruch, wird geltend gemacht, der Gesetzgeber sei beim Erlaß des Gleichberechtigungsgesetzes gehalten gewesen, den allgemeinen Gleichheitssatz zu beachten und deshalb den gesetzlichen Güterstand der Zugewinngemeinschaft — infolge der Gleichstellungsnorm des Art. 116 I GG — für Alt- und Neubürger in gleicher Weise zu regeln (vgl. *Riedel*, DRpfl. 1962, 321 und 1963, 162); es sei auch nicht einzusehen, weshalb für Deutsche und für solche, die sonst allgemein nach deutschem Recht behandelt würden, unter im übrigen gleichen Voraussetzungen nicht ebenso wie für alle übrigen Bewohner des Bundesgebietes der Güterstand der Zugewinngemeinschaft gelten solle (*Brand-Kleef* aaO). Entgegen dieser Ansicht kann jedoch ein Verstoß gegen den Gleichheitssatz nicht darin erblickt werden, daß der Gesetzgeber nur den bisherigen gesetzlichen Güterstand der Verwaltung [*38*] und Nutznießung des Mannes (und in bestimmten Fällen gemäß Art. 8 I Nr. 5 Abs. 2 GleichberG den Güterstand der Gütertrennung) in den neuen Güterstand übergeleitet hat. Daß nicht alle deutschen Staatsangehörigen im gleichen gesetzlichen Güterstand leben, widerspricht nicht dem Gleichheitssatz des Art. 3 I und III GG. Das BayObLG (BayObLGZ 1959, 89[8]) hat hierzu bereits zutreffend ausgeführt, daß Art. 15 II EGBGB niemanden wegen seiner Heimat und Herkunft bevorzuge oder benachteilige, sondern lediglich für alle in der gleichen Weise internationalprivatrechtlich das eheliche Güterrecht regle. Die Gleichstellung der volksdeutschen Flüchtlinge und Vertriebenen ohne deutsche Staatsangehörigkeit durch Art. 116 I GG hat auch in Verbindung mit der am 1. 1. 1962 in Kraft getretenen Vorschrift des Art. 9 II Satz 5 FamRÄndG, wie *Riedel* (DRpfl. 1962, 313, 314) zutreffend ausführt, den Art. 15 II EGBGB und damit den Grundsatz der Unwandelbarkeit des Güterrechtsstatuts nicht geändert. Die gegenteilige Auffassung würde übrigens zu dem Er-

---

[8] IPRspr. 1958—1959 Nr. 120.

gebnis führen, daß für deutsche Staatsangehörige nach Art. 15 II EGBGB das Güterrecht des Staates, dessen Staatsangehöriger der Ehemann bei der Eheschließung war, anzuwenden ist, während für Flüchtlinge im Sinne des Art. 116 GG unter den gleichen Voraussetzungen deutsches Güterrecht Geltung hätte.

Bei der Beantwortung der Frage, ob auch bei Flüchtlingen an dem Grundsatz der Unwandelbarkeit des Güterrechtsstatuts festzuhalten ist, muß davon ausgegangen werden, daß kein Grund besteht, die verschiedenen Flüchtlingsgruppen (z. B. Sowjetzonenflüchtlinge, Vertriebene aus den deutschen Ostgebieten jenseits der Oder-Neiße-Linie, Sudetendeutsche, Karpatendeutsche) unterschiedlich zu behandeln. Die Bedenken, die gegen die Aufrechterhaltung des Unwandelbarkeitsgrundsatzes bei Flüchtlingen und Vertriebenen geltend gemacht werden, greifen nach Ansicht des Senats nicht durch. Das gilt zunächst von der Auffassung, daß Art. 15 II EGBGB auf Massenfluchtbewegungen keine Anwendung finden könne. Die Tatsache, daß diese Vorschrift keine Bestimmungen über die [39] Auswirkungen von Gebietsveränderungen oder Bevölkerungsbewegungen auf das eheliche Güterrecht der betreffenden Personen enthält, besagt nichts für die Annahme, daß der Unwandelbarkeitsgrundsatz auf Massenfluchtbewegungen infolge des zweiten Weltkrieges nicht anwendbar sei. Daß der Gesetzgeber beim Erlaß des BGB solche Fluchtbewegungen nicht vorausgesehen hat, kann nicht entscheidend sein. Dies erkennt auch das vorlegende OLG an. Der für den Unwandelbarkeitsgrundsatz maßgebende Gedanke, daß es unbillig wäre, nachträglich bei einem Staatsangehörigkeits- oder Aufenthaltswechsel durch eine Änderung des Güterstandes in die güterrechtlichen Verhältnisse einzugreifen, entfällt nicht schon deshalb, weil den Flüchtlingen und Vertriebenen das von ‚Gütern' abgeleitete Güterrecht verlorengegangen sei, ganz abgesehen davon, daß ein solcher Vermögensverlust nicht in allen Fällen vorliegt. Dem vom OLG Hamm als entscheidend bezeichneten Gesichtspunkt, daß die Flüchtlinge aus der Sowjetzone regelmäßig ohne nennenswerte persönliche Habe in die Bundesrepublik gekommen seien, sich hier eine neue Existenz aufbauen müßten und daß ihr Güterrecht erst durch das in der Bundesrepublik neu erworbene Vermögen wieder einen tatsächlichen Inhalt erlange, kann deshalb keine entscheidende Bedeutung zukommen. Daß Flüchtlinge mit ihrer Flucht sich der Rechtsordnung ihres Heimatortes entziehen und dem Recht der Bundesrepublik unterwerfen wollen, wird in der Regel zutreffen. Ein Wille der Beteiligten, der nicht in einer Güterrechtsvereinbarung seinen Niederschlag gefunden hat, muß jedoch unberücksichtigt bleiben. Im allgemeinen werden Flüchtlinge und Vertriebene sich über ihre güterrechtlichen Verhältnisse keine Gedanken machen. Es kann aber durchaus der Fall sein, daß, wie auch das BayObLG (FamRZ 1963, 251, 253) ausführt, Flüchtlinge Wert darauf legen, ihrem alten Heimatrecht verbunden zu bleiben und den ihnen vertrauten Güterstand zu behalten. Die Auffassung des OLG Hamm ist auch mit dem Wortlaut des Gesetzes nicht vereinbar; denn nach Art. 8 I Nr. 3 und 4 GleichberG gilt der gesetzliche Güterstand der Zugewinngemeinschaft nur für [*40*] Ehegatten, die am 31. 3. 1953 im Güterstand der Verwaltung und Nutznießung des Mannes gelebt oder in der Zeit zwischen dem 1. 4. 1953 und dem Inkrafttreten des Gleichberechtigungsgesetzes geheiratet haben. Diese Voraussetzung war bei den Eheleuten B. nicht gegeben, da sie seit ihrer Eheschließung im Jahre 1950 im Güterstand der (sowjetzonalen) Gütertrennung gelebt haben. Es mag unerwünscht und auch unbefriedigend sein, daß Flüchtlinge, die schon vor dem Inkrafttreten des Gleichberechtigungsgesetzes in die Bundesrepublik gekommen sind und im übrigen den hier verbliebenen Deutschen rechtlich gleichstehen, in einem anderen gesetzlichen Güterstand leben. Abgesehen davon, daß es noch Ehen mit altrechtlichen gesetzlichen Güterständen gibt, die nicht in den neuen Güterstand der Zugewinngemeinschaft übergeleitet sind, werden die Flüchtlinge dadurch, daß ihr bisheriger gesetzlicher Güterstand auch nach der Übersiedlung in die Bundesrepublik bestehen bleibt, nicht derart benachteiligt, daß es ungerecht und schlechthin unvertretbar wäre, sie weiterhin an ihren bisherigen gesetzlichen Güterstand zu binden. Es steht ihnen jederzeit frei, durch einen Ehevertrag ihre güterrechtlichen Verhältnisse anderweitig zu regeln, da der Zwang, in Gütertrennung zu leben, mit der Flucht nach Westdeutschland aufhört. Auch der Bundesminister der Justiz hat in einer Bekanntmachung vom 7. 10. 1960 (BAnz. 1960, 194, abgedruckt DNotZ 1960, 564) auf die unklare Rechtslage bei Ehegatten, die am 7. 10. 1949 in der Sowjetzone gelebt oder später dort geheiratet haben, hingewiesen und den in Betracht kommenden Flüchtlingen dringend empfohlen, ihrerseits klare Verhältnisse zu schaffen, indem sie entweder in einem Ehevertrag selbst bestimmen, in welchem Güterstand sie leben wollen oder zum mindesten durch Errichtung einer Verfügung von Todes wegen die Erbfolge nach ihren Wünschen regeln.

Aus welchen Gründen das Güterrecht der Flüchtlinge und Vertriebenen bisher keine ausdrückliche gesetzliche Regelung erfahren hat, ist nicht bekannt und auch nicht entscheidend. Für die Annahme, man sei beim Erlaß des GleichberG davon ausgegangen, daß der Güterstand der Zugewinngemeinschaft auch für Flüchtlinge gelte (vgl. *Thierfelder*, FamRZ 1959, 447), liegen jedenfalls keine Anhaltspunkte vor. [*41*] Im übrigen kann dem Gesetzgeber nicht unbekannt gewesen sein, daß interlokale (interzonale) Konfliktsfälle in der Rechtsprechung nach den Regeln des internationalen Privatrechts behandelt wurden (vgl. BGHZ aaO; zur Unwandelbarkeit des Güterrechts: OLG München aaO) und daß die Frage des Güterrechts der Flüchtlinge und Vertriebenen schon lange vor dem Erlaß des GleichberG Gegenstand der Erörterungen im Schrifttum gewesen war (vgl. z. B. *Neuhaus*, RabelsZ 1952, 676 ff.). Das OLG Hamm verkennt nicht, daß, wie auch das OLG Bremen hervorhebt, bei der von ihm vertretenen Auffassung unter Umständen, wenn Ehegatten wiederholt gemeinsam oder einzeln den gewöhnlichen Aufenthalt wechseln, wenn ein Ehegatte die Bundesrepublik wieder verläßt oder beide Ehegatten wieder auswandern, zweifelhaft sein kann, welches Güterrecht anzuwenden ist; es meint jedoch, daß diese Schwierigkeiten in Kauf genommen werden könnten. Demgegenüber ist jedoch dem Beschwerdegericht darin zuzustimmen, daß der Grundsatz der Unwandelbarkeit des Güterrechtsstatuts zugunsten von Zweckmäßigkeits- oder Billigkeitserwägungen im Interesse der Rechtssicherheit nicht aufgegeben werden kann, solange keine anderweitige ausdrückliche gesetzliche Regelung getroffen ist. Die Notwendigkeit, die güterrechtlichen Beziehungen der Ehegatten durch Ehevertrag zu regeln, ist, wie das OLG Bremen zutreffend ausführt, das kleinere Übel gegenüber einer vom rechtsgeschäftlichen Willen der Betroffenen unabhängigen, durch einen Wechsel des Aufenthaltsortes bedingten automatischen, ihnen möglicherweise gar nicht bewußt werdenden Überführung in den westdeutschen gesetzlichen Güterstand.

Die Anwendung des Rechts der sowjetzonalen Gütertrennung verstößt weder gegen die guten Sitten noch gegen den Zweck eines deutschen Gesetzes, da die Grundlagen des deutschen staatlichen oder wirtschaftlichen Lebens durch die Anwendung des fremden Rechts nicht angegriffen werden (BGHZ 22, 162, 167[9]; 28, 375, 384, 386[10])."

2. Kindschaftsrecht

8. Hat eine Mutter mit ihrem Kind ohne Einwilligung des Ehemannes und ohne polizeiliche Genehmigung die Sowjetzone verlassen und sich in das Bundesgebiet begeben, so hat sie damit die Interessen des Kindes grob mißachtet; das rechtfertigt die Übertragung des Sorgerechts über das Kind auf den in der Sowjetzone verbliebenen Vater.

Kreisgericht Delitzsch (sowjet.), Urt. v. 25. 10. 1961 — 3 F 83/61: unveröffentlicht.

Die Parteien sind Eheleute; sie haben im August 1957 die Ehe geschlossen und lebten in D. (sowjet.). Aus ihrer Ehe ist eine im Januar 1958 geborene Tochter hervorgegangen. Im Oktober 1960 hat die bekl. Ehefrau mit dem Kind ohne Einverständnis ihres Mannes und ohne polizeiliche Genehmigung die Sowjetzone verlassen. Sie begab sich mit dem Stiefvater des Kl. in das Bundesgebiet.

Der Kl. hat beantragt, die Ehe der Parteien zu scheiden und ihm das Sorgerecht für seine Tochter zu übertragen. Die Bekl. ist der Scheidung nicht entgegengetreten, beantragt jedoch die Übertragung des Sorgerechts für ihre Tochter auf sich. Das Gericht hat die Ehe geschieden, das Sorgerecht für die Tochter dem Kl. übertragen und die Bekl. zur Zahlung eines Unterhalts für das Kind von monatlich 30 DM verurteilt.

---

[9] IPRspr. 1956—1957 Nr. 3.

[10] IPRspr. 1958—1959 Nr. 110.

Gründe:

„In der Beweisaufnahme wurde festgestellt, daß die Parteien bis September 1960 ordentlich wie Eheleute zusammen gewohnt und gelebt haben. Davon zeugt auch der Zeitpunkt des letzten ehelichen Verkehrs, der unbestritten noch bis zum gleichen Monat stattgefunden hat. Der Kl. gibt zu, daß es zwischen den Parteien Differenzen gegeben hat, die aber nie so ernstlich waren, daß sie den Bestand der Ehe auch nur in irgendeiner Weise gefährdet hätten. Die Zeugin H. erklärte in ihrer Vernehmung, daß sich der Kl. hin und wieder mal in der Gaststätte aufgehalten hat, während die Bekl. wenig Lust für den Haushalt zeigte und mitunter kein Essen vorbereitete. Die Parteien waren noch recht jung. Über solche Dinge hätten sie sich, wie es in jeder anderen Ehe auch geschieht, auseinandersetzen können, um ihr Verhalten im Interesse der Erhaltung und Festigung der Ehe zu verändern. Daran war die Verkl. jedoch nicht interessiert. Sie hat am 31. 10. 1960 illegal unsere Republik verlassen. Damit hat sie nicht nur aufs schändlichste die Ehe aufgegeben, sondern auch Verrat an den Interessen der Arbeiterklasse und unseres Arbeiter- und Bauernstaates begangen. Mit ihrem illegalen Verlassen unserer Republik hat sie die Hetze der westlichen Militaristen und Faschisten gegen unseren Staat unterstützt und das offensichtlich nur, um ihr unmoralisches Verhalten im Westzonenstaat völlig legal fortzusetzen. Zu dieser Feststellung mußte das Gericht nach Würdigung der Beweisaufnahme kommen. Die Verkl. hat mit dem um 26 Jahre älteren Zeugen H., dem Stiefvater des Kl., illegal die Republik verlassen. Dieser Zeuge ist ebenfalls verheiratet und hat mit seiner Ehefrau nach den Aussagen der Zeugin H. ebenfalls bis zuletzt zusammengelebt. Die Aussagen der Verkl., daß sie mit dem Zeugen H. keinerlei intime Beziehungen unterhält, sind völlig unglaubhaft, denn sonst hätte sie sich nicht in so skrupelloser Weise über ihre und die Ehe ihrer Schwiegermutter hinweggesetzt. Außerdem wohnt sie mit dem Zeugen H. in W. (Bundesgebiet) zusammen und lebt dort offensichtlich auch auf seine Kosten. Wie sie erklärt, geht sie keiner Arbeit nach. Die Verkl. hatte sich bereits in D. im gleichen Betrieb Arbeit gesucht, wo der Zeuge H. tätig war. Sie hat mit ihm in gleichen Schichten gearbeitet, obwohl sie im VEB Ziehwerk ihre Arbeit angeblich nur wegen der Schichten aufgegeben hat. Die gesamte Würdigung zu diesem Beweisthema wird dadurch gestützt, daß der Zeuge H. vor dem Rechtshilfegericht die Aussage verweigert hat. Wenn seine Beziehungen zur Verkl. sauber und einwandfrei wären, dann hätte er keinen Grund gehabt, die Aussage zu verweigern. Es ist anzunehmen, daß er durch sein Zusammenleben mit der Verkl. genauestens unterrichtet war, um was es ging. Die Verkl. hat deutlich zu erkennen gegeben, daß sie im Westzonenstaat verbleiben will. Unter diesen Umständen kann dem Kl. nicht zugemutet werden, die Ehe mit der Verkl. noch weiter aufrechtzuerhalten. Die Ehe ist für die Parteien, für das gemeinsame Kind und für unsere

Gesellschaft sinnlos geworden und war daher nach § 8 der EheVO zu scheiden.

Das Interesse des Kindes steht der Scheidung nicht entgegen. Die Verkl. hat die Interessen des Kindes aufs gröbste mißachtet. Sie schreckte nicht davor zurück, das Kind in den Westzonenstaat mitzunehmen, wo äußerst unsichere politische und soziale Verhältnisse herrschen. Ihre Handlungsweise ist moralisch verwerflich und zeigt, daß die Verkl. nicht die Gewähr dafür gibt, dem Kind eine vorbildliche und einwandfreie Entwicklung und Erziehung zu sichern. Zudem ist die durch Atomaufrüstung bestimmte Entwicklung im Westzonenstaat eine ernste Gefahr für alle Kinder, die dort leben. Deshalb liegt es im Interesse des Kindes der Parteien, wenn es wieder in das Gebiet der DDR zurückkehrt und hier unter geordneten und sicheren Verhältnissen leben darf. Der Kl. wird als ein ordentlicher Arbeiter eingeschätzt, der mit Hilfe der staatlichen Kindereinrichtungen jederzeit in der Lage ist, die Betreuung und Erziehung des Kindes zu gewährleisten. In Übereinstimmung mit dem Vorschlag des Referats Jugendhilfe beim Rat des Kreises D. wurde dem Verkl. [gemeint ist: Kl.] das Sorgerecht für das Kind H. übertragen. Die Verkl. ist verpflichtet, Unterhalt für das Kind zu zahlen, den das Gericht antragsgemäß auf monatlich 30 DM festsetzte. Wenn die Verkl. gegenwärtig keiner Arbeit nachgeht, war über den Unterhalt zu entscheiden, denn von ihr muß verlangt werden, daß sie sich einen entsprechenden Verdienst schafft, um ihrer Unterhaltspflicht nachkommen zu können. Sie ist sonst auch immer einer Arbeit nachgegangen. Gemäß § 19 der EheVO wurden den Parteien die Gerichtskosten je zur Hälfte auferlegt, außergerichtliche Kosten hat jede Partei für sich selbst zu zahlen."

9. Das Verhältnis einer unehelichen Mutter zu ihrem Kinde bestimmt sich im interzonalen Recht entsprechend Art. 20 Satz 1 EGBGB grundsätzlich nach der Rechtsordnung am gewöhnlichen Aufenthalt der Mutter. — Nach dem ebenfalls entsprechend anzuwendenden Art. 20 Satz 2 EGBGB bleibt jedoch westdeutsches Recht maßgebend, wenn die Mutter in die Sowjetzone übersiedelt, ihr Kind dagegen im Bundesgebiet verbleibt.

KG Berlin-West, Beschl. v. 11. 1. 1962 — 1 AR 93/61: StAZ 1963, 124; ZBlJugR 1962, 119; DRspr. I (181) 61c; Leitsatz in FamRZ 1963, 311 und Archiv-Bericht 1963, 60.

Im Mai 1954 wurde der Knabe W. in X. (Bundesgebiet) unehelich geboren; Amtsvormund wurde das Kreisjugendamt F. Die Mutter des Kindes verzog im Jahre 1958 in die Sowjetzone, während ihr Kind bis Juli 1959 in einem Kinderheim in der Nähe von F. verblieb. Durch Vermittlung deutscher Behörden und unter Zustimmung des Amtsvormunds wurde W. im Juli 1959 von einem Ehepaar in Norwegen aufgenommen.

Die Pflegeeltern bemühten sich um die Adoption von W. Seine Mutter hatte bereits im September 1958 durch Erklärung vor dem Staatlichen Notariat in R. (sowjet.) in eine Adoption ihres Kindes eingewilligt. Im

August 1960 genehmigte auch die zuständige norwegische Behörde die Adoption. Der Amtsvormund willigte in die Adoption nicht ein, da das AG A. (Bundesgebiet) der Ansicht war, die Kindesmutter habe nach sowjetzonalem Recht die elterliche Gewalt über ihr Kind erlangt, so daß die Amtsvormundschaft erloschen sei.

Im Oktober 1961 ist durch Vermittlung des norwegischen Generalkonsulats in Hamburg ein Antrag der norwegischen Adoptiveltern an das AG Schöneberg gelangt, in dem diese die Entlassung von W. aus der deutschen Staatsangehörigkeit erbitten, damit er norwegischer Staatsbürger werden könne.

Da sich sowohl das AG Schöneberg als auch das AG A. für unzuständig erklärten, hat das KG das AG A. gemäß § 5 FGG als zuständiges Gericht bestimmt.

Aus den Gründen:

„Die Erteilung der vormundschaftsgerichtlichen Genehmigung zu einem Entlassungsantrag, der gemäß § 19 RuStAG vom 22. 7. 1913 (RGBl. 583) für ein Mündel gestellt wird, ist eine unselbständige Maßnahme innerhalb einer anhängigen Vormundschaft, für welche das Gericht zuständig ist, welches die Vormundschaft führt oder, wenn eine solche nicht anhängig ist, für die Führung der Vormundschaft nach § 36 FGG zuständig wäre. Das ist das AG A. Denn die kraft Gesetzes eingetretene Amtsvormundschaft ist beim AG A. seit der Geburt des Kindes anhängig, und sie ist bisher nicht erloschen.

Die Amtsvormundschaft ist durch den Wegzug der Kindesmutter in die Sowjetzone nicht beendet worden. Zwar findet eine Amtsvormundschaft wie eine Einzelvormundschaft (§ 1882 BGB) grundsätzlich ihre Beendigung, wenn der Mündel unter elterliche Gewalt tritt, da in diesem Fall die Voraussetzungen für den Eintritt einer Amtsvormundschaft nicht mehr bestehen (*Potrykus*, JWG, 1953, § 35 Anmerkung 5; *Riedel*, JWG, 1952, § 37 Anm. 6). Die Kindesmutter hat jedoch die elterliche Gewalt über das Kind nicht dadurch erlangt, daß sie ihren Wohnsitz im Bereich des sowjetzonalen Rechts begründete; § 17 MKSchG vom 27. 9. 1950 (GBl. DDR I 1037), nach welchem die uneheliche Mutter die elterliche Gewalt über ihr Kind erlangt, findet keine Anwendung. Die Frage, welches Recht auf das Verhältnis der unehelichen Mutter zu ihrem Kinde anzuwenden ist, wenn sich Mutter und Kind im Geltungsbereich verschiedener deutscher Rechtsordnungen aufhalten, ist nach den Grundsätzen des interzonalen Privatrechts zu entscheiden. Grundsätzlich sind die Regeln des internationalen Privatrechts entsprechend anwendbar. Hier kommt Art. 20 EGBGB in Betracht. An die Stelle der Staatsangehörigkeit, die im interzonalen Recht als Anknüpfungspunkt ungeeignet ist, tritt als solcher der gewöhnliche Aufenthalt. Da Art. 20 Satz 1 EGBGB auf die Staatsangehörigkeit der Mutter abstellt, ist das Recht maßgebend, das am gewöhnlichen Aufenthalt der Mutter gilt. Das ist im wesentlichen anerkannt (Senat im FamRZ 1957, 383[1]; OLG Stuttgart, JZ 1953, 572[2]; OLG Hamm, ZBlJugR 1954, 144[3]; OLG

[1] IzRspr. 1954—1957 Nr. 19.
[2] IzRspr. 1945—1953 Nr. 47.
[3] IzRspr. 1954—1957 Nr. 11 a.

Hamm, StAZ 1959, 294 = JMBl. NRW 1959, 18[4]; *Beitzke*, FamRZ 1960 171; *ders.*, JR 1952, 141, 144; *Erman-Marquordt*, BGB, 2. Aufl., Art. 20 EGBGB; *Gräbner*, ZBlJugR 1958, 160; *Palandt-Lauterbach*, BGB, 21. Aufl., vor Art. 7 EGBGB Anm. 14g ff; *Prey*, JR 1960, 249; *Raape*, IPR, 5. Aufl., § 33 E [S. 374 f.]; *Schweckendieck*, JR 1952, 463; *Soergel-Kegel*, BGB, 9. Aufl., Art. 20 EGBGB Randn. 30; a. A. *Schroer*, JZ 1956, 543). Art. 30 EGBGB steht der Anwendung des ostzonalen Rechts in diesem Falle nicht entgegen (Senat aaO; *Raape* aaO). Nach Art. 20 Satz 2 EGBGB gilt aber eine Sonderregelung. Hiernach tritt der Statutenwechsel nicht ein, wenn das Kind die deutsche Staatsangehörigkeit behält, die Mutter sie jedoch verliert. Auch dieser Rechtssatz ist im interzonalen Privatrecht entsprechend anwendbar (LG Duisburg, DAVorm. 29 [1956] 12 = FamRZ 1956, 389 [L][5]; *Prey* aaO 250; *Schweckendieck* aaO). Der Grundgedanke der Vorschrift, das deutsche Kind möglichst dem deutschen Recht zu unterwerfen und keinen Wechsel im Kindschaftsstatut eintreten zu lassen, kann im interzonalen Recht ebenfalls Geltung beanspruchen. Der Schutz des westdeutschen Rechts soll dem Kind nicht ohne zwingende Notwendigkeit genommen werden, wenigstens so lange nicht, wie sich das Kind in der Bundesrepublik aufhält. Für die Gegenansicht, die eine entsprechende Anwendung des Art. 20 Satz 2 EGBGB im interzonalen Recht ablehnt (*Soergel-Kegel* aaO Randn. 31), fehlt es an einer überzeugenden Begründung. Für das Kindschaftsstatut ist daher westdeutsches Recht anwendbar geblieben."

(Das Gericht führt sodann aus, daß die Auswanderung des Kindes nach Norwegen das Kindschaftsstatut nicht berührt habe; die Amtsvormundschaft sei auch nicht durch die norwegische Adoption erloschen. Dieser Teil der Gründe wird in IPRspr. 1962/63 veröffentlicht werden.)

10. Der Ablauf der Verjährung wird nicht gemäß § 2 des Kriegsverjährungsschlußgesetzes gehemmt, wenn ein Unterhaltsgläubiger im Jahre 1948 freiwillig aus Westdeutschland an seinen Heimatort im Memelgebiet zurückkehrte. — Im Jahre 1945 war die Sowjetzone im Verhältnis zur britischen Besatzungszone nicht „Ausland" im Sinne des § 35 JWG. — Die Amtsvormundschaft über ein deutsches uneheliches Kind erlischt nicht durch Auswanderung des Kindes, solange dieses seine deutsche Staatsangehörigkeit behält. — Im Verhältnis der Bundesrepublik Deutschland zum Memelgebiet gelten die Regeln des deutschen internationalen Privatrechts. — Für einen Deutschen, der im Ausland wohnt, gilt nicht das Recht der Sowjetzone, wenn er niemals der Gesetzgebung der DDR unterlegen hat.

LG Bielefeld, Urt. v. 31. 10. 1962 — 2 S 384/61: DAVorm. 36 (1963) 32.

---

[4] IzRspr. 1958—1959 Nr. 15. [5] IzRspr. 1954—1957 Nr. 17.

Die Kl., ein uneheliches Kind, wurde am 26. 5. 1945 in Sch. Kreis S. (jetzt: sowjet.) geboren. Die Mutter der Kl. hatte Ende 1944 ihren Heimatort X. im Memelgebiet vor den anrückenden russischen Truppen verlassen. Nach einiger Zeit zog die Kl. mit ihrer Mutter nach E. (brit. Zone). Im August 1948 kehrte ihre Mutter mit der Kl. wieder an den letzten Heimatort im Memelgebiet zurück. Im Januar 1960 kam die Kl. mit ihrer Mutter als Umsiedlerin wieder in das Bundesgebiet zurück.

Im Dezember 1960 erhob die Kl. Klage gegen den Bekl. auf Zahlung von Unterhalt vom Tage ihrer Geburt an. Der Bekl. hat sich auf die Verjährung der Unterhaltsansprüche berufen.

Das AG gab der Klage statt. Das LG wies die Berufung beider Parteien zunächst durch Teilurteil vom 7. 3. 1962 hinsichtlich der nach dem 1. 1. 1956 entstandenen Unterhaltsansprüche zurück. Es wies in dem nachstehend abgedruckten Schlußurteil die Berufung des Bekl. auch hinsichtlich der früher entstandenen Ansprüche zurück.

Aus den Gründen:

„Der Berufung des Bekl. war der Erfolg auch zu versagen, soweit er zur Unterhaltszahlung bis zum 31. 12. 1955 verurteilt worden ist. Im Zeitpunkt der Klageerhebung waren die vor dem 1. 1. 1956 entstandenen Unterhaltsansprüche der Kl. nicht verjährt.

Eine Hemmung der Verjährung dieser Ansprüche ist zwar nicht auf Grund der Vorschriften des sogenannten Kriegsverjährungsschlußgesetzes vom 28. 12. 1950 eingetreten.

§ 2 Satz 1 dieses Gesetzes kann deshalb keine Anwendung finden, weil der Aufenthalt der Kl. im Memelgebiet von 1948 bis 1960 nicht eine Folge von Kriegsereignissen oder -zuständen, sondern die Folge der freiwilligen Rücksiedlung der Kindesmutter ins Memelland im Jahre 1948 gewesen ist. Selbst dann, wenn vor 1960 in einer Unmöglichkeit der Ausreise aus dem Memelland ein ‚Gefangenhalten' im Sinne dieser Vorschrift gesehen werden könnte, ist nicht dargetan, daß dies unter solchen Umständen geschehen wäre, daß der Kl. *dadurch* eine sachgemäße Rechtsverfolgung unmöglich gemacht worden wäre. Die Kindesmutter hätte vielmehr während dieses gesamten Zeitraums die Möglichkeit gehabt, sich brieflich an eine deutsche Behörde zu wenden mit der Bitte, die Rechtsverfolgung der Ansprüche der Kl. durch das zuständige Jugendamt gegebenenfalls durch Bestellung eines Pflegers herbeizuführen.

Eine Anwendung des § 3 des Gesetzes vom 28. 12. 1950 führt zu keinem anderen Ergebnis. Das Erfordernis einer devisenrechtlichen Sondergenehmigung für Unterhaltszahlungen in das Memelgebiet ist, wie sich aus der Auskunft der Landeszentralbank in Nordrhein-Westfalen vom 18. 6. 1962 ergibt, für Beträge unter 3000 DM monatlich am 1. 5. 1954 weggefallen. Infolge einer Hemmung nach § 3 des Gesetzes vom 28. 12. 1950 wäre eine Verjährung der Unterhaltsansprüche der Kl. zwar nicht vor dem 31. 12. 1955, wohl aber im Zeitpunkt der Klageerhebung vollendet gewesen, da zwischen dem 31. 12. 1955 und der Erhebung der Klage ein Zeitraum von über vier Jahren liegt (§ 197 BGB).

Für eine Hemmung der Verjährung der Unterhaltsansprüche bzw. für eine Hemmung des Ablaufs der Verjährungsfrist kommen noch die Vorschriften der §§ 206 und 203 II BGB in Betracht. Gemäß § 35 JWG (jetzt § 40) war mit der Geburt der Kl. das für den Geburtsort Sch. zuständige Jugendamt S. Amtsvormund geworden. Diese Amtsvormundschaft blieb dadurch unberührt, daß die Kl. mit ihrer Mutter alsbald nach Schleswig-Holstein übersiedelte. Ein Übergang der Vormundschaft auf das für den Aufenthaltsort der Kl. in Schleswig-Holstein zuständige Jugendamt gemäß § 35 III JWG (jetzt § 40 III) konnte nicht erfolgen. Jedenfalls im Jahre 1945, als die sog. DDR mit ihrem Anspruch auf Anerkennung als selbständiger Staat noch nicht gegründet war, konnte die damalige sowjet. besetzte Zone gegenüber der damals brit. besetzten Zone nicht als Ausland im Sinne des § 35 III JWG (jetzt § 40 III) angesehen werden. Ein Übergang der Amtsvormundschaft hätte allenfalls gemäß § 39 JWG (jetzt § 44) erfolgen können. Eine Übertragung der Vormundschaft nach diesen Vorschriften durch das Jugendamt S. ist jedoch nicht erfolgt, vielmehr hat das Kreisjugendamt E. mit Schreiben vom 10. 10. 1961 an den Landrat des Kreises H. [Bundesgebiet] mitgeteilt, daß eine Vormundschaft über die Kl. beim Kreisjugendamt E. und bei dem Jugendamt der Stadt E. nicht geführt worden sei. Die Amtsvormundschaft des Jugendamtes S. ist schließlich auch nicht dadurch erloschen, daß die Kindesmutter mit der Kl. im Jahre 1948 ins Memelland zurückkehrte. Durch die Rücksiedlung haben weder die Kindesmutter noch die Kl. ihre deutsche Staatsangehörigkeit eingebüßt. Gemäß § 1882 BGB endet die Vormundschaft mit dem Wegfall der in § 1773 BGB für deren Anwendung bestimmten Voraussetzungen, dagegen nicht durch Auswanderung, solange der Minderjährige die deutsche Staatsangehörigkeit infolge dieser Auswanderung nicht verliert (vgl. *Palandt,* [BGB] Anm. 1c zu § 1882; LG Bielefeld, DAVorm. 28 [1955/1956] 333[1]; ferner § 47 II FGG).

Während des Aufenthaltes der Kl. im Memelland ist auch nicht etwa die Kindesmutter gesetzliche Vertreterin der Kl. geworden. Die Kindesmutter hätte die gesetzliche Vertretung der Kl. selbst dann nicht erlangt, wenn die von 1948—1960 im Memelgebiet geltenden Gesetze der Mutter eines unehelichen Kindes die volle elterliche Gewalt zuerkannt haben. Da die Kindesmutter infolge der Rücksiedlung ihre deutsche Staatsangehörigkeit nicht verloren hatte, waren gemäß Art. 20 EGBGB für das Rechtsverhältnis zwischen ihr und der Kl. — insbesondere also für das Bestehen der elterlichen Gewalt — die deutschen Gesetze allein maßgeblich. Da es sich im Verhältnis der Bundesrepublik Deutschland zum Memelland um internationales Privatrecht handelt, findet Art. 20 unmittelbar Anwendung. Eine analoge Anwendung mit der Maßgabe, daß als Anknüpfungspunkt für das Personalstatut des Kindes nicht die Staatsangehörigkeit der Mutter, sondern deren gewöhnlicher Aufenthalt

[1] IPRspr. 1954—1955 Nr. 130.

tritt, kommt im Verhältnis der Bundesrepublik Deutschland zum Memelland nicht in Betracht.

Mithin blieb während der Zeit des Aufenthaltes der Kl. im Memelland das Jugendamt S. zunächst gesetzlicher Vertreter der Kl.

Die Amtsvormundschaft des Jugendamtes S. endete jedoch durch das Gesetz der DDR vom 27. 9. 1950, durch das der Mutter eines unehelichen Kindes die vollen elterlichen Rechte zuerkannt wurden. Wenn auch die Mutter der Kl. dadurch nicht die elterliche Gewalt erhalten konnte, da sie niemals der Gesetzgebung der sogenannten DDR unterlag, so endete damit doch jedenfalls die Vertretungsbefugnis des Jugendamtes S. Vom Erlaß des Gesetzes vom 29. 7. 1950 an war die Kl. damit ohne gesetzlichen Vertreter.

Für den Lauf der Verjährungsfristen ergeben sich damit folgende Konsequenzen:

1. Für die Zeit bis zum 27. 9. 1950:

Die Kl. war durch das Jugendamt S. gesetzlich vertreten. Das Jugendamt war tatsächlich an der Ausübung der Amtsvormundschaft und damit an der Geltendmachung von Unterhaltsansprüchen verhindert. Es ist ungewiß, ob das Standesamt in Sch. dem zuständigen Jugendamt S. überhaupt von der Geburt der Kl. Mitteilung gemacht hat. Jedenfalls aber war das Jugendamt deshalb an der Geltendmachung von Unterhaltsansprüchen verhindert, weil es weder den Aufenthaltsort der Kl. noch den Erzeuger kannte. Eine derartige tatsächliche Verhinderung der Rechtsverfolgung durch das Jugendamt führte aber keine Ablaufshemmung der Verjährung im Sinne des § 206 BGB herbei. Nur eine *rechtliche* Verhinderung des gesetzlichen Vertreters kann nach herrschender Meinung zu einer Anwendung des § 206 BGB führen (vgl. *Palandt,* § 207 Anm. 2; *Staudinger,* [BGB] § 206 Anm. 2; *Soergel,* [BGB] § 206 Anm. 4; RGZ 143, 352). Rechtlich war das Jugendamt jedoch an der Wahrnehmung der Rechte der Kl. nicht gehindert.

Die tatsächliche Verhinderung des Jugendamtes führt jedoch im vorliegenden Fall zu einer Hemmung der Verjährung auf Grund der Vorschrift des § 203 II BGB. Infolge seiner kraft Gesetzes entstandenen Amtsvormundschaft war das Jugendamt S. während der Dauer des Bestehens dieser Vormundschaft zur Geltendmachung der Unterhaltsansprüche der Kl. gegen den Bekl. berechtigt. Infolge der Umstände, die außerhalb seiner Sphäre lagen und die abzuwenden es keinesfalls die Möglichkeit hatte, war das Jugendamt an der Rechtsverfolgung dieser Ansprüche verhindert. Der Umzug der Kl. von der Niederlausitz nach Schleswig-Holstein hätte in normalen Zeiten eine Abgabe der Vormundschaft durch das Jugendamt der Niederlausitz an das Jugendamt in Schleswig-Holstein nach § 39 (§ 44) JWG zur Folge gehabt. Diese Abgabe ist entweder infolge der Kriegs- und Nachkriegsereignisse unterblieben oder konnte schon aus dem Grunde dann nicht erfolgen, wenn auch das Jugendamt in der Niederlausitz von der direkt nach Kriegsschluß auf der Flucht erfolgten

Geburt der Kl. und damit der Entstehung seiner Amtsvormundschaft keine Kenntnis erlangt hatte. Von dem Zuzug der Kl. nach Schleswig-Holstein hat das dortige Jugendamt nichts erfahren, da in den ersten Nachkriegsjahren in den Flüchtlingslagern der Personenstand der aufgenommenen Personen noch nicht erfaßt wurde und eine Benachrichtigung des Jugendamtes von irgendeiner Seite nicht erfolgt ist. Zwar wäre die Kindesmutter selbst während der Jahre ihres Aufenthaltes in Schleswig-Holstein in der Lage gewesen, das dortige Jugendamt von ihrem Zuzug mit der Kl. zu unterrichten und damit die Übertragung der Amtsvormundschaft vom Jugendamt S. auf das Jugendamt in Schleswig-Holstein in die Wege zu leiten. Es mag der Mutter der Kl. zum Vorwurf zu machen sein, daß sie dies nicht getan hat. Dieses Verschulden würde jedoch weder der Kl. zuzurechnen sein, noch, da es nicht auf seiten des zur gesetzlichen Vertretung berufenen Jugendamtes vorgelegen hat, der Annahme einer durch höhere Gewalt verursachten Unkenntnis von dem Bestehen der gesetzlichen Vertretung bzw. einer durch höhere Gewalt verursachten Verhinderung des Jugendamtes an der Geltendmachung von Unterhaltsansprüchen entgegenstehen.

2. Für die Zeit vom 27. 9. 1950 an:

Vom 27. 9. 1950 an war die Kl. ohne gesetzlichen Vertreter. Damit lagen von da an die Voraussetzungen für eine Hemmung des Ablaufs der Verjährungsfrist nach § 206 BGB vor. Gleichzeitig dauerte aber auch der Hemmungsgrund nach § 203 II BGB weiter fort.

Unter den Voraussetzungen des § 203 II BGB tritt eine Hemmung der Verjährung der Ansprüche der Kl. für den Zeitraum ein, innerhalb dessen sie während der letzten 6 Monate vor Ablauf der Verjährungsfrist an der Rechtsverfolgung verhindert war. Die Ablaufhemmung nach § 206 BGB bewirkt, daß die Verjährungsfrist nicht vor dem Ablauf von 6 Monaten nach dem Zeitpunkt vollendet wird, in welchem die Person unbeschränkt geschäftsfähig wird oder der Mangel der Vertretung aufhört. Infolge der sich an die Verjährungshemmung gemäß § 203 II BGB zeitlich anschließenden und sie damit überlagernden Ablaufshemmung des § 206 BGB lief somit die Verjährung insgesamt nach § 206 BGB nicht vor dem Ablauf von sechs Monaten nach der Beseitigung des Mangels der gesetzlichen Vertretung ab. Da die frühere Bescheinigung des AG H. gemäß § 37 JWG (jetzt § 42) von falschen Voraussetzungen ausging, ist der Mangel der Vertretungsmacht erst durch die spätere, nach § 41 JWG (jetzt § 46) erteilte Bescheinigung des AG H. vom 2. 10. 1962 behoben worden. Die am 24. 12. 1960 erhobene und demnächst zugestellte (vgl. § 496 III ZPO) Klage ist damit vor Ablauf der Verjährungsfrist erhoben. Dies würde im übrigen auch dann gelten, wenn die frühere Bescheinigung des AG H. vom 15. 7. 1960 wirksam gewesen wäre.

Da nach allem eine Verjährung auch der vor dem 1. 1. 1956 entstandenen Unterhaltsansprüche der Kl. bei Einreichung der Klageschrift noch nicht eingetreten war und der Bekl. Einwendungen gegen die Höhe des Unterhaltsanspruchs nicht erhoben hat, mußte seine Berufung, auch soweit über sie nicht durch das Teilurteil vom 1. 3. 1962 bereits entschieden ist, zurückgewiesen werden."

11. Ein sowjetzonales Scheidungsgericht hat seine Entscheidung über das Sorgerecht für die Kinder aus einer geschiedenen Ehe auch dann durch sorgfältige Ermittlungen vorzubereiten, wenn ein Elternteil sich im Bundesgebiet aufhält und sich „gesellschaftswidrig" verhalten hat. — Die Grundsätze für Sorgerechtsentscheidungen gegenüber einem Elternteil, der die Sowjetzone ohne Erlaubnis verlassen hat, lassen sich nicht auf andere Fälle übertragen, in denen eine Familie in den beiden Teilen Deutschlands getrennt lebt.

OG der DDR, Urt. v. 29. 11. 1962 — 1 ZzF 60/62: OGZ 9, 72.

Die Parteien sind Eheleute; sie haben 1943 die Ehe geschlossen, aus der zwei minderjährige Kinder hervorgegangen sind. Bis zum August 1960 befand sich der gemeinsame Wohnsitz in K. (Bundesgebiet). Der Kl. hat seine Familie ohne Verständigung mit oder Unterrichtung der Bekl. verlassen und lebt jetzt in R. (sowjet.). Die Bekl. ist Aufforderungen des Kl., mit den Kindern ebenfalls nach R. überzusiedeln, nicht gefolgt. Die Bekl. leidet seit Jahren an einer Krankheit, die sie oft arbeitsunfähig macht.

Der Kl. hat im September 1961 Klage auf Scheidung der Ehe erhoben; er hat gebeten, das Sorgerecht für die Kinder der Bekl. zu übertragen und hat sich zur Zahlung von Unterhalt bereit erklärt. Die Bekl. hat Klageabweisung beantragt; für den Fall der Scheidung hat sie um Übertragung des Sorgerechts für die Kinder gebeten und beantragt, den Kl. zur Zahlung von Unterhalt zu verurteilen.

Das Kreisgericht hat nach Vernehmung der Parteien die Ehe der Parteien geschieden, das Sorgerecht für die Kinder dem Kl. übertragen und die Bekl. zur Zahlung eines Unterhalts von monatlich 35 DM je Kind verurteilt. Der Präsident des OG hat die Kassation dieses Urteils beantragt, soweit es über das Sorgerecht und Unterhaltszahlung entschieden hat. Der Antrag hatte Erfolg.

Aus den Gründen:

[73] „Das Kreisgericht meint zwar, der Verkl. gesellschaftswidriges Verhalten vorwerfen zu müssen, weil sie selbst mit den Kindern in K. zurückbleiben wolle, übersieht aber, daß es, selbst wenn dieser Vorwurf gerechtfertigt wäre, dadurch nicht von der im § 9 III EheVO festgelegten Verpflichtung befreit war, die Stellungnahme des Rates des Kreises, Referat Jugendhilfe, einzuholen, das — wie das Gesetz ausdrücklich bestimmt — vor dem Anhören eingehende Ermittlungen vorzunehmen hat, die sich insbesondere auf die [74] Verhältnisse bei beiden Elternteilen, auf ihre erzieherischen Fähigkeiten und das Verhalten der Kinder zu dem Vater und der Mutter erstrekken sollen. Diese Vorschrift ist keineswegs nur formaler Natur, sondern ist grundlegend für eine persönlich und gesellschaftlich richtige Entscheidung über das Sorgerecht, die ja nach Abs. 2 aaO eine möglichst endgültige sein soll, um für die Zukunft etwaige für die Entwicklung der Kinder schädliche Änderungen ihrer Lebensweise zu

vermeiden. Daß diese der Jugendbehörde vorbehaltene eingehende und grundlegende Vorprüfung gerade auch in Fällen unentbehrlich ist, in denen sich ein Elternteil mit den Kindern in Westdeutschland aufhält, folgt schon daraus, daß das gesellschaftswidrige Verhalten eines Elternteils nur ein, wenn auch sehr wichtiges, in vielen Fällen sogar entscheidendes Merkmal dafür bilden wird, ob der Elternteil, bei dem die Kinder leben, deren Wohl, auf das es bei der Sorgerechtsentscheidung ja ausschließlich ankommt, ernstlich gefährdet.

Das kreisgerichtliche Urteil muß also schon deshalb aufgehoben werden, weil es diese für sein Verfahren bindenden gesetzlichen Vorschriften völlig außer Betracht gelassen hat.

Darüber hinaus aber stellt sich die Art der gesellschaftlichen Stellungnahme des Kreisgerichts dar als eine einseitig theoretische Übertragung von Grundsätzen, die die Rechtsprechung des OG für die Fälle der strafbaren Republikflucht entwickelt hat, auf einen Fall, der objektiv wesentlich andere, sogar entgegengesetzte Merkmale aufweist und überdies seinen gesamten Umständen nach als Ausnahmefall angesehen werden muß.

Zunächst kann keineswegs als festgestellt angesehen werden, daß der Kl. seine Familie verlassen hat, um — wie das Kreisgericht meint — in der DDR ‚ein Leben in Frieden führen zu können‘, und daß er ‚nicht mehr daran interessiert ist, seine Arbeitskraft einem kapitalistischen Land zur Verfügung zu stellen‘. Nicht einmal der Kl. selbst hat sich auf so hohe Beweggründe für sein Verhalten berufen, sondern nur darauf, daß er — wohlbemerkt nach 17 Ehejahren — sich dem Streit habe entziehen wollen, der sich vor allem durch das Zusammenleben mit seiner Schwiegermutter ergeben habe. Obwohl für die Berechtigung dieses Beweggrundes bisher nicht einmal der Anschein der objektiven Wahrheit erwiesen ist, steht er mit dem vom Kreisgericht dem Kl. unterstellten auch insofern in Widerspruch, als der Kl. selbst behauptet, er habe versucht, wieder nach K. zu kommen.

Vorerst sprechen alle Umstände dafür, daß der Kl. aus durchaus eigennützigen Motiven seine Familie verlassen hat. Der [75] Umstand, daß er sich plötzlich und heimlich von ihr entfernt hat, spricht dafür, daß ihm in Wahrheit nichts daran lag, ja daß er sogar nicht wünschte, daß ihn seine schwerkranke Frau mit den Kindern begleitete oder ihm später folgte.

Schon diese Lage der konkreten Tatumstände beweist, daß jede Vergleichsmöglichkeit mit den Fällen eines illegalen Verlassens unseres Staates entfällt.

Was aber im besonderen die Lage der Kinder der Parteien anlangt, so ist, wie das Kreisgericht hätte erkennen müssen, bisher keinerlei Gewähr dafür gegeben, daß die von ihm getroffene Entscheidung der Vorschrift des § 9 II EheVO Genüge tut. Zwar sind nach Lage der Sache die beiderseits gestellten Anträge der Parteien, das Sorgerecht der Mutter zu übertragen, nur als ‚Vorschläge‘ für eine endgültige Regelung anzusehen, an die das Gericht nicht gebunden ist. Wenn aber ein Vater die Pflicht, sich um die Entwicklung und Erziehung seiner Kinder zu kümmern, so entschieden ablehnt, wie es der Kl. durch sein Verhalten getan hat, so ist es schon deshalb mindestens sehr fraglich, ob es dem Wohle der Kinder dienlich wäre, ihm die Kinder wider seinen erklärten Willen für alle Zeit anzuvertrauen. Auch der Umstand, daß, wenn die Entscheidung des Gerichts verwirklicht würde, die Kinder völlig aus ihrer heimatlichen Umgebung und aus der Fürsorge der Mutter herausgerissen würden, hätte dem Kreisgericht Anlaß zu Bedenken geben müssen.

Hinzu kommt schließlich die Gefährdung des Unterhalts der Kinder, wie sie durch die Entscheidung des Kreisgerichts hervorgerufen wird. Auch in dieser Beziehung kann ihr der Vorwurf nicht erspart bleiben, daß sie oberflächlich und schematisch ist. Es kann als feststehend angesehen werden, daß die Verkl. durch ihre Gehirnerkrankung mindestens periodisch erwerbsunfähig ist. Aus welchen Mitteln sie dann aber den ihr auferlegten Unterhaltsbeitrag aufbringen soll, zumal sie, soweit bisher erkennbar, überhaupt nicht berufstätig ist, ist unerfindlich. Das Kreisgericht hat es denn auch unterlassen, den Unterhaltsbeitrag von 35 DM, den es der Verkl. auferlegt hat, unter dem Gesichtspunkte ihrer Vermögens- und Erwerbsverhältnisse zu untersuchen und irgendwie zu begründen."

12. In Vormundschaftssachen wird die interzonale Zuständigkeit in erster Linie durch den gewöhnlichen Aufenthalt des Kindes bestimmt. — Das Verhältnis einer unehelichen Mutter zu ihrem Kinde richtet sich, auch wenn die Mutter in die Sowjetzone übersiedelt, ihr Kind jedoch im Bundesgebiet verblieben ist, entsprechend Art. 20 Satz 2 EGBGB unverändert nach westdeutschem Recht.

KG Berlin-West, Beschl. v. 3. 1. 1963 — 1 W 1989/62: FamRZ 1963, 308; ZBlJugR 1964, 19; ROW 1964, 38; DAVorm. 36 (1963) 251; Leitsatz in DRiZ 1963 B 70 Nr. 1006 und in DRspr. I (181) 65a.

Die jetzt sechseinhalb Jahre alte Angelika Kurtz ist in Berlin-S. (Berlin-West) unehelich geboren und steht unter der Amtsvormundschaft des Jugendamts T. (Berlin-West). Der Schmied Fritz S. hat anerkannt, der Erzeuger des Kindes zu sein. Das Kind befand sich während des ersten Lebensjahres in der Obhut der Mutter in Berlin-M. (Berlin-West). Als die Mutter sich im Sommer 1957 einer Krankenhausbehandlung unterziehen mußte, gab sie Angelika am 2. 8. 1957 den Eheleuten Fritz und Frieda S., den Eltern des Erzeugers, in Pflege, die ebenfalls in Berlin-M. wohnen. Dort ließ die Mutter das Kind auch nach ihrer Entlassung aus dem Krankenhaus, so daß das Kind seitdem bei der Pflegemutter Frau S. aufgewachsen ist.

Im Juni 1959 begab sich die Mutter mit einem gewissen W. K., ihrem späteren Ehemann, mit dem sie schon in Westberlin zusammengelebt hatte, in den Ostsektor Berlins. Die Mutter hinterließ in Westberlin Abzahlungsschulden; der Strafregisterauszug des W. K. weist zwei Verurteilungen zu Freiheitsstrafen sowie Suchvermerke des Generalstaatsanwalts bei dem LG Berlin aus. Von Ostberlin zogen die Mutter und K. im Juli 1959 nach Z. (sowjet.) in Sachsen, wo sie am 14. 8. 1959 heirateten. Die Eheleute bewohnen dort seit Januar 1961 eine 2½-Zimmer-

Wohnung. Als die Mutter sich alsbald nach ihrer Eheschließung an das Jugendamt T. wandte, um ihr Kind zu sich zu nehmen, regte diese Behörde bei dem AG T. an, der Mutter das Aufenthaltsbestimmungsrecht zu entziehen, weil sie in Westberlin einen unsteten Lebenswandel geführt und sich kaum um ihr Kind gekümmert habe. Ihre neuen Verhältnisse seien unklar, ihr Verhalten gefährde das Kindeswohl. Daraufhin entzog das AG der Mutter das Aufenthaltsbestimmungsrecht im Wege einer vorläufigen Anordnung und übertrug es auf das Jugendamt T. als Pfleger. In dem weiteren Verfahren bestätigte der Rat des Kreises Z. — Referat Jugendhilfe — in einem Bericht die von der Mutter als günstig geschilderten Lebensverhältnisse. Das Jugendamt hielt die endgültige Entziehung des Aufenthaltsbestimmungsrechts für erforderlich und stützte sich hierbei auf ein Gutachten der Diplompsychologin V., in dem zwar Angelika als zufriedenes und heiteres Kind geschildert, für den Fall der Übersiedlung zu der ihm fremd gewordenen Mutter und dem Stiefvater aber eine Gefährdung des geistigen Wohls durch Beeinträchtigung der psychischen Entwicklung des Kindes als wahrscheinlich bezeichnet wird.

Das AG hat daraufhin am 9. 2. 1962 der Mutter das Aufenthaltsbestimmungsrecht endgültig mit der Maßgabe entzogen, daß das Recht dem Jugendamt als Vormund zustehe. Es hat, gleichfalls auf das erwähnte Gutachten gestützt, das Herausgabeverlangen der Mutter als Mißbrauch des Personensorgerechts angesehen und weiter ausgeführt, daß insbesondere das Unterlassen von Anfragen nach dem Befinden des Kindes die mangelnde Anteilnahme der Mutter gezeigt habe. Hierin liege eine schuldhafte Vernachlässigung des Kindes.

Mit einer hiergegen gerichteten Beschwerde hat die Mutter ihr Verhalten damit erklärt, daß die Pflegeeltern ihr ein ungestörtes Zusammensein mit dem Kind verweigert und nach Übersiedlung in das sowjet. besetzte Gebiet eine dem ersten von insgesamt drei Päckchen beigefügte Anfrage nach der Schuhgröße und etwaigem Bedarf des Kindes nicht beantwortet hätten.

Das LG hat durch den angefochtenen Beschluß die Anordnung des AG aufgehoben. Es hat die Mutter zur Erziehung des Kindes für geeignet gehalten und eine gegenwärtig bestehende Gefährdung des Kindeswohls nicht für gegeben erachtet.

Gegen diese Entscheidung richtet sich die vom Jugendamt T. als Amtsvormund eingelegte weitere Beschwerde, mit der es geltend macht, das LG habe das Gutachten der Diplompsychologin V. nicht genügend beachtet. Die darin geäußerte Befürchtung, daß eine plötzliche Trennung des Kindes von den Pflegeeltern die Gefahr einer schweren Angstentwicklung in sich berge, werde durch die Tatsache bestätigt, daß bei dem mit Hilfe des Deutschen Roten Kreuzes unternommenen Versuch, das Kind seiner Mutter zuzuführen, eine durch die Erregung veranlaßte fiebrige Erkrankung aufgetreten sei. Es sei daher erforderlich, ein Obergutachten über diese Fragen einzuholen.

Die weitere Beschwerde ist statthaft.

Gründe:

„Das LG nimmt zu der in jeder Lage des Verfahrens von Amts wegen zu prüfenden Frage der örtlichen Zuständigkeit des AG T. nicht Stellung; es bejaht die Zuständigkeit dieses Gerichts jedoch ersichtlich. Hiergegen ist aus Rechtsgründen nichts einzuwenden. Bei der Entziehung des Aufenthaltsbestimmungsrechts handelt es sich um eine vormundschaftsgerichtliche Einzelverrichtung, für deren Anordnung dasjenige Vormundschaftsgericht zuständig ist, in dessen Bezirk das Kind oder der Mündel zu der Zeit, zu der das Gericht mit der Angelegenheit befaßt wird, seinen Wohnsitz oder in Ermangelung eines inländischen Wohnsitzes seinen Aufenthalt hat (§§ 43 I, 36 I FGG). Steht das Kind unter Vormundschaft, so ist das Gericht zuständig, bei welchem die Vormundschaft anhängig ist (§ 43 II FGG). Die mit der Geburt des Kindes eingetretene Amtsvormundschaft wird bei dem AG T. geführt. Ob die Vormundschaft noch besteht oder ob sie dadurch erloschen ist, daß die Mutter ihren Wohnsitz nach Z. verlegt hat, wo nach dem dort geltenden Recht der unehelichen Mutter die volle elterliche Gewalt über ihr Kind zusteht (§ 17 MKSchG vom 27. 9. 1950 [GBl. DDR 1037]), richtet sich in entsprechender Anwendung des Art. 20 Satz 2 EGBGB, worauf noch des Näheren einzugehen sein wird, nach dem in Westberlin geltenden Recht. Nach diesem Recht steht Angelika aber weiterhin unter der Amtsvormundschaft des Jugendamts, so daß die bei dem AG T. anhängige Vormundschaft gemäß § 43 II FGG die örtliche Zuständigkeit dieses Gerichts für die erforderlich werdende Einzelverrichtung nach sich zieht.

Da die Angelegenheit Beziehungen zu beiden deutschen Teilrechtsgebieten aufweist, ist außer der örtlichen Zuständigkeit des angerufenen Vormundschaftsgerichts auch die interzonale Zuständigkeit dieses Gerichts zu prüfen. Die interzonale Zuständigkeit, die entsprechend der internationalen Zuständigkeit darüber bestimmt, ob allgemein die Gerichte des einen deutschen Teilrechtsgebiets im Verhältnis zum anderen überhaupt entscheidungsbefugt sind (Senat in FamRZ 1958, 426 = EJF B II Nr. 22[1]), ist vom LG nicht erörtert, im Ergebnis jedoch mit Recht nicht in Frage gestellt worden. Sie bedarf der Prüfung, weil die personensorgeberechtigte Mutter ihren Wohnsitz, mindestens aber ihren gewöhnlichen Aufenthalt seit 1959 in Mitteldeutschland genommen hat. Die interzonale Zuständigkeit in Vormundschaftssachen wird in erster Linie (vgl. Senat aaO) durch den gewöhnlichen Aufenthalt des Kindes oder Mündels bestimmt (BGHZ 21, 306 [318] = NJW 1956, 1439 = FamRZ 1956, 347 = JR 1957, 20 = EJF B II Nr. 5[2]; Senat in FamRZ 1958, 426[1]; ebenso in FamRZ 1957, 272 = NJW 1957, 1198 = EJF B II Nr. 10[3], BayObLGZ 1957, 213 = NJW 1957, 1599 = EJF B II Nr. 13[4]; *Jansen*, FGG, 1959, Vorbem. 6 vor § 35). Für die Annahme eines gewöhnlichen Aufenthalts im Sinne der Begründung einer verfahrensrechtlichen Zuständigkeit ist der Zustand eines tatsächlichen, auf eine gewisse Dauer berechneten Verweilens ausreichend, ohne daß es auf einen in bestimmte Richtung zielenden Willen oder eine Willens- und Handlungsfähigkeit der Person ankäme (BGHZ aaO). Der gewöhnliche Aufenthalt im westlichen Rechtspflegegebiet ist mithin unbedenklich zu bejahen, wenn, wie hier, das Kind seit der Geburt in Westberlin lebt.

Neben der interzonalen Zuständigkeit des angerufenen Gerichts ist ferner zu prüfen, ob das sachliche Recht des einen oder anderen

---

[1] IzRspr. 1958—1959 Nr. 196.
[2] IzRspr. 1954—1957 Nr. 368 b.
[3] IzRspr. 1954—1957 Nr. 370.
[4] IzRspr. 1954—1957 Nr. 373.

Rechtsgebietes Anwendung findet. Das auf das Rechtsverhältnis des Kindes zu seiner Mutter anzuwendende — und damit auch für die gesetzliche Vertretung maßgebende — Recht ergibt sich aus der entsprechenden Anwendung der Kollisionsnormen des internationalen Privatrechts (*Beitzke*, JR 1952, 1, 141; *Soergel-Kegel*, BGB, 9. Aufl., Randn. 30 zu Art. 20 EGBGB). Art. 20 Satz 1 EGBGB bestimmt, daß sich das Rechtsverhältnis zwischen der Mutter und dem unehelichen Kind nach deutschem Recht richtet, wenn die Mutter die deutsche Staatsangehörigkeit besitzt. Nach Satz 2 dieser Vorschrift gilt dies auch, wenn die deutsche Staatsangehörigkeit der Mutter erloschen ist, die des Kindes aber fortbesteht. Die entsprechende Anwendung dieser Vorschrift auf Fälle, in denen Beziehungen zu beiden deutschen Rechtsordnungen bestehen, kann nicht an die Staatsangehörigkeit anknüpfen, da es eine besondere Bundeszugehörigkeit nicht gibt, die deutsche Staatsangehörigkeit vielmehr in beiden Rechtsgebieten einheitlich ist (vgl. Präambel und Art. 116 GG; BGHZ 21, 306 [317][2]). Statt dessen bestimmt sich das anzuwendende Recht in Fällen interzonaler Rechtskollision ebenso wie die interzonale Verfahrenszuständigkeit nach dem gewöhnlichen Aufenthalt (*Beitzke*, JR 1952, 141 [145]; *Soergel-Kegel* aaO; KG, FamRZ 1957, 383 = EJF A II Nr. 3[5]). Grundsätzlich regelt sich daher das Rechtsverhältnis der in Mitteldeutschland lebenden Mutter zu ihrem unehelichen Kind nach den dort geltenden Vorschriften. Dies gilt jedoch nicht, wenn, entsprechend Art. 20 Satz 2 EGBGB, zwar die Mutter ihren gewöhnlichen Aufenthalt im Gebiet der Bundesrepublik Deutschland oder Westberlins aufgegeben hat, das Kind aber hier verblieben ist.

Entgegen den von *Kegel* (Rdn. 31 aaO; *ders.*, IPR, § 20 IX 5) erhobenen Bedenken hält der beschließende Senat an der bereits in einem Beschl. vom 11. 1. 1962 (1 AR 93/61[6]) vertretenen Auffassung fest, daß Satz 2 des Art. 20 EGBGB auch im interzonalen Privatrecht gilt (ebenso *Schweckendieck*, JR 1952, 463; *Prey*, JR 1960, 249 zu II 4; LG Duisburg, DAVorm. 29 [1956] 12[7]; die von *Kegel* aaO für seine Ansicht angezogene Entscheidung LG Detmold, DAVorm. 28 [1955] 90[8] behandelt den Fall der Übersiedlung von Mutter *und* Kind, vermag also seine Ansicht nicht zu stützen). Während *Beitzke* (JR 1952, 141 [144]) die ausschließliche Geltung des gewöhnlichen Aufenthalts der Mutter für die Bestimmung des anzuwendenden Rechts mit einem Hinweis auf den Grundsatz der Wandelbarkeit des Kindschaftsstatuts rechtfertigt, begründet *Kegel* (aaO) die Nichtanwendbarkeit des Art. 20 Satz 2 EGBGB im Bereich des interzonalen Privatrechts mit der Erwägung, daß diese Vorschrift, die gegen die Anwendung fremder Rechte gerichtet sei, eine Schlechterstellung des deutschen Kindes vermeiden wolle, daß es an einer solchen jedoch im Verhältnis der beiden deutschen Rechtsordnungen zueinander fehle (IPR § 20 VIII 5; § 20 IX 5). Dieser rechtliche Ge-

---

[5] IzRspr. 1954—1957 Nr. 19.
[6] Siehe oben Nr. 9.
[7] IzRspr. 1954—1957 Nr. 17.
[8] IzRspr. 1954—1957 Nr. 15.

sichtspunkt kann jedoch nach der Auffassung des beschließenden Senats die Nichtbeachtung des Art. 20 Satz 2 EGBGB im interzonalen Privatrecht nicht rechtfertigen. Der Zweck der genannten Vorschrift ist für das Gebiet des internationalen Privatrechts, für den sie zunächst gilt, ersichtlich darin zu sehen, daß die Anwendung eines dem deutschen Kinde ungünstigeren Rechts vermieden werden soll, wenn nur die Mutter eine ausländische Staatsangehörigkeit erwirbt. Gleichwohl gilt die Vorschrift aber auch dann, wenn das ausländische Recht dem Kinde ebenso günstig wie das deutsche Recht oder sogar günstiger ist (*Staudinger-Raape*, BGB, 9. Aufl., Art. 20 EGBGB Anmerkung A III 2a). Durch diese Regelung des deutschen internationalen Privatrechts wird daher die Möglichkeit einer Prüfung des ausländischen Rechts daraufhin, ob es sich von dem deutschen Recht zum Nachteil des Kindes unterscheidet, grundsätzlich ausgeschlossen; es bleibt vielmehr insoweit stets nur das deutsche Recht anwendbar, solange das Kind die deutsche Staatsangehörigkeit besitzt. Da die Grundsätze des internationalen Privatrechts bei der Bestimmung des anzuwendenden innerdeutschen Rechts entsprechend gelten, ist kein einleuchtender Grund dafür zu erkennen, daß der Rechtsgedanke des Art. 20 Satz 2 EGBGB keine Anwendung finden und die im deutschen internationalen Privatrecht gerade ausgeschlossene Prüfung, ob das fremde Recht dem Kinde ungünstiger ist oder nicht, gleichwohl vorgenommen werden soll. Es kommt hinzu, daß die Anwendung des Art. 20 Satz 2 EGBGB gerade auch im interzonalen Verkehr der Rechtssicherheit dient. Denn da die Übersiedlung der unehelichen Mutter nach Mitteldeutschland dem Amtsvormund und dem Vormundschaftsgericht häufig zunächst verborgen bleibt, könnten sich andernfalls Unklarheiten hinsichtlich der gesetzlichen Vertretung des Kindes ergeben mit der Folge, daß Rechtshandlungen des Amtsvormundes, die er in Unkenntnis des Erlöschens der Amtsvormundschaft vorgenommen hat, sich später als unwirksam erweisen. Das LG hat daher im Ergebnis mit Recht das in Westberlin geltende Recht angewendet.

Die Entziehung des der unehelichen Mutter als Teil ihres Personensorgerechts (§ 1707 BGB) zustehenden Aufenthaltsbestimmungsrechts beruht auf § 1666 BGB. Hiernach hat das Vormundschaftsgericht, wenn das geistige oder leibliche Wohl des Kindes durch das Verhalten des Vaters oder der Mutter gefährdet wird, die zur Abwendung der Gefahr erforderlichen Maßregeln anzuordnen. Mit Recht wenden die Vorinstanzen diese für eheliche Kinder geltende Vorschrift auch auf das Verhältnis der Mutter zu ihrem unehelichen Kind an (vgl. *Erman-Hefermehl*, [BGB] § 1707 Anm. 4). Im Verhältnis zur Mutter hat das uneheliche Kind die Rechtsstellung eines ehelichen (§ 1705 BGB); die Entziehung oder Beschränkung des Personensorgerechts der Mutter bestimmt sich daher nach den für eheliche Kinder geltenden Vorschriften. Das LG nimmt, der vorläufigen Anordnung des AG folgend, rechtsirrtümlich an, das der Mutter entzogene Aufenthaltsbestimmungsrecht sei auf das Jugendamt T. als Pfleger übertragen worden, und die Mutter verfolge mit der Beschwerde nunmehr die Aufhebung der Pflegschaftsanordnung gemäß § 1919 BGB. Wie der beschließende Senat in Übereinstimmung mit der herrschenden Meinung (*Soergel-Siebert*, § 1707 Anmerkung 4a; *Erman-Hefermehl*, § 1707 Anm. 4; KG, JFG 9, 48 [50, 51]; OLG München, JFG 14, 37 [38]) ständig annimmt (vgl. 1 W 1328/56), geht das der unehelichen Mutter entzogene Personensorgerecht ebenso wie eine entzogene Teilbefugnis dieses Rechts mit der Entziehung auf den Vormund über, ohne daß dieser zusätzlich zum Pfleger bestellt werden dürfte. Das der Mutter nach § 1707 BGB zustehende Sorgerecht beschränkt das dem Vormund nach § 1793 BGB zustehende Recht, für die Person und das Vermögen des Mündels zu sorgen. Mit der Entziehung oder Beschränkung des Personensorgerechts vervollständigt sich also nur die Rechtsmacht des Vormunds um einen bisher von Gesetzes wegen vorenthaltenen Teilbestand.

Die abweichende Auffassung des LG ist jedoch unschädlich, weil es die Maßnahmen des AG aufgehoben und eine Entziehung des Aufenthaltsbestimmungsrechts der Mutter abgelehnt hat. Seine Ausführungen, mit denen es das Vorliegen der Voraussetzungen des § 1666 BGB verneint, lassen eine Gesetzesverletzung, auf welche die weitere Beschwerde allein gestützt werden kann (§ 27 FGG), nicht erkennen. Das LG nimmt an, daß die Mutter ihr Sorgerecht nicht dadurch mißbrauche, daß sie das Kind zu sich nehmen wolle. Es geht davon aus, daß Angelika ein heiteres und zufriedenes Kind sei und auch bei einer Übersiedlung zur Mutter nicht unglücklich werde. Es sei zwar mit Umstellungsschwierigkeiten zu rechnen, doch seien diese überwindbar. Diese im wesentlichen auf tatsächlichem Gebiet liegende Würdigung ist dem LG als Tatsachengericht vorbehalten und kann von dem Gericht der weiteren Beschwerde nicht nachgeprüft werden. Die weitere Bemerkung des LG, die Bindung eines Kindes zur Mutter sei die stärkste, muß in diesem Zusammenhang nicht als ein vom Gericht der weiteren Beschwerde auf seine Richtigkeit hin zu prüfender Erfahrungssatz verstanden werden, dessen Anwendbarkeit auf diesen Sachverhalt übrigens Bedenken unterläge. Sie besagt vielmehr im Rahmen der landgerichtlichen Feststellungen nur, die Mutter werde alles in ihren Kräften stehende zur Überwindung der Eingewöhnungsschwierigkeiten ihres Kindes tun.

Das LG setzt sich hiermit allerdings in Gegensatz zu dem von dem Jugendamt T. vorgelegten Gutachten der Diplompsychologin V. vom 5. 1. 1962. In dem Gutachten wird ausgeführt, daß bei einer plötzlichen Trennung des Kindes von der Familie der Pflegemutter seine psychische Entwicklung mit hoher Wahrscheinlichkeit erheblich beeinträchtigt werde; es bestehe die Gefahr einer schweren Angstentwicklung und als Folge hiervon einer Behinderung in der Entfaltung seiner Begabung; die Schatten einer solchen Entwicklung würden noch bis in das Erwachsenendasein des Kindes fallen. Das LG hat diese gutachtliche Äußerung jedoch nicht außer Betracht gelassen; es hat sich mit ihr vielmehr im einzelnen auseinandergesetzt. Wenn es hierbei zu dem Ergebnis kommt, daß die bei einer Übersiedlung des Kindes zur Mutter zunächst auftretenden Entwicklungsschwierigkeiten im Laufe der Zeit überwunden und ohne nachhaltige Folgen bleiben werden, so hält es sich hiermit im Rahmen der ihm obliegenden Würdigung des Sachverhalts und des Ergebnisses der von ihm angestellten Ermittlungen. Unter den vorliegenden Umständen war das LG nicht gehindert, in dem Umfange, wie es geschehen ist, von dem Gutachten abzuweichen. Die gutachtlichen Äußerungen psychologischer Sachverständiger unterliegen ebenso wie die Gutachten anderer Sachverständiger der freien Würdigung des Tatsachengerichts. Dieses hat in eigener Verantwortung zu prüfen, ob und inwieweit es sich den Schlußfolgerungen des Sachverständigen anschließen will (RGZ 167, 272; BGH, NJW 1951, 566; ZZP 71, 388; *Rosenberg*, Lehrbuch des Zivilprozeßrechts, 9. Aufl., § 120 V). Weicht das Gericht von der Auffassung des Sachverständigen ab, wozu es im Rahmen der Beweiswürdigung befugt ist, so muß es seine abweichende Überzeugung allerdings begründen, und diese Begründung muß erkennen lassen, daß seine abweichende Auffassung nicht durch einen Mangel an Sachkunde beeinflußt ist, insbesondere nicht darauf beruht, daß es die Feststellungen und die Gedankengänge des Sachverständigen in wesentlichen Punkten mißverstanden hat (BGH, MDR 1961, 583 [584]).

An einer solchen Begründung fehlt es im vorliegenden Falle nicht. Das LG folgt dem Gutachten zunächst insoweit, als es in Übereinstimmung mit der Psychologin davon ausgeht, daß eine plötzliche Veränderung der Umweltverhältnisse für das Kind mit Schwierigkeiten verbunden sein wird. Es weicht von der Meinung des Sachverständigen daher nur insoweit ab, als es annimmt, das Kind werde diese Schwierigkeiten ohne nachhaltige Schädigung alsbald überwinden. Wenn das Gutachten davon spricht, daß die Schatten einer möglichen Angstentwicklung noch in das Erwachsenendasein des Kindes fallen könnten, so ist hieraus zu entnehmen, daß auch die Psychologin keinesfalls mit einer bleibenden Schädigung rechnet. Es kann sich daher nur darum handeln, ob die zu erwartenden Eingewöhnungsschwierigkeiten von dem Kinde schneller oder langsamer überwunden werden. Das LG, welches bei der zufriedenen und heiteren Veranlagung des Kindes eine schnellere Überwindung der Schwierigkeiten erwartet und sich hierfür auch auf die Äußerungen der in diesen Fragen nicht unerfahrenen Jugendbehörde in Z. stützt, gibt also in ausreichendem Maße Gründe an, weshalb es von der Meinung der Sachverständigen abweicht. Seine Erwägungen liegen durchweg auf tatsächlichem Gebiet und sind deshalb mit der Rechtsbeschwerde nicht angreifbar. Die Einholung eines Obergutachtens, wie sie von der Beschwf. nunmehr beantragt wird, ist im Verfahren der weiteren Beschwerde, die nur der Nachprüfung einer Gesetzesverletzung durch das LG dient, unzulässig (§ 27 Satz 2 FGG, § 561 ZPO).

Das LG verneint das Vorliegen der Mißbrauchsvoraussetzungen des § 1666 BGB ferner im Hinblick auf die eingehend erörterten gegenwärtigen äußeren Lebensverhältnisse der Mutter und ihres Ehemannes, die von der Jugendbehörde Z. als günstig geschildert werden. Es hat mithin nicht übersehen, daß ein Mißbrauch des Aufenthaltsbestimmungsrechts auch dann vorliegen kann, wenn das Kind in Lebensverhältnisse gebracht werden soll, die wesentlich ungünstiger sind als diejenigen, in denen es bisher gelebt hat (KG, OLGRspr. 31, 412). Das LG meint hierzu, daß die Mutter ihr Kind bei den Pflegeeltern gut aufgehoben gewußt habe und daß ihr daraus, daß sie sich jedenfalls seit August 1958 nicht mehr um das Befinden des Kindes gekümmert habe, kein Vorwurf gemacht werden könne, da sie nach dem Verhalten der Pflegeeltern mit einer Antwort auf etwaige Anfragen nicht habe zu rechnen brauchen. Ob diese Feststellungen ausreichen, eine schuldhafte Vernachlässigung des Kindes jedenfalls bis zur ersten, im Juli 1960 stattgefundenen Anfrage nach Schuhgröße und benötigter Kleidung auszuschließen, kann dahinstehen. Das LG verneint jedenfalls ohne Rechtsirrtum eine gegenwärtige Gefährdung des Kindeswohls, wenn es feststellt, daß die Mutter mit ihrem Ehemann in harmonischer Ehe zusammenlebe und daß beide jetzt einen guten Leumund hätten, daß ferner die Mutter als ordentlich, sauber und freundlich beurteilt werde und seit ihrer Eheschließung in einwandfreien häuslichen und gesicherten wirtschaftlichen Verhältnissen lebe, so daß sie nunmehr zur Erziehung des Kindes geeignet sei.

Die Ausführungen zeigen, daß das LG den festgestellten Sachverhalt unter dem rechtlichen Gesichtspunkt des Vorliegens einer gegenwärtigen, d. h. im Zeitpunkt der Entscheidung des LG bestehenden Gefahr für das Wohl des Kindes gewürdigt hat (KG, OLGRspr. 16, 18; 21, 266; 31, 412). Für die Anordnung einer Maßregel nach § 1666 BGB genügt es nämlich nicht, daß sich der Sorgeberechtigte in der Vergangenheit einer Vernachlässigung schuldig gemacht hat (vgl. KG aaO) oder daß nur die Möglichkeit zukünftiger Schädigung besteht (KG, OLGRspr. 31, 409 f.). Ein schuldhaft vernachlässigendes Verhalten des Sorgeberechtigten während eines vergangenen Zeitraumes rechtfertigt die Annahme einer gegenwärtigen Gefährdung allenfalls dann, wenn aus dem zurückliegenden Verhalten auf eine — vielleicht zeitweilig nicht hervortretende — Neigung zu schädigenden Handlungen mit hoher Wahrscheinlichkeit geschlossen werden kann (KG, OLGRspr. 16, 18). Da die Abwägung zwischen der gegenwärtigen Lebensführung der Eheleute K. und ihrem in der Vergangenheit liegenden Verhalten dem LG vorbehalten ist, kann es aus Rechtsgründen nicht beanstandet werden, daß der angefochtene Beschluß weder den in Westberlin hinterlassenen Abzahlungsschulden der Mutter noch den staatsanwaltschaftlichen Suchvermerken hinsichtlich ihres Ehemanns Gewicht beilegt. Nach alledem begegnet die

Annahme des LG, daß die Voraussetzungen des § 1666 BGB nicht vorliegen, weil jedenfalls gegenwärtig keine Gefährdung des Kindeswohls besteht, keinen rechtlichen Bedenken.

Soweit in der Beschwerdeschrift neue Tatsachen vorgetragen werden, kann es darauf in dem nur der Nachprüfung einer Gesetzesverletzung (§ 27 FGG) dienenden Rechtszug der weiteren Beschwerde nicht ankommen. Dies gilt sowohl für die zum Nachweis der Labilität des Kindes angeführte Erkrankung anläßlich des Versuches, Angelika der Mutter zuzuführen, als auch für die Bereitschaft des Erzeugers, Angelika zu sich zu nehmen."

(Über die Klage auf Herausgabe des Kindes hat das KG durch Urteil vom 8. 1. 1965, FamRZ 1965, 448 befunden. Diese Entscheidung wird in IzRspr. 1964/65 veröffentlicht werden.)

13. **In Vormundschaftssachen ist das westdeutsche Gericht am gewöhnlichen Aufenthalt des Kindes interzonal zuständig, auch wenn dieses seinen gesetzlichen Wohnsitz in der Sowjetzone hat. — Die elterliche Gewalt in der Sowjetzone wohnhafter Eltern, deren Kind sich im Bundesgebiet aufhält, ruht, da die Eltern an der Ausübung ihrer Gewalt tatsächlich verhindert sind.**

LG Berlin-West, Beschl. v. 21. 1. 1963 — 83 T 4/63: DAVorm. 36 (1963) 86.

Der im Juli 1947 in B. (Bundesgebiet) geborene W. hat im Jahre 1951 seine Mutter verloren. Sein Vater ging 1954 eine neue Ehe ein, aus der ein Sohn hervorgegangen ist. Im Jahre 1960 verzog der Vater mit der ganzen Familie nach E. (sowjet.). Im Mai 1962 flüchtete W. nach Westberlin; er verletzte sich dabei schwer.

Auf Antrag des Jugendamtes T. (Berlin-West) stellte das AG T. Ende Juni 1962 fest, daß die elterliche Gewalt des Vaters ruhe, und bestellte das Jugendamt T. zum Vormund. Das LG wies die Beschwerde des Vaters zurück.

Aus den Gründen:

„Die örtliche Zuständigkeit des AG T. ergibt sich aus entsprechender Anwendung der §§ 36, 43 FGG. Interlokalverfahrensrechtlich ist die Zuständigkeit des Vormundschaftsgerichts des Aufenthaltsortes dann gegeben, wenn ein minderjähriger Deutscher zwar seinen gesetzlichen Wohnsitz in der sowjet. Besatzungszone, aber seinen gewöhnlichen Aufenthalt im Gebiet der Bundesrepublik Deutschland oder von Westberlin hat (BGHZ 21, 306[1]). Hierbei ist wesentlich, daß der Minderjährige bei Einleitung des Verfahren seinen gewöhnlichen Aufenthalt im Bezirk des AG gehabt hat (*Jansen*, FGG, 9. Aufl., Anm. 1 zu § 36).

Durch den angefochtenen Beschluß hat das AG unter Bezugnahme auf § 1674 BGB zu Recht das Ruhen der elterlichen Gewalt des Vaters mit der Begründung festgestellt, daß der in der sowjet. Besatzungszone wohnende Vater aus tatsächlichen Gründen an der Ausübung der elterlichen Gewalt gehindert ist. Zwar muß es sich nach der ge-

[1] IzRspr. 1954—1957 Nr. 368 b.

nannten Vorschrift um tatsächliche Verhinderung aus äußeren Gründen handeln, wobei in erster Linie Strafhaft, Auswanderung, Kriegsgefangenschaft oder Vermißtwerden sowie körperliche oder geistige Erkrankung in Betracht kommen. Der Begriff der tatsächlichen Verhinderung wird aber nicht dadurch ausgeschlossen, daß der Vater durch das der freien Ausübung der elterlichen Gewalt entgegenstehende Hindernis an der Vornahme gewisser Ausübungshandlungen nicht gehemmt ist. Es kommt vielmehr darauf an, ob sich infolge des Hindernisses die Notwendigkeit einer allgemeinen Fürsorge für die Person und für das Vermögen des Kindes ergibt, ob also das Hindernis der Ausübung der elterlichen Gewalt in ihrer Gesamtheit entgegensteht (vgl. KGJ 31 A 53). Das ist hier der Fall. Der Vater wohnt in der sowjet. Besatzungszone, während sich der Minderjährige derzeit in der Bundesrepublik aufhält, nachdem er seit dem Verlassen der sowjet. Besatzungszone (23. 5. 1962) bis zum 11. 1. 1963 in einem Westberliner Krankenhaus gelegen hatte. Die Maßnahmen, welche von den Behörden des sowjet. besetzten Sektors seit dem 13. 8. 1961 einseitig eingeleitet und durchgeführt worden sind, haben zu einer fast vollständigen Unterbrechung des Personenverkehrs zwischen dem besetzten Sektor und den Westsektoren der Stadt geführt und sind darauf gerichtet, die sowjet. besetzte Zone Deutschlands sowie den sowjet. besetzten Sektor Berlins in jeder Beziehung noch stärker als bisher von den übrigen deutschen Gebieten — Bundesrepublik und Westberlin — abzutrennen (KG in 1 W 1473/61[2]). Durch die Teilung Deutschlands und die erwähnten Absperrmaßnahmen ist daher der Vater praktisch an der Ausübung der elterlichen Gewalt verhindert. Dem steht nicht entgegen, daß er trotz seines Wohnsitzes in E. nicht gehindert sein mag, schriftlich oder durch Bevollmächtigte Anordnungen und Weisungen zu erteilen; denn die elterliche Gewalt — die das Recht und die Pflicht umfaßt, das Kind zu erziehen, zu beaufsichtigen und seinen Aufenthalt zu bestimmen (§§ 1626 II, 1631 BGB) — erfordert eine unausgesetzte Fürsorge sowie die Möglichkeit ihrer jederzeitigen Ausübung (OLG Hamburg, OLGRspr. 10, 290). Diese Aufgaben in ihrer Gesamtheit kann der in E. wohnende Vater nicht wahrnehmen.

Nach alledem sind die Voraussetzungen des § 1674 BGB für die Feststellung des Ruhens der elterlichen Gewalt, die nach dem Tode der Mutter dem Vater allein zustand (§§ 1677, 1681 I BGB), gegeben. Dem Minderjährigen hat das AG daher auch zu Recht gemäß § 1773 I BGB einen Vormund bestellt (*Palandt*, BGB, 21. Aufl., Anm. 2 bb zu § 1773)."

13 A. Ob die Mutter eines unehelichen Kindes über dieses die elterliche Gewalt hat, richtet sich nach dem Recht am Aufenthalt der Mutter. — Die gesetzliche Amtsvormundschaft eines Jugendamtes

[2] Siehe unten Nr. 150.

tritt für ein im Bundesgebiet lebendes uneheliches Kind nicht ein, wenn dieses nach sowjetzonalem Recht unter der elterlichen Gewalt seiner Mutter steht. — Wohnt die Mutter eines Kindes, das im Bundesgebiet lebt, in der Sowjetzone, so ist sie an der Ausübung ihrer elterlichen Gewalt für längere Zeit gehindert.

LG Nürnberg-Fürth, Beschl. v. 11. 11. 1963 — 12 T 129/63: DAVorm. 38 (1965) 350.

Der im März 1947 geborene Peter K. lebte mit Zustimmung seiner unehelichen Mutter im Haushalt seines natürlichen Vaters und von dessen Ehefrau in N. (Bundesgebiet). Der Vater ist im November 1962 verstorben. Seitdem befindet sich der Junge in einem Kinderheim in N. Das AG N. hat beschlossen, daß die in B. (sowjet.) wohnende Mutter des Jungen auf längere Zeit an der Ausübung der elterlichen Gewalt verhindert sei; es hat deshalb das Stadtjugendamt N. zum Vormund bestellt.

Das LG hat die Beschwerde der Mutter zurückgewiesen. In ihrer Beschwerde hatte sie den Wunsch ausgesprochen, Peter zu sich zu nehmen und für die erforderliche Einreisebewilligung sorgen zu wollen. Eine Einreisebewilligung ist jedoch nicht eingetroffen; die Mutter hat sich auch nicht auf die Aufforderung des Gerichts, das zu erklären, geäußert.

Aus den Gründen:

„In der sowjet. besetzten Zone steht die elterliche Gewalt über das uneheliche Kind der Mutter zu (§ 17 I MKSchG). Die elterliche Gewalt über das Kind Peter hat daher auch die Beschwf., und es ist ihr verblieben, obgleich sie in der sowjet. besetzten Zone ihren persönlichen Aufenthalt hat, Peter aber im westlichen Rechtspflegegebiet (KG, FamRZ 1957, 383[1]).

Die Beschwf. kann jedoch die elterliche Gewalt auf längere Zeit nicht ausüben.

Die Beschwf. und Sohn Peter sind räumlich getrennt. Die Mutter hat zwar die Übersendung einer Einreisebewilligung in Aussicht gestellt, diese aber trotz Erinnerung nicht geschickt. Sie ist notwendig, um den Jungen zu seiner Mutter nach B. reisen zu lassen. Eine Einreise der Mutter ins Gebiet der Bundesrepublik Deutschland hängt desgleichen von der Zustimmung der Behörden der sowjetischen Zone ab, eine solche Reise ist aber nach den Erklärungen der Mutter in ihrer Beschwerdeschrift nicht beabsichtigt. Zwar wäre es der Beschwf. möglich, über den Postverkehr schriftliche Anweisungen an den Sohn gelangen zu lassen, es mangelt jedoch an der Möglichkeit, bei dem Jungen nach dem Rechten zu schauen und die Anweisungen gegebenenfalls durchzusetzen wegen der zwischen den beiden Teilen Deutschlands bestehenden Reiseverhältnisse. Es mangelt weiter der Beschwf. an der Möglichkeit — aus den gleichen Gründen der räumlichen Trennung —, sich über die Verhältnisse, die ihre Anweisungen erfordern, in geeigneter Weise persönlich ins Bild zu setzen. Sie ist darum nicht in der Lage, aus eigener Anschauung zweckdienliche Anweisungen zu geben, mithin für Person,

---

[1] IzRspr. 1954—1957 Nr. 19.

Vermögen und gesetzliche Vertretung des Sohnes zu sorgen (vgl. auch OLG Frankfurt, FamRZ 1954, 21; BayObLGZ 1962, 32). Damit ist die Beschwf. aus äußeren Gründen tatsächlich verhindert, die elterliche Gewalt auszuüben. Es wurde darum auch vom AG mit Recht festgestellt, daß die Mutter an der Ausübung der elterlichen Gewalt für längere Zeit verhindert sei (§ 1674 BGB).

Es hatte auch das Vormundschaftsgericht die im Interesse des Kindes erforderlichen Maßregeln zu treffen und gemäß § 1773 I einen Vormund zu bestellen; denn die Voraussetzungen für den Eintritt einer gesetzlichen Amtsvormundschaft nach § 40 JWG liegen nicht vor, weil das Kind unter elterlicher Gewalt der Mutter gestanden hat. Das nach § 46 JWG erforderliche Einverständnis des Jugendamts ist aus seinen schlüssigen Handlungen zu schließen, wie sie aus seinen Schreiben vom 27. 5. 1963 und 10. 9. 1963 folgen (*Riedel,* [JWG] Anm. 9 zu § 46 JWG), nachdem das Jugendamt vorher mit Schreiben des AG vom 19. 4. 1963 um Übernahme der Vormundschaft gebeten worden ist."

3. Unterhaltsansprüche

a) Westdeutschland

14. Der Unterhaltsanspruch einer Ehefrau richtet sich, ohne Rücksicht auf den Wohnsitz des Ehemanns bei Erhebung der Scheidungsklage, nach westdeutschem Recht, wenn die Ehefrau im Bundesgebiet ansässig ist. — Obwohl in sowjetzonalen Scheidungsurteilen die Schuld der Ehegatten an der Scheidung nicht ausdrücklich festgestellt ist, kann sich diese aus dem Zusammenhang des Urteils so klar ergeben, daß ein westdeutsches Gericht sie inzidenter feststellen kann. — Macht eine Ehefrau in einem sowjetzonalen Scheidungsverfahren keinen Unterhaltsanspruch geltend, so liegt darin kein Verzicht.

LG Berlin-West, Urt. v. 29. 1. 1962 — 51 S 298/61: MDR 1962, 573; AZGB Nr. 220 no. 1087.

Die Kl. zu 1) ist die geschiedene Ehefrau, die Kl. zu 2) und 3) sind die Kinder des bekl. Ehemannes. Die Eheleute hatten im Oktober 1945 in der damaligen brit. Besatzungszone die Ehe geschlossen. Im Juni 1955 ist der Bekl. in die Sowjetzone gezogen, während die Kl. mit ihren Kindern im Bundesgebiet blieb. Die Ehe der Parteien ist durch Urteil des Kreisgerichts W. (sowjet.) vom 5. 9. 1957 nach § 8 der EheVO geschieden worden; das Sorgerecht über die Kinder wurde der Ehefrau übertragen. Der Bekl. wurde verurteilt, den Kl. zu 2) und 3) einen monatlichen Unterhalt von 35 DM zu zahlen; der Kl. zu 1) wurde kein Unterhalt zugesprochen. In dem Scheidungsstreit hatte der Bekl. u. a. vorgetragen, er habe kurz nach seiner Übersiedlung in die Sowjetzone Beziehungen zu einer Frau aufgenommen, aus denen im August 1956 ein Kind hervorgegangen sei.

Der Bekl. ist inzwischen nach Westberlin verzogen. Die Kl. verlangen von ihm Unterhalt. Die Ansprüche der Kl. zu 2) und 3) auf Zahlung von monatlich 30 DM hat der Bekl. anerkannt. Das AG hat ihn nach seinem Anerkenntnis verurteilt; es hat ferner der Kl. zu 1) den von ihr beantragten Unterhaltsbetrag von monatlich 60 DM zugesprochen. Auf die gegen diesen Teil des Urteils eingelegte Berufung hat das LG die Entscheidung des AG abgeändert und den Klageantrag der Kl. zu 1) abgewiesen.

Aus den Gründen:

„1. Zunächst war die Frage zu prüfen, ob der Kl. zu 1) mit Rücksicht auf den Tenor und den weiteren Inhalt des Scheidungsurteils des Kreisgerichts W. vom 5. 9. 1957 ein Unterhaltsanspruch nach den §§ 58 ff. EheG dem Grunde nach zusteht. Die Frage ist zu bejahen. Es ist zwar richtig, daß der Unterhaltsanspruch eines geschiedenen Ehegatten eine Nachwirkung der geschiedenen Ehe ist und daß daher der Unterhaltsanspruch eines geschiedenen Gatten im internationalen Privatrecht gemäß Art. 17 EGBGB dem Scheidungsstatute folgt (vgl. *Soergel-Siebert*, [BGB] 9. Aufl. 1961, Bd. V, Anm. 90 zu Art. 17 EGBGB). Das Scheidungsstatut richtet sich nach dem internationalen Privatrechte nach dem Gesetze des Staates, dem der Ehemann zur Zeit der Erhebung der Klage angehört. Auf das interlokale Privatrecht übertragen würde das heißen: maßgebend würde das Recht des Teiles Deutschlands, in dem der damalige Kl. zur Zeit der Erhebung der Klage seinen Wohnsitz oder dauernden Aufenthalt hatte, also das Recht des sowjet. besetzten Teiles Deutschlands sein. Dieser Grundsatz des internationalen Privatrechts darf aber mit Rücksicht darauf, daß auch das im sowjet. besetzten Teile Deutschlands geltende Recht deutsches Recht ist, beide Parteien deutsche Staatsangehörige sind und beide Parteien auf deutschem Staatsboden leben, auf das interlokale Privatrecht nicht angewandt werden (BGHZ 34, 134 ff. [142, 151] = NJW 1961, 874 ff.[1]).

Aus den besonderen Verhältnissen der deutschen Teilung ergibt sich vielmehr, daß das Scheidungsstatut im Sinne des internationalen Privatrechts auf Tatbestände, wie den vorliegenden, nicht anwendbar sein kann, sondern daß sich der Unterhaltsanspruch der nach deutschem Recht geschiedenen deutschen Ehefrau, die in der Bundesrepublik oder in Westberlin ansässig ist, nach dem in der Bundesrepublik und in Westberlin geltenden gesetzlichen Bestimmungen, also nach den §§ 58 ff. EheG richtet. Schon vor der zitierten Entscheidung des BGH stand die Literatur und Rechtsprechung auf dem Standpunkte, daß für die Nebenfolgen der Scheidung in erster Linie das Recht des Teilgebietes Deutschland maßgebend ist, in dem zur Zeit des Unterhaltsprozesses beide Eheleute ihren Wohnsitz haben (vgl. *Soergel-Siebert*, Anm. 129 zu Art. 17 EGBGB und Anmerkung 45 zu Art. 15 EGBGB; vgl. auch LG Osnabrück, MDR 1959, 1013[2]).

2. Das AG hat auch ohne Rechtsirrtum angenommen, daß sich aus dem Tatbestand und den Entscheidungsgründen des Urteils des

[1] IzRspr. 1960—1961 Nr. 178 a. [2] IzRspr. 1958—1959 Nr. 25.

Kreisgerichts W. vom 5. 9. 1957 zumindest die überwiegende Schuld des damaligen Kl. und jetzigen Bekl. so klar ergibt, daß ein besonderes Feststellungsverfahren hinsichtlich der Schuld nicht notwendig war, sondern der erkennende Richter incidenter aus dem Inhalt des Urteils den Schuldausspruch feststellen konnte.

a) Der BGH hat sich in dem Urteil vom 9. 5. 1956 (BGHZ 20, 323 = NJW 1956, 1436[3]) auf den Standpunkt gestellt, daß es sich bei dem Scheidungsurteile eines Gerichtes des sowjet. besetzten Teiles Deutschlands um ein inländisches Urteil handelt, auf das § 24 der 4. DVO zum EheG keine entsprechende Anwendung findet. Auch hier ist der Gesichtspunkt maßgebend, daß das Scheidungsurteil eines Gerichtes des sowjet. besetzten Teiles Deutschlands das Urteil eines deutschen Gerichtes ist und deshalb auch im Gebiete der Bundesrepublik oder von Westberlin solange gilt, als nicht das nach § 606 ZPO zuständige Gericht festgestellt hat, daß die Ehe der Parteien trotz des Scheidungsurteils eines sowjetzonalen Gerichtes noch besteht (vgl. BGHZ 34, 134 ff. [146 f.][4]). Die Gültigkeit des Urteils vom 5. 9. 1957 im ganzen ist im vorliegenden Falle nicht in Frage gestellt, weil die Unwirksamkeit des Urteils von keiner Seite behauptet worden ist und auch keine Gesichtspunkte im Sinne des § 328 Ziff. 4 ZPO eine derartige Erwägung erfordern. Es fragt sich in diesem Rechtsstreite nur, ob und auf welche Weise das Urteil hinsichtlich des Schuldausspruches ergänzt werden kann, von dessen Feststellung nach §§ 58 ff. des EheG der Unterhaltsanspruch der Kl. als der geschiedenen Ehefrau abhängt.

Es ist bereits vorstehend ausgeführt worden, daß die Bestimmungen des internationalen Privatrechts im Verhältnis der zur Zeit in beiden Teilen Deutschlands geltenden Rechtssätze nicht weiterführen, weil es sich in jedem Falle um deutsches Recht, deutsche Urteile, deutsches Gebiet und Parteien deutscher Staatsangehörigkeit handelt. In solchem Falle muß das Gericht die mit der Rechtsordnung übereinstimmende Lösung finden. Da der deutschen Ehefrau, deren Ehe durch ein deutsches Gericht geschieden ist, dieselben Rechte zustehen müssen wie allen anderen deutschen geschiedenen Ehefrauen, die in der Bundesrepublik oder in Westberlin leben, muß die Ergänzung des Urteils hinsichtlich des Schuldausspruches möglich sein.

Zunächst kann die Bestimmung des § 61 II EheG, die den Unterhaltsanspruch bei Urteilen ohne Schuldausspruch regelt, auf den vorliegenden Fall keine Anwendung finden, weil dieser Paragraph sich lediglich auf die Scheidungstatbestände der §§ 44—46 und 48 EheG bezieht, also auf Urteile, die nach dem Rechte der Bundesrepublik und Westberlins keinen Schuldausspruch enthalten. Im vorliegenden Falle ist aber gerade festzustellen, ob das Urteil des sowjetzonalen Gerichts, das, ganz gleich welcher Sachverhalt der Scheidung zugrunde zu legen war, gemäß § 8 EheVO vom 24. 11. 1955 keinen

[3] IzRspr. 1954—1957 Nr. 322. [4] IzRspr. 1960—1961 Nr. 178 a.

Schuldausspruch enthalten darf, eine Schuldfeststellung zu Lasten des Bekl. enthalten würde, wenn die Ehe nach dem Recht der Bundesrepublik geschieden worden wäre. Hieraus ergibt sich, daß der Berechtigte das Recht haben muß, die Ergänzung des sowjetzonalen Urteils hinsichtlich des Schuldausspruches durch ein Gericht der Bundesrepublik oder von Westberlin zu erwirken, weil er sonst hinsichtlich seines Unterhaltsanspruches rechtlos gestellt wird.

b) Falls ein rechtliches Interesse an der Feststellung des Schuldausspruches besteht, kann der Berechtigte in einem Verfahren gemäß §§ 606 ff. ZPO auf ergänzende Feststellung des Schuldausspruches klagen. Das rechtliche Interesse ist aber nur dann gegeben, wenn sich nicht zumindest die überwiegende Schuld des geschiedenen Ehemannes aus dem Tatbestand und den Entscheidungsgründen des Urteils ergibt.

Daß sich der Schuldausspruch nicht unbedingt aus dem Tenor eines Urteils zu ergeben braucht, sondern daß es genügt, wenn sich die überwiegende Schuld einer Partei aus den Entscheidungsgründen oder dem Tatbestand ergibt, ist allgemein anerkannt (vgl. OLG Frankfurt/M., NJW 1959, 2023[5]; *Palandt*, [BGB] 1961, § 58 EheG Anm. 2; *Achilles-Greiff*, [BGB] § 58 EheG Anm. 1). Im vorliegenden Falle ist ein Verfahren gemäß §§ 606 ff. ZPO weder notwendig noch zulässig, denn aus dem Urteile vom 5. 9. 1957 ergibt sich mit hinreichender Klarheit, daß sich der Bekl. infolge eines ehebrecherischen Verhältnisses einer schweren Eheverfehlung schuldig gemacht hat. Diese Eheverfehlung ist unstreitig, weil sie der damalige Kl. und jetzige Bekl. nach dem Tatbestande des Urteils vom 5. 9. 1957 zugestanden hat. Gegenüber dieser schwersten Eheverfehlung des Ehegesetzes fällt die Tatsache, daß auch die jetzige Kl. an den Bekl., nachdem dieser in den sowjet. besetzten Teil Deutschlands übergesiedelt war, nicht geschrieben hat und sie ihm nicht folgen wollte, als Eheverfehlung nicht ins Gewicht. Die Kammer brauchte daher nicht zu prüfen, ob ein evtl. Verlangen des Bekl., die Kl. solle ihm aus der Bundesrepublik in den sowjet. besetzten Teil Deutschlands folgen, nicht einen Mißbrauch seines Rechts auf eheliche Lebensgemeinschaft darstellte.

c) Der Berufung ist auch nicht zuzugeben, die Kl. habe dadurch, daß sie in dem Ehescheidungsverfahren keinen Unterhaltsanspruch geltend gemacht habe, auf ihn verzichten wollen. Nach § 13 der EheVO vom November 1955 wäre ihr Begehren auf Unterhalt zwecklos gewesen, da das in dem sowjet. besetzten Teile Deutschlands geltende Recht grundsätzlich der geschiedenen Ehefrau einen Unterhaltsanspruch versagt.

Das AG hat daher mit Recht festgestellt, daß der Kl. gegen ihren geschiedenen Mann, der zumindest aus überwiegendem Verschulden geschieden worden ist, der Unterhaltsanspruch gemäß §§ 58 ff. EheG zusteht.

---

[5] Hinweis in IzRspr. 1960—1961 Nr. 178 a.

Die Kl. ist auch bedürftig. Selbst wenn ihr der Unterhalt nur nach § 59 EheG zusteht, ist sie mit Rücksicht auf ihre Mutterpflichten nicht verpflichtet, eine Arbeit anzunehmen. Da ihr die elterliche Gewalt über die Kinder der Parteien zusteht, hat sie die Pflicht, für die Person und das Vermögen der beiden Töchter zu sorgen (§ 1626 II BGB). Die Sorge für die Person umfaßt nach § 1641 I BGB insbesondere das Recht und die Pflicht, die beiden zu erziehen und zu beaufsichtigen. Nach Art. 6 II GG ist die Pflege und die Erziehung der Kinder das natürliche Recht der Mutter und die ihr *zuvörderst* obliegende Pflicht. Der Vorrang dieser Pflicht [vor derjenigen], gegen Entgelt zu arbeiten, ergibt sich aus Art. 2 GG, wonach die Kl. als Frau und Mutter das Recht auf die freie Entfaltung ihrer Persönlichkeit hat, soweit sie nicht die Rechte anderer dadurch verletzt.

Daß die Pflege und die Betreuung der Kinder ein Persönlichkeitsrecht der Mutter ist, ergibt sich aus der Natur. Daß die Kl. dadurch nicht die Rechte des Bekl. auf Erleichterung seiner Unterhaltspflicht ihr gegenüber verletzt, ergibt sich aus Art. 6 II GG, wonach die Pflege und Erziehung der Kinder ihre vornehmste, also erste Pflicht ist. Der Bekl. kann mithin die Kl. nicht auf eigene Arbeit verweisen. Allerdings kann der Umstand, daß die Kl. nicht arbeitet, auch nicht halbtags oder in Heimarbeit, unter Umständen bei einer nach § 59 EheG zu treffenden *Billig*keitsentscheidung in etwa berücksichtigt werden.

3. Es fragt sich nun aber, inwieweit der Bekl. leistungsfähig ist."
(Das Gericht hält den Bekl. nicht für leistungsfähig.)

15. Der Unterhaltsanspruch eines in Ostberlin lebenden unehelichen Kindes gegen seinen in Westberlin wohnhaften Erzeuger richtet sich entsprechend Art. 21 EGBGB nach dem Recht von Berlin-Ost. — Nach sowjetzonalem Recht haften der Erzeuger und die Mutter eines unehelichen Kindes zu gleichen Teilen für den Unterhalt des Kindes.

KG Berlin-West, Urt. v. 1. 8. 1962 — (4) 1 Ss 86/62 (15/62): JR 1962, 429; DAVorm. 36 (1963) 48.

Der Angekl. ist von dem AG wegen Verletzung der Unterhaltspflicht zu einer Geldstrafe verurteilt worden. Seine Revision hatte keinen Erfolg.

Aus den Gründen:

„Das AG geht zutreffend davon aus, daß für die Unterhaltspflicht des in Westberlin wohnenden unehelichen Vaters gegenüber dem unehelichen Kind, das im sowjet. Sektor von Berlin geboren ist und dort mit seiner Mutter lebt, in entsprechender Anwendung des Artikels 21 EGBGB das dort geltende Recht maßgebend ist (vgl. *Palandt-*

Lauterbach, BGB, 21. Aufl., Vorbem. 14g ff vor Art. 7 EGBGB). Durch die VO der Verwaltung des sowjet. Sektors von Berlin über den Mutter- und Kinderschutz und die Rechte der Frau vom 13. 10. 1950 (VOBl. 315) ist das uneheliche Kind dem ehelichen gleichgestellt worden. Der uneheliche Vater ist ihm daher nicht nach §§ 1708 ff. BGB, sondern nach §§ 1602 ff. BGB zum Unterhalt verpflichtet. Daß der Angekl. der uneheliche Vater des D. M. ist, daß er hätte Unterhalt leisten können und daß er sich der Unterhaltspflicht seit Ende Juli 1960 vorsätzlich entzogen hat, stellt das AG ausdrücklich fest.

Nach § 170b StGB ist der Kindesvater wegen der Unterhaltspflichtverletzung nur strafbar, wenn der Lebensbedarf des unehelichen Kindes ohne die Hilfe anderer gefährdet wäre. Das uneheliche Kind des Angekl. wird nach den Urteilsfeststellungen auf Kosten der Kindesmutter ernährt. Das AG hat sie mit Recht als ‚andere' i. S. des § 170b StGB angesehen. Ein ‚anderer' im Sinne dieser Bestimmung ist jeder, der nicht seine eigene Unterhaltspflicht erfüllt. Die Kindesmutter hat im vorliegenden Fall nur zum Teil ihre eigene Verbindlichkeit erfüllt, als sie dem Kind den vollen Unterhalt gewährte. Sie haftet allerdings nicht erst nach dem Angekl. für den Unterhalt. Im sowjet. Sektor von Berlin ist § 1709 II Satz 1 BGB, der die vorrangige Haftung des unehelichen Vaters bestimmt, nicht mehr in Kraft (vgl. Urt. des OG, NJ 1956, 281). Es gelten auch insoweit die Vorschriften über die Unterhaltspflicht des ehelichen Vaters. Jedoch wird auch die — in der Bundesrepublik durch das Gleichberechtigungsgesetz vom 18. 6. 1957 (BGBl. I 609/GVBl. 697) bereits ausdrücklich aufgehobene — Bestimmung des § 1606 II Satz 2 BGB, wonach der eheliche Vater vor der Mutter unterhaltspflichtig ist, in der sowjet. Besatzungszone und im sowjet. Sektor von Berlin nicht mehr angewendet, weil sie der Gleichberechtigung von Mann und Frau widerspricht (vgl. OG DDR, NJ 1961, 760). Die Ansicht der Revision, nach dem in diesen Teilen Deutschlands geltenden Recht bestehe nunmehr eine gesamtschuldnerische Haftung der Eltern für den Unterhalt der Kinder, trifft nicht zu. Die Frage ist dort nicht ausdrücklich gesetzlich geregelt. Die Rechtsprechung wendet § 1606 II Satz 1 BGB an und entscheidet dahin, daß die Eltern zu gleichen Teilen, also anteilmäßig, für den Unterhalt haften (vgl. OG DDR, NJ 1952, 176; *Nathan,* NJ 1951, 320; *Jansen,* Leitfaden des Familienrechts der Deutschen Demokratischen Republik, 1958, 170). Die Rechtslage stimmt insoweit mit dem in der Bundesrepublik seit dem 1. 7. 1958 geltenden Recht (§ 1606 II, III BGB) überein. Demnach ist auch im sowjet. Besatzungsgebiet die Mutter, sofern der Vater nicht leistungsunfähig ist, nicht verpflichtet, ihrem Kind den vollen Unterhalt zu leisten. Leistet sie mehr als ihren Anteil, weil der Vater sich der Unterhaltspflicht entzieht, so erfüllt sie insoweit eine fremde Unterhaltspflicht und tritt als ‚andere' i. S. des § 170b StGB für den Kindesvater ein (vgl. auch OLG Celle, NJW 1960, 833)."

16. **Die Todeserklärung eines sowjetzonalen Gerichts wird im Bundesgebiet anerkannt. — Der Unterhaltsanspruch eines in der Sowjetzone geborenen unehelichen Kindes gegen seinen in Westberlin lebenden Erzeuger richtet sich, sobald Mutter und Kind in das Bundesgebiet übersiedeln, nach westdeutschem Recht.**

LG Berlin-West, Urt. v. 21. 2. 1963 — 71 S 294/62: DAVorm. 36 (1963) 236.

Der Kl. ist als uneheliches Kind im Oktober 1947 in Ostberlin geboren worden. Das AG Sch. (Berlin-West) verurteilte den in Westberlin wohnhaften Bekl. im Jahre 1956 zur Zahlung eines Unterhalts von monatlich 25 DM.

Nachdem der Kl. mit seiner Mutter nach K. (Bundesgebiet) übergesiedelt war, verpflichtete sich der Bekl. im Januar 1961 in vollstreckbarer Urkunde des Bezirksamts Sch., monatlich 60 DM an den Kl. zu zahlen.

Der Kläger verlangt nunmehr eine Erhöhung seiner Unterhaltsrente auf monatlich 87 DM. Das AG Sch. hat den Bekl. zur Zahlung von monatlich 75 DM verurteilt, den weitergehenden Anspruch des Kl. hingegen mit der Begründung abgewiesen, insoweit könne sich der Bekl. nach dem anzuwendenden sowjetzonalen Recht auf seine Leistungsunfähigkeit berufen.

In seiner Berufungsbegründung trägt der Bekl. noch vor, bei der Geburt des Kl. sei dessen Mutter noch verheiratet gewesen, so daß der Kl. als ehelich gelte und sich nicht auf seine Unehelichkeit berufen könne. Das LG hat auf die Berufung des Kl. das Urteil des AG abgeändert und den Bekl. nach Antrag verurteilt.

Aus den Gründen:

„Es kann dahingestellt bleiben, ob sich der Bekl. im vorliegenden Falle trotz des rechtskräftigen Anerkenntnisurteils des AG Sch. vom 26. 3. 1956 und der späteren Verpflichtungserklärung vor dem Jugendamt Sch. vom 12. 1. 1961 noch auf die Vorschrift des § 1593 BGB berufen kann. Denn nach dem mit Schriftsatz des Kl. in beglaubigter Abschrift überreichten Beschluß des AG W. [sowjet.] vom 19. 10. 1949 steht fest, daß der Ehemann der Mutter des Kl. für tot erklärt und als Todestag der 14. 4. 1945 festgestellt worden ist.

Da der Kl. erst am 7. 10. 1947 geboren worden ist, war zu diesem Zeitpunkt die Ehe seiner Mutter bereits durch den Tod des Ehemannes aufgelöst.

Zutreffend hat das AG das Vorliegen der Voraussetzungen des § 323 ZPO für die von dem Kl. begehrte Abänderung des Unterhaltstitels vom 12. 1. 1961 bejaht ...

Auf seine Leistungsunfähigkeit kann der Bekl. sich mit Recht nicht berufen. Nach § 1708 BGB n. F. ist der Vater des unehelichen Kindes verpflichtet, dem Kinde bis zur Vollendung des 18. Lebensjahres den der Lebensstellung der Mutter entsprechenden Unterhalt zu gewähren. Dieser Unterhalt umfaßt den gesamten Lebensbedarf sowie die Kosten der Erziehung und der Vorbildung zu einem Beruf. Die Ansicht des AG, der Unterhaltsanspruch des Kl. sei mit Rücksicht darauf, daß er in der sowjet. besetzten Zone geboren sei, auch nach der Übersiedlung in die Bundesrepublik unter analoger Anwendung des Art. 21 EGBGB nach den in der sowjet. besetzten Zone geltenden Bestimmungen zu beurteilen, vermag die erkennende Kammer nicht zu teilen. Selbst wenn, solange der Kl. mit seiner Mutter in der sowjet. besetzten Zone wohnte, für seine Unterhaltsansprüche gegen den Bekl. die dort geltenden Bestimmungen maßgebend waren und sich sein Unterhaltsanspruch nach §§ 1601 ff. BGB bestimmte, hat sich dies mit seiner Übersiedlung in die Bundesrepublik geändert.

Die entsprechende Anwendung des Art. 21 EGBGB auf die Unterhaltsansprüche der im sowjet. besetzten Sektor Berlins oder in der sowjet. besetzten Zone lebenden unehelichen Kinder gegen ihren in Westberlin oder in der Bundesrepublik wohnhaften Erzeuger ist nichts anderes als eine Notlösung, die der Teilung Deutschlands und der verschieden verlaufenden Rechtsentwicklung in den beiden Gebieten Rechnung trägt.

Es lag nahe, in derartigen Fällen die Frage, nach welchem Recht Unterhalt zu gewähren sei, durch entsprechende Anwendung des Art. 21 EGBGB, der eine vergleichbare Konfliktsituation des internationalen Privatrechts behandelt, zu lösen.

Die Gründe für die Anwendung dieser Bestimmung fallen aber weg, wenn sowohl das uneheliche Kind als auch sein Vater unter der Geltung derselben Rechtsordnung leben. Es spricht nichts dafür, die Ansprüche eines unehelichen Kindes einer deutschen Mutter gegen seinen deutschen Vater auch weiterhin nach Bestimmungen zu beurteilen, die ihrem Sinn und Zweck nach für Personen verschiedener Staatsangehörigkeit gedacht sind.

Im Gegenteil würde die Anwendung dieser Vorschrift dem von allen deutschen Gerichten zu beachtenden Grundsatz der Einheit Deutschlands und der rechtlichen Gleichstellung aller Deutschen widersprechen. Richtet sich aber der Unterhaltsanspruch nach den in der Bundesrepublik und in Westberlin nach wie vor geltenden Bestimmungen der §§ 1708 ff. BGB, so kann sich der Bekl. mit Recht auf seine mangelnde Leistungsfähigkeit nicht berufen. Er schuldet vielmehr dem Kl. den vollen Unterhaltsbetrag."

17. Die in Westdeutschland lebende Mutter eines bei der Flucht in der Sowjetzone zurückgelassenen Kindes braucht, wenn das Kind gegen den Willen der Mutter nicht zu dieser übersiedeln kann, keinen Unterhalt für das Kind zu zahlen.

LG Köln, Beschl. v. 25. 6. 1963 — 12 T 121/63: DAVorm. 36 (1963) 284.

Die in K. (Bundesgebiet) lebende Bekl. ist die eheliche Mutter der in L. (sowjet) lebenden und durch einen Sorgerechtspfleger vertretenen Kl. Die Bekl. hat, als sie (offenbar ohne polizeiliche Genehmigung) im Jahre 1957 in das Bundesgebiet übersiedelte, die Kl. bei Verwandten in L. zurückgelassen. Ihre Bemühungen, die Kl. nach K. in ihren Haushalt zu holen, sind bis heute vergeblich gewesen.

Der Antrag der Kl., ihr das Armenrecht für eine Klage auf Unterhaltszahlung zu gewähren, haben AG und LG zurückgewiesen.

Aus den Gründen:

„Da die in L. lebende Kl., deren Vater verstorben ist, unverheiratet und noch minderjährig ist, ist die in K. lebende Bekl. als Mutter nach § 1612 II Satz 1 BGB berechtigt, die Bestimmung darüber zu treffen, in welcher Form sie für den Unterhalt der Kl. aufkommen will. Die Bekl. kann also verlangen, daß die Kl. in ihren Haushalt in K. aufgenommen wird und deren Lebensbedürfnisse von ihr in natura befriedigt werden. Das nach § 1612 II Satz 1 BGB den Eltern gegenüber ihren Kindern zustehende Bestimmungsrecht entfällt nur dann, wenn die Aufnahme in den Haushalt unausführbar ist (vgl. *Palandt,* [BGB] Anm. 2 zu § 1612). Hierzu rechnet es nur, wenn das Kind ohne eigene Schuld und ohne die Schuld desjenigen, der das tatsächliche Sorgerecht ausübt, außerstande ist, die von dem unterhaltsverpflichteten Elternteil gewählte Art der Unterhaltsgewährung in natura entgegenzunehmen (vgl. OLG Hamburg, OLGRspr. 33, 349). Daß die Bekl. dem Rat des Stadtbezirkes N. der Stadt L., Abteilung Volksbildung, Referat Jugendhilfe, eine Zuzugsgenehmigung der Stadt K. für die Kl. hat zugehen lassen, wird von dieser nicht in Abrede gestellt. Der in L. eingesetzte Sorgerechtspfleger der Kl. mußte also hieraus entnehmen, daß die Bekl. auf ihrem Recht aus § 1612 II Satz 1 BGB besteht. Ungeachtet dessen hat er aber die Übersiedlung der Kl. nach K., dem Wohnort der Bekl., nicht ermöglicht. Es werden auch keine stichhaltigen Gründe dafür angegeben, weshalb der Sorgerechtspfleger der Kl. bisher nicht um die Erteilung einer Ausreisegenehmigung für sie nachgesucht hat. In der Unterlassung solcher auf eine Ausreise der Kl. hinzielenden Maßnahmen liegt ein schuldhaftes Verhalten ihres Sorgerechtspflegers. Soweit hierzu geltend gemacht wird, das Verbleiben der Kl. bei ihren Verwandten sei für sie zuträglicher als die Übersiedlung in den Haushalt der leiblichen Mutter, muß darauf hingewiesen werden, daß nach dem — auch dem Sorgerechtspfleger bekanntgegebenen — Ergebnis der Ermittlungen des Jugendamtes der Stadt K. die Bekl. bereits im Jahre 1958 in K. eine Wohnung gefunden hatte, in der die Kl. ausreichend versorgt und betreut werden kann. Auf einen Vergleich der äußeren Verhältnisse, in denen die Kl. zur Zeit in L. bei ihren Verwandten lebt, mit den derzeitigen Verhältnissen der Mutter in K. kommt es im übrigen nicht an, solange keine Gründe aus § 1666 BGB gegen eine Aufnahme bei der Bekl. sprechen. Solche Gründe liegen vor allem nicht darin, daß die Bekl. im Jahre 1957 allein nach K. übersiedelte und die Kl. bei ihren Verwandten zurückließ, denn sie hatte von Anfang an die Absicht, die Kl. wieder zu sich zu nehmen, sobald sie Wohnung und Arbeit gefunden hatte."

18. **Nach der ständigen Rechtsprechung der Kammer kann aus Titeln, die auf DM-Ost lauten, nur in Höhe des jeweiligen Wechselstubenkurses vollstreckt werden. — Deshalb kann ein sowjetzonales Gericht, vor dem ein Unterhaltsanspruch gegen einen im Bundes-**

gebiet wohnhaften Schuldner anhängig ist, nur über einen Teil des Anspruches erkennen, so daß der Gläubiger vor einem westdeutschen Gericht den restlichen Unterhalt einklagen kann.

LG Braunschweig, Urt. v. 26. 7. 1963 — 7 S 60/62: unveröffentlicht.

Die in G. (sowjet.) wohnhafte Kl. ist ein uneheliches Kind; sie nimmt den in B. (Bundesgebiet) lebenden Bekl. auf Unterhalt in Anspruch.

Der Bekl. ist im September 1956 durch Versäumnisurteil des Kreisgerichts Br. (sowjet.) zur Zahlung eines Unterhalts von monatlich 45 DM-Ost an die Kl. verurteilt worden. Da der Bekl. inzwischen in das Bundesgebiet übergesiedelt war, wurde ihm dieses Urteil erst im Juli 1960 zugestellt. Auf den Einspruch des Bekl. wurde die Entscheidung im Dezember 1960 durch eine weiteres Versäumnisurteil desselben Gerichts aufrechterhalten.

Die Kl. hatte beantragt, das Versäumnisurteil des Kreisgerichts Br. abzuändern und ihr einen Unterhalt von monatlich 55 DM-West zuzusprechen. Das AG hat die Klage abgewiesen, da die Voraussetzungen des § 323 ZPO nicht erfüllt seien.

Der Kl. ist auf ihren Antrag das Armenrecht für eine Klage gewährt worden, mit der sie neben dem ihr durch das Versäumnisurteil des Kreisgerichts Br. zuerkannten Betrag einen Unterhaltsanspruch von monatlich 44 DM-West einklagen will (Beschl. des LG Braunschweig v. 1. 2. 1962 — 7 SH 33/61: DAVorm. 35 [1962] 76). Durch weitere Beschlüsse ist ihr das Armenrecht für eine Erweiterung der Klage auf rund 69 DM-West zugebilligt worden. Das LG hat den Bekl., unbeschadet der Ansprüche aus dem Urteil des Kreisgerichts Br., zur Zahlung von monatlich rund 49 DM bis zum 3. 11. 1962 und von monatlich rund 69 DM vom 4. 11. 1962 bis zur Vollendung des 18. Lebensjahres verurteilt.

Aus den Gründen:

„Nach der ständigen Rechtsprechung der Kammer, die sich insoweit in Übereinstimmung mit der Beschwerdekammer des LG Braunschweig und dem OLG Braunschweig befindet, kann aus Titeln, die auf DM-Ost lauten, nur in Höhe des jeweiligen Wechselstubenkurses vollstreckt werden, d. h. zur Zeit im Verhältnis 3:1. In Fällen dieser Art ist zwar nicht die Möglichkeit der Abänderungsklage nach § 323 ZPO gegeben. Es ist nämlich zweifelhaft, ob ein Gericht der Bundesrepublik gemäß § 323 ein Urteil außerhalb der Bundesrepublik abändern kann. Denn nicht nur die formellen und materiellen Grundlagen dieses Unterhaltsurteils weichen von den in der Bundesrepublik geltenden Vorschriften ab, sondern auch die Geldschuld, auf welche das Gericht erkannt hat, stimmt nur scheinbar ihrem Wortlaut nach (DM) mit der Geldschuld überein, auf welche ein Gericht in der Bundesrepublik erkennen könnte. Tatsächlich handelt es sich einmal um DM der Deutschen Notenbank und zum anderen um DM der Bank deutscher Länder. Wenn auch beide Währungen, von der Deutschen Notenbank aus gesehen, als gleichwertig behandelt werden, so wird doch in der Bundesrepublik der DM-Ost nur der nichtamtliche Wechselstubenkurs zuerkannt und im Vollstreckungsverfahren das Urteil wie ein ausländisches behandelt (LG Braunschweig — 18 T 581/55). Es kann aber insoweit nicht zwischen Vollstreckungsverfahren und Erkenntnisverfahren unterschieden werden, so daß auch im Erkenntnisverfahren das Urteil des Kreisgerichts Br. wie ein ausländisches behandelt werden müßte.

Es bleibt aber der Kl. unbenommen, den Teil des Unterhaltes durch eine weitere Klage geltend zu machen, über den das Kreisgericht Br. nach der Eigenart der gegebenen Verhältnisse nicht entscheiden konnte und den auch die Kl. bei dem Kreisgericht Br. nicht einklagen konnte. Zur Zeit des Erlasses des Versäumnisurteiles wohnte der Bekl. bereits in der Bundesrepublik. Das Kreisgericht Br. konnte daher der Kl. nur *scheinbar* einen Titel über den vollen Unterhaltsanspruch geben, tatsächlich aber nur einen Titel, welcher den Klageanspruch im Ergebnis nur zum Teil befriedigte; denn wenn im Bereiche der Bank Deutscher Länder dieser Titel nur zum Wechselstubenkurs anerkannt wird, daher nur im Verhältnis 3 : 1 vollstreckbar ist, somit das Urteil nur die Vollstreckung in einen Betrag von ca. 15 DM (statt 45 DM) ermöglicht, andererseits aber dieser Betrag nur im Verhältnis 1 : 1 transferiert werden kann, ist also der Unterhaltsanspruch der Kl. im Ergebnis nur in Höhe von ca. 15 DM auch geltend gemacht worden. Die Kl. konnte gar nicht den vollen ihr nach ihrer Behauptung zustehenden Anspruch vor dem Kreisgericht Br. geltend machen, und über ihren Anspruch ist danach auch nicht im vollen Umfang entschieden, so daß der Kl. die Rechtskraft des Urteils des Kreisgerichts Br. (§ 322 ZPO) nicht entgegensteht und ihr somit über den ihr noch nicht zuerkannten Teil des Anspruches ein weiterer Titel zuerkannt werden kann.

Die Klage ist auch begründet. Da es sich um die Geltendmachung eines Teilbetrages handelt, muß der Anspruch von Grund auf dargetan werden . . .

Die Höhe der Unterhaltsrente richtet sich nach der Höhe des Einkommens des Bekl. und der Kindesmutter. Dieses beträgt zusammengenommen unstreitig ungefähr 800 DM, wobei trotz der unterschiedlichen Verhältnisse in der Bundesrepublik Deutschland und der SBZ von einer Kaufkraft von 1 DM West = 1 DM Ost innerhalb des jeweiligen Teiles Deutschlands ausgegangen wird. Bei dem üblichen Satz von $^1/_6$ würde der Gesamtunterhalt rund 120 DM betragen. Bei einem Verhältnis von 1 : 2 hätte der Bekl. als Vater der Kl. davon 80 DM zu tragen. Bei Berücksichtigung eines Betrages von rd. 15 DM West, den die Kl. auf Grund des ersten Titels vollstrecken kann, kommt sie bei einer weiteren Verurteilung in Höhe von 68,75 Deutsche Mark auf einen monatlichen Betrag in Höhe von 83,75 DM. Bezüglich des überschießenden Betrages von 3,75 DM ist zu berücksichtigen, daß die Vollstreckung aus dem Titel des Kreisgerichtes Br. den Schwankungen des Wechselkurses unterliegt. Da der Unterhalt der Kl. auf jeden Fall sichergestellt werden muß, ist der aus diesen Kursschwankungen entspringende, übrigens geringfügige, Unsicherheitsfaktor dem Bekl. anzulasten, so daß die Verurteilung von insgesamt 68,75 DM gerechtfertigt erscheint. Die insoweit vom Bekl. wegen des veränderten Wechselkurses erhobenen Einwendungen greifen nicht durch."

19. Eine sowjetzonale Entscheidung, die den in das Bundesgebiet übergesiedelten Eltern ohne Anhörung das Sorgerecht über ihr in der Sowjetzone verbliebenes Kind entzieht, ist wegen Verstoßes gegen den westdeutschen ordre public nicht anzuerkennen. — Der im Bundesgebiet lebende Vater eines bei der Flucht in der Sowjetzone zurückgelassenen Kindes braucht, wenn das Kind gegen den Willen der Eltern nicht zu diesen übersiedeln kann, keinen Unterhalt für das Kind zu zahlen.

LG Aschaffenburg, Beschl. v. 20. 9. 1963 — T 56/63: DAVorm. 37 (1964) 22.

Die in M. (sowjet.) lebende ASt. ist das eheliche Kind des im Bundesgebiet wohnhaften AGg. Dieser war im Jahre 1959 mit seiner Familie vom Bundesgebiet in die Sowjetzone verzogen und hatte dort gearbeitet und gewohnt. Im August 1961 kehrte er in das Bundesgebiet zurück. Seine Ehefrau war kurz vorher mit zwei der drei Kinder zum Urlaub ins Ausland gefahren und von dort aus in das Bundesgebiet zurückgekehrt. Die damals fünf Jahre alte ASt. konnten die Eltern nicht mitnehmen, da sie im Reisepaß der Eltern nicht eingetragen war; die Eltern hatten sie deshalb bei Bekannten in Pflege gegeben.

Die Eltern versuchen seit März 1962, durch Vermittlung der Jugendämter die ASt. zu sich zurückzuführen. Der Rat des Kreises X. (sowjet.) verweigert der ASt. jedoch die Ausreise zu ihren Eltern. Durch Verfügung vom 24. 1. 1962 entzog der Rat des Kreises X. den Eltern gemäß § 1666 BGB das Sorgerecht über die ASt. wegen schuldhafter Vernachlässigung ihrer Fürsorge- und Erziehungspflicht. Die Eltern wurden in diesem Verfahren nicht gehört und erfuhren von der Entziehung erst durch ein Schreiben des Jugendamtes X. vom 30. 3. 1962.

Die ASt. verlangt von ihrem Vater die Zahlung einer Unterhaltsrente und begehrt hierfür das Armenrecht. AG und LG haben den Antrag wegen mangelnder Aussicht auf Erfolg zurückgewiesen.

Aus den Gründen:

„1. Als eheliches Kind hat die ASt. gegen ihre Eltern, damit also gegen ihren Vater, einen Unterhaltsanspruch gemäß §§ 1601 ff. BGB. Daß das Kind in der Ostzone lebt, während der Vater wieder in der Bundesrepublik wohnt, berührt den Anspruch nicht, weil die genannten Unterhaltsvorschriften gleichermaßen in beiden Teilen Deutschlands gelten (vgl. *Palandt,* [BGB] 20. Aufl., Vorbem. 14g vor Art. 7 EGBGB). Dieser Unterhalt ist an sich, da das Kind außerhalb des Familienverbandes lebt und daher die Bestimmung des § 1360a II Satz 1 BGB unanwendbar ist, gemäß § 1612 I BGB durch die Entrichtung einer Geldrente zu gewähren. Nach § 1612 II BGB können aber die Eltern, die einem unverheirateten Kind Unterhalt zu gewähren haben, bestimmen, in welcher Art der Unterhalt gewährt werden soll. Dazu gehört die Bestimmung, das Kind habe den Unterhalt im Haushalt der Eltern in Natur entgegenzunehmen. Diese Bestimmung haben die Eltern getroffen, als sie um Rückführung des Kindes in ihre Familiengemeinschaft nachgesucht haben.

2. Dieses Bestimmungsrecht findet aber dort seine Grenze, wo der Unterhalt in der angebotenen Form dem Kind nicht erreichbar ist, wo es also ohne eigenes Verschulden oder Verschulden seines gesetz-

lichen Vertreters gehindert ist, der Bestimmung des AGg. Folge zu leisten (vgl. BayObLGZ 1958, 13; KG, FamRZ 1961, 126[1]; *Soergel-Lange,* [BGB] Anm. 4 zu § 1612). Das Kind ist z. Z. an der Übersiedlung zu seinen Eltern ohne sein Verschulden gehindert. Ihm wird die Rückkehr ins Elternhaus allein vom Rat des Kreises X. unter Berufung auf die am 24. 1. 1962 verfügte Entziehung des Sorgerechts verweigert. Die Entziehung des Sorgerechts kann aber in der Bundesrepublik keine Anwendung finden, weil sie gegen die guten Sitten und den Zweck eines deutschen Gesetzes verstößt (Art. 30 EGBGB; vgl. hierzu *Soergel-Siebert,* Vorbem. 128 vor Art. 7 EGBGB; BGH, NJW 1954, 796[2]; KG aaO).

Die Vernehmung der Ehefrau des AGg. hat ergeben, daß diese und ihr Ehemann im Verfahren über die Entziehung des Personensorgerechts nicht gehört wurden. Beide erfuhren erst durch ein Schreiben des Kreises X. vom 30. 3. 1962 an das Stadtjugendamt Y., das im Namen der Eltern um Rückführung des Kindes gebeten hatte. Die Entziehung des Sorgerechts durch die Verfügung vom 24. 1. 1962 ist demnach unter Verletzung des Grundsatzes des rechtlichen Gehörs erfolgt. Dieser Grundsatz ist in § 1695 I Satz 1 BGB entsprechend Art. 103 I GG ausdrücklich zur Voraussetzung einer Personensorgerechtsentziehung gemacht. Die Anhörung darf nur aus schwerwiegenden Gründen unterbleiben. Ein solcher Ausnahmefall lag nicht in der Übersiedlung der Eltern in die Bundesrepublik; denn so, wie die Kreisverwaltungsbehörde X. zur Durchsetzung des Unterhaltsanspruchs den Aufenthalt des ASt. [gemeint ist AGg.] ermittelt hat, hätte sie auch im Sorgerechtsverfahren unschwer Aufenthaltsermittlungen durchführen können. Es ist aber nicht bekannt, daß sie in dieser Richtung etwas unternommen hat. Der Anspruch der Eltern auf rechtliches Gehör besagt, daß bei der Entziehung des Sorgerechts durch die Verwaltungsbehörde X. keine Tatsachen und Beweisergebnisse verwertet werden durften, zu denen die Eltern sich nicht äußern konnten. Dabei ist davon auszugehen, daß dieser Anspruch auch im Verfahren der Freiwilligen Gerichtsbarkeit mit Untersuchungsgrundsatz (vgl. hierzu BVerfGE 7, 53; *Soergel-Siebert,* BGB, Anm. 2 zu § 1695) und auch im Verhältnis zur Ostzone trotz des dort anders gestalteten Verfahrens besteht (vgl. *Raape,* Internationales Privatrecht 156; KG aaO). Die Entziehung des Sorgerechts bedeutet einen schwerwiegenden Eingriff in das Grundrecht der Eltern auf Versorgung und Erziehung ihrer Kinder (Art. 6 GG). Deshalb verstößt die Entscheidung vom 24. 1. 1962, die sich über diesen Grundsatz hinwegsetzt und nichts unternommen hat, um die erzieherische Eignung der Eltern und ihre häuslichen Umstände sowie ihre Gründe für die Zurücklassung der ASt. in M. zu klären, gegen die guten Sitten und kann in der Bundesrepublik nicht anerkannt werden (Art. 30 EGBGB).

---

[1] IzRspr. 1960—1961 Nr. 181.

[2] IzRspr. 1945—1953 Nr. 400 a.

Das hat zur Folge, daß dem AGg. die volle elterliche Gewalt noch zusteht und daß er nach § 1631 BGB bestimmen kann, daß sein Kind seinen Aufenthalt bei ihm nehme und dort innerhalb der Familie von ihm versorgt werde (§§ 1612 II BGB i. V. m. § 1360a II Satz 1 BGB). Damit aber hat das in der Ostzone lebende Kind keinen Anspruch gegen den AGg. auf Zahlung einer Geldrente gemäß § 1612 I BGB.

Käme es der Verwaltungsbehörde X. ernstlich nur auf das Wohl des Kindes an, dann könnte dem dadurch Rechnung getragen werden, daß das Kind zunächst in die Obhut der mit der Jugendpflege betrauten Behörden der Bundesrepublik übergeben würde, bis durch das Vormundschaftsgericht entschieden wäre, ob den Eltern unter den derzeitigen Verhältnissen nach § 1666 BGB das Sorgerecht zu entziehen ist."

20. Der auf DM-Ost lautende Unterhaltsanspruch eines in der Sowjetzone lebenden ehelichen Kindes gegen seinen im Bundesgebiet wohnhaften Vater ist im Verhältnis 1 : 1 in DM-West zu vollstrecken. — Verweigert ein sowjetzonaler Unterhaltsschuldner Zahlungen an sein „republikflüchtiges" eheliches Kind im Bundesgebiet und waren diese Zahlungen bisher vom Stiefvater des Kindes auf Grund eigener Unterhaltspflicht gegenüber Kindern in der Sowjetzone mit dem Unterhaltsschuldner verrechnet worden, so braucht der westdeutsche Unterhaltsschuldner nach Art. 30 EGBGB nicht weiter Unterhalt an seine eigenen Kinder zu leisten.

AG Ulm, Beschl. v. 28. 10. 1963 — 25 M 2597/63: ZBlJugR 1964, 54.

Der in U. (Bundesgebiet) lebende Schuldner war in erster Ehe mit der Mutter der beiden Gläubiger verheiratet. Diese Ehe ist durch Urteil des Kreisgerichts E. (sowjet.) geschieden worden; in dieser Entscheidung wurde der Mutter das Sorgerecht über die beiden Gläubiger zugesprochen und der Schuldner zur Zahlung eines Unterhalts von monatlich 50 DM an die beiden Gläubiger verurteilt. Die Gläubiger leben bei ihrer Mutter in E.

Der Schuldner heiratete später in zweiter Ehe E. Z. Diese war ebenfalls durch Urteil des Kreisgerichts E. geschieden worden; die Eheleute Z. hatten sich durch Vergleich geeinigt, daß die Mutter das Sorgerecht über den Sohn H. der Eheleute erhalten und der Vater einen Unterhalt von monatlich 70 DM für den Sohn zahlen sollte. Die Ehefrau des Schuldners wohnt mit ihrem Sohn aus erster Ehe zusammen mit dem Schuldner in U., während Herr Z. nach wie vor in E. lebt. Jahre hindurch wurden die Unterhaltszahlungen des Schuldners und des Herrn Z. unter Mitwirkung der örtlichen Jugendämter verrechnet. Daher hatte der Schuldner nur die Differenz zwischen seiner eigenen Unterhaltsschuld und derjenigen des Herrn Z., nämlich 30 DM effektiv auf ein Sperrkonto der Gläubiger in U. einzuzahlen. Der Restbetrag von 70 DM-West wurde im Verhältnis 1 : 1 mit der Unterhaltsverpflichtung des Herrn Z. verrechnet.

Herr Z. in E. weigert sich aber offenbar nunmehr, den für die Gläubiger bestimmten Betrag von 70 DM-Ost zu zahlen. Deshalb verlangen die Gläubiger vom Schuldner Einzahlung des vollen Betrages von monatlich 100 DM auf ihr Sperrkonto und außerdem die Erfüllung eines Rückstandes von rund 1700 DM. Die Gläubiger haben auf Grund des Scheidungsurteils des Kreisgerichts E. einen entsprechenden Pfändungs- und Überweisungsbeschluß des AG U. erwirkt, auf Grund dessen der Arbeitslohn des Schuldners bis zum Betrag von monatlich 150 DM erfaßt wurde. Auf Antrag des Schuldners hat das AG eine einstweilige Anordnung erlassen, nach der die Drittschuldnerin zunächst die 30 DM monatlich tatsächlich einbehält, die übrigen 120 DM dagegen bis auf weiteres dem Schuldner auszahlt.

Aus den Gründen:

„II. Auf Grund der bisherigen Ermittlungen ist zunächst noch gar kein Rechtsschutzbedürfnis dafür ersichtlich, daß die Gläubiger plötzlich mehr als 30 DM monatlichen Unterhalt effektiv vom Schuldner verlangen und von der bisherigen Verrechnungsweise abgehen. In dem Schreiben des Rates der Stadt E. vom 30. 3. 1962, welches der Schuldner abschriftlich vorlegte, ist überdies davon die Rede, daß der Kindsvater Z. eine ‚freiwillige Anweisung der Unterhaltsrente auf ein Verwahrkonto der deutschen Notenbank' ablehne. Ein solches willkürliches und eigenmächtiges Verhalten eines Unterhaltsschuldners wird von niemand belohnt. Völlig verfehlt wäre es aber, das Rechtsschutzbedürfnis für eine dadurch plötzlich auch beim Schuldner ausgelöste höhere effektive Unterhaltszahlung zunächst zu bejahen. Jedenfalls liegt es zunächst an den Gläubigern, darzulegen, warum sie selbst ein solches Verhalten des Unterhaltsschuldners Z. geradezu billigen und darüber hinaus für sich Vorteile ziehen wollen. Sollte aber ernstlich auch eine angebliche Republikflucht auf irgendeiner Seite eine Rolle mitspielen, so mögen die Gläubiger zunächst dartun, warum überhaupt ausgerechnet nur unschuldige Minderjährige dabei im Wege einer Art Sippenhaft mitbetroffen werden sollen? Wie wäre eine solche Sippenhaft rechtlich zulässig zu begründen? Der Schuldner weist im Grunde auch mit Recht darauf hin, daß es doch seitens der Gläubiger arglistig wäre, wenn sie nun plötzlich die ‚Republikflucht' vorschützen wollten, obwohl sie doch jahrelang die Unterhaltszahlungen wie geschildert trotz der ihnen bekannten ‚Republikflucht' verrechnet haben. Warum soll bei einer solchen Annahme zum Beispiel der der Bestimmung des § 817 BGB zugrunde liegende Rechtsgedanke, daß keiner von zwei ‚Rechtsbrechern' plötzlich daraus einen einseitigen Vorteil haben soll, in vorliegendem Fall nicht mehr gelten, wenn schon die Gläubiger von einem Rechtsbruch reden wollen? Bei all diesen ungelösten Fragen mußte das Vollstreckungsgericht notgedrungen zunächst den früheren Zustand der effektiven Zahlungsweise oder grob gesagt den status quo ante herstellen.

III. Sollten die Gläubiger jedoch wider Erwarten auf ihrem neuen Standpunkt beharren und sollten sie trotz allem den vorliegenden Fall ernstlich in den Fragenkreis der neuen ‚Alimenten-Mauer' wegen ‚Republikflucht' einreihen, so werden hiermit alle Beteiligten zur Stellungnahme und zwecks Vorbereitung der endgültigen Entscheidung auf folgende Gesichtspunkte hingewiesen. Der Schuldner verlangt nämlich zu Recht vom Vollstreckungsgericht eine klare rechtliche Antwort in seiner neuen Konfliktssituation, die allerdings nur zum Teil vom Vollstreckungsgericht zuständigkeitshalber gelöst werden kann. Dabei legen sich verschiedene rechtliche Lösungen nahe.

1. Jedem Unterhaltsschuldner muß es selbst verwehrt bleiben, etwa im Wege einer eigenen ‚Aufrechnung' den Fall zu lösen. Eine solche scheitert an der mangelnden Gegenseitigkeit der Rechtsbeziehungen. Auch willkürliche Annahmen seitens der Unterhaltsschuldner wären nicht zu vermeiden. Jede irgendwie geartete Selbsthilfe ist abzulehnen.

2. Die bequemste Lösung wäre die Bezahlung der Ost-Unterhaltsschuld durch den West-Unterhaltsschuldner nach dem Wechselstubenkurs, also im Verhältnis von etwa 1 : 4. Sie wird vielfach auch für die Unterhaltszahlungen empfohlen, wurde aber vom erkennenden Richter abgelehnt (vgl. NJW 1959, 1714).

Auch der Schuldner in vorliegendem Fall entscheidet sich selbst für die gerechtere Lösung, nämlich der Verrechnung im Verhältnis 1 : 1. Die Zahlung nach dem Wechselstubenkurs bedeutet nämlich so gut wie in allen diesen Fällen eine glatte Bereicherung des betreffenden West-Unterhaltsschuldners. Zum Beispiel erhält der Schuldner in vorliegendem Fall heute 40 DM, demnächst 50 DM Kindergeld. Davon entfallen auf die beiden Gläubiger ²/₃, also heute ca. 27 DM Kindergeld. Nach dem Wechselstubenkurs hätte er für die 100 DM-Ost Unterhaltsschuld monatlich ca. 25 DM zu zahlen. Er hätte also allein vom Kindergeld schon einen Gewinn von ca. 2 DM. Dazu kommt jeweils die Steuervergünstigung, nämlich der Differenzbetrag zwischen der Steuerklasse III 3 und III 1. Alles zusammengerechnet kommen solche zweckbestimmten Beträge auf Kosten der Allgemeinheit zusammen meistens auf die strittigen Verrechnungsgrößen, z. B. in vorliegendem Fall auf mindestens 70 DM, wenn nicht noch mehr, monatlich. Wirtschaftlich gesehen ist somit in der Regel festzustellen, daß die meisten West-Unterhaltsschuldner fast keinen einzigen Pfennig aus der eigenen Tasche für die Ost-Kinder zahlen müssen. Die Sonderstellung solcher Schuldner im Wege des Wechselstubenkurses wäre unverständlich und würde gegen den Gleichheitssatz verstoßen. Das sieht der Schuldner in vorliegendem Fall selber ein und will es daher auch wie früher bei der Verrechnung 1 : 1 belassen wissen.

3. Vom Gesetzgeber dürfte in absehbarer Zeit aus bestimmten Gründen kaum eine positive Regelung zu erwarten sein. Dagegen ist laut Grundgesetz der Richter nicht bloß an das ‚Gesetz', sondern vor allem an das ‚Recht', wie es in erster Linie im Grundgesetz selbst enthalten ist, gebunden. Er kann und darf sich nicht damit begnügen, auf die positive Regelung seitens des Gesetzgebers zu warten. Er muß vielmehr, wo eine neue Lücke sich auftut, in die Bresche springen. Prüft man nun den gesamten Fragenkreis vom Grundgesetz her, so ergibt sich auch die richtige Lösung. Die ‚Ali-

menten-Mauer‘ und ihre Folgen erscheinen dann lediglich als Fiktion seitens der Ostzone, die für die Bundesrepublik ruhig als Fiktion behandelt werden kann. Gleichzeitig wird z. B. die Drohung, die im Schreiben des Rates der Stadt E. vom 30. 3. 1962 enthalten ist, völlig nichtssagend und wirkungslos, wenn es dort heißt: ‚Eine Zwangsvollstreckung ist nach hier geltendem Recht aussichtslos.‘ Bisher hat in vorliegendem Fall niemand daran gedacht oder versucht, eine solche Zwangsvollstreckung bezüglich des Unterhalts für das Kind H. ins Auge zu fassen. Das ist auch in Zukunft unnötig, sofern die zuständigen Stellen in der Bundesrepublik entsprechend handeln. Es muß allerdings den Gläubigern selbst überlassen bleiben, ob sie weiter ruhig zusehen wollen, daß der in der Ostzone lebende Kindsvater Z. freiwillig oder zwangsweise keinen Unterhalt bezahlt und damit die Gläubiger selbst leer ausgehen läßt. Die Drohung fällt somit auf die Gläubiger selbst zurück und ist in der Auswirkung ein gerechter Ausgleich dafür, daß die Gläubiger sich anmaßen, ihrem eigenen Vater, dem Schuldner, die Folgen des Verhaltens des Kindsvaters Z. aufhalsen zu wollen.

Im Grundgesetz ist überhaupt keine Rede von einer ‚Republikflucht‘, vielmehr gewährt Art. 11 ausdrücklich die Freizügigkeit im ganzen Bundesgebiet, wozu auch die Ostzonenbewohner berechtigt sind. Wie man aber auch immer das Verhalten der ‚republikflüchtigen‘ Eltern beurteilen mag, so verbietet jedenfalls Art. 3 III GG, daß deren Kinder davon irgendwie, etwa im Wege der Sippenhaft, betroffen werden. Lebt außerdem zufällig das am meisten betroffene Kind, wie in vorliegendem Fall der Sohn H., gleichzeitig im Haushalt eines gleichfalls ‚republikflüchtigen‘ Stiefvaters, der aber bisher seinen Unterhaltsverpflichtungen gegenüber seinen eigenen Kindern in der Ostzone nachkam, so gibt Art. 6 GG dieser Familie den besonderen Schutz, während das Verhalten des Kindsvaters Z. in Art. 6 II Grundgesetz gerade keinen rechtlichen Rückhalt findet. Vielmehr wäre die Pflege des Kindes H., wozu die Unterhaltszahlung in erster Linie rechnet, seine ihm ‚zuvörderst obliegende Pflicht‘. Die Bestimmung des ‚ordre public‘ in Art. 30 EGBGB sei nur ergänzend erwähnt. Sie ist aber genügend geeignet, um den zuständigen Stellen in der Bundesrepublik in Zusammenfassung der eben genannten Bestimmungen des Grundgesetzes die richtige Grundlage zu geben, um nicht nur passiv vor der ‚Alimenten-Mauer‘ gebannt zu verharren, sondern positiv die entsprechenden Konsequenzen zu ziehen.

IV. Ohne der endgültigen Entscheidung vorzugreifen, seien hier die entsprechenden Möglichkeiten des Vollstreckungsgerichts kurz angedeutet. Dabei ist folgendes zu unterscheiden:

1. Die jetzige Lohnpfändung beim Schuldner (Einzelvollstreckungsakt) war und ist vom Rechtspfleger im Wege der Amtshilfe wie beantragt durchzuführen. § 834 ZPO verbietet ihm ausdrücklich eine genaue vorherige Nachprüfung. Ostzonale Titel sind und bleiben wie die Vollstreckungstitel der Bundesrepublik grundsätzlich vollstreckbar. Ein Ostzonen-Gläubiger kann ja auch ohne Schwierigkeit an

Stelle eines auf DM-Ost lautenden Titels von einem Prozeßgericht der Bundesrepublik einen auf DM-West lautenden erhalten. Jedoch kann der Schuldner, wie in vorliegendem Fall, sein Recht im Wege der Erinnerung vom Vollstreckungsgericht erhalten. Es dürfte nicht schwerfallen, dem Schuldner zumindest laut § 765a ZPO entsprechend dem Grundgesetz auf diesem Wege auch zum Recht zu verhelfen. Die einstweilige Anordnung (vgl. oben) zielt bereits in diese Richtung.

2. Für die Zukunft, und zwar zum umfassenderen Schutz gegen weitere Zwangsvollstreckungen, brauchen die betreffenden Unterhaltsschuldner, die sich in einer ähnlichen Situation wie unser Schuldner befinden, eine stärkere Hilfe. Dabei liegt nahe, daß die Jugendämter in der Bundesrepublik wie bisher eingeschaltet bleiben. Diese haben in Zukunft die Versorgung der betreffenden Kinder ‚Republikflüchtiger', insbesondere soweit sie durch das Ausbleiben von Unterhaltszahlungen aus der Ostzone etwa unmittelbar betroffen werden, zunächst zu überwachen und durch einen internen Verrechnungsverkehr die verschiedenen Unterhaltsfälle innerhalb der Bundesrepublik selbst auszugleichen. Wenn dann der West-Unterhaltsschuldner weiter wie bisher, z. B. effektiv 30 DM auf das Sperrkonto bezahlt, während die restlichen 70 DM wie bisher, jedoch intern in der Bundesrepublik verrechnet werden, so kann das betreffende Jugendamt notfalls mit Zustimmung des ordentlichen Vormundschaftsgerichtes unter Berücksichtigung der Grundsätze des Grundgesetzes bedenkenlos eine geeignete Bescheinigung laut § 775 Ziff. 4 ZPO dem Schuldner erteilen. Auf Grund einer solchen öffentlichen Urkunde kann sich der betreffende Schuldner dann jederzeit gegen Zwangsvollstreckungen schnellstens schützen. Dies gilt vor allem dann, wenn, wie in vorliegendem Fall, der betreffende Schuldner offensichtlich voll für den Unterhalt eines ‚republikflüchtigen' Kindes mitaufkommt. Gegebenenfalls hat das Vormundschaftsgericht einen Pfleger hierzu zu bestellen. Aus praktischen Gründen hätte dieser Pfleger sämtliche in einem Bezirk anfallenden betreffenden Unterhaltsfälle zu erledigen, was übrigens schon bisher bei dem Verrechnungsverkehr mit der Ostzone der Fall war. Im Unterschied zu bisher müßte aber bezüglich der verbleibenden Unterhaltsbeträge, die auch im internen Bereich der Bundesrepublik nicht verrechnet werden können, eine obere Clearingspitze, am besten zentral in jedem Bundesland, eingerichtet werden. Lediglich bezüglich dieser Restbeträge bliebe die Verrechnungsmöglichkeit mit der Ostzone noch offen. Bei einer solchen Regelung würde sich z. B. der ‚Alimenten-Turm', der allein beim Stadtjugendamt U. heute auf etwa 30 000 DM angewachsen sein soll, auf ein geringes unvermeidliches Maß verringern, ohne daß auf der anderen Seite das Sozialamt auf Kosten der Allgemeinheit die Kinder ‚Republikflüchtiger' völlig unnötigerweise zu unterstützen hätte. Praktisch würde dies bedeuten, daß sich die frühere Verrechnungsart, die sich sehr gut bewährt hatte und jetzt lediglich auf das Verhalten der Ostzone hin zum

Erliegen kam, örtlich verschieben würde, indem in der Hauptsache der Verrechnungsverkehr 1 : 1 nur noch in der Bundesrepublik selbst stattfindet und für das Clearing mit der Ostzone nur noch ein unvermeidlicher Restposten verbleiben würde.

3. Der Schuldner wünscht mit seiner Erinnerung vom Vollstreckungsgericht praktisch eine Bestätigung dafür, daß er auch in Zukunft bei einer freiwilligen oder zwangsweisen effektiven Zahlung von monatlich 30 DM von der ganzen Unterhaltsschuld befreit wird und daß nicht laufend Unterhaltsrückstände, wie die Gläubiger sie behaupten, anwachsen können. Diese endgültige Klärung müßte, wenn die Gläubiger mit der vorgeschlagenen Regelung nicht einverstanden sind, im Wege der Vollstreckungsgegenklage laut § 767 ZPO durch die Prozeßgerichte herbeigeführt werden. Allerdings ist die Frage der örtlichen Zuständigkeit des betreffenden Prozeßgerichts zumindest dann heute noch völlig offen, wenn es sich um einen Ostzonentitel handelt. Diese Frage kann aber vom Vollstreckungsgericht nicht geklärt werden."

21. **Infolge der Schwierigkeiten des interzonalen Zahlungsverkehrs ist ein westdeutscher Unterhaltsschuldner berechtigt, seine Unterhaltspflicht gegenüber einem in der Sowjetzone lebenden Kind durch Paketsendungen zu erfüllen.**

AG Bonn, Beschl. v. 29. 10. 1963 — 20 M 771/63: MDR 1964, 149; DRspr. I (181) 65d; Mitteilungsblatt des Königsteiner Kreises 1964 Nr. 3 no. 23.

Der in B. (Bundesgebiet) wohnhafte Schuldner ist im September 1961 durch Urteil des AG B. zur Zahlung eines Unterhalts von monatlich 30 DM-West an den in N. (sowjet.) lebenden minderjährigen Gläubiger verurteilt worden. Die Zahlung hat auf ein Sperrkonto des Gläubigers bei einem westdeutschen Geldinstitut zu erfolgen. Der Schuldner hat insgesamt 360 DM auf das Konto eingezahlt. Außerdem hat er 10 Pakete mit einem Durchschnittswert von 50 DM zur Erfüllung seiner Unterhaltspflicht an den Gläubiger gesandt.

Der Gläubiger hat wegen eines Rückstandes von insgesamt 1080 DM für die Zeit bis Juni 1963 Möbel des Schuldners pfänden lassen. Das AG gab dem Antrag des Schuldners statt, die Zwangsvollstreckung aufzuheben. Es sprach aus, daß der Schuldner seine Unterhaltspflicht durch Paketsendungen erfüllen könne und zum Nachweis Rechnungsbelege sowie Empfangsbestätigungen aufzubewahren habe.

Aus den Gründen:

„Es ist der Sinn der Zwangsvollstreckung, zu einer Befriedigung des Gläubigers zu führen. Im vorliegenden Fall besteht zur Zeit für den Gläubiger keine Möglichkeit, das Geld zu erhalten, das ihm nach Durchführung der Zwangsvollstreckung aus dem Versteigerungserlös zustünde.

Wenn der Unterhaltsberechtigte sich in der sowjet. Besatzungszone, der Unterkunftsverpflichtete sich dagegen in der Bundesrepublik aufhält oder umgekehrt, so wird die Unterhaltsleistung normalerweise dergestalt geregelt, daß der Verpflichtete den Unterhaltsbetrag auf ein Sperrkonto an seinem Wohnsitz einzahlt. Die Auszahlung ist durch ein Verrechnungsabkommen in der Weise geregelt, daß die Sperrbeträge in der Bundesrepublik und in der sowjet. Besatzungszone gegenseitig in gleichem Maße zur Begleichung von Unterhaltsverpflichtungen freigegeben werden, so daß bei Wahrung der Gegenseitigkeit der Unterhalt des Berechtigten aus den Sperrbeträgen des Währungsgebietes bestritten wird, in dem er sich aufhält. Diese Regelung funktioniert nach Auskunft des Jugendamts B. zur Zeit jedoch nur sehr mangelhaft.

Es besteht ein ganz erheblicher Überhang an zur Verfügung stehenden Sperrguthaben in der Bundesrepublik, während in der sowjet. Besatzungszone nur in unzureichendem Maße Guthaben zur Verfügung stehen. Dies hängt mit der Rechtsprechung in der sowjet. Besatzungszone im Hinblick auf die Unterhaltspflicht gegenüber sog. Republikflüchtigen zusammen, nach der diesen Personen kein Unterhalt zu gewähren ist. Als praktische Folge aus diesem Zustand ergibt es sich, daß der in der sowjet. Besatzungszone lebende Gläubiger nur einen ganz geringen Bruchteil der Unterhaltsbeträge erhalten kann, die in der Bundesrepublik für ihn auf ein Sperrkonto eingezahlt worden sind. Diese besonderen Umstände führen dazu, daß die Einzahlung der Unterhaltsbeiträge auf ein Sperrkonto zur Befriedigung des Gläubigers ihren Sinn verliert.

Wenn der Schuldner trotzdem seinen Verpflichtungen nachkommen will, ist er gezwungen, dem Berechtigten auf andere Weise den Unterhalt zu gewähren. Gegen die Gewährung des Unterhalts in Form von Paketsendungen bestehen keine Bedenken. Eine volle Würdigung des Schutzbedürfnisses des Gläubigers kann zu keinem anderen Ergebnis führen. Es entspricht vielmehr dem objektiven Interesse des Gläubigers, auf diese Art Befriedigung zu erlangen, wenn eine solche auf andere Art und Weise nicht zu erlangen ist. Unter den gegebenen, ganz besonderen Umständen bedeutet die Fortsetzung der Zwangsvollstreckung eine Härte, die mit den guten Sitten nicht vereinbar wäre.

Soweit der Unterhaltsverpflichtung durch Einzahlung auf das Sperrkonto Genüge getan ist und soweit der ausstehende Unterhalt bereits durch Paketsendungen erbracht worden ist, war die Zwangsvollstreckung einzustellen. Hinsichtlich des restlichen Betrages von 220 DM war die Zwangsvollstreckung einstweilen einzustellen. Die mit der einstweiligen Einstellung verbundenen Auflagen sollen sicherstellen, daß der Schuldner seinen Unterhaltsverpflichtungen auf dem vorgezeichneten Wege tatsächlich in voller Höhe nachkommt."

22. Ein vor einem westdeutschen Prozeßgericht abgeschlossener Vergleich ist nicht deshalb sittenwidrig, weil sich der im Bundesgebiet lebende Unterhaltsschuldner gegenüber seinem in der Sowjetzone wohnhaften Kind zur Zahlung des Unterhaltsbetrages zum Nennwert in DM-West verpflichtet hat. — Ist über die Einwendun-

gen des Schuldners gegen den Vergleich im Verhältnis zum Gläubiger rechtskräftig entschieden, so handelt der Gläubiger gegenüber dem Drittschuldner weder arglistig noch in Verletzung einer arbeitsrechtlichen Fürsorgepflicht, wenn er aus dem Vergleich in den Lohnanspruch des Schuldners vollstreckt.

BAG, Urt. v. 4. 11. 1963 — 5 AZR 440/62: AP Nr. 2 zu § 829 ZPO (zust. *Pohle*); NJW 1964, 687; DB 1964, 484; Leitsätze in FamRZ 1964, 364 und RdA 1963, 475.

Die in A. (sowjet.) lebende Kl. vollstreckt wegen einer Unterhaltsforderung in den Lohnanspruch, der ihrem im Bundesgebiet wohnenden Vater gegen die Bekl. zusteht.

Der Unterhaltsschuldner hatte sich in einem am 3. 6. 1955 vor dem Arbeitsgericht F. (Bundesgebiet) abgeschlossenen Vergleich gegenüber der Kl. verpflichtet, dieser ab 1. 6. 1955 Unterhalt in Höhe von vierteljährlich 150 DM-Ost oder auf Sperrkonto der Kl. im Bundesgebiet 150 DM-West zu zahlen „bis zur Festsetzung eines amtlichen Kurswertes zur Ostmark, von diesem Zeitpunkt ab einen dem amtlichen Kurswert zur Zeit der Zahlung entsprechenden Westmarkbetrag."

Bis Ende Mai 1957 konnte der Schuldner den Unterhalt in DM-Ost leisten. Danach scheiterte dies an den sowjetzonalen Devisenbestimmungen.

Im Juni 1959 und im November 1960 hat die Kl. durch Pfändungs- und Überweisungsbeschlüsse westdeutscher Amtsgerichte von den Lohnansprüchen des Schuldners gegen die Bekl. insgesamt 2100 DM-West für Rückstände seit dem 1. 6. 1957 sowie laufend 150 DM-West pfänden lassen. Die Bekl. hat jedoch an die Kl. nicht gezahlt.

Der Schuldner zahlte im Juni 1961 3000 DM-Ost an den früheren Prozeßbevollmächtigten der Kl. in D. (Bundesgebiet). Dieser hat das Geld auf das westdeutsche Sperrkonto der Kl. eingezahlt, wo es ihr mit einem Betrag von 645 DM-West gutgeschrieben wurde. — Der Schuldner hatte außerdem gegen einen der Pfändungs- und Überweisungsbeschlüsse Erinnerung und Beschwerde mit der Begründung eingelegt, er könne nach dem Vergleich seine Zahlungspflicht in DM-Ost erfüllen, und das habe er getan. Diese Rechtsbehelfe wurden jedoch zurückgewiesen. Ebenso blieb eine mit derselben Begründung beim AG F. erhobene Zwangsvollstreckungsgegenklage in zwei Instanzen ohne Erfolg.

Der Zahlungsklage wurde in erster und zweiter Instanz stattgegeben; die Revision der Bekl. blieb erfolglos.

Aus den Gründen:

„I. 1. Soweit die Bekl. geltend macht, es sei für einen in der Bundesrepublik lebenden Titelschuldner aus dem Gesichtspunkt des ordre public unzumutbar, Unterhaltsansprüche ostzonaler Gläubiger so zu erfüllen, daß dabei DM-Ost und DM-West im Verhältnis 1 : 1 bewertet werden, will die Bekl. damit möglicherweise das Vorliegen eines gültigen Vollstreckungstitels und wegen Fehlens eines solchen das Vorliegen einer gültigen Pfändung und Überweisung in Abrede stellen. Denn bezogen auf den Vergleich vom 3. 6. 1955 läßt sich ihr Vorbringen dahin verstehen, daß sie sagen will, der Vergleich vom 3. 6. 1955 sei gemäß § 138 I BGB nichtig.

2. Eine solche Verteidigung ist der Bekl. als Drittschuldnerin im Einziehungserkenntnisverfahren an sich nicht verwehrt (vgl. dazu eingehend BAG, AP Nr. 1 zu § 776 ZPO).

Ein sittenwidriges Rechtsgeschäft ist aber nur dann gegeben, wenn es nach den allgemeinen Anschauungen den zu stellenden Anforderungen an ein ethisches Minimum nicht gerecht wird (vgl. BAG, AP Nr. 29 zu Art. 12 GG [zu Ziff. I der Gründe]). Davon kann jedoch bei dem Vergleich vom 3. 6. 1955 keine Rede sein. Für Forderungen ostzonaler Unterhaltsgläubiger gegen in der Bundesrepublik wohnende Schuldner ist zwar im einzelnen streitig, in welcher Währung sie zu erfüllen sind, insbesondere ob und wie der unterschiedliche Wert zwischen DM-West und DM-Ost zu berücksichtigen ist. Es wird aber von vielen Stimmen in der Rechtsprechung und der Lehre der Standpunkt vertreten, der in der Bundesrepublik lebende Schuldner eines ostzonalen Unterhaltsgläubigers müsse den nach dem ostzonalen Gläubigerbedarf in DM-Ost ausgerechneten Unterhalt im Verhältnis 1 : 1 in DM-West und nicht in einem bestimmten Umrechnungsverhältnis bezahlen (vgl. statt aller: *Palandt*, BGB, 22. Aufl. 1963, vorbem. 14 lit. g [ff] zu Art. 7 EGBGB mit zahlreichen Nachweisen; vgl. auch *Seydel*, NJW 1958, 736 ff.). Es wird vor allem nirgends in Zweifel gezogen, daß sich ein in der Bundesrepublik lebender Schuldner rechtsverbindlich zu einer solchen DM-West-Zahlung verpflichten kann. Wenn aber dies die Beurteilung ist, die die Verpflichtung eines in der Bundesrepublik lebenden Unterhaltsschuldners gegenüber einem ostzonalen Gläubiger in weiten Teilen der praktischen und theoretischen Rechtswissenschaft erfährt, kann der vorliegende Unterhaltsvergleich nicht als nichtig in Betracht gezogen werden.

3. Demnach kann im vorliegenden Fall die Bekl. nicht mit Erfolg geltend machen, es fehle an einem gültigen Titel und deshalb an einer gültigen Pfändung und Überweisung für die Kl.

II. 1. Soweit die Bekl. die Ansicht vertritt, der Schuldner sei nach dem Inhalt des Vergleichs vom 3. 6. 1955 selbst berechtigt, seine Zahlungspflichten in DM-Ost zu erfüllen, macht sie damit geltend, die Kl. habe nicht das Wahlrecht, aus dem Vergleich eine Zahlung in DM-West zu verlangen.

2. Die Frage, ob ein Titelgläubiger ein aus dem Titel sich ergebendes Wahlrecht verloren hat, ist nach ganz allgemeiner Ansicht im Wege der Vollstreckungsgegenklage nach §§ 795, 767 ZPO auszutragen (vgl. RGZ 27, 382 [385]; KG, JW 1938, 1274 Nr. 45; *Stein-Jonas*, ZPO, 18. Aufl., Vorbem. III zu § 803 zu N. 12, 13; *Baumbach-Lauterbach*, ZPO, 27. Aufl. 1963, Grundz. 3 vor § 803; *Rosenberg*, Lehrbuch des deutschen Zivilprozeßrechts, 9. Aufl. 1961, § 183 III 2a γ, S. 965; *Wieczorek*, ZPO, § 767 Anm. C II d 3).

3. Eine solche Vollstreckungsgegenklage kann aber nur der Schuldner erheben; dessen Vollstreckungsgegenklage ist im vorliegenden Fall jedoch bereits rechtskräftig abschlägig beschieden worden. Dem Drittschuldner — hier somit der Bekl. — ist es dagegen verwehrt, im Verhältnis zum Titelgläubiger Einwendungen geltend zu machen, die der Schuldner im Wege der Vollstreckungsgegenklage verfolgen muß (vgl. BAG, AP Nr. 1 zu § 776 ZPO [Ziff. III 3 der Gründe]; *Stein-*

Jonas, § 829 Anm. VII 2c zu N. 123 m. w. Nachw.; *Rosenberg,* § 193 III 2b, S. 1029; RAG 21, 46 [49]; RGZ 38, 400 [402]; 83, 74 ff. [77]).

4. Demnach kann die Bekl. im Einziehungserkenntnisverfahren vor den Gerichten für Arbeitssachen nicht geltend machen, der Schuldner habe das Recht, seine Zahlungspflichten in DM-Ost zu erfüllen.

III. 1. Soweit die Bekl. geltend macht, der Schuldner habe durch die Zahlung von 3000 DM-Ost seine Verbindlichkeit erfüllt, und soweit sie weiter geltend macht, die Kl. handele *im Verhältnis zum Schuldner* treuwidrig, wenn sie von diesem Beträge in DM-West statt DM-Ost verlange, handelt es sich ebenfalls um Einwendungen, die die Bekl. aus der Person des Schuldners in Anspruch nimmt. Nach dem soeben zu Ziff. II 3 dieser Entscheidungsgründe Ausgeführten kann die Bekl. im Einziehungserkenntnisverfahren vor den Gerichten für Arbeitssachen sich aber nicht mit Einwendungen verteidigen, die nur der Schuldner im Wege der Vollstreckungsgegenklage geltend machen kann und mit denen dieser dort zudem erfolglos geblieben ist.

2. Auch der weitere — in der Zwangsvollstreckung an sich zu beachtende — Einwand der Bekl., die Kl. handele *auch ihr — der Bekl.* — selbst gegenüber in unzulässiger Rechtsausübung und arglistig, wenn sie den Schuldner auf DM-West in Anspruch nehme, weil die Kl. der Bekl. damit unmöglich mache, ihre Fürsorgepflicht als Arbeitgeberin gegenüber dem Schuldner auszuüben und ihr Interesse an dem Bestand und der Pflege des Arbeitsverhältnisses mit dem Schuldner wahrzunehmen, ist nicht begründet. Die Bekl. wird gemäß § 836 II ZPO in jedem Fall frei, wenn sie an die Kl. die gepfändeten und überwiesenen Beträge zahlt. Nachdem der Schuldner seine Angriffe gegen die Titelforderung der Kl. mit *derselben* Begründung wie im vorliegenden Rechtsstreit die Bekl. geltend gemacht hat und damit erfolglos geblieben ist, handelt die Kl. nicht in unzulässiger Rechtsausübung oder gar arglistig, wenn sie von der Bekl. nur das verlangt, was in den Verfahren zwischen ihr und dem Schuldner als ihr rechtmäßig zustehend bewertet worden ist.

IV. Soweit für den Vergleich vom 3. 6. 1955 eine Abänderungsklage nach § 323 ZPO in Betracht kommt (vgl. § 323 IV i. V. m. § 794 I Ziff. 1 ZPO), steht das Recht zu einer solchen Gestaltungsklage nur dem Schuldner, nicht der Bekl. zu. Das ergibt sich aus § 323 ZPO selbst, der die Klagebefugnis nur den Parteien einräumt, die an dem Titel als Gläubiger oder Schuldner beteiligt sind (vgl. *Stein-Jonas,* § 323 Anm. II 6)."

b) Sowjetzone

23. **Die Klage eines im Bundesgebiet lebenden unehelichen Kindes gegen den in der Sowjetzone wohnenden Erzeuger auf Erhöhung des Unterhaltsbetrages kann auf eine erhebliche Steigerung des Einkommens des Erzeugers gestützt werden.**

Bezirksgericht Erfurt (sowjet.), Beschl. v. 3. 5. 1960 — 3 BFR 46/60: DAVorm. 34 (1960/61) 108.

Die in K. (Bundesgebiet) wohnhafte Kl. ist das uneheliche Kind des im Bezirk von E. (sowjet.) lebenden Bekl. Die Kl. ist im Jahre 1954 mit ihrer Mutter unter Beachtung der polizeilichen Meldevorschriften in das Bundesgebiet verzogen. Der Antrag der Kl., ihr für eine Klage auf Erhöhung ihres Unterhalts das Armenrecht zu gewähren, ist vom Kreisgericht zurückgewiesen worden. Das Bezirksgericht hat diese Entscheidung aufgehoben und das erbetene Armenrecht bewilligt.

Aus den Gründen:

„Die vom Beschwerdesenat angestellten Ermittlungen haben ergeben, daß die Kl. zwar im Jahre 1954 mit ihrer Mutter die DDR verlassen hat, das ist aber nicht in Form einer Republikflucht geschehen, sondern legal, d. h. unter Beachtung der polizeilichen Meldevorschriften. Damit entfallen zunächst die Voraussetzungen, die nach der Rechtsprechung des OG der DDR eine Verwirkung des Unterhaltsanspruchs der Kl. zur Folge haben könnten.

Die Feststellung des Kreisgerichts, daß durch die in Westdeutschland betriebene Aufrüstungspolitik die dortigen Lebenshaltungskosten gestiegen sind, ist nicht zu beanstanden. Das hat aber mit der vorliegenden Klage nichts zu tun. Diese stützt sich nicht auf ein gesteigertes Unterhaltsbedürfnis der Kl., sondern auf ein gestiegenes Einkommen des Verkl., also auf einen Umstand, der auch dann zu berücksichtigen wäre, wenn die Kl. in der DDR verblieben wäre und ihre Klage von hier aus erhoben hätte. Die Einkommenssteigerung des Verkl. in der Zeit seit der früher anerkannten Unterhaltsverpflichtung von 35 DM monatlich beträgt unstreitig ca. 60%. Nach den Grundsätzen, unter denen eine Abänderungsklage zu behandeln ist, könnte dies eine entsprechende Steigerung des Unterhaltsanspruchs zur Folge haben, die in voller Höhe von der Kl. nicht einmal verlangt wird. Der seinerzeit vom Verkl. anerkannte Unterhaltsbetrag von monatlich 35 DM bei einem monatlichen Bruttoeinkommen von 300 DM war offenbar bescheiden bemessen. Der Verkl. war damals ledig und ist es auch heute noch. Daß die zwischenzeitlich eingetretene Steigerung des Einkommens des Verkl. eine wesentliche Veränderung im Sinne des § 323 ZPO darstellt, kann nicht zweifelhaft sein. Sie muß auch eine übrigens vom Verkl. zum Teil auch anerkannte Steigerung der Unterhaltsleistung zur Folge haben und müßte das auch dann, wenn die Kl. ihren Wohnsitz noch in der DDR hätte. Die aus besonderen Gründen gesteigerten Lebenshaltungskosten in Westdeutschland können also dabei außer Betracht bleiben. In welchem Umfange die Erhöhung der Unterhaltsleistung zu bemessen ist, mag der sachlichen Prüfung und Entscheidung des Kreisgerichts überlassen bleiben. Jedenfalls besteht zur Zeit kein begründeter Anlaß, der Rechtsverfolgung der Kl. eine hinreichende Erfolgsaussicht abzusprechen."

24. Wer im März 1953 ohne Erlaubnis die Sowjetzone verlassen hat, handelte moralisch verwerflich, aber nicht strafbar. — Die Mutter eines unehelichen Kindes, die erst nach ihrer unerlaubten Abreise aus der Sowjetzone ihre Schwangerschaft bemerkt, hat den Unterhaltsanspruch ihres Kindes gegen den Erzeuger in der Sowjetzone nicht verwirkt.

Kreisgericht Potsdam-Land (sowjet.), Beschl. v. 26. 7. 1960 — 5 F 186/60: DAVorm. 34 (1960/61) 78 (unter falscher Bezeichnung des Gerichts).

Der in X. (sowjet.) lebende Kl. ist der Vater des bekl. unehelichen Kindes, das bei seiner Mutter in Y. (Bundesgebiet) wohnt. Die Mutter des Bekl. hat Mitte März 1953 die Sowjetzone ohne polizeiliche Erlaubnis verlassen; der Bekl. ist im November 1953 geboren worden.

Der Kl. wendet sich mit seiner Zwangsvollstreckungsgegenklage gegen ein Urteil des Kreisgerichts P. (sowjet.) vom August 1954, das ihn zur Zahlung eines Unterhalts von monatlich 35 DM verpflichtet hat. Der Kl. meint, durch ihre Flucht habe die Mutter des Bekl. dessen Unterhaltsanspruch verwirkt. Der Bkl. weist hingegen darauf hin, daß er erst im Bundesgebiet geboren worden sei und seine Mutter auch erst dort ihre Schwangerschaft bemerkt hat. Die Klage wurde abgewiesen.

Aus den Gründen:

„Der Kl. hat sich als Vater des verkl. Kindes bekannt und ist somit verpflichtet, gemäß § 1708 BGB ihm einen seinen Einkommensverhältnissen entsprechenden Unterhalt zu zahlen. Nach der richtungweisenden Rechtsprechung des OG ist es z. Z. tatsächlich so, daß eine Frau, die mit ihren minderjährigen Kindern illegal die DDR verläßt und sich damit strafbar macht, den Unterhaltsanspruch für ihre Kinder verwirkt hat. Dies ist auch gerechtfertigt, weil sie sich dadurch in den Gegensatz zu den Interessen unserer werktätigen Menschen bringt. Im vorliegenden Falle verhält es sich aber so, daß die Mutter des Verkl. bereits am 15. 3. 1953 illegal ausgereist ist und erst während ihres Aufenthaltes in Westdeutschland festgestellt hat, daß sie schwanger war. Der Verkl. ist somit nicht als Bürger unseres Staats geboren worden. Er hat seinen ständigen Wohnsitz von Anfang an in Westdeutschland gehabt. Außerdem verhält es sich so, daß die Übersiedlung nach Westdeutschland durch die Kindesmutter zu dem damaligen Zeitpunkt wohl auch moralisch verwerflich war, aber noch nicht als strafbare Handlung im Sinne unseres Gesetzes bewertet wurde. Dies ergibt sich besonders daraus, daß die Kindesmutter mit dem Verkl. die Erlaubnis erhalten hat, sich im Jahre 1956 besuchsweise mehrere Wochen an ihrem früheren Wohnort in der DDR aufzuhalten. Aus all diesen Gründen sind die Voraussetzungen für die Unzulässigkeit der Zwangsvollstreckung nicht gegeben, und der Kl. mußte mit seiner Klage abgewiesen werden."

25. Wer auf Drängen des später in die Sowjetzone zurückgekehrten Unterhaltsgläubigers ohne Erlaubnis in das Bundesgebiet zieht, verliert nicht seinen Unterhaltsanspruch. — Wer jedoch von sich aus

ohne Erlaubnis die Sowjetzone verläßt, hat vom Tage des Verlassens an keinen Unterhaltsanspruch gegenüber einem in der Sowjetzone lebenden Gläubiger.

Bezirksgericht Karl-Marx-Stadt (sowjet.), Urt. v. 22. 11. 1960 — 5 BF 170/60. Leitsatz in DAVorm. 34 (1960/61) 78.

Der in K. (sowjet.) lebende Kl. verpflichtete sich durch Urkunde vom 24. 6. 1955, an die Bekl., seine in Y. (Bundesgebiet) wohnende uneheliche Tochter, einen Unterhalt von monatlich 35 DM zu zahlen. Dieser Betrag wurde im Februar 1956 durch Anerkenntnisurteil des AG L. (Bundesgebiet) auf 50 DM erhöht.

Mit seiner Klage erstrebt der Kl., die Zwangsvollstreckung aus diesem Titel für unzulässig erklären zu lassen, da die Mutter der Bekl. mit dieser ohne Erlaubnis die Sowjetzone verlassen habe. Die Bekl. beruft sich darauf, daß ihre Mutter auf Veranlassung des Kl. selbst die Sowjetzone ohne Erlaubnis verlassen habe. Der Kl. hat tatsächlich, wie das Kreisgericht feststellte, im September 1955 die Sowjetzone ohne Erlaubnis verlassen. Vor seiner Abreise habe er mit der Mutter der Bekl. vereinbart, daß diese ihm mit der Bekl. nachfolgen solle; sie wollten im Bundesgebiet heiraten. Diese Abrede ist, als die Mutter der Bekl. den Kl. in Westberlin besuchte, bestätigt worden. Im Oktober 1955 flüchtete daraufhin auch die Mutter der Bekl. mit dieser. Es kam jedoch nicht zur Eheschließung des Kl. mit der Mutter der Bekl. Der Kl. ist im März 1956 in die Sowjetzone zurückgekehrt, während die Mutter der Bekl. bis zum August 1956 in Westberlin auf den Kl. wartete. Sie hat sich später im Bundesgebiet verheiratet.

Das Kreisgericht hat die Klage abgewiesen, da der Kl. selbst die Mutter der Bekl. veranlaßt habe, mit dieser die Sowjetzone illegal zu verlassen. Das Bezirksgericht änderte diese Entscheidung auf Grund neuer Feststellungen dahin ab, daß die Zwangsvollstreckung ab 1. 4. 1958 unzulässig sei.

Aus den Gründen:

„Das Kreisgericht hat in seiner Entscheidung richtig festgestellt, daß Bürger, die die DDR illegal verlassen, sämtlicher Unterhaltsansprüche verlustig gehen, daß aber dieser Grundsatz nicht angewendet werden kann, wenn Unterhaltsberechtigte erst von Unterhaltspflichtigen zur Republikflucht veranlaßt werden. Dem Vordergericht ist auch beizupflichten, daß der Kl. offenbar die Ursache dafür gegeben hat, daß die Mutter der Verkl. mit dieser im Oktober 1955 illegal die DDR verließ.

Das Vordergericht hat aber den Sachverhalt nur ungenügend aufgeklärt und kam deshalb zu einer unrichtigen Entscheidung.

Nach der beigezogenen Auskunft vom VPKA T. ist bewiesen, daß die Mutter der Verkl. mit dieser bereits am 6. 9. 1956 als Rückkehrer nach G. kamen und am 31. 3. 1958 wieder illegal das Gebiet der DDR verließen.

Der minderjährigen Verkl. kann kein Vorwurf gemacht werden, daß sie von ihrer Mutter illegal mit nach Westdeutschland genommen wurde. Die Mutter der Verkl. hat aber durch ihr illegales Verlassen Verrat an der DDR begangen und gröblichst gegen die moralisch-politischen Anschauungen der werktätigen Bevölkerung unseres Staates verstoßen. Der Kl. hat aber das erneute Abwandern der

Mutter der Verkl. mit dieser am 31. 3. 1958 in keiner Weise verursacht. Er ist deshalb von der weiteren Unterhaltszahlung für die Verkl. ab 1. 4. 1958 befreit. Die Kindesmutter hat die volle Verantwortung für das illegale Verlassen zu tragen und muß demzufolge auch für den Unterhalt der Verkl. allein aufkommen, solange sie sich in der Westzone aufhält."

26. Ein im Bundesgebiet lebendes uneheliches Kind hat, auch wenn es wegen „Republikflucht" seiner Mutter seinen Unterhaltsanspruch verwirkt hat, ein Rechtsschutzbedürfnis für eine Klage auf Feststellung der Vaterschaft gegen den in der Sowjetzone lebenden Erzeuger.

Bezirksgericht Erfurt (sowjet.), Beschl. v. 12. 12. 1960 — 3 BFR 170/60: DAVorm. 34 (1960/61) 78 (mit falschem Datum).

Der in W. (Bundesgebiet) lebende Kl. ist ein uneheliches Kind. Er hatte den im Kreis A. (sowjet.) wohnhaften Bekl. früher auf Unterhalt in Anspruch genommen. Da ihm jedoch das Armenrecht für diese Klage nicht gewährt worden war, weil seine Mutter die Sowjetzone ohne Erlaubnis verlassen hatte, hatte er diese Klage zurückgenommen.

Der Kl. hat nunmehr das Armenrecht beantragt für eine Klage auf Feststellung, daß der Bekl. als sein Vater gelte. Das Kreisgericht hat den Antrag abgelehnt, da für die begehrte Feststellung gegenwärtig kein Rechtsschutzbedürfnis bestehe; der Kl. könne einen Unterhaltsanspruch gegen den Bekl. zur Zeit nicht geltend machen. Das Bezirksgericht hat diese Entscheidung aufgehoben und dem Kl. das Armenrecht zugesprochen.

Aus den Gründen:

„Die Entscheidung des Kreisgerichts entspricht nicht den tatsächlichen Verhältnissen und der Rechtslage. Für eine Klage auf Feststellung, daß der Verkl. als Vater gilt, besteht ein Rechtsschutzinteresse. Demnach ist diese Klage nicht mutwillig erhoben worden. Eine solche Klage steht auch im Einklang mit den gesamtdeutschen Interessen. Die Feststellung der Gilt-Vaterschaft hat für den Kl. bei einer zukünftigen gesamtdeutschen Regelung eine große Bedeutung. Die verlangte Entscheidung könnte durch gewisse Umstände zu einem späteren Zeitpunkt erschwert oder sogar unmöglich werden. Das Kreisgericht hat sich bei seiner Entscheidung nur davon leiten lassen, daß ein Republikflüchtiger gegen einen Bürger der DDR seines Unterhaltsanspruchs verlustig geht und daher auch keinen Feststellungsanspruch haben soll. Ungeachtet dieser richtigen Ausführungen in bezug auf solche Unterhaltsforderungen muß aber einem Kinde, das sich mit seiner Mutter illegal in Westdeutschland aufhält, die Möglichkeit gelassen werden, feststellen zu lassen, wer als sein Vater gilt. Von diesem kann es dann, jedoch nur unter bestimmten Voraussetzungen, den gesetzlichen Unterhalt verlangen. Die Feststellungsklage liegt außerdem im Interesse des Verkl. selbst, um dadurch auch für ihn in dieser Hinsicht Klarheit zu erhalten."

27. Die Anwendung des § 1708 BGB in der im Bundesgebiet geltenden Fassung verstößt gegen die Grundsätze der sowjetzonalen Rechtsordnung. — Für den Unterhaltsanspruch eines unehelichen Kindes gelten dieselben Regeln wie für den Unterhaltsanspruch eines ehelichen Kindes.

Bezirksgericht Potsdam (sowjet.), Urt. v. 30. 3. 1961 — 4 BF 145/60: DAVorm. 34 (1960/61) 166.

Die Kl. ist ein uneheliches Kind, das in R. (Bundesgebiet) lebt. Sie nimmt den Bekl., der in X. (sowjet.) wohnt, auf Unterhalt in Anspruch. Das Kreisgericht hat nach dem Klagantrag festgestellt, daß der Bekl. als Vater der Kl. gilt, und hat ihn zur Zahlung eines Unterhalts von monatlich 40 DM bis zur Vollendung des 16. Lebensjahres der Kl. verurteilt.

Das Bezirksgericht hat nach Beweisaufnahme die Berufung gegen diese Entscheidung zurückgewiesen, hat aber die Formel des Urteils des Kreisgerichts dahin berichtigt, daß die Zahlungspflicht des Bekl. bis zur Erreichung der wirtschaftlichen Selbständigkeit der Kl. besteht.

Aus den Gründen:

„Die Urteilsformel des Kreisgerichts war aber, wie geschehen, von Amts wegen zu berichtigen. Das Kreisgericht hat übersehen, daß der Antrag der Kl. nicht dem in der DDR geltenden Recht entspricht.

Die Beschränkung der Unterhaltspflicht des Vaters eines unehelichen Kindes bis zur Vollendung des 16. Lebensjahres des Kindes gemäß § 1708 BGB ist weggefallen. Nach Art. 33 der Verfassung der DDR darf die außereheliche Geburt weder dem Kinde noch seinen Eltern zum Nachteil gereichen und sind entgegenstehende Gesetze und Bestimmungen aufgehoben. In der DDR ist die Gleichstellung der ehelichen Kinder und der außerehelich geborenen Kinder nicht eine programmatische Forderung geblieben, sondern in jeder Beziehung tatsächlich durchgeführt worden. Die Gerichte können infolgedessen die in der Bundesrepublik noch geltende alte Fassung des § 1708 BGB nicht mehr anwenden, da sie den Grundprinzipien unserer sozialistischen Rechtsordnung widerspricht. Es gelten vielmehr für die außerehelich geborenen Kinder bezüglich des Unterhaltsanspruches dieselben Grundsätze wie für eheliche Kinder, insbesondere die Vorschriften der §§ 1601 ff. BGB, die eine zeitliche Begrenzung nicht vorsehen. Die Höhe des Unterhalts bemißt sich nach § 17 II MKSchG vom 27. 9. 1950 nach den wirtschaftlichen Verhältnissen beider Eltern . . ."

28. (Ein im Bundesgebiet lebendes uneheliches Kind kann, auch wenn es wegen „Republikflucht" seiner Mutter seinen Unterhaltsanspruch verwirkt hat, gegen den in der Sowjetzone wohnhaften Erzeuger auf Feststellung der Vaterschaft klagen.)

OG der DDR, Urt. v. 21. 6. 1962 — 1 ZzF 20/62: NJ 1962, 644.

Der Kl. ist ein uneheliches Kind. Er behauptet, der in X. (sowjet.) wohnhafte Bekl. sei sein Erzeuger. Er hat daher Klage auf Feststellung erhoben, daß der Bekl. als sein Vater gelte. Den weiteren Antrag, den Bekl. zur Unterhaltszahlung zu verurteilen, hat der Kl. in der Berufungsinstanz fallen gelassen, da seine Mutter mit ihm inzwischen die Sowjetzone ohne Erlaubnis verlassen hat.

Das Kreisgericht hat die Klage abgewiesen, das Bezirksgericht ihr stattgegeben. Das OG hob diese Entscheidung auf den Kassationsantrag seines Präsidenten auf.

Aus den Gründen:

„Das Bezirksgericht hat festgestellt, daß der Verkl. als Vater des Kl. gilt. Daß eine entsprechende Verpflichtung des Verkl. zur Unterhaltsleistung unterblieb, ist richtig und entspricht der ständigen Rechtsprechung des OG (vgl. Urt. vom 21. 8. 1958 — 1 ZzF 34/58, NJ 1958, 683 = OGZ 6, 210[1]). Danach kann ein illegal aus der DDR in die Bundesrepublik verbrachtes minderjähriges Kind für die Zeit seines dortigen Aufenthalts den in der DDR wohnenden unterhaltspflichtigen Elternteil auf Unterhaltszahlung nicht in Anspruch nehmen.

Verfehlt war es dagegen, die Klage im übrigen abzuweisen. Der Kl. hatte in der letzten mündlichen Verhandlung nur den beschränkten Antrag gestellt, nach dem der Verkl. auch verurteilt worden ist.

. . . Das Bezirksgericht hat die ihm bei der Entscheidung über Unterhaltsklagen nichtehelicher Kinder in erhöhtem Maße obliegende Pflicht zur erschöpfenden Sachaufklärung verletzt. . . .“

29. Ein uneheliches Kind, dessen Mutter nach Zeugung, aber vor Geburt des Kindes die Sowjetzone ohne Erlaubnis verläßt, hat während seines Aufenthalts im Bundesgebiet keinen Unterhaltsanspruch gegen den Erzeuger in der Sowjetzone.

Bezirksgericht Neubrandenburg (sowjet.), Beschl. v. 6. 5. 1963 — 4 A 140/63: DAVorm. 37 (1964) 102.

Das Kreisgericht M. (sowjet.) hat auf Antrag der in N. (Bundesgebiet) lebenden Kl. festgestellt, daß der in M. (sowjet.) wohnende Bekl. ihr Vater sei. Das Gericht hat hingegen den Antrag der Kl., den Bekl. zur Zahlung eines Unterhalts von monatlich 80 DM zu verurteilen, mit der Begründung abgewiesen, die Mutter der Kl. habe kurz nach deren Zeugung im Mai 1961 die Sowjetzone ohne Erlaubnis verlassen.

Die Kl. hat das Armenrecht für eine Berufung gegen den klagabweisenden Teil des Urteils des Kreisgerichts erbeten. Der Antrag wurde wegen mangelnder Aussicht auf Erfolg zurückgewiesen.

Aus den Gründen:

„Das Kreisgericht hat eindeutig festgestellt, daß die Kindesmutter, einige Zeit nachdem die Kl. gezeugt worden ist, das Gebiet der DDR illegal verlassen hat. Davon ist das Kreisgericht bei seiner Entscheidung richtigerweise ausgegangen.

---

[1] IzRspr. 1958—1959 Nr. 34.

Die Auffassung des Kreisgerichts, daß ein bereits gezeugtes Kind genauso zu behandeln ist, wie ein schon geborenes, ist richtig. Eine andere Behandlung derartiger Fälle wäre falsch. Es liegt kein Grund vor, das Verhalten der Kindesmutter bei dieser Sachlage anders zu beurteilen oder gar dem illegalen Verlassen der Kindesmutter weniger Verwerflichkeit zuzumessen.

Das Kreisgericht hat zutreffend auf die Entscheidung des OG verwiesen, in der ausgeführt wird, daß eine Unterhaltsverpflichtung gegenüber dem von seiner Mutter illegal aus der DDR herausgeführten Kinde den moralisch-politischen Anschauungen unseres Staates, wie sie in den Art. 3 und 4 der Verfassung der DDR zum Ausdruck gelangt sind, widerspricht.

Diese in der Entscheidung des OG der DDR angeführten Bestimmungen der Verfassung legen für jeden Bürger unserer Republik das Recht und die Pflicht zur Mitgestaltung der vom Volke ausgehenden Staatsgewalt fest. Jeder Bürger hat also die Pflicht, im Sinne der Verfassung zu handeln und sie gegen ihre Feinde zu verteidigen.

Alle Bestimmungen der Verfassung sind gemäß ihres Art. 144 Satz 1 unmittelbar geltendes Recht. Daraus resultiert, daß die von unserem Staat sanktionierten unterhaltsrechtlichen Bestimmungen, vorliegendenfalls § 1708 BGB, nur in Übereinstimmung mit den bereits erwähnten Grundsätzen der Verfassung ausgelegt und angewendet werden dürfen.

Das illegale Verlassen der DDR ist als ein Verrat an unserem Staat zu beurteilen. Durch derartige Handlungen wird unsere Republik geschwächt, andererseits werden dadurch die Positionen des volksfeindlichen Adenauerregimes gestärkt.

Zu beachten ist in diesem Zusammenhang auch die Tatsache, daß derjenige, der die DDR illegal verläßt, in Westdeutschland zu einer verleumderischen Hetze und Propaganda gegen unsere Republik ausgenutzt wird.

Unser Staat sieht daher keine Veranlassung, einen Menschen zu unterstützen, der sich in so verräterischer Weise gegen unseren Staat entschieden hat.

Andererseits kann von einem Bürger der DDR, der seine Arbeit pflichtbewußt verrichtet und dazu beiträgt, den Sozialismus mit aufzubauen, nicht verlangt werden, daß er einem an sich Unterhaltsberechtigten, der sich unter Mißachtung der Rechtsauffassungen der Werktätigen außerhalb der sozialistischen Rechtsordnung begeben hat, Unterhalt gewährt.

Wollte man staatlicherseits einen derartigen Unterhaltsanspruch begründen und den an sich Verpflichteten zur Zahlung verurteilen, so würde das eine Sanktionierung des illegalen Verlassens bedeuten.

Die Vertreterin der Kl. führt aus, daß eine Entscheidung, wie sie das Kreisgericht M. getroffen hat, mit einer Sippenhaftung gleichzusetzen sei.

Eine derartige Argumentation ist abwegig.

Die Kindesmutter, die in vollem Bewußtsein der moralisch-politischen Verwerflichkeit ihres Verhaltens die Voraussetzungen dafür geschaffen hat, daß das von ihr erwartete Kind außerhalb der Rechtsordnung der DDR geboren wird und für die Zeit seines Aufenthalts in Westdeutschland keinen Unterhaltsanspruch hat, trägt folgerichtig die Verantwortung hierfür. Sie muß in vollem Umfange für den Unterhalt der Kl. einstehen, so daß nach den Rechtsanschauungen der Werktätigen zwar die Kindesmutter für von ihr selbst verschuldete Nachteile aufkommen muß, die Kl. selbst aber keine erleidet. Von Sippenhaftung kann daher keine Rede sein. Eine derartige Rechtsanwendung widerspricht dem humanistischen und erzieherischen Charakter unseres Staates und insbesondere unseres Rechts, sie ist ihm wesensfremd.

Richtig hat das Kreisgericht in seinem Urteil auch ausgeführt, daß die Kl. aus den bereits dargelegten Gründen ihren Unterhaltsanspruch nur während der Zeit ihres Aufenthalts in Westdeutschland verwirkt hat. Wenn sie in die DDR zurückkehrt, entsteht der Unterhaltsanspruch wieder. Diese Tatsache spricht ebenfalls gegen die von der Vertreterin der Kl. dargelegte Auffassung."

30. Ein Kind, das erst nach der unerlaubten Ausreise der Kindesmutter aus der Sowjetzone gezeugt und geboren worden ist, kann Unterhaltsansprüche gegen seinen in der Sowjetzone wohnhaften Vater geltend machen.

Bezirksgericht Cottbus (sowjet.), Beschl. v. 29. 5. 1963 — 3 BFR 7/63: DAVorm. 36 (1963) 254.

Der Kl. ist das eheliche Kind des Bekl. Der Kl. lebt bei seiner Mutter in W. (Bundesgebiet), während der Bekl. im Bezirk C. (sowjet.) wohnt. Der Kl. ist Ende Juli 1958 in W. geboren. Seine Mutter hatte im Mai 1957 die Sowjetzone ohne Erlaubnis verlassen und lebt seitdem in W. Die Ehe des Bekl. mit der Mutter des Kl. ist im Mai 1958 geschieden worden.

Der Kl. begehrt vom Bekl. Unterhalt. Das Kreisgericht hat das vom Kl. erbetene Armenrecht für die Klage wegen mangelnder Aussicht auf Erfolg der Klage abgelehnt, weil die Mutter des Kl. die Sowjetzone unerlaubt verlassen habe. Das Bezirksgericht hat dem Kl. das Armenrecht bewilligt.

Aus den Gründen:

„Der Kl. war z. Z. der gesetzwidrigen Handlung der Kindesmutter weder gezeugt noch geboren. Demzufolge können aus diesem Schritt der Kindesmutter keine Rechtsfolgen der vom Kreisgericht angenommenen Art in bezug auf den Kl. hergeleitet werden. Obgleich die Kindesmutter mit der gesetzwidrig geschehenen Übersiedlung nach Westberlin einen gegen die Interessen der Bürger unseres Staates und gegen die sozialistische Rechtsordnung gerichteten Zustand geschaffen hat, bezieht er sich doch nicht auf ihr Verhältnis zum Kl., da dieser eben in Westberlin, also nach der Übersiedlung, gezeugt und geboren wurde. Die Mutter des Kl. konnte zum Zeitpunkt der

Ausreise sich daraus ergebende Verantwortung und Konsequenzen in bezug auf den Kl. deshalb nicht berücksichtigen.

Entgegen der Auffassung des Kreisgerichts ergibt sich aus der geschilderten Handlungsweise der Kindesmutter demzufolge kein Erlöschen eines Unterhaltsanspruches des Kl."

31. Ein uneheliches Kind, dessen Mutter im Mai 1955 und das selbst mit seinen Großeltern im Juli 1961 die Sowjetzone unerlaubt verlassen hat, kann nicht Unterhaltsansprüche gegen einen Erzeuger in der Sowjetzone geltend machen.

Bezirksgericht Dresden (sowjet.), Beschl. v. 31. 5. 1963 — 3 BFR 39/63: DAVorm. 37 (1964) 44.

Der in M. (sowjet.) wohnhafte AGg. hatte im Juli 1953 vor dem Rat des Kreises M. anerkannt, Vater der ASt. zu sein, und hatte sich zur Zahlung eines Unterhalts von monatlich 35 DM verpflichtet.

Im Mai 1955 hatte die Mutter der ASt. die Sowjetzone ohne Genehmigung verlassen und war in das Bundesgebiet verzogen. Im Juli 1961 folgte ohne Genehmigung die ASt. selbst mit ihren Großeltern.

Die ASt. hat das Armenrecht für eine Klage auf Erhöhung ihres Unterhalts auf monatlich 70 DM beantragt. Das Kreisgericht wies den Antrag zurück, da sowohl die Mutter der ASt. als auch diese selbst die Sowjetzone illegal verlassen hätten. Das Bezirksgericht wies die hiergegen erhobene Beschwerde des AGg. zurück.

Aus den Gründen:

(Das Gericht legt zunächst dar, daß die ASt. eine Veränderung der wirtschaftlichen Verhältnisse nicht behauptet habe. Dazu komme:)

„Das OG der DDR hat in seinem Urteil vom 21. 8. 1958 — 1 ZzF 34/58 (NJ 1958, 683)[1] entschieden, daß auch ein unterhaltsberechtigtes minderjähriges Kind dann keine Unterhaltsansprüche gegen den in der DDR lebenden Erzeuger geltend machen kann, wenn es von dem Sorgeberechtigten illegal nach Westdeutschland verbracht worden ist.

Der Beschwerde ist zwar darin zuzustimmen, daß das Kind selbst weder geschäfts- noch deliktfähig ist. Die Verantwortung für das Kind trägt aber in vollem Umfang die sorgeberechtigte Mutter, die den illegalen Zustand herbeigeführt hat, so daß das Kind sich wegen seiner gesamten Ansprüche für die Dauer des illegalen Aufenthaltes außerhalb der DDR nur an die für diesen Zustand Verantwortlichen halten kann. Diese Rechtsfolge ergibt sich aus den vom Kreisgericht zitierten Bestimmungen der Verfassung, wonach es den in der DDR lebenden Unterhaltspflichtigen nicht zugemutet werden kann, mit der Unterhaltszahlung einen von der Mutter des unterhaltsberechtigten Kindes schuldhaft herbeigeführten ungesetzlichen Zustand auch nur mittelbar zu unterstützen. Wenn danach eine Unterhaltspflicht nicht besteht, so kann auch eine Erhöhung des Unterhaltes nicht in Betracht kommen."

---

[1] IzRspr. 1958—1959 Nr. 34.

32. Ein uneheliches Kind, dessen Mutter im Februar 1954 mit dem Kind ohne Erlaubnis die Sowjetzone verlassen hat, kann seinen Unterhaltsanspruch gegen den in der Sowjetzone lebenden Erzeuger nicht geltend machen.

Kreisgericht Erfurt — Stadtbezirk Nord (sowjet.), Urt. v. 30. 9. 1963 — 3 En F 159/63: unveröffentlicht.

Der Kl. ist der Erzeuger des Bekl.; er lebt in E. (sowjet.) und hatte sich im April 1948 durch eine vor dem Jugendamt der Stadt E. errichtete Urkunde zur Zahlung eines Unterhalts von monatlich 30 DM verpflichtet. Im Februar 1948 hatte die Mutter des Bekl. mit diesem die Sowjetzone ohne Beachtung der polizeilichen Meldevorschriften verlassen. Der Kl. hat Klage mit dem Antrag erhoben, die Zwangsvollstrekkung für unzulässig zu erklären. Das Gericht gab der Klage statt.

Aus den Gründen:

„Aus der schriftlichen Mitteilung des VPKA E. vom 11. 6. 1963 ergibt sich, daß der Verkl. mit der Kindesmutter am 1. 2. 1954, ohne Beachtung der bestehenden polizeilichen Melde- und Ausreisevorschrift, nach Westdeutschland verzogen ist. Damit hat sich der Verkl. außerhalb unserer Rechtsordnung gestellt und sich damit in eine Lage versetzt, die die Geltendmachung seiner Rechte aus dem vorerwähnten Schuldtitel gegenüber dem in der DDR wohnhaften Kl. ausschließt.

Die Auffassung des Verkl., daß er niemals Bürger unseres Staates geworden sei, ist ebenfalls falsch. Seit 1949 gibt es auf dem Territorium Deutschlands zwei selbständige Staaten mit einer unterschiedlichen Gesellschaftsordnung. Bis 1954 hat der Verkl. in der DDR gewohnt und hat somit auch unter dem Schutz unseres Staates gestanden.

Als Bürger unseres Arbeiter- und Bauernstaates kann der Kl. nicht durch das unserem Staat gegenüber feindliche Verhalten der Kindesmutter des Verkl. als seiner gesetzlichen Vertreterin — die das gesellschaftswidrige Verhalten des Verkl. zu verantworten hat — gezwungen werden, durch seine Unterhaltsleistungen, die ihm und seinem Staate feindlichen Bestrebungen des der NATO angehörigen westdeutschen Staates in irgendeiner Form unterstützen zu müssen. Dies trifft auch dann zu, wenn nicht der Unterhaltsberechtigte, sondern sein gesetzlicher Vertreter für das illegale Verlassen der DDR verantwortlich ist.

Die Unterhaltspflicht für den Verkl. trifft daher während seines Aufenthalts in Westdeutschland allein seinen gesetzlichen Vertreter."

33. Ein uneheliches Kind, dessen Mutter im Juli 1954 mit dem Kind die Sowjetzone ohne Erlaubnis verlassen hat, kann seinen Unterhaltungsanspruch gegen den in der Sowjetzone lebenden Erzeuger nicht geltend machen.

Kreisgericht Teterow (sowjet.), Urt. v. 14. 10. 1963 — C 6/63: unveröffentlicht.

Der Bekl. ist das uneheliche Kind des in X. (sowjet.) wohnhaften Kl. Dieser hat im Januar 1954 durch Urkunde vor dem Rat der Stadt R. (sowjet.) seine Vaterschaft anerkannt und sich zur Zahlung eines Unterhalts von monatlich 32,50 DM verpflichtet. Der Bekl. hat im Juli 1954 ohne Beachtung der polizeilichen Meldevorschriften die Sowjetzone verlassen. Der Kl. hat Klage erhoben mit dem Antrag, die Zwangsvollstrekkung für unzulässig zu erklären. Das Gericht hat der Klage stattgegeben.

Aus den Gründen:

„Es hat sich in der Rechtsprechung der Gerichte der DDR schon seit Jahren der Grundsatz entwickelt, daß ein Unterhaltsschuldner, der in der DDR wohnt, nicht dafür aufkommt, daß sich durch die forcierte Atomaufrüstung in Westdeutschland die Lebensverhältnisse der dort lebenden Bürger ständig verschlechtern.

Eine Unterhaltsleistung des Kl. gegenüber dem mit seiner Mutter illegal aus der DDR abgewanderten Kl.[1] widerspricht den moralisch-politischen Auffassungen der Werktätigen unseres Staates, weil nach Art. 3 und 4 der Verfassung der DDR jeder Bürger das Recht, aber auch die Pflicht zur Mitgestaltung der vom Volk ausgehenden Staatsgewalt hat. Gemäß Art. 144 I der Verfassung sind alle ihre Bestimmungen unmittelbar geltendes Recht. Die gesetzlichen Bestimmungen der §§ 1601 ff. BGB über die Unterhaltspflicht unter Verwandten in gerader Linie können nur in Übereinstimmung mit der Verfassung angewandt werden. Jeder Mensch, der illegal die DDR verläßt, nützt der Politik des westdeutschen Kapitalismus, denn einmal arbeitet er für ihn, wenn er durch seine Arbeit Werte schafft, und zum anderen wird die Tatsache des illegalen Verlassens der DDR weitgehendst zur Hetze gegen die DDR ausgenutzt, wie es in der Vergangenheit immer wieder bestätigt wurde. Deshalb ist jede Unterstützung eines solchen Verhaltens abzulehnen, weil solche Handlungen sonst noch begünstigt werden.

Das Gesetz zur Änderung des Paßgesetzes vom 11. 12. 1957 (GBl. I 650) stellt das illegale Verlassen der DDR unter Strafe, und dadurch finden die entstandenen Rechtsanschauungen ihre Bekräftigung.

Obwohl die Kindesmutter mit dem Verkl. bereits vor Erlaß dieses Gesetzes die DDR illegal verlassen hat, kann ihr Verhalten nicht gebilligt werden, und es kann daher dem Kl. nicht zugemutet werden, der sich pflichtbewußt am Aufbau des Sozialismus beteiligt, einem an sich Unterhaltsberechtigten, der sich selbst außerhalb der sozialistischen Rechtsordnung stellt, Unterhalt zu gewähren, der durch sein illegales Verlassen die DDR verrät.

Dem Verkl. selbst kann, da er minderjährig ist, kein Vorwurf gemacht werden, da er zum Zeitpunkt des illegalen Verlassens noch ein Kleinkind war, aber damit muß der unterhaltspflichtige gesetzliche Vertreter auch die alleinige Verantwortung und Nachteile, die durch seinen Schritt für das Kind entstanden sind, in Kauf nehmen. Deshalb kann sich das Kind nur an die Kindesmutter halten, um von ihr den gesamten Unterhalt zu erlangen.

---

[1] Gemeint ist wohl: Bekl.

Die schlechte Versorgung kranker und arbeitsunfähiger Menschen durch die westdeutsche Regierung, die sich besonders im Krankenkassengesetz zeigt, kann überdies neben den angeführten Gründen für eine Unterhaltszahlung ebensowenig in Betracht kommen.

Zu diesen Problemen erging eine Entscheidung des OG der DDR am 21. 8. 1958[2]. Eine nach § 767 ZPO erhobene Zwangsvollstrekkungsgegenklage mußte daher Erfolg haben, wenn eine solche Veränderung aller der für den Anspruch maßgebenden Umstände bei Dauerschuldverhältnissen jeder Art eintreten, die bei Ende des ersten Prozesses nicht vorhanden waren oder nicht geltend gemacht werden konnten.

Eine solche Veränderung liegt auch dann vor, wenn eine grundlegende Änderung der Rechtsanschauung eingetreten ist."

4. Wohnsitz und gewöhnlicher Aufenthalt

34. Wegen der Verhältnisse in der Sowjetzone kann sich die tatsächliche Niederlassung einer Person, die in das Bundesgebiet umziehen will, in Abschnitten vollziehen. — Die tatsächliche Niederlassung beginnt in diesem Fall in dem Zeitpunkt, in dem der Umziehende in eigener Person Teile seiner Habe an den neuen Wohnort im Bundesgebiet bringt.

BVerwG, Urt. v. 20. 9. 1962 — BVerwG II C 4/61: Buchholz BVerwG 234, § 4 G 131 Nr. 27; DÖV 1962, 870; RiA 1962, 384; DRspr. I (110) 58a; Mitteilungsblatt des Königsteiner Kreises 1963 Nr. 1 no. 5.

Die Kl. ist Beamtenwitwe. Sie lebte nach Kriegsende in X. (sowjet.). Im November 1952 erhielt sie auf ihren Antrag von der Regierung in W. (Bundesgebiet) die Genehmigung, ihren Wohnsitz nach F. (Bundesgebiet) zu verlegen. Zugleich mietete die Kl. eine Wohnung in W. Anfang März 1953 meldete sie sich als „Besuch" in Berlin-West an, Ende März 1953 meldete sie sich polizeilich in F. an.

Die Kl. beantragte Versorgung nach dem Gesetz zu Art. 131 GG. Der Antrag wurde abgelehnt, da die Kl. nicht bis zum 31. 12. 1952 Wohnsitz oder dauernden Aufenthalt im Bundesgebiet genommen habe. Die Verwaltungsgerichte wiesen die Klage in erster und zweiter Instanz ab. Auf die Revision der Kl. wurde das Urteil des Berufungsgerichts aufgehoben und die Sache an dieses Gericht zurückverwiesen.

Aus den Gründen:

„II. Die Revision muß Erfolg haben; denn die Darlegungen in den Gründen des angefochtenen Urteils erwecken Zweifel daran, ob das Berufungsgericht bei der Beantwortung der Frage, ob die Kl. schon vor Ablauf des 31. 12. 1952 im Bundesgebiet ihren Wohnsitz begründet hatte, das materielle Recht fehlerfrei angewendet hat.

Zwar ist das Berufungsgericht ohne Rechtsirrtum davon ausgegangen, daß gemäß § 7 BGB zu der Begründung eines Wohnsitzes außer dem Willen, einen Ort zum Mittelpunkt der Lebensverhältnisse zu machen, also außer dem Domizilwillen, auch die ‚tatsächliche Nie-

[2] IzRspr. 1958—1959 Nr. 34.

derlassung' gehört, nämlich der tatsächliche Aufenthalt in eigener Person an diesem Ort. Daß die Kl. schon im Jahre 1952 den Domizilwillen hatte, auf den es in erster Linie ankommt (BVerwGE 5, 113 f.), hat das Berufungsgericht festgestellt. Dagegen hat es die ‚tatsächliche Niederlassung' im Bundesgebiet schon vor Ablauf des 31. 12. 1952 verneint. Es hat hierbei jedoch möglicherweise zu strenge Anforderungen an die Erfüllung des Begriffs der tatsächlichen Niederlassung gestellt und nicht die besonderen Umstände des vorliegenden Falles berücksichtigt, die darin zu erblicken sind, daß die Kl. von der sowjet. besetzten Zone in das Bundesgebiet umzog und daß sich die Aufgabe ihres früheren Wohnsitzes in der sowjet. besetzten Zone wegen der dort herrschenden Verhältnisse — insbesondere wegen der Unmöglichkeit, ihr Hab und Gut geschlossen und auf einmal aus dieser Zone herauszubringen — in Teilabschnitten vollzog und über einen längeren Zeitraum erstreckte. Einer solchen allmählich sich vollziehenden Aufgabe des früheren Wohnsitzes kann unter den hier festgestellten Umständen (Zuzugsgenehmigung, Miete einer eigenen Wohnung an dem Ort, der zum neuen Wohnsitz bestimmt ist) eine in Teilabschnitten sich vollziehende tatsächliche Niederlassung an dem Ort entsprechen, der nunmehr zum Mittelpunkt der Lebensverhältnisse bestimmt ist. Gewiß stellt die bloße Vorbereitung der Niederlassung noch nicht die Niederlassung selbst dar; davon ist das Berufungsgericht zutreffend ausgegangen. Die hier behaupteten Umstände bedeuten aber mehr als die bloße Einleitung der Verwirklichung des Domizilwillens. Die tatsächliche Niederlassung beginnt in derart gelagerten Fällen bereits in dem Zeitpunkt, in dem der Umziehende in eigener Person Teile seiner Habe an den Ort verbringt, der nunmehr zum Mittelpunkt seiner Lebensverhältnisse bestimmt ist. Dabei kann es nicht entscheidend darauf ankommen, zu welchem Zeitpunkt der bisherige Wohnsitz als endgültig aufgegeben angesehen werden muß. Denn es ist rechtlich möglich, daß bei Begründung des neuen Wohnsitzes der bisherige zunächst noch daneben fortbesteht. Es ist nicht ausgeschlossen, daß das Berufungsgericht diese Gesichtspunkte übersehen hat, zumal die Kl. im Berufungsverfahren vorgetragen hat, sie habe schon vor dem Stichtag in mühseligen und gefährlichen Fahrten und Transporten ihre Habe in die F.er Wohnung gebracht, und das Berufungsgericht anscheinend nicht geklärt hat, ob diese Behauptung zutrifft. Möglicherweise hat das Berufungsgericht angenommen, daß in den behaupteten Umständen deshalb noch nicht der Beginn der tatsächlichen Niederlassung in F. zu erblicken wäre, weil es sich jeweils nur um vorübergehende Aufenthalte gehandelt haben kann und die Kl. danach das Bundesgebiet wieder verließ. Bei Unterstellung, daß die in Rede stehende Behauptung der Kl. richtig ist, wäre aber — wie die Revision mit Recht rügt — übersehen worden, daß das Verlassen des Bundesgebiets nur den Zweck hatte, die — nicht nur eingeleitete, sondern schon begonnene — Verwirklichung des auf Begründung eines Wohnsitzes im Bundesgebiet gerichteten Domizilwillens durch Herbeischaffung weiteren beweglichen Hab und Guts aus der sowjet. besetzten Zone abzuschließen."

35. Ein approbierter Arzt, der sich als Facharzt ausbilden läßt, begründet an seinem Ausbildungsort in der Regel einen Wohnsitz.

Bundesschuldenverwaltung (Prüfstelle I), Entsch. v. 28. 1. 1963 — 3 025 987: WM 1963, 739.

Der Anmelder ist mit seiner Schwester seit dem Jahre 1945 ununterbrochen in U. (Bundesgebiet) polizeilich gemeldet. Im Jahre 1949 ging er in die Sowjetzone, um dort zum Facharzt ausgebildet zu werden. Im Jahre 1952 verheiratete er sich. Im Dezember 1957 kehrte der Anmelder in das Bundesgebiet zurück. Die Bundesschuldenverwaltung lehnte die Anmeldung von Wertpapieren zur Bereinigung nach § 33 II Nr. 1 AKG ab, da der Anmelder am 31. 12. 1952 nicht seinen Wohnsitz oder ständigen Aufenthalt im Bundesgebiet hatte.

Aus den Gründen:

„Den Begriff des Wohnsitzes hat der Gesetzgeber im AKG nicht bestimmt, so daß auch für dieses Gesetz, wie in zahlreichen anderen gesetzlichen Bestimmungen, der Wohnsitzbegriff des BGB §§ 7 ff. maßgebend ist. Nach den hierzu von Lehre und Rechtsprechung entwickelten Grundsätzen ist der Wohnsitz der räumliche Mittelpunkt oder Schwerpunkt des gesamten Lebens einer Person (vgl. *Staudinger-Coing,* Komm. zum BGB, 11. Aufl. Bd. I, Anm. 1 und 5 zu § 7; *Palandt-Danckelmann,* BGB, 21. Aufl., Anm. 1 zu § 7; *Soergel-Siebert,* BGB, 9. Aufl. Bd. I, Anm. 1 zu § 7; *Enneccerus-Nipperdey,* Allg. Teil des Bürgerlichen Rechts, 15. Aufl. 1. Halbbd., § 96 I; BVerwGE 5, 104).

Diesen Schwerpunkt hat der Anmelder mit seiner Übersiedlung in die SBZ nach dorthin verlagert, denn er hat dort gewohnt und seine berufliche Tätigkeit ausgeübt. Es mag sein, daß der Anmelder sich nicht für immer in der SBZ niederlassen wollte, dies ist jedoch auch nicht erforderlich. Denn mit dem Gebrauch des Wortes ‚ständig' in § 7 I BGB wollte der Gesetzgeber nur hervorheben, daß die Niederlassung nicht als bloß vorübergehend gewollt sein darf (vgl. *Staudinger-Coing* aaO Anm. 6). Irrig ist auch die Annahme des Anmelders, das Vorübergehende seines Aufenthalts ergebe sich schon daraus, daß er zur Facharztausbildung in die SBZ gegangen und sich vertraglich die jederzeitige Rückkehr in die Bundesrepublik vorbehalten habe. Zwar ist allgemein anerkannt, daß ein Student am Universitätsort regelmäßig keinen Wohnsitz begründet (vgl. *Staudinger-Coing* aaO Anm. 6; *Soergel-Siebert* aaO Anm. 10; *Enneccerus-Nipperdey* aaO § 96 II 1 a). Diese Grundsätze können jedoch für einen approbierten Arzt, der durch eine zusätzliche Ausbildung seine Anerkennung als Facharzt erstrebt, keine Anwendung finden. Denn während das Studium ausschließlich dem Ausbildungszweck dient, geht der Arzt während der Facharztausbildung im Rahmen seines Assistenzarztvertrages bereits seinem eigentlichen Beruf nach (vgl.

Koch in *Kuhns*, Das gesamte Recht der Heilberufe, I 427, Stichwort ‚Facharztausbildung'). Gegen die Annahme, daß der Anmelder sich nur vorübergehend zum Zwecke der Ausbildung in der SBZ aufhalten wollte, spricht aber auch die Dauer des Aufenthalts, die durch die auf 3 bis 5 Jahre bemessene Fortbildungszeit (vgl. *Koch* aaO) nicht gerechtfertigt wird. Unerheblich ist bei alledem, daß der Anmelder auch nach seiner Übersiedlung eine besondere menschliche Bindung zu seiner Schwester gehabt und daß er zu ihrem Lebensunterhalt beigetragen hat. Denn der Schwerpunkt seines Lebens hat dort gelegen, wo er gewohnt, gearbeitet und im Jahre 1952 auch eine eigene Familie gegründet hat. Es kommt auch nicht darauf an, daß der Anmelder bis zu seiner Rückkehr im Bundesgebiet polizeilich gemeldet war, denn durch die polizeiliche An- bzw. Abmeldung wird nicht einmal eine Rechtsvermutung für die Begründung oder Aufhebung des Wohnsitzes geschaffen (vgl. *Staudinger-Coing* aaO Anmerkung 8; *Soergel-Siebert* aaO Anm. 7; *Enneccerus-Nipperdey* aaO § 96 II 1 a).“ (Es wird noch ausgeführt, daß eine Familienzusammenführung im Sinne des § 33 II Nr. 2d AKG nicht vorliege.)

36. Wegen der Verhältnisse in der Sowjetzone kann sich die tatsächliche Niederlassung einer Person, die in das Bundesgebiet zuziehen will, in Abschnitten vollziehen. — Die tatsächliche Niederlassung beginnt in diesen Fällen mit dem Zeitpunkt, in dem der Umziehende in eigener Person Teile seiner Habe an den neuen Wohnort in das Bundesgebiet bringt.

BVerwG, Urt. v. 24. 4. 1963 — VI C 92/60: JR 1963, 475; RiA 1964, 47; Leitsatz in Buchholz BVerwG 234, § 4 G 131 Nr. 28.

Die Kl. ist Beamtenwitwe; sie lebte in D. (sowjet.). Anfang Dezember 1952 beantragte sie beim Bezirksamt W. (Berlin-West) eine Zuzugsgenehmigung, die ihr am 13. 12. 1952 erteilt wurde. Am 3. 1. 1953 meldete sich die Kl. in Berlin-West polizeilich an.

In verschiedenen späteren Anträgen an Behörden gab die Kl. Mitte Dezember 1953 als Datum ihres Umzugs nach West-Berlin an.

Den Antrag der Kl. auf Versorgung nach dem Gesetz zu Art. 131 GG wiesen die Verwaltungsbehörden zurück, da die Kl. bis zum Stichtag des 31. 12. 1952 weder Wohnsitz noch dauernden Aufenthalt im Bundesgebiet oder Westberlin begründet habe. Diese Bescheide hob das Verwaltungsgericht auf; das Berufungsgericht hingegen änderte dieses Urteil und wies die Klage ab. Auf die Revision der Kl. wurde das Urteil des Verwaltungsgerichts wiederhergestellt.

Aus den Gründen:

„II. Das Berufungsgericht ist zwar mit Recht davon ausgegangen, daß der Begriff des Wohnsitzes in § 4 I Gesetz zu Art. 131 GG dem des § 7 BGB entspricht (Urt. v. 9. 11. 1962 — BVerwG VI C 124.60 — m. w. Nachw.) und daß gemäß § 7 BGB zur Begründung eines Wohnsitzes außer dem Willen, einen Ort zum Mittelpunkt der Lebensverhältnisse zu machen, also außer dem Domizilwillen, auch die tatsächliche Niederlassung gehört, nämlich der tatsächliche Aufenthalt in eigener Person an diesem Ort. Anders als in dem durch Urteil vom 9. 11. 1962 — BVerwG VI C 124.60 — entschiedenen Fall hat hier das Berufungsgericht wie in dem durch Urteil vom 20. 9. 1962 — BVerwG II C 4.61 — (Buchholz BVerwG 234, § 4 G 131 Nr. 27 = DÖV 1962, 870 = RiA 1962, 384)[1] entschiedenen Fall tatsächlich festgestellt, daß die Kl. vor dem 1. 1. 1953 den Willen hatte, Berlin-West zum Mittelpunkt ihrer Lebensverhältnisse zu machen, daß also den Erfordernissen des Domizilwillens nach § 7 BGB jedenfalls genügt ist. Dagegen hat das Berufungsgericht die tatsächliche Niederlassung in Berlin-West vor Ablauf des 31. 12. 1952 verneint. Wenn in diesem Zusammenhang das Berufungsgericht ausführt, die von der Kl. durch den Spediteur X. veranlaßten Maßnahmen reichten nicht aus, um festzustellen, daß sie ihren Wohnsitz nicht mehr in D. oder zumindest einen zweiten Wohnsitz in Berlin-West gehabt habe, so läßt dies darauf schließen, daß das Berufungsgericht zwar nicht verkannt hat, daß es genügt, wenn derjenige, der Rechte aus Kap. I des Gesetzes zu Art. 131 GG herleitet, bis zu dem genannten Stichtag einen zweiten Wohnsitz im Bundesgebiet oder in Berlin-West genommen hat. Wenn jedoch das Berufungsgericht weiterhin ausführt, die Tatsache, daß die Kl. ihren Personalausweis in D. bei der Stellung des Antrages auf Umzug nach Berlin-West abgegeben habe, zeige noch nicht, daß sie ihren Wohnsitz dort aufgegeben habe, so kann schon damit verkannt sein, daß es nicht entscheidend darauf ankommt, zu welchem Zeitpunkt der bisherige Wohnsitz als endgültig aufgegeben angesehen werden muß. Denn es ist rechtlich möglich, daß bei der Begründung des neuen Wohnsitzes der bisherige zunächst noch daneben fortbesteht (Urt. vom 20. 9. 1962 — BVerwG II C 4.61[1]). Davon abgesehen aber hat das Berufungsgericht vor allem zu strenge Anforderungen an die Erfüllung des Begriffs der tatsächlichen Niederlassung gestellt und dadurch diesen Begriff verkannt. Das Berufungsgericht hat nicht die besonderen Umstände des vorliegenden Falles berücksichtigt, die wie in dem vom BVerwG durch Urt. vom 20. 9. 1962 (aaO) entschiedenen Fall darin zu erblikken sind, daß die Kl. von der sowjet. besetzten Zone nach Berlin-West umzog und daß sich die Aufgabe ihres früheren Wohnsitzes in der sowjet. besetzten Zone wegen der dort herrschenden Verhältnisse in Teilabschnitten vollzog und über einen längeren Zeitraum erstreckte. Wie in dem vorgenannten Urteil entschieden, kann einer solchen allmählich sich vollziehenden Aufgabe des früheren Wohnsitzes eine in Teilabschnitten sich vollziehende tatsächliche Niederlassung an dem Ort entsprechen, der nunmehr zum Mittelpunkt der Lebensverhältnisse bestimmt ist. Dem Berufungsgericht ist zwar zuzustimmen, wenn es annimmt, daß bloße Vorbereitungshandlungen für die Begründung des Wohnsitzes noch nicht die Niederlassung selbst darstellen. Das Berufungsgericht irrt aber, wenn es annimmt, daß das Verbringen von wertvollen Sachen von D. nach Berlin-West als solche bloße Vorbereitungshandlung anzusehen sei. Die Kl. hatte

[1] Siehe oben Nr. 34.

hier schon im Jahre 1952 den Domizilwillen, auf den es in erster Linie ankommt (BVerwGE 5, 110 [113]). Die Zuzugsgenehmigung war ihr in der ersten Hälfte des Dezember 1952 erteilt worden. Im Dezember 1952 hätten Wohnraum und Tätigkeit für die Kl. zur Verfügung gestanden. Unter derartigen Umständen beginnt die tatsächliche Niederlassung bereits in dem Zeitpunkt, in dem der Umziehende in eigener Person Teile seiner Habe an den Ort verbringt, der nunmehr zum Mittelpunkt seiner Lebensverhältnisse bestimmt ist. Das Berufungsgericht geht davon aus, daß die Kl. — wie sie in den Vorinstanzen vorgetragen hat — mehrfach Teile ihrer Habe selbst nach Berlin-West verbracht hat. Wenn es in diesen Umständen noch nicht den Beginn der tatsächlichen Niederlassung in Berlin-West erblickt hat, weil es sich nur um vorübergehende Aufenthalte gehandelt hat und die Kl. danach Berlin-West wieder verlassen hat, so ist dabei übersehen, daß das Verlassen von Berlin-West nur den Zweck gehabt hat, die nicht nur eingeleitete, sondern schon begonnene Verwirklichung des auf Begründung eines Wohnsitzes in Berlin-West gerichteten Domizilwillens durch Herbeischaffung von weiterem beweglichen Hab und Gut aus der sowjet. besetzten Zone abzuschließen. Dem steht nicht entgegen, daß die Kl. anders als in dem durch Urteil vom 20. 9. 1962 aaO entschiedenen Fall hier noch keine eigene Wohnung in Berlin-West gemietet hatte; denn es kann bei dem Begriff der tatsächlichen Niederlassung nicht darauf ankommen, ob diese Niederlassung von vornherein in einer eigenen Wohnung genommen wird oder ob zunächst eine Niederlassung unter behelfsmäßigen Umständen in Untermiete oder bei Verwandten erfolgt. Es ist dabei zu berücksichtigen, daß es für eine alleinstehende Frau ohnehin fast unmöglich ist, kurzfristig zu erschwinglichem Preis eine eigene Wohnung in Berlin-West zu erlangen; sie wird immer darauf angewiesen sein, zunächst mit einer behelfsmäßigen Unterkunft vorliebzunehmen. Davon kann der Begriff der tatsächlichen Niederlassung nicht abhängen. Deshalb spricht es auch nicht gegen die tatsächliche Niederlassung der Kl. in Berlin-West, wenn nach den Ausführungen des Berufungsgerichts der Zeuge Dr. Y. bekundet hat, daß die Kl. wegen Wohnraummangels in seiner Wohnung nicht wohnen konnte. Dadurch wird nicht ausgeschlossen, daß die Kl. in der Wohnung des Dr. Y., nämlich bei ihrer Schwester, Unterkunft fand, wie es auch tatsächlich bei ihrem Aufenthalt in Berlin stets geschehen ist. Wenn das Berufungsgericht in diesem Zusammenhang ausführt, daß sich die Kl. nur zur Vorbereitung und Durchführung der Übersiedlung von D. nach Berlin-West in Berlin aufgehalten habe, so übersieht es dabei, daß das Stadium der Vorbereitung für die Kl. bereits vor dem 31. 12. 1952 abgeschlossen war und daß auch schon vor diesem Zeitpunkt mit dem Verbringen von Teilen der Habe nach Berlin-West ihre Übersiedlung in das Stadium der Durchführung getreten war, diese Durchführung aber nach dem oben Gesagten bereits den Beginn der tatsächlichen Niederlassung bedeutete.

Dem Berufungsgericht kann nicht gefolgt werden, wenn es annimmt, gegen eine tatsächliche Niederlassung der Kl. in Berlin-West im Dezember 1952 spreche es, daß sie mehrfach angegeben habe, sie sei im Dezember 1953 aus D. nach Berlin-West gezogen. Diese Angaben der Kl. liegen ausnahmslos in einem Zeitraum, in dem der Stichtag — wie der Kl. bekannt war — der 31. 3. 1951 war. Da die Kl. diesen Stichtag keinesfalls erfüllen konnte, bestand für sie kein Anlaß, sich besondere Gedanken darüber zu machen, welches Datum sie für ihren Zuzug nach Berlin-West angeben solle. Daraus kann aber nicht gefolgert werden, daß die damals von ihr angegebenen Daten die der Begründung eines Wohnsitzes im Sinne von § 7 BGB sind. Die Kl. hat vielmehr durchaus naheliegenderweise das Datum des Abschlusses ihrer Übersiedlung, nämlich das des Eintreffens ihres letzten Umzugsgutes, genommen. Wenn das Berufungsgericht dazu ausführt, diese Angaben der Kl. ließen erkennen, daß sie selbst in den Jahren 1953 bis 1956 der Meinung gewesen sei, sie habe sich nicht vor dem 1. 1. 1953 in Berlin-West niedergelassen, so übersieht das Berufungsgericht dabei, daß der Begriff der Wohnsitzbegründung oder des Sichniederlassens eine rechtliche Subsumtion voraussetzt, die von der Kl. nicht erwartet werden kann. Wenn die Kl. über den Zeitpunkt ihres Zuzugs in der damaligen Zeit, in der dieser Zeitpunkt für sie völlig unwichtig war, Angaben machte, die sich bei näherer Prüfung nur als für den letzten Abschnitt des Zuzugs zutreffend herausstellen, so kann daraus nicht gefolgert werden, daß sie damit rechtlich auch den gesamten Akt der ständigen Niederlassung zutreffend bezeichnen wollte."

37. (Der Wohnsitz einer Ehefrau, die in der Sowjetzone lebt, bestimmt sich nach sowjetzonalem Recht.)

LG Bremen, Beschl. v. 30. 8. 1963 — Wp 8/63 R: WM 1964, 212.

Die Kl. kam im Juni 1952 von ihrem Wohnsitz in X. (sowjet.) für fünf Tage nach Westberlin, um ihren jetzigen Ehemann zu heiraten. Die Ehe wurde in Westberlin geschlossen, da die Kl. keine Genehmigung zur Ausreise nach Westdeutschland erhielt und ihr Bräutigam, der damals in K. (Bundesgebiet) lebte, keine Genehmigung zur Einreise nach X. Die Kl. kehrte alsbald nach der Eheschließung nach X. zurück, um erneut ihre Ausreise zu beantragen. Im Juli 1952 erhielt die Kl. die Zuzugsgenehmigung für K.

Zu Weihnachten 1952 traf sich die Kl. mit ihrem Ehemann für 18 Tage in Westberlin. Im Februar 1953 meldete sich die Kl. in K. polizeilich an.

Die Bundesschuldenverwaltung lehnte den Antrag der Kl., von ihr zur Bereinigung angemeldete Wertpapiere anzuerkennen, mit der Begründung ab, die Kl. habe am Stichtag des 31. 12. 1952 weder einen Wohnsitz noch einen ständigen Aufenthalt im Bundesgebiet oder in Berlin-West gehabt. Das LG wies die Klage ab.

Aus den Gründen:

„Die Bundesschuldenverwaltung hat in der angefochtenen Entscheidung mit Recht festgestellt, daß die Anmelderin am 31. 12. 1952 ihren Wohnsitz nicht im Geltungsbereich des AKG gehabt hat und daß sie auch nicht im Wege der Familienzusammenführung ihren Wohnsitz im Bundesgebiet genommen hat. Diese Entscheidung beruht auf den gleichen Erwägungen, die das LG Hagen in seinem Beschluß vom 21. 7. 1961[1] und das BVerwG in seinem Urteil vom 24. 6. 1959 angestellt haben (vgl. WM 1962, 283 und BVerwGE 9, 33) und die einen gleichartig gelagerten Sachverhalt betreffen. Diese Entscheidungen sind unter Wiedergabe ihres wesentlichen Inhalts auf Seite 4 des angefochtenen Beschlusses zitiert und werden auch nicht dadurch aus der Welt geschafft, daß die Anmelderin sie kurzerhand ignoriert. Offenbar ist auch die Anmelderin der Auffassung, daß die Rechtsausführungen in den genannten Entscheidungen nicht zu widerlegen sind, denn sonst wäre wohl in der Einspruchsbegründung vom 13. 2. 1963 wenigstens ein entsprechender Versuch unternommen worden. Was die Anmelderin zur Auslegung von § 10 BGB anführt, mag an sich zutreffen, liegt aber deshalb neben der Sache, weil der § 10 BGB mit Rücksicht auf Art. 7 II der sowjetzonalen Verfassung vom 7. 10. 1949 zu der maßgeblichen Zeit für die Anmelderin nicht galt. Es wird insoweit nochmals auf den zitierten Beschluß des LG Hagen verwiesen. Das BVerwG ist auch in seinem ausführlich begründeten Urteil vom 24. 6. 1959 mit Recht zu dem Ergebnis gekommen, daß die erstmalige Neubegründung einer Ehegemeinschaft keine Familienzusammenführung im Sinne von Artikel 131 GG darstellt. Das gleiche gilt auch für den Begriff der Familienzusammenführung im Sinne von § 33 II Nr. 2d AKG. Die Anmelderin übersieht anscheinend, daß bei der Festlegung gesetzlicher Stichtage gewisse Härten immer in Kauf genommen werden müssen, und daß es nach dem Gesetz nur darauf ankommen kann, ob die für den Stichtag erforderlichen Tatsachen vorliegen, und nicht darauf, aus welchem Grunde sie schon etwas früher oder erst etwas später vorgelegen haben."

III. GESELLSCHAFTSRECHT

1. Rechtsfähigkeit volkseigener Betriebe

38. Auf Kollisionsnormen des interlokalen Rechts kommt es nur an, wenn Rechtsverschiedenheiten bestehen. — Das Verfahrensrecht bestimmt sich nach der lex fori. — Die Rechtsfähigkeit einer Personenvereinigung, Vermögensmasse oder eines Rechtsgebildes des öffentlichen Rechts richtet sich nach der Rechtsordnung an seinem Sitz. — Im interzonalen Recht können als rechts- und parteifähig nur solche Organisationen anerkannt werden, die irgendwie dem Typus einer inländischen juristischen Person entsprechen. — Die volkseigenen Betriebe der Sowjetzone sind rechts- und parteifähig; das muß auch im Bundesgebiet anerkannt werden.

---

[1] IzRspr. 1960—1961 Nr. 50.

OLG Frankfurt/Main, Urt. v. 1. 6. 1962 — 3 U 45/62: unveröffentlicht.

Die Bekl. ist eine Handelsgesellschaft mit Sitz in W. (Bundesgebiet), die im interzonalen Handel tätig ist. Sie hat wiederholt den Kl., den VEB Deutrans in Berlin-Ost, beauftragt, für sie Waren aus der Sowjetzone in das Bundesgebiet zu befördern.

Der Kl. verlangt mit der Klage Zahlung von rund 2 500 Verrechnungseinheiten nebst Zinsen für drei Transporte. Die Bekl. hat nach Klageerhebung die Hauptsumme gezahlt. Der Kl. klagt daher nunmehr nur noch die Zinsbeträge ein. Die Bekl. hat die Einrede der mangelnden Parteifähigkeit und der mangelnden gesetzlichen Vertretung des Kl. erhoben. Das LG hat die Klage aus diesen Gründen abgewiesen. Diese Entscheidung hat das OLG auf die Berufung der Kl. aufgehoben; die Sache wurde an das LG zurückverwiesen.

Aus den Gründen:

„Die Parteifähigkeit des Kl. muß anerkannt werden. Nach § 50 I ZPO ist parteifähig, wer rechtsfähig ist. Diese Bestimmung gilt nach wie vor auch in der Sowjetzone und in Ostberlin, wo der Kl. seinen Sitz hat. Einer Vermittlung durch Kollisionsnormen des interlokalen Rechts bedarf es daher insoweit nicht. Doch hat die Spaltung Deutschlands nach 1945 dazu geführt, daß Rechtsfähigkeit im Gebiet der Sowjetzone und Ost-Berlins heute nicht mehr durchaus dasselbe bedeutet wie in der Bundesrepublik. Gerade die Stellung der volkseigenen Betriebe im Rechtssystem der Sowjetzone ergibt das mit Deutlichkeit. Diese sind zu juristischen Personen erklärt worden, obwohl sie nur staatliches Eigentum unter der rechtlich nicht greifbaren Bezeichnung als ‚Rechtsträger' des ihnen ‚übertragenen Volkseigentums' (§ 1 I Satz 2 des Statuts des Kl., GBl. 1958, II 311) verwalten und selbst Inhaber von Vermögensrechten, auch nach der in der Sowjetzone geltenden Auffassung, nicht sein können (vgl. OG vom 16. 11. 1954, NJ 1955, 157 [158]). Auch in der Befugnis, über die ihnen anvertrauten staatlichen Rechte zu verfügen und sich selbst zu verpflichten, sind sie weitgehend beschränkt. Nicht nur satzungswidrige, sondern auch planwidrige Geschäfte sind unwirksam (vgl. OG aaO). Es fehlt ihnen damit an den rechtlichen Fähigkeiten, die nach unserer Auffassung jedenfalls für die Teilnahme am Handelsverkehr unerläßlich sind. Nicht einmal auf eine Forderung können sie wirksam verzichten (*Dornberger, Kleine, Klinger* und *Posch,* Das Zivilrecht der DDR, Allgemeiner Teil 218 Fn. 2). Auch der allgemeinen Gerichtsbarkeit und der Zwangsvollstreckung sind sie weitgehend entzogen (vgl. aaO 191, 192, 203, 213 ff.; ferner *Nathan,* Das Zivilprozeßrecht der DDR, 1958, II 426, 634). Diese Unterschiede in der Rechtsauffassung über das Wesen der juristischen Person nötigen zur Heranziehung kollionsrechtlicher Normen.

Nicht gerechtfertigt ist es indessen, den bestehenden Rechtswiderspruch nach dem internationalprozeßrechtlichen Grundsatz zu lösen, daß vor deutschen Gerichten nach deutschem Prozeßrecht zu verfahren ist. Zwar bestehen keine Bedenken, diesen Grundsatz entsprechend auch im interlokalen Recht anzuwenden (vgl. *Riezler*, Internationales Zivilprozeßrecht 83; *ders.*, SJZ 1947, 234). Doch erscheint schon fraglich, ob dieser Grundsatz ausnahmslos gilt und ob nicht gerade die Parteifähigkeit ausschließlich nach dem Heimatrecht zu bestimmen ist (so *Pagenstecher*, ZZP 64, 249 ff.; *Rosenberg*, Lehrbuch des deutschen Zivilprozeßrechts, 9. Aufl., 175; *M. Wolff*, IPR, 3. Aufl., 97). Nicht außer Betracht bleiben darf jedenfalls, daß § 50 I ZPO insofern, als er auf die Rechtsfähigkeit abstellt, auf einen Begriff des materiellen Rechts verweist. Hieraus folgt nach anerkannter Rechtsprechung, daß dann, wenn hinsichtlich der Rechtsfähigkeit eine Vermittlung durch Kollisionsnormen erforderlich ist, auch im Rahmen des § 50 I ZPO nur die entsprechende materiell-rechtliche Kollisionsnorm zum Zuge kommen kann (vgl. BGH vom 10. 6. 1953 — II ZR 166/52; *Riezler* aaO 416; *Baumbach-Lauterbach*, ZPO, 26. Aufl., § 50 Anm. 2 A).

Im deutschen internationalen Privatrecht ist anerkannt, daß die Rechtsfähigkeit einer ausländischen Personenvereinigung oder Vermögensmasse nach dem Recht des Landes zu beurteilen ist, in dem das betreffende Rechtsgebilde seinen Sitz, und zwar seine Hauptverwaltung hat (RGZ 159, 33 [46]; RG, JW 1934, 2845; *Soergel-Kegel*, [BGB] Art. 10 EGBGB Anm. 8; *Palandt*, [BGB] Vorbem. 14g bb zu Art. 7 EGBGB; *M. Wolff* aaO 114 ff.; *Raape*, IPR, 5. Aufl., 195 ff.; *Kegel*, IPR, 1960, 189 ff.). Die Besonderheiten des deutschen interlokalen Privatrechts stehen der entsprechenden Anwendung dieser Regel nicht entgegen (*Soergel-Kegel*, Art. 10 EGBGB Anm. 51). Sie gilt für Rechtsgebilde des öffentlichen Rechts ebenso wie für solche des Privatrechts. Maßgebend für die Beurteilung der Rechtsfähigkeit des Kl. ist darum das in der Sowjetzone und in Ost-Berlin geltende Recht. Danach gehört der Kl. zu den ‚nach dem Prinzip der wirtschaftlichen Rechnungsführung arbeitenden staatlichen juristischen Personen' (Das Zivilrecht der DDR 213). Ihm ist Rechtsfähigkeit auf Grund der ‚Verordnung über Maßnahmen zur Einführung des Prinzips der wirtschaftlichen Rechnungsführung in den Betrieben der volkseigenen Wirtschaft' vom 20. 3. 1952 (GBl. 225) verliehen worden, wie sein Statut in Verbindung mit den Anordnungen vom 30. 12. 1953 (ZBl. 1954, 28), 8. 1. 1954 (ZBl. 29) und 22. 11. 1958 (GBl. II 311) ergibt. Er ist auch in das ‚Handelsregister der Volkseigenen Wirtschaft' (Abtlg. C) eingetragen.

Zu prüfen bleibt indessen, ob daraus die Rechts- und Parteifähigkeit des Kl. auch für das Gebiet der Bundesrepublik *ohne weiteres* folgt. In Literatur und Rechtsprechung zum internationalen Privatrecht wird weitgehend die Auffassung vertreten, daß es insoweit *ausschließlich* auf das Heimatrecht der juristischen Person ankomme und in eine Prüfung der Frage, ob die im Ausland erworbene Rechtsfähigkeit ihrem Wesen nach dem inländischen Begriff der Rechtsfähigkeit entspreche (Qualifikation), überhaupt nicht mehr einzutreten sei (vgl. *Palandt*, Art. 10 EGBGB Anm. 4; *Raape* aaO 190, 202; *Riezler* aaO 416). Der Senat trägt hiergegen Bedenken, jedenfalls für den Bereich des interzonalen Rechts. Entsprechend dem Sinn des § 50 ZPO muß klargestellt sein, wer der als Kl. oder Bekl. Auftretende ist, wessen Rechte er wahrnimmt und wer aus den Gerichtsentscheidungen berechtigt und verpflichtet wird. Als folgerichtig erscheint es darum, als rechts- und parteifähig nur solche Gebilde anzusehen, die irgendwie dem Typus einer inländischen juristischen Person entsprechen (vgl. dazu *Kann* in Festschrift für Heinitz, 1926, 331; *Förster-Kann,* ZPO, 3. Aufl., § 50 Anm. 7b bb). Doch fehlt es an dieser Voraussetzung hier nicht. Wenn auch erhebliche Schwierigkeiten bestehen, die volkseigenen Betriebe der Sowjetzone in das hier geltende Rechtssystem einzuordnen, insbesondere wegen ihres mehr öffentlich-rechtlichen Charakters, so sind sie doch nicht unfähig, Rechte für den Staat im eigenen Namen zu erwerben und gerichtlich geltend zu machen, Pflichten für den Staat im eigenen Namen zu begründen und im Rahmen der Satzungen und Pläne über staatliches Eigentum zu verfügen. Auch können sie verklagt werden und unterliegen mit dem von ihnen verwalteten Vermögen, obwohl dieses unpfändbar ist, in einem gewissen Sinne doch dem Zugriff ihrer Gläubiger (Rundverfügung Nr. 36/53 des Ministers der Justiz vom 20. 4. 1953; vgl. dazu Das Zivilprozeßrecht der DDR 395; ferner § 68 Vertragsgerichtsverfahrensordnung vom 22. 1. 1959, GBl. I 86). Daß sie der Weisungsbefugnis übergeordneter staatlicher Stellen unterliegen, rechtfertigt allein eine andere Beurteilung nicht. Sie unterscheiden sich insofern nicht grundsätzlich von parteifähigen Sondervermögen und rechtsfähigen Anstalten des hiesigen öffentlichen Rechts. Auf dem Gebiete des öffentlichen Rechts erkennt im übrigen auch das westdeutsche Recht Beschränkungen der Rechtsfähigkeit durchaus an (vgl. BGHZ 20, 119 [124]). Der Kl. kann somit nicht als schlechthin rechtsunfähig angesehen werden. Seine rechtliche Selbständigkeit erreicht ein Mindestmaß dessen, was nach hiesiger Auffassung zur Rechtsfähigkeit gehört. Er muß daher auch für das Gebiet der Bundesrepublik als rechts- und parteifähig angesehen werden.

Die Anerkennung des Kl. als rechts- und parteifähig verstößt auch nicht gegen die guten Sitten oder gegen den Zweck eines in der Bundesrepublik geltenden Gesetzes (Art. 30 EGBGB). Unerheblich ist insoweit, wie die Schaffung der volkseigenen Betriebe und ihre rechtliche Gestaltung nach den in der Bundesrepublik geltenden Anschauungen und Gesetzen zu beurteilen ist. Es kommt allein darauf an, wie es sich im hier vorliegenden besonderen Falle auswirkt, daß der Kl. als rechts- und parteifähig anerkannt wird. Ein Verstoß gegen die Sitten- und Rechtsordnung der Bundesrepublik liegt darin jedoch noch nicht. Der Umstand, daß der Interzonenhandel fast ausschließlich über die volkseigenen Betriebe abgewickelt wird und diese im beträchtlichen Umfange auch wie selbständige Kaufleute am Wettbewerb in der Bundesrepublik teilnehmen, ferner das freiwillige Kontrahieren der Bekl. mit dem Kl. dürfen hierbei nicht außer Betracht bleiben.

In der neueren Literatur und Rechtsprechung sind bisher, soweit ersichtlich, Bedenken gegen die Partei- und Prozeßfähigkeit der volkseigenen Betriebe der Sowjetzone nicht erhoben worden. Insbesondere hat auch der BGH diese Frage in zahlreichen Entscheidungen bejaht (vgl. z. B. LM Nr. 18 zu § 12 BGB[1]; BGHZ 30, 315[2]; 34, 91[3]; 34, 345[4]). Im Schrifttum haben sich für die Anerkennung der volkseigenen Betriebe ausdrücklich *Soergel-Kegel* (Art. 10 EGBGB Anm. 50) und *Wieczorek* (ZPO § 50 Anm. B II e 1) ausgesprochen. Der Senat stimmt dem im Ergebnis zu.

Die Einrede der mangelnden gesetzlichen Vertretung wird von der Bekl. nicht mehr aufrechterhalten. Wie sich aus der Satzung des Kl. ergibt, wäre sie auch unbegründet. Der Generaldirektor des Kl. ist befugt, diesen gerichtlich und außergerichtlich zu vertreten."

2. Fortbestand enteigneter Gesellschaften

39. **Zum Fortbestand der „Landesversicherungsanstalt Ostpreußen" im Bundesgebiet.**

KG Berlin-West, Beschl. v. 26. 4. 1962 — 1 W Umw. 548/62: WM 1962, 711.

Im Wertpapierbereinigungsverfahren sind für die „Landesversicherungsanstalt Ostpreußen" zu Händen ihres in Westberlin bestellten Custodian Pfandbriefe einer Westberliner Bank anerkannt worden. Die Bank hat es auf behördliche Anweisung abgelehnt, die Forderungen zu erfüllen, da die Landesversicherungsanstalt kein „Westgläubiger" sei. Das LG wies den Antrag auf gerichtliche Entscheidung zurück, das KG die dagegen eingelegte Beschwerde.

Aus den Gründen:

„Gemäß § 5 I Buchst. b in Verbindung mit § 7 I AltbG vom 10. 12. 1953 (GVBl. Berlin 1483) kann das Schuldnerinstitut für die Verbindlichkeit aus den angemeldeten Schuldverschreibungen nur in Anspruch genommen werden, wenn derjenige, dem gegenüber die Verbindlichkeit am 1. 10. 1949 bestanden hat, seinen Wohnsitz oder dauernden Aufenthalt, seinen Sitz oder Ort der Geschäftsleitung zu diesem Zeitpunkt in Berlin-West, im Bundesgebiet oder außerhalb Deutschlands nach dem Gebietsstande vom 31. 12. 1937 hatte oder bis zum 31. 12. 1952 in dieses Gebiet verlegt hat. Gläubiger der Altbank im Sinne des § 7 I AltbG ist derjenige, für den die Wertpapiere im Wertpapierbereinigungsverfahren anerkannt worden sind (Senat in WM 1956, 1419; WM 1957, 1037). Das ist hier die Landesversicherungsanstalt Ostpreußen. Allerdings erstreckt sich die den Bescheiden im Wertpapierbereinigungsverfahren nach § 60 II WBG grundsätzlich zukommende bindende Wirkung nicht darauf, ob der anerkannte Gläubiger an dem maßgebenden Stichtag noch bestanden hat

[1] IzRspr. 1954—1957 Nr. 222.
[2] IzRspr. 1958—1959 Nr. 85.
[3] IzRspr. 1960—1961 Nr. 84 b.
[4] IzRspr. 1960—1961 Nr. 134.

(Senat in WM 1962, 494). Auf die Frage, ob die Landesversicherungsanstalt Ostpreußen am 1. 10. 1949, mindestens im Zustande der Abwicklung, noch bestanden hat, kommt es jedoch nicht entscheidend an. Diese Frage könnte mit Rücksicht darauf, daß Ostpreußen staatsrechtlich noch zum Gebiet des Deutschen Reiches nach dem Gebietsstande vom 31. 12. 1937 gehört, möglicherweise anders beurteilt werden als in dem Falle der Landesversicherungsanstalt Sudetenland, deren Erlöschen der Senat in einer Entscheidung vom 12. 2. 1962 (WM 1962, 494) angenommen hat (vgl. wegen der Universität Königsberg Senat in 1 W Umw. 1438/58[1]). Sollte die Landesversicherungsanstalt Ostpreußen am 1. 10. 1949 erloschen gewesen sein, so ist ihr Vermögen jedenfalls bis zu dem gemeinsamen Erlaß des Bundesministers für Arbeit und des Senators für Arbeit von Berlin vom 26. 2./4. 3. 1953 nicht gemäß den §§ 1335, 1336 RVO auf einen anderen Rechtsträger, auf dessen Sitz oder Geschäftsleitung es ankommen könnte, übertragen worden. Sollte aber die Landesversicherungsanstalt Ostpreußen am 1. 10. 1949, wie das LG annimmt, noch bestanden haben, so fehlt es an einem Sitz oder an einer Geschäftsleitung dieser Anstalt in dem in § 7 I AltbG bezeichneten Gebiet. Daß der Sitz dieser Anstalt von Königsberg (Pr.) nach Berlin oder einem Ort der Bundesrepublik verlegt worden sein könnte, ist nicht ersichtlich. Dazu wäre ein konstitutiver Akt erforderlich gewesen. Aber auch eine Geschäftsleitung ist nicht feststellbar ..."

40. Eine offene Handelsgesellschaft, deren Vermögen an ihrem Sitz in der Sowjetzone enteignet worden ist, besteht im Bundesgebiet fort, wenn sie hier Vermögenswerte hat. — Ansprüche aus Wertpapieren sind am Sitz des Ausstellers belegen. — Der Sitz einer offenen Handelsgesellschaft wird verlegt, wenn die Geschäftsleitung an einen anderen Ort verlegt wird.

OLG Celle, Beschl. v. 29. 6. 1962 — 1 Wx 3/62: WM 1962, 1330.

Die Anmelderin, eine OHG in H. (Bundesgebiet), hatte früher ihren Sitz in der Sowjetzone. Ihr Geschäftsvermögen ist dort enteignet worden. Das OLG erkannte die Anmeldung an. (Siehe auch die nahezu wörtlich übereinstimmenden Gründe in einem Parallelfall, OLG Celle, Beschl. v. 19. 9. 1962 — 1 Wx 2/62: WM 1962, 1331.)

Aus den Gründen:

„Zutreffend hat das LG angenommen, daß die Anmelderin trotz der gegen sie in der sowjet. besetzten Zone getroffenen Enteignungsmaßnahmen in der Bundesrepublik fortbesteht, weil sie hier Vermögen, insbesondere Grundstücke und Wertpapiere westdeutscher Aussteller hat (BGHZ 13, 106, 108[1]).

Dies bedeutet zwar noch nicht, daß die Anmelderin nach dem Verlust ihres satzungsmäßigen Sitzes ohne weiteres ihren Sitz in das Gebiet der Bundesrepublik verlagert hat. Vielmehr bedurfte es dazu der Verlegung des Ortes ihrer Geschäftsleitung, worin mit Rücksicht

[1] IzRspr. 1958—1959 Nr. 62. [1] IzRspr. 1954—1957 Nr. 58.

auf die Rechtsform der Anmelderin als OHG gleichzeitig die Sitzverlegung zu erblicken ist ...".

41. Hat die rechtlich selbständige Unterstützungseinrichtung eines Unternehmens, die ihren Sitz an einem Ort in den polnisch besetzten deutschen Ostgebieten hatte, dort nach Kriegsende kein Vermögen und keine Geschäftsbücher mehr und hat sie dort auch keine Geschäftstätigkeit ausgeübt, so ist die Unterstützungseinrichtung am Ort des Sitzes aufgelöst und erloschen. — Die Unterstützungseinrichtung kann jedoch, wenn sie im Bundesgebiet Vermögen hat, hier fortbestehen. — Vermögen ist auch dann vorhanden, wenn Rechtsansprüche wirtschaftlich wertlos sind. — Eine Kapitalgesellschaft, die im Bundesgebiet zwar fortbesteht, jedoch nach der Währungsreform ihre Kapitalverhältnisse nicht neu festgesetzt hat, ist aufgelöst.

OLG Schleswig, Beschl. v. 19. 11. 1962 — 5 W Wp 4/62: WM 1963, 36.

Die X. Brauerei AG hatte früher ihren Sitz in O. (deutsche Ostgebiete jenseits der Oder-Neiße-Linie). Die Gesellschaft verlegte 1948 ihren Sitz nach K. (Bundesgebiet) und wird hier liquidiert.

Die X. Brauerei AG hatte im Jahre 1940 als Unterstützungseinrichtung die X. Brauerei GmbH mit Sitz in O. gegründet und hielt alle ihre Geschäftsanteile.

Die X. Brauerei AG meldete Reichsschatzanweisungen zur Ablösung an, die für die Unterstützungseinrichtung X. Brauerei GmbH verbucht waren. Eine Gesellschafterversammlung der GmbH genehmigte im Jahre 1962 diese Anmeldung sowie alle Maßnahmen, die früher zu ihrer Vorbereitung von einem Mitglied des Vorstandes der AG treuhänderisch für die GmbH getroffen worden waren.

Die Prüfstelle lehnte die Anmeldung ab, das LG gab ihr statt; das OLG stellte die Entscheidung der Prüfstelle wieder her.

Aus den Gründen:

„III. Soweit das LG annimmt, daß die Unterstützungseinrichtung X.-Brauerei GmbH am 31. 12. 1952 und seitdem bis zum 1. 1. 1958 Gläubigerin des angemeldeten Anspruchs gewesen ist, ist ein Rechtsirrtum nicht ersichtlich (§§ 33 I und II, 49 AKG). In dieser Hinsicht greift die Beschwerde die Ausführungen des LG auch nicht an. Dagegen ist das Gesetz verletzt, soweit der angefochtene Beschluß bei dem festgestellten Sachverhalt für die in die Anmeldung eingetretene Unterstützungseinrichtung eine Geschäftsleitung bejaht. Nach § 33 II Nr. 3 AKG besteht für juristische Personen ein Recht auf Ablösung nur, wenn sie am 31. 12. 1952 ihren Sitz oder den Ort ihrer Geschäftsleitung im Geltungsbereich dieses Gesetzes hatten. Dabei hat das LG rechtsirrtumsfrei festgestellt, daß die Unterstützungseinrichtung X.-Brauerei GmbH einen Sitz im Geltungsbereich des AKG nicht begründet habe.

1. Hinsichtlich einer Geschäftsleitung hat das LG, ohne insoweit ausdrückliche Feststellungen zu treffen, vorausgesetzt, daß die Un-

terstützungseinrichtung X.-Brauerei GmbH mit Sitz in O. am 31. 12. 1952 nicht nur im Geltungsbereich des AKG noch vorhanden gewesen sei, mithin eine *Verlegung* des Sitzes von O. nach K. in Frage gekommen, diese aber wegen der Mittellosigkeit der Unterstützungseinrichtung nicht tunlich gewesen sei. Diese Annahme ist nicht ohne Bedenken. Die Unterstützungseinrichtung X.-Brauerei GmbH war eine von ihrer alleinigen Gesellschafterin, der X.-Brauerei AG, zu trennende, selbständige juristische Person. Auch bei enger personaler Verflechtung in der Geschäftsführung und bei alleiniger Beteiligung der X.-Brauerei AG können alle für diese im Bereich des AKG getroffenen Maßnahmen keine Wirkung für die Unterstützungseinrichtung X.-Brauerei GmbH haben. Die Unterstützungseinrichtung hatte vor dem Stichtag und nach 1945 am Orte ihres bisherigen Sitzes in O. weder irgendwelches Vermögen, noch hatte sie dort irgendeinen Geschäftsbetrieb oder wurde dort für sie irgendeine geschäftliche Tätigkeit entfaltet. Ihre vertretungsberechtigten Geschäftsführer hatten ihren Aufenthalt nicht mehr in O. Ihre Geschäftsbücher und Geschäftspapiere waren aus O. verlagert und sind in den Jahren 1947 oder 1948, soweit sie noch vorhanden und greifbar waren, aus der Sowjetzone nach K. verbracht worden. Die alleinige Gesellschafterin der Unterstützungseinrichtung hatte im Bereich von O. weder Betriebsstätten, noch eine Verwaltung, noch Vermögen und hat schon im April 1948 ihren Sitz nach K. verlegt, um dort abzuwickeln. Es ist nicht festgestellt, daß irgendwelche enteignenden Maßnahmen der polnischen Behörden gegenüber der Unterstützungseinrichtung GmbH getroffen worden sind; insbesondere ist unwahrscheinlich, daß etwa die Geschäftsanteile der Unterstützungseinrichtung GmbH enteignet worden sind, da bei der damaligen Situation in O. sich für den Begünstigten hieraus keinerlei Möglichkeiten zu rechtlichem Handeln und zur Erzielung irgendwelcher wirtschaftlicher Werte boten. Bei dieser Sachlage muß davon ausgegangen werden, daß die Unterstützungseinrichtung außerhalb des Geltungsbereiches des AKG nicht nur aufgelöst, sondern auch ohne Liquidation beendet worden ist. Das hat zur Folge, daß die Anmelderin in O. keinen Sitz mehr hat. Das bedeutet allerdings nicht ohne weiteres das Erlöschen der Unterstützungseinrichtung als juristische Person für den Bereich des AKG, soweit sie in der Bundesrepublik belegenes Vermögen hat. Vielmehr kann sie hier als Rest-GmbH mit eigener Rechtspersönlichkeit fortbestehen. Der BGH hat in seinem Urteil vom 6. 10. 1960 (BGHZ 33, 195 = WM 1960, 1272)[1] die Auffassung vertreten, daß eine in der Tschechoslowakei domizilierte Genossenschaft, deren Mitgliedschaftsrechte dort konfisziert worden sind, seit der Konfiskation keinen Sitz mehr in der Tschechoslowakei habe. Das in der Bundesrepublik belegene Vermögen dieser Genossenschaft gehöre einer aus den alten Mitgliedern bestehenden Genossenschaft, also einer von der in der Tschechoslowakei beste-

---

[1] IPRspr. 1960—1961 Nr. 76.

hengebliebenen Genossenschaft rechtlich verschiedenen selbständigen juristischen Person. Der BGH hat dann im Beschluß vom 20. 9. 1962 (WM 1962, 1257) die gleiche Auffassung für eine Aktiengesellschaft vertreten, deren ganzes Vermögen oder deren Mitgliedschaftsrechte in einem Ostblockstaat konfisziert worden sind. Mit dieser Rechtsprechung wird ebenfalls die im Urteil des BGH vom 29. 1. 1959 (WM 1959, 322[2]) für eine in der Sowjetzone enteignete, für das Gebiet der Bundesrepublik aber bestehengebliebene Aktiengesellschaft vertretene Auffassung bestätigt. Der Senat folgt dieser Auffassung auch für die hier in Frage stehende GmbH. Die Unterstützungseinrichtung X.-Brauerei GmbH hat danach ihren satzungsgemäßen Sitz in O. verloren. Aber auch ohne neue Sitzbegründung besteht sie für den Bereich der Bundesrepublik hinsichtlich des dort belegenen Vermögens der GmbH noch fort. Dabei geht das LG davon aus, daß die angemeldeten Forderungen aus den Reichsschatzanweisungen das einzige Vermögensstück der GmbH darstellten. Diese Feststellung ist verfahrensrechtlich nicht bedenkenfrei getroffen.. Da andererseits nach § 9 des Gesellschaftsvertrages das Vermögen der Unterstützungseinrichtung auch darlehnsweise bei der X.-Brauerei AG angelegt werden durfte und daraus herrührende Verbindlichkeiten durch die Nichtberücksichtigung in den Bilanzen der X.-Brauerei AG nicht erloschen sind, kann jedenfalls rechtlich die Unterstützungseinrichtung GmbH für den Bereich der Bundesrepublik nicht als vermögenslos bezeichnet werden. Für die hier zu beurteilende Frage eines Fortbestehens der Unterstützungseinrichtung kommt es allerdings auf den Stichtag vom 31. 12. 1952 an, weil auch § 33 II Nr. 3 AKG für das Recht auf Ablösung an den Tatbestand so anknüpft, wie er sich am 31. 12. 1952 darstellte (vgl. für den Fall der Umstellung BGH, WM 1959, 322[2]). Auch wenn man davon ausgeht, daß das Vermögen der Unterstützungseinrichtung für den Stichtag und vorher wirtschaftlich keinen Wert darstellte, weil die Ablösung der Reichsschatzanweisungen nicht voraussehbar und die Forderung gegen die einzige Gesellschafterin damals als wertlos angesehen worden ist, kann die Unterstützungseinrichtung nicht als vermögenslos bezeichnet werden und für den Geltungsbereich des AKG als ohne Liquidation erloschen angesehen werden. Insoweit ist auch eine entsprechende Anwendung des § 2 des Gesetzes über die Auflösung und Löschung von Gesellschaften und Genossenschaften vom 9. 10. 1934 (RGBl. I 914), wonach im Falle der Löschung bei Vermögenslosigkeit eine Liquidation nicht stattfindet, nicht möglich.

Gleichwohl muß aber die Unterstützungseinrichtung als Rest-GmbH für den Zeitpunkt des Stichtages als *aufgelöst* angesehen werden. Denn die Unterstützungseinrichtung hat als GmbH ihre Kapitalverhältnisse nicht bis zum 31. 12. 1950 und auch später nicht neu festgesetzt. Sie gilt daher nach § 80 des Gesetzes über die Eröff-

---

[2] IzRspr. 1958—1959 Nr. 73.

nungsbilanz in Deutscher Mark und die Kapitalneufestsetzung (D-Markbilanzgesetz) vom 21..8. 1949 (WiGBl. 279) i. d. F. des 3. D-Markbilanzergänzungsgesetzes vom 21. 6. 1955 (BGBl. I 297) mit Ablauf des 30. 6. 1951 als aufgelöst. Sie befand sich daher am 31. 12. 1952 im Zustande der Liquidation. Die Gesellschafterversammlung am 20. 3. 1962 hat auch keinen Beschluß über die Fortsetzung der aufgelösten Unterstützungseinrichtung gefaßt. Im übrigen würde ein solcher späterer Fortsetzungsbeschluß hinsichtlich der für den Stichtag 31. 12. 1952 maßgeblichen Verhältnisse keine Bedeutung haben können.

2. Auch eine Liquidationsgesellschaft ist eine juristische Person im Sinne des § 33 II Nr. 3 AKG. Denn mit der Auflösung hat die juristische Person nicht zu bestehen aufgehört. Ihr Ende tritt vielmehr erst mit dem Abschluß der Liquidation ein. Mit der Auflösung ändert sich indessen der Gesellschaftszweck. Die Geschäfte der Gesellschaft beschränken sich damit notwendig auf die für die Abwicklung erforderlichen Maßnahmen und Handlungen. Es kann daher in solchem Falle eine dem bisherigen Gegenstand des Unternehmens entsprechende Fortführung der bisherigen Geschäfte nicht in Frage kommen.

a) Gleichwohl muß die Unterstützungseinrichtung auch am 31. 12. 1952 einen *Ort der Geschäftsleitung* im Geltungsbereich des AKG gehabt haben, wenn ihr Ablösungsrechte nach dem AKG zustehen sollen (§ 33 II Nr. 3 AKG). Daß auch eine Liquidationsgesellschaft eine Geschäftsleitung im Sinne dieser Vorschrift haben kann, ist nicht in Zweifel zu ziehen (KG, WM 1955, 1416; *Féaux de la Croix*, AKG § 33 Anm. 3 b)."

(Das OLG führt aus, daß die Anmelderin im Bundesgebiet keine Geschäftsleitung gehabt habe.)

3. Eingriffe in die Struktur juristischer Personen

42. Der Beschluß einer nicht wirksam einberufenen Generalversammlung einer Genossenschaft, ihren Sitz in die Sowjetzone zu verlegen, kann von Amts wegen im Genossenschaftsregister gelöscht werden. — Die Generalversammlung einer Genossenschaft ist nicht wirksam einberufen, wenn die Einberufung nicht wirksam veröffentlicht oder sonstwie allen Mitgliedern bekannt gegeben worden ist und nur weniger als 1 % der Mitglieder zu der Versammlung erschienen sind.

LG Berlin-West, Beschl. v. 20. 6. 1961 — 92 T 7/61: unveröffentlicht.

Die K. Genossenschaft hatte bis Ende 1945 ihren Sitz in Berlin. Im Juli 1945 zählte die Genossenschaft 1 195 Mitglieder.

Am 30. 11. 1945 fand in Q. (sowjet.) eine Versammlung statt, an der etwa sieben bis acht Herren teilnahmen. Es ist fraglich, ob diese alle Mitglieder der Genossenschaft waren. Auch bestehen begründete Bedenken, daß es sich bei dem Treffen um eine ordnungsgemäß einberufene Generalversammlung handelte. Es steht nämlich fest, daß das

Genossenschaftsmitglied R. von dem seinerzeitigen Geschäftsführer K. nur persönlich unterrichtet und mit einem Kraftfahrzeug zu dem Treffen abgeholt worden ist. Die in Westberlin ansässigen Genossenschaftsmitglieder Z. und L. erhielten zu der Versammlung keine Einladung. Ein Genossenschaftsmitglied, das 1945/1946 Vorstandsmitglied war und jetzt noch in der Sowjetzone wohnt, erklärte den Liquidatoren der Genossenschaft, ihm sei nicht bekannt, daß die Versammlung vom 30. 11. 1945 eine ordnungsgemäß einberufene Generalversammlung gewesen sei. Auch seien weder Protokolle geführt noch Abstimmungen vorgenommen worden.

Auf der Versammlung, die nach den Angaben der Zeugin X. von L. in Z. (sowjet.) veranlaßt war, wurde beschlossen, den Sitz der Genossenschaft nach A. Kreis Z. zu verlegen. Der Beschluß wurde als Generalversammlungsbeschluß am 16. 1. 1946 ins Register eingetragen. Die Verwaltung blieb jedoch bis 1950 in Westberlin; dann wurde sie auf Anordnung der Zonenbehörden nach Z. verlegt, wo der Vorstand neu besetzt und die Liquidation der Genossenschaft eingeleitet wurde.

Da sich in Westberlin noch Genossenschaftsvermögen befindet, das der Verteilung unterliegt, beantragten die Notliquidatoren die Löschung des am 16. 1. 1946 eingetragenen Generalversammlungsbeschlusses vom 30. 11. 1945, da dieser nichtig sei. Das AG lehnte den Antrag mit der Begründung ab, daß die Voraussetzungen einer Löschung nach § 147 III FGG nicht vorlägen. Der in das Genossenschaftsregister eingetragene Beschluß verletze inhaltlich keine zwingenden Gesetzesvorschriften. Wegen der Art seines Zustandekommens könne eine Amtslöschung nach § 147 III FGG nicht erfolgen.

Das LSG hat der Beschwerde der Liquidatoren stattgegeben und die Löschung der Eintragung angeordnet. (Siehe auch unten Nr. 46.)

Aus den Gründen:

„Es ist dem AG darin zuzustimmen, daß eine Löschung der Eintragung vom 16. 1. 1946 nach der Vorschrift des § 147 III FGG nicht erfolgen kann, da dessen Voraussetzungen nicht erfüllt sind. Die Voraussetzungen sind aber deshalb nicht erfüllt, weil ein Generalversammlungsbeschluß, der *inhaltlich* zwingende Gesetzesvorschriften verletzte, ohne daß es auf ein rechtsmäßiges Zustandekommen des Beschlusses ankäme (vgl. *Keidel,* FGG, 7. Aufl., § 147 Anm. 4 B), überhaupt nicht zustande gekommen ist. Das AG hat nicht geprüft, ob aus diesem Grunde die Löschung gem. § 142 FGG erfolgen kann.

Nach dieser gem. § 147 I FGG auf die Eintragungen in das Genossenschaftsregister entsprechend anzuwendenden Vorschrift kann das Registergericht eine Eintragung dann von Amts wegen löschen, wenn sie wegen Mangels einer wesentlichen Voraussetzung unzulässig war. Eine in das Genossenschaftsregister bewirkte Eintragung eines Beschlusses ist dann wegen Mangels einer wesentlichen Voraussetzung unzulässig, wenn er nicht von einer Generalversammlung gefaßt wurde, obwohl nur diese gem. § 16 GenG dafür zuständig ist.

Bei der Auslegung des Begriffs Generalversammlung im Sinne des Gesetzes ist zwar großzügig zu verfahren. Es kommt beispielsweise nicht darauf an, ob die Einberufung in allen Einzelheiten gesetzes- und satzungsgemäß erfolgt ist, wenn nur die zusammengetretene Versammlung tatsächlich den Charakter einer Generalversammlung hat. Die insoweit zu stellenden Anforderungen sind nicht erfüllt, wenn die Einberufung auf einem nicht vorgeschriebenen Wege erfolgt und nur eine bestimmte und im Verhältnis zur Gesamtzahl minimale Gruppe von Genossen an ihr teilnimmt. In diesem Falle ist der Verstoß gegen die Einberufungsvorschriften in seiner Wirkung so erheblich, daß nur ,ein bloßer Scheinbeschluß einer als gesetzliches Beschlußorgan nicht mehr anzuerkennenden Versammlung vorliegt' (*Jansen*, FGG § 147 Anm. 4; RGZ 141, 230). Ein Beschluß im Sinne des Gesetzes kann von dieser Versammlung nicht gefaßt werden.

Die Versammlung vom 30. 11. 1945 ist nicht ordnungsgemäß einberufen worden. Von den befragten Mitgliedern hat keiner eine Einladung erhalten. Von einer öffentlichen Einladung ist ebenfalls nichts bekannt. Eine solche konnte damals auch gar nicht erfolgen, weil satzungsgemäß die Berufung der Generalversammlung in der Zeitschrift ,Der K. Bauer' hätte erfolgen müssen (§ 35 der Satzung), diese Zeitschrift damals aber nicht mehr erschien und ein Ersatzorgan vom Registergericht nicht bestimmt war. Ein ehemaliges Vorstandsmitglied hat erklärt, daß seines Wissens die ,Generalversammlung' nicht ordnungsgemäß einberufen worden sei. Offensichtlich waren nur ganz bestimmte Personen benachrichtigt, und es erscheint darüber hinaus zweifelhaft, daß alle der 7 bis 8 Teilnehmer Genossenschaftsmitglieder waren. Nach allem handelte es sich bei der Versammlung vom 30. 11. 1945 um keine Generalversammlung. Offensichtlich handelte es sich um die Durchführung einer sowjetzonenbehördlichen Maßnahme, die mit den Vorschriften des GenG nicht in Einklang stand. Wirksame Beschlüsse konnten daher überhaupt nicht gefaßt werden. Ein dennoch gefaßter Beschluß durfte daher in das Register überhaupt nicht eingetragen werden.

Nachdem aber die Eintragung erfolgt ist, muß die Löschung nach § 142 FGG von Amts wegen erfolgen (vgl. *Jansen* aaO; RGZ 141, 230)."

43. Die heutigen Stadtgemeinden in der Sowjetzone sind nach sowjetzonalem Recht nicht identisch mit und sind auch nicht die Rechtsnachfolger der Stadtgemeinden, die bis Kriegsende im Gebiet der Sowjetzone bestanden haben. — Nach sowjetzonaler Auffassung gilt die DDR als Vermögensträger der Stadtgemeinden. — Es ist nicht zweckmäßig, für das in Berlin-West oder im Bundesgebiet belegene Vermögen der sowjetzonalen Gebietskörperschaften einen Treuhänder zu bestellen.

LG Berlin-West, Beschl. v. 22. 1. 1962 — 162 XVI 20 421: unveröffentlicht.

Gründe:

„Es handelt sich um eine Nachanmeldung nach § 1 des 3. ErgGesWBG durch die Anmeldestelle im Auftrage des Rates der Stadt W. [sowjet.] für die Stadtgemeinde W.

Die Kammer hatte zunächst zu prüfen, ob es sich um eine formgemäß vorgenommene Anmeldung nach §§ 3, 4 des 3. ErgGesWBG i. V. m. § 16 Berliner WBG handelt.

Auch eine Stadtgemeinde ist eine Gebietskörperschaft öffentlichen Rechts. Sie stellt eine in den Staat eingegliederte juristische Person öffentlichen Rechts dar, die in Ausübung der ihr verliehenen Herrschaftsgewalt das Stadtgemeindegebiet und das Stadtgemeindevermögen verwaltet, das Gemeinschaftsleben und die ihr vom Staat übertragenen Aufgaben regelt.

Diese Verwaltung wird ausgeübt durch die von den Bewohnern der Stadtgemeinde aus ihrer Mitte gewählte Gemeindevertretung, den Stadtrat.

Diese Voraussetzungen für die hier als Anmelderin bezeichnete Stadtgemeinde als Gebietskörperschaft treffen nicht mehr zu.

In seinem, die Frage der Gemeinden als Gebietskörperschaften erörternden Urteil vom 31. 10. 1951, veröffentlicht in NJ 1952, 222, hat das OG des sowjet. besetzten Teiles Deutschlands folgenden Leitsatz vorangestellt:

„Die heutigen Gebietskörperschaften der DDR sind ebensowenig identisch mit den Gebietskörperschaften des Hitlerstaates oder deren Rechtsnachfolger wie die DDR selbst. Sie haften daher nicht für deren Verbindlichkeiten und zwar weder vertraglich noch aus anderen gesetzlichen Gründen.“

In der Begründung dieses Urteils heißt es ferner:

„Ebenso wie die Zerstörung erfaßt aber auch der Neuaufbau den deutschen Staat in seiner Gesamtheit, also auch in seinen Gliederungen, den Gebietskörperschaften der Länder, Kreise und Gemeinden; denn diese Einheiten dienen auch im neuen Staat sämtlich der erfolgreichen Durchsetzung des Staatswillens in Ausführung seiner verschiedenen Funktionen und leiten dabei ihre Befugnisse vom Staate ab. In ihrer Gesamtheit sind sie in unserer Ordnung mit dem Staat unlösbar verbunden und teilen sein rechtliches Schicksal.

Die früher den Gebietskörperschaften in größerem oder geringerem Maße zugestandenen sogenannten Selbstverwaltungsaufgaben sind in ihrer bisherigen Bedeutung weggefallen. Die in Deutschland geschehene geschichtliche Veränderung ist etwas völlig Neuartiges. Deshalb sind frühere Veränderungen, die vielleicht die Gebietskörperschaften in einer modifizierten Form bestehen ließen, nicht präjudiziell; eine Auseinandersetzung über diese Frage mit früheren Staatsrechtslehren und Staatsrechtslehrern wäre daher nicht nur müßig, sondern abwegig und könnte nicht zur Klärung der Sache beitragen.“

Diese vom OG im sowjet. besetzten Teil Deutschlands vertretene Auffassung, daß Gebietskörperschaften vor 1945 jenen nach 1945 weder entsprechen, noch identisch, noch die letzteren ihre Rechtsnachfolger sind, ergeben seine Ausführungen auch im Urteil vom 18. 9. 1952 (NJ 1952, 552), das sich auf Landesteile als Gebietskörperschaften bezieht, ferner im Urteil vom 2. 10. 1952 (NJ 1952, 553), das Erörterungen wegen der Gebietskörperschaft einer Gemeinde betrifft.

Durch das Gesetz über die weitere Demokratisierung des Aufbaues und der Arbeitsweise der staatlichen Organe in den Ländern der DDR vom 23. 7. 1952 (GBl. 613) ist nunmehr eine völlige Veränderung in der alten verwaltungsmäßigen Gliederung eingetreten, insofern an ihre Stelle die allenthalben auszuübende Zentralgewalt durch ihre im Auftrage des ‚Staates' tätig werdenden Organe tritt. Das kommt zum Ausdruck in der Anordnung des Ministerrates über den Aufbau und die Aufgaben der Stadtverordnetenversammlung und ihrer Organe in den Stadtkreisen vom 8. 1. 1953 (GBl. 53).

Sonach ergibt sich für die beschließende Kammer, daß auch die in Berlin-West und im Bundesgebiet belegenen Vermögensteile der ehemaligen, das damals darstellende Stadtgemeindegebiet und ihre Bewohner umfassenden Stadtgemeinde W. als Gebietskörperschaft nicht Eigentum der neuen Gemeinde, der Anmelderin, sind, weil sie als jetzige Gebietskörperschaft nicht die Rechtsnachfolge der ehemaligen Gebietskörperschaft angetreten hat. Denn hat die neue Gebietskörperschaft nicht die Rechtsnachfolge für die Verbindlichkeiten der alten Gebietskörperschaft angetreten, kann die neue Gebietskörperschaft auch nicht Vermögensträger der ehemaligen Gebietskörperschaft sein, weil in Wirklichkeit der ‚Staat' als Vermögensträger gilt.

Erörterungen darüber, inwieweit das Stadtgemeindegebiet in seinem ehemaligen Umfang und die ehemaligen Bewohner der ehemaligen Gebietskörperschaft sich geändert haben, können dahingestellt bleiben.

Denn es ist allgemein bekannt, daß die zentralgesteuerte Finanzverwaltung des sowjet. besetzten Teiles Deutschlands bis in die untersten, der ‚Staatsgewalt' unterstellten Gebietsteile durch die ‚staatlichen' Organe ausgeübt wird an Stelle einer eigenen selbständigen Vermögensverwaltung der einzelnen ehemaligen Gebietskörperschaften oder der sonstigen körperschaftlich organisierten juristischen Personen. Nachgeordnete für die ‚Staatsgewalt' tätige Organe sind allenthalben durch sie weisungsgebunden.

Damit ist insbesondere, worauf es im vorliegenden Fall ankommt, die Stellung der Stadtgemeinde als selbständiger Verwaltungskörper durch die Zentralisierung der ‚Staatsgewalt' untergegangen. Das wirkt sich dahin aus, daß auch die Stadtgemeinden kein eigenes Vermögen mehr besitzen, sondern ihnen vielmehr die Mittel, die sie für die Ausführung der ihnen obliegenden Aufgaben — ‚im Gesamtinteresse des Staates' — benötigen, von ‚Staats wegen' zugewiesen erhalten.

Ist sonach die Anmelderin, weil ihr die Eigenschaft als Vermögensträger fehlt, nicht mehr materiell Berechtigter im Sinne des WBG, so ist ihre Anmeldung unzulässig, weil sie nach § 16 Berliner WBG nicht die Anmeldereigenschaft erfüllt.

Es kann dahingestellt bleiben, ob die Anmeldung durch den Rat der Stadtgemeinde oder durch ihren amtierenden Bürgermeister vorgenommen wird.

Inwieweit etwa durch Maßnahmen von Behörden oder sonstigen Dienststellen das Eigentum am Wertpapier der ehemaligen Gebietskörperschaft auf andere Verwaltungs-Institutionen übertragen worden sein könnte, kann dahingestellt bleiben, weil es sich um Maßnahmen außerhalb des Währungsgebietes nach dem 1. 1. 1945 handelt. Nach § 21 I Nr. 3 Berliner WBG wird Eigentum nach dem 1. 1. 1945 nur infolge von rechtswirksamen Maßnahmen der Behörden oder Besatzungsmächte des *Währungsgebietes* erworben.

Eine Bestellung eines Vertreters etwa in Form eines Gesamttreuhänders für das in Berlin-West oder im Bundesgebiet belegene Vermögen der Gebietskörperschaften schlechthin, soweit dies überhaupt zulässig wäre, würde zu sog. ‚toten Depots' führen, die nach der herrschenden Rechtsprechung als nicht zweckentsprechend bezeichnet werden (vgl. hierzu Beschl. des OLG Frankfurt a. Main vom 2. 2. 1953, WM 1953, 269; LG München vom 15. 4. 1953, WM 1953, 514 und jeweilige Anm.).

Nach alledem war, wie geschehen, zu beschließen."

44. Die Rechtsfähigkeit einer Körperschaft des öffentlichen Rechts, deren Verwaltungssitz sich in Berlin-Ost befindet, ist nach dem dort geltenden Recht zu beurteilen. — Ein Rechtsträger von Volkseigentum hat an den von ihm verwalteten Gegenständen des Volkseigentums kein Eigentumsrecht. — Eine sowjetzonale Körperschaft kann im Bundesgebiet nicht mehr Rechte innehaben, als ihr nach sowjetzonalem Recht zustehen. — Vermögenswerte, die in Berlin-West belegen sind, können nicht Volkseigentum sein. — Die Humboldt-Universität in Berlin-Ost hat keine Rechte an Vermögenswerten der Friedrich-Wilhelms-Universität zu Berlin, die in Berlin-West belegen sind.

KG Berlin-West, Urt. v. 12. 10. 1962 — 6 U 1543/61: ROW 1963, 122; Leitsatz in DVBl. 1963, 683 Nr. 243.

Das klagende Land Berlin hat 1956 käuflich ein Grundstück in Berlin-K. (Berlin-West) erworben. Das Grundstück ist mit zwei Hypotheken belastet, welche die Friedrich-Wilhelms-Universität zu Berlin in den Jahren 1940 und 1942 erworben hatte.

Im Juli 1958 beantragte die Bekl., die Humboldt-Universität in Berlin-Ost, beim Grundbuchamt, den Namen der Hypothekengläubigerin in „Humboldt-Universität" zu berichtigen. Das Grundbuchamt trug die „Namensänderung" im August 1958 ein. Im Juni 1959 beantragte der Senator für Finanzen des klagenden Landes sowie der inzwischen für die Friedrich-Wilhelms-Universität zu Berlin in Westberlin bestellte Notvertreter, gegen die Eintragung der Namensänderung einen Widerspruch einzutragen. Das AG lehnte das ab; auf die Beschwerde des Notvertreters ließ das LG die begehrte Eintragung durch einstweilige Anordnung vornehmen.

Die Kl. hat Klage erhoben auf Feststellung, daß der Bekl. keine Rechte aus den beiden Hypotheken zustehen. Das LG hat der Klage stattgegeben; das KG hat die Berufung zurückgewiesen.

Gründe:

„Die Bekl. ist in der Lage, ihre Rechte als Prozeßpartei zu verfolgen und gegen das sie beschwerende Urteil des LG ein Rechtsmittel einzulegen. Die Bekl. ist parteifähig (§ 50 I ZPO). Sie ist rechtsfähig auf Grund der für den Ort, an dem ihre Verwaltung geführt wird, geltenden Bestimmungen. Die tatsächliche Verwaltungsführung der Bekl. findet unstreitig im Bezirk Mitte von Berlin statt. Dort gilt als Verfassung für die Bekl. das von Professor Dr. Neye als Rektor namens des Senats der Bekl. am 24. 3. 1953 unterzeichnete ‚Statut der Humboldt-Universität zu Berlin', das von der aufsichtsführenden Behörde, dem ‚Staatssekretariat für das Hochschulwesen', bestätigt worden ist. Gemäß § 54 I des Statuts ist die Bekl. juristische Person. Da sie dem Staatssekretär für das Hochschulwesen unterstellt ist, muß sie als Körperschaft des öffentlichen Rechts betrachtet werden.

Die von der Bekl. eingelegte Berufung ist an sich statthaft und in gesetzlicher Form und Frist eingelegt und begündet. Sie führt aber nicht zum Erfolg.

An der Feststellung, die dem Klagebegehren entsprechend von dem angefochtenen Urteil getroffen worden ist, besteht für die Kl. ein rechtliches Interesse (§ 256 ZPO). Unter den Parteien herrscht Streit über ein Rechtsverhältnis. Die Kl. ist die im Grundbuch verzeichnete Eigentümerin des Grundstücks, das mit den im Klageantrag bezeichneten Hypotheken belastet ist. Die Bekl. hat für sich in Anspruch genommen, Gläubigerin dieser Hypotheken zu sein. Sie hat diesen Rechtsstandpunkt auch im Prozeß aufrechterhalten. Die Besorgnis der Kl., daß durch das Verhalten der Bekl. ihre Rechte gefährdet seien, findet ihre Begründung auch darin, daß die Bekl. in einer Eintragung in der III. Abteilung des Grundbuchs, Spalte Veränderungen, als Gläubigerin der Hypotheken bezeichnet ist. Das Grundbuch enthält zwar auch einen Widerspruch gegen die Richtigkeit dieser Eintragung. Der Widerspruch ist aber nicht zugunsten des Rechts der Kl., sondern zur Erhaltung eines Rechts der Friedrich-Wilhelms-Universität zu Berlin aufgenommen. Er beruht auf einer von dem durch den Senator für Volksbildung bestellten Notvertreter für die Friedrich-Wilhelms-Universität erhobenen Beschwerde bei dem LG Berlin — 84 T 152/59. Für die Kl., die an dem Beschwerdeverfahren nicht beteiligt ist, steht zu besorgen, daß der Widerspruch gelöscht wird, wenn die Beschwerde etwa zurückgenommen oder zurückgewiesen werden würde (§ 76 II GBO).

Die Rechte, deren sich die Bekl. berühmt, stehen ihr auf Grund des unstreitigen Sachverhalts und ihres eigenen Vorbringens nicht zu. Sie ist nicht die Gläubigerin dieser Hypotheken und hat an diesen auch sonst keine Vermögensrechte.

Wie unter den Parteien unstreitig ist und auch aus den Grundakten betreffend das der Kl. gehörige Grundstück hervorgeht, standen die bezeichneten Hypotheken jedenfalls bis zum Zusammenbruch des Deutschen Reiches im Jahre 1945 der unter dem Namen Friedrich-Wilhelms-Universität bekannten Universität zu Berlin zu. Diese als Anstalt des ehemaligen preußischen Staates gegründete Hochschule (ALR § 1 II 12) hatte die Stellung einer Körperschaft des öffentlichen Rechts (ALR § 67 II 12, § 2 der Satzung vom 5. 3. 1930, abgedruckt bei *Richter-Peters,* Statuten der preußischen Universitäten, 1930). Die Friedrich-Wilhelms-Universität hatte die Hypothek laufende Nr. 20 zur Hälfte im Wege der Erbfolge als Alleinerbin nach dem Testament des Max S. (§ 1922, 1937 BGB), zur anderen Hälfte im Wege der Auseinandersetzung bei der vertraglichen Aufhebung der mit den Erben des Karl S. bestehenden Gemeinschaft und die nachfolgende Eintragung im Grundbuch erworben (§§ 749 ff., 873 BGB). Die Hypothek laufende Nr. 21 wurde durch rechtsgeschäftliche Belastung des Grundstücks zugunsten der Friedrich-Wilhelms-Universität begründet (§§ 873, 1113 BGB). Eine rechtsgeschäftliche Verfügung über diese Grundpfandrechte ist unstreitig nicht getroffen worden.

Daß eine Rechtsnachfolge eingetreten wäre, durch welche die streitigen Hypotheken auf die Bekl. übergegangen sein könnten, ist nicht festzustellen. Beide Parteien leugnen einen solchen Rechtsübergang. Ihre rechtliche Auseinandersetzung kreist um die Frage, ob die Bekl. die nämliche Rechtspersönlichkeit darstellt, wie die historische Friedrich-Wilhelms-Universität. Für eine Erörterung und Entscheidung der mit den Problemen der sog. Identität zusammenhängenden Fragen des Staats- und Verwaltungsrechts bietet der vorliegende Zivilrechtsstreit jedoch keinen Raum. Die Bekl. hat keinerlei Rechte an den streitigen Hypotheken, wie auch immer die Frage der Identität zwischen ihr und der ehemaligen Friedrich-Wilhelms-Universität zu beantworten ist.

Wie dem eigenen Vortrag der Bekl. zu entnehmen ist, kommt sie als Inhaberin der für die Friedrich-Wilhelms-Universität grundbuchlich eingetragenen Vermögensrechte nicht in Betracht. Auch wenn anzunehmen wäre, daß die Bekl. nach dem Plan der Behörden und Organe, die sie seit dem Wiederbeginn eines hochschulmäßigen Betriebes an den früher von der Friedrich-Wilhelms-Universität eingenommenen Örtlichkeiten beaufsichtigen, leiten und vertreten, als der Rechtspersönlichkeit nach unveränderte Fortsetzung der früheren Universität zu Berlin gelten soll und daß auch eine körperschaftliche Willensbildung mit dieser Zielsetzung bei der Bekl. vorhanden war und ist, so würde ihr doch jedenfalls jetzt das Vermögen nicht mehr zustehen, das ehemals die Friedrich-Wilhelms-Universität besaß.

Die Rechtsverhältnisse der Bekl. bestimmen sich nach dem Statut vom 24. 3. 1953. Satzungen, die früher einmal für die Universität zu Berlin gegolten haben, sind für die Bekl., wie sie auch selbst meint, nicht mehr in Kraft. Durch die vorläufige Arbeitsordnung der Universitäten und wissenschaftlichen Hochschulen für die sowjet. Besatzungszone vom 23. 5. 1949, die auch auf die Bekl. Anwendung fand, hatten alle dazu in Widerspruch stehenden älteren Bestimmungen ihre Geltung verloren (§ 36 der Arbeitsordnung). In der Bestätigung des Statuts vom Jahre 1953 durch das Staatssekretariat für Hochschulwesen vom 24. 8. 1953 ist sodann die vorläufige Arbeitsordnung vom Jahre 1949 für die Bekl. ausdrücklich aufgehoben worden. Die Frage, in welcher Weise das Statut zustandegekommen ist, braucht nicht untersucht zu werden. Die Rechte der Bekl. können jedenfalls zu ihren Gunsten nicht nach anderweitigen Regelungen als der von ihr selbst als für sie maßgeblich angesehenen Verfassung beurteilt werden.

Nach den §§ 54 I, 55 I des Statuts hat die Bekl. kein eigenes Vermögen. Sie ist lediglich ‚Rechtsträger von Volkseigentum'. Liegenschaften, Gebäude, Ausstattung, Inventar und andere, den Zwekken der Bekl. dienende Vermögenswerte sind ‚Volkseigentum'. Was unter diesem, dem Recht am Sitze des erkennenden Gerichts nicht bekannten Begriff zu verstehen sei, wird von der Bekl. selbst näher erläutert. Die Bekl. vergleicht in ihrem Vortrag das ‚Volkseigentum' mit dem ‚öffentlichen Eigentum' und meint, daß die häufig als staatliches sozialistisches Eigentum bezeichnete Rechtsform ‚sich faktisch als Vermögen der gesamten Gesellschaft darstellt, deren höchste Organisationsform unbestritten der Staat ist'.

Die Bekl. geht in der von ihr geäußerten Auffassung jedoch fehl, wenn sie ihre Rechtsstellung derjenigen der früheren Friedrich-Wilhelms-Universität gleichsetzen will, weil auch deren Vermögen dem Wesen nach staatliches Vermögen gewesen sei. Es kann keinem Zweifel unterliegen, daß die frühere Friedrich-Wilhelms-Universität, mochte sie auch im Rechtsverkehr weithin staatlicher Aufsicht unterliegen, sowohl Eigentum als auch sonstige Vermögensrechte innehaben konnte (vgl. *Wende,* Grundlagen des Preuß. Hochschulrechts, 1930, 34 f.; *Thieme,* Das deutsche Hochschulrecht, 1956, 91 ff.). Bei der Bekl. ist dies nicht der Fall. Das als ‚Volkseigentum' bezeichnete Vermögen, als dessen ‚Träger' sie bezeichnet wird, wird von der Bekl. lediglich genutzt und verwaltet. Sie hat kein Eigentum an den volkseigenen Sachen, keine absoluten Rechte an den sonstigen, zu dem fraglichen Vermögen gehörigen Werten (vgl. *Sczostak,* Das Volkseigentum in der DDR, JR 1957, 255 ff.; *Pfuhl,* Die sowjetzonale Rezeption des sowjetischen Eigentumsrechts: JR 1958, 406 ff.).

Durch den Befehl der SMAD Nr. 65 (ZVOBl. 1948, 140) ist festgelegt, daß ‚Volkseigentum' unantastbar und daß die vollständige Ausnutzung des ‚Volkseigentums' im Interesse der Bevölkerung zu gewährleisten sei. Das gesamte Volkseigentum, soweit es sich in der Verwaltung von ‚mit der Verwaltung von Volkseigentum betrauter öffentlicher Verwaltungsstellen befindet', wird durch den ‚Ausschuß zum Schutz des Volkseigentums' kontrolliert (Beschluß der deutschen Wirtschaftskommission für die sowjet. Besatzungszone über die Funktionen des Ausschusses zum Schutz des Volkseigentums vom 5. 5. 1948, ZVOBl. 146). ‚Volkseigentum' wird ausdrücklich von ‚anderem gesellschaftlichen Eigentum' unterschieden und mit staatlichem Eigentum gleichgesetzt (vgl. Gesetz zum Schutze des Volkseigentums und anderen gesellschaftlichen Eigentums vom 2. 10. 1952, GBl. 982; Strafrechtsänderungsgesetz vom 11. 12. 1957 § 28, GBl. 646).

Das als ‚Volkseigentum' bezeichnete Rechtsverhältnis beschränkt sich nicht auf die Beziehung zu körperlichen Gegenständen. Auch Hypotheken können ‚volkseigen' sein (vgl. VO über die Übernahme von Hypotheken und anderen übertragbaren dinglichen Rechten sowie von Wertpapieren und Beteiligungen des Volkseigentums und der juristischen Personen des öffentlichen Rechts — ÜbernahmeVO — vom 25. 1. 1951, GBl. 53). Diese Hypotheken unterstehen jedoch nicht einmal mehr der Verwaltung des betreffenden ‚Rechtsträgers von Volkseigentum', sondern sind insoweit auf die Deutsche Investitionsbank übertragen (§ 1 I und III ÜbernahmeVO). Dieser Regelung unterliegen auch Vermögenswerte, die dem früheren Deutschen Reich, seinen Ländern einschließlich Preußen, seinen Kreisen und Gemeinden, sowie deren Einrichtungen bis zum 8. 5. 1945 zustanden, mit Ausnahme von Sicherungshypotheken, denen kurzfristige Forderungen zugrunde liegen (Erste Durchführungsbestimmung zur ÜbernahmeVO vom 16. 8. 1952 § 1 II und III, GBl. 752). Von dieser Regelung sind auch solche Werte nicht ausgenommen, aus denen sich ‚Ansprüche und Rechte gegenüber Stellen oder Personen mit dem Sitz oder Wohnsitz außerhalb des Gebietes der Deutschen Demokratischen Republik und des Demokratischen Sektors von Groß-Berlin ergeben', wobei bei dinglich gesicherten Ansprüchen und Rechten der Ort des haftenden Grundstücks maßgebend sein soll. Für diese Vermögenswerte gilt lediglich die Besonderheit, daß eine Ausbuchung aus der Bilanz des bisherigen Rechtsträgers und eine Aufnahme in die Bilanz der Deutschen Notenbank oder der Deutschen Investitionsbank unterbleibt, die sonst grundsätzlich angeordnet ist (§ 4 I und II der bezeichneten Durchführungsbestimmung).

Der Feststellung, daß die Bekl. nach ihrer Verfassung und dem Rechtssystem, auf dem diese beruht, keine eigenen Rechte an den streitigen Hypotheken haben kann, steht auch nicht der Umstand entgegen, daß diese Regelung ohne Verbindlichketi für die Bestimmung des Inhalts von Grundpfandrechten ist, die auf Grundstücken in Berlin (West) ruhen. Die Bekl. kann auch für die rechtliche Betrachtung innerhalb des Gebiets, in dem das Grundgesetz für die Bundesrepublik Deutschland Geltung besitzt, keine weitergehenden oder andersartigen Rechte haben, als dies nach der Rechtsordnung der Fall ist, auf der ihr derzeitiges Bestehen als Rechtspersönlichkeit beruht. Vermögen, das in Berlin (West) belegen ist, kann nicht Volkseigentum sein. Der Vortrag der Bekl. ergibt nichts dafür, daß und auf welche Weise die streitigen Hypotheken Volkseigentum geworden sein könnten.

Die Frage, wer als Gläubiger der streitigen Hypotheken anzusehen ist, wer über diese Rechte zu verfügen befugt ist und welche Eintragungen darüber etwa im Grundbuch vorzunehmen sind, ist in diesem Rechtsstreit nicht zu entscheiden.

Die Kostenentscheidung folgt aus § 97 ZPO, die Entscheidung über die vorläufige Vollstreckbarkeit aus § 708 Nr. 7 ZPO. Wegen der grundsätzlichen Bedeutung der Rechtssache ist die Revision gegen dieses Urteil zuzulassen (§ 546 I und II ZPO).“

45. Die Gemeinden in der Sowjetzone waren entgegen der sowjetzonalen Auffassung vor und nach Kriegsende identisch. — Die Reorganisation der örtlichen Verwaltung in der Sowjetzone hat jedoch zur Folge, daß Handlungen der Organe einer Gemeinde, die im Jahre 1957 vorgenommen wurden, nicht für die Gemeinde, sondern für die DDR wirkten; sie können deshalb nicht im Bundesgebiet belegene Vermögenswerte der Gemeinde berühren.

LG Hannover, Beschl. v. 22. 1. 1963 — 30 WK 34/307 N: WM 1963, 951.

Die Stadt X. (sowjet.) hat im August 1957 Aktien einer westdeutschen Gesellschaft durch Nachanmeldung zur Wertpapierbereinigung angemeldet. Das LG sah die Gläubigerrechte als glaubhaft gemacht an, lehnte jedoch die Anmeldung aus Rechtsgründen ab.

Aus den Gründen:

„Hiernach könnte das Recht an den angemeldeten Wertpapieren für die Stadt X. als juristische Person öffentlichen Rechts und als solche Eigentümerin der Aktien in den Jahren 1942 bis 1949 als glaubhaft gemacht angesehen werden, wenn die Stadt als juristische Person personengleich auch am 1. 10. 1949 wie am 1. 1. 1945 fortbestand. Dabei ist zugleich weitere Voraussetzung, daß Eigentum an den Papieren und Identität der Person auch zum Zeitpunkt der Anmeldung fortbestanden haben und außerdem die Anmeldung für die Stadt als juristische Person öffentlichen Rechts auch für sie und durch die Organe erfolgt ist, die sie als Eigentümerin und selbständige Verwaltungskörperschaft vertreten.

Die erstere Voraussetzung sieht die Kammer als gegeben an. Die Stadt X. ist am 1. 1. 1945 Selbstverwaltungskörper, Körperschaft des öffentlichen Rechts und damit juristische Person gewesen und hat diese rechtliche Eigenschaft zumindest bis zum 1. 10. 1949 auch durch die Kapitulation des Deutschen Reiches und durch die Besetzung durch Besatzungsmächte nicht verloren. Die Kammer schließt sich damit der Rechtsansicht an, welche das LG Bremen in seinem Beschluß vom 17. 1. 1955 — 5 Wp 225-457 — eingehend begründet hat. Weil im Verfahren der gleichzeitig und auf Grund derselben Unterlagen erfolgten Nachmeldung des Rates der Stadt X. betreffend Aktien der C. AG das LG Stuttgart in dem der Anmelderin und der Anmeldestelle bekannten Beschl. vom 27. 2. 1959 — I/WpA 5109 — diese Gründe bereits wörtlich angeführt hat, wird hier darauf verwiesen. Denn eine Würdigung der Einzelheiten erübrigt sich. Die Anerkennung der Anmeldung muß nämlich trotz der Erfüllung dieser Voraussetzung daran scheitern, daß die zweite Voraussetzung nicht erfüllt ist.

Später, im Zeitpunkt der hier zur Entscheidung stehenden Nachmeldung von August 1957, ist nämlich die Anmeldung nicht mehr für die Stadt X. als städtischen Selbstverwaltungskörper und als Träger eigener bürgerlicher Rechte und nicht durch die zur Wahrung dessen eigener Rechte berufenen Organe erfolgt. Zwar lehnt zur Begründung dieser Ansicht die Kammer die vom OG im sowjet. besetzten Teil Deutschlands und im dortigen Schrifttum vertretene Auffassung (OG, 31. 10. 1951, NJ 1952, 222; 18. 9. 1952, NJ 1952, 552; 2. 10. 1952, NJ 1952, 553; *Löwenthal* und *Kaiser*, NJ 1951, 468) ab, wonach in Mitteldeutschland die Stadt- und Landgemeinden und Landesteile als Gebietskörperschaften *vor* 1945 und *nach* 1945 sich weder entsprechen noch identisch, noch die letzteren ihre Rechtsnachfolger sind. Faktisch zumindest leben Städte und Gemeinden unverändert in ihrer Identität fort. Wegen der übrigen rechtlich für die Ablehnung dieser Ansicht maßgebenden Gründe kann auf die oben bezeichneten Entscheidungen des LG Bremen und des LG Stuttgart Bezug genommen werden. Aber trotz ihrer Unrichtigkeit ist die von den sowjetzonalen Stellen selbst vertretene Auffassung fehlender Identität und Rechtsnachfolge (mit der sie insbesondere Inanspruchnahme aus Verpflichtungen ablehnen) dennoch für die Auslegung und den Zweck der hier zur Entscheidung stehenden Anmeldungserklärung des Rates der Stadt in dem Sinne von Bedeutung, daß dabei offenbar Absicht und Wille dahingehen, diese Rechte nicht mehr für die Stadt als Eigentum eines weiterbestehenden Selbstverwaltungskörpers, sondern für die staatlichen Zwecke der ‚DDR‘ zweckentfremdet zu beanspruchen. Das gilt auf jeden Fall für den Zeitpunkt der hier vorliegenden Nachmeldung aus August 1957. Denn im inneren Widerspruch zu dem in Art. 139 I der Verfassung der ‚DDR‘ vom 7. 10. 1949 niedergelegten Recht der Selbstverwaltung der Gemeinden wurde durch das sowjetzonale Gesetz ‚über die weitere Demokratisierung des Aufbaues und der Arbeitsweise der staatlichen Organe in den Ländern der DDR‘ vom 23. 7. 1952 die alte verwaltungsmäßige Gliederung mit den nach 1945 vorgenommenen Änderungen später ersetzt durch eine ‚Reorganisation der örtlichen Organe der Staatsgewalt‘. Auf Grund eben dieses Gesetzes hat der Ministerrat der ‚DDR‘ die ‚Ordnung über den Aufbau und die Aufgaben der Stadtverordneten-Versammlung und ihrer Organe in den Stadtkreisen‘ v. 8. 1. 1953 beschlossen. Auf Grund dieser Bestimmungen ist seitdem der Stadtkreis ‚eine durch Gesetz geschaffene verwaltungs- und gebietsmäßige Einheit der DDR‘. ‚Auf dem Territorium der Stadt üben die gewählten Organe die Staatsgewalt aus.‘ ‚Das oberste Organ der Staatsgewalt in der Stadt ist die Stadtverordneten-Versammlung.‘ ‚Das vollziehende und verfügende Organ der Stadtverordneten-Versammlung ist der Rat der Stadt.‘ ‚Der Rat der Stadt gilt als juristische Person.‘ Mit Recht hat daher das LG Bremen in dem bereits angeführten Beschluß ausgeführt: ‚Die Betrachtung dieser Gesetze läßt erkennen, daß das Schwergewicht in den genannten gesetzgeberischen Maßnahmen auf das Primat und die beherrschende Stellung des staatlichen Elementes gerichtet ist. Wenn es in I. der genannten Ordnung heißt, daß der Stadtkreis eine durch Gesetz geschaffene verwaltungs- und gebietsmäßige Einheit der DDR sei, hierbei aber von ihm als rechtlicher Einheit nicht gesprochen wird, und wenn andererseits gesagt ist, daß der Rat der Stadt als juristische Person gelte, dagegen nicht davon gesprochen wird, daß er den Stadtkreis gerichtlich und außergerichtlich vertrete, so liegt die Schlußfolgerung nahe, daß durch die genannte gesetzgeberische Maßnahme die Stadt ihrer Eigenschaft als Körperschaft des öffentlichen Rechts und als juristische Person entkleidet worden ist.'

Anders als bei der zeitlich früheren Anmeldung nach dem WBG selbst, über welche das LG Bremen damals entschieden hat, ist bei der hier zu beurteilenden Nachanmeldung für die Person und Identität des Anmelders als weiterer maßgebender Zeitpunkt der Anmeldung nicht das Jahr 1950, sondern 1957 zugrunde zu legen. Dabei kann dahingestellt bleiben, ob trotz der zwischenzeitlich erfolgten Änderungen durch die soeben erwähnten Gesetze der ‚DDR' die Stadt X. überhaupt noch als Körperschaft des öffentlichen Rechts und selbständige juristische Person zur Zeit der Anmeldung noch fortbestand und vor allem als Selbstverwaltungskörper Eigentümerin der Wertpapierrechte geblieben ist oder nicht. Auf jeden Fall, selbst wenn diese Frage mit dem LG Stuttgart (I/WPA 5109) zu bejahen ist, hätte nämlich der Rat der Stadt, der die Anmeldung der hier zu entscheidenden Rechte 1957 bewirkt hat, nicht für die Stadt in diesem Sinne eines Selbstverwaltungskörpers, der nach wie vor Eigentümer im bürgerlich-rechtlichen Sinne der Wertpapiere geblieben ist, angemeldet; sondern er handelte infolge der Abschaffung der kommunalen Selbstverwaltung durch die gesetzliche Regelung vom 8. 1. 1953 im Staatsinteresse der ‚DDR'.

Aus diesem Grunde vermag die Kammer der Ansicht des LG Stuttgart in dem oben angeführten Beschluß nicht zu folgen, wonach es nicht darauf ankomme, ob der Rat der Stadt X. oder auch ihr amtierender Bürgermeister zur Anmeldung befugt gewesen wären oder nicht. Die im allgemeinen sonst richtige Erwägung, daß wegen der Einschaltung der Anmeldestelle die Frage der zulässigen Vertretung für die Anmeldung keine Rolle spiele, sondern die Prüfung der Legitimation der anmeldenden Person dem Gutschriftsverfahren überlassen werden könne, gilt jedenfalls dann nicht, wenn wie hier nicht nur die Rechtskontinuität in der Person des Anmelders unklar ist, sondern auch bereits mit Sicherheit festzustellen ist, daß das anmeldende Organ jedenfalls nicht im wahren Interesse des die Rechtskontinuität wahrenden Anmelders, sondern im Staatsinteresse der ‚DDR' handelt.

Die Stadt als heutige politische Gemeinde, für die der an Weisungen von oben gebundene Rat handelt, hat ihre Stellung als selbständiger Verwaltungskörper durch die Zentralisierung der Staatsgewalt verloren. Sie besitzt als Stadtgemeinde kein eigenes Vermögen mehr, sondern erhält die Mittel, die sie für die Ausführung der ihr obliegenden Aufgaben ‚im Gesamtinteresse des Staates' benötigt, von Staats wegen zugewiesen. Der Stadt X. in ihrer heutigen politischen Gestalt, für welche die Anmeldung des Rats als ihres politischen Organs erfolgt ist, fehlt somit die Eigenschaft als Selbstverwaltungskörper und Vermögensträgerin im früheren Sinne. Sie ist nicht mehr materiell Berechtigte im Sinne des WBG. Die Anmeldung ihrer politischen Organe als Staatsorgane ist unzulässig, weil die Anmeldereigenschaft nicht erfüllt wird.

Hier würde ein Erfolg schon des Anmeldeaktes das Organ gewissermaßen legitimieren. Es erscheint in diesem Falle nicht zweckmäßig, der Frage auszuweichen und die wegen Interessenkollision offenbar fehlende Vertretungsbefugnis des Anmeldeorgans erst im Gutschriftsverfahren zu berücksichtigen. Hier wäre dann im späteren Gutschriftsverfahren die Stadt X. als Eigentümerin der Aktien, ohne im Gebiet der Bundesrepublik Deutschland einen legitimierten Vertreter zu haben, selbst als Vermögensträgerin nicht zu erfassen.

Die dann erforderliche ‚Bestellung eines Vertreters', etwa in Form eines Gesamttreuhänders für das im Bundesgebiet belegene Vermögen der Gebietskörperschaften schlechthin, soweit dies überhaupt zulässig, würde zu sog. ‚toten Depots' führen, ‚die unerwünscht sind' (so zutreffend LG Berlin vom 22. 1. 1962 — 162 XVI 20421[1]).

Nach alledem ist die am 24. 8. 1957 nach dem erfolgten Eingriff in die kommunale Selbstverwaltung von der Anmelderin als Stadt der SBZ durch ihren Rat vorgenommene Anmeldung unzulässig. Der Rat als ihr politisches Organ meldete die Aktienrechte nur scheinbar für die ursprüngliche Eigentümerin an. In Wahrheit handelte er als staatliches Organ der ‚DDR' für deren Interesse. Aus diesem Grunde ist die Anmeldung als unzulässig abzulehnen."

[1] Siehe oben Nr. 43.

46. Ist der Beschluß der Generalversammlung einer Genossenschaft, der die Sitzverlegung der Genossenschaft von Berlin in die Sowjetzone zum Gegenstand hatte, mangelhaft und ist deshalb die Eintragung der Sitzverlegung wieder gelöscht worden, so hat die Genossenschaft niemals einen Sitz in der Sowjetzone gehabt.

KG Berlin-West, Beschl. v. 8. 4. 1963 — 1 W Umw. 198/63: unveröffentlicht.

Die K. Genossenschaft hatte bis Kriegsende ihren Sitz in Berlin. Den Beschluß einer Generalversammlung, den Sitz nach A. (sowjet.) zu verlegen, erklärte das LG Berlin-West durch Beschluß vom 20. 6. 1961 für unwirksam; die Eintragung der Sitzverlegung wurde wieder gelöscht (oben Nr. 42).

Die K. Genossenschaft meldete ein Guthaben beim Postscheckamt Berlin zur Umwandlung an. Das LG wies den Antrag auf gerichtliche Entscheidung gegen die Versagung der Umwandlung zurück. Auch die Beschwerde blieb erfolglos, da das KG feststellte, daß die Genossenschaft zwar ihren Sitz in Berlin hatte, dagegen nicht über eine Geschäftsleitung in Westberlin verfügte.

Aus den Gründen:

„Bei der Prüfung der Frage, ob das in Rede stehende Uraltguthaben umwandlungsfähig ist, geht das LG zutreffend von § 1 I UEG aus, nach dem Reichsmarkguthaben, die am 8. 5. 1945 bei einer Berliner Niederlassung eines Kreditinstituts — worunter nach Abs. 2 auch das Postscheckamt Berlin fällt — bestanden, in Neugeldguthaben umgewandelt werden, wenn derjenige, dem sie am 31. 12. 1952 zustanden, zu diesem Zeitpunkt seinen Wohnsitz oder dauernden Aufenthalt, seinen Sitz oder Ort der Geschäftsleitung im Geltungsbereich dieses Gesetzes oder im Ausland hatte. Das LG übersieht auch nicht die hier zur Anwendung kommende Vorschrift des § 1 III UEG, wonach ein Unternehmen seinen Sitz im Sinne dieses Gesetzes in Berlin-West hat, wenn es — erstens — seinen Sitz in Berlin hat und — zweitens — sich die Geschäftsleitung im Geltungsbereich dieses Gesetzes befand. Das LG hält die erste Voraussetzung, nämlich das Vorhandensein eines Sitzes in Westberlin, für erfüllt und begründet das folgendermaßen: Durch den — oben erwähnten — Beschluß vom 20. 6. 1961 sei festgestellt worden, daß die im Jahre 1946 durchgeführte und eingetragene Sitzverlegung von Berlin nach A. unwirksam gewesen sei, weil der zugrundeliegende Beschluß von einer nicht ordnungsgemäß einberufenen Generalversammlung gefaßt worden sei. Infolgedessen sei die eingetragene Sitzverlegung am 17. 7. 1961 von Amts wegen gelöscht worden. Die Kontoinhaberin habe mithin am 31. 12. 1952 noch ihren Sitz in Berlin gehabt. — Diese Begründung läßt eine Gesetzesverletzung nicht erkennen. Grundsätzlich erlangt zwar eine Satzungsänderung mit der Eintragung in das Register Wirksamkeit (§ 16 IV GenG). Es ist aber anerkannt, daß Mängel eines von der Generalversammlung gefaßten Beschlusses durch die Eintragung nicht geheilt werden (*Meyer-Meulenbergk*, GenG, 9. Aufl., § 16 Anm. 4). Die Wirksamkeit der Satzungsänderung tritt daher mit der Eintragung in das Genossenschaftsregister nur dann ein, wenn ein gültiger Generalversammlungsbeschluß vorliegt. Da es hieran nach der Feststellung des LG fehlt, gelangt es mit Recht zu dem Ergebnis, daß der Berliner Sitz der K.-Genossenschaft unverändert — und damit auch am 31. 12. 1952 — fortbestanden hat."

47. Aktionäre einer Gesellschaft, die früher ihren Sitz in der Sowjetzone hatte und die gegenwärtig weder über einen Aufsichtsrat noch über einen Vorstand verfügt, können sich auch dann gegen die von einer Aktionärsgruppe beantragte gerichtliche Ermächtigung zur Einberufung einer Hauptversammlung wenden, wenn sie die Gesellschaft wegen Nichtigkeit eines in der Sowjetzone abgeschlossenen Fusionsvertrages für nichtig halten. — Eine Aktionärsgruppe darf zur Einberufung einer Hauptversammlung (außer in einem dringlichen Notfall) nur dann gerichtlich ermächtigt werden, wenn

der Gesellschaft, die keine Organe hat, zuvor ein Notvorstand bestellt worden ist.

OLG Celle, Beschl. v. 11. 7. 1963 — 9 Wx 1/63: WM 1963, 927; NdsRpfl. 1963, 205; Die AG 1963, 305; NJW 1964, 112; DB 1963, 1081; Leitsätze in DRiZ 1963 B 105 Nr. 1386; BB 1963, 305 und BWNotZ 1964, 29.

Im März 1946 schlossen in Z. (sowjet.) die Provinz S., die C. AG, die W. AG und eine Gruppe von 11 landwirtschaftlichen Elektrizitätsgenossenschaften einen Konsortialvertrag. Die Gruppe der landwirtschaftlichen Genossenschaften war mit insgesamt ca. 75 % an der L. GmbH in Z. beteiligt. Die L. GmbH sowie die anderen Vertragspartner waren Aktionäre der E. AG in Z. In dem Konsortialvertrag wurde vereinbart, die L. GmbH und die E. AG zu verschmelzen; zugleich wurden die Anteile festgelegt, mit denen die Parteien an der neuen Gesellschaft beteiligt sein sollten. Die Firma der E. AG, welche die L. GmbH bei der Verschmelzung aufnehmen sollte, wurde in Prevag geändert. Nachdem die Prevag in der Folgezeit eine Reihe weiterer Unternehmen durch Verschmelzung aufgenommen hatte, wurde ihr Geschäftsbetrieb später enteignet und die Firma im Handelsregister gelöscht.

Die Prevag hatte Vermögenswerte in der brit. Besatzungszone; diese verkaufte sie Ende 1948 an ihre kurz zuvor gegründete Tochtergesellschaft, die L. GmbH mit Sitz in Z.; diese Gesellschaft errichtete in F. (Bundesgebiet) eine Zweigniederlassung (siehe hierzu auch IzRspr. 1954-1957 Nr. 63).

Die C. AG, deren Sitz sich jetzt im Bundesgebiet befindet, stellte beim AG F. den Antrag, sie zur Einberufung einer Hauptversammlung der Prevag zu ermächtigen. Das AG gab dem Antrag statt. Das LG wies die Beschwerde, welche die landwirtschaftlichen Genossenschaften (vertreten durch im Bundesgebiet bestellte Abwesenheitspfleger) eingelegt hatten, zurück. Das OLG hob diese Entscheidung auf und verwies die Sache an das LG zurück.

Gründe:

„. . . 1. Rechtlichen Bedenken begegnet zunächst die Auffassung des LG, die Beschwf. könnten schon deshalb nicht als beschwert angesehen werden, weil sie selbst die Auffassung verträten, sie seien — wegen Nichtigkeit des Fusionsvertrages vom 26. 3. 1946 — nicht Aktionäre der Prevag geworden. Es mag sein, daß die Verlautbarung eines solchen Standpunktes einem prozessualen Klagebegehren, welches die Beschwf. in der Klägerrolle von Aktionären anhängig gemacht hätten, die Schlüssigkeit nehmen würde. Hier liegt es jedoch entscheidend anders. Das gegenwärtige Verfahren ist von dritter Seite in Gang gebracht. Es ist ein gestaltendes, der freiwilligen Gerichtsbarkeit angehörendes. Die Beschwf. werden von ihm im eigentlichsten Sinne betroffen: insofern ihnen bei Bestehenbleiben der der ASt. erteilten Ermächtigung die Last aufliegt, in der daraufhin einberufenen Hauptversammlung vorsorglich zu erscheinen und ihr Stimmrecht auszuüben, um ihre Rechte zu wahren für den Fall, daß ihr Standpunkt der Nichtzugehörigkeit zum Aktionärskreis der Prevag nicht durchdringen sollte. Denn zumindest dem Rechtsschein nach *sind* sie Aktionäre. Sie sind — Inhaber der ihnen zugeteilten Aktien — von der Geschäftsführung der Prevag nie anders behandelt worden und müßten sogar, wäre das Aktienbuch ordnungsgemäß angelegt, in diesem verzeichnet sein mit der vollen Wirkung des § 62 III AktG. Nicht zuletzt die ASt. hat die Aktionärseigenschaft der Beschwf. zu keinem Zeitpunkt angezweifelt, ja sie sogar geradezu verfochten. Solange das Gegenteil nicht feststeht, müssen die Beschwf. sich — wenn überhaupt — gegen die Aufnötigung einer Hauptversammlung im Verfahren nach § 106 IV AktG so wehren dürfen, *als wären sie Aktionäre der Prevag.*

2. Als Aktionäre aber wären sie bei der Besonderheit des Falles durch die der ASt. erteilte Ermächtigung in ihren Rechten beeinträchtigt (§ 20 FGG). Diese Besonderheit ist darin begründet, daß die Prevag zur Zeit weder einen Vorstand noch einen Aufsichtsrat hat. Die Auffassung des LG, daß es hierauf nicht ankomme, verkennt die Eigenart des in § 106 II, IV AktG für die Durchsetzung einer Hauptversammlung auf Wunsch einer Aktionärsgruppe geordneten Verfahrens.

a) Danach hat dem Antrage auf gerichtliche Ermächtigung ein *den zuständigen Gesellschaftsorganen gegenüber anzubringendes rechtsförmliches Verlangen* der Aktionärsgruppe, die eine Hauptversammlung einberufen zu sehen wünscht, voranzugehen; der Antrag an das Gericht wird erst zulässig, wenn diesem Verlangen nicht entsprochen worden ist. Adressat des Verlangens ist in erster Linie der Vorstand, nächst ihm der Aufsichtsrat. *Beide* müssen nach § 106 IV AktG dem Verlangen sich versagt haben, ehe das Gericht die Ermächtigung soll aussprechen dürfen. Der Zweck der Gesetzes liegt auf der Hand. Das Verlangen einer (in der Regel minderheitlichen) Gruppe, sich zu einer Sonderaktion als außerordentliches Organ der Gesellschaft bestellen zu lassen, ist für die begehrte staatshoheitliche Maßnahme erst reif, wenn es zuvor mit den dafür berufenen Organen der Gesellschaft nach Zweck und Gründen erörtert, ‚ausdiskutiert' worden ist, wobei gegen den Vorstand unter Umständen noch der Aufsichtsrat angerufen werden muß. Die Ermächtigung durch das Gericht soll stets subsidiär bleiben gegenüber der Entschließung des Vorstandes (Aufsichtsrates). Möglicherweise kann dieser sich bewogen sehen, dem Verlangen der Aktionärsgruppe nachzugeben; möglicherweise vermag er aber auch die Gruppe von der Stichhaltigkeit seiner Weigerung zu überzeugen. Solche Lösungen offen zu halten ist dem Interesse der Gesellschaft in jedem Falle förderlicher als die Zulassung einer Kampfmaßnahme (wie derjenigen des § 106 IV AktG) ohne das Filter eines vorgeschalteten gesellschaftsinternen Verfahrens.

b) Es mag dem LG zugegeben werden, daß, wenn im Normalfall ein solches Vorschaltverfahren stattgefunden hat, dem einzelnen Aktionär außerhalb der das Verlangen stellenden Gruppe ein eigenes Beschwerderecht gegen die erteilte gerichtliche Ermächtigung nicht zusteht, vielmehr die Gesellschaft allein als durch die Ermächtigung beschwert erscheint. Damit ist indessen noch nichts für die

Rechtslage gewonnen, wie sie sich darstellt, wenn Vorstand und Aufsichtsrat fehlen. In solchen Fällen nämlich erhebt sich als das Primäre die Notwendigkeit, zunächst einen *Notvorstand* (§ 76 AktG) und einen Interims-Aufsichtsrat (§ 89 II AktG) durch das Gericht bestellen zu lassen. Anders kann im Hinblick auf § 106 AktG schon um des beherrschenden Zweckes des Gesetzes willen im Grundsatz nicht verfahren werden. Keinesfalls darf etwa deshalb, weil Vorstand und Aufsichtsrat fehlen, eine Aktionärsgruppe über diesen Mangel hinweg sich unmittelbar an das Gericht wenden, um sich selbst zur Einberufung einer Hauptverhandlung ermächtigen zu lassen. Denn selbst ein Notvorstand wäre immer noch der Berufenere, um das Interesse der Gesellschaft gegenüber dem der Aktionärsgruppe zu wahren: gegebenenfalls die Einberufung der Hauptversammlung selbst in die Hand zu nehmen, sie sachgemäß vorzubereiten, die Einladungen zu ihr — über die Bekanntmachung in den Gesellschaftsblättern hinaus — den Gegebenheiten anzupassen und in der Wahl von Zeit und Ort im Rahmen der Satzung gebührende Rücksichten zu üben. Er allein wäre auch in der Lage, in der Hauptversammlung die erforderlichen sachdienlichen Aufschlüsse zu geben, was ein vom Gericht bestellter Vorsitzer schwerlich in gleicher Weise vermöchte. Nicht mit Unrecht weisen die Beschwf. darauf hin, daß im vorliegenden Falle die von der ASt. erstrebte Beschlußfassung über das Grundkapital ohne eingehende Vorarbeiten für die RM-Schlußbilanz und die DM-Eröffnungsbilanz gar nicht möglich sein würde. Erst wenn die Einberufung der Hauptversammlung *derart dringlich* wird, daß nicht einmal mehr die vorherige Bestellung eines Notvorstandes abgewartet werden kann, wäre es zu vertreten, bei Fehlen von Vorstand und Aufsichtsrat das Gericht unmittelbar um die Ermächtigung nach § 106 IV AktG anzugehen. Diese Grenze zieht mit Recht *Baumbach-Hueck,* AktG Anm. 4 A zu § 106; die Auffassung von *Meyer-Landrut* (AktG, Großkommentar, Anm. 12 zu § 106), wonach in Ermangelung von Vorstand und Aufsichtsrat der Weg des § 106 IV AktG unmittelbar und in jedem Falle beschritten werden dürfe, vermag der Senat nicht zu teilen.

c) Das AG hätte mithin die beantragte Ermächtigung nicht, wie geschehen, ohne weiteres erteilen dürfen, sondern hätte prüfen müssen, ob der Fall so dringlich lag, daß von der vorherigen Bestellung eines Notvorstandes abgesehen werden durfte: Im anderen Falle hätte es die ASt. zur Stellung des Antrages auf Bestellung eines Notvorstandes veranlassen oder aber — da die ASt., wie aus ihrem Verhalten gegenüber der gleichgerichteten Auflage des LG vom 14. 12. 1962 ersichtlich, einen solchen Antrag nicht stellen will — das Begehren auf Ermächtigung ablehnen müssen. Gab es ungeachtet dessen dem Begehren dennoch statt, so war ein jeder Aktionär als beschwert anzusehen, der anstelle der ASt. den Antrag auf Berufung eines Notvorstandes hätte stellen können *und dem durch den geschehenen Beschluß hinsichtlich dieses seines Rechtes vorgegriffen worden ist.* Daß ein Aktionär zumindest unter den obwaltenden besonderen Umständen das Recht zur Stellung des Antrages aus § 76 AktG hat, wird mit *Meyer-Landrut,* Anm. 3 zu § 76 und *Baumbach-Hueck,* Anm. 3 zu § 76 unbedenklich anzunehmen sein. Jener der ‚Gruppe' nicht angehörige Aktionär, der den Antrag auf Bestellung eines Notvorstandes hätte stellen können, würde damit, wo nicht schon das Recht der organlosen Gesellschaft gegenüber dem Verlangen der ‚Gruppe', so doch jedenfalls das unbestreitbare eigene Recht auf Konstituierung desjenigen Gesellschaftsorganes wahrgenommen haben, welches dafür zu sorgen hatte, daß gegenüber dem Verlangen der Gruppe gesetzmäßig im Interesse *aller* Aktionäre verfahren wurde. Entscheidend bleibt dabei, daß es darauf ankam, den Notvorstand *vorrangig* vor einer Erteilung der Ermächtigung nach § 106 IV AktG bestellen zu lassen. Daß eine Bestellung auch noch nach erteilter Ermächtigung möglich wäre, verschlägt demgegenüber nichts. Das Verfahren des Gerichts bliebe trotzdem — vom Falle des Dringlichkeitsnotstandes abgesehen — gesetzwidrig und ein nachträglich bestellter Notvorstand darauf angewiesen, sich durch die ermächtigte Gruppe das Gesetz des Handelns weitgehend vorschreiben zu lassen.

d) Es ist also nicht zutreffend, wenn das LG meint, das Fehlen der Gesellschaftsorgane führe — was die Beschwerung durch eine nach § 106 IV AktG erteilte Ermächtigung anlangt — nicht zu einer Erweiterung der den (übrigen) Aktionären zustehenden Rechte. Gerade weil keine Gesellschaftsorgane vorhanden sind, muß jeder Aktionär gegenüber dem Verlangen einer Gruppe die vom Gesetz gewollte Gegenspielerschaft wenigstens mit dem beschränkten Ziel übernehmen können, den wirklichen Gegenspieler funktionsfähig zu machen — immer den Fall des Dringlichkeitsnotstandes ausgenommen. Da nun die Beschwf., wie sich aus ihrem gesamten Vorbringen ergibt, das Vorliegen eines solchen Dringlichkeitsnotstandes allermaßen bestreiten, kann ihnen die Beschwerung und damit die Legitimation zur Beschwerde nicht abgesprochen werden.

3. Demgemäß ist beschlossen. Da das LG die Beschwerde als unzulässig verworfen hatte, mußte die Sache zur materiell-rechtlichen Erörterung zurückverwiesen werden. In dem zurückverwiesenen Verfahren wird das LG nunmehr namentlich zu prüfen haben, ob ein Fall des Dringlichkeitsnotstandes vorlag, der es rechtfertigte, von der Bestellung eines Notvorstandes abzusehen, falls die ASt. sich nicht doch noch entschließen sollte, einen dahingehenden Antrag nachzuholen."

48. Die gesetzliche Fünfjahresfrist für die Amtszeit der Vorstandsmitglieder einer Aktiengesellschaft verlängert sich auch bei enteigneten Gesellschaften nicht, wenn die Möglichkeit bestand, nach Ablauf der Frist ein Vorstandsmitglied durch ein Gericht im Bundesgebiet bestellen zu lassen.

OLG Celle, Beschl. v. 22. 11. 1963 — 1 Wx 3/63: unveröffentlicht.

Die A. AG mit Sitz in A. (deutsche Ostgebiete östlich der Oder-Neiße-Linie) hat Schatzanweisungen des Deutschen Reichs zur Ablösung angemeldet. Der Geschäftsbetrieb der A. AG ist von der polnischen Verwaltung beschlagnahmt und enteignet worden; die Gesellschaft hat ihren Sitz nicht in das Bundesgebiet verlegt. Dagegen leben heute alle Aktionäre im Bundesgebiet bzw. in Westberlin; auch werden alle Aktienurkunden der Familiengesellschaft von Banken in Westdeutschland verwahrt.

Im Jahre 1952 bestellte das AG F. (Bundesgebiet) einen Pfleger für die unbekannten Beteiligten an dem Wertpapierbesitz der Gesellschaft. Zum Pfleger wurde K. B. bestellt, der selbst Aktionär der Gesellschaft ist und im Jahre 1942 zum Vorstandsmitglied bestellt worden war. Im Dezember 1961 wurde die Pflegschaft aufgehoben; eine Hauptversammlung, auf der sämtliche Aktionäre vertreten waren, beschloß die Auflösung der Gesellschaft; zum Liquidator wurde K. B. bestellt.

Die Bundesschuldenverwaltung hatte die Anmeldung der Gesellschaft abgelehnt; das LG gab dem Einspruch der Gesellschaft statt; das OLG stellte die Entscheidung der Bundesschuldenverwaltung wieder her.

Aus den Gründen:

„Zuzustimmen ist dem LG darin, daß die Anmelderin bis zur Bestellung des Kurdirektors B. als Pfleger gesetzlich nicht vertreten war. § 75 AktG begrenzt die Stellung und Anstellung von Vorstandsmitgliedern einer Aktiengesellschaft zwingend auf fünf Jahre. Diese Begrenzung ist grundsätzlich in keiner Weise zu umgehen (*Baumbach-Duden,* [HGB] 11. Aufl., Anm. 2 B zu § 75 AktG, und *Weipert,* [Komm. zum HGB] Anm. 11 zu § 75 AktG). Dafür, daß der Gesetzgeber die Fünfjahresfrist für nicht verlängerungsfähig ansieht, spricht insbesondere § 76 AktG, der die Möglichkeit eröffnet, den Mangel der Vertretung einer AG in dringenden Fällen auf Antrag eines Beteiligten durch die gerichtliche Bestellung von Vorstandsmitgliedern zu beheben. Solange diese Möglichkeit oder die Möglichkeit der Wahl von Vorstandsmitgliedern durch die Hauptversammlung besteht, läßt sich eine Verlängerung der Vertretungsbefugnis über die in § 75 AktG gesetzte Frist hinaus nicht rechtfertigen (vgl. dazu BGH, WM 1960, 1273; BGHZ 25, 150[1]). Im vorliegenden Fall war die Möglichkeit gegeben, daß die erforderlichen Vorstandsmitglieder nach Ablauf der Vertretungsbefugnis des Kurdirektors B. im Jahre 1947 gerichtlich bestellt wurden; denn der Kurdirektor B. befand sich seit 1946 im Gebiet der Bundesrepublik und konnte als Beteiligter, nämlich als Testamentsvollstrecker über den Nachlaß des Aktionärs G. B., die gerichtliche Bestellung der erforderlichen Vorstandsmitglieder betreiben.

Ist somit schon aus den vorstehenden Gründen anzunehmen, daß die Anmelderin am 31. 12. 1952 nicht mehr satzungsgemäß vertreten war, so kommt noch hinzu, daß der Kurdirektor B. am 13. 12. 1952 zum Pfleger bestellt und nunmehr als solcher für die Anmelderin tätig wurde. Es fehlt an jedem Anhaltspunkt für die Annahme, daß er nach seiner Bestellung zum Pfleger noch als Vorstandsmitglied aufgetreten ist und auftreten wollte. Da die Anmelderin am 31. 12.

---

[1] IPRspr. 1956—1957 Nr. 21.

1952 aber lediglich durch einen Pfleger vertreten war, konnte sie zu diesem Zeitpunkt den Ort ihrer Geschäftsleitung nur dann wirksam im Gebiet der Bundesrepublik haben, wenn die Gesamtleitung ihrer geschäftlichen Angelegenheiten in den Händen des Pflegers lag." (Das Gericht verneint das.)

49. Eine Kapitalgesellschaft, deren Vermögen am Ort ihres Sitzes in der Sowjetzone enteignet worden und die dort untergegangen ist, besteht im Bundesgebiet fort, wenn sie hier Vermögenswerte hat. — Die gesetzliche Fünfjahresfrist für die Amtszeit der Vorstandsmitglieder einer Aktiengesellschaft verlängert sich, wenn eine in der Sowjetzone enteignete Gesellschaft im Bundesgebiet fortbesteht, weil sie hier Vermögenswerte hat.

LG Düsseldorf, Beschl. v. 30. 12. 1963 — 19 KfR 1/63: WM 1964, 689.

Die W. AG, deren Sitz sich früher in X. (sowjet.) befand, hat Schatzanweisungen des Deutschen Reiches zur Ablösung angemeldet. Die Gesellschaft hat im März 1959 ihren Sitz nach L. (Bundesgebiet) verlegt und sich in eine GmbH umgewandelt. Die Anmeldung ist unterzeichnet von R., der im November 1945 zum alleinigen Vorstand der Gesellschaft bestellt worden war.

Die Bundesschuldenverwaltung hat die Anmeldung abgelehnt, da die Anmelderin am 31. 12. 1952 weder Sitz noch Geschäftsleitung im Bundesgebiet gehabt habe. Insbesondere habe auch S. keine Geschäftsleitung im Bundesgebiet begründet, da sein Vorstandsamt Ende 1950 erloschen sei. Das LG wies den Einspruch der Anmelderin zurück.

Aus den Gründen:

„Mit Recht weist die Anmelderin allerdings darauf hin, daß der Prüfstelle nicht darin gefolgt werden könne, daß nach der zwingenden Bestimmung des § 75 I AktG das Amt des Herrn S. als Vorstand seit mindestens 1950 abgelaufen sei und die Anmelderin deshalb seit diesem Zeitpunkt kein satzungsmäßiges Organ mehr habe, das eine Geschäftsleitung habe ausüben können. In dieser Hinsicht ist davon auszugehen, daß die Anmelderin wegen des Vorhandenseins von Vermögenswerten im Bundesgebiet insoweit als fortbestehend anzusehen ist und in diesem Umfang auch die Vertretungsmacht des Vorstandes für die Zeit nach Ablauf der fünfjährigen Amtszeit als fortbestehend gelten muß, wozu insbesondere auf die Entscheidungen des KG, WM 1951, 881[1], des OLG Frankfurt/Main, NJW 1954, 644[2] und des OLG Düsseldorf, NJW 1950, 470 f.[3] verwiesen wird."

4. Sitz von Gesellschaften

50. Gesellschaften, die Schwierigkeiten aus der Teilung Deutschlands in verschiedene Rechtsgebiete vermeiden wollen, können einen zweiten Sitz begründen. — Eine Gesellschaft, die einen Sitz sowohl

[1] IzRspr. 1945—1953 Nr. 79.
[2] IzRspr. 1945—1953 Nr. 83 b.
[3] IzRspr. 1945—1953 Nr. 418 a.

in Berlin-West als auch im Bundesgebiet hat, muß Eintragungen, welche die Gesellschaft als Ganzes oder eine eingetragene Zweigniederlassung betreffen, auch beim Registergericht am westdeutschen Sitz vornehmen.

BayObLG, Beschl. v. 23. 3. 1962 — BReg. 2 Z 170/61: BayObLGZ 1962, 107; NJW 1962, 1014; MDR 1962, 576; BB 1962, 497; DRpfl. 1962, 378; Die AG 1962, 280; DNotZ 1963, 495; DRspr. II (220) 118a; Leitsätze in GmbH-Rdsch. 1962, 178 *(Pleyer)* und BayJMBl. 1962, 99.

Die V. AG hatte ihren Sitz in Berlin. Im Jahre 1949 beschloß eine außerordentliche Hauptversammlung, einen zweiten Sitz der Gesellschaft in M. (Bundesgebiet) zu errichten; dieser zweite Sitz ist in das Handelsregister des AG M. eingetragen worden.

Die Zweigniederlassungen der Gesellschaft waren zunächst nur im Register des AG Berlin-C. eingetragen. Im Jahre 1959 wurden sie von Amts wegen auch im Handelsregister des AG M. eingetragen.

Während die V. AG alle eintragungspflichtigen Vorgänge, welche die Gesellschaft als Ganzes betreffen, sowohl beim AG Berlin-C. als auch beim AG M. zur Eintragung anmeldet, meldete sie die Bestellung und das Erlöschen von Prokuren für die einzelnen Zweigniederlassungen nur beim AG Berlin-C. an. Dieses Gericht trug die Veränderungen ein und teilte die Eintragung den Registergerichten der Zweigniederlassungen zur Übernahme mit. Das AG St. weigert sich auf Grund der Entscheidung des OLG Stuttgart vom 27. 1. 1953 (NJW 1953, 748), die Eintragung zu übernehmen, solange nicht eine gleiche Eintragungsnachricht des AG M. vorliege. Das AG M. teilt diese Ansicht seit kurzem. Es forderte daher die Gesellschaft auf, die auf die Zweigniederlassung St. bezüglichen Prokuren beim AG M. anzumelden. Das AG M. leitete auf die Weigerung der Gesellschaft ein Ordnungsstrafverfahren gegen die Vorstandsmitglieder der V. AG ein. Erinnerung, Beschwerde und weitere Beschwerde der Gesellschaft blieben erfolglos.

Aus den Gründen:

„II. . . . [*111*] 1. Das Aktiengesetz trifft keine Bestimmung über einen Doppelsitz der Aktiengesellschaft. Es rechnet vielmehr ersichtlich nur mit einem einzigen Sitz der Gesellschaft (vgl. die §§ 14, 16, 28, 32, 35 bis 38, 105, 148, 199, 239, 251). Daraus wurde seit jeher fast einhellig der Grundsatz abgeleitet, daß die Aktiengesellschaft nur *einen* Sitz haben kann. Nur an ihm kann die Hauptniederlassung sein; Niederlassungen an anderen Orten sind Zweigniederlassungen (vgl. *Baumbach-Hueck,* AktG, 11. Aufl., § 5 Anm. 2 B; *Schlegelberger-Hildebrandt,* HGB, 4. Aufl., § 13c Randbem. 9 ff.). Anderseits enthält das AktG aber auch kein ausdrückliches Verbot eines Doppelsitzes. Dadurch sahen in den Jahren nach 1945 Registergerichte die Möglichkeit für die Zulassung eines Doppelsitzes für gegeben, wenn sich für Gesellschaften infolge der Teilung Deutschlands in verschiedene Rechts- und Hoheitsgebiete aus dem Sitz in einem Gebiet Schwierigkeiten ergaben, die sich durch Errichtung eines Doppelsitzes in einer anderen Zone beheben oder doch mindern ließen (vgl. AG Bonn, BB 1948, 462; AG Heidelberg, SJZ 1949, 342[1] mit zust. Anmerkung von *Geßler;* LG Köln, NJW 1950, 352[2] und

---

[1] IzRspr. 1945—1953 Nr. 114. [2] IzRspr. 1945—1953 Nr. 115.

871[3]; *Bernau,* NJW 1949, 86; a. A. z. B. KG, MDR 1950, 740[4]; *Consbruch,* NJW 1949, 375; *Springer,* NJW 1949, 561 und die dort zitierten Entscheidungen der AG Stuttgart, Berlin und Düsseldorf; *v. Laun,* Festschrift für Haff 263 ff.; *Vogel,* Festschrift für Raape 225; *Godin-Wilhelmi,* AktG § 5 Anm. 1; vgl. auch *Hildebrandt,* JR 1949, 250; *Schmidt,* AktG, Großkomm., 2. Aufl., § 5 Anm. 5a; *Würdinger* in RGRK-HGB, 2. Aufl., Allg. Einleitung Anm. 85). Der Gesetzgeber hat diese Entwicklung zwar nicht ausdrücklich sanktioniert, sie aber doch hingenommen und der Tatsache des Vorhandenseins eines Doppelsitzes in seinen Gesetzgebungswerken auch schon mehrfach Rechnung getragen (vgl. § 5 der 3. DVO, § 2 der 35. DVO, § 1 der 43. DVO zum UmstG; § 62 WBG; § 5 DMBilErgG; § 1 V DMBilG Berlin). Der Entwurf eines neuen Aktiengesetzes, der von der Bundesregierung dem Bundestag zur Beschlußfassung vorgelegt ist, spricht sich zur Zulässigkeit eines Doppelsitzes nicht aus. Nach der zu § 5 dieses Gesetzes vom Bundesminister der Justiz gegebenen Begründung soll durch ein Schweigen zu der Frage zwar an dem alten Grundsatz, daß jede Gesellschaft nur einen Sitz haben könne, auch für die Zukunft festgehalten werden, anderseits aber doch ebenso die bisherige Anpassungsfähigkeit des Gesetzes an außergewöhnliche Zustände erhalten bleiben.

[*112*] 2. Mag sonach der Ausnahmezustand, der durch die Teilung Deutschlands eingetreten ist, für die V. AG die Notwendigkeit und Möglichkeit gebracht haben, neben ihrem Sitz in Berlin auch einen Sitz in M. zu errichten und sich das Handelsregister in M. zu erschließen (§§ 28, 38 AktG), so muß diese auch die allgemeinen handelsrechtlichen und speziellen aktienrechtlichen Verpflichtungen gegenüber dem Registergericht M. erfüllen.

a) Wird ein zweiter Sitz errichtet, so tritt dieser selbständig neben den ersten. Seine Errichtung läßt eine selbständige registergerichtliche Zuständigkeit am zweiten Sitz entstehen, die von der des Registergerichts des ersten Sitzes unabhängig ist (so auch LG Köln, NJW 1950, 871[3]). Es tritt also nicht etwa nur eine Aufspaltung des vorhandenen Sitzes in zwei Orte ein, mit der Folge, daß handelsregisterliche Maßnahmen von und gegenüber dem einen oder dem anderen Registergericht vorgenommen werden könnten. Vielmehr hat jeder Sitz die volle und uneingeschränkte Bedeutung des handelsrechtlichen Sitzes (so auch *Eppig,* Anm. zu KG vom 2. 2. 1957, DNotZ 1957, 327, 330). Beide Sitze sind rechtlich völlig gleichwertig und beide Gerichte haben ein eigenes Recht zur Überwachung der Erfüllung handelsrechtlicher Verpflichtungen sowie ein selbständiges Prüfungsrecht (*Geßler,* Anm. zu AG Heidelberg, SJZ 1949, 342). Wenn das Gesetz für einen zweiten Sitz schon ausnahmsweise Raum lassen soll, so kann es ihm nicht eine mindere Bedeutung als dem ersten Sitz beimessen. Das Handelsregister des Gerichts des Gesell-

---

[3] IzRspr. 1945—1953 Nr. 116. [4] IzRspr. 1945—1953 Nr. 113.

schaftssitzes soll eine vollständige Übersicht über die gesamten Verhältnisse der Aktiengesellschaft einschließlich aller ihrer Zweigniederlassungen geben, die über das Unternehmen zu offenbaren sind (*Baumbach-Hueck* aaO § 36 Anm. 1; *Baumbach-Duden,* HGB, 14. Auflage, § 13a Anm. 1). Bei einem Doppelsitz kommt den Handelsregistern der beiden Sitze die Aufgabe eines Gesamtregisters (Zentralregisters) zu. Es wäre ein Widerspruch in sich selbst, eine Notwendigkeit für einen Zweitsitz zu bejahen, ein Bedürfnis für eine Vollständigkeit des Registers des Zweitsitzes aber zu verneinen. Wünschenswert und zu erstreben ist natürlich, daß auch bei Bestehen eines Doppelsitzes und damit einer Zuständigkeit verschiedener Registergerichte die Eintragungen in deren Handelsregistern nicht auseinanderfallen. Läßt sich aber das nicht verhindern, etwa weil der erste Sitz in der Sowjetzone oder in Berlin-Ost liegt, dann kann für das Rechtsgebiet der Bundesrepublik allein der Sitz in der Bundesrepublik maßgebend sein (*Baumbach-Duden* aaO § 105 Anm. 6 C). Rechtsfolgen, welche an eine Eintragung im Handelsregister gebunden sind, treten für das Gebiet der Bundesrepublik jedenfalls mit der Eintragung in das Handelsregister des Sitzes in der Bundesrepublik ein.

b) Das OLG Stuttgart vertritt in der Entscheidung vom 27. 1. 1953 (NJW 1953, 748) die Auffassung, daß die beiden Registergerichte des Doppelsitzes [*113*] nur in ihrer Übereinstimmung das ‚Register des Sitzes' im Sinne der registerrechtlichen Bestimmungen bilden könnten und daß darum, wenn eine Gesellschaft einen Doppelsitz habe, Eintragungen im Handelsregister einer Zweigniederlassung sachlich gleichlautende Eintragungsmitteilungen der Gerichte beider Sitze voraussetzten. Es kann dahinstehen, ob dem in dieser Allgemeinheit gefolgt werden könnte. Findet man die Rechtfertigung für die Zulassung eines Zweitsitzes in der Bundesrepublik gerade darin, daß infolge der Teilung Deutschlands der Erstsitz einem anderen Rechtsbereich unterworfen worden ist, so tauchen gegen die Meinung, daß erst inhaltlich gleichlautende Mitteilungen beider Gerichte des Doppelsitzes die Mitteilung des ‚Gerichts des Sitzes' im Sinne des § 36 III AktG darstellten, erhebliche Bedenken auf. Jedenfalls aber ist dem OLG Stuttgart insoweit beizupflichten, daß eine Gesellschaft, die neben einem Sitz in Berlin einen zweiten Sitz in der Bundesrepublik hat, alle Anmeldungen, mögen sie das Unternehmen als Ganzes oder nur eine eingetragene Zweigniederlassung in der Bundesrepublik betreffen, auch beim Gericht des Zweitsitzes in der Bundesrepublik zu bewirken hat. Wohl sind die Bindungen zwischen der Bundesrepublik und Berlin-West so eng geblieben, daß das AG Berlin-C. die dem Gericht des Sitzes der Gesellschaft obliegenden Verrichtungen hinsichtlich der Zweigniederlassungen in der Bundesrepublik ebenso erfüllen kann, wie das Registergericht M. Dennoch aber läßt sich mindestens vor einer Aufnahme von Berlin-West als weiteres Bundesland in die Bundesrepublik die Meinung nicht vertreten, die Gesellschaft habe bestimmen können, daß das

Registergericht Berlin-C. für die Zweigniederlassungen in der Bundesrepublik federführend sein solle, dementsprechend bräuchten die jeweiligen Anmeldungen und Einreichungen nur bei dem federführenden Gericht in entsprechender Stückzahl zu erfolgen (so *Keidel-Schmatz*, Registerrecht, 2. Aufl., 17; *Würdinger* in RGRK-HGB, 2. Aufl., § 13 Anm. 15; *Eppig*, DNotZ 1957, 330 f. und 376 [385]). Die Registergerichte empfangen ihre Aufgaben nicht durch einzelne Unternehmen, sondern durch das Gesetz. § 36 AktG (und der inhaltsgleiche § 13a HGB) verlangt, daß, wenn eine Zweigniederlassung in das Handelsregister eingetragen ist, alle Anmeldungen, die die Niederlassung am Sitz der Gesellschaft oder eine eingetragene Zweigniederlassung betreffen, beim Gericht des Sitzes zu bewirken sind. Das Sitzgericht hat die Anmeldungen nicht etwa nur gleichsam als Botenhandlung, die auch von anderer Seite vorgenommen werden könnte, an das Gericht der Zweigniederlassung weiterzuleiten, sondern es hat die Anmeldungen zunächst einmal ausschließlich zu prüfen, dann einzutragen und bekanntzumachen und schließlich eine Ausfertigung seiner Eintragung unter Angabe der Nummer des Mitteilungsblattes, in dem sie bekanntgemacht ist, den Gerichten der betroffenen Zweigniederlassungen zur Übernahme in ihr Register zu übersenden. Diese Pflichten, insbesondere [*114*] die eigene Prüfungs- und Eintragungspflicht, können einem Sitzgericht in der Bundesrepublik jedenfalls für den Bereich der Bundesrepublik von niemandem (außer dem Gesetzgeber) abgenommen werden, auch nicht durch ein anderes Sitzgericht in Berlin-C. Damit das Gericht des Sitzes in der Bundesrepublik seine Pflichten erfüllen und seine Aufgaben wahrnehmen kann, müssen dann aber auch die Anmeldungen und Einreichungen bei ihm vorgenommen werden.

c) Wohl sind hinsichtlich der in § 15 HGB geregelten Rechtswirkungen einer Eintragung im Handelsregister und ihrer Bekanntmachung für den Geschäftsverkehr mit einer in das Handelsregister eingetragenen Zweigniederlassung die Eintragung und Bekanntmachung durch das Gericht der Zweigniederlassung maßgebend (§ 15 III HGB). Das mag die Folgen eines Auseinanderfallens von Eintragungen in zwei Registern erträglich gestalten, ändert aber nichts daran, daß das Handelsregister des Gesellschaftssitzes, bei einem Doppelsitz in Deutschland in- und außerhalb der Bundesrepublik auch das Register des Gerichts des Sitzes in der Bundesrepublik, die gesamten Verhältnisse der Aktiengesellschaft einschließlich ihrer Zweigniederlassungen offenbaren soll; die in den Rechtsgebieten der mehrfachen Sitze bestehenden gesetzlichen Verpflichtungen, die Anmeldungen und Einreichungen bei den Gerichten des Sitzes der Gesellschaft zu bewirken, erfahren dadurch keine Abwandlung. Freilich hat der Gesetzgeber durch die Vorschriften der §§ 35, 36 AktG (§§ 13, 13a HGB) das Anmeldeverfahren vereinfachen wollen. Zweifellos spricht aus ihnen der Wille, daß alle Anmeldungen grundsätzlich über *ein* Register behandelt und doppelgleisige Verfahren vermieden werden sollen. Die Bestimmungen sind aber auf dem Grundsatz aufgebaut, daß die Aktiengesellschaft nur einen einzigen Sitz hat. Mit der Aufgabe dieses Grundsatzes kann auch die erstrebte Vereinfachung des Anmeldeverfahrens ihre volle Verwirklichung nicht mehr finden.

d) Soweit durch die Anmeldungen und Eintragungen bei den beiden Registergerichten des Doppelsitzes zusätzliche Gebühren entstehen (§§ 79, 86, 38 I Nr. 7 KostO; vgl. KG, DNotZ 1957, 327 und dazu Anm. von *Eppig*, DNotZ 1957, 330), müssen diese von einer Gesellschaft, wenn sie einen Doppelsitz errichtet, in Kauf genommen werden.

3. Da demnach eine Aktiengesellschaft mit einem Doppelsitz in Berlin und in der Bundesrepublik Anmeldungen, welche die Gesellschaft als Ganzes oder eine eingetragene Zweigniederlassung betreffen, auch beim Gericht des Sitzes in der Bundesrepublik zu bewirken hat (vgl. *Schlegelberger-Hildebrandt* aaO § 13c Randbem. 14), ist den Vorstandsmitgliedern der V. AG vom Registergericht M. mit der Verfügung vom 29. 12. 1960 zu Recht aufgegeben worden, die auf die Zweigniederlassung St. bezüglichen Prokuren beim Registergericht M. zur Eintragung ins Handelsregister anzumelden."

51. **Eine privatrechtliche Stiftung kann ihren Sitz aus der Sowjetzone in das Bundesgebiet nur mit Genehmigung der sowjetzonalen Aufsichtsbehörde verlegen.**

Bundesschuldenverwaltung (Prüfstelle I), Entsch. v. 18. 10. 1962 — 3 045 421: WM 1963, 300.

Aus den Gründen:

„Bei der Anmelderin handelt es sich nach den vorgelegten Urkunden, auf deren Inhalt Bezug genommen wird, um eine seit Jahrhunderten bestehende Familienstiftung nach sächsischem Landesrecht. Ihr Zweck bestand in der Unterstützung bedürftiger Personen, in erster Linie von Familienangehörigen. Sie hatte ihren Sitz in X. [sowjet.] und unterstand dem Aufsichtsamt dieser Stadt. Vertreten wurde sie durch einen Kurator. Eine Sitzverlegung in den Geltungsbereich des Gesetzes, zu der die Genehmigung der zuständigen Aufsichtsbehörde erforderlich gewesen wäre, ist nicht vorgenommen worden. Das Stiftungsamt der Stadt X. hatte sich zwar 1938 damit einverstanden erklärt, daß A. in B. [jetzt Bundesgebiet] die Stelle des Kurators übernahm. Damit wurde jedoch nur die Leitung der Geschäfte des Kurators von B. aus genehmigt. Eine Verlegung des Sitzes der Stiftung nach B. ist damit nicht genehmigt worden. Die Genehmigung zur Geschäftsleitung von B. aus beschränkte sich auch nur auf die Person des A. Seit dessen Tode am 30. 11. 1947 hat die Stiftung keinen satzungsmäßigen Vertreter mehr. Die Voraussetzungen des § 33 II Nr. 3 AKG liegen daher nicht vor. Diese Rechtslage ist auch, wie S. selbst vorgetragen hat, von dem Stiftungsaufsichtsamt des Landes B. und dem AG B. anerkannt worden. Beide Stellen haben es abgelehnt, die Aufsicht über die Stiftung zu übernehmen. S., der nach seinen Angaben seit 1950 für die Stiftung tätig und am 31. 12. 1952 in B. wohnhaft gewesen ist, hat schon deshalb keinen Ort der Geschäftsleitung begründen können, weil er zur satzungsmäßigen Vertretung der Anmelderin nicht bestellt worden ist."

52. **Errichtet eine Gesellschaft mit Sitz in Berlin einen zweiten Sitz im Bundesgebiet, so ist der Geschäftswert der Eintragung bei einer Aktiengesellschaft nach dem eingetragenen Betrag des Grundkapitals zu bestimmen.**

OLG Celle, Beschl. v. 15. 5. 1963 — 8 Wx 4/63: DRpfl. 1963, 354; KostRsp. Nr. 30 zu § 26 KostO (zust. *Lappe*); Leitsatz in DRpfl. 1964, 294.

Die D. AG hat seit langem ihren Hauptsitz in Berlin sowie mehrere Zweigniederlassungen in der Bundesrepublik, u. a. auch in H. (Bundesgebiet). Entsprechende Eintragungen in die Handelsregister der zuständiden Amtsgerichte sind erfolgt. Am 13. 4. 1962 faßte die Hauptversammlung der Bank den Beschluß, einen zweiten Hauptsitz in H. zu gründen. Das AG H. trug unter Anlegung eines neuen Registerblattes die Bank mit dem Sitz in Berlin und H. ein und löschte antragsgemäß die Eintragung über die Zweigniederlassung. In Spalte 3 des neuen Registerblattes „Grundkapital" wurde ein Betrag von 20 Mio DM — das ist die sich aus der Satzung ergebende Höhe des Grundkapitals — eingetragen. In Spalte 7 wurde vermerkt, daß die Bank ebenfalls beim AG Berlin-C. eingetragen sei. Der Kostenbeamte des AG H. berechnete die Gebühr für die Eintragung nach einem Geschäftswert von 20 Mio DM auf 30 500 DM.

Das AG wies die Erinnerung gegen diesen Kostenansatz zurück. Das LG gab der Beschwerde statt. Das OLG hob diese Entscheidung auf und stellte den ursprünglichen Kostenansatz wieder her.

Aus den Gründen:

„Die Kostenordnung trifft zwar keine ausdrückliche Bestimmung für die kostenrechtliche Behandlung der Eintragung eines zweiten Hauptsitzes einer Aktiengesellschaft, wie auch das AktG die Begründung mehrerer Hauptsitze einer Gesellschaft nicht behandelt. Trotzdem ist hier wie bei einer Neueintragung einer AG der eingetragene Betrag des Grundkapitals von 20 000 000 DM als maßgeblicher Geschäftswert zugrunde zu legen.

Die beiden Hauptsitze stehen — im Gegensatz zu Zweigniederlassungen — in ihrer Bedeutung völlig gleichwertig nebeneinander (vgl. *Rohs-Wedewer*, Kostenordnung, 2. Aufl., § 26 Anm. VI 1 b). Sie müssen daher in jeder Beziehung gleich behandelt werden. Aus diesem Grunde sind auch Anmeldungen bei den beiden für die Hauptniederlassungen zuständigen Registergerichten erforderlich.

Diese gleichartige Behandlung führt zwangsläufig dazu, die Eintragung eines zweiten Hauptsitzes kostenrechtlich so zu bewerten wie die bei der Gründung einer AG erforderlichen Eintragungen in das Handelsregister, die ebenfalls den Sitz und das Grundkapital umfassen (vgl. *Eppig*, DNotZ 1957, 385; *Korintenberg-Wenz*, KostO,

4. Aufl., Fn. 20 zu § 26). Daß bei der Anmeldung einer Neugründung ein bestimmter Geldbetrag im Sinne der §§ 26 I, 79 KostO einzutragen ist, kann nicht zweifelhaft sein. Daher ist auch die Eintragung eines weiteren Hauptsitzes als solche eines bestimmten Geldbetrages anzusehen.

Der landgerichtliche Hinweis, daß es sich hier um eine Satzungsänderung handele und deshalb die der Kostenschuldnerin günstigere Vorschrift des § 26 IV über die ‚spätere' Eintragung zum Zuge komme, übersieht, daß bei allen Eintragungen eines ‚bestimmten Geldbetrags' nach der Vorschrift des Abs. 1 aaO als Geschäftswert dieser Geldbetrag als zugrunde zu legen und Abs. 4 nicht anzuwenden ist. In den Fällen des Abs. 1 (‚bestimmter Geldbetrag') taucht die Frage nach der ‚späteren' Eintragung gar nicht auf (so *Lauterbach*, Kostengesetze, 14. Aufl., § 26 Nr. 1 B und *Rohs-Wedewer* aaO Nr. II a), mit anderen Worten: Der bestimmte Geldbetrag ist, wenn er einzutragen ist, auch bei späteren Eintragungen der Geschäftswert. Soweit gelegentlich der Fall von Satzungsänderung als Beispiel der Anwendbarkeit des Abs. 4 aaO erwähnt wird (z. B. *Lauterbach* aaO Nr. 3 B), trifft dies nur für solche einzutragenden Satzungsänderungen zu, bei denen ein bestimmter Geldbetrag ausscheidet (so bei Änderung des Vorstands); nicht dagegen z. B. bei Änderung des Grundkapitals durch die Satzung (*Lauterbach* aaO und Nr. 1 B).

Auch ein Vergleich mit der Eintragung einer Zweigniederlassung (§ 26 VIII KostO) ist nicht möglich (vgl. *Beushausen, Küntzel-Kersten, Bühling*, KostO § 26 Anm. 9d). Im Gegenteil, gerade die Bestimmung über die Bewertung von Eintragungen einer Zweigniederlassung spricht für die Auffassung des Senats. Unabhängig von der umstrittenen Frage, ob die Eintragung einer Zweigniederlassung als Eintragung mit oder ohne bestimmten Geldbetrag anzusehen ist (vgl. insoweit BayObLG, Beschl. vom 8. 11. 1960, KostRsp. zu § 26 KostO Nr. 5; vgl. *Korintenberg-Wenz* aaO § 26 Anm. VII), zeigt die Vorschrift des § 26 VIII KostO, daß der Gesetzgeber eine derartige Eintragung gesondert behandelt wissen will, obwohl sie auf einer Satzungsänderung beruht. Daran ändert auch Satz 2 des Abs. 8 nichts, der lediglich besagt, daß nicht der einzutragende bestimmte Geldbetrag der Feststellung des Geschäftswertes zugrunde zu legen ist. Können aber die für die Eintragung einer Satzungsänderung maßgebenden Vorschriften nicht einmal bei Zweigniederlassungen angewandt werden, dann erscheint das bei der Eintragung der für die Firma bedeutenderen zweiten Hauptniederlassung erst recht nicht angängig.

Die unmittelbare Anwendung des § 26 VIII KostO scheitert ebenfalls an der größeren Bedeutung des zweiten Hauptsitzes, der dem bisher bestehenden gleichwertig ist. Auch der Hinweis der Bank, es liege nicht die Eintragung etwa einer Kapitalerhöhung vor, vielmehr habe sich durch die Eintragung eines zweiten Hauptsitzes in rechtlicher und tatsächlicher Hinsicht nichts geändert, greift nicht durch.

Derartige Erwägungen kommen auch für zahlreiche Zweigniederlassungen in Betracht. Trotzdem werden diese nicht nach den Vorschriften über Satzungsänderungen bewertet. Im übrigen ist hinsichtlich der Bedeutung der hier in Frage stehenden Eintragung darauf hinzuweisen, daß die Bank selbst vorgetragen hat, sie halte 95% ihres Vermögens in der Bundesrepublik.

Die vom LG angestellten Billigkeitserwägungen können zu keinem anderen Ergebnis führen. Die strenge Fassung der §§ 26 I, 79 I KostO läßt keine Ausnahme zu, sondern bestimmt die Höhe der Gebührenforderung ausschließlich nach dem eingetragenen Geldbetrag. Diesen hat der Kostenbeamte gemäß § 79 KostO i. V. m. der Tabelle zu § 32 KostO richtig berechnet."

IV. SCHULD- UND HANDELSRECHT

1. Interzonenhandel

53. Ein sowjetzonales Handelsunternehmen begeht keine positive Vertragsverletzung, wenn es von dem vertraglich ausbedungenen Recht Gebrauch macht, bei Zahlungsverzug des westdeutschen Käufers die Lieferung weiterer Waren zu verweigern und von anderen Verträgen mit dem Käufer zurückzutreten. — Aus Verhandlungen der Vertragsparteien über die Erfüllung bestehender Zahlungsverbindlichkeiten sowie aus der Aufgabe neuer Bestellungen durch den noch nicht voll bezahlten Verkäufer kann nicht ohne weiteres die Stundung einer fälligen Schuld abgeleitet werden. — Die Verhängung einer Liefersperre ist nicht sittenwidrig, wenn der Schuldner sich im Zahlungsverzug befindet, Verhandlungen über eine Abdekkung der Verbindlichkeit erfolglos geblieben sind und nicht ersichtlich ist, daß sich der Gläubiger auf jeden Fall von der Geschäftsverbindung mit dem Schuldner lösen will.

Der Kl. ist als Einzelkaufmann Inhaber eines Außenhandelsunternehmens in Westberlin. Er steht seit 1950 mit dem Bekl., einem volkseigenen Handelsunternehmen in Ostberlin, in lebhafter Geschäftsverbindung. Der Kl. führte Erzeugnisse der Grobgarnindustrie, insbesondere Scheuer- und Wischtücher, aus der Sowjetzone in das Bundesgebiet ein. Diese Waren bezog er teilweise von dem Bekl., teilweise auch unmittelbar von den sowjetzonalen Lieferwerken; bei diesen Direktbezügen fiel dem Bekl. die Aufgabe zu, die erforderlichen Warenbegleitscheine beim sowjetzonalen Ministerium für Außenhandel und innerdeutschen Handel einzuholen.

Zur Durchführung der Verkäufe gewährte der Bekl. dem Kl. umfangreiche Kredite. Diese betrugen zu Beginn des Jahres 1955 rund 350 000 DM. Anfang 1955 vereinbarten die Parteien, daß der Kl. seine Schuld bis zum 31. 3. 1955 auf 200 000 DM zurückführen sollte; davon machte der Bekl. u. a. die Fortführung der Geschäftsverbindung abhängig.

Auf der Leipziger Herbstmesse 1956 schlossen die Parteien neue Geschäfte über rund 1,6 Mio DM ab; davon wurden jedoch, da die westdeutschen Behörden nur einen Teil der erforderlichen Bezugsgenehmigungen erteilten, lediglich Verträge über rund 870 000 DM wirksam. Anfang März 1957 schlossen die Parteien ferner zusätzliche Verträge über rund 110 000 DM ab.

Da auch zu Beginn des Jahres 1957 die Verbindlichkeiten des Kl. erheblich über der vereinbarten Grenze von 200 000 DM lagen, forderte der Bekl. den Kl. auf, die Schulden bis zum 31. 3. 1957 auf jenen Betrag zurückzuführen und gleichzeitig Vorschläge für die Zahlung des Restes zu unterbreiten, da er sonst die Lieferungen einstellen lassen würde. Den vom Kl. vorgelegten Tilgungsplan wies der Bekl. als unzureichend zurück. Zugleich verhängte der Bekl. einen Lieferstop gegen den Kl. unter Berufung auf § 11 V der vereinbarten Allgemeinen Lieferbedingungen.

Der Kl. verlangt mit der Klage Zahlung von 185 000 DM als Schadensersatz für die Verhängung des Lieferstops. In diesem erblickt er mit Rücksicht auf die langjährige Geschäftsverbindung eine positive Vertragsverletzung und eine sittenwidrige Schädigung nach § 826 BGB, die zum Zusammenbruch seines Unternehmens geführt habe.

Der Kl. hatte mit seinen behaupteten Schadensersatzansprüchen bereits in dem Verfahren aufrechnen wollen, in dem der Bekl. den Kl. aus den von ihm zur Sicherheit ausgestellten Wechseln in Anspruch nahm (siehe IzRspr. 1958—1959 Nr. 78 und 85). Im vorliegenden Verfahren hatte der Bekl. zunächst die Einrede der Unzuständigkeit des Gerichts erhoben; diese ist jedoch durch Zwischenurteil des LG Berlin zurückgewiesen worden (IzRspr. 1960—1961 Nr. 68).

LG (a) und OLG (b) haben die Klage abgewiesen. Der BGH hat dem Kl. das für die Revisionsinstanz nachgesuchte Armenrecht verweigert, da „die beabsichtigte Rechtsverfolgung keine hinreichende Aussicht auf Erfolg bietet" (BGH, Beschl. v. 23. 5. 1962 — VIII ZA 14/62).

a) LG Berlin-West, Urt. v. 9. 3. 1961 — 95 O 32/60: unveröffentlicht.

Aus den Gründen:

„Die auf §§ 242, 276, 249, 826 BGB gestützte Klage ist nicht begründet. Dem Kl. steht gegen den Bekl. weder aus dem Gesichtspunkt der Vertragsverletzung noch aus sittenwidriger Schadenszufügung ein Ersatzanspruch zu.

I. Soweit der Kl. mit der vorliegenden Klage den Bekl. als seinen Vertragspartner aus den vorangegangenen Kaufverträgen wegen positiver Vertragsverletzung in Anspruch nimmt, kann die Frage, ob der Bekl. für die vom Kl. geltend gemachte Schadensersatzklage passiv legitimiert ist oder nicht, dahingestellt bleiben. Denn selbst wenn der Bekl. Vertragspartner der für das Jahr 1957 geschlossenen und später stornierten Verträge gewesen und nicht nur als genehmigende Behörde in diesen Fällen tätig geworden wäre, so wäre ein Anspruch aus positiver Vertragsverletzung nicht gegeben. Denn dann wäre der Bekl. auf Grund der zwischen ihm und dem Kl. bestehenden vertraglichen Lieferungsbedingungen, nämlich auf Grund der Vorschrift des § 11 IV der Lieferungsbedingungen, berechtigt gewesen, weitere Warenlieferungen an den Kl. vor restloser Zahlung der bestehenden Schulden abzulehnen. Denn der Kl. befand sich, wie er selbst nicht bestreitet, zur Zeit der Verhängung des Lieferstops in Zahlungsverzug. Da eine Vereinbarung über die Stundung nicht zustande gekommen ist, war der Bekl., sofern er unmittelbarer Vertragspartner des Kl. gewesen wäre, berechtigt, von den Vertragsvereinbarungen Gebrauch zu machen. Er hätte daher die zur Erfüllung der Allgemeinen Lieferungsbedingungen geschlossenen Verträge durch die Ablehnung weiterer Lieferungen nicht verletzt. Ein Schadensersatzanspruch aus positiver Vertragsverletzung ist daher nicht begründet.

II. Auch ein Schadensersatzanspruch aus § 826 BGB wegen sittenwidriger Schädigung ist unbegründet. Denn es fehlt an einem Verstoß gegen die guten Sitten.

Sittenwidrig könnte das Verhalten des Bekl. gegen den Kl. nur dann gewesen sein, wenn die Maßnahmen des Bekl., in Widerspruch zur rechtsstaatlichen Ordnung gegen die bestehenden Vereinbarungen verstoßend, nur zur einseitigen Interessenwahrung des Bekl. zum Nachteil des Kl. getroffen worden wären. Darauf zielt der Kl. auch ab, wenn er vorträgt, der Lieferstop habe den Zweck gehabt, dem Bekl. unter Zerstörung der Existenz des Kl. die Möglichkeit zu geben, von bestehenden Lieferverträgen loszukommen und sich instand zu setzen, den vom Kl. vorbereiteten Markt selbst zu beliefern.

Es ist nun nicht von der Hand zu weisen, daß dem Kl. ein erheblicher Schaden durch die Maßnahme des Bekl. entstanden ist und daß deren wirtschaftliches Ergebnis der Darstellung des Kl. nahekommt. Indes waren die Maßnahmen des Bekl. eine zulässige und vertraglich vorgesehene Folge des Zahlungsverzuges des Kl. Denn nach Ablauf des Jahres 1955 war der Kl. nach dem unstreitigen Inhalt aller danach geschlossenen Kaufverträge verpflichtet, die Warenlieferungen innerhalb von 60 Tagen nach Überschreiten der Demarkationslinie zu zahlen. Aus der Tatsache, daß der Bekl. im Jahre 1956 trotz des erheblichen Zahlungsverzuges des Kl. nicht sofort Zwangsmaßnahmen eingeleitet oder die vertraglich vorgesehenen Sanktionen verhängt hat, folgt nicht, daß die Beträge dem Kl. gestundet und damit der einmal eingetretene Verzug wieder geheilt worden wäre. Vielmehr hatte die im Februar 1957 vom Bekl. an den Kl. gerichtete Aufforderung, seine Schulden abzudecken, da andernfalls keine weiteren Warenlieferungen mehr erfolgen könnten, eine Nachfristsetzung zum Inhalt, durch die bereits entstandene und weiterhin entstehende Verzugsfolgen nicht geheilt werden. In Ermangelung anderer Abkommen galten für die Zahlungspflichten des Kl. die Allgemeinen Lieferbedingungen, die für jeden Kaufvertrag als ausschließliche Regelung vereinbart worden waren. Diesen vertraglichen Bedingungen hat sich der Kl. durch Abschluß von Verträgen mit den einzelnen mitteldeutschen Lieferwerken ausdrücklich unterworfen. Der Bekl. konnte daher auch in seiner Eigenschaft als genehmigende Behörde auf Grund des Verzuges des Kl. mit seinen alten Verpflichtungen die in den zu genehmigenden Verträgen vorgesehenen Maßnahmen ergreifen, ohne gegen die guten Sitten zu verstoßen.

Demgegenüber kann nicht die Behauptung des Kl. durchgreifen, daß an den Interzonenhandelsverkehr besondere Maßstäbe anzulegen seien und der Interzonenhandel überhaupt von der Gewährung größerer Kredite abhängig sei. Es kann dahingestellt bleiben, wieweit die Geschäftsgepflogenheiten des Interzonenhandelsverkehrs in einzelnen Punkten von den sonstigen normalen Geschäftsgepflogenheiten abweichen. Denn etwa bestehende Abweichungen sind jedenfalls nicht derart, daß schriftliche Vertragsvereinbarungen unwirksam sind. Nur auf derartigen Vereinbarungen beruht das Verhalten des Bekl., welches somit nicht gegen die guten Sitten verstößt.

Die Klage war daher abzuweisen."

b) KG Berlin-West, Urt. v. 7. 2. 1962 — 10 U 1050/61: unveröffentlicht.

Aus den Gründen:

„Der Berufung des Kl. war der Erfolg zu versagen. Das LG hat den vom Kl. wegen der gegen ihn verhängten Liefersperre geltend gemachten Schadensersatzanspruch sowohl aus dem Gesichtspunkt der positiven Vertragsverletzung als auch aus dem der vorsätzlich sittenwidrigen Schadenszufügung nach § 826 BGB für unbegründet gehalten. Die Gründe des LG sind zutreffend. Der Senat tritt ihnen bei und macht sie sich — u. a. auch hinsichtlich der Frage der Passivlegitimation — zu eigen. Zusätzlich soll noch ausgeführt werden:

Der Bekl. war zur Verhängung der Liefersperre für die für 1957 abgeschlossenen Lieferungsverträge berechtigt, denn der Kl. befand sich mit der Bezahlung früherer Lieferungen in erheblichem Zahlungsverzug. Nach Ziff. 11 V der Allgemeinen Lieferbedingungen, die für die für 1957 abgeschlossenen Lieferverträge maßgeblich sind, steht dem Verkäufer bei Zahlungsverzug oder Änderung der wirtschaftlichen Verhältnisse des Käufers das Recht zu, die Lieferung bis zum Eingang des vollen Kaufpreises zu verweigern oder ganz oder teilweise von allen mit dem Käufer abgeschlossenen Verträgen zurückzutreten. Der Kl. hat zwar bestritten, sich im Zeitpunkt der Verhängung der Liefersperre im Zahlungsverzug befunden zu haben. Zahlungsverzug lag jedoch vor. Nach seinem eigenen, von ihm am 28. 3. 1957 vorgelegten Zahlungs- und Tilgungsplan betrug die Schuld des Kl. aus im Jahre 1956 erfolgten Lieferungen damals noch 246 135,17 DM VE. Diese Schuld war auch seit langem fällig. Der Kl. hat dazu selbst mit Schriftsatz vom 27. 4. 1960 vorgetragen, daß die zwischen den Parteien vereinbarten Zahlungsbedingungen immer vorgesehen hätten, daß er erst 60 Tage nach Rechnungsdatum oder 6 Wochen nach Grenzübergang der Ware diese zu bezahlen gehabt hätte. Danach befand sich also der Kl. mit dem genannten Gesamtrechnungsbetrag von über 246 000 DM nach wiederholt erfolgten Mahnungen — zumindest mit Schreiben des Bekl. vom 14. 12. 1956 — im Zahlungsverzug (§§ 284, 279 BGB).

Der Kl. kann sich nicht darauf berufen, daß ihm von dem Bekl. stillschweigend ein zeitlich nicht befristeter Kredit von 200 000 DM VE und noch darüber hinaus gewährt worden sei, er zur Abdeckung der gesamten Schuld noch vor den in seinem Tilgungsplan angegebenen Terminen deshalb nicht habe verpflichtet sein können. Dies ist in tatsächlicher Hinsicht unrichtig. Nachdem bereits in der Vereinbarung vom 29. 1./1. 2. 1955 hinsichtlich der dem Kl. gewährten Kredite die Fortsetzung der Geschäftsverbindung davon abhängig gemacht worden war, daß der Kl. seine Verbindlichkeiten bis zu einer maximalen Höhe von 200 000 DM VE herabsetze, bestanden für ihn auch die von ihm selbst zugestandenen, ausdrücklich vereinbarten Zahlungsbedingungen, nach denen er 60 Tage nach Grenzübergang der Ware diese zu bezahlen hatte. Die zwischen den Parteien von Ende des Jahres 1956 ab geführten Verhandlungen über den Zeitpunkt der Zahlungen — über den Zeitpunkt der Fälligkeit der Forderungen standen die Parteien niemals in Verhandlungen — konnten bei der Stellungnahme des Bekl., wie sie u. a. in seinen Schreiben vom 14. 12. 1956, 16. 2., 26. und 27. 3. 1957 zum Ausdruck gebracht wurde, eine stillschweigende Stundung der Forderungen des Bekl. nicht zur Folge haben. Insbesondere hatte der Kl. keinen Anspruch darauf, daß dem von ihm begehrten, in seinem Tilgungsplan zugleich liegenden Stundungsverlangen von dem Bekl. entsprochen würde. Es kommt aber noch hinzu, daß der Tilgungsplan mit Warenabrufen aus dem Kaufabschluß auf der Leipziger Herbstmesse gekoppelt wurde und daß deshalb der für die Ablehnung des Tilgungsplanes von dem Bekl. noch angeführte Grund, der Kl. habe praktisch mit einem von ihm, dem Bekl., neu zu gebenden Kredit den alten Kredit abdecken wollen, einer Berechtigung nicht entbehrt.

Auch daraus, daß der Bekl. auf der Herbstmesse 1956 die neuen Verträge abgeschlossen hat, ohne den Abschluß dieser von der Tilgung der bestehenden Rückstände abhängig zu machen, kann nicht gefolgert werden, der Bekl. müsse seine bisherige, nach der Behauptung des Kl. nicht auf Zahlungsfristen sehende großzügige Handhabung fortsetzen. Ganz abgesehen davon, daß dies Letzte in dem behaupteten Umfang nicht richtig ist, wie sich u. a. aus der bereits erwähnten Vereinbarung vom 29. 1./1. 2. 1955 und dem Schreiben des Bekl. vom 14. 12. 1956 ergibt, kann doch aus dem Kaufabschluß für 1957 und den noch am 8. und 13. 3. 1957 erfolgten Abschlüssen über die Frottierhandtücher nicht entnommen werden, daß die gleichzeitig vereinbarten ausdrücklichen Zahlungsbedingungen mit den Zahlungsfristen keine Geltung haben sollten.

Umgekehrt geht aber gerade aus diesen Abschlüssen hervor, daß der Bekl. nicht die Absicht hatte, den Kl. aus dem Geschäft mit ihm auszuschließen. Er wollte ihn vielmehr weiter beliefern, wenn der Kl. nur seine rückständigen Verpflichtungen auf mindestens 200 000 Deutsche Mark zurückführte. Hieraus ergibt sich zugleich, daß in der Verhängung der Liefersperre wegen Nichtabdeckung der fälligen rückständigen Verbindlichkeiten keine vorsätzliche gegen die guten Sitten verstoßende Schadenszufügung im Sinne von § 826 BGB liegen kann. Auf den Tilgungsplan des Kl. brauchte der Bekl. aus den bereits angeführten Gründen der Koppelung mit umfangreichen Neulieferungen nicht einzugehen. Es kommt hinzu, daß der Kl. selbst die in seinem Tilgungsplan bis zum 31. 3. 1957 vorgesehene Teilabdeckung seiner Verbindlichkeit in Höhe von 64 266,09 DM VE nicht bewirkt hat und auch die nochmals mit Schreiben vom 5. 4. 1957 erfolgte Aufforderung des Bekl., zur Aussprache über einen brauchbaren Regulierungsvorschlag bei ihm zu erscheinen, mit Schreiben vom 9. 4. 1957 abgelehnt hat."

54. Im Interzonenhandel kommt ein Kaufvertrag in der Regel nicht zustande, wenn sich die Parteien nicht über Lieferfrist und Zahlungsbedingungen geeinigt haben. — Ein ohne devisenrechtliche Genehmigung abgeschlossenes Interzonenhandelsgeschäft ist nichtig. — Im Interzonenhandel muß ein Vertrag nach einhelliger Verkehrsauffassung schriftlich abgeschlossen werden.

LG Hamburg, Urt. v. 6. 6. 1962 — 61 O 13/60: unveröffentlicht.

Die Kl., eine Gesellschaft mit Sitz in H. (Bundesgebiet), stellt Melkanlagen und Zubehör her. Sie begehrt von der Bekl., der DIA Transportmaschinen Export-Import in Berlin-Ost, Schadensersatz wegen Nichterfüllung von Verträgen, die sie mit der Rechtsvorgängerin der Bekl. abgeschlossen haben will. Im einzelnen handelt es sich um folgende Vorgänge:

1. Auf der Leipziger Frühjahrsmesse 1955 erhielt die Kl. von der Rechtsvorgängerin der Bekl. zwei Aufträge. Beide tragen das Datum „9. 3. 1955". Der Auftrag Nr. J 14/3306/2285/55 geht auf Lieferung von 6 000 Stück Melkstrümpfen zum Preise von insgesamt DM 17 100. Der Auftrag Nr. J 14/3306/2370/55 ist ebenfalls auf Lieferung von Melkstrümpfen gerichtet, und zwar im Werte von DM 17 292. Er besagt nichts über die zu liefernde Stückzahl.

In § 10 der im wesentlichen gleichlautenden Auftragsformulare heißt es:

„Erfolgt die Erteilung des Warenbegleitscheins nicht innerhalb 6 Wochen nach Aushändigung des Blattes 5 der zu diesem Vertrag ausgeschriebenen Zahlungsgenehmigung, verliert der Vertrag seine Gültigkeit."

§ 11 der Auftragsformulare bestimmt:

„Änderungen und Zusätze zu diesem Vertrag bedürfen der vertraglichen Schriftform."

Als Liefertermin ist in den Auftragsformularen unter § 3 eingefügt,

„bis 15. Mai 1955".

Beide Aufträge tragen den Vermerk

„Entgegengenommen 10. 3. 55 Dr. J."

Die Kl. hat unter Bezugnahme auf die oben angegebenen Auftragsnummern am 2. 5. 1955 auf zwei Formularen die Aufträge bestätigt. In dem Bestätigungsschreiben heißt es formularmäßig:

„Wir danken für Ihren Auftrag, den wir zu unseren auf der Rückseite gedruckten Liefer- und Garantiebedingungen annehmen und wie folgt bestätigen..."

Die Bestätigung des Auftrags Nr. J 14/3306/2370/55 nennt als Liefertermin den Zeitraum vom 31. 5. bis zum 15. 8. 1955. Sie sieht Teillieferungen von je 1 000 Stück vor. Der Auftrag Nr. J 14/3306/2285/55 sollte gemäß dem Bestätigungsschreiben ebenfalls in Teillieferungen von 1 000 Stück Melkstrümpfen in der Zeit vom 31. 8. bis 15. 11. 1955 abgewickelt werden.

Als Zahlungsbedingungen sind in die Bestätigungsschreiben eingefügt,

„60 Tage netto, gerechnet vom Tage des Versandes."

Am 4. 5. 1955 schreibt die Rechtsvorgängerin der Bekl. an die Kl.:

„Bei Durchsicht unserer Verträge müssen wir feststellen, daß die Auslieferung der vertraglich gebundenen 12 000 Stück Hochleistungszitzengummis bisher nicht erfolgt ist und wir auch ein Versandavis Ihrerseits nicht vorliegen haben. Da wir außerdem in dieser Angelegenheit seit der Leipziger Frühjahrsmesse nichts mehr von Ihnen gehört haben, bitten wir Sie, uns umgehend mitzuteilen, wann diese Auslieferung von Ihnen vorgenommen wird.

Da Sie auch bezüglich des Zahlungstermins keine ablehnende Stellungnahme an uns übersandten, betrachten wir diese als erledigt, womit zum Ausdruck gebracht wird, daß Sie mit dem Zahlungsziel von 5 Monaten einverstanden sind. Gleichzeitig bitten wir Sie um Übersendung einer weiteren Offerte zur Lieferung von 6 000 Hochleistungszitzengummis (Melkstrümpfe) unter Angabe des frühesten Liefertermins."

Am 2. 8. 1955 schrieb die Rechtsvorgängerin der Bekl. an die Kl. unter Bezugnahme auf die beiden Verträge:

„Wir kommen zurück auf die bezüglich der obigen Verträge mehrfach geführten persönlichen und schriftlichen Verhandlungen und sehen uns gezwungen, die Verträge einmal unter Berücksichtigung des § 10 und zum anderen deshalb zu stornieren, weil die Melkstrümpfe maßlich nicht unseren Anforderungen entsprechen.

Diese Differenz ist unserer Meinung nach dadurch aufgetreten, daß die Anfertigung der Melkstrümpfe auf Grund der Verhandlungen zwischen Ihnen und unserem Bedarfsträger in E. erfolgte, ohne daß eine Bestätigung von Seiten unseres Ministeriums für Land- und Forstwirtschaft vorlag.

Wir bedauern, Ihnen in diesem Falle keinen günstigen Bescheid geben zu können und bitten Sie, uns die Blätter 5 der beiden Verträge zurückzusenden."

Mit Schreiben vom 10. 8. 1955 hat die Kl. einer Stornierung der Verträge durch die Rechtsvorgängerin der Bekl. widersprochen.

2. Zwischen den Parteien herrscht ferner Streit über die Abnahme von 300 Melkanlagen zum Preise von je DM 1 000, die nach dem Vortrag der Kl. anläßlich der Leipziger Frühjahrsmesse 1955 von der Rechtsvorgängerin der Bekl. unter der Bedingung bestellt worden seien, daß sich hierfür genügend Interessenten aus den Kreisen der Landwirtschaft melden würden. Die Kl. verfügt über 300 von Interessenten unterschriebene Bestellungen, die sie der Rechtsvorgängerin der Bekl. in Fotokopie überlassen hat.

3. Schließlich streiten die Parteien wegen eines der Kl. angeblich in Höhe von DM 6 000 gewährten, aber nur in Höhe von DM 2 995 durch die Rechtsvorgängerin der Bekl. ausgeschöpften Messekontingentes. Über die Restsumme von DM 3 005 liegt ein schriftlicher Auftrag Nr. J 12/3306/2135a/55 vom 6. 3. 1955 vor.

In dem Auftragsschreiben, bestehend aus einem Blatt, heißt es:

„Wir kaufen im Rahmen der geltenden Bestimmungen über den innerdeutschen Handel, vorbehaltlich der behördlichen Genehmigung zu umseitigen und nachstehenden Bedingungen, ab Werk versichert einschließlich Verpackung,

1. 1 Stck. Melkeinheit, Waren Nr....	DM 425,—
2. 3 Stck. Pumpenaggregat MV 50	DM 1 560,—
3. div. Stck. Zitzengummi Spezifikation folgt	DM 1 020,—
	DM 3 005,—

Liefertermin: Spätestens 31. 5. 1955

Zahlung erfolgt im Dezember 1955..."

Mit Schreiben vom 21. 11. 1955 hat die Kl. sich wegen dieses Vertrags an die Rechtsvorgängerin der Bekl. wie folgt gewandt:

„Das uns zugesagte Messekontingent betrug DM 6 000. Auf dieses Kontingent wurden in Leipzig Waren übernommen im Werte von DM 2 995, so daß obiger Vertrag die restliche Erfüllung der Kontingentverpflichtung betrifft. Bei Übergabe des Auftrags wurde zwischen Herrn J. und Ihrem Herrn Sachbearbeiter festgestellt, daß die Zahlungs- und Lieferungsbedingungen den Angeboten und vorherigen

Vereinbarungen nicht entsprechen. Infolgedessen wurde uns nach Abschluß der Messe die Richtigstellung des Auftrags zugesagt, die bis heute noch nicht erfolgt ist.

Inzwischen ist soviel Zeit darüber vergangen, daß die zunächst fälschlicherweise für Dezember 1955 vorgesehenen Zahlungsbedingungen heute nicht mehr stören. Wir bitten also um Zustimmung, daß dieser Auftrag nun nach der ursprünglichen Spezifikation ausgeführt wird, brauchen allerdings noch eine Angabe, in welcher Form die Pos. 3 ausgeführt werden soll.

Wir bemerken, daß wir an der verspäteten Ausführung nicht Schuld tragen, denn es ist von Ihrer Seite die zugesagte Richtigstellung nicht erfolgt und außerdem haben wir die im Auftrag angekündigte „Spezifikation" bisher nicht erhalten."

Die Kl. hat — offenbar um die Verjährung zu vermeiden — am 31. 12. 1959 einen Zahlungsbefehl über DM 334 392 beantragt, der am 13. 1. 1960 zugestellt worden ist. Hiergegen hat die Bekl. Widerspruch erhoben.

Mit Schreiben vom 18. 1. 1960 hat der Prozeßbevollmächtigte der Kl. der Bekl. eine Frist zur Erfüllung der über die Lieferung von 12 000 Stück Melkstrümpfen und 300 Melkanlagen angeblich zustandegekommenen Kaufverträge gesetzt und gleichzeitig erklärt, daß die Kl. nach Ablauf der Frist eine Kaufpreisannahme ablehne und Schadensersatz wegen Nichterfüllung verlangen werde.

Die Bekl. hat dieses Schreiben unbeachtet gelassen.

Zu diesen Vorgängen trägt die Kl. vor:

Zu 1. Die Kl. ist der Ansicht, daß die Bekl. weder unter Berufung auf § 10 der Vertragsofferten noch darauf, daß die gelieferten Melkstrümpfe maßlich den Anforderungen nicht genügt hätten, berechtigt gewesen sei, die Abnahme der bestellten 12 000 Stück Melkstrümpfe zu verweigern. Sie behauptet, die Frist von 6 Wochen nach Aushändigung des Blattes 5 der Verträge, innerhalb der zur Aufrechterhaltung der Verträge gemäß § 10 die Erteilung des Warenbegleitscheines hätte erfolgen müssen, sei noch nicht in Lauf gesetzt. Denn die Bekl. habe sie, die Kl., gar nicht in die Lage versetzt, die Erteilung des Warenbegleitscheins beantragen zu können. Bereits bei Übergabe der Aufträge, am 9. 3. 1955, sei mit dem damals zuständigen Sachbearbeiter der Rechtsvorgängerin der Bekl. klargestellt worden, daß sowohl die Zahlungsbedingungen als auch die Lieferfristen nicht mit dem Angebot übereinstimmten und irrtümlich eingesetzt worden seien. Die Lieferzeiten hätten in Anbetracht der vorhandenen Formen erst anschließend — mit etwa 80 Melkstrümpfen pro Tag — an den laufenden Auftrag über 5 000 Stück Melkstrümpfe, der über England abgewickelt worden sei, beginnen können. Der Sachbearbeiter der Rechtsvorgängerin der Bekl. hätte zugesagt, nach Rückkehr in Berlin eine Änderung vorzunehmen und an sie die neuen Formulare zu übersenden. Diese habe sie trotz wiederholter Anmahnung nicht erhalten.

Die Kl. ist daher der Ansicht, daß die Rechtsvorgängerin der Bekl. die Schuld für die Nichterfüllung der Verträge treffe, so daß ihr aus den Verträgen über 12 000 Stück Melkstrümpfe ein vertraglicher Schadensersatzanspruch in Höhe von DM 10 317,60 zustehe.

Zu 2. Mit der Rechtsvorgängerin der Bekl. sei vor der Leipziger Frühjahrsmesse 1955 eine feste Vereinbarung auf Grund eines bewilligten Messekontingents über die Lieferung der 300 Melkanlagen zum Preise von je DM 1 000 getroffen worden. Seitens der Rechtsvorgängerin der Bekl. sei für die Abwicklung des Vertrages lediglich zur Voraussetzung gemacht worden, daß in entsprechendem Umfange aus den in Betracht kommenden Kreisen der Landwirtschaft Bestellungen aufgegeben würden. Diese Voraussetzung sei gegeben gewesen, nachdem am Messestand 300 Interessenten, der Weisung der Rechtsvorgängerin der Bekl.

entsprechend, Bestellscheine auf Lieferung einer Melkanlage unterschrieben hätten.

Die Kl. trägt weiter vor, daß über die Abwicklung des Auftrags auf Lieferung der Melkanlagen Verhandlungen geführt worden seien. Letztlich, so behauptet die Kl., seien die Verhandlungen aber ohne Erfolg geblieben. Auch die der Rechtsvorgängerin der Bekl. mit Schreiben vom 18. 1. 1960 zur Erfüllung gesetzte Nachfrist habe diese nicht beachtet.

Die Kl. hält sich daher für berechtigt, als Schadensersatz wegen Nichterfüllung des Vertrages den entgangenen Gewinn geltend zu machen, den sie hierfür auf 20 % von DM 300 000, also auf DM 60 000, beziffert.

Zu 3. Wegen des von der Bekl. angeblich nicht ausgeschöpften Messekontingents trägt die Kl. vor, daß dieses ihr von der Rechtsvorgängerin der Bekl. anläßlich der Leipziger Frühjahrsmesse 1955 in Höhe von DM 6 000 fest zugesichert worden sei.

Für DM 2 995 habe diese auch Waren von ihr abgenommen. In dem ihr über die Restsumme von DM 3 005 erteilten Auftrag Nr. J 12/3306/2135a/55 habe sich die Rechtsvorgängerin der Bekl. lediglich eine Spezifikation vorbehalten. Ferner hätten die Lieferungs- und Zahlungsbedingungen geändert werden müssen. Bei Abschluß der Messe sei ihr von der Rechtsvorgängerin der Bekl. insoweit eine Richtigstellung des Auftrages zugesagt worden. An diese Zusage habe sich diese aber nicht gehalten, so daß sie die Schuld treffe, daß der Vertrag von ihr, der Kl., nicht habe erfüllt werden können.

Die Kl. ist der Ansicht, daß ihr wegen der Nichterfüllung des Vertrages unter Berücksichtigung eines 30 %igen Gewinnverlustes ein Schadensersatzanspruch von DM 901,50 zustehe.

Zu allen Verträgen behauptet die Kl., daß sowohl Vertreter der Rechtsvorgängerin der Bekl. als auch anderer Abteilungen des Deutschen Innen- und Außenhandels wiederholt Zusagen gemacht hätten, für die Regelung und Durchführung der Verträge Sorge zu tragen.

Die Bekl. trägt vor:

Zu 1. Die Bekl. ist der Ansicht, daß die Verträge Nr. J 14/3306/2265/55 und Nr. J 14/3306/2370/55 aus von der Kl. zu vertretenden Gründen nicht zustandegekommen seien. Sie behauptet, nach § 10 der Vertragsofferten sei die Kl. verpflichtet gewesen, innerhalb von 6 Wochen nach Entgegennahme der Zahlungsgenehmigung den Warenbegleitschein zu beantragen. Diese Vertragsbedingung habe die Kl. innerhalb der vereinbarten Frist nicht herbeigeführt. Sie, die Bekl., habe das Ihre zum Zustandekommen des Vertrages getan. Mit den Vertragsofferten vom 9. 3. 1955 zusammen habe sie an die Kl. die Zahlungsgenehmigungen ausgehändigt, damit sei die Frist des § 10 in Lauf gesetzt worden. Die Bekl. ist der Ansicht, daß der Vortrag der Kl., es sei eine von den Vertragsofferten abweichende Vertragsgestaltung zwischen den Parteien vereinbart worden, ohne Belang sei. Solchen Abreden könne rechtlich keine Bedeutung beigemessen werden, da gemäß § 11 der Vertragsofferten Änderungen sowie Zusätze der vertraglichen Schriftform bedurft hätten.

Zu 2. Dem Anspruch der Kl. auf Schadensersatz wegen Nichterfüllung des Vertrages über die Lieferung von 300 Melkanlagen ist die Bekl. mit der Behauptung entgegengetreten, vertragliche Vereinbarungen über das von der Kl. behauptete Geschäft seien zwischen den Parteien nicht in Form der einschlägigen Bestimmungen über den Interzonenhandel getroffen worden. Es liege weder ein schriftlicher Auftrag seitens ihrer Rechtsvorgängerin gegenüber der Kl. vor, noch habe die Kl. sich von den zuständigen Stellen der Bundesrepublik ein solches Geschäft genehmigen lassen. Allgemeine Gespräche über einen möglichen Vertragsabschluß bildeten, nach Ansicht der Bekl., keine Grundlage für einen Anspruch, wie er von der Kl. geltend gemacht werde. Die Kl. habe bereits vorher Ost-West-Geschäfte durchgeführt. Wenn sie — was bestritten werde — in Hoffnung auf das Zustandekommen des Vertrages

Dispositionen getroffen habe, so sei das ihr Risiko.

Zu 3. Der Anspruch, den die Kl. aus dem von der Bekl. nicht ausgeschöpften Messekontingent herleitet, wird von dieser ebenfalls bestritten. Sie behauptet, eine Garantie in dem von der Kl. vorgetragenen Sinne sei ihr nicht gegeben worden, jedenfalls fehle es der Kl. hierüber an allen beweiskräftigen schriftlichen Unterlagen. Nur dann, wenn die Rechtsvorgängerin der Bekl., die nach § 4 der VO über die Durchführung des Außenhandels (GBl. I Nr. 9) ausschließlich für den Abschluß von Importaufträgen legitimiert sei, einen schriftlichen Vertrag mit der Kl. geschlossen haben würde, ohne ihn zu erfüllen, könnten Schadensersatzansprüche für die Kl. in Betracht kommen.

Das LG hatte, da sich die Bekl. zunächst auf die örtliche Unzuständigkeit des Gerichts berief, die Klage abgewiesen (siehe unten Nr. 105). Nachdem die Bekl. vor dem Berufungsgericht auf die Einrede verzichtet hatte, verwarf das OLG die Einrede und verwies die Sache an das LG zurück. Dieses wies die Klage ab.

Gründe:

„Die Klage ist nicht begründet. Aus dem von der Kl. vorgetragenen Sachverhalt kann ein Schadensersatzanspruch wegen Nichterfüllung, den sie mit der Klage geltend macht, nicht hergeleitet werden. Sie vermag nicht darzutun, daß ihr gegenüber der Bekl. oder der Rechtsvorgängerin der Bekl. jemals ein entsprechender Erfüllungsanspruch zustand. Die Verträge, die von ihr als Grundlage für ihren Anspruch herangezogen werden, sind nicht wirksam zustandegekommen.

I. 1. Den beiden Verträgen über Lieferung von insgesamt 12 000 Stück Melkstrümpfen fehlt es für ihre Wirksamkeit bereits an der erforderlichen Einigung der Parteien. Zwar bestand eine Willensübereinstimmung über Ware und Preis; gemäß § 154 I BGB ist aber ein Vertrag im Zweifel dann nicht geschlossen, solange nicht die Parteien sich über alle Punkte eines Vertrages geeinigt haben, über die nach der Erklärung auch nur einer Partei eine Vereinbarung getroffen werden soll. Die Voraussetzungen dieser Bestimmung sind gegeben.

a) Für die in Frage stehenden Verträge fehlt es jedenfalls an einer Vereinbarung über die Lieferfristen und Zahlungsbedingungen. In den als Vertragsofferten anzusehenden Verträgen Nr. J 14/3306/2285/55 und Nr. J 14/3306/2370/55 hat die Rechtsvorgängerin der Bekl. den 15. 5. 1955 als spätesten Liefertermin bestimmt. Die Vertragsofferten sahen eine Bezahlung der Melkstrümpfe für den Monat Oktober 1955 vor.

Mit diesen Regelungen war die Kl. nicht einverstanden. Sie benannte in ihrem Bestätigungsschreiben vom 2. 5. 1955 gestaffelte, vom 31. 5. bis 15. 11. 1955 reichende Lieferfristen. Zahlung verlangte sie innerhalb von 60 Tagen, gerechnet vom Tage des Versandes.

Über diese, von der Kl. nunmehr in den Vertrag eingeführten Bedingungen, ist aber ebenfalls keine Einigung erzielt worden. Ein Einverständnis der Rechtsvorgängerin der Bekl. kann nicht etwa darin erblickt werden, daß sie sich bei Übergabe der Vertragsofferten am 10. 3. 1955 mündlich bereit erklärte, zu anderen, von der Kl.

noch vorzuschlagenden Lieferfristen und Zahlungsbedingungen die Verträge abschließen zu wollen. Auch die Tatsache, daß sie den von der Kl. bestimmten Bedingungen, wie sie die Bestätigungsschreiben vom 2. 5. 1955 enthielten, nicht sofort widersprach, läßt nicht auf eine schlüssige Verständigung über die noch offenen Vertragspunkte schließen. Entscheidend ist vielmehr, daß die Rechtsvorgängerin der Bekl., unstreitig, zu keinem Zeitpunkt *schriftlich* von ihren in den Vertragsofferten enthaltenen Bedingungen abgerückt ist. Nur eine beiderseitig schriftlich erfolgte Vereinbarung war aber geeignet, die noch offenen Vertragspunkte wirksam zu regeln.

Denn gemäß § 11 der Vertragsofferten bedurften Änderungen und Zusätze der in ihnen enthaltenen Konditionen, also auch der Lieferfristen und Zahlungsbedingungen, der ‚vertraglichen Schriftform'.

b) Über die Lieferfristen und Zahlungsbedingungen sollte aber, zumindest nach der Erklärung der Kl., eine Vereinbarung getroffen werden. Das folgt insbesondere aus der Tatsache, daß diese bei der Übergabe der Vertragsofferten gegenüber der Rechtsvorgängerin der Bekl. auf die Notwendigkeit hinwies, die Vertragsofferten und Zahlungsgenehmigungen in der Weise abzuändern, daß sie mit den von ihr noch vorzuschlagenden übereinstimmten. Die Kl. handelte dabei in der Einsicht, daß sie ohne Erzielung einer Einigung hinsichtlich dieser Vertragspunkte nicht in der Lage war, die Verträge zu erfüllen. Das bedeutet, daß die Kl. eine vertragliche Bindung vor Zustandekommen einer Vereinbarung über Lieferfristen und Zahlungsbedingungen nicht eingehen konnte und wollte. Das folgt insbesondere aus der Tatsache, daß die Gültigkeitsdauer der zur Verbringung von Waren aus der Bundesrepublik in die Ostzone erforderlichen Warenbegleitscheine, wie die Kl. wissen mußte, abhängig ist von den in der Zahlungsgenehmigung bestimmten Liefer- und Zahlungsfristen. Da die Kl. mit den von der Rechtsvorgängerin der Bekl. in den Vertragsofferten und folglich auch in den dazugehörenden Zahlungsgenehmigungen festgelegten Lieferfristen nicht einverstanden war, weil sie sie nicht einhalten konnte, mußte sie großen Wert darauf legen, daß es hinsichtlich dieser Positionen zu einer Änderung in ihrem Sinne kam. Vor Abänderung der Vertragsofferten und Ausstellung neuer Zahlungsgenehmigungen konnte die Kl. infolgedessen die Verträge für sich noch nicht für verbindlich erachten.

Das gleiche gilt für die Rechtsvorgängerin der Bekl. Mit Rücksicht auf die ostzonale Planwirtschaft und die Eigenart des Interzonenhandels ist es nicht denkbar, daß die Rechtsvorgängerin der Bekl. eine vertragliche Bindung herbeiführen wollte, bevor eine Einigung über Lieferfristen und Zahlungsbedingungen erzielt worden war. Wenn sie in ihrem Schreiben vom 4. 5. 1955 an die Kl. die Lieferung der ‚vertraglich gebundenen 12 000 Stück Hochleistungszitzengummis' anmahnt, so tat sie das offenbar in der Annahme, die Verträge seien auf Grund des langen Schweigens der Kl. zu ihren — der Beklagten — Bedingungen zustandegekommen. Es ist davon auszugehen, daß die Vertragspositionen, wie sie in den Vertragsofferten bestimmt waren, mit der Einfuhrplanung abgestimmt waren. Konnte die Kl. diese Termine nicht übernehmen, so war es eine Frage der Umplanung, ob der Vertrag nach den Bedingungen der Kl. zustandekommen konnte. Der Interzonenhandel wird auf der Grundlage der wertmäßigen Ausgeglichenheit von Einfuhr und Ausfuhr abgewikkelt. Kam keine Einigung auf Grund der von der Rechtsvorgängerin der Bekl. bestimmten Liefer- und Zahlungsfristen zustande, so ist denkbar, daß zu einem späteren Zeitpunkt, wegen anderweitiger Verplanung der Mittel, etwa zur Durchführung dringlicherer Importe, der Kauf von Melkstrümpfen zunächst zurückgestellt werden mußte.

Diese Erwägungen führen zu dem Ergebnis, daß die Vertragsbeteiligten eine Vereinbarung über Lieferfristen und Zahlungsbedingungen als für die Verträge von wesentlicher Bedeutung herbeiführen wollten. Wie dargetan, fehlt es an einer solchen Willensübereinstimmung. Infolgedessen ist es zwischen der Kl. und der Rechtsvorgängerin der Bekl. aus diesem Grunde nicht zum Abschluß wirksamer Verträge gekommen.

2. An diesem Ergebnis ändert sich auch nichts dadurch, daß man mit Rücksicht auf § 150 II BGB in den von den Vertragsofferten abweichenden Annahmeerklärungen der Kl. vom 2. 5. 1955 neue Angebote erblickt. Da es an einer ausdrücklichen Vertragsannahme der Rechtsvorgängerin der Bekl. fehlt, könnten die Verträge nur dann zustandegekommen sein, wenn die Rechtsvorgängerin der Bekl. zu den neuen Angeboten geschwiegen hätte und in diesem Schweigen eine Annahmeerklärung gesehen werden kann. Einmal muß aber davon ausgegangen werden, daß zwischen den Parteien zwischen dem 2. 5. und dem 2. 8. 1955 Verhandlungen geführt worden sind. Das ergibt sich jedenfalls aus dem von der Kl. zur Akte gereichten Schreiben der Rechtsvorgängerin der Bekl. vom 2. 8. 1955. Zum anderen darf auch das Schweigen eines Kaufmannes auf ein Angebot in der Regel nicht als Annahme ausgelegt werden (*Baumbach-Duden*, [HGB] 14. Aufl. 1961, § 346 Anm. 4 F). Es müssen vielmehr immer besondere Umstände vorliegen, die für eine solche Auslegung sprechen. Die Bestimmung des § 11 der Vertragsofferten würde einer solchen Auslegung zwar nicht unmittelbar entgegenstehen, da gemäß § 150 II BGB ein grundsätzlich für sich zu betrachtendes neues Angebot vorliegt. Dennoch würde es gegen Treu und Glauben verstoßen, würde man aus dem einmal unterstellten Schweigen der Rechtsvorgängerin der Bekl. eine Vertragsannahme herleiten wollen und damit den auch für die Kl. erkennbar in § 11 der Vertragsofferten zutage getretenen Willen der Rechtsvorgängerin der Bekl. unberücksichtigt lassen (BGH, NJW 1952, 499). Der Kl. war bekannt, daß sich die Rechtsvorgängerin der Bekl. nur vertraglich binden wollte, wenn beiderseits schriftlich eine Einigung über alle zu regelnden Punkte des Geschäfts herbeigeführt worden war. Von einer Kenntnis dieses Willens ist jedenfalls mit Rücksicht darauf auszugehen, daß die Kl.

sich in ihren Auftragsbestätigungen ausdrücklich auf die Vertragsofferten bezogen hat. Damit brachte sie zum Ausdruck, daß ihr deren Inhalt, also auch die Bestimmung des § 11 der Vertragsofferten, bekannt war.

3. Letztlich scheitert die Annahme wirksam abgeschlossener Verträge jedenfalls daran, daß sie nicht genehmigt sind. Nach Art. I Abs. 2 des MilRegG Nr. 53 (Neufassung) vom 18. 9. 1949 (BAnz. Nr. 2 vom 27. 9. 1949) bedürfen Interzonengeschäfte einer Genehmigung. Die Kl. hat weder die Erteilung einer Genehmigung behauptet, noch Tatsachen vorgetragen, die darauf schließen lassen, daß eine solche Genehmigung erteilt worden ist.

II. 1. Den Verträgen auf Lieferung von 300 Melkmaschinen und Gewährung eines Messekontingents — auch wenn man insoweit ein Garantieversprechen der Rechtsvorgängerin der Bekl. unterstellt — fehlt es für ihre Wirksamkeit, abgesehen davon, daß auch sie nicht genehmigt worden sind, an der erforderlichen Beurkundung.

Wegen des ersteren Vertrages sind keinerlei schriftliche Unterlagen — abgesehen von den Bestellungen einzelner Landwirte — zur Akte gereicht worden. Für den Vertrag auf Gewährung eines Messekontingents hat sich die Kl. auf den Kaufantrag Nr. J 12/3306/ 2135a/55 bezogen, dem es aber zur Wirksamkeit mangels genauer Spezifikation an der erforderlichen Bestimmtheit fehlt.

Das Erfordernis der Beurkundung gebietet die Handelssitte. Innerhalb der am Interzonenhandel beteiligten Kreise ist eine einheitliche Verkehrsauffassung dahingehend feststellbar, daß Verträge erst dann für verbindlich und — unbeschadet einer noch ausstehenden behördlichen Genehmigung — für wirksam erachtet werden, wenn sie schriftlich niedergelegt worden sind. Die vertragswesentliche Bedeutung der Beurkundung im Bereich des Interzonenhandels beruht einmal auf dem Umstand, daß die Vertragspartnerin des Unternehmers aus der Bundesrepublik, die DIA, eine staatliche Behörde ist, die nicht in dem Maße, wie ein selbständiges, privatwirtschaftliches Unternehmen, eigenverantwortlich tätig werden kann. Die DIA unterliegt der ständigen Kontrolle der ihr übergeordneten staatlichen Stellen. Umfang und Art ihrer Geschäftsabschlüsse sind abhängig von den Bedürfnissen der Bedarfsträger und dem Einfuhrplan. Eine Auswechslung der bei Vertragsabschlüssen mitwirkenden Angestellten läßt sich im Bereich einer Behörde in der Regel weniger vermeiden als im Bereich eines privatwirtschaftlichen Betriebs. Zum anderen muß der Unternehmer in der Bundesrepublik beim Abschluß eines Interzonengeschäfts ebenfalls Rücksicht auf dessen Eigenart nehmen. Ein Vertrag, der auf Warenlieferung in die Ostzone gerichtet ist, bedarf der behördlichen Genehmigung. Dem Gesuch um Erteilung dieser Genehmigung ist er gemäß § 9 der 1. Interzonenhandels-DVO vom 22. 9. 1951 (BAnz. Nr. 187 vom 27. 9. 1951) in schriftlicher Form geschlossen beizufügen.

Alle diese Umstände haben für die am Interzonenhandel beteiligten Kreise dazu geführt, nicht nur zu Zwecken der Beweiserleichterung, sondern als Wirksamkeitsvoraussetzung die Beurkundung eines Vertrages zu verlangen.

2. Die Tatsache, daß gemäß § 9 der 1. Interzonenhandels-DVO zwar nicht die Wirksamkeit unmittelbar, sondern das Wirksamwerden und die Durchführbarkeit der Verträge von ihrer Beurkundung abhängt, liefert unabhängig davon, daß es handelsüblich ist, Verträge im Rahmen des Interzonenhandels schriftlich niederzulegen, eine weitere Begründung für die Unwirksamkeit der in Frage stehenden Verträge, und zwar mit Rücksicht auf § 154 II BGB.

Zwar kann von einer ausdrücklichen Abrede der Beurkundung nicht ausgegangen werden. Nach allgemeiner Auffassung kann aber eine solche Abrede auch als stillschweigend vereinbart gelten (*Soergel-Siebert,* [BGB] 9. Aufl. 1959, § 154 Anm. 12). Dies ist hier der Fall. Es lag im naturgegebenen Interesse der Kl. und der Rechtsvorgängerin der Bekl., daß die von ihnen beabsichtigten Geschäfte, falls sie ernstlich gemeint waren, auch zur Durchführung kamen. Ihre Abwicklung setzte aber eine Genehmigung voraus. Diese konnte wiederum wegen § 9 der 1. Interzonenhandels-DVO in der Bundesrepublik nur erteilt werden, wenn die Kl. als Antragstellerin vollständige, in schriftlicher Form abgeschlossene Verträge, auf Grund deren die Melkanlagen und andere Maschinenteile aus dem Bundesgebiet verbracht werden sollten, bei der zuständigen Behörde für Wirtschaft und Verkehr vorlegte. Dies war auch der Kl. bekannt oder hätte ihr zumindest bekannt sein müssen. Konnte aber ein bloß mündlich abgeschlossener Vertrag den Zwecken der Kl. und der Rechtsvorgängerin der Bekl. nicht genügen, so ist davon auszugehen, daß die Beteiligten stillschweigend die Beurkundung der Verträge als essential vereinbart haben.

III. 1. Der Vortrag der Kl. ist auch nicht geeignet, ihren Schadensersatzanspruch auf einen außervertraglichen Tatbestand, auf ein Verschulden bei Vertragsschluß, zu stützen. Selbst wenn man davon ausgeht, daß sich die Rechtsvorgängerin der Bekl. der Kl. gegenüber ursprünglich bereit erklärt hat, deren Lieferfristen und Zahlungsbedingungen bei den Verträgen auf Lieferung von Melkstrümpfen gelten zu lassen, und insoweit eine Abänderung der Vertragsofferten mündlich zugesagt hat, so kann ihr tatsächliches, von den mündlichen Vereinbarungen abweichendes Verhalten dennoch nicht als schuldhaft bezeichnet werden. Die Kl. selbst hat es von vornherein verabsäumt, auf klare Vertragsverhältnisse zu dringen. Die Zusage der Rechtsvorgängerin der Bekl. vom 10. 3. 1955, die von ihr bestimmten Lieferfristen abzuändern, ist von der Kl. offensichtlich nicht, wie es im Geschäftsleben üblich ist, schriftlich unter Hinzufügung der von ihr gewünschten Lieferfristen bestätigt worden. Sie hat sich offenbar auf Grund des ihr geschilderten großen Bedarfs für Melkstrümpfe wegen des Geschäftsabschlusses in Sicherheit gewiegt. Nur so ist es zu verstehen, daß die Kl. erst nach zwei Monaten die Vertragsofferten bestätigt und die ihr möglichen Lieferfristen benannt hat. Aber selbst diesen Bestätigungen ist kein Schreiben beigefügt worden, das die Rechtsvorgängerin der Bekl. darauf hinwies, absprachegemäß neue, den veränderten Lieferfristen und Zahlungsbedingungen Rechnung tragende Einkaufsverträge zusammen mit den erforderlichen Zahlungsgenehmigungen zu schicken.

2. Auch was die Gespräche über den Abschluß von Verträgen auf Lieferung der 300 Melkanlagen und das angeblich zugesagte, aber nicht voll ausgeschöpfte Messekontingent anlangt, reicht der Vortrag der Kl. nicht zu der Annahme aus, daß ein Schadensersatzanspruch wegen schuldhaften Verhaltens der Rechtsvorgängerin der Bekl. begründet ist.

Aus den zur Akte gereichten schriftlichen Unterlagen ergibt sich, daß die Kl. die Rechtsvorgängerin der Bekl. erst nach acht Monaten aufgefordert hat, ihre Verkaufsofferte wegen des restlichen, der Kl. angeblich zugesagten Messekontingents zu vervollständigen. Wegen der Lieferung der 300 Melkanlagen sind schriftliche Verhandlungen offenbar überhaupt nicht geführt worden. Es ist zu berücksichtigen, daß die Kl. verkaufen wollte. Ihr oblag es daher in erster Linie, auf feste schriftliche Vereinbarungen zu dringen. Die Rechtsvorgängerin der Bekl. kann für das Nichtzustandekommen der beabsichtigten Verträge nicht verantwortlich gemacht werden.

3. Abgesehen davon, daß es nach dem Vortrag der Kl. bereits an einem schuldhaften Verhalten der Rechtsvorgängerin der Bekl. als Klaggrund für einen Schadensersatzanspruch aus Verschulden bei Vertragsschluß fehlt, deutet auch nichts darauf hin, daß sie im Vertrauen auf das Zustandekommen der Verträge besondere Aufwendungen gemacht hat oder Verbindlichkeiten eingegangen ist.

IV. Da die Kl. aus den vorgenannten Gründen mit ihren Schadensersatzansprüchen bereits nicht durchzudringen vermag, erübrigt sich ein Eingehen auf die Frage, ob die Klage nicht auch unter dem Gesichtspunkt der Verwirkung abzuweisen ist.

V. . . ."

55. Von der Erfüllung eines Mietvertrages über einen Messestand auf der Leipziger Herbstmesse 1961 ist ein westdeutsches Unternehmen nicht wegen der Ereignisse am 13. August 1961 (Errichtung der Mauer in Berlin) befreit.

Kreisgericht Leipzig, Stadtbezirk Mitte (sowjet.), Urt. v. 21. 8. 1962 — I C 294/62: unveröffentlicht.

Der Kl., das Leipziger Messeamt, verlangt von der Bekl., einer Firma mit Sitz im Bundesgebiet, Zahlung der Miete für einen Messestand. Die Bekl. hatte für die Leipziger Herbstmesse 1961 einen Messestand gemietet. Sie belegte jedoch den Stand nicht, da infolge der Ereignisse am 13. 8. 1961 (Bau der Mauer in Berlin) der Mietvertrag seine Voraussetzungen verloren habe und sie auch an der Abhaltung der Messe gezweifelt habe. Als kleineres Unternehmen habe sie sich auch nicht erlauben können, ein Risiko einzugehen.

Das Gericht gab der Klage statt.

Aus den Gründen:

„Die auf § 535 BGB gestützte Klage hatte Erfolg. Beide Parteien haben einen Mietvertrag miteinander abgeschlossen, und nach der genannten gesetzlichen Bestimmung ist der Mieter verpflichtet, den vereinbarten Mietzins zu bezahlen. Wenn die Verkl. die Maßnahmen der Regierung der DDR am 13. 8. 1961 als Umstand ansieht, der sie berechtigt, abgeschlossene Verträge nicht einzuhalten, so kann diesem Argument nicht gefolgt werden. Die Verkl. will sich gemäß § 275 BGB von der Leistung befreien, weil sie nach ihrer Behauptung die Leistung nicht entgegennehmen konnte, da sie auf Grund eines nicht von ihr zu vertretenden Umstandes unmöglich geworden ist. Die Leistung ist nicht unmöglich geworden. Es ist allgemein bekannt, daß die Herbstmesse 1961 für alle Beteiligten — auch für die westdeutschen Aussteller — ein Erfolg war. Wenn die Verkl. sich von Argumenten, die in der westdeutschen Presse veröffentlicht wurden, hat hinreißen lassen, Vertrag Vertrag sein zu lassen und nicht zu erscheinen, dann muß sie das selbst vertreten. Die Verkl. betont selbst, daß sie jahrelang gute Erfahrungen mit der Leipziger Herbstmesse gemacht hat. Warum sollte es 1961 anders geworden sein. Die Maßnahmen der DDR richteten sich nicht gegen diejenigen, die ehrlich gewillt sind, den internationalen Handel zu fördern. Die Maßnahmen vom 13. 8. 1961 sind einzig und allein als Sicherheitsmaßnahmen eines souveränen Staates anzusehen, und dazu ist jeder Staat berechtigt; für die Handelspartner ist dadurch keine außergewöhnliche Situation eingetreten. Hinzu kommt, daß die Organe der Deutschen Bundesrepublik und die der DDR ein Abkommen über den Handel zwischen den Währungsgebieten der DM und den Währungsgebieten der DM der Deutschen Notenbank (Berliner Abkommen) abgeschlossen hatten, wonach keinerlei Behinderung des innerdeutschen Handels eintreten durfte. Die auf diesem Abkommen beruhende Vereinbarung über die zahlungsmäßige Abwicklung von Dienstleistungen spricht ausdrücklich von Kosten, die u. a. insbesondere durch Messen und Ausstellungen entstehen. Demzufolge ist die Beschickung von Ausstellungen in der DDR durch westdeutsche Betriebe eine durchaus legale und von den westdeutschen Regierungsbehörden gebilligte Form der Anknüpfung der innerdeutschen Handelsbeziehungen. Wenn durch zeitweilige durch die westdeutschen Dienststellen verursachte Mißstimmigkeiten das Vertrauen zu den Organen der DDR gemindert wird, dann darf das keine Auswirkung auf die zivilrechtlichen Beziehungen der Vertragspartner beider Staaten haben. Der Mietvertrag wurde auf Basis des BGB abgeschlossen. Dieses Gesetz hat in beiden deutschen Staaten gleichermaßen Gültigkeit, und demzufolge ist die Verkl. verpflichtet, im Interesse der Einhaltung der Gesetzlichkeiten sich an den von ihr abgeschlossenen Vertrag zu halten. Aus diesen Gründen mußte die Verkl. zur Zahlung des vereinbarten Mietzinses verurteilt werden."

2. Haftung für Ostverbindlichkeiten

56. Die Witwe L., deren Nachlaß der Kl. als Testamentsvollstrecker verwaltet, war Eigentümerin des im heutigen Gebiet der sowjet. besetzten Zone Deutschlands liegenden Ritterguts S. Mit Vertrag vom 24. 3./13. 5. 1927 verkaufte sie das Gut an die Stadtgemeinde Berlin. Die Übergabe erfolgte am 26. 5. 1927. Der auf 1 125 000 RM vereinbarte Kaufpreis wurde bis auf 300 000 RM alsbald bezahlt. Zur Sicherung dieses Restkaufpreises wurde für die Erblasserin am 17. 1. 1929 eine Briefhypothek eingetragen. Der Zinssatz wurde mit Wirkung vom 1. 1. 1932 auf 6¾ % festgesetzt. Bis zum März 1945 entrichtete die Käuferin die Zinsen.

Nach dem Krieg wurde das Gut im Machtbereich der sowjet. besetzten Zone enteignet und wird nunmehr seit spätestens 1954 von der „Vereinigung volkseigener Güter des Bezirks Potsdam" verwaltet.

Mit der Begründung, die Bekl., das Land Berlin, sei die einzige legale Rechtsnachfolgerin der (späteren) Stadtgemeinde Groß-Berlin, begehrt der Kl. von dieser die Zinsen der Restkaufpreisforderung für das Jahr 1954. Es legt dabei einen Zinssatz von 4¾ % und einen im Verhältnis 10 : 1 (auf 30 000 DM-West) umgestellten Forderungsbetrag zugrunde. Der Kl. hat deshalb Verurteilung der Bekl. zur Zahlung von 1 425 DM-West beantragt. Die Bekl. hat ihre Passivlegitimation bestritten.

Das LG hat die Klage abgewiesen. Das OLG hat ihr stattgegeben (unten a). Der BGH hat die (zugelassene) Revision der Bekl. zurückgewiesen (unten b).

a) Das Land Berlin[-West] ist mit der Stadtgemeinde Berlin identisch und haftet daher für deren Verbindlichkeiten. — Eine Aufteilung von Verbindlichkeiten der Stadtgemeinde Berlin auf Berlin-West und Berlin-Ost nach den Grundsätzen der Funktionsnachfolge kommt nur für öffentlich-rechtliche Ansprüche in Betracht. — Schuld- und Währungsstatut einer hypothekarisch gesicherten Forderung, die nicht ein typischer Realkredit ist, ist das Recht am Sitz des Schuldners.

KG Berlin-West, Urt. v. 19. 2. 1960 — 6 U 1204/59: JR 1963, 21.

Gründe:

„Der Kl. ist als Testamentsvollstrecker sachlich befugt, die zum Nachlaß der Erblasserin gehörenden persönlichen Ansprüche aus dem bezeichneten Kaufvertrag gerichtlich geltend zu machen, §§ 2212, 2205 BGB. Die Bekl. ist ihrerseits, entgegen ihrer Ansicht, gegenüber der erhobenen Klage passiv legitimiert; denn sie ist Partei des Kaufvertrages.

I. Diese Rechtsstellung im Rahmen des Vertrages hat die Bekl. kraft ihrer *Identität* mit der früheren Stadtgemeinde Groß-Berlin inne. Der Bestand der Stadtpersönlichkeit Berlins, die gegenwärtig von den verfassungsmäßig berufenen Organen der Bekl. vertreten wird, ist durch den Verlauf der staatsrechtlichen Entwicklung seit dem Vertragsschluß im Jahre 1927 nicht entscheidend beeinträchtigt worden. Dies zeigen die seit dem Kriegsende nacheinander bestehenden Normen über die Verfassung Berlins, seines Gebietsumfangs und die Organe seiner Willensbildung.

Die früheste Rechtsquelle in dieser Hinsicht enthält der Befehl Nr. 1 des ‚Chefs der Besatzung der Stadt Berlin' vom 28. 4. 1945, aus einer Zeit, als der Kampf um die Stadt noch andauerte (VOBl. 1945, 2). Nach Absatz 3 seiner Präambel wurden ‚in jedem Stadtbezirk gemäß der früher existierenden administrativen Einteilung' Bezirkskommandanten eingesetzt. Die Beamten und Angestellten der Bezirksdienststellen wurden durch Ziff. 3 des Befehls aufgefordert, sich zwecks Entgegennahme von Anweisungen über die *weitere* Tätigkeit *dieser* Dienststellen zu melden. Nach diesem Befehl war die neue Verwaltung nach dem Zusammenbruch deutlich auf die bisherige administrative Einteilung der Stadt gegründet.

Die Anordnung des sowjet. Stadtkommandanten wurde abgelöst durch die Vorläufige Verfassung von Groß-Berlin vom 13. 8. 1946 (VOBl. 295). In ihrer Präambel wurde die Anknüpfung an das frühere Verfassungsrecht der Stadt besonders hervorgehoben, namentlich durch Bezugnahme auf die Städte-Ordnung vom 30. 5. 1853, das Gesetz über die Bildung einer neuen Stadtgemeinde Berlin vom 27. 4. 1920 und das Gesetz über die vorläufige Regelung verschiedener Punkte des Gemeindeverfassungsrechts für die Hauptstadt Berlin vom 30. 3. 1931. In Art. 1 I der Vorläufigen Verfassung wurde Groß-Berlin als die ‚für das Gebiet der Stadtgemeinde Berlin alleinige berufene öffentliche Gebietskörperschaft' bezeichnet. Die bestehende Einteilung der Stadt in 20 Verwaltungsbezirke wurde gemäß Art. 14 I beibehalten.

Damit wurde die Kontinuität der Stadtpersönlichkeit Berlins gegenüber dem vor Kriegsende bestehenden Gemeinwesen ausdrücklich gewahrt. Diese Auffassung hat das KG bereits im Jahre 1946 im Hinblick auf den Rechtszustand der Vorläufigen Verfassung ausgesprochen, indem es die Stadt Groß-Berlin als identisch mit der früheren Stadtgemeinde Groß-Berlin bezeichnet hat (KG, JR 1947, 50).

An die Vorläufige Verfassung schloß sich nach der Spaltung der Berliner Stadtverwaltung die im westlichen Teil der Stadt von den Stadtverordneten am 4. 8. 1950 beschlossene, gegenwärtige ‚Verfassung von Berlin' an, die am 1. 9. 1950 in Kraft trat (VOBl. I 433). Darin ist ausdrücklich auf die vorangehende Vorläufige Verfassung Bezug genommen, insbesondere auf deren Ermächtigung an die Stadtverordnetenversammlung, eine neue Verfassung auszuarbeiten. Ihrem Art. 4 zufolge umfaßt das Land Berlin ‚das Gebiet der bisherigen Gebietskörperschaft Groß-Berlin' mit den Grenzen, die bei Inkrafttreten der Verfassung bestehen, und ist in 20 Bezirke aufgeteilt. Die Berufung auf die Vorläufige Verfassung (vgl. deren zitierten Art. 1 I) enthält zugleich den Anspruch, daß nunmehr das Land Berlin die *alleinige* verfassungsmäßige Gebietskörperschaft im gesamten Bereich der Stadtgemeinde Berlin ist.

Damit ist die bekl. Gebietskörperschaft, das Land Berlin, personengleich mit der Stadtgemeinde Groß-Berlin, wie sie auf der Grundlage des Gesetzes über die Bildung einer neuen Stadtgemeinde Berlin vom 27. 4. 1920 die Zwischenregelungen vom 28. 4. 1945 und vom 13. 8. 1946 unverändert überdauert hat.

Der Senat folgt mit dieser Rechtsauffassung dem historisch gewachsenen Rechtsbegriff der deutschen Stadtpersönlichkeit, der grundlegend von *Otto v. Gierke* formuliert worden ist (*v. Gierke*, Die Stadtpersönlichkeit, in: Deutsches Genossenschaftsrecht II 573 bis 828, insbes. 820 ff., Neudruck 1954).

Eine Stadt ist hiernach das natürliche und politische Einheitswesen, welches in der an eine Stätte gebundenen organisierten Bürgerschaft lebt.

Zwei Merkmale bestimmen den *Körper* der Stadtgemeinde: Sie ist zunächst mit ihrem *Gebiet* in der Weise verwachsen, daß mit dem persönlichen Begriff der Stadt stets der ursprüngliche räumliche Begriff der ‚Stätte', des bestimmten räumlichen Bezirks, mitgedacht wird. Sie enthält weiterhin einen genossenschaftlichen *Personenverband*, der in ihrem Begriffe eingeschlossen ist. Er umfaßt die Gesamtheit der Bürger, die ganze gegenwärtige und künftige Einwohnerschaft.

Gegenüber dem Körper der Stadtgemeinde ist es ihr *Organismus*, der sie durch Gliederung und Organisation erst zu einem lebendigen Einheitswesen macht und deshalb in ihrem Begriff ebenfalls stets enthalten ist. In den Organen der Stadt gelangt der Wille der verfassungsmäßig zusammenlebenden Bürgerschaft zum Ausdruck.

Alle bezeichneten Merkmale stimmen nach der geltenden Verfassung der Bekl. mit den seit Vertragsschluß im Jahre 1927 in Geltung gewesenen verschiedenen Grundnormen überein. Das Stadtgebiet der Bekl. umfaßt nach wie vor 20 Bezirke und ist darin mit demjenigen von 1920 identisch. Ebensowenig hat der gedachte Personenverband der unveränderten Einwohnerschaft gewechselt. Schließlich kommt der Wille der Einwohnerschaft über ihr verfassungsmäßiges Zusammenleben im Organ des Abgeordnetenhauses zum Ausdruck. Die Identität umschließt das Gebiet, die Bürgerschaft und den staatsrechtlichen Organismus Berlins und ist deswegen vollkommen. Der erkennende Senat tritt mit diesem Ergebnis der bereits vom 4. Zivilsenat des KG (4 U 267/57, Urt. vom 8. 7. 1957) vertretenen Auffassung bei.

Die Personengleichheit zwischen der Stadtgemeinde Groß-Berlin und dem verkl. Land Berlin ergibt ohne weiteres dessen Stellung als Partei des 1927 mit der Erblasserin geschlossenen Kaufvertrages. Die darin vereinbarten Vertragspflichten hat die Bekl. zu erfüllen.

II. Dem steht nicht der vom LG angeführte Gesichtspunkt der *Funktionsnachfolge* entgegen, wonach die eigenständige Verwaltung Ost-Berlins in gewissen Fällen, die ihren tatsächlichen Herrschaftsbereich betreffen, allein als Nachfolgerin in Pflichten der Stadtgemeinde Berlin haftet. Die Funktionennachfolge betrifft nämlich allein die Verschiebung von *Hoheits*rechten zwischen mehreren Subjekten (*Scheuner*, Funktionsnachfolge und das Problem der staatsrechtlichen Kontinuität, in: Festschrift für Nawiasky, 1956, 9 ff., 34). Im Streitfall handelt es sich jedoch ausschließlich um die Erfüllung privatrechtlicher, fiskalischer Verbindlichkeiten, die die Bekl. unter der früheren Bezeichnung ‚Stadtgemeinde Groß-Berlin‘ eingegangen ist.

Der Senat setzt sich daher nicht in Widerspruch zu den Entscheidungen des KG, die eine Haftung des Landes Berlin in Fällen verneint haben, in denen Ansprüche aus hoheitlichem Handeln innerhalb der Gebietskörperschaft Berlins einen besonders engen räumlichen Zusammenhang zum jetzigen Machtbereich der Ostberliner Verwaltung hatten (Rückerstattungsanspruch 3 W 2613/55; beamtenrechtliche Dienstbezüge 4 U 267/57). Im Streitfall ist außerdem kein Zusammenhang verwaltungstechnischer oder räumlicher Art zwischen dem Kaufgrundstück und dem Magistrat Ost-Berlins ersichtlich, nachdem es unstreitig geworden ist, daß das Gut von der ‚Vereinigung volkseigener Güter des Bezirks Potsdam‘ verwaltet wird. Der Bezirk Potsdam und seine Organe bilden trotz des zentralistischen Verwaltungsaufbaues der sowjet. Besatzungszone eine selbständige Körperschaft gegenüber Ost-Berlin.

III. Die vom Kl. geltend gemachte *persönliche* Kaufpreisforderung ist am Sitz der Bekl. *belegen.* Ihr Schuld- und Währungsstatut folgt nicht dem Recht der Belegenheit des Hypothekengrundstücks in der sowjet. Zone. Die Erblasserin hat nämlich der Bekl. mit der hypothekarisch gesicherten Stundung des Restkaufgeldes keinen typischen *Real*kredit gewährt, für den etwa der Wert des Grundstücks ohne Rücksicht auf das sonstige Schuldnervermögen ausschlaggebend gewesen wäre. Vielmehr liegt unter Berücksichtigung der wirtschaftlichen Stellung Berlins ein echter *Personal*kredit vor, dessen hypothekarische Sicherung die wirtschaftliche Verwertbarkeit der Restforderung im Verkehr erleichtern mochte, jedenfalls aber gewiß nicht im Hinblick auf eine eventuelle Zwangsverwertung des Hypothekengrundstücks von der Erblasserin ausbedungen wurde.

Der Senat schließt sich der Rechtsprechung des BGH an, die jedenfalls in einem solchen Falle des Personalkredits — gegenüber dem des Realkredits — die Belegenheit der persönlichen Forderung an den Sitz des Schuldners anknüpft (BGHZ 5, 35 ff.[1]; 17, 89 [94][2]; BGH, MDR 1959, 288[3]; BGH, Urt. vom 6. 11. 1958 — II ZR 102/57, MDR 1959, 100[4]).

Die Bekl. geht auch selbst vom Schuld- und Währungsstatut ihres Sitzes in West-Berlin aus.

IV. Der Bekl. steht ein Leistungsverweigerungsrecht, wie es die höchstrichterliche Rechtsprechung im Zusammenhang entschädigungsloser Enteignungen außerhalb des Bundesgebiets entwickelt hat, nicht zur Seite. Die Rechtsprechung hat damit in Fällen der sog. *Forderungsspaltung* dem Schuldner geholfen, der sich nach der Enteignung des Gläubigervermögens Ansprüchen des Enteignungs-Rechtsnachfolgers und des bisherigen Gläubigers ausgesetzt sah

---

[1] IzRspr. 1945—1953 Nr. 402 b.
[2] IzRspr. 1954—1957 Nr. 146.
[3] IPRspr. 1958—1959 Nr. 57.
[4] IzRspr. 1958—1959 Nr. 137.

(BGHZ 23, 333 [337][5]; BGH, JZ 1955, 423[6]). Der Streitfall ist umgekehrt, da das Eigentum der Schuldnerin enteignet worden ist. Die Gefahr einer doppelten Inanspruchnahme wegen derselben Forderung ist mithin für die Bekl. nicht gegeben.

V. Ebensowenig führt die Anwendung des rechtsbeherrschenden Grundsatzes von Treu und Glauben zur Gewährung eines einstweiligen oder dauernden Leistungsverweigerungsrechts. Die Bekl. beruft sich in diesem Zusammenhang insbesondere auf den *Wegfall der Geschäftsgrundlage* des Vertrages von 1927, der ihrer Ansicht nach durch die Enteignung eingetreten ist.

Die Bekl. macht geltend, als subjektive Geschäftsgrundlage hätten die Parteien den Vertragsschluß unter der ‚selbstverständlichen' Voraussetzung getätigt, daß die Käuferin auf die Dauer Eigentum und Besitz behalten würde. Eine solche allgemeine Vorstellung der Parteien beim Vertragsabschluß könnte indessen nicht als konkrete *Grundlage* des Geschäfts angesehen werden. Es geht nicht an, die Abwesenheit der Vorstellung von später eingetretenen Veränderungen mit der positiven Erwartung der Fortdauer der gegenwärtigen Verhältnisse rechtlich gleichzusetzen. Da die Parteien des Kaufvertrages im Jahre 1927 die spätere umstürzende Änderung des Staatsgefüges nicht einmal als entfernteste Möglichkeit in ihre Vorstellungen aufnehmen konnten, hatten sie auch keinen Anlaß, den Nichteintritt einer solchen Änderung zur Grundlage ihrer Überlegungen und Entschlüsse zu machen. Wurde aber hier die Möglichkeit einer grundlegenden Änderung der staatsrechtlichen Ordnung — einschließlich der Gefahr entschädigungsloser Enteignungen — naturgemäß nicht in Betracht gezogen, so konnte die nur allgemeine Erwartung der Fortdauer des bestehenden Zustandes nicht zur erforderlichen psychologischen *Realität* beim Vertragsschluß werden (vgl. *Larenz*, Geschäftsgrundlage und Vertragserfüllung, 1951, 7).

Gleichermaßen ist die objektive Geschäftsgrundlage durch die eingetretene Entwicklung nicht rechtlich erschüttert worden. Das von den Parteien vorausgesetzte Verhältnis zwischen Leistung und Gegenleistung hat sich keineswegs so stark verändert, daß ein Festhalten am Vertrage mit den Grundsätzen von Treu und Glauben im Verkehr nicht vereinbar wäre (RGZ 141, 212 [217]). Es ist im Gegenteil davon auszugehen, daß das von der Erblasserin der Bekl. übergebene und übereignete Gut den vollen Gegenwert der vereinbarten Kaufsumme darstellt, geteilt in den seinerzeit gezahlten Reichsmarkbetrag von 825 000 RM und in den umgestellten Restbetrag von 30 000 DM-West nebst Vertragszinsen.

Die Entziehung des Gutes durch die Enteignung berührt lediglich dessen Wert subjektiv für die Bekl., die es gegenwärtig nicht nutzen kann, stellt indessen kein treuwidriges Mißverhältnis zwischen Leistung und Gegenleistung her.

---

[5] IzRspr. 1954—1957 Nr. 231.

[6] IzRspr. 1954—1957 Nr. 226.

Entgegen der Ansicht der Bekl. gebieten Treu und Glauben durchaus nicht die Abwälzung eines Teils des Enteignungsschadens auf den Nachlaß. Der Hinweis der Bekl., ohne den Ankauf des Gutes durch Berlin würde der gesamte Enteignungsschaden die Erblasserin bzw. den Nachlaß getroffen haben, geht fehl. Es ist nichts dafür dargetan und widerspräche der Lebenserfahrung, daß die im Jahre 1927 verkaufsbereite Erblasserin bis 1945 keine anderweitige Verkaufsmöglichkeit gehabt und wahrgenommen hätte.

Der Gesetzgeber hat überdies im Kaufrecht deutlich zu erkennen gegeben, daß der Verlust einer dem Käufer übergebenen Sache grundsätzlich diesen allein treffen soll, ohne daß seine selbstverständliche Vorstellung (Erwartung) von der künftigen Erhaltung der Sache seine Zahlungspflicht berührt. Diese Regelung ordnet § 446 I BGB an, der mit dem Zeitpunkt der Übergabe der Kaufsache die Gefahr des zufälligen Unterganges und der zufälligen Verschlechterung dem Käufer auferlegt. ‚Gefahr' bedeutet dabei gerade eine Lage, bei deren Eintritt der Betroffene solche Nachteile, deren Gefahr er trägt, nicht auf den Vertragsgegner abwälzen kann (*Palandt*, [BGB] 18. Aufl., Anm. 2 zu § 446 BGB).

Die widerrechtliche Entziehung des Kaufgrundstücks nach dem Gefahrübergang auf die Bekl. — der bereits 1927 stattgefunden hat — ist dem zufälligen Untergang rechtsähnlich. Der Senat sieht keinen Anlaß, von der hier grundsätzlich anwendbaren Gefahrregelung des Gesetzgebers abzuweichen, die keine nachträgliche Schadensbeteiligung des Käufers vorsieht. Diese Konfliktslösung zwischen den Interessen der Parteien des Kaufvertrages, die im Fall des von keiner Partei zu vertretenden Verlustes der übergebenen Sache einseitig den Käufer belastet, entspricht allein der Billigkeit. Denn dem Käufer gebühren nach der Übergabe allein die Nutzungen der Sache (§ 446 I Satz 2 BGB), die hier zudem unstreitig der Bekl. mindestens achtzehn Jahre lang uneingeschränkt zugeflossen sind und zu einer weitgehenden Amortisierung des Kaufpreises geführt haben dürften.

VI. Für die Heranziehung der Grundsätze von Treu und Glauben, insbesondere des Rechts der Geschäftsgrundlage, ist um so weniger Raum, als die Gesetzgebung der Bekl. ihrer durch die Kriegs- und Nachkriegsentwicklung eingetretenen Vermögenslage ausreichend Rechnung trägt. Auf Grund dieser Gesetzgebung wurde in der Zeit von 1945 bis 1951 der Tilgungs- und Zinsendienst für sämtliche vor dem 8. 5. 1945 aufgenommenen Schulden Berlins ausgesetzt. Der Senatsbeschluß vom 16. 4. 1951 (GVOBl. 519) bestätigte diese allgemeine Aussetzung für die Zukunft mit der Ausnahme, daß nunmehr der *Zinsen*dienst für alle vor Kriegsende bestehenden Hypotheken Berlins wieder aufgenommen wurde. Die Tilgung der Hauptforderung blieb ausdrücklich weiterhin ausgesetzt, die Laufzeit der Hypothekenforderungen wurde entsprechend verlängert.

Zugunsten der Bekl. besteht damit eine ‚*Vertragshilfe*' eigener Art, die den Inhalt der Vertragspflichten sogar kraft Gesetzes einschränkt, ohne daß es jeweils erst der besonderen Geltendmachung in einem Prüfungsverfahren bedürfte. Mit dieser Regelung sind die fiskalischen Möglichkeiten der Bekl. im Verhältnis zu ihren privatrechtlichen Vertragsverpflichtungen hinreichend berücksichtigt, da im Jahre 1951 der Umfang der Kriegsverluste und Nachkriegsentziehungen vom Gesetzgeber an Hand des Grundstücksbestandes der Bekl. bereits zu übersehen war. Im Hinblick auf diese Zins- und Tilgungsregelung, die die Bekl. aus Gründen des Gemeinwohls einseitig begünstigt, ist eine weitere Gewährung von Leistungseinschränkungen zugunsten der Bekl. nicht angängig. Eine solche Einschränkung der Vertragspflichten würde in unzulässiger Weise zur doppelten Berücksichtigung ihrer Kriegsverluste und Enteignungsschäden nach dem Kriege führen (vgl. auch *Soergel-Siebert*, BGB, 9. Aufl., § 242 Anm. 279).

Der Ausspruch des Senats über die *Zins*zahlungspflicht der Bekl. für das Jahr 1954 enthält wegen der gesetzlichen Aussetzung ihres *Tilgungs*dienstes keine Feststellung — auch nicht mittelbar — über die Leistungspflicht der Bekl. aus der Hauptverbindlichkeit.

VII. Der Senat hat die Revision gemäß § 546 II Satz 1 ZPO zugelassen, da die Rechtssache grundsätzliche Bedeutung hat.

Die höchstrichterliche Rechtsprechung hat bisher, soweit ersichtlich, zur entsprechenden Anwendbarkeit des § 446 I Satz 1 BGB auf den Fall der widerrechtlichen Enteignung nach Übergabe der Kaufsache noch nicht Stellung genommen. Die Entscheidung dieser Rechtsfrage betrifft nicht nur die weiteren Ansprüche des Kl. gegen die Bekl., sondern ist darüber hinaus geeignet, das Verhalten der Bekl. gegenüber anderen Parteien in gegenwärtigen und künftigen Rechtsstreitigkeiten zu bestimmen. Den Parteien wird deshalb die Möglichkeit eröffnet, im Interesse der künftigen einheitlichen Rechtsanwendung eine grundsätzliche Stellungnahme des BGH herbeizuführen."

b) Eine Aufteilung von Verbindlichkeiten zwischen Berlin-West und Berlin-Ost nach den Grundsätzen der Funktionsnachfolge kommt für privatrechtliche Ansprüche nicht in Betracht. — Schuld- und Währungsstatut einer hypothekarisch gesicherten Forderung, die nicht ein Realkredit ist, ist das Recht am Sitz des Schuldners. — Es gibt keinen allgemeinen Rechtssatz, nach dem ein Schuldner, der durch Eingriffe einer fremden Macht in der Verfügung über einen Teil seines Vermögens beschränkt ist, von der Pflicht zur Zahlung der auf diesen Vermögensteil fallenden Schulden befreit wäre.

BGH, Urt. v. 14. 2. 1962 — V ZR 80/60: WM 1960, 625; ROW 1962, 253; DB 1962, 768.

Gründe:

„1. Das Berufungsgericht hält den geltend gemachten Zinsanspruch nach dem eigenen Vorbringen der Bekl. für begründet.

Diese Auffassung hält den Angriffen der Revision und darüber hinaus der von Amts wegen gebotenen Nachprüfung stand.

a) Das Berufungsgericht kommt zunächst auf Grund des Befehls Nr. 1 des ‚Chefs der Besatzung der Stadt Berlin' vom 28. 4. 1945 (VOBl. 2), der Vorläufigen Verfassung von Groß-Berlin vom 13. 8. 1946 (VOBl. 295) und der (gegenwärtigen) Verfassung von Berlin vom 1. 9. 1950 (VOBl. I 433) zu dem Ergebnis, daß die frühere Stadtgemeinde Berlin mit der Bekl. identisch sei und sich hieraus deren Stellung als Partei des im Jahre 1927 mit der Erblasserin geschlossenen Kaufvertrags ergebe.

Diese Feststellung ist für den Senat bindend, da sie auf der Auslegung der aufgeführten Berliner Gesetze beruht, die, wie in der Revisionserwiderung mit Recht hervorgehoben wird, nicht revisibel sind.

b) Das Berufungsgericht hat sodann der Ansicht der Bekl. den Erfolg versagt, nach den von der Rechtsprechung zur Funktionsnachfolge entwickelten Grundsätzen hafte diejenige der heute getrennt verwalteten Gebietskörperschaften West-Berlin und Ost-Berlin, welche die entsprechenden Funktionen des früheren Verwaltungsträgers übernommen habe; dafür komme aber allein der sog. Magistrat Ost-Berlins in Frage, da nur dieser im Gegensatz zur Bekl. einen Einfluß auf das Gut nehmen könne. Dies ist schon deshalb rechtlich nicht zu beanstanden, weil die Anwendbarkeit des Grundsatzes der Funktionsnachfolge sich auf öffentlich-rechtliche Forderungen beschränkt (Urt. des Senats vom 25. 9. 1957 — V ZR 220/55, LM Nr. 3 zu Art. 135 GrundG = NJW 1957, 1761 = RdL 1957, 288 m. w. Nachw.), während es sich hier, wie das Berufungsgericht auch ausdrücklich feststellt, um die Erfüllung einer privatrechtlichen Verbindlichkeit handelt, welche die Bekl. unter der früheren Bezeichnung ‚Stadtgemeinde Berlin' eingegangen ist. Es kommt deshalb auf die weitere Begründung des Berufungsgerichts nicht mehr an, es sei auch kein Zusammenhang verwaltungstechnischer oder räumlicher Art zwischen dem Gut und dem Magistrat Ost-Berlins ersichtlich, nachdem es unstreitig geworden sei, daß das Gut von der ‚Vereinigung volkseigener Güter des Bezirks Potsdam' verwaltet werde.

c) Rechtsirrtumsfrei ist auch die weitere Auffassung des Berufungsgerichts, die vom Kl. geltend gemachte persönliche Forderung sei am Sitz der Bekl. belegen und ihr Schuld- und Währungsstatut folge deshalb nicht dem Recht der Belegenheit des Hypothekengrundstücks in der sowjet. Zone. Die dingliche Haftung kann zwar die persönliche Forderung nach sich ziehen. Voraussetzung hierfür ist aber, daß zwischen der persönlichen Forderung und der Hypothek ein solcher Zusammenhang besteht, daß die Forderung am Ort des belasteten Grundstücks als belegen angesehen werden muß. Dies ist bei einem typischen Realkredit der Fall, da bei ihm der Schwerpunkt in dem Grundpfandrecht liegt, nicht aber bei einem persönlichen Kredit, der nach den Feststellungen des Berufungsgerichts hier vorliegt (Urt. des Senats vom 14. 1. 1959 — V ZR 38/58,

LM Nr. 23 zu Art. 7 ff. EGBGB — Enteignung — = MDR 1959, 288 m. w. Nachw.[7]).

d) Das Berufungsgericht befaßt sich schließlich mit dem Einwand der Bekl., es stehe ihr aus dem rechtlichen Gesichtspunkt des Wegfalls der Geschäftsgrundlage ein Leistungsverweigerungsrecht zu. Die Bekl. hat insoweit geltend gemacht, die Parteien hätten den Vertrag vom Jahre 1927 unter der ‚selbstverständlichen', durch die Enteignung des Gutes weggefallenen Voraussetzung geschlossen, daß die Käuferin auf die Dauer Eigentum und Besitz behalten würde. Das Berufungsgericht erkennt eine solche allgemeine Vorstellung der Parteien mit der Begründung nicht als konkrete Grundlage des Geschäfts an, es gehe nicht an, die Abwesenheit der Vorstellung von später eintretenden Veränderungen mit der positiven Erwartung der Fortdauer der gegenwärtigen Verhältnisse gleichzusetzen. Da die Parteien im Jahre 1927, so führt das Berufungsgericht weiter aus, die spätere umstürzende Änderung des Staatsgefüges nicht einmal als entfernteste Möglichkeit in ihre Vorstellungen hätten aufnehmen können, hätten sie auch keinen Anlaß gehabt, den Nichteintritt einer solchen Änderung zur Grundlage ihrer Überlegungen und Entschlüsse zu machen. Das Berufungsgericht hält aber auch das von den Parteien vorausgesetzte Verhältnis zwischen Leistung und Gegenleistung durch die eingetretene Entwicklung nicht für so stark erschüttert, daß ein Festhalten am Vertrag mit den Grundsätzen von Treu und Glauben nicht vereinbar wäre. Überdies habe, so führt das Berufungsgericht in diesem Zusammenhang noch aus, der Gesetzgeber in § 446 I BGB deutlich zu erkennen gegeben, daß der Verlust einer dem Käufer übergebenen Sache grundsätzlich diesen allein treffen solle, ohne daß seine selbstverständliche Vorstellung von der künftigen Erhaltung der Sache seine Zahlungspflicht berühre; dem zufälligen Untergang der Sache im Sinne dieser Vorschrift sei aber die widerrechtliche Entziehung des an die Bekl. verkauften Gutes nach dem Gefahrübergang auf diese, der bereits im Jahre 1927 stattgefunden habe, rechtsähnlich. Das Berufungsgericht stellt abschließend noch auf folgendes ab: Die Gesetzgebung der Bekl. habe ihrer durch die Kriegs- und Nachkriegsentwicklung eingetretenen Vermögenslage ausreichend Rechnung getragen. Auf Grund dieser Gesetzgebung sei in der Zeit von 1945 bis 1951 der Tilgungs- und Zinsendienst für sämtliche vor dem 8. 5. 1945 aufgenommenen Schulden Berlins ausgesetzt worden. Der Senatsbeschluß vom 16. 4. 1951 (GVBl. 519) bestätige diese allgemeine Aussetzung für die Zukunft mit der Ausnahme, daß nunmehr der *Zinsen*dienst für alle vor Kriegsende bestehenden Hypotheken Berlins wieder aufgenommen werde. Zugunsten der Bekl. bestehe damit eine ‚Vertragshilfe' eigener Art, die den Inhalt der Vertragspflichten sogar kraft Gesetzes einschränke. Mit dieser Regelung seien die fiskalischen Möglichkei-

[7] IPRspr. 1958—1959 Nr. 57.

ten der Bekl. im Verhältnis zu ihren privatrechtlichen Vertragsverpflichtungen hinreichend berücksichtigt, da im Jahre 1951 der Umfang der Kriegsverluste und Nachkriegsentziehungen vom Gesetzgeber an Hand des Grundstücksbestandes der Bekl. bereits zu übersehen gewesen sei.

Diese Ausführungen enthalten, jedenfalls im Ergebnis, keinen Rechtsirrtum.

Die Geschäftsgrundlage eines Vertrags wird gebildet durch die bei seinem Abschluß zutage getretenen, dem Geschäftsgegner erkennbaren und von ihm nicht beanstandeten Vorstellungen der einen Vertragspartei oder die gemeinschaftlichen Vorstellungen beider Vertragsparteien von dem Vorhandensein oder dem künftigen Eintritt gewisser Umstände, sofern der Geschäftswille der Parteien auf diesen Vorstellungen aufbaut (Urteile des Senats vom 14. 7. 1953 — V ZR 72/52, LM Nr. 18 zu § 242 [Bb] BGB, vom 23. 10. 1957 — V ZR 219/55, BGHZ 25, 390, 392 und vom 12. 4. 1960, LM Nr. 36 zu § 242 [Bb] BGB, jeweils m. w. Nachw.).

Es kann, ebenso wie im Urteil des VIII. Zivilsenats vom 11. 7. 1958 — VIII ZR 96/57 — (LM Nr. 27 zu § 242 [Bb] BGB = MDR 1958, 766 = NJW 1958, 1772 = JR 1959, 35), dahingestellt bleiben, ob die bloße Nichterwartung einer künftigen Änderung der Verhältnisse überhaupt zur Geschäftsgrundlage in diesem Sinne werden kann (verneinend *Larenz,* Geschäftsgrundlage und Vertragserfüllung, 2. Aufl., S. 51). Es bedarf auch keiner Entscheidung darüber, ob, wenn diese Frage zu bejahen wäre, dem weiteren Erfordernis, daß der Geschäftswille der Parteien auf dieser Vorstellung aufbaut, nicht entgegenstehen würde, daß ein Verkäufer, der seine Leistung erbracht hat, seinen Anspruch auf die Gegenleistung vernünftigerweise nicht davon abhängig machen will, welches Schicksal die verkaufte Sache in der Hand des Käufers hat (vgl. hierzu *Larenz* aaO 104 ff.). Denn der Wegfall oder das Fehlen der Geschäftsgrundlage bilden für sich allein noch keinen Grund zur vollständigen oder teilweisen Aufhebung eines Vertrags. Es müssen vielmehr ganz besondere Umstände vorliegen, damit sich unter dem Gesichtspunkt des Wegfalls der Geschäftsgrundlage nach § 242 BGB die Durchbrechung des Grundsatzes der Vertragstreue zur Vermeidung untragbarer, mit Recht und Gerechtigkeit schlechthin unvereinbarer Ergebnisse als zulässig erweist (LM Nr. 27 zu § 242 [Bb] BGB; Urt. des Senats vom 21. 12. 1960 — V ZR 56/60, LM Nr. 39 zu § 242 [Bb] BGB = MDR 1961, 307, jeweils m. w. Nachweisen). Die Auffassung des Berufungsgerichts, daß solche Umstände hier nicht vorlägen, wird von seinen Feststellungen getragen, daß das an die Bekl. verkaufte Gut den vollen Gegenwert für den in die seinerzeit gezahlten 825 000 RM und in den umgestellten Restbetrag von 30 000 DM-West aufgeteilten Kaufpreis darstelle, daß der Bekl. unstreitig mindestens 18 Jahre lang uneingeschränkt die Nutzungen des Gutes zugeflossen seien und zu einer weitgehenden Amortisierung des Kaufpreises geführt haben dürften und daß die Gesetzgebung der Bekl. ihrer durch die Kriegs- und Nachkriegsentwicklung eingetretenen Vermögenslage ausreichend Rechnung getragen habe.

Die hiergegen gerichteten Angriffe sind nicht begründet.

Soweit die Revision dem Berufungsgericht mehrfach zum Vorwurf macht, es habe unter Verletzung des § 286 ZPO nicht berücksichtigt, daß nach dem Urteil des LG unstreitig die Ostberliner Verwaltung die Kaufsache verwalte und nutze, übersieht sie, daß diese Feststellung des LG in der Berufungsbegründung als unrichtig und unverständlich bestritten wurde und daraufhin nach dem Tatbestand des Berufungsurteils die Parteien in der Berufungsinstanz übereinstimmend erklärt haben, das Gut sei zum volkseigenen Betrieb erklärt worden und werde seit spätestens 1954 von der ‚Vereinigung volkseigener Güter des Bezirks Potsdam' verwaltet.

Soweit die Revision die Auffassung des Berufungsgerichts, der Bezirk Potsdam und seine Organe bildeten trotz des zentralistischen Verwaltungsaufbaues der sowjet. Besatzungszone eine selbständige Körperschaft gegenüber Ost-Berlin, als formalistisch und deshalb mit dem Gedanken von Treu und Glauben als nicht vereinbar bezeichnet, wendet sie sich gegen eine Hilfserwägung, auf die es, nachdem das Berufungsgericht ohne Rechtsirrtum eine die Haftung der Bekl. ausschließende Funktionsnachfolge verneint hat, nicht mehr ankommt.

Gegenüber der Bezugnahme des Berufungsgerichts auf die Vorschrift des § 446 I Satz 1 BGB, nach der mit der Übergabe der verkauften Sache die Gefahr des zufälligen Untergangs auf den Käufer übergeht, meint die Revision, diese Vorschrift treffe überhaupt nicht den vorliegenden Fall. Damit kann die Revision auch dann keinen Erfolg haben, wenn man zu ihren Gunsten unterstellt, daß das Berufungsgericht auf die Vorschrift des § 446 I Satz 1 BGB nicht lediglich unterstützend, wie die Revisionserwiderung meint, also nur im Rahmen einer Hilfsbegründung hingewiesen, sondern entscheidend auch hierauf abgestellt hat. Das Berufungsgericht hat nämlich die Vorschrift nicht unmittelbar angewendet. Dies wäre auch nur dann möglich gewesen, wenn die Erblasserin ihre Leistungspflicht nicht erfüllt hätte. Eine Heranziehung des Grundgedankens des § 446 I Satz 1 BGB mit der Begründung, die widerrechtliche Entziehung des Gutes nach dem Gefahrübergang auf die Bekl. sei dem zufälligen Untergang rechtsähnlich, bedarf es aber bei dem hier gegebenen Sachverhalt nicht. Denn die hieraus vom Berufungsgericht gezogene Folgerung, daß allein die Bekl. die Folgen der Enteignung des Gutes zu tragen habe, ergibt sich schon aus den in Rechtsprechung und Schrifttum anerkannten Grundsätzen, daß ein unverschuldeter Vermögensverlust, gleichgültig, ob er die Folge von Enteignung und Vertreibung oder von Kriegseinwirkungen sonstiger Art ist, den Schuldner von seinen Verbindlichkeiten nicht ohne weiteres befreit und daß es keinen allgemeinen Rechtssatz des Inhalts gibt, daß ein Schuldner, der durch Eingriffe einer fremden Macht in der Verfügung über einen Teil seines Vermögens beschränkt wird, von der Verpflichtung zur Bezahlung der auf diesen Vermögensteil entfallenden Schulden freizustellen ist (LM Nr. 2 zu § 284 BGB mit w. Nachw.; BGH, MDR 1958, 86; BGB-RGRK, 11. Aufl., § 242 Anm. 70; *Soergel-Siebert*, BGB, 9. Aufl., § 242 Anm. 278 und 279 m. w. Nachw.). Der Schuldner hat deshalb grundsätzlich auch für die in seinen Gefahrenkreis fallenden Enteignungen selbst aufzukommen (*Staudinger*, BGB, 11. Aufl., § 242 Anm. C 157 m. w. Nachw.). Zu einer anderen Beurteilung im Einzelfall kann nur die Anwendung des Grundsatzes von Treu und Glauben führen. Daß deren Voraussetzungen hier nicht gegeben sind, hat das Berufungsgericht aber, wie bereits ausgeführt, ohne Rechtsirrtum festgestellt.

Bei dieser Sachlage kann dahingestellt bleiben, ob der Rechtsprechung des RG und des OGH Köln zu folgen ist, daß die Beschlagnahme einer Sache durch Feindeshand, weil die Sache dadurch dem Eigentümer tatsächlich verlorengehe und dem Verkehr entzogen werde, als zufälliger Untergang im Sinne des § 446 I Satz 1 BGB anzusehen sei (RGZ 114, 405, 407; OGHZ 1, 110, 116; vgl. auch *Staudinger* aaO § 446 Anm. 7 und 10; *Erman*, BGB, 2. Aufl., § 446 Anm. 4; *Soergel*, BGB, 8. Aufl., § 446 Anm. 1; *Larenz*, Lehrbuch des Schuldrechts, 4. Aufl., § 38 II a, S. 61), und ob diese Rechtsprechung auf die Enteignung des Gutes durch die sowjetzonalen Machthaber entsprechend angewendet werden könnte.

2. Da die Ausführungen des Berufungsgerichts auch im übrigen keinen Rechtsirrtum zum Nachteil der Bekl. enthalten, war deren Revision mit der Kostenfolge des § 97 ZPO zurückzuweisen."

57. Wird gegen einen anerkannten Sowjetzonenflüchtling wegen eines vor dem 20. Juni 1948 begründeten, aber erst nach der Flucht durch ein sowjetzonales Gericht festgestellten Anspruches vollstreckt, so kann der Schuldner Vertragshilfe beantragen; er kann nicht im Wege der Erinnerung die Unzulässigkeit der Vollstreckung geltend machen. — Die Bestimmungen über die Anerkennung ausländischer Urteile gelten nicht im Verhältnis zur Sowjetzone. — Einwendungen gegen die Anerkennung eines sowjetzonalen Urteils sind im Vollstreckungsverfahren unzulässig; es ist eine negative Feststellungsklage nach § 722 ZPO erforderlich.

OLG Koblenz, Beschl. v. 10. 3. 1962 — 5 W 251/61: NJW 1962, 1352 (krit. *Zorn* S. 1730); Leitsätze in DRiZ 1962 B 115 Nr. 1557 und AZGB Nr. 220 no. 1091.

Der in A. (Bundesgebiet) lebende Schuldner ist im Jahre 1957 aus Z. (sowjet.) geflohen; er besitzt den Flüchtlingsausweis „C". Der Schuldner ist Eigentümer eines Wohnhauses in Z., das seit seiner Flucht unter staatlicher Treuhandverwaltung steht.

Der Schuldner hatte 1943 der Gläubigerin, seiner in Z. wohnenden Tochter, schenkweise an dem Grundstück eine Hypothek bestellt. Den Hypothekenbrief hatte der Schuldner in Besitz; er nahm ihn auch bei seiner Flucht mit. Nach der Flucht widerrief der Schuldner gegenüber der Gläubigerin schriftlich die Schenkung der Hypothek „auf Grund des § 530 BGB".

Die Gläubigerin hat vom Schuldner die Herausgabe des Hypothekenbriefs verlangt. Im September 1960 erwirkte sie beim Kreisgericht Z. ein inzwischen rechtskräftiges Versäumnisurteil auf Herausgabe. Auf Grund dieses Titels hat sie gegen den Schuldner vollstreckt.

Der Schuldner hat gemäß § 766 ZPO um Einstellung der Zwangsvollstreckung gebeten. Er hat sich auf § 88 BVFG berufen. Der Widerruf der Schenkung sei berechtigt, da der Ehemann der Gläubigerin auf deren Veranlassung bei einem politischen Streit gedroht habe, er werde den Schuldner wegen seiner politischen Einstellung verhaften lassen. Er, der Schuldner, habe sich nur durch die Flucht der Verhaftung entziehen können.

Das AG hat die Zwangsvollstreckung auf Grund des § 88 BVFG für unzulässig erklärt. Das LG hat diesen Beschluß abgeändert und die Erinnerung des Schuldners als unzulässig verworfen. Nachdem der Schuldner gegen diesen Beschluß weitere Beschwerde eingelegt hatte, übersandte er der Gläubigerin den umstrittenen Hypothekenbrief. Darauf haben die Parteien das Verfahren in der Hauptsache für erledigt erklärt. Das OLG legte die Kosten gemäß § 91a ZPO dem Schuldner auf.

Aus den Gründen:

„Nach dieser Vorschrift [§ 91a ZPO] entscheidet das Gericht im Falle der Erledigung der Hauptsache über die Kosten unter Berücksichtigung des bisherigen Sach- und Streitstandes nach billigem Ermessen. Hiernach mußten die Kosten des Verfahrens dem Schuldner auferlegt werden, weil er mit seiner Beschwerde und sonach mit der Erinnerung gemäß § 766 ZPO keinen Erfolg haben konnte.

Dem LG ist darin zu folgen, daß entgegen der vom AG vertretenen Meinung der Erinnerung des Schuldners gegen die Zulässigkeit der Zwangsvollstreckung nicht stattgegeben werden konnte. Zu Unrecht beruft sich der Schuldner bei der Geltendmachung dieses Rechtsbehelfs auf die Bestimmungen des Bundesvertriebenengesetzes. Die Voraussetzungen, unter denen er hier gemäß §§ 88, 86 I BVFG die Unzulässigkeit der Zwangsvollstreckung im Wege der Erinnerung nach § 766 ZPO geltend machen könnte, liegen nicht vor.

Zwar handelt es sich bei dem Schuldner um einen Sowjetzonenflüchtling, auf den auch die weiteren im § 88 I BVFG beschriebenen Voraussetzungen hinsichtlich seines Vermögens zutreffen.

Für die Inanspruchnahme eines solchen Schuldners wegen sog. Altschulden, d. h. wegen Verbindlichkeiten, die vor der Flucht begründet worden sind, hat der Gesetzgeber im BVFG eine verschiedenartige Regelung vorgesehen, je nachdem, ob erst jetzt gegen den Schuldner gerichtlich vorgegangen oder ob gegen ihn aus einem bereits erwirkten Titel vollstreckt wird.

Gegenüber der gerichtlichen Inanspruchnahme wegen einer vor der Flucht begründeten Verbindlichkeit kann sich ein solcher Schuldner auf § 88 BVFG berufen. Der Gläubiger muß in diesem Fall gemäß §§ 88 II, 83 I BVFG auf richterliche Vertragshilfe nach den Vorschriften des VHG vom 26. 3. 1952 antragen.

Das gleiche gilt, wenn der Anspruch bereits vor der Flucht durch ein rechtskräftiges Urteil festgestellt worden ist (§§ 88 II, 86 I Satz 1 BVFG). Auch in diesem Fall ist der Gläubiger gehalten, die richterliche Vertragshilfe zu beantragen. Der Schuldner kann die demgemäß begründete Unzulässigkeit der Zwangsvollstreckung nach § 766 ZPO im Wege der Erinnerung geltend machen (§ 86 I Satz 2 BVFG).

Ist der Anspruch hingegen, wie im vorliegenden Fall, erst nach der Flucht durch rechtskräftiges Urteil eines außerhalb des Bereichs des Grundgesetzes oder West-Berlins gelegenen Gerichts festgestellt worden, obliegt es nicht dem Gläubiger, sondern dem Schuldner, Antrag auf Gewährung richterlicher Vertragshilfe zu stellen. Dabei gilt nach der in § 88 II des Gesetzes bezogenen Vorschrift des § 86 II Satz 3 BVFG die Besonderheit, daß der Schuldner abweichend von § 1 VHG die richterliche Vertragshilfe auch hinsichtlich solcher Verbindlichkeiten herbeiführen kann, die erst nach dem 20. 6. 1948, jedoch vor der Flucht begründet worden sind. Hingegen hat der Gesetzgeber für diesen Fall dem Schuldner den Weg der Erinnerung nach § 766 nicht vorbehalten. Dessen bedarf es aber auch nicht, da die Herbeiführung der richterlichen Vertragshilfe nicht, wie im Falle des § 86 I BVFG von der Initiative des Gläubigers, sondern ausschließlich von der eigenen Initiative des Schuldners abhängig gemacht wird. Macht er von dieser Möglichkeit Gebrauch, dann bleibt es ihm unbenommen, durch einen weiteren Antrag gemäß § 12 VHG eine die Fortsetzung der Zwangsvollstreckung hindernde Schutzmaßnahme des Vertragshilfegerichts herbeizuführen. Seinem Schutzinteresse ist damit in ausreichender Weise gedient. Auch eine analoge Anwendung des § 86 I Satz 2 BVFG kommt daher entgegen der Ansicht des Beschwf. nicht in Betracht.

Der Beschwf., gegen den wegen eines vor dem 20. 6. 1948 begründeten, aber erst nach seiner Flucht durch ein sowjetzonales Gericht rechtskräftig festgestellten Anspruchs vollstreckt wurde, konnte nach alledem nicht unter Bezugnahme auf § 88 BVFG im Wege der Erinnerung nach § 766 ZPO die Unzulässigkeit der Zwangsvollstrekkung geltend machen. Er hätte vielmehr die Gewährung richterlicher Vertragshilfe nach dem VHG beantragen müssen. Seine Auffassung, auf diese Weise werde der Sinn und der Zweck der Vorschrift der §§ 86 ff. BVFG illusorisch gemacht, geht fehl. Das Verfahren der richterlichen Vertragshilfe hat der Gesetzgeber, wie vorstehend erörtert, für *alle Fälle* der Inanspruchnahme eines Schuldners vorgesehen, der die Voraussetzungen des § 88 BVFG erfüllt. Einen weitergehenden Schutz als diesen wollte er nicht geben. Daß er für den vorliegenden Fall das Vertragshilfeverfahren von der Initiative des Schuldners abhängig macht, bedeutet für diesen materiell keine Beeinträchtigung.

Dem LG ist auch darin zu folgen, daß dem Hilfsantrag des Beschwerdeführers vom 8. 6. 1961 auf Einleitung des Vertragshilfeverfahrens in diesem Verfahren nicht stattgegeben werden konnte. Der Schuldner hätte seinen Antrag an das zuständige Vertragshilfegericht (§§ 1, 18 VHG) richten müssen.

Zu Recht hat das LG auch die Einwendungen des Schuldners gegen den materiellen Anspruch nicht zugelassen. Solche Einwendungen können im Verfahren nach § 766 ZPO nicht geprüft werden. Sie müssen im Wege der Klage nach § 767 ZPO geltend gemacht werden. Ob für eine solche Klage mit Rücksicht darauf, daß die vom Beschwf. gegen den Anspruch erhobenen Einwendungen bei dem Prozeßgericht des ersten Rechtszuges infolge der politischen Verhältnisse nicht vorgebracht werden können, ein in der Bundesrepublik gelegenes Gericht zuständig ist, brauchte und konnte im vorliegenden Verfahren nicht geprüft werden.

Schließlich ist dem LG darin beizutreten, daß im Vollstreckungsverfahren auch nicht geprüft werden kann, ob wegen der besonderen persönlichen Umstände und des politischen Charakters der vom Beschwf. gegen den Anspruch beabsichtigten Rechtsverteidigung in dem Erlaß des Versäumnisurteils des Kreisgerichts in Z. ein Verstoß gegen die guten Sitten und gegen die verfassungsmäßige Ordnung zu sehen ist. Zwar ist einem ausländischen Urteil die Anerkennung zu versagen, wenn eine der Voraussetzungen des § 328 ZPO vorliegt. Die Zwangsvollstreckung aus einem solchen Urteil findet nur statt, wenn ihre Zulässigkeit durch ein Vollstreckungsurteil ausgesprochen worden ist (§ 722 ZPO). Es ist jedoch davon auszugehen, daß die Bestimmungen über die Anerkennung des Urteils eines ausländischen Gerichts im Verhältnis zur Ostzone grundsätzlich nicht gelten (vgl. die Ausführungen im Urt. des BGH vom 9. 5. 1956, NJW 1956, 1436[1]; so auch *Baumbach*, ZPO, 25. Aufl., § 328 Anm. 1; *Zöller*, ZPO, 9. Aufl., § 328 auf S. 292; *Stein-Jonas-Schönke*, ZPO, 18. Aufl., zu § 328 Anm. III 4). ‚Ob gleichwohl' wegen der Besonderheiten des Falles dem Versäumnisurteil des Kreisgerichts in Z. ausnahmsweise die Anerkennung versagt werden muß (vgl. wegen der Voraussetzungen für eine solche abweichende Behandlung die Ausführungen des BGH im oben zitierten Urteil in NJW 1956, 1436 [1437]), kann nicht im Vollstreckungsverfahren geprüft werden. Der Schuldner hätte vielmehr diese Prüfung im Rahmen einer negativen Feststellungsklage nach § 722 herbeiführen müssen. Dabei wäre er auch nicht den Schwierigkeiten begegnet, die einer Vollstreckungsgegenklage nach § 767 ZPO entgegenstehen. Für die negative Feststellungsklage nach § 722 ZPO wäre nämlich nicht das Prozeßgericht des ersten Rechtszugs, sondern das Amtsgericht oder das Landgericht, bei dem der Schuldner heute seinen allgemeinen Gerichtsstand hat, zuständig gewesen (§ 722 II ZPO).

Nach alledem ist davon auszugehen, daß die weitere Beschwerde des Schuldners keinen Erfolg haben konnte. Gemäß § 91a ZPO waren ihm daher die Kosten aufzuerlegen."

---

[1] IzRspr. 1954—1957 Nr. 322.

58. Veräußert eine Offene Handelsgesellschaft mit Sitz in der Sowjetzone eine in den Westzonen gelegene Zweigniederlassung an eine neue Gesellschaft mit denselben Gesellschaftern, so haftet die neue Gesellschaft nicht für die Verbindlichkeiten der (Ost-)Gesellschaft, die außerhalb der veräußerten Zweigniederlassung begründet worden sind. — Die Gesellschafter der (Ost-)Gesellschaft haften hingegen persönlich für die Verbindlichkeiten dieser Gesellschaft; sind sie aus der Gesellschaft ausgeschieden, so ist es in der Regel nicht treuwidrig, wenn sie sich nach Ablauf von fünf Jahren auf die Verjährung ihrer Gesellschafterhaftung berufen.

BGH, Urt. v. 14. 3. 1963 — II ZR 159/61: WM 1963, 664; BB 1963, 747.

Die Kl. ist eine Bank mit Sitz in Berlin. Sie stand mit der G. OHG in Geschäftsverbindung. Die G. OHG hatte ihren Sitz in X. (jetzt: sowjet.) mit eingetragenen Zweigniederlassungen in F. (jetzt: sowjet.) und H. (jetzt: Bundesgebiet). Persönlich haftende Gesellschafter waren die Bekl. zu 2)-5) sowie A. Am 10. 3. 1948 vereinbarten die Gesellschafter mit der G. OHG, die Zweigniederlassung H. zu übernehmen mit dem Recht, die bisherige Firma fortzuführen. Die Gesellschafter gründeten die Bekl. zu 1) mit Sitz in H., welche die bisherige Zweigniederlassung übernahm und unter der alten Firma fortführte. Die Veräußerung wurde am 14. 5. 1948 in das Handelsregister des AG H. eingetragen, jedoch nicht veröffentlicht. Die Bekl. zu 2)-5) hatten spätestens ab Anfang 1949 ihren Wohnsitz in den westlichen Besatzungszonen. Das wurde für die Bekl. zu 2) und 3) im Jahre 1951 im Handelsregister vermerkt.

Die G. OHG in X. wurde mit Wirkung vom 1. 4. 1948 in eine KG umgewandelt. An dieser blieben die bisherigen Gesellschafter (mit einer Ausnahme) als Kommanditisten beteiligt; zwei andere Personen traten als persönlich haftende Gesellschafter ein. Diese Veränderungen wurden am 1. 6. 1948 in das Handelsregister der Stadt X. eingetragen. Die Firma besteht in X. noch weiter.

Die Kl. hatte vor Kriegsende zunächst der Niederlassung H. der G. OHG Kredite gewährt. Anfang 1945 trat sie auch mit der Niederlassung F. in Verbindung. Für diese errichtete sie ein besonderes Konto Nr. 7776, über das die für diese Niederlassung zeichnungsberechtigten Personen verfügen konnten. Das Konto schloß zum 30. 4. 1945 mit einem Debet von 308 000 RM.

Nach Kriegsende zahlte die Niederlassung H. ihre Kredite an die Kl. zurück. Die Niederlassung F. lehnte im April 1948 eine Zahlung ab, da ihre Bankkonten eingefroren seien. Für Rechnung der Niederlassung F. zahlte jedoch die Niederlassung H. rund 120 000 RM aus Mitteln der Niederlassung F. Weitere Zahlungen lehnte die Niederlassung H. ab, da sie mehr Mittel der Niederlassung F. nicht in Händen habe; die Kl. solle deswegen mit F. verhandeln. Eine Zahlungsaufforderung der Kl. an die Niederlassung F. vom September 1948 blieb ohne Antwort.

Im Jahre 1955 verlangte die Kl. von der Bekl. zu 1) die Abwicklung des Kontos für die Niederlassung F. Die Bekl. zu 1) erwiderte, daß sich die Kl. an die F. halten möge; sie habe schon verschiedentlich darauf aufmerksam gemacht, daß die Firma G. OHG in F. und die Firma G. OHG in H. schon seit der Zeit vor der Währungsreform völlig getrennte Unternehmen seien.

Die Kl. verlangt von der Bekl. zu 1) als Rechtsnachfolgerin der G. OHG in X. Zahlung von rund 18 000 DM. Die Bekl. zu 2)-5) nimmt sie gesamtschuldnerisch als persönlich haftende Gesellschafter der Bekl. zu 1) sowie als ausgeschiedene Gesellschafter der G. OHG in Anspruch.

Das LG hat der Klage stattgegeben, das OLG hat sie abgewiesen. Die Revision der Kl. blieb erfolglos.

Aus den Gründen:

„I. Das Berufungsgericht verneint die Haftung der Bekl. zu 1) für den Debetsaldo auf dem Konto Nr. 7776, weil die Haftung nach § 25 HGB infolge der Übertragung der Zweigniederlassung H. auf die Bekl. zu 1) sich nur auf die im Betrieb dieser Zweigniederlassung begründeten Verbindlichkeiten erstrecke (RGZ 169, 133, 139). Das Konto Nr. 7776 betreffe aber die Zweigniederlassung F. Zu Unrecht meint die Revision, die Feststellung, es habe sich um eine Schuld aus dem Betriebe der Filiale F. gehandelt, sei mit dem Sachverhalt nicht vereinbar. Sie übersieht das Schreiben der Filiale F. an die Kl. vom 1. 2. 1945, in dem die Filiale F. dankend die Bewilligung eines Kredits an sie für Zuckergeschäfte bestätigt. Für das neu zu errichtende Konto (Nr. 7776) fügte sie Unterschriftsproben bei. Die Aufträge der Filiale F. wurden auf diesem Konto verbucht und beruhten nicht auf den Kreditzusagen an die Filiale H.

II. Die Revision ist der Auffassung, die Rechtsprechung des RG (RGZ 169, 133) über die Begrenzung der Haftung des Erwerbers einer Zweigniederlassung nach § 25 HGB auf die im Betrieb der übernommenen Filiale entstandenen Schulden passe nicht auf die durch die Teilung Deutschlands entstandenen Rechtsfälle. Die Filiale H. sei mit Rücksicht auf die Unmöglichkeit der Durchsetzung des Anspruchs in der Sowjetzone praktisch das einzige Haftungsobjekt der Kl. gewesen. Es komme hinzu, daß die Bekl. zu 1) aus denselben Gesellschaftern bestehe wie die Firma G. OHG in X. Sie hätten die Filiale H. an sich selbst unentgeltlich veräußert. Dadurch könne keine Beschränkung der Haftung der neu gegründeten Gesellschaft auf die im Bereich der Filiale entstandenen Verbindlichkeiten herbeigeführt worden sein. Der Revision ist nicht zu folgen.

III. Die Zweigniederlassung ist keine selbständige Rechtspersönlichkeit. Der ihr gewährte Kredit ist ein solcher der Gesellschaft, die sie errichtet hat. Die Zweigniederlassung hat auch kein eigenes Vermögen. Der Kl. haftete das der Zweigniederlassung F. dienende Vermögen ebenso wie das der Filiale H. gewidmete Vermögen. Durch die Veräußerung der Zweigniederlassung H. an die Bekl. zu 1) wurde das dieser Filiale dienende Vermögen der Firma G. OHG in X. von der Haftung für die nicht im Betrieb der Filiale H. begründeten Verbindlichkeiten befreit. Der Erwerber der Filiale haftete insoweit nicht nach § 25 HGB. Die Kl. hatte andererseits keine Möglichkeit, ihre im Betrieb der Filiale F. entstandene Forderung gegen die in der sowjet. Besatzungszone fortbestehende Firma G. OHG in X. und deren Filiale F. geltend zu machen. Die Gesellschafter dieser Firma haben somit erreicht, daß das in den westlichen Besatzungszonen befindliche Firmenvermögen nicht mehr unmittelbar dem Zugriff der Gläubiger der Firma G. OHG in X. unterlag, soweit ihre Forderungen nicht im Betrieb der Filiale H. begründet waren. Die hier neu errichtete Gesellschaft und ihre persönlich haftenden Gesellschafter können nicht wegen dieser Forderungen in Anspruch genommen werden, weil die neu gegründete Gesellschaft mit der ursprünglichen Schuldnerin nicht identisch ist. Der Berufung auf die fehlende Identität der Bekl. zu 1) mit der Firma G. OHG in X. kann auch nicht der Einwand der unzulässigen Rechtsausübung entgegengesetzt werden. Die Veräußerung der Filiale H. an eine neue Gesellschaft mit denselben Gesellschaftern, von denen sich einzelne bereits damals in den westlichen Beatzungszonen befanden, bot sich als das geeignete Mittel an, um der tatsächlich durch die Zonentrennung eingetretenen Abspaltung der Filiale vom Unternehmen Rechnung zu tragen. Eine Sitzverlegung kam nicht in Betracht, weil das Unternehmen in der sowjet. Besatzungszone nicht enteignet war, sondern fortbestand. Es trifft nicht zu, daß damit der Kl. die einzige Möglichkeit zur Durchsetzung ihrer Forderungen in den westlichen Besatzungszonen trotz des dort befindlichen Vermögens der Firma G. OHG genommen worden ist. Bei der Veräußerung der Filiale H. im Jahre 1948 hatten bereits die Bekl. zu 4) und 5) ihren Wohnsitz in H. Im März 1949 wohnten die Bekl. zu 2) bis 5) sämtlich in den westlichen Besatzungszonen, wie der Inhalt der zum Gegenstand der mündlichen Verhandlung beim Berufungsgericht gemachten Registerakten des AG H. ausweist. Sie hafteten nach § 128 HGB und nach ihrem Ausscheiden aus der Firma G. OHG in X. im Jahre 1948 gemäß § 159 HGB noch fünf Jahre für die Verbindlichkeiten dieser Firma. Die Kl. hat nicht behauptet, daß das Vermögen der Gesellschafter nicht ausgereicht hätte, um ihre Forderungen von ihnen einzuziehen. Ihr Anteil an der mit dem Sitz in H. gegründeten Offenen Handelsgesellschaft haftete im übrigen ebenfalls der Kl., so daß die Zugriffsmöglichkeiten der Kl. praktisch durch die Veräußerung der Filiale H. zunächst nicht verkürzt worden sind.

IV. Nach Auffassung des Berufungsgerichts kann die Kl. ihre Ansprüche gegen die Bekl. zu 2) bis 5) jetzt nicht mehr durchsetzen, weil sie gemäß § 195 HGB verjährt sind und der Verjährungseinrede auch nicht der Einwand der Arglist entgegengesetzt werden kann. Diese Ausführungen des Berufungsgerichts werden von der Revision nicht angegriffen. Sie lassen auch keinen Rechtsfehler zum Nachteil der Kl. erkennen. Die Revision meint allerdings, die Bekl. zu 2) bis 5) hafteten auf Schadensersatz, weil sie es unterlassen hätten, die Kl. von der Änderung der Rechtsverhältnisse bei der H. Filiale zu unterrichten, wozu sie auf Grund der bestehenden Vertragsbeziehungen (Bankvertrag) verpflichtet gewesen seien.

Dem kann nicht gefolgt werden. Das Berufungsgericht hat zutreffend ausgeführt, daß eine Pflicht der Bekl. zu 2) bis 5), der Kl. die Veräußerung der Filiale H. von sich aus mitzuteilen, nicht angenommen werden könne. Die Veräußerung wurde zum Handelsregister angemeldet, aber nach den damals geltenden Bestimmungen (VO über die Einschränkung handelsrechtlicher Bekanntmachungen während des Krieges vom 20. 10. 1943, RGBl. I 573) nicht öffentlich bekanntgemacht. Mit nicht veröffentlichten Veränderungen war, zumal in der damaligen Zeit der Zonentrennung vieler Unternehmen, stets zu rechnen. Es war Sache der Kl., sich aus Anlaß des Schriftwechsels im Juni und Juli 1948 wegen der Rückzahlung der an die Filialen in H. und F. gewährten Kredite zu vergewissern, aus welchen Gründen das H. Unternehmen nicht für die Schulden der Filiale F. eintreten wollte. Dies konnte durch Rückfrage oder gegebenenfalls durch Einsichtnahme in das Handelsregister geschehen. Die H. Firma hat jedenfalls deutlich zu erkennen gegeben, daß sie nicht für die im Bereich der F. Filiale entstandene Restschuld nach Abführung eines in ihren Händen befindlichen Guthabens dieser Filiale bei ihr einstehen wolle. Für die Kl. hätte es nahegelegen, bei dem H. Unternehmen nach dem Verbleib der Gesellschafter der Firma G. OHG in X. nachzufragen, evtl. auch das Handelsregister einzusehen, ob eine Sitzverlegung nach H. wie oft bei einer Enteignung in der sowjet. Besatzungszone stattgefunden habe. Es hätte sich herausgestellt, daß dies zwar nicht der Fall war, daß aber die Gesellschafter seit 1949 sämtlich ihren Wohnsitz in den westlichen Besatzungszonen hatten und sich hier weiter geschäftlich betätigten, insbesondere die Bekl. zu 1) neu gegründet hatten. Eine Pflicht der Bekl. zu 2) bis 5), die Kl. auf die Umgründung der Filiale H. aufmerksam zu machen, bestand unter diesen Umständen nicht. Sie ergab sich insbesondere nicht aus dem Vertrauensverhältnis von Bank und Kunde.

V. Die Revision macht sodann geltend, die Bekl. zu 1) könne sich gemäß § 15 HGB nicht darauf berufen, daß sie nicht mit der Firma G. OHG in X. identisch sei, weil die einzutragende Tatsache der Veräußerung der Filiale H. nicht bekanntgemacht worden sei. Es kann unerörtert bleiben, ob die Anwendung des § 15 HGB überhaupt hierzu führen könnte. Am 14. 5. 1948, dem Zeitpunkt der Eintragung der Übertragung der Filiale, unterblieb die Veröffentlichung gemäß der VO über die Einschränkung handelsrechtlicher Bekanntmachungen vom 20. 10. 1943 (RGBl. I 573). Nach § 1 II des Gesetzes vom 22. 6. 1948 (WiGBl. 55) bleibt in diesen Fällen auch nach Aufhebung der Verordnung die Eintragung maßgebend. Die Bekl. zu 1) hat auch nicht den Rechtsschein gesetzt, als führe die alte Gesellschaft das H. Geschäft weiter. Sie ist im Handelsregister als neue Gesellschaft eingetragen worden und hat es der Kl. gegenüber abgelehnt, für die Verbindlichkeiten der Firma G. OHG aus dem Betrieb der F. Filiale einzustehen, und dies damit begründet, daß sich außer dem überwiesenen Teilbetrag weitere Mittel ‚dieser Firma‘ nicht in ihrem Besitz befänden. Es ist also von ihr nicht der Anschein erweckt worden, als befände sich nunmehr der Sitz des X. Unternehmens in H.“

59. **Wer als Erbe eines Schuldners die Zinsen einer Forderung geleistet hat, welche durch eine Grundschuld an einem vom Erblasser durch Vermächtnis übertragenen Ostberliner Grundstück ge-**

sichert ist, kann von den Vermächtnisnehmern nicht allein deswegen Zahlung der Grundschuldzinsen verlangen, weil er infolge der Spaltung Berlins den Gläubiger nicht auf Befriedigung aus der Grundschuld verweisen kann. — Sind die Vermächtnisnehmer dem Schuldner der persönlichen Forderung gegenüber zum Ersatz der Zinsleistungen grundsätzlich verpflichtet, so kann die Zahlungspflicht nach Treu und Glauben einzuschränken sein, wenn die Vermächtnisnehmer infolge der Spaltung Berlins über die Nutzungen aus dem Grundstück nicht verfügen können.

Der 1934 in Berlin gestorbene Kaufmann J. hatte seinen Sohn, den Kl., zum Alleinerben eingesetzt. Den Kindern seiner vorverstorbenen Tochter, den Bekl. zu 1) bis 5), hatte er als Vermächtnis zwei Grundstücke in Berlin-F. (jetzt: Berlin-West) und in Berlin-K. (jetzt: Berlin-Ost) zugewendet.

Das Grundstück in K. ist seit 1931 mit einer Briefgrundschuld von rund 78 000 Goldmark belastet, die zugunsten einer niederländischen Bank wegen eines Darlehens über rund 41 000 hfl eingetragen worden ist. Die Bedingungen des Darlehens hat der Kl. als Erbe des persönlichen Schuldners in verschiedenen Vereinbarungen mit der Gläubigerin neu geregelt. Der Kl. hat der Gläubigerin den von ihr geltend gemachten Zinsrückstand von rund 8 000 DM im Jahr 1959 gezahlt.

Mit der Klage verlangt der Kl. von den Bekl. als Eigentümern des belasteten Grundstücks Erstattung des Zinsbetrages in Höhe von 6 100 DM. Das LG hat die Klage abgewiesen. Die Berufung des Kl. hatte keinen Erfolg (unten a). Auf seine Revision hob der BGH das Berufungsurteil auf und verwies die Sache an das Berufungsgericht zurück (unten b). Vor dem Berufungsgericht haben die Parteien sich verglichen.

a) KG Berlin-West, Urt. v. 23. 2. 1961 — 12 U 1594/60: Leitsatz in NJW 1963, 1680.

Aus den Gründen:

(Das Gericht legt zunächst dar, daß für die Forderung der Gläubigerin der Kl. als Erbe gemäß § 1967 BGB hafte. Andererseits würden die Bekl. mit dem Grundstück haften, wenn die Gläubigerin sie aus der Grundschuld in Anspruch nehmen würde. Der Schuldner der persönlichen Forderung könne zwar grundsätzlich nach dem entsprechend anwendbaren § 2166 BGB von den Bekl. Freistellung von seiner Verbindlichkeit verlangen; wie bei Höchstbetragshypotheken nach § 2166 III BGB, so sei dies aber auch vorliegend ausgeschlossen. Angesichts des ständig wechselnden Währungskurses zwischen einer Fremdwährungsforderung und dem in Goldmark ausgedrückten Grundschuldbetrag stehe nämlich dieser Fall einer Höchstbetragshypothek gleich. Weder der Willen des Erblassers noch rechtsgeschäftliche Vereinbarungen der Parteien führten zu einem anderen Ergebnis.)

„Schließlich kann der Auffassung des Kl. nicht gefolgt werden, ihm stünde ein Ausgleichsanspruch nach § 242 BGB zu, weil er infolge der Spaltung Berlins keine Möglichkeit habe, die Darlehnsgläubigerin auf die Inanspruchnahme des Grundstücks K. aus der Grundschuld zu verweisen. Denn es geht nicht darum, ob der Kl. die Darlehnsgläubigerin auf die Befriedigung aus dem Grundstück K. verweisen darf, sondern darum, ob die Bekl. als Vermächtnisnehmer verpflichtet sind, den Kl. von seiner Darlehnsverbindlichkeit gegenüber der niederländischen Bank freizustellen, weil diese Verbindlichkeit durch eine Grundschuld auf einem Vermächtnisgrundstück gesichert ist. Dieses ist eine Frage der Testamentsauslegung und gegebenenfalls der Anwendung der gesetzlichen Auslegungsregeln der §§ 2165 ff. BGB. Da diese Auslegung nach dem Dargelegten zu dem Ergebnis geführt hat, daß der Kl. und nicht die Bekl. für die Rückzahlung der Darlehnsschuld und ihre Verzinsung aufzukommen habe, kann der Kl. deswegen nicht etwa einen Ausgleich nach § 242 BGB beanspruchen. Denn seine festgestellte persönliche Haftung besteht unabhängig davon, wo das Grundstück K. liegt, und ob eine Befriedigung wegen der Grundschuld aus dem Grundstück möglich ist oder nicht."

b) BGH, Urt. v. 22. 5. 1963 — V ZR 112/61: WM 1963, 758; LM Nr. 2 zu § 2166 BGB; BGHWarn 1963 Nr. 112; NJW 1963, 1612; MDR 1963, 750; DNotZ 1964, 618.

Aus den Gründen:

(Das Gericht bestätigt zunächst die Auffassung des Berufungsgerichts, § 2166 BGB sei auf eine Forderungssicherung durch Grundschuld entsprechend anwendbar. Anders als das Berufungsgericht hält der BGH jedoch die tatsächlichen Voraussetzungen für eine entsprechende Anwendung des § 2166 III BGB für fraglich. Eine zur Sicherung einer Fremdwährungsschuld bestellte Grundschuld könne dann nicht einer Höchstbetragshypothek gleichgestellt werden, wenn nur eine einzige, nach Natur und Höhe von vornhereim festliegende Fremdwährungsforderung gesichert werden solle und es sich um einen typischen Realkredit handele. Wegen der hierfür noch erforderlichen Feststellungen müsse das Berufungsurteil aufgehoben und die Sache zurückverwiesen werden.)

„III. Sollte der Tatrichter bei erneuter Prüfung wiederum zur Bejahung eines der Höchstbetragshypothek vergleichbaren Sachverhalts kommen, so wäre die Klagabweisung gerechtfertigt. Einen Ausgleichsanspruch des Kl. nach § 242 BGB dafür, daß er infolge der Spaltung Berlins die Bank nicht auf die Befriedigung aus der Grundschuld verweisen könne, hat das Berufungsgericht ohne Rechtsirrtum verneint; die Revision greift dies nicht an.

Sollte das Berufungsgericht zur Bejahung der gesetzlichen Haftung entsprechend § 2166 I BGB kommen, so wäre gegebenenfalls zu prüfen, ob die von den Bekl. behauptete Unmöglichkeit einer Nutzung des im Sowjetsektor gelegenen Grundstücks im Weg der Vertragshilfe oder äußerstenfalls auf Grund des § 242 BGB an der Freistellungspflicht der Bekl. zu ihren Gunsten etwas ändert (vgl. über die Statthaftigkeit von Vertragshilfe auch bei Ausgleichsansprüchen im Innenverhältnis mehrerer Haftender den Senatsbeschluß vom 1. 12. 1961 — V ZB 26/61, NJW 1962, 636 = MDR 1962, 390 = LM Nr. 26 zu § 1 VHG, und über den Vorrang der Vertragshilfe gegenüber § 242 BGB die Entscheidungen BGHZ 2, 150; 5, 302[1]; 8, 344)."

(Das Gericht erwägt abschließend noch, ob die Bekl. sich auf ein Leistungsweigerungsrecht nach § 2187 BGB berufen könnten.)

3. Versicherungsrecht

60. Die sinngemäße Anwendung der Zweiten Verordnung über die Lebens- und Rentenversicherung auf Gruppenversicherungen bedeutet, daß eine Kollektivversicherung nicht erlischt, wenn der Versicherungsnehmer seinen Sitz im westdeutschen Währungsgebiet hat; der Wohnsitz der Versicherten ist unerheblich. — § 3 der Verordnung ist auf Gruppenversicherungsverträge, bei denen nur ein Teil der zugrunde liegenden Einzelversicherungen in den Westzonen fortgeführt worden ist, entsprechend anzuwenden; der nicht fortgeführte Teil des Gruppenversicherungsvertrages ist mit dem 20. Juni 1948 erloschen.

BGH, Urt. v. 5. 11. 1962 — II ZR 104/60: VersR 1963, 29.

Der Kl. ist ein Verband von Begräbniskassen; er hatte früher seinen Sitz in Ostpreußen, verlegte ihn jedoch zwischen 1945 und 1948 in die westlichen Besatzungszonen. Im Jahr 1931 hatte der Kl. mit der Bekl., einer Versicherungsgesellschaft mit Sitz in Westdeutschland, einen Kollektiv-Versicherungsvertrag abgeschlossen. In dem Vertrag gewährte die Bekl. allen Mitgliedern der Begräbniskassen, die dem Kl. angehören, eine Sterbegeldversicherung. Nach dem Vertrag hatte der Kl. die Stellung eines Versicherungsnehmers. Die Sterbegelder sollten an den Kl. gezahlt werden. Der Kl. hatte jedoch die Pflicht, die Sterbegelder durch die Begräbniskassen an die Hinterbliebenen der Versicherten auszahlen zu lassen. Der Kl. entrichtete an die Bekl. die Versicherungsprämie, die nach der Mitgliedzahl, dem Alter und nach der Höhe des Sterbegeldes gestaffelt war. Der Kl. hatte das Recht, den Vertrag für einzelne seiner Mitglieder zu kündigen. Die Bekl. hatte in diesem Fall den Rückkaufswert der betreffenden Sterbegeldversicherung in Höhe von 95 % der rechnungsmäßigen Prämienreserve an den Kl. zu zahlen.

Infolge der Kriegsereignisse führten nur etwa 20 % der Versicherten die Sterbegeldversicherung bei der Bekl. fort. Der Kl. wünschte jedoch, die Versicherungssummen durch Nachzahlungen wieder auf den ursprünglichen Nennwert zu erhöhen. In diesem Zusammenhang berieten die Parteien über den Rückkauf derjenigen Versicherungen, die nicht fortgeführt worden waren. Am 7. 3. 1949 vereinbarten die Parteien:

„1. Die Rückkaufswerte aus den per 1. 7. 1948 zu ermittelnden Versicherungen, soweit sie nicht durch Beitragszahlungen weitergeführt werden, stehen der Versicherungsnehmerin insgesamt zu.

2. .....

5. Die Vertragschließenden sind sich darüber einig, daß die zu 1) genannten Ansprüche nur dann erhoben werden können, wenn die Gesellschaft bei der Bilanzerstellung die für die Erfüllung des Anspruchs notwendigen Ausgleichsforderungen durch die Länderregierung zugeteilt erhält."

---

[1] IzRspr. 1945—1953 Nr. 216.

Die Bekl. hat dem Kl. Rückkaufswerte von rund 430 000 DM vergütet. Sie ist dabei davon ausgegangen, daß die nicht fortgeführten Versicherungen gemäß § 3 der VVO mit Wirkung vom 20. 6. 1948 erloschen seien und daß der Rückkaufswert für diese Versicherungen gemäß § 3 IV nach dem Stichtag des 30. 6. 1945 zu berechnen sei.

Der Kl. verlangt dagegen weitere 410 000 DM. Er behauptet, er habe den nicht fortgeführten Teil der Versicherungen im November 1948 bei der Bekl. gekündigt. Durch die Vereinbarung vom 7. 3. 1949 hätten die Parteien dieser Teilkündigung Rückwirkung auf den 1. 7. 1948 beigelegt. Der Rückkaufswert der Versicherungen sei auf diesen Zeitpunkt zu berechnen.

Der Kl. hat einen Teilbetrag von 6 100 DM eingeklagt. Das LG hat die Klage abgewiesen, das OLG ihr stattgegeben. Auf die Revision der Bekl. hob der BGH das Berufungsurteil auf und verwies die Sache an das OLG zurück.

Aus den Gründen:

„I. Zutreffend geht das Berufungsgericht davon aus, daß der Gruppenversicherungsvertrag nicht gemäß §§ 1, 2 der Zweiten Verordnung über die Lebens- und Rentenversicherung vom 27. 7. 1948 (= 2. VOLRV, neu gefaßt durch das Gesetz zur Regelung von Ansprüchen aus Lebens- und Rentenversicherungen vom 5. 8. 1955, BGBl. I 474) erloschen ist. Diese VO regelte im Ersten Abschnitt die Versicherungen außerhalb des Währungsgebietes und ordnete grundsätzlich deren Erlöschen an, wenn der Versicherungsnehmer am 20. 6. 1948 seinen Wohnsitz außerhalb des Währungsgebietes hatte. Die Versicherungen, die keine solche Beziehung zum Währungsgebiet hatten, mußten im Hinblick auf die beschränkten Möglichkeiten, die Versicherungsunternehmen aus öffentlichen Mitteln mit den nötigen Geldern zur Deckung ihrer Verpflichtungen auszustatten, für erloschen erklärt werden (BGH, VersR 1953, 249[1]). Nach § 5 der 2. VOLRV (= § 9 des Ges. vom 5. 8. 1955) gelten die Bestimmungen für Gruppenversicherungen sinngemäß. Mit Recht hat das Berufungsgericht angenommen, daß es bei dem vorliegenden Kollektivversicherungsvertrag allein auf den Sitz des klagenden Verbandes, nicht aber auf den Wohnsitz der Mitglieder der dem Kl. angehörenden Begräbniskassen ankommt, auf die sich die Sterbegeldversicherung bezieht. Der Kl. ist Versicherungsnehmer des Kollektivvertrages (§ 1). Er hatte am 20. 6. 1948 seinen Sitz im Währungsgebiet. Damit ist für die Gruppenversicherung als Ganzes ein genügender Anknüpfungspunkt an das Währungsgebiet gegeben. Der Umstand, daß der Gruppenversicherungsnehmer, dem die Abwicklung der Versicherungsverhältnisse der einzelnen Mitglieder obliegt, im Währungsgebiet ansässig ist, läßt es geboten erscheinen, das gesamte Vertragswerk als fortbestehend zu behandeln, mag auch ein Teil der Mitglieder nicht im Währungsgebiet wohnen. Dem entspricht die Ansicht der Aufsichtsbehörden (vgl. Veröffentlichungen des Zonenaufsichtsamts Hamburg 1949, 24; *Hartmann-Meisch*, Die Lebensversicherungen in der Währungsumstellung, 2. Aufl., 96).

---

[1] IzRspr. 1945—1953 Nr. 169 b

II. Das Berufungsgericht nimmt an, daß der Gruppenversicherungsvertrag und auch die Versicherungsverhältnisse der einzelnen Mitglieder der Begräbniskassen nicht von § 3 der Versicherungsverordnung vom 27. 6. 1948 (VVO) betroffen worden sind. § 3 VVO bestimmt, daß das Versicherungsverhältnis in der Lebensversicherung als am 20. 6. 1948 gekündigt gilt, wenn der Versicherungsnehmer zu diesem Zeitpunkt eine seit 12 Monaten oder länger fällige Folgeprämie nicht bezahlt hat. Für diese Auflösung von Lebensversicherungen bei Nichtzahlung von Folgeprämien sieht § 3 IV VVO eine besondere Berechnung des Rückkaufswertes vor. Sie ist auf das Ende derjenigen Versicherungsperiode abzustellen, für welche die Prämie ganz oder teilweise bezahlt worden ist, frühestens jedoch auf den Schluß der Versicherungsperiode, in welche der 8. 5. 1945 fällt. Für die in den Westzonen nicht durch Beitragszahlungen fortgeführten Versicherungen ergibt sich somit als Stichtag der Berechnung des Rückkaufswertes der 30. 6. 1945. Wird dagegen § 3 IV VVO für nicht anwendbar gehalten, so wäre der Rückkaufsfall für diese Versicherungen erst durch die Teilkündigung des Kl. hinsichtlich des nicht in den Westzonen fortgeführten Bestandes zum 31. 12. 1948 eingetreten. Bei der Berechnung des Rückkaufswertes für einen nach der Währungsreform liegenden Zeitpunkt (der hier nach der Behauptung des Kl. durch die Vereinbarung der Parteien vom 7. 3. 1949 auf den 1. 7. 1948 bestimmt worden sein soll) wäre zu berücksichtigen, daß nunmehr die zur Deckung des Kriegsrisikos angeordneten Leistungsbeschränkungen des Versicherers (insbesondere die Kriegs- und Zinsausfallumlage von 54%) mit Rückwirkung fortgefallen waren (§ 7 der 2. VOLRV). Diese Berechnungsweise ergäbe also einen erheblich höheren Rückkaufswert. Der Kl. hat den Mehrbetrag auf 410 627,80 DM beziffert. Die Bekl. hat die Richtigkeit der Berechnung bestritten; die Parteien sind sich aber einig darüber, daß der Unterschied der Berechnung nach beiden Zeitpunkten mindestens den eingeklagten Teilbetrag von 6100 DM ergibt. Die Entscheidung des Rechtsstreits hängt somit davon ab, ob die Versicherungsverhältnisse des nicht durch Beitragszahlungen fortgeführten Bestandes nach § 3 VVO oder erst infolge der Teilkündigung des Kl. hinsichtlich dieses Bestandes beendet worden sind. Die Nichtleistung von Prämien für einen Teil des Bestandes kann, wie das Berufungsgericht zutreffend und von den Parteien nicht beanstandet ausführt, jedenfalls nicht dazu führen, daß der Kollektivvertrag als Ganzes als gemäß § 3 VVO gekündigt anzusehen wäre.

Das Berufungsgericht führt aus, daß der Kl. zwar nur für diejenigen Mitglieder Prämien an die Bekl. gezahlt habe, die sich nach dem Zusammenbruch bei ihm in den Westzonen gemeldet und ihr Versicherungsverhältnis fortgesetzt hätten (sog. Westbestand; treffender: ‚aufgefangener Bestand'). Es hält aber § 3 VVO für die bis zur Währungsreform nicht wiederaufgenommenen Versicherungsverhältnisse (sog. Ostbestand; besser: ‚nicht fortgeführter Bestand') für unanwendbar, weil eine Zerlegung des einheitlichen Gruppenvertrages nicht stattfinden könne. Hiergegen wendet sich die Revision, die eine sinngemäße Anwendung des § 3 auf die Versicherungsverhältnisse der einzelnen Mitglieder der Begräbniskassen für geboten hält. Ihr ist der Erfolg nicht zu versagen.

a) Mit Recht geht das Berufungsgericht davon aus, daß Gegenstand des Gruppenversicherungsvertrages eine Vielzahl von Einzelversicherungsverhältnissen ist. Versicherungsnehmer ist allerdings der Kl. Er ist zur Zahlung der Prämie verpflichtet und hat hier nach der ausdrücklichen Abrede im Kollektivvertrag auch allein Anspruch auf die Versicherungsleistung. Die Mitglieder der Begräbniskassen stehen in einem vereinsrechtlichen Verhältnis zum Kl., auf Grund dessen sie durch ihre Beiträge die Mittel zur Prämienzahlung des Kl. aufbringen und Ansprüche auf das Sterbegeld erwerben. Der Gruppenversicherungsvertrag erfaßt hiernach eine Vielzahl von Personen, denen die Vorteile der Versicherung letztlich zukommen sollen, und erscheint wirtschaftlich gesehen als eine Summe von Einzelversicherungsverhältnissen der Mitglieder. Die Gestaltung der Rechtsverhältnisse zwischen den Beteiligten schließt es nicht aus, daß die Mitglieder der versicherten Gruppe in bestimmten Beziehungen wie ein Versicherungsnehmer behandelt werden. Insbesondere kann sich aus der sinngemäßen Anwendung der aus Anlaß der Währungsreform für Einzelversicherungsverträge erlassenen Vorschriften auf Gruppenversicherungen (z. B. nach § 5 der 2. VOLRV) eine solche Gleichstellung der Mitglieder mit einem Versicherungsnehmer ergeben (vgl. BGH, VersR 1953, 249[1]). Das Berufungsgericht verweist auch zutreffend darauf, daß bei den Gruppen-Lebensversicherungen die einzelnen Versicherungsverhältnisse trotz ihrer Gebundenheit an den ihnen zugrunde liegenden Vertrag nach einer gewissen Selbständigkeit streben (vgl. *Millauer*, Rechtsgrundsätze des Gruppen-Versicherungsvertrages, 1954, 43). Das angefochtene Urteil billigt insbesondere die im Schrifttum vertretene Ansicht, daß die Verzugsfolgen bei Nichtzahlung eines Teils der Gesamtprämie sich auf diejenigen Einzelversicherungsverhältnisse beschränken, für die die anteiligen Prämien in der Teilzahlung effektiv nicht enthalten sind. Die wirtschaftliche Betrachtungsweise, die zu diesem Ergebnis führt, hält das Berufungsgericht aber nur dann für gerechtfertigt, wenn sie zum Schutz der Mitglieder oder sonst wegen der schutzwürdigen Belange der Parteien des Kollektivvertrages notwendig ist. Diese Auffassung ist zu eng und verhindert eine dem Zweck des § 3 VVO entsprechende Behandlung des Gruppenvertrages. § 3 VVO zielte in erster Linie darauf ab, den ‚kostenlosen Lebensversicherungsschutz' zu beenden, der sich daraus ergab, daß der Versicherer trotz Nichtzahlung der Prämie und Unmöglichkeit des Verfahrens nach § 39 VVG voll im Risiko blieb (vgl. BGH, VersR 1958, 89). Durch die gesetzliche Fiktion einer Kündigung bei Prämienverzug bestimmten Umfanges sollte eine Bereinigung der Lebensversicherungen stattfinden, die zweckmäßigerweise mit der Währungsreform zu verbinden war. Bei der vorliegenden Gruppenversicherung hatte sich aus den Verhältnissen seit 1945 eine Trennung des Versicherungsbestandes in einen Ost- und in einen Westbestand ergeben, wie sie die Parteien bezeichnen. Dem kleinen Teil der an dem neuen Sitz des Kl. im Westen wieder aufgenommenen Einzelversicherungen (nach Meinung des Berufungsgerichts etwa ein Fünftel des Gesamtbestandes) stand die große Masse von Einzelversicherungen gegenüber, für die seit Jahren keine Prämienanteile geleistet wurden, aber noch Versicherungsschutz gewährt werden mußte, wenn ein Sterbefall gemeldet wurde. In den Jahren 1945 bis Mitte 1948 haben die Parteien Gelegenheit gehabt, durch Wiederanknüpfung der Beziehungen zu den in die Westzonen geflüchteten Mitgliedern der ostpreußischen Begräbniskassen aus dem zunächst nicht mehr erfaßbaren Bestand möglichst viele Einzelversicherungen wieder ins Leben zu rufen und neu zu regeln. Mit der Währungsreform war der Zeitpunkt gekommen, unter dieses Übergangsstadium den Schlußstrich zu ziehen und die bis dahin nicht wiederhergestellten Einzelversicherungen auszuscheiden. Da mit der Währungsreform zugleich den Versicherungsunternehmen durch Gewährung von Ausgleichsforderungen gegen die öffentliche Hand die nötige finanzielle Unterlage für die Erfüllung ihrer Verpflichtungen gegeben wurde (vgl. BGH, VersR 1953, 249[1]), kam es darauf an, nicht mehr gerechtfertigte Verpflichtungen der Versicherer aus solchen Versicherungsverhältnissen zu beenden, für die keine Prämien mehr gezahlt wurden. Kein Mitglied der Begräbniskassen konnte billigerweise erwarten, wegen eines nach dem 20. 6. 1948 eintretenden Versicherungsfalles das Sterbegeld zu erhalten, ohne das Versicherungsverhältnis wieder aufgenommen zu haben. Die gesetzliche Regelung, die den noch nicht wieder geregelten Bestand an Lebensversicherungen durch eine fingierte Kündigung zur Auflösung bringt, bietet sich auch für die Einzelversicherungen des Gruppenversicherungsvertrages als eine angemessene Lösung der sich aus der Währungsreform ergebenden Situation an. Die Erwägungen des Berufungsgerichts, das eine Aufspaltung des einheitlichen Vertrages für nicht gerechtfertigt hält, können nicht als durchschlagend anerkannt werden. Zunächst ist zu bedenken, daß der Kl. selbst nach der Währungsreform nichts anderes tun konnte, als den nicht fortgeführten Bestand im Wege einer Teilkündigung vom Kollektivvertrag abzuspalten. Daß eine solche Kündigung eines Teilbestandes zulässig ist, wird auch von den Parteien nicht in Zweifel gezogen. Die Bekl. hat die Teilkündigung des Kl. für den sog. Ostbestand anerkannt, und die Parteien haben eine Reihe von Fragen, die sich aus der Auflösung der Einzelversicherungen ergaben, durch die Vereinbarung vom 7. 3. 1949 geregelt. Es blieb gar kein anderer Weg, als diesen Teil des Bestandes, der einen sonst nicht mehr verwertbaren Rest des über den Zusammenbruch geretteten Gesamtgeschäftes darstellte, zu liquidieren, um auf diese Weise zu einer gesunden Grundlage für den Gruppenvertrag zu kommen (insbesondere durch Wiedererhöhung der DM-Versicherungssumme auf den ursprünglichen RM-Nennwert unter Verwendung der Rückkaufssummen für den sog. Ostbestand). Dieser Verlauf zeigt, daß es richtig ist, eine Aufspaltung vorzunehmen und auch § 3 VVO für anwendbar zu halten.

b) Der Anwendung des § 3 VVO steht auch nicht entgegen, daß bei der Beurteilung des Gruppenvertrages nach § 1 der 2. VOLRV auf den Sitz des Kl. und nicht auf den Wohnsitz der Mitglieder abgestellt worden ist, also keine Aufspaltung in besonders zu behandelnde Einzelversicherungen angenommen worden ist. Während die 2. VOLRV die Folgen der Bildung eines besonderen Währungsgebietes zu regeln bestimmt war und die dem sog. Ausschlußgebiet zuzurechnenden Versicherungen (‚Ostversicherungen') ausscheiden mußte, betraf die Versicherungsverordnung die Wirkungen der Währungsumstellung auf die dem Währungsgebiet zuzurechnenden Versicherungen. Der Gruppenvertrag als solcher war im Währungsgebiet durch die Zusammenarbeit der Parteien unter Anpassung an die veränderten Verhältnisse fortgesetzt worden. Die Gesamtheit der in ihm zusammengefaßten Einzelversicherungen war damit zunächst in das Währungsgebiet verlegt worden. Die Mitglieder traten demgegenüber an Bedeutung zurück. Die Regelung der Einzelversicherungsverhältnisse konnte vorbehalten bleiben. Es war nicht notwendig, sie insoweit überhaupt auszuscheiden, als die Mitglieder ihren Wohnsitz nicht im Währungsgebiet hatten. Diese Behandlung wäre insbesondere deshalb unangemessen, weil sie das vollständige Erlöschen der betroffenen Versicherungsverhältnisse zur Folge hätte, also auch Ansprüche auf den Rückkaufswert von vornherein ausschließen würde, der für alle Versicherungen durch den Kl. bei der Bekl. gebildet war.

c) Das Berufungsgericht meint ferner, § 3 VVO habe klare Verhältnisse schaffen wollen und werde durch die Annahme einer Teilkündigung nachgerade in sein Gegenteil verkehrt. Auch dieser Gesichtspunkt gibt keinen Anlaß, eine Aufspaltung zu verneinen. Zwar würde eine Teilkündigung nur solche nicht wiederaufgenommenen Einzelversicherungsverhältnisse betreffen, bei denen der Versicherungsfall bis zum 20. 6. 1948 nicht eingetreten war. Es ist richtig, daß für die Parteien nicht zu übersehen gewesen ist, bei welchen Mitgliedern dies der Fall war. Diese Unklarheit war aber keinesfalls zu beseitigen, mochte § 3 VVO eingreifen oder nicht. Meldeten sich die Berechtigten mit ihren Sterbegeldansprüchen, so waren diese in dem einen wie dem anderen Falle zu regeln. Die Aufspaltung der Versicherungsverhältnisse in einen aufgefangenen und einen nicht fortgeführten Bestand ergab sich zwangsläufig aus den Verhältnissen. Es kam nur darauf an, für letztere Gruppe Klarheit zu schaffen. Dieses Ziel erreichte auch § 3 VVO, wenn er auf diesen Teilbestand angewendet wird. Die gesetzliche Regelung ermöglichte es, diesen ‚dürren Ast' mit dem Tage der Umstellung auf neue Währungsverhältnisse zu entfernen. Es erscheint nicht sinnvoll, die Aufspaltung durch Gesetz abzulehnen und den abgestorbenen Bestand, für den aber das Risiko fortdauerte, über die Währungsreform hinaus zu retten, um ihn dann auf Grund der Teilkündigung des Kl. alsbald doch zu beseitigen. Ob die Mitglieder nach der Gestaltung des Gruppenvertrages unmittelbare Ansprüche gegen die Bekl. auf Versicherungsleistungen hatten oder nicht, kann für die hier zu beurteilende Frage keine entscheidende Bedeutung haben. Sie waren jedenfalls die für den wirtschaftlichen Zweck der Versicherungen maßgebenden Personen, und wenn sie nicht mehr in Erscheinung traten, war es geboten, ihre Versicherungsverhältnisse im gegebenen Zeitpunkt zu liquidieren. Das für die gesamte Wirtschaftsentwicklung entscheidende Datum der Währungsreform ist der geeignete Zeitpunkt hierfür. § 3 IV VVO trifft für diese Fälle auch hinsichtlich der Berechnung der Rückkaufswerte eine Regelung, die unter Berücksichtigung der Tatsache, daß für diese Versicherungsverhältnisse keine Prämien mehr gezahlt worden sind, billig erscheint. Der Stichtag ist nach § 3 IV VVO hier der 30. 6. 1945.

Werden die nicht fortgeführten Einzelversicherungsverhältnisse über die Währungsreform hinaus aufrechterhalten, so daß der Rückkauf erst nach dem 20. 6. 1948 infolge der Teilkündigung des Kl. wirksam wird, so erhöht sich der Rückkaufswert insbesondere durch den Wegfall der Kriegsumlage. Diese Regelung findet ihren Grund darin, daß durch die Währungsgesetzgebung die Vermögensverluste der Versicherungsunternehmen nach Maßgabe ihrer damals bestehenden Verbindlichkeiten bereinigt worden sind (§ 24 II UmstG; vgl. *Hartmann-Meisch* aaO 103). Sie setzt aber voraus, daß auch die Versicherungsverhältnisse soweit als möglich durch die Währungsreform bereinigt werden. Auch unter diesem Gesichtspunkt ist es geboten, den Teilbestand der nicht fortgeführten Einzelversicherungen der Regelung des § 3 VVO zu unterwerfen, was keinen tatsächlichen oder rechtlichen Hindernissen begegnet. Das Bundesaufsichtsamt für Privatversicherung hat es bei der Prüfung der Umstellungsrechnung der Bekl. ebenfalls für angebracht gehalten, die nach der Kapitulation in den Westzonen nicht fortgeführten Versicherungen des Gruppenvertrages der gesetzlichen Kündigung nach § 3 VVO zu unterstellen.

III. Das Berufungsgericht führt hilfsweise aus, daß § 3 VVO jedenfalls deshalb nicht für den nicht fortgeführten Bestand herangezogen werden könne, weil die auf diesen Bestand entfallende Prämienschuld gestundet gewesen sei. § 3 VVO setze aber einen Rückstand mit einer seit 12 Monaten fälligen Folgeprämie voraus. Von einer Beweisaufnahme über die vom Kl. behauptete ausdrückliche mündliche Stundung hat das Berufungsgericht abgesehen, weil aus den vor der Währungsreform zwischen den Parteien geführten Verhandlungen jedenfalls eine stillschweigende Stundung zu entnehmen sei. Nach Ansicht des Berufungsgerichts genügt auch bereits zur Hinausschiebung der Fälligkeit der Prämienforderungen für den sog. Ostbestand die Einleitung von Verhandlungen über die Abdekkung der Prämienrückstände, wie sie hier stattgefunden habe. Diese

Ausführungen sind, wie die Revision mit Grund rügt, von Rechtsirrtum beeinflußt.

a) Das Berufungsgericht meint, die Parteien hätten den Kollektivvertrag als Ganzes auch hinsichtlich derjenigen Mitglieder aufrechterhalten wollen, die noch verschollen waren. Wie das Schreiben der Bekl. an X. vom 20. 2. 1947 ergebe, seien sich die Parteien darüber einig geworden, daß alle zurückkehrenden Mitglieder uneingeschränkt Versicherungsschutz gemäß dem Kollektivvertrag genießen sollten, wenn sie die laufenden Beitragszahlungen beim Kl. aufnahmen und die Beitragsrückstände beglichen, so daß die Bekl. auch für sie die Prämien erhielt. Die verschollenen Mitglieder seien daher in der Versichertenliste weiter aufgeführt worden. Diese Regelung könne nur dann als sinnvoll erachtet werden, wenn hierin zugleich eine stillschweigende Stundung der auf den nicht zurückgekehrten Mitgliederbestand entfallenden Teilprämien gesehen werde. Der Unterschied zwischen der von den Parteien vereinbarten Regelung und einem bloßen Schwebezustand beruhe darauf, daß die Bekl. von der Regelung nicht einseitig abgehen durfte, sondern sich verpflichtet hatte, die später zurückkehrenden Verbandsmitglieder trotz Nichtzahlung der sie betreffenden Prämien wieder voll und vorbehaltlos in ihre Rechte einzusetzen, wenn sie den Rückstand beglichen und die Zahlung der laufenden Beträge wieder aufnahmen.

Die Revision beanstandet mit Recht, daß die Auslegung, die das Berufungsgericht dem Schreiben vom 20. 2. 1947 gegeben hat, auf einer unvollständigen Würdigung der in Betracht kommenden Umstände beruht und daher § 286 ZPO verletzt. Dem Berufungsgericht kann nicht gefolgt werden, wenn es meint, das Schreiben könne nur dann als sinnvoll erachtet werden, wenn in ihm zugleich eine stillschweigende Stundung der auf den noch nicht zurückgekehrten Mitgliederbestand entfallenden Teilprämien gesehen wird. Das Schreiben bestätigte, daß der Gruppenversicherungsvertrag als Ganzes fortbestand und daß die Mitglieder, die in den Westgebieten die Versicherung fortsetzten, Versicherungsschutz genossen. Das gleiche sollte gelten für diejenigen Mitglieder, die in Zukunft eine Neuordnung der Versicherung beantragten, sofern sie die rückständigen Beiträge bezahlten und die laufenden Zahlungen wieder aufnahmen. Mit diesen Erklärungen wurde indes lediglich die bestehende Sach- und Rechtslage wiedergegeben. Das Berufungsgericht beachtet nicht, daß der Versicherungsschutz für diejenigen Mitglieder, die sich nicht gemeldet hatten, mangels einer Streichung in der Versichertenliste und irgendwelcher Maßnahmen wegen Prämienverzuges ohnehin fortbestand. Eine Wiedereinsetzung der zurückgekehrten Mitglieder in ihre Rechte trotz Nichtzahlung der sie betreffenden Prämien, zu der sich die Bekl. nach der Ansicht des Berufungsgerichts verpflichtet haben soll, kam nicht in Betracht. Diese Mitglieder konnten ohne weiteres ihre Versicherung fortsetzen und Maßnahmen wegen Prämienverzuges durch Zahlung der Rückstände abwenden. Bei vollständiger Würdigung der für die Auslegung in Betracht kommenden Umstände haben die Parteien mit dem Schreiben vom 20. 2. 1947 nur die Folgerungen aus der Sach- und Rechtslage gezogen, wie sie sich damals für den Gruppenversicherungsvertrag darstellte, aber ersichtlich auch bei sinngemäßer Auslegung keine vertraglichen Abreden, insbesondere auch nicht über den Prämienrückstand der verschollenen Mitglieder, getroffen. Mit diesen konnte wegen der Beitragszahlung keine Verbindung aufgenommen werden, und der Kl. konnte keine Prämie für sie entrichten. Die Parteien waren sich einig darüber, daß dieser Bestand vorläufig nicht (etwa im Wege der teilweisen Aufhebung des Vertrages oder der Teilkündigung) ausgeschieden werden sollte. Ein Anlaß, über die einstweilige Aufrechterhaltung dieses Bestandes hinaus bezüglich dieses Teils der Prämien Abreden zu treffen und dem Rückstand den Charakter fälliger Verbindlichkeiten zu nehmen, bestand nicht, da irgendeine Geltendmachung ohnedies ausgeschlossen war. Die Frage der Fälligkeit konnte erst bedeutsam werden, wenn die Mitglieder sich meldeten, aber zur Nachzahlung der Rückstände nicht in der Lage waren. Die Bekl. hat denn auch in solchen Fällen verschiedentlich ausdrückliche Stundung für die anteilige Prämie des Kl. gewährt. Daraus kann aber nichts dafür entnommen werden, daß bereits vorher eine stillschweigende Stundung gewährt war. Die rückständigen Prämienanteile für die verschollenen Mitglieder sind als fällige, aber wegen der bestehenden Verhältnisse unbezahlt gebliebene Forderungen zu betrachten.

IV. Dem Berufungsgericht kann auch nicht gefolgt werden, wenn es meint, es sei durch Verhandlungen über die Abdeckung der Prämienrückstände die Fälligkeit der Teilprämien über die Währungsreform hinaus verschoben worden (vgl. *Prölss,* [Versicherungsvertragsgesetz] § 3 VVO Anm. 2). Die Verhandlungen der Parteien hatten, wie ausgeführt, den Kollektivvertrag und seine Fortsetzung als Ganzes unter Vergrößerung seines Westbestandes zum Gegenstand. Die Absicht, über dieses Ziel hinaus den nicht fortgesetzten Bestand zu regeln, ergab sich aus ihnen nicht. Die gesetzliche oder vertragliche Behandlung dieses Bestandes blieb der weiteren Entwicklung überlassen. Nur die sich wieder meldenden Mitglieder waren zunächst interessant, und für deren Betreuung wurde gesorgt. Es handelte sich also nicht um Verhandlungen über die ‚Abdeckung des Prämienrückstandes'. Die Bekl. verstößt daher auch nicht gegen Treu und Glauben, wenn sie sich auf die gesetzliche Kündigung dieses Bestandes nach § 3 VVG beruft. Nach dem angefochtenen Urteil sind sich die Parteien einig darüber, daß nur die auf den sog. Westbestand entfallenden Prämien an die Bekl. bezahlt worden sind. Die von den Parteien erörterte Stundung der auf den sog. Ostbestand entfallenden Prämienansprüche durch Einstellung in das Kontokorrent scheidet hiernach aus. Diese Prämien wären sonst im jeweils gezogenen Saldo mitverrechnet worden.

V. Der Kl. hat allerdings behauptet, die Bekl. habe ihm ausdrücklich mündlich Stundung wegen der Prämien des nicht aufgefangenen Bestandes gewährt. Das Berufungsgericht hat die bereits beschlossene Beweisaufnahme über diese Behauptung nicht durchgeführt, weil es eine stillschweigend gewährte Stundung annimmt. Da eine solche zu verneinen ist, bedarf es nunmehr der Prüfung der unter Beweis gestellten Behauptung. Sie enthält zwar keine nähere Angabe des Wortlautes der Erklärung, sondern nur einen Rechtsbegriff (Stundung). Dieser ist aber allgemein geläufig, so daß er als Beweistatsache dienen kann.

Der Rechtsstreit ist auch nicht deshalb unabhängig von einer Beweisaufnahme über die ausdrückliche Stundung zur Entscheidung reif, weil die Parteien, wie der Kl. meint, durch die Vereinbarung vom 7. 3. 1949 die Anwendung des § 3 VVO auf den nicht fortgeführten Bestand vergleichsweise vertraglich ausgeschlossen und die Berechnung des Rückkaufswertes für diesen Bestand nach dem Stichtag des 1. 7. 1948 vereinbart hätten. Die Bekl. hat bestritten, daß dies mit der Vereinbarung vom 7. 3. 1949 beabsichtigt gewesen sei. Es war rechtlich möglich, daß die Parteien übereinkamen, die Bekl. solle denjenigen Betrag des Rückkaufswertes zahlen, den sie bei Fortbestand dieser Versicherungen über den 20. 6. 1948 hinaus unter Festlegung des Stichtages auf den 1. 7. 1948 zu leisten hatte. Die Parteien haben allerdings in Nr. 5 der Vereinbarung vorgesehen, daß die Zahlung der Rückkaufswerte nur nach Maßgabe der Zuteilung von Ausgleichsforderungen erfolgen solle. Das Berufungsgericht nimmt zum Streit der Parteien über die Auslegung der Vereinbarung vom 7. 3. 1949 keine Stellung. Bei der Erörterung ihrer Wirkung, die sich nunmehr gegebenenfalls als erforderlich erweist, wird zu prüfen sein, ob die Bekl. im Hinblick auf Nr. 5 der Vereinbarung die etwa zugesagte Zahlung der Rückkaufswerte per 1. 7. 1948 unter Streichung der Kriegsumlage usw. jedenfalls deshalb verweigern kann, weil sie, wie sie behauptet hat, Ausgleichsforderungen nur für den nach § 3 IV VVO per 20. 6. 1948 errechneten geringeren Rückkaufswert erhält. Die Prüfungskommission des Bundesaufsichtsamts für Privatversicherung hat in Kenntnis des Streits der Parteien die Aufnahme nur dieser Wertansätze in die Umstellungsrechnung der Bekl. für richtig gehalten. Das Berufungsgericht berücksichtigt bei seinen Ausführungen nicht, daß Ausgleichsforderungen gegen die öffentliche Hand nur nach Maßgabe der am 20. 6. 1948 auf Grund der gesetzlichen Lage bestehenden Verbindlichkeiten entstehen dürften. Ein Vergleich der Parteien, welcher Zeitpunkt für den Umfang bestimmter Ansprüche zugrunde gelegt werden solle, dürfte hieran nichts ändern.“

V. SACHENRECHT

61. Richtet sich die Begründung eines dinglichen Rechts intertemporal nach einer der vor Inkrafttreten des BGB in Deutschland gel-

tenden Rechtsordnungen, so ist die anwendbare Rechtsordnung nach den vor Inkrafttreten des BGB maßgebenden Kollisionsnormen zu bestimmen. — Die Rechtsverhältnisse an Grundstücken wurden auch vor Inkrafttreten des BGB von demjenigen Gesetz beherrscht, welches am Ort ihrer Lage galt.

BayObLG, Urt. v. 27. 2. 1962 — RReg. 1 Z 135/59: BayObLGZ 1962, 70; RdL 1962, 132; Leitsatz in BayJMBl. 1962, 98.

Der Kl. ist Eigentümer des Gutes Bäldleschwaige in der Gemeinde Zusum-Rettingen, Landkreis Donauwörth. Der Bekl. ist Eigentümer der Barthlstockschwaige in der Gemeinde Pfaffenhofen, Landkreis Wertingen. Zwischen den beiden Schwaighöfen liegt die Ludwigsschwaige, die zur Gemeinde Pfaffenhofen gehört.

Der Bekl. nimmt an den bezeichneten Grundstücken des Kl. ein Weiderecht als Grunddienstbarkeit in Anspruch. Der Kl. hat deshalb Klage erhoben u. a. mit dem Antrag, der Bekl. habe die Ausübung der Viehweide auf seinen Grundstücken zu unterlassen. LG und OLG gaben der Klage statt; auf die zugelassene Revision hob das BayOLG das Berufungsurteil auf und verwies die Sache an das OLG zurück.

Aus den Gründen:

[72] „I. Anzuwendendes Recht.

Gegenstand des Verfahrens bildet in erster Linie die Frage, ob zugunsten des Bekl. an den im Tatbestand ... aufgeführten in der Gemeinde Zusum-Rettingen gelegenen Grundstücken des Kl. eine Grunddienstbarkeit, allenfalls ein sich auf Herkommen stützendes sonstiges dingliches Recht entstanden ist, das den Bekl. zur Ausübung eines Weiderechts auf diesen Grundstücken berechtigt.

Die vom Bekl. behauptete Grunddienstbarkeit ist nicht im Grundbuch eingetragen; sie kann nach Sachlage nur vor Inkrafttreten der Bestimmungen des BGB über die Entstehung von Grunddienstbarkeiten (§§ 873, 1018 ff. BGB), also vor Anlegung des Grundbuchs (Art. 189 I EGBGB), begründet worden sein. Ihr etwaiger Erwerb richtet sich deshalb nach dem vor Inkrafttreten des BGB geltenden Zivilrecht (BayObLGZ 1959, 478 [480]; [73] *Meisner-Ring,* Nachbarrecht in Bayern, 5. Aufl. 1961, § 32 B). Das gleiche gilt für eine etwaige sonstige dingliche Berechtigung an den strittigen Grundstücken. Das darnach maßgebende frühere Landeszivilrecht ist auch, soweit es jetzt nicht mehr gilt, revisibel (BGHZ 24, 253 [255]). Zu berücksichtigen ist im besonderen auch noch das bayerische Gesetz über die Ausübung und Ablösung des Weiderechts auf fremdem Grund und Boden vom 28. 5. 1852 (BayBS IV 254).

In dem Bezirk der Gemeinde Zusum-Rettingen (Landkreis Donauwörth), zu dem die als belastet bezeichneten Grundstücke gehören, galt vor Inkrafttreten des BGB Bayerisches Landrecht (*Völderndorff,* Zivilgesetzstatistik des Königreichs Bayern, 1880, 304; *Peißl,* Zivilgesetzstatistik des Königreichs Bayern, 1863, 114). Im Gebiet der Barthlstockschwaige des Bekl. und der Ludwigsschwaige, die beide zur Gemeinde Pfaffenhofen (Landkreis Wertingen) gehören, galt dagegen das Recht des Hochstifts Augsburg, subsidiär Gemeines Recht (*Völderndorff* aaO 287; *Peißl* aaO 113). Das Grundbuch ist in den genannten Bezirken als am 1. 5. 1909 angelegt anzusehen (Ministerialbekanntmachung vom 1. 4. 1909, JMBl. 161).

Die Begründung eines dinglichen Rechts an einem Grundstück, insbesondere einer Grunddienstbarkeit, erfolgt durch ein dem Sachenrecht zuzurechnendes Rechtsgeschäft oder eine diesem Gebiet zugehörige Rechtshandlung. Da es sich bei der behaupteten Entstehung einer Grunddienstbarkeit oder eines sonstigen dinglichen Rechts zugunsten des Bekl. um Rechtsvorgänge handelt, die sich nach dem vor Inkrafttreten des BGB geltenden Recht richten, müssen auch für die Feststellung des auf diese Rechtsvorgänge anzuwendenden Rechts die Kollisionsnormen des zu dieser Zeit geltenden Rechts herangezogen werden (RG, BöhmsZ 12, 618; *Habicht,* Die Einwirkung des Bürgerlichen Gesetzbuchs auf zuvor entstandene Rechtsverhältnisse, 3. Aufl., 40 ff.). Die Rechtsverhältnisse an Grundstücken wurden aber auch nach dem vor Inkrafttreten des BGB geltenden Recht von demjenigen Gesetz beherrscht, welches am Ort ihrer Lage galt (lex rei sitae; *Stobbe,* Deutsches Privatrecht, 2. Aufl. Bd. I, § 32 I; *Roth,* Bayerisches Zivilrecht, 1. Teil 2. Aufl., § 17 III; *Roth,* System des Deutschen Privatrechts Bd. I, § 51 III 3; *Gierke,* Deutsches Privatrecht Bd. I, § 26 II; s. auch *Nußbaum,* Das internationale Privatrecht, 1932, § 44 II; Oberster Gerichtshof für Bayern, SeuffArch. 34 Nr. 82 = SeuffBl. 42, 182). Dieser Grundsatz galt insonderheit auch für Servituten (*Stobbe* aaO). Ihre Entstehung wird also ebenso wie die eines sonstigen Rechts an einem Grundstück von dem Recht beherrscht, das im Bezirk des belasteten Grundstücks gilt (vgl. *Wolff,* Das Internationale Privatrecht Deutschlands, 3. Aufl., § 35 V 1).

Für die Beurteilung der Frage, ob das vom Bekl. in Anspruch genommene Weiderecht (Grunddienstbarkeit oder sonstiges dingliches Recht) an den dem Kl. gehörigen Grundstücken entstanden ist, ist daher das Recht [74] maßgebend, das in dem Bezirk gegolten hat, in dem diese Grundstücke gelegen sind. Dies ist aber, wie oben festgestellt, das Bayerische Landrecht.

Dieser Auffassung steht auch der vom Bekl. hervorgehobene Umstand nicht entgegen, daß das AG Wertingen in seinem Urteil vom 21. 1. 1913 in Sachen Suttor ./. Bock, A 339/12, das Gemeine Recht als maßgebend angesehen hat. In diesem Rechtsstreit handelte es sich nämlich um ein Triebrecht des Eigentümers der Barthlstockschwaige auf zur Ludwigsschwaige gehörigen Grundstücken. Deren Grundbesitz liegt aber im Bezirk des Landkreises Wertingen, in dem für die hier in Betracht kommenden Teile, wie bereits dargelegt, subsidiär Gemeines Recht gilt, während die zur Bäldleschwaige gehörigen Grundstücke dem Herrschaftsbereich des Bayerischen Landrechts unterstehen."

VI. WÄHRUNGSRECHT

1. Anrechnung von Leistungen in fremder Währung

62. Die DM-Ost ist in Berlin-West weder gesetzliches Zahlungsmittel noch ausländische Währung. — Sie wird jedoch im Handel nicht nur zahlungshalber, sondern als Zahlungsmittel zur Erfüllung gegeben und angenommen. — Deshalb ist die DM-Ost für die Ermittlung des Besteuerungsmaßstabes in Berlin-West wie eine fremde Währung zu behandeln.

BFH, Urt. v. 20. 12. 1962 — V 140/60 U: BFH 76, 463; BStBl. 1963 III 168; WM 1963, 203.

Die Beschwf. betreibt einen Textileinzelhandel in Westberlin. Sie nimmt für ihre Waren auch DM-Ost entgegen. Sie hat dadurch einen Verlust erlitten, daß am 13. 10. 1957 in der Sowjetzone und in Berlin-Ost die bis dahin gültigen DM-Ost-Banknoten außer Kraft gesetzt wurden und sie nicht imstande war, die in ihrem Besitz befindlichen Noten umzutauschen. Aus diesem Grunde hat die Beschwf. in ihrer Umsatzsteuererklärung für 1957 den Betrag von 4 389 DM-West als steuerfrei abgesetzt. Sie berief sich darauf, daß sie die Noten nur zahlungshalber angenommen habe und erst durch Umtausch in DM-West einen Wert erhalten hätte.

Das Finanzamt erkannte die Absetzung nicht an. Der Einspruch wurde zurückgewiesen. Das Verwaltungsgericht wies die Berufung, der BFH die wegen grundsätzlicher Bedeutung der Sache zugelassene Rechtsbeschwerde zurück.

Aus den Gründen:

[*464*] „Nach § 5 I Satz 1 des Umsatzsteuergesetzes (UStG) wird der Umsatz bei Lieferungen nach dem vereinnahmten Entgelt bemessen. Gemäß § 10 Satz 1 UStDB [Durchführungsbestimmungen zum Umsatzsteuergesetz] ist Entgelt alles, was der Empfänger einer Lieferung oder sonstigen Leistung aufwendet, um die Lieferung oder sonstige Leistung zu erhalten. Im Streitfalle besteht das Entgelt in DM-Ost-Banknoten, die in Berlin-West im baren Zahlungsverkehr als *Zahlungsmittel* angenommen wurden, um damit die empfangenen Warenlieferungen abzugelten. DM-Ost-Banknoten sind zwar in Berlin-West weder gesetzliche Zahlungsmittel noch ausländische Werte im Sinne des § 5 I Satz 2 UStG i. V. m. § 52 UStDB. Dies ändert jedoch nichts daran, daß sie von den Leistungsempfängern nicht zahlungshalber, sondern zur Zahlung hingegeben und von den Leistenden als Zahlung entgegengenommen worden sind.

Soweit die Beschwf. meint, DM-Ost-Banknoten müßten wie Wechsel und Schecks behandelt werden, verkennt sie, daß die Hingabe eines Wechsels oder eines Schecks noch keine endgültige Zahlung darstellt, sondern grundsätzlich zahlungshalber erfolgt. Die umsatzsteuerliche Beurteilung der Hingabe von Wechseln und Schecks ergibt sich daraus, daß eine Anweisung der Zahlung nicht gleichgestellt werden kann. Dieser Besonderheit trägt § 51 UStDB Rechnung. So liegen die Verhältnisse bei der Hingabe von DM-Ost-Banknoten aber nicht.

Bürgerlich-rechtlich ist in der Hingabe des wahlweise — in DM-West oder in DM-Ost — geschuldeten Kaufpreises die *Erfüllung* und damit das Erlöschen des Schuldverhältnisses zu sehen (§§ 433 II, 262 i. V. m. § 362 BGB). Umsatzsteuerrechtlich bedeutet dies die Vereinnahmung des Entgelts. Diese liegt immer dann vor, wenn dem Unternehmer das Entgelt in der Weise zugeflossen ist, daß er wirtschaftlich darüber verfügen kann. Im Streitfalle hat die Beschwf. mit der Entgegennahme der DM-Ost über diese nicht nur wirtschaftlich, sondern auch rechtlich verfügen können. Daß sie hierüber nicht verfügt hat — aus welchen Gründen auch immer —, braucht hier nicht geprüft zu werden.

Das Verwaltungsgericht ist daher mit Recht davon ausgegangen, daß die DM-Ost als Währung der sowjet. Besatzungszone für den *Zweck der Ermittlung des Besteuerungsmaßstabes* wie eine fremde Währung zu behandeln ist. Dieser Beurteilung entsprechen auch die vom Landesfinanzamt Berlin jeweils [*465*] in Anlehnung an die in § 5 I Satz 2 UStG i. V. m. § 52 UStDB vorgesehenen Festsetzungen für die Umrechnung von DM-Ost in DM-West.

Die Vorinstanzen haben hiernach die erlittenen Währungsverluste zu Recht nicht berücksichtigt. Die Rechtsbeschwerde ist daher als unbegründet zurückzuweisen."

2. Währungsstatut von Zahlungsansprüchen

63. Verlegt der Schuldner einer Unterhaltsforderung seinen Wohnsitz aus der Sowjetzone in das Bundesgebiet, so liegt darin eine wesentliche Änderung der Verhältnisse im Sinne des § 323 ZPO. — Nach einer Übersiedlung des Schuldners in das Bundesgebiet entsteht der Unterhaltsanspruch des in der Sowjetzone lebenden Gläubigers in DM-West. — Der Gläubiger kann jedoch auch rückwirkend für die Zeit vor der Flucht des Schuldners aus der Sowjetzone und nach der Flucht bis zur Erhebung der Änderungsklage Schadensersatz in Höhe des Unterhaltsbetrages in DM-West verlangen, wenn sich der Schuldner seiner Unterhaltspflicht vorsätzlich entzogen hatte.

LG Würzburg, Beschl. v. 12. 10. 1962 — 3 T 131/62: DAVorm. 36 (1963) 20; Leitsatz in Archiv-Bericht 1963, 60.

Die Kl. ist die uneheliche Tochter des Bekl.; sie lebt in V. (sowjet.). Der Bekl. hat sich im Februar 1959 in öffentlicher Urkunde zur Zahlung eines monatlichen Unterhaltsbetrages von 50 DM-Ost an die Kl. verpflichtet. Im Februar 1961 verlegte der Bekl. seinen Wohnsitz in das Bundesgebiet.

Im März 1962 hatte die Kl. beim AG K. (Bundesgebiet) einen Pfändungs- und Überweisungsbeschluß gegen den Bekl. wegen eines Unterhaltsrückstandes von 1 750 DM-Ost und wegen der laufenden Unterhaltsschuld von monatlich 50 DM-Ost beantragt. Das AG hat die beantragten Beschlüsse erlassen, jedoch mit der Einschränkung, daß die DM-Ost-Beträge nach dem Kurs der Wechselstuben in DM-West umzurechnen seien. Die hiergegen von der Kl. erhobene Erinnerung hat das AG im Mai 1962 rechtskräftig zurückgewiesen.

Die Kl. hat daraufhin im Juni 1962 Klage erhoben auf Zahlung von monatlich 50 DM-West ab 1. 4. 1962 anstelle des ihr bisher zustehenden Betrages von monatlich 50 DM-Ost. Sie verlangt ferner 1 150 DM-West als Schadensersatz dafür, daß sie sich aus dem sowjetzonalen Titel für die Rückstände nur teilweise befriedigen könne. Das AG hat der Kl. das erbetene Armenrecht verweigert; das LG hat es ihr gewährt.

Aus den Gründen:

„Die Kl. kann auf Grund der auf DM-Ost lautenden vollstreckbaren Urkunde vom 13. 2. 1959 in der Bundesrepublik nur nach dem Wechselstubenkurs vollstrecken, da das zuständige Vollstreckungsgericht den zugrunde liegenden Titel nur in dieser Höhe umgestellt hat und der die Erinnerung zurückweisende Beschluß des AG Kitzingen vom 6. 4. 1962 — M 259/62 — mangels Anfechtung rechtskräftig wurde.

Infolge dieser Umstellung des auf DM-Ost lautenden Titels nach dem Wechselstubenkurs braucht der Unterhaltsschuldner in der Bundesrepublik nur einen Teilbetrag der ihm in DM-Ost obliegenden Unterhaltsverpflichtung in DM-West zu erfüllen. Andererseits kann der Unterhaltsberechtigte mangels gegebener Transfermöglichkeiten auch nur zum Teil befriedigt werden, weil bei dem bestehenden Clearingsverfahren in der Sowjetzone der in Westmark geleistete Betrag nur im Verhältnis 1 : 1 in Ostmark ausbezahlt wird.

Um diese Schwierigkeiten vermeiden und zu einem billigen Ergebnis gelangen zu können, bei dem nicht das Fehlen von Transfermöglichkeiten ausschließlich zu Lasten des Unterhaltsberechtigten geht, ist in der Rechtsprechung anerkannt, daß die Wohnsitzverlegung des Unterhaltsschuldners aus der Sowjetzone in die Bundesrepublik als Änderung wesentlicher Verhältnisse i. S. des § 323 ZPO anzusehen ist (vgl. OLG Frankfurt, DRpfl. 1958, 281[1]; OLG Düsseldorf, DRpfl. 1957, 258[2]; LG Bremen, DRpfl. 1954, 572[3]; *Heinemann*, NJW 1957, 1112; *Jauernig*, FamRZ 1960, 373 f.). Die Kammer schließt sich dieser Auffassung an.

Um es der Kl. trotz der Wohnsitzverlegung des Bekl. in die Bundesrepublik zu ermöglichen, ihren Unterhaltsanspruch voll zu befriedigen, muß es im Wege des § 323 ZPO zulässig sein, den rechtskräftig festgestellten Unterhaltsanspruch nunmehr in DM-West festzusetzen. Die Zulässigkeit einer solchen Klage führt zu keinem unbilligen Ergebnis, da der Kindsvater für ein uneheliches Kind mit Wohnsitz in der Bundesrepublik sogar einen höheren Betrag als 50 DM aufzuwenden hätte.

Allerdings kann gemäß §§ 323 IV, 794 I Ziff. 5, 323 III ZPO eine Abänderung des sowjetzonalen Titels durch Verurteilung des BeschwGg. zur Zahlung von Westmarkbeträgen nur für die Zeit nach

---

[1] IzRspr. 1958—1959 Nr. 117. [2] IzRspr. 1954—1957 Nr. 173.
[3] IzRspr. 1954—1957 Nr. 132.

Erhebung der Abänderungsklage (§ 253 ZPO: 28. 6. 1962) erfolgen. Auch für die hier in Frage stehenden Unterhaltsforderungen kann insoweit eine Ausnahme nicht anerkannt werden (vgl. *Jauernig*, Anm. zu LG Verden, FamRZ 1960, 373[4]).

Die Abänderungsklage bietet sonach nur insoweit hinreichende Aussicht auf Erfolg, als eine Abänderung des Titels durch Verurteilung des Bekl. zur Zahlung von monatlich 50 DM-West [ab Juli 1962] erstrebt wird, während der Abänderungsklage für die Zeit ab Anfang April bis Ende Juni 1962 die Erfolgsaussicht fehlt. Es steht jedoch nichts im Wege, die Abänderungsklage für die Monate April, Mai und Juni 1962 als Klage auf Leistung von Schadensersatz dafür umzudeuten, daß die Kl. für diese Monate auf Grund ihres Vollstreckungstitels nur nach dem Wechselstubenkurs Befriedigung erlangen kann. Ebenso wie der von der Kl. geltend gemachte Schadensersatzanspruch in Höhe von 1150 DM, den die Kl. damit begründet, daß sie wegen ihrer bis 1. 4. 1962 angelaufenen Forderung auf rückständigen Unterhalt in Höhe von 1750 DM nur in Höhe von etwa 600 DM durch Vollstreckung aus dem sowjetzonalen Titel Befriedigung erlangen kann, hat auch dieser Schadensersatzanspruch hinreichende Erfolgsaussicht. Der Schadensersatzanspruch der Kl. dürfte nach § 823 II BGB i. V. m. § 170 b StGB berechtigt sein. Denn der Kindsvater hat sich nach dem unwidersprochen gebliebenen Vorbringen der Beschwf. vorsätzlich seiner Unterhaltspflicht entzogen und dadurch den der Beschwf. entstandenen Schaden verursacht. Dabei kann kein Unterschied anerkannt werden zwischen dem Teil der Unterhaltsrückstände, die noch während der Zeit des Aufenthalts des Kindsvaters in der Sowjetzone, und dem Teil der Unterhaltsrückstände, die seit der Übersiedlung des Kindsvaters in die Bundesrepublik angewachsen sind. In der Sowjetzone hätte der Kindsvater ohnehin den vollen Betrag in DM-Ost zu bezahlen gehabt. In der Bundesrepublik konnte der Kindsvater seine in DM-Ost entstandene Unterhaltsverpflichtung nur dadurch voll erfüllen, daß er monatlich 50 DM-West bezahlte. Da er dies nicht tat und die Kl. mit Hilfe des ihr zur Vollstreckung wegen der Unterhaltsrückstände zur Verfügung stehenden Titels nur einen Teilbetrag erlangen kann, bietet die Schadensersatzklage, gerichtet auf Verurteilung des Kindsvaters zur Zahlung des durch die Vollstreckung aus dem sowjetzonalen Titel nicht zu erlangenden rückständigen Unterhaltsbetrags in DM-West, die für die Bewilligung des Armenrechts gemäß § 114 I Satz 1 ZPO erforderliche Erfolgsaussicht (vgl. auch BGHZ 14, 219[5])."

64. Ein Schuldner, der durch Eingriff sowjetzonaler Behörden Vermögenswerte in der Sowjetzone verloren hat, haftet trotzdem für die auf diesen Vermögensteil bezüglichen Schulden. — Der allgemeine Satz des Völkerrechts, nach dem Hoheitsakte in ihrer Wirk-

[4] IzRspr. 1960—1961 Nr. 123. [5] IzRspr. 1954—1957 Nr. 120.

samkeit auf das Gebiet des erlassenden Hoheitsträgers beschränkt sind, ist auf das interlokale Recht entsprechend anzuwenden. — In der Sowjetzone enteignete und dort erloschene Unternehmen haben ihre Rechtspersönlichkeit nicht verloren, wenn sie in den Westzonen noch Vermögen besitzen. — Eine hypothekarisch gesicherte Forderung ist am Ort des belasteten Grundstücks belegen. — Sind bei einer hypothekarisch gesicherten Forderung das belastete Grundstück und die Hypothek des Gläubigers enteignet, so ist die gesicherte Forderung wie eine ungesicherte zu beurteilen; ihre Umstellung richtet sich daher nach der Rechtsordnung am Wohnsitz des Schuldners im Zeitpunkt der Währungsreform.

BFH, Urt. v. 15. 2. 1963 — III 471/59 U: BStBl. 1963 III 278; DB 1963, 887; Mitteilungsblatt des Königsteiner Kreises 1963 Nr. 10 no. 79.

Der Beschwf. erwarb 1944 einen Miteigentumsanteil an einem Mietshaus in Berlin-Z. (jetzt: Berlin-Ost). In Anrechnung auf den Kaufpreis übernahm er eine Hypothek, mit der das Grundstück zugunsten der A. Bank in Y. (jetzt: sowjet.) belastet war. Der Grundstücksanteil des Beschwf. wurde auf Grund von Nr. 1 b des SMA-Befehls Nr. 124 vom 30. 10. 1945 unter Sequester gestellt und durch Gesetz des Magistrats von Berlin-Ost vom 8. 2. 1949 enteignet.

Die Hypothek der A. Bank hatte das Land G. (sowjet.) enteignet; für das Land G. verwaltete die B. Bank in X. (sowjet.) die Hypothek. Die A. Bank hat jetzt ihren Sitz in Berlin-West; sie ist mit Wirkung vom 24. 1. 1948 als verlagertes Geldinstitut anerkannt. Sowohl die A. Bank als auch die B. Bank fordern vom Beschwf. Zahlung der Amortisationen und der Zinsen. Die B. Bank verlangte Rückzahlung in DM-Ost, umgestellt im Verhältnis 1 : 1. Auch die A. Bank verlangte Zahlung zunächst in DM-Ost, erklärte das im März 1958 jedoch mit einem Schreibfehler und verlangt seitdem Zahlung in DM-West, umgestellt im Verhältnis 10 : 1. Die letzten Zahlungsaufforderungen der beiden Banken stammen aus den Jahren 1949 und 1950. Bisher hat der Beschwf. keine Zahlungen geleistet.

Der Beschwf. hat bei der Veranlagung zur Vermögensteuer für die Jahre 1949-1952 beantragt, die hypothekarisch gesicherte Forderung der A. Bank zu berücksichtigen. Das Finanzamt lehnte das zunächst ab, da sich die Schuld auf ein Grundstück beziehe, das gem. § 1 II des Vermögensteuergesetzes (VStG) i. V. m. § 77 des Bewertungsgesetzes (BewG) bei der Veranlagung außer Ansatz bleibe. In der Einspruchsentscheidung wurde die Schuld anerkannt, und zwar umgestellt im Verhältnis 10 : 1 in DM-West. Das Finanzamt lehnte die mit der Berufung begehrte Umstellung im Verhältnis 1 : 1 ab.

Der BFH erklärte die Rechtsbeschwerde in diesem Punkt für unbegründet.

Aus den Gründen:

„1. Zu Recht hat die Vorinstanz die Abzugsfähigkeit der Schuld dem Grunde nach bejaht. Durch die nach Kriegsende verhängte Sequestur und die nachfolgende Enteignung ist steuerlich gesehen der Miteigentumsanteil des Beschwf. an dem Grundstücke wirtschaftlich derart entwertet worden, daß insoweit kein steuerlich zu erfassendes Vermögen im Sinne des Vermögensteuerrechtes mehr gegeben ist. Andererseits läßt sich nach der Rechtsprechung und Rechtslehre aus Art. 30 EGBGB kein allgemeiner Rechtsgrundsatz des

Inhaltes herleiten, daß ein Schuldner, der durch Eingriffe einer auswärtigen Macht die Verfügung über einen Teil seines Vermögens verloren hat, von der Verpflichtung zur Bezahlung der auf diesen Vermögensteil bezüglichen Schulden freizustellen ist (vgl. Urt. des BGH v. 19. 9. 1957 — VII ZR 431/56, BB 1957, 1056[1]). Deshalb ist vom Bestehen einer Schuld des Beschwf. auch nach der Bestellung der Sequestur und nach der Durchführung der Enteignung bei der Vermögensteuerveranlagung auszugehen.

Dem steht auch nicht § 74 II BewG in Verbindung mit § 1 II VStG in der Fassung des Gesetzes zur Bewertung des Vermögens für die Kalenderjahre 1949 bis 1951 vom 16. 1. 1952 (BStBl. I 35 ff.) entgegen (vgl. dort §§ 3 Ziff. 2, 13). § 1 II VStG verbietet in Verbindung mit § 77 BewG den Abzug von Schulden, die mit Vermögen im wirtschaftlichen Zusammenhange stehen, das in der Sowjetzone oder im Sowjetsektor von Berlin belegen ist. Da, wie bereits ausgeführt, der Miteigentumsanteil des Beschwf. steuerlich nicht mehr als sein Vermögen anzusehen ist, andererseits der Beschwf. trotz der Enteignung Schuldner der Verbindlichkeit ist, kann diese Schuld bei der Vermögensteuerveranlagung im Bundesgebiet geltend gemacht werden. Eine andere Entscheidung würde gegen die Grundsätze der wirtschaftlichen Betrachtungsweise verstoßen.

2. Die Vorinstanz hat auch zu Recht die A. Bank in Berlin (West) als rechtmäßige Gläubigerin der Forderung gegen den Beschwf. angesehen. Auf Grund des Befehles Nr. 66 der SMA und den dazu ergangenen Gesetzen und Anordnungen wurde diese Gläubigerin enteignet und ihr Vermögen, das sind Hypotheken- und sonstige Darlehnsforderungen, auf neue Institute übertragen. Nach der Rechtsprechung des BGH (Urt. v. 1. 2. 1952 — I ZR 123/50, NJW 1952, 540 ff.[2]) ist davon auszugehen, daß enteignete Ostunternehmungen ihre Rechtspersönlichkeit jedenfalls dann nicht verloren haben, wenn sie in den Westzonen noch Vermögen besitzen. Es folgt dies aus dem allgemeinen, auf interlokale Rechtsverhältnisse entsprechend anwendbaren völkerrechtlichen Grundsatze, daß Beschlagnahme- und Enteignungsmaßnahmen in ihrer Wirksamkeit auf das Gebiet derjenigen Macht beschränkt sind, welche den entsprechenden Staatshoheitsakt erlassen hat. Es ist bei der Westberliner Gläubigerin auch keine Spaltung der Rechtspersönlichkeit eingetreten, vielmehr unterliegen die Vermögenswerte dieses Unternehmens infolge der Zonentrennung lediglich verschiedenen Rechtsordnungen mit der Folge, daß der Gläubigerin die im Osten belegenen Werte genommen worden sind, während ihr das Westvermögen verblieben ist. Für die Frage der Enteignungswirkung hat der BGH in seinem Urt. vom 22. 12. 1953 — V ZR 86/52 — (BGHZ 12, 79, 84[3]) die Auffassung vertreten, diese Wirkungen seien rechtlich verschieden für die persönliche Forderung und die Hypothek zu behandeln.

---

[1] IzRspr. 1954—1957 Nr. 92.
[2] IzRspr. 1945—1953 Nr. 402 b.
[3] IzRspr. 1945—1953 Nr. 400 a.

3. Die Schuld des Beschwf. gegenüber der Gläubigerin in West-Berlin ist eine Verbindlichkeit, die zur Zahlung von DM-West verpflichtet und im Verhältnis 10 RM : 1 DM-West umgestellt worden ist.

a) Für die Frage, nach welchem Recht sich die Höhe einer Schuld richtet, ist nach dem internationalen Privatrecht entscheidend, wo eine Forderung belegen ist. Eine ungesicherte persönliche Forderung ist nach herrschender Meinung am Wohnsitz des Schuldners belegen. Ob eine Hypothek, die stets am Grundstücksorte belegen ist, die persönliche Forderung nach sich zieht, wird nicht einheitlich beantwortet (vgl. *Palandt*, Kommentar zum BGB, 22. Auflage 1963, Vorbem. vor EGBGB Art. 13 a. E. mit dort zitierter Rechtsprechung); bei der Forderung eines Realkreditinstituts ist dies jedenfalls anzunehmen. Die Entwicklung auf dem Gebiete des Realkredites hat dahin geführt, daß wirtschaftlich die Hypothek an Bedeutung die Darlehnsforderung so überwiegt, daß die persönliche Forderung praktisch in den Hintergrund tritt, und die Hypothek von vornherein die Zweckbestimmung hat, der Befriedigung des Gläubigers zu dienen. Das ist auch bei der rechtlichen Beurteilung zu beachten, das heißt, es kann die dingliche Haftung die persönliche Forderung nach sich ziehen, nicht aber umgekehrt. Damit ist eine Hypothek nach der Rechtsprechung am Orte des belasteten Grundstückes belegen, da in der Regel nur hier mit staatlichem Rechtsschutz gegen den Schuldner vorgegangen werden kann (vgl. Urt. des BGH vom 1. 2. 1952 — V ZR 16/51, NJW 1952, 420[4]). Diese von der Rechtsprechung und der herrschenden Meinung vertretene Rechtsauffassung stellt es auf die rechtliche und wirtschaftlich stärkere Stellung ab, die ein Hypothekengläubiger gegenüber einem bloßen Darlehnsgläubiger besitzt. Damit hat zu Recht eine wirtschaftliche Betrachtungsweise in die privatrechtliche Regelung von Schuldverhältnissen Eingang gefunden. Wenn aber, wie im Streitfalle, schon lange Zeit vor dem 21. 6. 1948 durch Enteignung der Gläubigerin und durch Beschlagnahme des Grundstückes des Schuldners, wobei die Enteignung des Grundstückes erkennbar nur noch eine Frage der Zeit gewesen ist, gerade diese wirtschaftlich und rechtlich starke Stellung des Hypothekengläubigers tatsächlich bis zur rechtlichen Undurchsetzbarkeit wirtschaftlich entwertet worden ist, so kann dies nicht unbeachtet bleiben. Ebenso wie ein Realkredit durch Parteivereinbarung zu einem bloßen Personalkredit werden kann, wird ein ursprünglicher Realkredit nur noch nach der ihm zugrunde liegenden persönlichen Darlehnsforderung beurteilt werden müssen, wenn die dingliche Sicherung und damit die wirtschaftliche Bedeutung der Hypothek praktisch nicht mehr gegeben ist, der Hypothek also für die Frage nach dem Rechte der Belegenheit ein Übergewicht nicht mehr zugemessen werden kann. Diese Beurteilung hat auch in der Rechtsprechung des BGH ihren Niederschlag gefunden.

---

[4] IzRspr. 1945—1953 Nr. 384 b.

Bei allerdings etwas anders gelagertem Tatbestande hat der BGH in seiner Entscheidung V ZR 16/51 vom 1. 2. 1952 (aaO) der in der Sowjetzone tatsächlich durchgeführten Enteignung eine derartige Störungswirkung auf das Rechtsverhältnis zwischen Gläubiger und Schuldner zugemessen; er hat eine Entscheidung nach den für das Hypothekenrecht des BGB geltenden Vorschriften als nicht mehr möglich erachtet. Der BGH hat sich in seinem Urteil V ZR 43/50 vom 26. 1. 1951 (NJW 1951, 400 = BGHZ 1, 109[5]) der Rechtsprechung des RG (RGZ 152, 53 ff., [64]) angeschlossen, wonach im Falle der Enteignung eines Grundstückes bzw. einer Hypothek mangels einer Unterstellung der Parteien unter die neugesetzten Rechtsnormen das Recht am Ort der belegenen Sache außer Betracht zu lassen ist.

b) Eine andere Entscheidung würde an den Wirkungen der Entziehung der tatsächlichen Gewalt des Beschwf. und seiner Gläubigerin über ihre Vermögenswerte im Sowjetsektor von Berlin vorbeigehen. Das ist aber aus wirtschaftlichen Gründen nicht möglich. Wenn schon, wie oben unter Ziff. 1 ausgeführt, das Grundstück des Beschwf. als seiner Verfügungsmacht entzogen anzusehen ist, dann muß auch die Belastung dieses dinglichen Eigentumsrechtes insoweit außer Betracht gelassen werden. Darin liegt auch keine Schlechterstellung des Beschwf. wegen der im Sowjetsektor vorgenommenen Enteignung; denn ohne diese Enteignung wäre weder das Grundstück noch die Hypothek bei der Vermögensteuerveranlagung zu beachten gewesen. Es muß deshalb, nachdem das Eigentum am Grundstücke bei der Behandlung der Vermögensteuerveranlagung außer acht gelassen wird, auch die hypothekarische Belastung dieses Grundstückes als solche außer Betracht gelassen werden. Dem steht auch nicht das Urteil des BGH vom 30. 3. 1955 — IV ZR 210/54 (BGHZ 17, 89 ff. = NJW 1955, 827 f.[6]) entgegen. Dem Tatbestande der dortigen Entscheidung fehlte gerade das Gravierende des vorliegenden Rechtsstreites, nämlich die Enteignung von Grundstück und Hypothek.

c) Damit ist die Forderung der Gläubigerin an den Beschwf. nach den Regeln eines Personalkredites zu behandeln. Es ist deshalb auf den Wohnsitz des Schuldners abzustellen (vgl. BGH vom 26. 1. 1951 aaO). Nur diese Beurteilung trägt dem Umstande Rechnung, daß die Währungshoheit nur gegenüber denjenigen Rechts- und Schuldverhältnissen durchgesetzt werden kann, die der Gesetzgebungs- und Zwangsgewalt des über das Währungsrecht bestimmenden Hoheitsträgers unterliegen. Dies ist der Hoheitsträger, in dessen Gebiet der Schuldner seinen Wohnsitz hat. Da der Schuldner im Zeitpunkte der Währungsreform — dem maßgeblichen Zeitpunkte — seinen Wohnsitz im westdeutschen Währungsgebiete hatte, ist das westdeutsche Umstellungsgesetz auf den Anspruch der Gläubigerin anzuwenden.

---

[5] IzRspr. 1945—1953 Nr. 232.

[6] IzRspr. 1954—1957 Nr. 146.

Diese Rechtsauffassung ist wiederholt bestätigt worden (vgl. BGH vom 1. 2. 1952 aaO).

4. Ob der Beschwf. mit einer Inanspruchnahme rechnen mußte, ist eine Frage der tatsächlichen Feststellungen, an die der Senat im Rahmen der §§ 288, 296 der Reichsabgabenordnung (AO) gebunden ist. Das Finanzgericht hat diese Frage für die Jahre 1949 bis 1953 bejaht, ein Rechtsirrtum ist nicht ersichtlich. Den Zahlungsaufforderungen der sowjetzonalen Banken hat die Vorinstanz zu Recht keine Bedeutung beigemessen, weil die Forderung von der Enteignung nicht erfaßt worden ist und daher dem jetzigen Vermögensträger des enteigneten Ostvermögens nicht zusteht. Dem Zugriff staatlicher Hoheitsakte können immer nur die Sachen und Gegenstände unterliegen, die sich im Machtbereich des Staates befinden, welcher den Hoheitsakt erlassen hat (vgl. BGH vom 1. 2. 1952 aaO).

Die Rechtsbeschwerde ist sonach zu diesem Streitpunkt nicht begründet."

65. Verurteilt ein westdeutsches Gericht einen in das Bundesgebiet verzogenen Schuldner, neben der durch ein sowjetzonales Gericht festgesetzten Unterhaltsrente eine weitere, auf DM-West lautende Rente zu zahlen, so ist damit zugleich die sowjetzonale Entscheidung auf Zahlung in DM-West abgeändert. (?)

LG Göttingen, Beschl. v. 14. 5. 1963 — 5 T 88/63: DAVorm. 36 (1963) 253.

Gründe:

„... Der Schuldner ist durch Urteil des Kreisgerichts A. [sowjet.] ... vom 24. 11. 1958 verurteilt worden, an die am 22. 2. 1958 in V. [Bundesgebiet] geborene Gläubigerin monatlich 35 DM Unterhalt seit dem Tage ihrer Geburt zu zahlen. Als der Schuldner in die Bundesrepublik verzogen war, hat das AG G. ihn auf die Klage der Gläubigerin verurteilt, ab 22. 8. 1959 neben der bereits durch Urteil des Kreisgerichts in A. festgesetzten Unterhaltsrente von 35 DM weitere 15 DM-West monatlich zu zahlen. Schon aus der Fassung dieses Tenors ergibt sich, daß das AG nach § 323 ZPO das Urteil des Kreisgerichts A. so abändern wollte, daß nunmehr ein Unterhalt von 50 DM-West geschuldet war. Diese Auslegung wird durch die Gründe bestätigt. Denn hier wird ausgeführt, daß im Bezirk des LG V., in dem die Gläubigerin wohnt, von den Gerichten als Mindestunterhalt 50 DM-West zugebilligt werden. Auf diesen Betrag hat in diesem Fall auch das AG G. erkennen wollen. Nur so ist zu erklären, daß das AG den vom Kreisgericht A. zuerkannten Betrag von 35 DM gerade um 15 DM erhöht hat.

Das Urteil des AG G. bildet daher in Verbindung mit dem Urteil des Kreisgerichts A. einen Titel für eine Unterhaltsleistung von 50 DM-West monatlich ab 22. 8. 1959. Von diesem Zeitpunkt ab hat der Schuldner seine Unterhaltsleistungen daher schon auf Grund dieses Titels in DM-West zu erbringen.

Für die Unterhaltsverpflichtung vom 22. 2. 1958 bis zum 21. 8. 1959 besteht dagegen nur der Titel des Kreisgerichts A., der den Schuldner zur Zahlung von 35 DM-Ost verpflichtet. Die in Rechtsprechung und Literatur umstrittene Frage, zu welchem Kurse eine in DM-Ost erkannte Forderung bei der Zwangsvollstreckung in der Bundesrepublik umzurechnen sei, braucht hier jedoch nicht entschieden zu werden (vgl. OLG Hamburg, MDR 1959, 397[1]; OLG Hamm, NJW 1955, 67[2]; OLG Köln, DRpfl. 1955, 192[3]; OLG Celle, MDR 1959, 494[4]; BGH, JZ 1958, 53[5]; *Stehle*, NJW 1959, 1714; *Dunz*, NJW 1959, 2056; *Beitzke*, JZ 1958, 53). Denn die für die Zeit vom 22. 2. 1958 bis zum 21. 8. 1959 geschuldeten Unterhaltszahlungen bilden nicht mehr Gegenstand des jetzt beantragten Pfändungs- und Überweisungsbeschlusses. Durch Pfändungs- und Überweisungsbeschluß des AG G. vom 9. 2. 1960 sind die Lohnforderungen des Schuldners gegen seinen damaligen Arbeitgeber der Gläubigerin auch wegen der Unterhaltsrückstände für die Zeit vom 22. 2. 1958 bis zum 21. 2. 1960 in Höhe von 930 DM-West zur Einziehung überwiesen worden. Der Beschluß hat hierbei einen Umrechnungskurs von 1 : 1 zugrunde gelegt. Da der Schuldner bisher 1688,75 DM gezahlt hat, sind die Rückstände aus der Zeit vom 22. 2. 1958 bis zum 21. 8. 1959 bereits getilgt. Denn es ist mangels entgegenstehenden Vorbringens davon auszugehen, daß die Zahlungen jeweils für die ältesten Rückstände geleistet und angerechnet wurden. Über die Frage, welcher Umrechnungskurs bei der Vollstreckung aus dem ostzonalen Titel anzuwenden war, hat der damalige, rechtskräftig gewordene Pfändungs- und Überweisungsbeschluß entschieden. Da die Unterhaltsrückstände, soweit für sie nur der Titel des Kreisgerichts A. besteht, bereits auf Grund des Pfändungs- und Überweisungsbeschlusses vom 9. 2. 1960 getilgt sind, besteht kein Raum für die nochmalige Prüfung und Entscheidung der Frage, in welchem Verhältnis diese damaligen Rückstände in DM-West umzurechnen waren.

Für die jetzt noch geschuldeten Rückstände kann die Gläubigerin daher aus dem Urteil des AG G. in vollem Umfange in DM-West vollstrecken."

3. Vollstreckung

66. **Aus Urteilen sowjetzonaler Gerichte kann wie aus inländischen Entscheidungen vollstreckt werden, ohne daß es eines Vollstreckungsurteils bedarf. — DM im Urteil eines sowjetzonalen Gerichts bedeutet DM-Ost. — Aus einem auf DM-Ost lautenden Titel eines sowjetzonalen Gerichts ist im Bundesgebiet in entsprechender Anwendung von § 244 II BGB unter Umrechnung nach dem Wechselstubenkurs des Zahlungstages zu vollstrecken.**

---

[1] IzRspr. 1958—1959 Nr. 122.
[2] IzRspr. 1954—1957 Nr. 162.
[3] IzRspr. 1954—1957 Nr. 164.
[4] IzRspr. 1958—1959 Nr. 124.
[5] Offenbar ist ein Aufsatz von *Beitzke* gemeint.

OLG Hamm, Beschl. v. 30. 4. 1962 — 15 W 354/61: DRpfl. 1962, 408 (zust. *Berner*); JMBl. NRW 1962, 233; ROW 1963, 41; DB 1962, 1337; AZGB Nr. 219 no. 1066; Leitsätze in DRiZ 1962 B 99 Nr. 1240 und DGVZ 1963, 28.

Die in Z. (sowjet.) wohnhaften drei Gläubiger sind die ehelichen Kinder des in A. (Bundesgebiet) lebenden Schuldners. Dieser ist nach dem Urteil des Kreisgerichts X. (sowjet.) vom 4. 2. 1958 verpflichtet, an seine Kinder einen Unterhalt von monatlich je 35 DM zu zahlen. Die Gläubiger haben wegen eines Rückstandes von 3 570 DM und der laufenden Rente das Arbeitseinkommen des Schuldners pfänden und sich zur Einziehung überweisen lassen.

Das AG hat die Pfändung unter Umrechnung der Unterhaltsschuld in DM-West im Verhältnis 1 : 1 zugelassen. Das LG hat auf die sofortige Beschwerde des Schuldners die Umrechnung nach dem Wechselstubenkurs angeordnet. Die weitere sofortige Beschwerde der Gläubiger blieb erfolglos.

Aus den Gründen:

„Aus dem Urteil des Kreisgerichts X. vom 4. 2. 1958 kann in der Bundesrepublik vollstreckt werden, ohne daß es eines Vollstreckungsurteils bedarf. Urteile der Gerichte der sowjet. Besatzungszone sind als inländische Urteile anzusehen. Allerdings ist ihnen die Anerkennung zu versagen, wenn sie gegen den ordre public der Bundesrepublik verstoßen würden (OLG Hamm, NJW 1955, 68[1]; DRpfl. 1960, 299[2]; 1961, 363[3]). Dafür fehlen hier aber jegliche Anhaltspunkte.

Im Urteil des Kreisgerichts X. vom 4. 2. 1958 ist nur gesagt, daß der Schuldner zur Zahlung von je 35 DM monatlichen Unterhalts an jeden Gläubiger verurteilt wird, ohne klarzustellen, ob es sich um DM-West oder DM-Ost handelt. Da das Urteil von einem Gericht im Währungsgebiet der DM-Ost erlassen worden ist, ist aber davon auszugehen, daß die Währung am Sitz dieses Gerichts — also DM-Ost — gemeint ist, der Titel also auf DM-Ost lautet (OLG Hamm, JMBl. NRW 1957, 41[4]; *Zimmermann*, DRpfl. 1957, 365; LG Berlin, DRpfl. 1961, 119[5]).

Nach der ständigen Rechtsprechung des Senats ist der DM-Ost-Betrag eines Vollstreckungstitels, der von den Gerichten der sowjetischen Besatzungszone erlassen worden ist, in entsprechender Anwendung von § 244 II BGB nach dem am Zahlungstag geltenden Wechselstubenkurs in DM-West umzurechnen (NJW 1955, 67[1]; DRpfl. 1956, 251[6]; JMBl. NRW 1957, 41[4]; DRpfl. 1958, 319[7]; 1960, 298[2]; 1961, 362[3]). Der Senat sieht keinen Anlaß, seine Auffassung, die im Einklang mit der überwiegenden Ansicht der Rechtsprechung und des Schrifttums steht, zu ändern (OLG Düsseldorf, JMBl. NRW 1957 40 = DRpfl. 1957, 258[8]; OLG Hamburg, NJW 1959, 536 = MDR

[1] IzRspr. 1954—1957 Nr. 162.
[2] IzRspr. 1960—1961 Nr. 102.
[3] IzRspr. 1960—1961 Nr. 107.
[4] IzRspr. 1954—1957 Nr. 172.
[5] IzRspr. 1960—1961 Nr. 104.
[6] IzRspr. 1954—1957 Nr. 165.
[7] IzRspr. 1958—1959 Nr. 120.
[8] IzRspr. 1954—1957 Nr. 173.

1959, 397[9]; OLG Frankfurt, DRpfl. 1956, 252[10] und 1958, 281[11]; LG Berlin, DRpfl. 1961, 119[5]; LG Aachen, DRpfl. 1962, 142[12]; *Berner*, DRpfl. 1962, 88 ff. u. a.).

Nur durch eine entsprechende Anwendung von § 244 II BGB ist es überhaupt möglich, aus einem auf DM-Ost lautenden Titel in der Bundesrepublik zu vollstrecken. Aus einem Zahlungstitel, der nicht auf das in der Bundesrepublik allein geltende gesetzliche Zahlungsmittel der DM-West lautet, kann nur dann vollstreckt werden, wenn ein eindeutig bestimmter, klar erkennbarer und allgemein geltender Umrechnungskurs vorhanden ist. Das ist im Verhältnis der DM-West zur DM-Ost ausschließlich der Wechselstubenkurs, der sich im freien Verkehr nach Angebot und Nachfrage bildet und anerkannt wird (OLG Düsseldorf aaO; OLG Hamm, NJW 1955, 68[1]). Wie die vom Senat eingeholte Auskunft der Landeszentralbank für Nordrhein-Westfalen in Düsseldorf ergibt, verkaufen und kaufen die Wechselstuben im Bundesgebiet nach wie vor DM-Ost-Noten, wobei sie sich an dem Kurs der Berliner Wechselstuben orientieren. Daß sich dieser Kurs seit einiger Zeit infolge der verminderten Nachfrage zuungunsten der DM-Ost verschlechtert hat, kann keine andere Beurteilung rechtfertigen. Einen allgemein geltenden, klar bestimmbaren und eindeutig erkennbaren Umrechnungskurs von DM-West für DM-Ost im Verhältnis 1:1, wie ihn die Gläubiger erstreben, gibt es nicht. DM-Ost und DM-West sind verschiedene Währungen; sie können wegen ihrer unterschiedlichen Kaufkraft nicht gleichgesetzt werden. Die Beteiligung der Gläubiger an einem sog. Unterhaltsclearing beruht auf freiwilliger Grundlage; an dieser Verrechnungsmöglichkeit können nur die Unterhaltsgläubiger teilnehmen, die von Jugendämtern vertreten werden. Von einem allgemein geltenden Kurs im Verhältnis von 1 DM-West : 1 DM-Ost kann deshalb im Hinblick hierauf keine Rede sein. Ein solcher Kurs läßt sich auch nicht aus dem Abrechnungsverkehr des Interzonenhandels begründen; denn hierbei handelt es sich um keinen Kurswert, sondern lediglich um Verrechnungseinheiten für die Abwicklung des Zahlungsverkehrs (*Berner* aaO Anm. 4).

Der Senat verkennt nicht, daß eine Umrechnung des DM-Ost-Betrages in DM-West für den in der sowjet. Besatzungszone lebenden Gläubiger zu Härten führt, da er infolge der für ihn geltenden devisenrechtlichen Bestimmungen nur einen Bruchteil der Urteilsforderung erhält. Es ist jedoch nicht möglich, derartige Härten durch Billigkeitserwägungen im Zwangsvollstreckungsverfahren auszugleichen, wie es verschiedentlich versucht worden ist (OLG Celle, MDR 1959, 494 = DAVorm. 32 (1959/60) 89[13]; OLG Bremen, DAVorm. 34 (1961) 283[14]; LG Münster, DAVorm. 33 (1960) 67[15] und MDR 1962,

[9] IzRspr. 1958—1959 Nr. 122.
[10] IzRspr. 1954—1957 Nr. 170.
[11] IzRspr. 1958—1959 Nr. 117.
[12] IzRspr. 1960—1961 Nr. 103.
[13] IzRspr. 1958—1959 Nr. 124.
[14] IzRspr. 1960—1961 Nr. 109.
[15] IzRspr. 1960—1961 Nr. 101.

307[16]; LG Ulm, DAVorm. 34 (1961) 317[17]; LG Mannheim, NJW 1960, 823 = DAVorm. 33 (1960) 126[18]). Die Zwangsvollstreckung hat sich streng nach dem ihr zugrunde liegenden Titel zu richten. Ein Abweichen von seinem Inhalt, der auf Zahlung von DM-Ost lautet, ist unstatthaft. Es würde dazu führen, daß materiell-rechtliche Erwägungen in dem formellen Verfahren der Zwangsvollstreckung Berücksichtigung fänden. Das aber wäre unzulässig (OLG Hamm, JMBl. NRW 1957, 41[4]; DRpfl. 1956, 251[6]; OLG Düsseldorf aaO; *Berner*, DRpfl. 1960, 300). Außerhalb der Zwangsvollstreckung, wie im Erkenntnis- oder Kostenfestsetzungsverfahren, mag eine andere Auffassung vertretbar sein (OLG Hamm, DRpfl. 1960, 299[2]). Für die Zwangsvollstreckung aus einem auf DM-Ost lautenden Titel ist jedenfalls daran festzuhalten, daß der DM-Ost-Betrag nach dem Wechselstubenkurs des Zahlungstages in DM-West umzurechnen ist."

67. Aus einem auf DM-Ost lautenden Titel eines sowjetzonalen Gerichts ist im Bundesgebiet in entsprechender Anwendung von § 244 II BGB unter Umrechnung nach dem Wechselstubenkurs des Zahlungstages zu vollstrecken.

OLG Hamm, Beschl. v. 11. 7. 1962 — 15 W 250/62: unveröffentlicht.

Die in Z. (sowjet.) wohnhafte Gläubigerin ist das uneheliche Kind des in A. (Bundesgebiet) lebenden Schuldners. Dieser ist nach dem Anerkenntnisurteil des Kreisgerichts X. (sowjet.) verpflichtet, an die Gläubigerin einen Unterhalt von monatlich 40 DM zu zahlen. Die Gläubigerin hat wegen eines Rückstandes von rund 3 170 DM sowie der laufenden Unterhaltsrente das Arbeitseinkommen des Schuldners pfänden und sich zur Einziehung überweisen lassen.

Das AG hat der Pfändung den Wechselstubenkurs zugrunde gelegt. Das LG hat auf die sofortige Beschwerde der Gläubigerin die Umrechnung in DM-West im Verhältnis 1 : 1 angeordnet. Das OLG hat auf die sofortige weitere Beschwerde des Schuldners die Umrechnung nach dem Wechselstubenkurs angeordnet.

Aus den Gründen:

(Der Senat wiederholt zunächst nahezu wörtlich die Absätze 2 und 3 seines Beschlusses vom 30. 4. 1962 — oben Nr. 66.)

„Der Senat verkennt nicht, daß eine Umrechnung des DM-Ost-Betrages in DM-West für den in der sowjet. Besatzungszone lebenden Gläubiger zu Härten führen kann, da dieser infolge der für ihn geltenden devisenrechtlichen Bestimmungen nur einen Bruchteil der Urteilsforderung erhält. Es ist jedoch nicht möglich, derartige Härten durch Billigkeitserwägungen im Zwangsvollstreckungsverfahren auszugleichen, wie es verschiedentlich versucht worden ist (OLG Celle, MDR 1959, 494[1]; OLG Bremen, DAVorm. 34 (1961) 283[2]; LG

---

[16] IzRspr. 1960—1961 Nr. 111.
[17] IzRspr. 1960—1961 Nr. 110.
[18] IzRspr. 1958—1959 Nr. 129.
[1] IzRspr. 1958—1959 Nr. 124.
[2] IzRspr. 1960—1961 Nr. 109.

Mannheim, NJW 1960, 823[3]). Die Zwangsvollstreckung hat sich nach dem ihr zugrunde liegenden Titel zu richten. Ein Abweichen von seinem Inhalt, der auf Zahlung von DM-Ost lautet, ist unstatthaft. Es würde dazu führen, daß materiell-rechtliche Erwägungen in dem formellen Verfahren der Zwangsvollstreckung Berücksichtigung fänden; das aber wäre unzulässig (OLG Hamm, JMBl. NRW 1957, 41[4]; DRpfl. 1956, 251[5]; OLG Düsseldorf, JMBl. NRW 1957, 40[6]; *Berner*, DRpfl. 1960, 300). Aus diesen Erwägungen kann auch nach Ansicht des Senats der vom LG gewählte Weg, den Inhalt des Vollstreckungstitels dahin auszulegen, daß der Schuldner unter den gegebenen Umständen nach den Grundsätzen von Treu und Glauben verpflichtet sei, die Leistung gemäß § 270 BGB in DM-West zu erbringen, nicht beschritten werden. Außerhalb der Zwangsvollstreckung, wie z. B. im Erkenntnisverfahren, mag die Auffassung des LG durchaus vertretbar sein. Für die Zwangsvollstreckung aus einem auf DM-Ost lautenden Titel ist deshalb daran festzuhalten, daß der geschuldete DM-Ost-Betrag nach dem Wechselstubenkurs des Zahlungstages in DM-West umzurechnen ist."

68. Urteile sowjetzonaler Gerichte sind nicht ausländische Entscheidungen, so daß es zur Zwangsvollstreckung keines Vollstrekkungstitels bedarf. — Die sowjetzonalen Gerichte können nur zur Zahlung von DM-Ost verurteilen. — Aus einem auf DM-Ost lautenden Titel ist im Bundesgebiet in entsprechender Anwendung von § 244 II BGB unter Umrechnung nach dem Wechselstubenkurs des Zahlungstages zu vollstrecken.

LG Bremen, Beschl. v. 12. 12. 1962 — 1 T 629/62: DRpfl. 1963, 83 (zust. *Berner*); DAVorm. 36 (1963) 146.

Der in B. (Bundesgebiet) lebende Schuldner ist durch Versäumnisurteil des Kreisgerichts X. (sowjet.) vom 9. 8. 1956 zur Zahlung eines Unterhalts von monatlich 40 DM an die in Z. (sowjet.) wohnhafte Gläubigerin, ein uneheliches Kind, verurteilt worden. Die Gläubigerin hat wegen rückständiger und der laufenden Unterhaltsbeträge den Arbeitslohn des Schuldners pfänden und sich zur Einziehung überweisen lassen.

Das AG legte der Pfändung den Umrechnungskurs der Landeszentralbank Bremen am jeweiligen Fälligkeitstage zugrunde. Mit der sofortigen Beschwerde erstrebt die Gläubigerin die Umrechnung im Verhältnis 1 : 1. Das LG wies die sofortige Beschwerde zurück.

Aus den Gründen:

„Das AG hat in seinem Beschluß vom 14. 9. 1962 zutreffend festgestellt, daß Unterhaltstitel sowjetzonaler Gerichte, die auf Leistung von DM-Ost gerichtet sind, im Gebiet der Bundesrepublik nur nach dem jeweils am Zahlungstage gültigen Umrechnungskurs vollstreckt werden können. Die Vollstreckungstitel mitteldeutscher Gerichte sind keine ausländischen Titel, sondern solche deutscher Gerichte

---

[3] IzRspr. 1958—1959 Nr. 129.
[4] IzRspr. 1954—1957 Nr. 172.
[5] IzRspr. 1954—1957 Nr. 165.
[6] IzRspr. 1954—1957 Nr. 173.

(BGHZ 20, 323[1]; 34, 134 [136][2]). Sie sind, soweit sie nicht gegen den in der Bundesrepublik geltenden ordre public verstoßen, auch in der Bundesrepublik als geeignete Vollstreckungstitel anzuerkennen (BGH aaO und *Beitzke*, JZ 1958, 53). Eines Vollstreckungsurteils gemäß §§ 722, 723 ZPO bedarf es nicht (a. A. OLG Stuttgart, JZ 1957, 448[3]; AG Hamburg bei *Beuck*, Internationales [Interzonales] Privatrecht, 1951, 87 ff.[4] und *Raape*, Internationales Privatrecht, 4. Aufl. 1955, 152).

Die vollstreckbare Ausfertigung des Urteils des Kreisgerichts X. läßt einen Verstoß gegen den in der Bundesrepublik geltenden ordre public nicht erkennen.

Die Zwangsvollstreckung aus einem Titel eines mitteldeutschen Gerichts kann in der Bundesrepublik nur unter Umrechnung der DM-Ost-Forderung auf DM-West betrieben werden. Die Gerichte der sowjet. Besatzungszone können nur eine Verurteilung in DM-Ost aussprechen. Da die DM-Ost im Gebiet der Bundesrepublik nicht als gesetzliches Zahlungsmittel anerkannt ist, das alleinige Zahlungsmittel in der Bundesrepublik vielmehr die DM-West ist, hat bei der Zwangsvollstreckung eine Umrechnung nach einem eindeutig bestimmbaren, klar erkennbaren und allgemein geltenden Umrechnungskurs zu erfolgen (OLG Hamm, DRpfl. 1954, 631[5]; OLG Düsseldorf, DRpfl. 1957, 258[6]).

In der Rechtsprechung und im Schrifttum ist streitig, ob die Umrechnung einer auf DM-Ost lautenden Forderung zum Zwecke der Zwangsvollstreckung in DM-West zum Nennbetrage oder zu einem anderen Kurs vorzunehmen ist. Die Kammer steht in Übereinstimmung mit der herrschenden Auffassung in der Rechtsprechung (OLG Hamm in stand. Rechtspr., so in DRpfl. 1954, 631; 1956, 251[7]; 1958, 319[8]; 1960, 298[9]; 1961, 362[10]; OLG Düsseldorf, DRpfl. 1957, 258; OLG Hamburg, NJW 1959, 536[11]; OLG Frankfurt, DRpfl. 1956, 252[12] und 1958, 281[13]; OLG Koblenz, NJW 1956, 383[14]; KG Berlin, DRpfl. 1962, 172[15]) und im Schrifttum (*Rosenberg*, Lehrbuch, des deutschen Zivilprozeßrechts § 180 II Abs. 2; *Stein-Jonas-Schönke-Pohle*, ZPO, Anm. X Aa vor § 704; *Baumbach-Lauterbach*, ZPO, Vorbem. 4 A vor § 704 ZPO; *Soergel-Siebert*, BGB, 9. Aufl., Anm. 8 zu § 244 BGB; *Palandt*, BGB, Anm. 4d zu § 244 BGB) auf dem Standpunkt, daß die DM-Ost-Forderung in DM-West in entsprechender Anwendung des § 244 II BGB nach dem jeweils am Zahlungstage gültigen Umrechnungskurs umzurechnen ist. Der Gegenmeinung, daß die auf DM-Ost lautenden Vollstreckungsforderungen, insbesondere solche von

---

[1] IzRspr. 1954—1957 Nr. 322.
[2] IzRspr. 1960—1961 Nr. 178 a.
[3] IzRspr. 1954—1957 Nr. 353.
[4] IzRspr. 1945—1953 Nr. 501.
[5] IzRspr. 1954—1957 Nr. 162.
[6] IzRspr. 1954—1957 Nr. 173.
[7] IzRspr. 1954—1957 Nr. 165.
[8] IzRspr. 1958—1959 Nr. 120.
[9] IzRspr. 1960—1961 Nr. 102.
[10] IzRspr. 1960—1961 Nr. 107.
[11] IzRspr. 1958—1959 Nr. 122.
[12] IzRspr. 1954—1957 Nr. 170.
[13] IzRspr. 1958—1959 Nr. 117.
[14] IzRspr. 1954—1957 Nr. 169.
[15] IzRspr. 1960—1961 Nr. 112.

in der sowjet. Besatzungszone ansässigen Unterhaltsgläubigern, im Gebiet der Bundesrepublik ohne weiteres in DM-West zum Nennbetrag vollstreckt werden könnten (so OLG Karlsruhe, NJW 1957, 1603[16]; OLG Celle, MDR 1959, 494[17]; OLG Bremen, DRpfl. 1962, 173[18], für laufende Unterhaltsforderungen auch OLG Köln, DRpfl. 1955, 192[19]), vermag die Kammer ebensowenig zu folgen, wie der Auffassung (BGH, NJW 1954, 1441[20] für Schadensersatzforderungen; LG Hannover, NJW 1951, 240[21]; LG Bochum, MDR 1952, 622[22]; *Wälde*, NJW 1951, 213 [216]), daß bei der Zwangsvollstreckung aus Ost-Titeln im Bundesgebiet vom sog. Warenkorb- oder Kaufkraftvergleich auszugehen sei.

Die DM-Ost ist ein in der Bundesrepublik gesetzlich nicht anerkanntes fremdes Zahlungsmittel, so daß die in DM-Ost ausgedrückte Zahlungsverpflichtung als Fremdwährungsschuld anzusehen ist (*Soergel-Siebert*, BGB, 9. Aufl., Anm. 8 zu § 244 BGB). Die entsprechende Anwendung des § 244 BGB ist deshalb geboten. Die Schuld ist im Inland zahlbar, denn Erfüllungsort ist der Wohnsitz des Schuldners. Inland ist nur das Gebiet der Bundesrepublik und Westberlins. § 244 BGB ist nicht staatsrechtlich, sondern währungsrechtlich zu verstehen, so daß es ausreicht, wenn sich zwei unterschiedliche Währungsgebiete gegenüberstehen (OLG Hamburg, NJW 1959, 536[11]). Die Gebiete der DM-West und der DM-Ost stellen aber verschiedene Währungsgebiete dar. Die Anwendbarkeit des § 244 BGB wird auch nicht etwa dadurch gehindert, daß ein amtlicher Kurs zwischen der DM-Ost und der DM-West für die Umrechnung nicht besteht. Es reicht vielmehr aus, wenn sich ein eindeutig bestimmbarer, klar erkennbarer und allgemein geltender Umrechnungskurs auf gesetzmäßige Weise gebildet hat (OLG Hamm, JMBl. NRW 1955, 39[23]; LG Aachen, DRpfl. 1962, 142[24]). Ein Umrechnungskurs besteht auch nach Errichtung der Trennungsmauer in Berlin. Er ist den Berechnungen zugrunde zu legen. Irgendwelche devisen- oder währungsrechtliche Bestimmungen der Bundesrepublik stehen dem nicht entgegen (vgl. OLG Hamburg, NJW 1959, 536[11]).

Die Anwendbarkeit des von den Sowjetzonenbehörden festgesetzten Zwangskurses von einer DM-Ost in eine DM-West scheidet schon deshalb für eine Umrechnung aus, weil es zur Anerkennung eines wirtschaftlich nicht gerechtfertigten und nur aus politischen Gründen festgesetzten Zwangskurses führen würde (OLG Hamburg, NJW 1959, 536[11] [537]; *Brunn*, NJW 1958, 754). Auch das Abkommen über den interzonalen Waren- und Zahlungsverkehr kann nicht als Umrechnungskurs herangezogen werden, da es sich insoweit nicht um einen anerkannten Kurs, sondern nur um für die Abwicklung des Zahlungsverkehrs gebildete Verrechnungseinheiten han-

---

[16] IzRspr. 1954—1957 Nr. 175.
[17] IzRspr. 1958—1959 Nr. 124.
[18] IzRspr. 1960—1961 Nr. 109.
[19] IzRspr. 1954—1957 Nr. 164.
[20] IzRspr. 1954—1957 Nr. 120.
[21] IzRspr. 1945—1953 Nr. 257 a.
[22] IzRspr. 1945—1953 Nr. 282.
[23] IzRspr. 1954—1957 Nr. 163.
[24] IzRspr. 1960—1961 Nr. 103.

delt (LG Aachen, DRpfl. 1962, 142 [143][24]). Das gleiche gilt hinsichtlich des Unterhaltsclearings, das im Rahmen der Mündelgeldverrechnung zwischen den Jugendbehörden beider Teile Deutschlands ebenfalls zu einem Verrechnungsverhältnis 1 : 1 abgewickelt wird. Das Unterhaltsclearingverfahren beruht lediglich auf einer freiwilligen Vereinbarung der Jugendämter (vgl. KG Berlin, DRpfl. 1962, 172 [173][15]; *Berner*, DRpfl. 1962, 175). Es kann nicht ohne weiteres einem Unterhaltsschuldner angelastet werden.

Die Anrechnung des Umrechnungsverhältnisses nach dem Umrechnungskurs in entsprechender Anwendung des § 244 II BGB mag zwar für den Gläubiger, insbesondere für den im Währungsgebiet der DM-Ost wohnhaften Unterhaltsgläubiger, eine gewisse Härte bedeuten, da er infolge der Verrechnung 1:1 im Unterhaltsclearingverfahren nur einen Bruchteil seiner Unterhaltsforderung ausgezahlt erhält. Eine Möglichkeit, diese Härte im Vollstreckungsverfahren auszugleichen, besteht jedoch nicht. Die strenge Trennung des Prozeßrechts in Erkenntnis- und Vollstreckungsverfahren verbietet es den Vollstreckungsorganen, dem Schuldtitel einen anderen Inhalt zu geben. Denn die Vollstreckungsorgane sind an den Titel gebunden, ohne nachprüfen zu können, ob die Leistung angemessen oder zureichend ist (KG Berlin, DRpfl. 1962, 172 [173][15]; OLG Hamburg, NJW 1959, 536[11]; *Seydel*, NJW 1958, 736 [738] m. w. Nachweisen). Auch über den Grundsatz von Treu und Glauben läßt sich diese Härte für den Gläubiger der DM-Ost-Forderung im Vollstreckungsverfahren nicht ausgleichen. Zwar gilt der Grundsatz von Treu und Glauben auch im Vollstreckungsverfahren, aber nur insoweit, als die Art und Weise der Zwangsvollstreckung und nicht der Leistungsinhalt des Schuldtitels betroffen wird. Eine nach dem Grundsatz von Treu und Glauben vorgenommene Umrechnung der DM-Ost-Forderung in DM-West zum Nennbetrag würde somit zu einer Rechtsunsicherheit bei Vollstreckungen von DM-Ost-Verbindlichkeiten und zur Vollstreckung einer anderen als der geschuldeten Leistung führen (OLG Düsseldorf, DRpfl. 1957, 258[6]; KG Berlin, DRpfl. 1962, 172[15]; *Berner*, DRpfl. 1962, 86 [87]). Im Vollstreckungsverfahren darf nicht nachgeprüft werden, ob die Leistung angemessen oder zureichend ist. Eine derartige Möglichkeit ist nur im Erkenntnisverfahren gegeben, und zwar durch eine neue Klage bei dem für den Schuldner zuständigen Gericht, sei es nun durch eine Abänderungs- oder eine Zusatzklage. Von dieser Möglichkeit zugunsten von Unterhaltsgläubigern eine Ausnahme zu machen dergestalt, daß man den Unterhaltsgläubigern eine Sonderstellung einräumt und ihnen ausnahmsweise im Vollstreckungsverfahren einen Umrechnungskurs von 1 : 1 zubilligt, ist nicht angängig. Der Umrechnungskurs kann nicht von der Art des Anspruches abhängig gemacht werden.

Demgemäß ist eine auf DM-Ost lautende Unterhaltsforderung unter Zugrundelegung des gegenwärtigen Kurses auf DM-West umzurechnen, wobei gem. § 244 II BGB der Tag der Zahlung maßgebend ist, so daß aus Unterhaltstiteln, die auf Leistung von DM-Ost gerichtet sind, in der Bundesrepublik in DM-West nur nach dem jeweiligen Kurs pro Zeit der Zahlung am Zahlungsort vollstreckt werden kann, gleichgültig, ob es sich dabei um eine Mobiliarvollstrekkung oder um eine Forderungspfändung handelt."

69. DM im Titel eines sowjetzonalen Gerichts bedeutet DM-Ost. — Aus Unterhaltstiteln sowjetzonaler Gerichte, die auf DM-Ost lauten, ist im Bundesgebiet im Verhältnis 1:1 in DM-West zu vollstrecken.

LG Kiel, Beschl. v. 28. 2. 1963 — 3 T 318/62: DAVorm. 36 (1963) 148.

Der in A. (Bundesgebiet) lebende Schuldner ist auf Grund eines Urteils des Kreisgerichts X. (sowjet.) vom 29. 8. 1961 verpflichtet, dem in Z. (sowjet.) wohnhaften Gläubiger einen Unterhalt von monatlich 55 DM zu zahlen. Der Gläubiger hat wegen eines Rückstandes von 770 DM und der laufenden Rente den Arbeitslohn des Schuldners pfänden und sich zur Einziehung überweisen lassen. In dem Beschluß des AG ist der Schuldbetrag nach dem Wechselstubenkurs in DM-West umgerechnet. Auf die Beschwerde des Gläubigers hat das LG die Umrechnung im Verhältnis 1 : 1 angeordnet.

Aus den Gründen:

„Das Urteil, aus dem der Gläubiger die Zwangsvollstreckung betreibt, lautet zwar schlechthin auf ‚DM'. Da es jedoch vom Kreisgericht X. erlassen worden ist, muß es als Titel in DM-Ost angesehen werden. Dennoch wird allgemein die unmittelbare Zwangsvollstreckung aus einem solchen Titel in der Bundesrepublik für zulässig erachtet, da er von einem deutschen Gericht erlassen worden ist.

Das Beschwerdegericht hat bisher in ständiger Rechtsprechung — in Übereinstimmung mit der jedenfalls früher überwiegend in Schrifttum und Rechtsprechung vertretenen Ansicht — die Auffassung vertreten, daß aus solchen Titeln nur nach Umrechnung des in DM-Ost geschuldeten Betrages in DM-West zu dem von den Wechselstuben vermittelten Kurs vollstreckt werden könne, da die Vorschrift des § 244 II BGB entsprechend anzuwenden sei. Diese Rechtsprechung wird von der Kammer aufgegeben.

Einigkeit besteht allgemein darüber, daß auf die zonalen Schuldtitel der § 244 BGB nicht unmittelbar, sondern — wenn überhaupt — nur *entsprechend* angewendet werden kann, weil es sich bei der DM-Ost im Verhältnis zur DM-West zwar um eine Fremdwährung handelt, die aber nicht zu einem *amtlichen* Kurs notiert wird, wie dies nach der bezeichneten Vorschrift vorgesehen ist. Eine solche entsprechende Anwendung wird jedoch weder dem Sinn und Zweck dieser Vorschrift noch den besonderen Verhältnissen zwischen den beiden Währungsgebieten gerecht.

Diese besonderen Verhältnisse werden durch den Widerspruch gekennzeichnet, daß einerseits *unmittelbar* aus den Titeln des anderen Währungsgebietes vollstreckt werden kann, weil sie *einheitlich* als Titel *deutscher* Gerichte gelten, daß aber andererseits die beiderseitigen Währungen im Verhältnis zueinander als *Fremd*währungen gelten, ohne daß sie — wie andere Fremdwährungen — einen amtlichen Kurs haben und zwischen den Währungsgebieten überwiesen oder ausgeführt werden können. Die Vollstreckung aus *Unterhaltstiteln,* über die hier allein zu entscheiden ist, ist vielmehr überhaupt nur in einem besonders vereinbarten Clearingverfahren durch Überweisung auf ein Sperrkonto und eine Verrechnung zwischen den Jugendämtern in beiden Währungsgebieten im Verhältnis 1 : 1 möglich.

Diese außergewöhnlichen Umstände kann der Gesetzgeber aber bei der Fassung des § 244 BGB keinesfalls im Auge gehabt haben. Die Vorschrift soll vielmehr dem Schuldner, der im *Inland* zu leisten hat, lediglich die Erleichterung bieten, anstatt in der Fremdwährung in *inländischer* Währung leisten zu dürfen; sie verfolgt aber sicher nicht den Zweck, da es sich bei Fremdwährungsschulden um Geld*wert*schulden handelt (vgl. BGH, LM Nr. 23 zu § 13 UmstG; RGZ 101, 313), *geldwertmäßig* dem Schuldner einen ihm nicht zustehenden Vorteil zu verschaffen, und sie kann erst recht nicht den Sinn haben, den Gläubiger hinsichtlich des ihm zustehenden *Geldwertes* zu benachteiligen. Sie soll ihn vielmehr in den Stand setzen, sich die geschuldete fremde Valuta in vollem Umfang gleichwertig zu verschaffen (vgl. BGH aaO; RGZ 101, 313 f.; RGRK, 11. Aufl., Anm. 30 zu § 244 BGB; *Staudinger,* BGB, 9. Aufl., Anm. 6c zu § 244 BGB; *Soergel,* BGB, 9. Aufl., Anm. 7 zu § 244 BGB). Die *entsprechende* Anwendung dieser Vorschrift auf den vorliegenden Fall könnte deshalb — allgemeinen Rechtsgrundsätzen folgend — nur dann gerechtfertigt sein, wenn sie den Zweck des Gesetzes nicht verfälschen und wenn sie zu einem billigen und gerechten Ergebnis führen würde. Das Gegenteil wäre aber hier der Fall.

Der Schuldner würde sich nämlich — unter Zugrundelegung eines Wechselstubenkurses von 4:1 — durch Zahlung von 13,75 DM-West von seiner Schuld von 55 DM-Ost befreien, während der Gläubiger aus den vorgenannten Gründen nicht 55 DM-Ost, sondern tatsächlich auch nur 13,75 DM-Ost erhalten würde. Dieses Ergebnis würde weder entstehen, wenn der Schuldner innerhalb des Währungsgebietes des Gläubigers oder umgekehrt der Gläubiger innerhalb des Währungsgebietes des Schuldners wohnen würde, noch auch dann, wenn der Gläubiger — was als zulässig anzusehen sein wird — Abänderungsklage vor einem Gericht der Bundesrepublik erhebt, falls der Schuldner *nach* Erlaß des Unterhaltstitels in die Bundesrepublik gelangt ist, oder wenn er — im vorliegenden Fall — von vornherein einen Titel auf DM-West erwirkt hätte; denn es besteht kein Zweifel, daß der Schuldner bei seinem monatlichen Nettoeinkommen von etwa 430 DM auch durch ein Gericht der Bundesrepublik nicht zu einer niedrigeren Unterhaltsrente als 55 DM im Monat verurteilt worden wäre. Deshalb ist eine befriedigende und gerechte Lösung nach dem auch in der Zwangsvollstreckung geltenden Grundsatz von Treu und Glauben nur dadurch zu erzielen, daß jedenfalls aus den auf DM-Ost lautenden *Unterhalts*titeln im Verhältnis 1 : 1 in DM-West vollstreckt wird (vgl. OLG Karlsruhe, NJW 1957, 1603[1]; OLG Celle, MDR 1959, 494[2]; OLG Düsseldorf, MDR 1961, 418[3]; OLG Bremen, DAVorm. 1961, 284[4])."

70. Aus Urteilen sowjetzonaler Gerichte, die auf DM-Ost lauten, ist im Bundesgebiet in entsprechender Anwendung des § 244 II BGB unter Umrechnung nach dem Wechselstubenkurs zu vollstrecken. — Ein westdeutscher Schuldner hat nicht die Folgen der sowjetzonalen währungspolitischen Maßnahmen zu tragen, da das sowjetzonale Devisenrecht gegen die verfassungsmäßige Ordnung der Bundesrepublik Deutschland verstößt.

OLG Stuttgart, Beschl. v. 11. 3. 1963 — 8 W 42/63: Die Justiz 1963, 158.

Die in Z. (sowjet.) lebenden beiden Gläubiger sind eheliche Kinder des in A. (Bundesgebiet) wohnhaften Schuldners. Dieser ist verpflichtet, den Gläubigern Unterhalt in Höhe von monatlich je 65 DM zu leisten.

Die Gläubiger haben wegen eines Rückstandes und wegen der laufenden Rente den Arbeitslohn des Schuldners pfänden und sich überweisen lassen. Das AG hat die Umrechnung nach dem Wechselstubenkurs vorgenommen. Auf die sofortige Beschwerde der Gläubiger hat das LG die Umrechnung im Verhältnis 1 : 1 angeordnet. Das OLG gab der sofortigen weiteren Beschwerde hinsichtlich der Umrechnung statt und verwies die Sache an das LG zurück.

Aus den Gründen:

„1. a) Die Auffassung des Beschwerdegerichts, aus Unterhaltstiteln, die auf DM-Ost lauten, könnte der Nennbetrag in DM-West beigetrieben werden, kann nicht gebilligt werden; sie widerspricht der ständigen Rechtsprechung des Beschwerdesenats des OLG Stuttgart (vgl. z. B. zuletzt den Beschl. v. 19. 11. 1962 — 8 W 243/62). Der Senat sieht keinen Anlaß, von dieser Rechtsprechung abzuweichen, die sich auch mit der Auffassung der meisten anderen Oberlandesgerichte (Beschwerdesenate) (so z. B. KG, DRpfl. 1962, 172[1]; OLG Hamm, DRpfl. 1962, 408[2]; OLG Düsseldorf, DRpfl. 1957, 258[3]; OLG Frankfurt, DRpfl. 1958, 281[4]; OLG Hamburg, NJW 1959, 536[5]; a. M. freilich OLG Karlsruhe, NJW 1957, 1603 = DRpfl. 1958; 91[6]; OLG Celle, MDR 1959, 494[7]; OLG Bremen, DRpfl. 1962, 173[8]) und der

---

[1] IzRspr. 1954—1957 Nr. 175.
[2] IzRspr. 1958—1959 Nr. 124.
[3] IzRspr. 1960—1961 Nr. 108 a.
[4] IzRspr. 1960—1961 Nr. 109.

[1] IzRspr. 1960—1961 Nr. 112.
[2] Siehe oben Nr. 65.
[3] IzRspr. 1954—1957 Nr. 173.
[4] IzRspr. 1958—1959 Nr. 117.
[5] IzRspr. 1958—1959 Nr. 122.
[6] IzRspr. 1954—1957 Nr. 175.
[7] IzRspr. 1958—1959 Nr. 124.
[8] IzRspr. 1960—1961 Nr. 109.

wohl herrschenden Meinung in der Literatur deckt (*Rosenberg*, Lehrbuch des Deutschen Zivilprozeßrechts, 9. Aufl. 1961, § 180 II, S. 936; *Palandt-Danckelmann*, BGB, 22. Aufl. 1963, Anm. 4d, *Erman*, BGB, 3. Aufl. 1962, Anm. 8a, je zu § 244 BGB; *Brunn*, NJW 1958, 754; *Seydel*, NJW 1958, 738; *Berner*, DRpfl. 1962, 88, 174, 408; a. M. für Unterhaltsansprüche und für das Clearingverfahren der Jugendämter *Palandt-Lauterbach*, BGB, 22. Aufl., Vorbem. 14 g ff vor Artikel 7 EGBGB).

Auszugehen ist davon, daß die DM-Ost im Verhältnis zur DM-West eine *fremde*, wenn auch keine ausländische Währung darstellt, wie in der sowjet. Besatzungszone die DM der deutschen Bundesbank (DM-West) ebenfalls als fremde Währung behandelt wird. Lautet ein Vollstreckungstitel auf DM-Ost, so hat er Forderungen in dieser Währung zum Gegenstand, nicht aber Ansprüche in DM-West im gleichen Nennbetrag.

Die DM-West hat, worauf das AG mit Recht hingewiesen hat und was auch das LG nicht verkennt, einen anderen, nämlich höheren Wert als die DM-Ost. Das AG hat zutreffend hinzugefügt, die aus einem Vollstreckungstitel geschuldete Leistung könne nicht abgeändert, d. h. erhöht werden. Denn die Vollstreckungsorgane sind an den Vollstreckungstitel gebunden. Eine Abänderung des Schuldtitels, d. h. eine Erhöhung der in diesem festgelegten Leistungen ist in Unterhaltssachen nur auf Klage gemäß § 323 ZPO möglich. Die gegenteilige Ansicht verstößt daher gegen Grundprinzipien des Zivilprozeß- und Vollstreckungsrechts.

Der (auch im Vollstreckungsrecht anwendbare) Grundsatz von Treu und Glauben kann zu keinem anderen Ergebnis führen; seine Anwendung kann eine *Beschränkung* von Vollstreckungsmaßnahmen erforderlich machen (vgl. z. B. §§ 765a, 813a, 900 IV ZPO), aber *keine Erhöhung* der titulierten Verpflichtungen des Schuldners ermöglichen oder herbeiführen.

Da die DM-Ost eine fremde Währung darstellt, muß § 244 II BGB analog angewendet werden. Ein amtlicher Umrechnungskurs der beiden Währungen in der Bundesrepublik existiert nicht; deshalb bleibt nur die Möglichkeit, den Wechselstubenkurs zugrunde zu legen. Hierzu ist noch zu beachten, daß der im Interesse der unterhaltsberechtigten Kinder längere Zeit gehandhabte Clearingverkehr der Jugendämter jetzt praktisch undurchführbar geworden ist (was *Lauterbach* bei *Palandt*, aaO, übersieht), und zwar vor allem auch durch die Rechtsprechung der sowjetzonalen Gerichte über die Unterhaltsansprüche ‚republikflüchtiger' Kinder (vgl. dazu *Berg*, FamRZ 1962, 455).

Der Senat verkennt nicht, daß die Umrechnung der geschuldeten DM-Ost-Forderung nach dem Wechselstubenkurs für den Gläubiger infolge der währungspolitischen Maßnahmen in der SBZ zu einem unbilligen Ergebnis dadurch führt, daß der Gläubiger von dem nach Umrechnung entsprechend niedrigen DM-West-Guthaben nur einen Teil erhält. Dies ist indessen eine Folge, die der Schuldner nicht zu vertreten hat. Zwar hat ein Schuldner Geld *im Zweifel* auf seine Gefahr dem Gläubiger an dessen Wohnsitz zu übermitteln (§ 270 I BGB); jedoch muß auf Grund der währungspolitischen Maßnahmen in der SBZ angenommen werden, daß deren Konsequenzen, die Gefahr der Übermittlung von Geldbeträgen in die SBZ, nicht dem in der Bundesrepublik ansässigen Schuldner aufgebürdet werden dürfen. Die DM-Ost stellt durch das in dem sowjetzonalen Devisengesetz (§ 9) festgelegte Verbot, sie aus- und vor allem einzuführen, eine reine Inlandswährung für den Bereich der SBZ dar. Wie das BVerfG (BVerfGE 12, 98 [108 f.] = NJW 1961, 653 [654 f.]) entschieden hat, widerspricht das sowjetzonale Devisengesetz der verfassungsmäßigen Ordnung der Bundesrepublik und kann daher hier nicht anerkannt werden, so daß ein in der SBZ ansässiger Gläubiger gegenüber einem in der Bundesrepublik befindlichen Schuldner aus diesem Gesetz keine Rechte herleiten kann.

b) Aus alledem folgt, daß die vom Schuldner geleisteten Zahlungen auf die Forderungen der Gläubiger unter Zugrundelegung des Wechselstubenkurses anzurechnen sind."

71. DM im Urteil eines sowjetzonalen Gerichts bedeutet DM-Ost. — Aus einem auf DM-Ost lautenden Titel ist im Bundesgebiet in entsprechender Anwendung von § 244 BGB unter Umrechnung nach dem Wechselstubenkurs zu vollstrecken.

OLG Karlsruhe, Beschl. v. 26. 6. 1963 — 1 W 47/63: DRpfl. 1964, 373; Die Justiz 1963, 320 (falsches Datum); DAVorm. 37 (1964) 43 (falsches Datum); DGVZ 1964, 85 (falsches Datum).

Der jetzt im Bundesgebiet lebende Schuldner hat auf Grund eines Vollstreckungsbefehls des AG E. (sowjet.) vom 13. 11. 1950 an die in E. wohnhaften Gläubiger insgesamt rund 2 400 DM-Ost zu zahlen. Die Gläubiger haben den Schuldner zur Ableistung des Offenbarungseides laden lassen. Der Schuldner hat diese Verpflichtung bestritten, da er unbestritten bereits 550 DM-West bezahlt und damit die Schuld getilgt habe.

Das AG hat den Widerspruch des Schuldners zurückgewiesen, da selbst bei einer Umrechnung im Verhältnis 1 : 4,2 (Tageskurs vom 20. 11. 1962) noch ein Betrag von rund 317 DM-Ost oder rund 75 DM-West offenstehe. Darauf zahlte der Schuldner diesen Betrag.

Auf die sofortige Beschwerde des Schuldners hat das LG den Beschluß des AG aufgehoben und die Sache an dieses Gericht zurückverwiesen. Mit der weiteren sofortigen Beschwerde beantragen die Gläubiger, für die Erfüllung der Schuld die Umrechnung zum Nennwert vorzunehmen. Das OLG hat die Beschlüsse der Vorinstanzen aufgehoben und den Widerspruch des Schuldners für begründet erklärt.

Aus den Gründen:

„Die weitere Beschwerde der Gläubiger ist schon deshalb begründet, weil das LG, nachdem der Schuldner restliche 75,55 DM gezahlt hatte, verpflichtet war, die nun nicht mehr zu umgehende Rechtsfrage, ob der Schuldner im Verhältnis 1:1 oder gemäß Wechselstubenkurs zu zahlen hatte, selbst zu entscheiden. Da der Beschluß des LG dies nicht berücksichtigte, war er aufzuheben.

Die sofortige Beschwerde des Schuldners gegen den seinen Widerspruch zurückweisenden Beschluß des AG M. mußte von dem Augenblick an Erfolg haben, in dem er die restlichen 75,55 DM, insgesamt somit 575,55 DM-West, geleistet hatte. Denn nach der Leistung dieses Betrages war der Titel vollstreckt und verbraucht, der Schuldner zur Leistung des Offenbarungseides somit nicht mehr verpflichtet, sein Widerspruch also begründet.

DM-Ost-Forderungen aus sowjetzonalen Schuldtiteln sind in der Bundesrepublik, wenn dem hier ansässigen Schuldner keine DM-Ost zur Verfügung stehen, in DM-West entgegen der Auffassung der Gläubiger nicht im Verhältnis 1:1, sondern nach Umrechnung zum Wechselstubenkurs zu vollstrecken. Dies gebietet der im deutschen Prozeßrecht verankerte Grundsatz, daß der Vollstreckungstitel eines deutschen Gerichts (eines sowjetzonalen, sofern er nicht gegen den ordre public verstößt) durch die Vollstreckungsorgane (Gerichtsvollzieher und Vollstreckungsgericht) in seinem Inhalt nicht abgeändert werden darf.

Der vorliegende Vollstreckungstitel lautet zwar nicht ausdrücklich auf DM-Ost, hat aber, da der Schuldbetrag in der am sowjetzonalen Gerichtssitz geltenden gesetzlichen Währung gefordert worden ist und der Schuldner damals noch in der Sowjetzone ansässig war, ohne Zweifel eine DM-Ost-Forderung zum Gegenstand (vgl. hierzu BGHZ 36, 11 [15] = NJW 1962, 109[1]). Der Titel muß also in DM-Ost oder zu einem Wert vollstreckt werden, der in der Bundesrepublik dem einer DM-Ost entspricht. DM-Ost und DM-West sind einander fremde Währungen und stellen verschiedene Werte dar (einhellige Meinung). Schon aus diesem Grunde kann der Nennbetrag des sowjetzonalen Titels bei einer Vollstreckung in DM-West nicht übernommen werden. In entsprechender Anwendung des § 244 BGB muß vielmehr auf den Wert in DM-West umgerechnet werden. Da es für die beiden Währungen einen amtlichen Umrechnungskurs nicht gibt, ist hierzu der Wechselstubenkurs heranzuziehen. Dieses Ergebnis entspricht der überwiegenden Auffassung in Rechtsprechung und Literatur (vgl. die nahezu erschöpfende Rechtsprechungs- und Literaturübersicht des LG Aachen, DRpfl. 1962, 142[2]; dazu KG, DRpfl. 1962, 172[3]; OLG Hamm, DRpfl. 1962, 408[4] und OLG Stuttgart, Die Justiz 1963, 158[5]).

Der gegenteiligen Auffassung, daß ein auf DM-Ost lautender Titel der Sowjetzone im Verhältnis eine DM-Ost = eine DM-West zu vollstrecken sei, wie sie von einigen wenigen Gerichten vertreten wird, so insbesondere vom 4. Zivilsenat des OLG Karlsruhe (Freiburg) in NJW 1957, 1603[6] (mit ablehnender Kritik von *Brunn*, NJW

---

[1] IzRspr. 1960—1961 Nr. 108 b.
[2] IzRspr. 1960—1961 Nr. 103.
[3] IzRspr. 1960—1961 Nr. 112.
[4] Siehe oben Nr. 66.
[5] Siehe oben Nr. 70.
[6] IzRspr. 1954—1957 Nr. 175.

1958, 754 und von *Seydel*, NJW 1958, 736, 738) und neuerdings vom OLG Bremen (DRpfl. 1962, 173[7], mit abl. Kritik von *Berner*), vermag der Senat nicht beizutreten. Denn diese Auffassung hat eine im Vollstreckungsverfahren unzulässige Abänderung des Titels, nämlich eine Erhöhung der Schuldverpflichtung zur Folge, die auch nicht mit Treu und Glauben oder dem Hinweis zu rechtfertigen ist, daß ein Gericht der Bundesrepublik in einem *Erkenntnisverfahren* im Einzelfall aus Gründen der Gerechtigkeit zu dem Ergebnis gelangen kann, daß die Forderung eines sowjetzonalen Gläubigers materiell mit einem Wert zu bemessen sei, der dem Verhältnis 1:1 gleichkommt (‚Warenkorbvergleich'). Das Postulat von Treu und Glauben ist ein Gesichtspunkt, der bei der Art und Weise einer Vollstreckung Beachtung finden kann, aber keinesfalls zur Inhaltsänderung eines rechtskräftigen Titels führen darf. Da es in einem Vollstreckungsverfahren nur gilt, das zu vollstrecken, wozu rechtskräftig verurteilt worden ist, ist es auch nicht angängig, im Stadium der Vollstreckung noch Überlegungen über den materiellen Wert zuzulassen, welchen die zu vollstreckende Forderung für den Gläubiger an seinem Wohnsitz hat bzw. haben kann. Solche Überlegungen können nur im Rahmen eines Erkenntnisverfahren angestellt werden, um die Höhe einer Forderung oder eines Schadens im Hinblick auf den Bedarf (z. B. Unterhalt) oder die Wiedergutmachung zu ermitteln, wie es etwa in den Entscheidungen des BGH in NJW 1954, 1200[8] (Kostenerstattungsanspruch) und NJW 1954, 1441[9] (Schadensersatz) sowie des OLG Düsseldorf in DRpfl. 1962, 139[10] (Anwaltskosten) geschehen ist. Zur Stützung der gegenteiligen Auffassung können diese Entscheidungen ebensowenig dienen wie der zur Begründung häufig herangezogene Umstand, daß die beiderseitigen Jugendämter für Unterhaltsforderungen ein Clearing-Verfahren mit einer Währungsrelation 1:1 praktizieren. Denn diese Handhabung beruht auf freier Vereinbarung und hat deshalb keine allgemein rechtliche Bedeutung.

Wenn in der Sowjetzone der tatsächliche Kursunterschied zum Nachteil des Gläubigers nicht anerkannt wird, so liegt dies außerhalb dessen, wofür der in der Bundesrepublik lebende Schuldner haftbar gemacht werden kann (OLG Frankfurt, MDR 1956, 420[11]; OLG Hamm, NJW 1955, 68[12]). Dieser Umstand ist deshalb auch keine geeignete Grundlage, bei einer Vollstreckung in der Bundesrepublik nun ebenfalls die DM-Ost der DM-West gleichzusetzen (vgl. BGH, NJW 1954, 1200[8]), zumal die Möglichkeit nicht auszuschließen ist, daß der sowjetzonale Gläubiger trotz der sowjetzonalen Verbote Mittel und Wege findet, den im Verhältnis 1:1 vollstreckten, auf ein Sperrkonto in der Bundesrepublik eingezahlten Betrag abzuheben, ihn durch Umtausch in DM-Ost in seinem Wert *nochmals* zu erhöhen

---

[7] IzRspr. 1960—1961 Nr. 109.
[8] IzRspr. 1954—1957 Nr. 181.
[9] IzRspr. 1954—1957 Nr. 120.
[10] IzRspr. 1960—1961 Nr. 117.
[11] IzRspr. 1954—1957 Nr. 170.
[12] IzRspr. 1954—1957 Nr. 162.

und dann in die Sowjetzone zu bringen bzw. bringen zu lassen, worauf *Brunn* in NJW 1958, 754 zutreffend hingewiesen hat. Schließlich kann man bei der Vollstreckung einer auf DM-Ost lautenden Forderung dieser nicht verschiedene Werte beimessen, je nachdem, ob der vollstreckende Gläubiger in der Sowjetzone oder in der Bundesrepublik ansässig ist."

72. Aus einem auf DM-Ost lautenden Urteil über Unterhaltsansprüche ist im Bundesgebiet in entsprechender Anwendung des § 244 II BGB unter Umrechnung nach dem Wechselstubenkurs zu vollstrecken.

LG Frankenthal, Beschl. v. 14. 11. 1963 — 1 T 231/63: DAVorm. 37 (1964) 42.

Die drei in W. (sowjet.) wohnhaften Gläubiger sind die ehelichen Kinder des in A. (Bundesgebiet) lebenden Schuldners. Dieser ist durch Urteil des Kreisgerichts W. vom 14. 6. 1961 verurteilt worden, den Gläubigern Unterhalt von monatlich je 35 DM zu zahlen.

Die Gläubiger haben auf Grund dieses Titels wegen Rückständen und der laufenden Rente den Arbeitslohn des Schuldners pfänden und sich zur Einziehung überweisen lassen.

Das AG hat die Erinnerung der Gläubiger, in der diese sich gegen die Umrechnung nach dem Wechselstubenkurs wandten, zurückgewiesen. Das LG wies die sofortige Beschwerde der Gläubiger zurück.

Aus den Gründen:

„Das Vollstreckungsgericht hat es mit zutreffender Begründung abgelehnt, die Unterhaltsforderung zum Nennbetrag in DM-West beizutreiben. Die angefochtene Entscheidung steht im Einklang mit der in Rechtsprechung und Schrifttum weit überwiegend vertretenen Auffassung (KG, DRpfl. 1962, 172 ff.[1] mit Anm. von *Berner* S. 174; OLG Hamm, DRpfl. 1962, 408 ff.[2] m. w. Nachw.; *Brühl*, Unterhaltsrecht, 2. Aufl., S. 470 ff.), der auch die Kammer in ständiger Rechtsprechung folgt (Beschl. v. 7. 11. 1961 — 1 T 221/61 —[3] und 8. 5. 1962 — 1 T 88/62).

Die Gläubiger vollstrecken aus einem in der Sowjetzone erwirkten Urteil, das die Unterhaltsansprüche unstreitig in DM-Ost zuerkennt. Die DM-Ost und die DM-West gehören zwei verschiedenen Währungen an, zwischen denen ein erheblicher Wertunterschied besteht. Die Gläubiger dürfen deshalb nur den Betrag in DM-West beitreiben, der erforderlich ist, um den geschuldeten Nennbetrag in DM-Ost in der Bundesrepublik Deutschland erwerben zu können.

Den Gläubigern ist zuzugeben, daß es keinen amtlich notierten Kurs für die DM-Ost gibt. Das Wertverhältnis zwischen beiden Währungen ergibt sich jedoch aus dem im freien Verkehr durch Angebot und Nachfrage sich bildenden Wechselstubenkurs. Nur durch

---

[1] IzRspr. 1960—1961 Nr. 112.
[2] Siehe oben Nr. 66.
[3] Siehe unten Nr. 112.

Heranziehung dieses Kurses ist in entsprechender Anwendung des § 244 II BGB eine *wertgerechte* Beitreibung in DM-Ost zuerkannter Ansprüche überhaupt möglich. Mit Recht führt der Amtsrichter aus, daß eine Vollstreckung im Verhältnis 1:1 dem Titel einen anderen Leistungsinhalt geben würde. Die Gläubiger könnten sich dann durch Geldumtausch zum Wechselstubenkurs mehr DM-Ost verschaffen, als ihnen zuerkannt ist.

Das von den Gläubigern angeführte Clearing-Verfahren ist kein Teil der Zwangsvollstreckung, sondern eine zwischen den beteiligten Jugendämtern vereinbarte Verrechnung einer ganzen Reihe bereits beigetriebener oder freiwillig entrichteter Unterhaltsbeträge. Dieses Verfahren ist ein Notbehelf, weil die devisenrechtlichen Vorschriften der Sowjetzone den Zahlungsverkehr blockieren. Es kann dahinstehen, welchen Einfluß diese Schwierigkeiten auf die materiell-rechtlichen Unterhaltsansprüche der Gläubiger hat und ob eine Klage auf Unterhaltserhöhung Erfolg hätte. Die *Vollstrekkungsorgane* haben allein den titulierten Anspruch zu beachten und nicht zu prüfen, ob durch die Beitreibung der zuerkannten Forderungen der Unterhaltsbedarf der Gläubiger tatsächlich gedeckt wird."

VII. DEVISENRECHT

73. Zur Pfändung des Guthabens auf einem Grundstückskonto, das ein Bewohner des Bundesgebiets in der Sowjetzone unterhält.

Bezirksgericht Magdeburg (sowjet.), Beschl. v. 20. 2. 1963 — 5 BCR 6/63: NJ 1963, 604; ROW 1964, 40; Mitteilungsblatt des Königsteiner Kreises 1964 Nr. 2 no. 15.

Den in der Sowjetzone ansässigen Gläubigern steht aus Grund eines rechtskräftigen Titels gegen die in Westdeutschland lebende Schuldnerin ein Anspruch auf Zahlung eines Betrages von 26 500 DM samt Zinsen und Kosten zu. Wegen dieses Betrages betreiben die Gläubiger die Zwangsvollstreckung gegen die Schuldnerin. Sie haben mit Pfändungs- und Überweisungsbeschluß des Kreisgerichts die Ansprüche der Schuldnerin gegen die Deutsche Notenbank S. (sowjet.) auf Auszahlung des gegenwärtigen und zukünftigen Westzonenkontoguthabens gepfändet.

Gegen diesen Pfändungs- und Überweisungsbeschluß hat die Schuldnerin Erinnerung eingelegt und den Antrag gestellt, den Pfändungsbeschluß dahin abzuändern, daß nur die Hälfte der Neueingänge auf dem Konto bei der Deutschen Notenbank von der Pfändung erfaßt werden möge. Dazu hat sie vorgetragen, daß es sich bei dem Konto um ein Miet- und Pachtzinskonto handele, auf das die Einnahmen aus ihrem Grundbesitz fließen. Diese Einnahmen würden zum größten Teil für die Instandsetzung sowie für die Begleichung der Grundstückslasten benötigt.

Das Kreisgericht hat die Erinnerung der Schuldnerin zurückgewiesen. Es ist der Auffassung, daß es einer Abänderung des genannten Beschlusses zur Regelung der Instandhaltung des Grundstücks und zur Begleichung der öffentlichen Lasten nicht bedürfe. Nach der Anordnung Nr. 2 vom 19. 4. 1958 (GBl. II 115) habe die Deutsche Notenbank bei jeder Pfändung die Zustimmung der staatlichen Organe einzuholen, um die Deckung der Grundstückslasten nicht zu gefährden, während die darüber hinausgehenden Beträge zur Befriedigung der Gläubiger verwendet werden könnten. Die Schuldnerin hat gegen diese Entscheidung sofortige Beschwerde eingelegt und erneut gebeten, daß nur die Hälfte ihres gegenwärtigen und zukünftigen Guthabens gepfändet werden sollte. Ihr Bevollmächtigter habe von der Deutschen Notenbank erfahren, daß diese eine gerichtliche Entscheidung darüber erwarte, bis zu welchem Betrag die Pfändung des Kontos der Schuldnerin für zulässig erachtet werde.

Das Bezirksgericht hat der sofortigen Beschwerde stattgegeben.

Aus den Gründen:

„Der Auffassung des Kreisgerichts, daß nach der oben angeführten Anordnung Nr. 2 die Deutsche Notenbank verpflichtet sei, bei jeder eingehenden Pfändung die Zustimmung der zuständigen staatlichen Organe einzuholen, um die Deckung der Grundstücksausgaben zu gewährleisten, kann nicht gefolgt werden. Es ist nicht Aufgabe der Deutschen Notenbank, als Drittschuldner eine solche Zustimmung einzuholen, sondern nach dem klaren Wortlaut der genannten Anordnung Aufgabe des Gläubigers, der eine Verfügung über ein Guthaben auf einem Westzonenkonto trifft. Daß eine Kontenpfändung eine Verfügung darstellt, bedarf keiner besonderen Erläuterung. Nach der genannten Bestimmung sind Verfügungen (einschließlich Kontenpfändung) zu anderen Zwecken als zur Bezahlung von Leistungen, die im Zusammenhang mit dem Grundbesitz zu erfüllen sind, nur zuzulassen, wenn die zuständige Abteilung Wohnraumlenkung des Rates der Stadt oder der Gemeinde, in dem das Grundstück gelegen ist, ihre Zustimmung dazu erteilt. Ob und in welchem Umfang eine Pfändung der Kontoguthaben zugelassen wird, hängt ausschließlich von der Entscheidung des zuständigen staatlichen Organs ab. Da die Gläubiger bisher eine solche Zustimmung nicht beigebracht haben, war der Beschluß des Kreisgerichts auf die sofortige Beschwerde der Schuldnerin aufzuheben und die Sache zur erneuten Entscheidung über die Erinnerung der Schuldnerin gegen den Pfändungs- und Überweisungsbeschluß an das Kreisgericht zurückzuweisen.

Das Kreisgericht wird den Gläubigern aufzugeben haben, innerhalb einer von ihm zu bestimmenden Frist die Zustimmung des örtlichen Rates — Abteilung Wohnraumlenkung — beizubringen, ob und in welchem Umfang einer Pfändung des Guthabens der Schuldnerin auf deren Konto bei der Deutschen Notenbank zugestimmt wird. Wird eine solche Zustimmung nicht erteilt, dann ist der Pfändungs- und Überweisungsbeschluß auf die Erinnerung der Schuldnerin aufzuheben. Andernfalls ist der monatlich bzw. vierteljährlich zu pfändende Betrag nach Maßgabe der Zustimmung des örtlichen Rates festzulegen. Solange eine Zustimmung der örtlichen Abteilung Wohnraumlenkung nicht vorliegt, ist die Deutsche Notenbank nicht berechtigt, Auszahlungen an die Gläubiger vorzunehmen."

74. Ein Rechtsgeschäft, das einer devisenrechtlichen Genehmigung bedarf, ist vor Erteilung der Genehmigung schwebend unwirksam; wird die Genehmigungspflicht aufgehoben, so wird das Rechtsgeschäft voll wirksam. — Ein Rechtsgeschäft, das beide Parteien zur Umgehung eines devisenrechtlichen Verbots geschlossen haben, ist nicht nichtig, wenn die Möglichkeit nachträglicher Genehmigung von Umgehungsgeschäften uneingeschränkt vorgesehen ist.

BGH, Urt. v. 3. 7. 1963 — V ZR 201/62: WM 1963, 1034.

Mit notariell beurkundetem Vertrag vom 6. 5. 1958 haben die Eheleute T. ihre beiden Grundstücke in F. (Saargebiet) an den Kl. und seine Tochter, die in Westberlin wohnen, verkauft und aufgelassen. Die Eigentumsänderung ist jedoch nicht im Grundbuch eingetragen.

Im September 1958 verhandelte der Kl. mit den Bekl., die in V. (Saargebiet) wohnen, über den Verkauf der Grundstücke. Die Parteien schlossen am 30. 9. 1958 einen schriftlichen Kaufvertrag. Nach diesem Vertrag sollten die Bekl. einen Kaufpreis von 100 000 DM entrichten und bis zum 6. 10. 1958 eine Anzahlung von ca. 15 000 DM leisten. Dieser „vorläufige Kaufvertrag“ sollte nach Leistung der Anzahlung notariell beurkundet werden. Am 10. 10. 1958 zahlte die bekl. Ehefrau in F. einen Betrag von 14 500 DM an den Kl.

Mit notariell beurkundetem Vertrag vom 31. 10. 1958 verkauften die Eheleute T. in Anwesenheit des Kl. ihre beiden Grundstücke an die Bekl. zum Preis von 80 000 DM. Von diesem Kaufpreis sollte ein Betrag von 10 000 DM an den Kl. gezahlt werden. Um die gleiche Zeit haben die Parteien des Rechtsstreits mündlich vereinbart, daß die Bekl. Waren des Kl. zum Preis von 5 146 DM übernehmen sollten.

Der Kl. behauptet, daß die Parteien sich über einen Kaufpreis von 100 000 DM einig gewesen seien; sie hätten nur 80 000 DM beurkundet, weil der Bekl. erklärt habe, bei einem Preis von 100 000 DM würden die französischen Devisenstellen den Vertrag nicht genehmigen. Der Kl. verlangt daher außer den 10 000 DM aus dem notariellen Vertrag vom 31. 10. 1958 und 5 146 DM für Warenlieferung noch den Restbetrag von 5 500 DM aus dem Vertrag vom 30. 9. 1958.

Die Bekl. rechnen gegen diese Forderungen mit dem Betrag von 14 500 DM auf. Die Parteien seien sich nämlich einig gewesen, daß dieser Betrag auf den noch festzusetzenden Kaufpreis anzurechnen sei. Die Anzahlung von 14 500 DM sei in dem notariellen Vertrag vom 31. 10. 1958 nicht erwähnt, da der Kl. vermeiden wollte, daß die Eheleute T. davon erführen.

Das LG hat die Klage abgewiesen, da die Gegenforderung der Bekl. in Höhe von 14 500 DM die Forderungen des Kl. übersteige. Das OLG hat die Bekl. zur Zahlung von 10 954 DM verurteilt. Auf die Revision der Bekl. hob der BGH das Urteil des OLG auf, soweit es zum Nachteil der Bekl. erkannt hatte, und verwies die Sache insoweit an das OLG zurück.

Aus den Gründen:

„Das Berufungsgericht ist zu dem Ergebnis gekommen, daß dem Kl. gegen die Bekl. aus dem notariellen Vertrag vom 31. 10. 1958 eine Forderung in Höhe von 8849,69 DM (10 000 DM minus 1150,31 DM Zinsen) und aus den Warenlieferungen eine solche von 2104,85 DM, insgesamt also eine Forderung von 10 954,54 DM zustehe.

Die Revision greift dies nicht an. Sie wendet sich lediglich gegen die Auffassung des Berufungsgerichts, für die Bekl. sei durch die am 10. 10. 1958 erfolgte Zahlung der 14 500 DM an den Kl. durch die bekl. Ehefrau keine Gegenforderung in dieser Höhe entstanden, mit der sie gegen die festgestellte Forderung des Kl. hätten aufrechnen können.

Das Berufungsgericht geht insoweit von dem Vortrag der Bekl. in ihrem Schriftsatz vom 21. 4. 1962 aus, die bekl. Ehefrau habe vor dem Notar Dr. E. in F. (an den die am Vertrag vom 31. 10. 1958 Beteiligten sich zuerst gewendet hatten) erklärt, daß sie die 14 500 DM ‚schwarz' über die Grenze (zwischen dem Saarland und dem übrigen Teil der Bundesrepublik) gebracht habe. Es folgert hieraus, daß von den Parteien nicht beabsichtigt worden sei, bezüglich der bereits auf die Grundstücke gezahlten 14 500 DM eine Devisengenehmigung einzuholen und deshalb insoweit Nichtigkeit gemäß § 134 BGB i. V. m. Art. I Nr. 1f, Art. VII MilRgGes. Nr. 53 bestehe. Jedoch sei, so führt das Berufungsgericht unter Bezugnahme auf das Urteil des BGH vom 4. 11. 1955 — I ZR 11/54, LM Nr. 4 zu MRG 53 = NJW 1956, 338 weiter aus, das auf §§ 816 bzw. 812, 818 BGB gestützte Zurückforderungsrecht der Bekl. nach § 817 Satz 2 BGB ausgeschlossen.

Die Revision greift dies mit Recht an.

Es ist ihr zunächst darin beizutreten, daß trotz der am 1. 1. 1957 erfolgten Eingliederung des Saarlandes in die Bundesrepublik der Wirtschaftsverkehr zwischen dem Saarland und dem sonstigen Bundesgebiet bis zur Beendigung der wirtschaftlichen Übergangszeit noch den Devisenbewirtschaftungsgesetzen unterlag (Runderlaß Außenwirtschaft Nr. 6/1957, BAnz. Nr. 23 vom 2. 2. 1957) und daß, nachdem diese Übergangszeit erst mit dem Ablauf des 5. 7. 1959 zu Ende gegangen war (BGBl. I 401), deshalb die Zahlung der 14 500 DM durch die bekl. Ehefrau an den Kl. vom 10. 10. 1958 der Genehmigung nach MilRegGes. Nr. 53/VO Nr. 235 (französ. Zone) bedurfte.

Es ist der Revision aber auch darin zu folgen, daß ein zwar genehmigungsbedürftiges, aber vor der Vornahme nicht genehmigtes Rechtsgeschäft nicht schlechthin nichtig, sondern nur schwebend unwirksam ist (Urt. des Senats vom 20. 5. 1955 — V ZR 93/54, BB 1955, 876[1] unter Bezugnahme auf das Urt. des Senats vom 20. 3. 1953 — V ZR 143/51, LM Nr. 2 zu Art. II MRG 52 = MDR 1953, 419, in dem dieser Grundsatz hinsichtlich des Ges. Nr. 52 aufgestellt wurde) und daß mit dem Wegfall der Genehmigungspflicht das Rechtsgeschäft voll wirksam wird. Dieser in der Rechtsprechung des BGH entwickelte Grundsatz (vgl. Urt. des Senats vom 20. 3. 1953 — V ZR 143/51 hinsichtlich des Ges. Nr. 52 — Aufhebung der Vermögenssperre — und Urt. des I. Zivilsenats des BGH vom 6. 4. 1956 — I ZR 159/54, LM Nr. 6 zu MRG 53[2] — Erteilung einer allgemeinen Genehmigung —) hat jetzt auch in § 50 I des Außenwirtschaftsgesetzes vom 28. 4. 1961 (BGBl. I 481) seinen Niederschlag gefunden. Mit dem Ablauf der Übergangszeit verstieß damit die Hingabe der 14 500 DM an den Kl. nicht mehr gegen ein gesetzliches Verbot.

---

[1] IPRspr. 1954—1955 Nr. 164 a.
[2] IPRspr. 1956—1957 Nr. 175.

Es bedarf aber noch eines Eingehens auf die Auffassung des Berufungsgerichts, die Nichtigkeit ergebe sich daraus, daß die Parteien nicht beabsichtigt hätten, eine Devisengenehmigung einzuholen. Das Berufungsgericht lehnt sich damit an die Rechtsprechung des Senats zu Gesetz Nr. 52 dahin an, daß das Rechtsgeschäft bei Fehlen der Genehmigung dann nichtig ist, wenn die Beteiligten in Vereitelungs- oder Umgehungsabsicht gehandelt, das Rechtsgeschäft also in der Absicht geschlossen haben, den Zweck des Gesetzes zu mißachten (Urt. vom 20. 3. 1953 — V ZR 143/51 und vom 19. 6. 1953 — V ZR 83/51, LM Nr. 2 zu Art. V MRG 52 = NJW 1953, 1587). Dieser Grundsatz kann aber, wie in der Revision mit Recht hervorgehoben wird, nicht auch auf das Gesetz Nr. 53 angewendet werden, da dieses in Art. VII die Möglichkeit nachträglicher Genehmigung bei Vereitelungsabsicht ohne Einschränkung, also auch bei Vereitelungsabsicht beider Parteien ausdrücklich vorsieht (Urt. des Senats vom 19. 6. 1953 — V ZR 83/51). Sollte aus dem späteren Urteil des Senats vom 20. 5. 1955 — V ZR 93/54 etwas anderes zu entnehmen sein, so wird daran nicht festgehalten. Damit sind die Voraussetzungen für die Anwendung des § 817 Satz 2 BGB entgegen der Auffassung des Berufungsgerichts nicht gegeben. Das Urteil des BGH vom 4. 11. 1955 — I ZR 11/54, auf das sich das Berufungsgericht bezogen hat, steht dem nicht entgegen, da in dem ihm zugrunde liegenden Fall die Erteilung der Devisengenehmigung abgelehnt wurde und das Rechtsgeschäft damit endgültig unwirksam geworden war.

Gleichwohl ist der Rechtsstreit noch nicht im Sinne der Klageabweisung zur Entscheidung reif, weil noch nicht feststeht, daß der Anspruch der Bekl. auf Rückzahlung der 14 500 DM auch aus anderen Gründen nicht entfällt ...".

75. **Für Voraussetzungen und Folgen einer unerlaubten Handlung ist entsprechend Art. 12 EGBGB das Recht des Tatorts maßgebend. — Liegt der Tatort sowohl im Bundesgebiet als auch in der Sowjetzone, so kann sich der Ersatzberechtigte auf das ihm günstigere Recht des Bundesgebiets berufen. — Aus dem Alleinvertretungsrecht der Bundesrepublik Deutschland für ganz Deutschland folgt, daß die Bewohner der Sowjetzone in ihren Beziehungen zu den Bewohnern des Bundesgebiets diesen gleichgestellt sind und insoweit auch den Schutz der Grundrechte der westdeutschen Verfassung genießen. — Wenn die Sowjetzone auf Grund ihrer Devisenvorschriften im Bundesgebiet zu erfüllende Forderungen sowjetzonaler Bewohner im Ergebnis ohne angemessenen Wertausgleich in Anspruch nimmt, so verstößt das gegen die öffentliche Ordnung des Bundesgebiets. — Bewohner des Bundesgebiets dürfen nicht dazu mitwirken, daß sowjetzonalen Behörden die Durchsetzung ihrer rechtswidrigen Devisenvorschriften hinsichtlich des westdeutschen Vermögens von Bewohnern der Sowjetzone ermöglicht wird.**

BGH, Urt. v. 17. 12. 1963 — VI ZR 200/62: WM 1964, 260; LM Nr. 2 zu § 823 (Ab) BGB; BGHWarn 1963 Nr. 274; NJW 1964, 650; MDR 1964, 313; JR 1964, 421; ROW 1964, 135; VersR 1964, 260; DAWRd. 1964, 155; BB 1964, 150; VeröffBAV 1964, 166; Mitteilungsblatt des Königsteiner Kreises 1964 Nr. 3 no. 21; Leitsatz in DRiZ 1964 B 38 Nr. 473.

Die Kl., die früher in T. (sowjet.) wohnte, war dort bis zum Jahre 1958 für die S.-GmbH in X. (Bundesgebiet) tätig, die sich mit Handelsgeschäften zwischen beiden Teilen Deutschlands befaßte. Geschäftsführer war der in X. wohnende Ehemann der Kl. Als dieser im März 1958 bei der Kl. in T. zu Besuch weilte, wurden beide wegen des Verdachts von Wirtschaftsvergehen festgenommen und in die Haftanstalt E., Domplatz 37, zur Untersuchungshaft gebracht.

Der Kl. gehört ein Hausgrundstück in X. Den sowjetzonalen Behörden gegenüber hatte sie ihren Ehemann als Eigentümer ausgegeben, um sich der Anmeldung der Mieteinnahmen bei der Deutschen Notenbank gemäß § 8 des sowjetzonalen Gesetzes zur Regelung des innerdeutschen Zahlungsverkehrs vom 15. 12. 1950 (GBl. 1202) zu entziehen.

An dem Hause hatte das Maler- und Tünchergeschäft O. in X. Arbeiten ausgeführt, für die es noch eine Restzahlung von rund 5800 DM beanspruchte. Mit der Geltendmachung der Forderung beauftragt, bat die bekl. Handwerkskammer X. zunächst das LG X. um Mitteilung, ob im Hinblick darauf, daß die Kl. mit ihrem Ehemann in E. inhaftiert sei, entgegen bisheriger Gepflogenheit aber längere Zeit nicht mehr geschrieben habe, die öffentliche Zustellung der Klage gegen sie bewilligt werde. Dahin beschieden, daß eine öffentliche Zustellung erst in Betracht komme, wenn eine Anfrage bei der letzten Strafanstalt nach ihrem Verbleib unbeantwortet bleiben solle, richtete die Bekl. am 3. 10. 1958 an die Kl. unter der Anschrift „E., Domplatz 37" ein von dem Hauptgeschäftsführer und dem Justitiar unterzeichnetes Schreiben, in dem der Betrag von rund 5 800 DM „für auftragsgemäß ausgeführte Maler- und Tüncherarbeiten am Hause X., ..." angemahnt wurde. Das Schreiben gelangte infolge der Briefkontrolle bei der Haftanstalt in die Hände der dortigen Staatsanwaltschaft und führte dazu, daß die in Gang befindliche Hauptverhandlung gegen die Kl. und ihren Ehemann wegen der ursprünglich erhobenen Vorwürfe unterbrochen, eine Nachtragsanklage erhoben und die Kl. im März 1959 vom Bezirksgericht E. wegen Nichtanmeldung ihrer Mietzinsforderungen von insgesamt 40 595 DM aus dem Haus in X. in den Jahren 1954—1957 auf Grund der §§ 8, 16 des Gesetzes über den innerdeutschen Zahlungsverkehr i. V. m. § 9 der Wirtschaftsstrafverordnung vom 23. 9. 1948 (ZVOBl. 1948, 439) zu einer um ein Jahr höheren Gefängnisstrafe sowie zu einer Geldstrafe von 30 000 DM-Ost verurteilt wurde; ihr und ihrem mitverurteilten Ehemann wurde von der erlittenen Untersuchungshaft die Zeit vom 10. 10. bis 11. 12. 1958 nicht auf die erkannten Strafen angerechnet. Auf die Berufung der Kl. wurde durch das Urteil des OG in Berlin vom 5. 6. 1956 zwar die Gesamtfreiheitsstrafe von 3½ Jahren, die gegen sie ausgesprochen worden war, auf 3 Jahre ermäßigt, im übrigen aber das Urteil des Bezirksgerichts E. bestätigt.

Die Kl. hat die Bekl. für den Schaden verantwortlich gemacht, der ihr und ihrem Ehemann infolge der Inhaftierung, soweit sie auf der Nichtanmeldung der Mietforderungen in X. beruht hat, durch Verlust von Arbeitsverdienst und Entgang einer Lohnsteuerrückvergütung entstanden ist. Außerdem verlangt sie Ersatz für den Schaden, den sie nach ihrer Behauptung dadurch erlitten hat, daß die Zonen-Behörden zwecks Realisierung der erkannten Geldstrafe ihre in der sowjet. Besatzungszone bestehende Lebensversicherung zum Rückkaufswert von 1658,30 DM gepfändet haben. Sie hat sich die Schadensersatzforderung ihres Ehemannes abtreten lassen.

Das LG hat die Klage, mit der die Kl. zunächst einen Teilbetrag von 3000 DM forderte, abgewiesen und auf die von der Bekl. erhobene Widerklage festgestellt, daß der Kl. auch über diesen Betrag hinaus kein Schadensersatzanspruch gegen die Bekl. zusteht.

Im Berufungsverfahren hat die Kl. den gesamten Schaden mit 10 671,53 DM geltend gemacht. Die Parteien haben daraufhin die Widerklage für erledigt erklärt. Das OLG hat die Klage dem Grunde nach für gerechtfertigt erklärt. Der BGH hat die Revision der Bekl. in der Hauptsache zurückgewiesen. Er hat ihr dagegen stattgegeben hinsichtlich des Ersatzanspruches für die entzogene Lebensversicherung; insoweit ist die Klage abgewiesen worden.

Gründe:

„1. Das Berufungsgericht hat mit Recht eine Schadensersatzpflicht der Bekl. nach §§ 823, 31, 89 BGB für begründet gehalten.

Zu Unrecht zieht die Revision in Zweifel, daß das Schreiben der Bekl. für den Freiheitsentzug der Kl. und ihres Ehemannes im Rechtssinne ursächlich geworden ist. Das Mahnschreiben der Bekl. an die Kl. hat die sowjetzonalen Behörden, durch deren Hand es ging, darauf hingewiesen, daß die Kl. Reparaturarbeiten an einem in der Bundesrepublik belegenen Hause hatte vornehmen lassen; bei dieser Sachlage drängte sich die Annahme auf, daß die Kl. Eigentümerin des Hauses war und Einnahmen aus dem Hause bezog, die nach dem sowjetzonalen Gesetz zur Regelung des innerdeutschen Zahlungsverkehrs der Anmeldepflicht unterlagen. Es war daher zu erwarten, daß die sowjetzonalen Behörden den aus dem Mahnschreiben sich ergebenden Hinweisen nachgingen und untersuchten, ob der Anmeldevorschrift genügt war, — dies um so mehr, als sich die Kl. und ihr Ehemann bereits wegen anderer Beschuldigungen in Untersuchungshaft befanden. Daß es dabei zur Aufdekkung eines Verstoßes gegen die Anmeldepflicht, zu mittlerweile ausgedehnter Untersuchungshaft und zur Verhängung von Freiheitsstrafe kommen konnte, lag im Bereich naheliegender Möglichkeiten.

2. a) Das Berufungsgericht ist der Ansicht, daß die Kl. und ihr Ehemann damit einen rechtswidrigen Eingriff in ihre Freiheit erfahren hätten. Zwar habe die Kl. unter Beihilfe ihres Ehemanns gegen die ihr nach sowjetzonalem Recht obliegende Verpflichtung zur Anmeldung ihres in der Bundesrepublik gelegenen Hausgrundstücks verstoßen. Daß ein solches Verhalten nach sowjetzonalem Recht strafbar sei, dürfe aber nicht losgelöst von dem Sinn und Zweck der unter die Strafandrohung gestellten Anmeldepflicht gesehen werden. Diese erschöpfe sich keineswegs in dem formellen Akt der bloßen Anmeldung; sobald das Vermögen und aus ihm sich ergebende Geldforderungen den Zonenbehörden bekannt würden, sei den Zonenbewohnern vielmehr jede Verfügung über die westliche Geldforderung entzogen; sie könnten darüber nur noch mit Genehmigung der Notenbank disponieren; eine Genehmigung werde nur erteilt, wenn der größte Teil der Westmarkbeträge in die Zone gebracht und dort gegen Ostmark im Umstellungsverhältnis 1:1 umgetauscht werde. Darin liege praktisch in Höhe von $^3/_4$ der West-

markbeträge eine entschädigungslose Enteignung, die sich außerhalb der Grenzen der sowjet. Besatzungszone auswirke. Eine solche sei aber mit dem Grundsatz des Art. 14 GG und dem ordre public der Bundesrepublik nicht vereinbar. Unter diesen Umständen könne daher auch ein Verstoß gegen die zugrundeliegende Anmeldepflicht nicht als rechtswidrig bezeichnet und die Bestrafung wegen eines derartigen Verstoßes nicht als rechtmäßig anerkannt werden. Wer solchenfalls die Verhängung einer Freiheitsstrafe auslöse, füge dem Betroffenen eine rechtswidrige Freiheitsverletzung zu.

Auf Wahrnehmung berechtigter Interessen könne sich die Bekl. nicht berufen. Es sei nicht notwendig gewesen, das Schreiben vom 3. 10. 1958 in einer die Kl. belastenden Form abzufassen; die Bekl. habe die Kl. auffordern können, die Forderung der Gläubiger zu bezahlen oder einen in der Bundesrepublik ansässigen Zustellungsbevollmächtigten zu bestellen, ohne das Haus in X. zu erwähnen und darauf hinzuweisen, daß es sich um eine Handwerkerforderung aus Arbeiten an diesem Haus handelte.

b) Die Revision hält die Auffassung des Berufungsgerichts für fehlsam, daß der Vertreter der Bekl. rechtswidrig gehandelt habe. Ob wirtschaftsregelnde Maßnahmen der sowjet. Besatzungszone dem ordre public der Bundesrepublik entsprächen und mit Bezug auf die Auswirkungen in das Territorium der Bundesrepublik Deutschland hier anerkannt werden könnten, sei, so meint die Revision, etwas anderes als die Frage, wie weit die in der Zone verbliebenen Deutschen an die dort geltenden Rechtsregeln gebunden seien. Nur dann könne angenommen werden, daß das fremde Gesetz in seinem eigenen Geltungsbereich als unverbindlich zu betrachten sei, wenn es grundlegende Gebote der Gerechtigkeit verletze. Das sei bei dem sowjetzonalen Gesetz zur Regelung des innerdeutschen Zahlungsverkehrs mit seiner Bestimmung des § 8 über die Anmeldung von Westmarkforderungen nicht der Fall. Vorschriften über die Zwangsbewirtschaftung von Devisen beständen in fast allen Ländern mit nicht frei konvertierbarer Währung und gehörten zum normalen wirtschaftlichen Instrumentarium eines jeden modernen Staates. Allerdings komme es bei den angemeldeten Westmarkforderungen in Anbetracht des vorgeschriebenen Umrechnungsverhältnisses zu einer entschädigungslosen Teilenteignung des in der sowjet. Besatzungszone wohnenden Gläubigers, wenn diese nach dem wirklichen Kaufkraftunterschied von DM-West und DM-Ost auch nicht so hoch sei, wie sie sich auf Grund des in den Berliner Wechselstuben geltenden Umrechnungskurses errechne. Dennoch brauche die sowjetzonale Festsetzung des Umrechnungskurses keine gezielte Unrechtsmaßnahme zu bedeuten, sondern könne für die Sowjetzone aus wirtschaftspolitischen Gründen erforderlich sein. Da also keine rechtlichen Bedenken gegen das sowjetzonale Gesetz über den innerdeutschen Zahlungsverkehr beständen, sei die Kl. gehalten gewesen, das Gesetz zu beachten. Ein Widerstandsrecht habe ihr nicht zugestanden. Die Bekl. sei nicht verpflichtet gewesen, darauf Rücksicht zu nehmen, daß die Kl. möglicherweise gegen das Gesetz verstoßen habe. Mit der Nichtbefolgung des Gesetzes sei die Kl. ein bewußtes Risiko eingegangen, das sie nun nicht auf die Bekl. abwälzen könne. Ihre Strafverurteilung habe sie selbst zu vertreten.

c) Bei diesem Gedankengang der Revision wird einmal übersehen, daß die Frage der Rechtswidrigkeit des Verhaltens der Bekl. nicht nach den sowjetzonalen Vorschriften, sondern nach dem in der Bundesrepublik geltenden Recht zu beurteilen ist. Denn gemäß dem interlokal entsprechend anzuwendenden Grundsatz des Art. 12 EGBGB ist nach anerkannter Rechtsprechung für Voraussetzungen und Folgen einer unerlaubten Handlung das Recht des Tatorts maßgebend, und Tatort jeder Ort, an dem auch nur ein Teil der unerlaubten Handlung verwirklicht wurde. Tatort ist daher vorliegend auch die Bundesrepublik, in der das Schreiben der Bekl. verfaßt und abgesandt wurde, und somit deren Recht als das dem Ersatzberechtigten günstigere zugrunde zu legen (vgl. RGZ 138, 243, 246).

Die Revision läßt ferner außer Betracht, daß ein Verhalten auch dann rechtswidrig sein kann, wenn dadurch an und für sich formell gesetzmäßige Maßnahmen behördlicher Organe veranlaßt werden, so daß Rechtmäßigkeit oder Rechtswidrigkeit der Handlung der Bekl. unabhängig davon zu beurteilen ist, wie es um die Rechtsverbindlichkeit der Gesetze steht, wegen deren Verletzung die Kl. und ihr Ehemann verhaftet und zu Freiheitsstrafe verurteilt worden sind. Maßgebend ist daher allein, wie das Verhalten der Bekl. und seine Folgen für die Kl. und ihren Mann nach dem Recht der Bundesrepublik zu werten sind.

Die Bundesrepublik erkennt die DDR und ihre Regierung, mag sie auch de facto in dem sowjet. besetzten Teil Deutschlands Herrschaft ausüben, als der Bevölkerung gegen ihren Willen und unter Verletzung völkerrechtlicher Verpflichtungen aufgezwungen, nicht als rechtmäßig an. Sie ist zu einer Anerkennung nicht verpflichtet und befindet sich in Übereinstimmung mit der Haltung der Westmächte USA, Großbritannien und Frankreich, die laut ihrer Erklärung in Abschnitt V der Schlußakte der Londoner Konferenz vom Oktober 1954 ‚die Regierung der Bundesrepublik als die einzige deutsche Regierung betrachten, die frei und rechtmäßig gebildet und daher berechtigt ist, für Deutschland als Vertreterin des deutschen Volkes ... zu sprechen.' Dieses deutsche Volk aber ist ein einziges und einheitliches, da es weder eine Staatsangehörigkeit der Bundesrepublik noch der DDR, sondern nur eine gemeinsame deutsche Staatsangehörigkeit gibt. Daraus folgt zwingend, daß die Bewohner der sowjet. besetzten Teile Deutschlands in ihren Beziehungen zur Bundesrepublik und deren Bewohnern rechtlich diesen gleichgestellt sind, so daß sie jedenfalls insoweit auch im Genuß der verfassungsmäßigen Grundrechte stehen.

Wenn die Zonenbehörden auf Grund von § 8 des Gesetzes zur Regelung des innerdeutschen Zahlungsverkehrs im Ergebnis in der Bundesrepublik zu erfüllende Forderungen ohne angemessenen

Wertausgleich an sich ziehen, so widerstreitet das nicht nur dem Art. 14 III GG, sondern vor allem auch der öffentlichen Ordnung der Bundesrepublik, die es nicht hinnehmen kann, daß die von ihr nicht anerkannte Zonenregierung auf Bundesgebiet belegene Vermögenswerte in grundgesetzwidriger Weise an sich zieht. Hierauf gerichtete Vorschriften und Maßnahmen der Sowjetzone stehen daher im Widerspruch zu dem in der Bundesrepublik geltenden Recht (vgl. BVerfGE 11, 150, 161 ff.; BGHZ 31, 367, 372 f.[1]).

Dem müssen die Bewohner der Bundesrepublik in ihrem Verhalten Rechnung tragen. Sie dürfen nicht dazu mitwirken, daß die sowjetzonalen Behörden auf in der Bundesrepublik belegenes Vermögen Zugriff nehmen und damit die Berechtigten von der Verfügung mehr oder minder ausschließen. Sie dürfen ferner nicht die in der sowjet. Besatzungszone lebenden Deutschen, die ihre Freiheits- und Vermögensrechte wahren wollen, der Gefahr von nicht als rechtmäßig anerkannten Sanktionsmaßnahmen aussetzen. Ein solches Verhalten ist nicht nur rechtswidrig, wenn es die Einleitung solcher Maßnahmen bezweckt, sondern auch dann, wenn die Rücksichtnahme außer acht gelassen wird, die zur Wahrung der Freiheits- und Eigentumsrechte der in der sowjet. Besatzungszone lebenden Deutschen geboten ist. Führt ein solches Verhalten zu polizeilicher oder gerichtlicher Freiheitsentziehung, so liegt der Tatbestand des § 823 I BGB vor, — woran es nichts ändert, daß die verhängten Maßnahmen mit den in der Sowjetzone bestehenden Gesetzen in Einklang stehen mögen. Entscheidend ist, daß sie nicht von Bewohnern der Bundesrepublik gegen Deutsche der sowjet. Besatzungszone in Gang gebracht werden dürfen.

Schon aus diesem Grund war es rechtswidrig, daß die Bekl. ihr Mahnschreiben in die sowjetzonale Haftanstalt übersandte, ohne daß es weiter darauf ankam, ob die adäquate Folge dieser rechtswidrigen Handlung, nämlich der von den Zonenbehörden verfügte Freiheitsentzug, mit den dort geltenden Gesetzen in Einklang stand. Die Bekl. jedenfalls hat widerrechtlich gehandelt, indem sie durch ihr Mahnschreiben die Verletzung der Freiheit der Kl. und ihres Ehemannes verursachte.

Demgegenüber kann sich die Revision nicht mit Erfolg darauf berufen, daß nach der Rechtsprechung des BVerwG ein Sowjetzonenbewohner die Gefahr einer Strafverfolgung, in die er durch einen bewußten Verstoß gegen wirtschaftslenkende Vorschriften gerate, in der Regel zu vertreten habe (BVerwGE 8, 292, 294; 10, 21, 22; Urt. vom 22. Februar 1961 — VIII C 287/59, NJW 1961, 1372). Die angeführten Entscheidungen befassen sich mit der Auslegung des § 3 BVFG, in dem bestimmt ist, wer als Sowjetzonenflüchtling im Sinne des Bundesvertriebenengesetzes zu gelten hat. Das BVerwG hat keineswegs die Rechtsstaatmäßigkeit der in Rede stehenden sowjetzonalen Bestimmungen bestätigt. Vielmehr hat es hervorgehoben,

[1] IzRspr. 1958—1959 Nr. 136.

daß den in der sowjet. Besatzungszone erlassenen Regelungen, seien sie nun rechtsstaatwidrig oder nicht, die *gesamte* Bevölkerung zwangsweise unterworfen sei und als Sowjetzonenflüchtling in der Bundesrepublik die Rechte und Vergünstigungen nach dem BVFG zu Lasten der Allgemeinheit nicht schon beanspruchen könne, wer sich jenen Vorschriften aus persönlichen Gründen nicht beugen wolle und ihnen in Kenntnis der Folgen zuwidergehandelt habe. Was das BVerwG hier über den Sinn des § 3 BVFG gesagt hat (der nach *Strassmann-Nitsche,* Bundesvertriebenengesetz, Ergänzungsband 1962 zur 2. Aufl., § 3 Anm. 9, darin liegt, die in der sowjet. Besatzungszone befindlichen Deutschen solange dort zu halten, als dies für sie nicht wegen einer politisch bedingten besonderen Zwangslage unzumutbar wird), steht den obigen Darlegungen daher nicht entgegen.

3. Mit Recht hat das Berufungsgericht schließlich angenommen, daß der Hauptgeschäftsführer der Bekl. mit einem derartigen Erfolg hätte rechnen müssen, als er das Mahnschreiben mit der ihm gegebenen Fassung unter der Anschrift der Haftanstalt in E. an die Kl. richtete. Es erwägt:

Der verfassungsmäßige Vertreter der Bekl. habe nach der Vorgeschichte des Schreibens vom 3. 10. 1958 mit der Möglichkeit rechnen müssen, daß dieses der Kl. in der Haftanstalt zugehen und hier von der Staatsanwaltschaft kontrolliert werde. Bei der Fassung des Schreibens sei aber, für ihn erkennbar, die Schlußfolgerung mehr als naheliegend gewesen, daß das darin bezeichnete Haus im Eigentum der Kl. stehe. Er habe sich nicht darauf verlassen dürfen, daß die Kl. die ihr aus dem Haus zustehenden Mietforderungen entsprechend der Vorschriften des Gesetzes über den innerdeutschen Zahlungsverkehr bei der Deutschen Notenbank angemeldet habe. Es könne schlechterdings nicht vermutet werden, daß sich die Bewohner der sowjet. Besatzungszone auch solchen Gesetzen ohne jeden Versuch der Gegenwehr unterwürfen, die mit rechtsstaatlichen Grundsätzen in Widerspruch ständen und deren Auswirkungen geeignet seien, ihre Existenzgrundlage zu vernichten oder doch in unvertretbarem Ausmaß zu beeinträchtigen. Zumindest könne das nicht von solchen Personen angenommen werden, die sich bereits als verdächtig in Untersuchungshaft befänden.

Es stellt in der Tat eine Verletzung der im Verkehr erforderlichen Sorgfalt dar, daß der Hauptgeschäftsführer sich die Möglichkeit der Folgen nicht vor Augen geführt hat. Es durfte ihm zumal als dem Organ einer öffentlich-rechtlichen Körperschaft nicht unbekannt sein, daß jeder Hinweis auf in Westdeutschland belegenes Vermögen die in der Sowjetzone wohnenden Mitbürger in die ernste Gefahr schwerer Bestrafung bringen kann und daher unbedingt zu vermeiden ist. Da solche Folgen voraussehbar waren, liegt eine die Schadensersatzpflicht nach § 823 I BGB begründende Fahrlässigkeit vor.

Der Entscheidung des Berufungsgerichts, soweit es eine Schadensersatzpflicht der Bekl. wegen des der Kl. und ihrem Ehemann verursachten Freiheitsentzugs bejaht hat, muß daher im Ergebnis beigetreten werden.

4. In der Klagesumme ist ein Betrag von 1658,30 DM enthalten, den die Kl. als Ersatz dafür verlangt, daß ihr auf Grund des Strafurteils zur Beitreibung der darin ausgesprochenen Geldstrafe eine in der sowjet. Besatzungszone bestehende Lebensversicherung zum Rückkaufswert in jener Höhe weggepfändet worden ist. Das Berufungsgericht hat die Klage insgesamt dem Grunde nach für gerechtfertigt erklärt, ohne sich mit diesem Teil des Klagebegehrens in den Entscheidungsgründen zu befassen. Da dieser Anspruch indessen nicht eines der in § 823 BGB geschützten Rechte und Güter betrifft und § 839 BGB i. V. m. Art. 34 GG nach den Feststellungen und rechtsirrtumsfreien Erwägungen der vorinstanzlichen Gerichte als Anspruchsgrundlage ausscheidet, könnte er sich nur auf § 826 BGB stützen. Daß dessen Voraussetzungen vorlägen, ist aber vom Berufungsgericht nicht festgestellt und dem Vorbringen der Parteien auch nicht zu entnehmen. Mit diesem Teil des Klagebegehrens muß die Kl. daher abgewiesen werden."

VIII. ENTEIGNUNG

1. Enteignungsgleicher Eingriff

76. Die Auflösung einer Kapitalgesellschaft in einer der westlichen Besatzungszonen Deutschlands hat keine Wirkung außerhalb dieser Besatzungszonen. — (Ein Anspruch aus Schuldverschreibungen des Deutschen Reiches ist am Ort der depotführenden Bank belegen.)

Bundesschuldenverwaltung (Prüfstelle I), Entsch. v. 3. 2. 1962 — 3 133 266: WM 1963, 887.

Die am 1. 7. 1948 in München (amerik.) gegründete Bayerische Kriegsblindenfürsorge gemeinnützige GmbH mit Sitz in München hat eine Zweigniederlassung in W. (amerik.). Diese Zweigniederlassung hat Schatzanweisungen des Deutschen Reiches zur Ablösung angemeldet. Die Wertpapiere waren am 1. 1. 1945 für die „Deutsche Kriegsblinden-Arbeitsgemeinschaft, gemeinnützige GmbH in Berlin, Zweigniederlassung W." verbucht. Die depotführende Bank hat das Depot auf die Anmelderin umgebucht.

Die „Deutsche Kriegsblinden-Arbeitsgemeinschaft gemeinnützige GmbH" ist als nationalsozialistische Organisation am 1. 9. 1948 durch die brit. Militärregierung aufgelöst und im Februar 1949 im Handelsregister gelöscht worden. Ein für das Vermögen der Gesellschaft in der brit. Zone bestellter Treuhänder hat alle Vermögenswerte der Gesellschaft auf die St. GmbH in H. (brit.) übertragen. Die Anmeldung der Anmelderin wurde abgelehnt.

Aus den Gründen:

„Zwar ist der Auflösungsbeschluß der brit. MilReg. nur für die brit. Zone bindend (vgl. BGH 15. 11. 1960, JR 1961, 176[1]), und der bei der Anmeldestelle in W. verbuchte Anspruch blieb von der Übertragung durch den Treuhänder unberührt . . .“

2. Enteignung gewerblicher Schutzrechte

77. Die Enteignung des Vermögens einer Kapitalgesellschaft und ihre Löschung im Handelsregister des Gesellschaftssitzes in der Sowjetzone haben außerhalb dieser Zone keine Wirkung. — Firmen- und Warenzeichenrechte einer Kapitalgesellschaft, die ihren Sitz in der Sowjetzone hatte, sind auch im Bundesgebiet belegen. — (Eine Forderung ist am Sitz des Schuldners belegen.) — Nach ständiger Rechtsprechung geht ein Warenzeichen nicht verloren, wenn der Geschäftsbetrieb infolge rechtswidriger Enteignung in der Sowjetzone zeitweilig völlig eingestellt wird, jedoch in seinem für die Fortführung wesentlichen Bestand im Bundesgebiet erhalten bleibt und wenn die Absicht und Möglichkeit einer Fortsetzung innerhalb eines angemessenen Zeitraums besteht.

BGH, Urt. v. 12. 10. 1962 — I ZR 99/61: LM Nr. 4 zu § 1 WZG; GRUR 1963, 263 (zust. *Reimer*); MDR 1963, 194; BB 1963, 62; WRP 1963, 180; DRspr. II (242) 44a; Leitsätze in NJW 1963, 348.

Für die Kl., die X.-AG in Y. (sowjet.), sind in der Warenzeichenrolle des Deutschen Patentamts München mehrere Warenzeichen eingetragen. Unter ihnen befindet sich das Wortzeichen „Formfit“, das im Jahre 1932 angemeldet wurde und im Jahre 1952 aufrechterhalten worden ist. Die Schutzdauer des Zeichens wurde 1952 und 1962 verlängert. Als Waren sind in der Eintragung „Gummistrümpfe, Leibbinden, Bandagen für chirurgische, orthopädische und Sportzwecke“, als Gegenstand des Geschäftsbetriebs der Kl. die „Herstellung und der Vertrieb von Gummiwirk-, Gummiweb- und Gummistrickwaren aller Art“ angegeben.

Die Bekl. betreibt ein Großunternehmen auf dem Gebiete des Textileinzelhandels mit Zweigniederlassungen in zahlreichen Städten der Bundesrepublik und in West-Berlin. Für sie ist 1954 das Wortzeichen „formfit“ für „Damen-, Herren- und Kinder-Bekleidungsstücke (einschließlich gewirkter und gestrickter)“ in die Warenzeichenrolle eingetragen worden. Außerdem ist sie Inhaberin eines 1933 angemeldeten Wortbildzeichens mit dem hervortretenden Worte „formtreu“ für Herren- und Damen-Oberbekleidungsstücke und des 1942 angemeldeten, 1955 gemäß § 4 III WZG eingetragenen Wortzeiches „formtreu“ für Anzüge, Sakkos, Herrenmäntel, Damenmäntel und -kostüme. Auf Grund dieser Warenzeichen erhebt sie in einem anderen, gleichfalls bei dem erkennenden Senat anhängigen Rechtsstreit (I ZR 19/61) Ansprüche gegen ein Importunternehmen, das in der Bundesrepublik Miederwaren der „Formfit Co.“ in Chicago unter der Bezeichnung „Formfit“ vertreibt.

Die Kl. des vorliegenden Rechtsstreites erstrebt auf Grund ihres Zeichens die Löschung des für die Bekl. eingetragenen Zeichens „formfit“. Sie ist im Jahre 1953 in Y. durch Eingriff der sowjetzonalen staatlichen Stellen enteignet worden. Ihr Unternehmen wurde in einen sogenannten

[1] IzRspr. 1960—1961 Nr. 127.

Volkseigenen Betrieb umgewandelt. Im März 1953 schlossen ihr damaliger alleinvertretungsberechtigter Vorstand und zwei Aufsichtsratsmitglieder mit späterer Genehmigung des Vorsitzenden des Aufsichtsrats in West-Berlin in ihrem Namen einen Vertrag mit der dortigen R. GmbH, deren Geschäftszweig auf Drucksachen mit „Bandagen-Fabrikation" bezeichnet wird. In diesem Vertrage heißt es, daß die Kl. der R. GmbH für die von dieser erzeugten Gummistrumpfwaren die Benutzung zweier gleichfalls für die Kl. eingetragener Warenzeichen G. und H. gegen eine laufende Gebühr von 0,75 %, bei Gewinnabschlüssen von 1 % des Umsatzes, mindestens aber 2400 DM im Jahr übertrage; die Übertragung solle unwiderruflich sein, bis die Kl., die ihren Sitz nach Westdeutschland verlegen und dort ihre handelsregisterliche Eintragung herbeiführen werde, ihren Geschäftsbetrieb wieder aufnehmen könne; es solle dann eine Vereinbarung über die Verschmelzung der beiden Firmen herbeigeführt werden; komme eine Einigung nicht zustande, so solle die R. GmbH berechtigt sein, die beiden Warenzeichen noch zwei Jahre lang nach schriftlicher Kündigung neben der Kl. zu benutzen. Die R. GmbH, in der mehrere leitende Angestellte aus dem Betrieb der Kl. in Y. tätig waren, hat in der Folgezeit Gummistrüpfe unter den beiden Zeichen der Kl. angeboten und vertrieben. Als sie Ende des Jahres 1958 in Konkurs ging, wurde ihr Betrieb mit der Firma von einem der früheren Angestellten der Kl., dem Kaufmann C., übernommen und als einzelkaufmännisches Unternehmen fortgeführt. C. gebraucht die beiden Warenzeichen der Kl. auf Grund des Vertrages vom 9. 3. 1953 bei der Werbung und beim Vertrieb von Gummistrümpfen weiter. In seinen Angeboten hat er auch auf das frühere Unternehmen der Kl. Bezug genommen.

Die Kl. selbst hat ihren Sitz bisher noch nicht in die Bundesrepublik verlegt. Sie verfügt hier auch noch nicht über einen eigenen Betrieb. Am 10. 5. 1958 hat das AG M. (Bundesgebiet) für sie in der Person des früheren Vorsitzenden des Aufsichtsrats einen Abwesenheitspfleger zur Verwaltung und Verwertung ihrer Warenzeichen im Bundesgebiet und in West-Berlin bestellt. Der Wirkungskreis des Abwesenheitspflegers ist zweimal erweitert worden, und zwar am 5. 1. 1961 auf „alle Rechtshandlungen und Rechtsgeschäfte, die im Interesse der Gesellschaft zur Gründung einer Zweigniederlassung im Bundesgebiet notwendig sind", ferner am 16. 3. 1961 (dem Tage der letzten mündlichen Tatsachenverhandlung im vorliegenden Rechtsstreit) auf „alle Rechtshandlungen und Rechtsgeschäfte zur Vertretung der nicht bekannten und in der sowjet. Besatzungszone domizilierenden sowie sonstiger nicht erreichbarer Aktionäre zum Zwecke der Einberufung einer Hauptversammlung der Firma, um Beschluß über die Sitzverlegung der Aktiengesellschaft von Y. nach M. und ferner, um Beschluß über eine Umwandlung der AG in eine GmbH zu fassen".

Zur Begründung ihres Löschungsbegehrens hat die Kl. vorgetragen, sie habe die Absicht, in der Bundesrepublik einen eigenen Geschäftsbetrieb zu eröffnen. In diesem Betrieb wolle sie jedenfalls Gummistrümpfe herausbringen und auch das Zeichen „Formfit" benutzen, das im Zeitpunkt ihrer Enteignung ein Vorratszeichen gewesen zei. Wenn sie diese Absicht noch nicht habe durchführen können, so liege dies allein daran, daß ihre zum Teil in der sowjet. Besatzungszone verbliebenen Aktionäre noch nicht sämtlich ermittelt worden seien und deshalb noch keine Hauptversammlung habe einberufen werden können. Den goodwill ihres Unternehmens habe sie aber durch die Vereinbarungen mit der R. GmbH aufrechterhalten. Mit der „Formfit Co." in Chicago, die den vorliegenden Rechtsstreit wahrscheinlich finanzieren werde, habe sie eine warenmäßige Abgrenzung vorgesehen; endgültige Abmachungen hierüber seien aber noch nicht getroffen worden. Die Waren, auf die ihr hiernach in vollem Umfange schutzfähiges Zeichen sich erstrecke, seien den Waren gleichartig, für die das wesentlich jüngere „formfit"-Zeichen der Bekl. eingetragen sei.

Die Kl. hat beantragt, die Bekl. zur Einwilligung in die Löschung ihres Zeichens zu verurteilen. Das LG hat die Klage abgewiesen, das OLG ihr im wesentlichen stattgegeben. Auf die Revisionen beider Parteien hat der BGH die Klage abgewiesen.

Gründe:

„I. Die Revision der Bekl. hat zunächst Bedenken nach der Richtung geäußert, ob die Kl. als Rechtspersönlichkeit noch fortbestehe, ob die Bestellung eines Abwesenheitspflegers für die Kl. deshalb zulässig gewesen sei und ob der bestellte Pfleger daher die vorliegende Klage namens der Kl. überhaupt habe erheben können. Diese Bedenken, die in den Vorinstanzen nicht geltend gemacht worden waren, sind nicht gerechtfertigt.

Durch die Enteignung ihres in der sowjet. Besatzungszone belegenen Betriebsvermögens ist die Kl. als Aktiengesellschaft nicht untergegangen. Die Enteignung und die im Zusammenhang damit vorgenommene Löschung der Kl. im Handelsregister ihres früheren Sitzes ist außerhalb dieser Besatzungszone ohne jede rechtliche Wirkung (BGHZ 17, 209[1]; BGH, GRUR 1956, 553, 555 — ‚Jurid'[2]; ständige Rechtsprechung). In der Bundesrepublik und in West-Berlin ist daher der rechtliche Bestand der Kl. von diesen Maßnahmen nicht berührt worden, sondern mit allen auch dort belegenen Vermögenswerten der Kl., zu denen außer den Firmen- und Warenzeichenrechten auch der Anspruch auf die Lizenzzahlungen der R. gehört, erhalten geblieben. Die Frage, ob oder inwieweit die Kl. wegen einer etwaigen endgültigen Einstellung des Gewerbebetriebs noch zeichenrechtliche Ansprüche gegen Dritte erheben kann, hat mit der Frage, ob die Kl. als Aktiengesellschaft noch besteht, nichts zu tun.

Die vom AG M. vorgenommene und noch nicht aufgehobene Bestellung eines Abwesenheitspflegers beruht auf § 10 ZustErgGes. vom 7. 8. 1952 (BGBl. I 407). Da der Wirkungskreis des Pflegers die Verwaltung und Verwertung der Warenzeichen der Kl. umfaßt, ist der Pfleger befugt, namens der Kl. auch Klagen auf Löschung von Zeichen Dritter zu erheben, durch die etwaige Zeichenrechte der Kl. beeinträchtigt werden. Um eine solche, hier auf § 11 I Nr. 1 WZG gestützte Klage handelt es sich im vorliegenden Falle.

Die Ansprüche der Kl. müssen mithin der Sache nach geprüft werden.

II. 1. Das Berufungsgericht hat zunächst untersucht, ob die infolge der Enteignung in der sowjet. Besatzungszone eingetretene Stilllegung des Geschäftsbetriebs der Kl. zum Erlöschen des Zeichenrechts geführt hat, auf Grund dessen die Kl. von der Bekl. die Löschung des für diese eingetragenen ‚formfit'-Zeichens verlangt. Es hat diese Frage verneint. Dazu hat es ausgeführt, nach der Auffassung des Verkehrs sei die Unterbrechung der geschäftlichen Tätigkeit der Kl., deren Hauptartikel vor dem Kriege Gummistrümpfe

---

[1] IzRspr. 1954—1957 Nr. 215. [2] IzRspr. 1954—1957 Nr. 220.

gewesen seien, als vorübergehend und daher als unschädlich anzusehen. Die Erinnerung an den alten Betrieb der Kl. und seine Kennzeichen sei nämlich in Westdeutschland dadurch wachgehalten worden, daß die Firma R. GmbH bei dem Vertrieb ihrer Gummistrümpfe die Warenzeichen G. und H., für welche die Kl. einen Ruf gehabt habe, benutzt und in ihrer Werbung auf die Kl. Bezug genommen habe. Die Kl. habe auch den Willen zur Wiederaufnahme eines eigenen Geschäftsbetriebs noch nicht aufgegeben. Daß sie ihren Sitz noch nicht in der Bundesrepublik verlegt habe, besage angesichts der zahlreichen für sie vorgenommenen positiven Handlungen, nämlich der Abmachungen mit der R. GmbH, deren leitende Persönlichkeiten aus dem Unternehmen der Kl. hervorgegangen seien, ferner der Aufrechterhaltung und Verlängerung von Warenzeichen und der Bestellung eines Abwesenheitspflegers, nichts Gegenteiliges. Der Kl. stehe daher der Schutz ihrer Warenzeichen noch zu.

2. Dies gelte auch für das Zeichen ‚Formfit'. Dieses zur Zeit nicht benutzte Zeichen sei zwar ein Vorratszeichen. Auch ein solches Zeichen genieße aber Schutz, sofern ein schutzwürdiges Interesse dafür bestehe und der freie Wettbewerb nicht übermäßig beeinträchtigt werde. Der erforderliche Benutzungswille auf seiten der Kl. sei nicht widerlegt. Gegen ihn spreche nicht, daß die amerikanische ‚Formfit Co.' am Gebrauch der Bezeichnung ‚Formfit' für Miederwaren interessiert sei und daß die Kl. den vorliegenden Rechtsstreit im Einvernehmen mit dieser Gesellschaft führe. Zwischen der Kl., die als Hauptartikel voraussichtlich auch in Zukunft Gummistrümpfe herstellen werde, und der Formfit Co. in Chicago sei nämlich eine warenmäßige Abgrenzung vorgesehen, die ungeachtet der Warengleichartigkeit von Gummistrümpfen und Miederwaren denkbar und praktisch durchführbar erscheine. Wenn die Behauptung der Kl. zutreffe, daß sie das Klagezeichen von 1935 bis 1943 für einen Herren-Schlauchschlüpfer benutzt habe, so sei das Zeichen jedenfalls bis 1943 kein Vorratszeichen gewesen. Im gegenteiligen Falle, der angesichts des Bestreitens der Bekl. zunächst einmal unterstellt werden müsse, könne aus dem Vorbringen der Kl. zumindest auf ihren damaligen Benutzungswillen geschlossen werden. Das Interesse der Kl. an dem Zeichen ergebe sich ferner daraus, daß sie noch vor ihrer Fühlungnahme mit Formfit Co. in Chicago das Klagezeichen aufrecht erhalten habe und seine Schutzdauer im Jahre 1952 habe verlängern lassen. Demgegenüber sei unerheblich, daß die der Firma R. GmbH im Jahre 1953 erteilte Lizenz sich nur auf die Warenzeichen G. und H. bezogen habe; denn es liege auf der Hand, daß die Kl. sich nach ihrer Enteignung damit begnügt habe, in der Bundesrepublik erst einmal mit ihren bereits bekannten Warenzeichen aufzutreten, da ihr zur Neueinführung unbekannter Zeichen die Mittel gefehlt hätten. Seither hätten die Verhältnisse sich insofern noch nicht geändert, als die Kl. bis heute noch keinen eigenen Betrieb, kein verfügbares Kapital, ja noch nicht einmal einen Sitz in der Bundesrepublik habe, von dem aus sie sich betätigen könne.

Nach alledem könnten die 17 bis 18 Jahre der Nichtbenutzung des Zeichens nicht dazu führen, am Benutzungswillen der Kl. zu zweifeln und ihr die Darlegungs- und Beweislast dafür aufzuerlegen.

3. Für den Schutz, der dem Klagezeichen hiernach zuzubilligen sei, seien zwar warenmäßig gewisse Einschränkungen zu machen. Nach der Art des Geschäftsbetriebs der Kl. sei nämlich nicht damit zu rechnen, daß die Kl. unter dem Klagezeichen Stoff-Leibbinden (im Gegensatz zu Gummi-Leibbinden) herausbringen werde. Angesichts der wenn auch noch nicht endgültigen Abmachungen der Kl. mit der Formfit Co. in Chicago müsse Entsprechendes für Miederwaren gelten. Der Schutz des Zeichens erstrecke sich aber jedenfalls auf gleichartige Waren. Den Waren des angegriffenen Zeichens der Bekl., d. h. Damen-, Herren- und Kinderbekleidung, also Ober- wie Unterbekleidung einschließlich Strümpfen, ständen am nächsten die durch das Klagezeichen geschützten Gummistrümpfe und Gummileibbinden. Entgegen der Auffassung des früheren Reichspatentamts bestehe zwischen gewöhnlichen Strümpfen und Gummistrümpfen Warengleichartigkeit. Weiterhin seien auch Unterbekleidungsstücke mit Gummi-Leibbinden und Gummistrümpfen gleichartig. Erst recht gelte das von Miederwaren. Dagegen sei bei Oberbekleidung die Gleichartigkeit mit Gummistrümpfen und Gummi-Leibbinden zu verneinen. Der Schutzbereich des Klagezeichens ergreife somit alle Waren, für die das Zeichen der Bekl. eingetragen sei, mit Ausnahme von Oberbekleidungsstücken. Da das Zeichen der Bekl. mit dem Klagezeichen bis auf den unerheblichen Unterschied in der bei der Kl. großen, bei der Bekl. kleinen Schreibung des Anfangsbuchstabens identisch sei und das Klagezeichen den Zeitvorrang habe, könne die Kl. daher die Löschung des Zeichens der Bekl. für alle Waren außer für Oberbekleidung verlangen.

III. Revision der Bekl. 1. Die Revision der Bekl. wendet sich in erster Linie gegen die Annahme des Berufungsgerichts, daß die Zeichenrechte der Kl. trotz des Fehlens eines Geschäftsbetriebes noch nicht erloschen seien. Sie macht ferner geltend, das Berufungsgericht habe die rechtliche Bedeutung des Einverständnisses der Kl. mit der Benutzung des Klagezeichens durch die Formfit Co. für Miederwaren verkannt. Dieses Einverständnis habe zum Verlust des Zeichenrechts der Kl. geführt. Jedenfalls müsse die Kl. nunmehr dulden, daß auch die Bekl. das Zeichen für Miederwaren und mithin für die diesen Waren gleichartigen Bekleidungsartikel gebrauche. Sodann rügt die Revision der Bekl., der Charakter des Klagezeichens als eines reinen Abwehrzeichens sei nicht beachtet worden; für einen etwaigen Benutzungswillen habe die hiernach darlegungs- und beweispflichtige Kl. nichts dargetan. Zu Unrecht habe das Berufungsgericht schließlich Warengleichartigkeit zwischen Gummistrümpfen, bei denen es sich um medizinisch-orthopädische Erzeugnisse handele, und Unterbekleidung angenommen. Von der in dieser Frage gegenteiligen Spruchpraxis des Reichspatentamts habe zumindest nicht ohne eine Umfrage über die heutige Verkehrsauffassung abgewichen werden dürfen.

2. Diesen Revisionsangriffen kann der Erfolg nicht versagt werden.

a) Es muß schon Bedenken begegnen, wenn das Berufungsgericht auf Grund des Sachverhalts, von dem es ausgegangen ist, die Voraussetzungen bejaht hat, unter denen der an das lebende Unternehmen gebundene Kennzeichenschutz ausnahmsweise trotz Stillegung des Geschäftsbetriebes fortbestehen kann. Nach der ständigen Rechtsprechung des erkennenden Senats geht der Kennzeichenschutz nicht verloren, wenn der Geschäftsbetrieb, namentlich infolge eines rechtswidrigen Eingriffs, wie die Enteignung in der sowjet. Besatzungszone ihn darstellt, nur zeitweilig eingestellt wird, jedoch in seinem für die Wiedereröffnung wesentlichen Bestande — hier mit den im Westen belegenen Werten des Betriebsvermögens — erhalten bleibt, und wenn die Absicht und die Möglichkeit vorhanden sind, ihn innerhalb eines solchen Zeitraumes fortzusetzen, daß die Stillegung nach der dafür maßgebenden Verkehrsauffassung noch als vorübergehende Unterbrechung erscheinen kann (BGHZ 6, 137, 142 — ‚Lockwell'; BGHZ 21, 66, 69 — ‚Hausbücherei'; BGH, GRUR 1957, 428, 429 — ‚Bücherdienst'; BGH, GRUR 1958, 78, 79 — ‚Stolper Jungchen'[3]; BGH, GRUR 1959, 541, 542 — ‚Nußknacker'; BGH, GRUR 1960, 137, 139 — ‚Astra'[4]; BGH, GRUR 1961, 420, 422 — ‚Cuypers'[5]).

aa) Die Ausführungen in dem angefochtenen Urteil lassen zunächst Zweifel daran aufkommen, ob das Berufungsgericht hinsichtlich der Absicht der Kl., ihre eigene Geschäftstätigkeit wiederaufzunehmen, alle in Betracht kommenden rechtlichen Gesichtspunkte erkannt und den Sachverhalt erschöpfend gewürdigt hat.

Um die Nichtbenutzung des von ihm als Vorratszeichen angesehenen Klagezeichens zu erklären, hat das Berufungsgericht besonders hervorgehoben, die Kl. habe bis heute noch keinen eigenen Betrieb, kein verfügbares Kapital, ja noch nicht einmal einen Sitz in der Bundesrepublik, von dem aus sie sich betätigen könne. Es hat ferner ausdrücklich dargelegt, trotz der Schwierigkeiten, die insofern bei einer in der SBZ enteigneten Aktiengesellschaft zu überwinden seien, hätten schon Mittel und Wege gefunden werden können, eine beschlußfähige Hauptversammlung einzuberufen, zum Beispiel durch die Bestellung eines Abwesenheitspflegers, wie sie am 16. 3. 1961 durch das AG M. vorgenommen worden sei. Diese Darlegungen gewinnen besonderes Gewicht, wenn berücksichtigt wird, daß sich nach den festgestellten zeitlichen Zusammenhängen das im Jahre 1953 alleinvertretungsberechtigte Vorstandsmitglied und zwei Aufsichtsratsmitglieder der Gesellschaft schon unmittelbar nach der Enteignung im Westen befanden und daß der Vorsitzende des Auf-

[3] IzRspr. 1954—1957 Nr. 211 b.
[4] IzRspr. 1958—1959 Nr. 143.
[5] IzRspr. 1960—1961 Nr. 134.

sichtsrats, der dem Vertrag mit der R. GmbH vom 9. 3. 1953 schon am 23. 3. 1953 beigetreten ist, ihnen alsbald nachgefolgt sein muß. Außerdem standen nach dem eigenen Vorbringen der Kl. der langjährige kaufmännische Leiter des Unternehmens, A., und der langjährige technische Leiter des Betriebs, B., im Westen zur Verfügung, die beide für die R. GmbH tätig geworden sind; ein weiterer kaufmännischer Angestellter der Kl., C., hat später nach dem Konkurs der R. GmbH deren Betrieb weitergeführt. Angesichts dieser Umstände, durch die der vorliegende Fall sich nicht unwesentlich von dem der X.-Werke AG (BGH, GRUR 1960, 137[4]) unterscheidet, hätte es der Prüfung bedurft, ob die Kl. nicht bereits im Jahre 1953 über eine rechtliche und tatsächliche Handlungsfähigkeit im Westen verfügte, die ihr bei vorhandenem ernstlichem Willen die Fortsetzung einer eigenen geschäftlichen Tätigkeit, zumindest als Vertriebsgesellschaft (vgl. dazu BGH, GRUR 1958, 78[3] — ‚Stolper Jungchen'), und die eigene Benutzung ihrer Warenzeichen ermöglicht hätte. Namentlich mußte die Frage sich aufdrängen, weshalb die damals noch durch ihren Vorstand vertretene Kl., wenn schon ein rechtlich selbständiges Unternehmen mit einer von der ihrigen so stark abweichenden Firma wie der Firma R. GmbH und mit einem — wie die Geschäftsdrucksachen ergeben — eigenen Firmenzeichen errichtet wurde, sich nicht wenigstens von vorneherein einen unmittelbar und vor allem auch für den Verkehr erkennbaren Einfluß auf die Geschäftsführung dieses Unternehmens verschaffen konnte, zumal da mehrere ihrer leitenden Angestellten darin tätig waren. Nach dem Inhalt des Vertrags vom 9. 3. 1953 ist dies nicht geschehen. Der Vertrag enthält auch keine für die R. GmbH verbindlichen Abmachungen über die darin erwähnte etwaige Verschmelzung mit der Kl., sondern macht eine solche Verschmelzung, was das Berufungsgericht nicht berücksichtigt hat, von einer späteren Einigung abhängig, deren Scheitern die Vertragsparteien sogar ausdrücklich ins Auge gefaßt haben. Die getroffenen Vereinbarungen beschränken sich danach auf die Überlassung des Gebrauchs von Warenzeichen, wie sie neuerdings hinsichtlich des in diese Vereinbarungen nicht einbezogenen Warenzeichens ‚Formfit' auch den Gegenstand von Verhandlungen der Kl. mit der Formfit Co., Chicago, bildet. Ohne eine nähere Klärung der Zusammenhänge, die zur Gründung der R. GmbH geführt haben (vgl. dazu die Beweisantritte der Kl. in den Schriftsätzen vom ...), fehlt es bei dieser Sachlage an einer ausreichenden tatsächlichen Grundlage für die Annahme des Berufungsgerichts, daß aus der Aufrechterhaltung der Warenzeichen und aus dem Vertrage mit der R. GmbH als positiven Handlungen für die Kl. auf den ernstlichen Willen der Kl. zur Wiederaufnahme einer eigenen geschäftlichen Tätigkeit zu schließen sei. Dieser Wille hätte zudem bis zur letzten mündlichen Verhandlung vor dem Berufungsgericht fortbestehen müssen. Wenn das Berufungsgericht sich insoweit damit begnügt hat, auszuführen, der Wille der Kl. zur endgültigen Geschäfts*aufga*be lasse sich noch nicht feststellen, so hat es die aus dem Vorhergehenden sich ergebende Darlegungs- und Beweislast der Kl. für die Fortdauer dieses Willens verkannt. Dies gilt um so mehr, als offenbar auch das Berufungsgericht die Entwicklung nach Abschluß des Vertrags mit der R. GmbH, insbesondere die Zurückhaltung aller Beteiligten mit Maßnahmen, mit denen die Verlegung des Sitzes der Kl. in die Bundesrepublik hätte herbeigeführt werden können, als ungewöhnlich empfunden hat.

bb) Darüber hinaus vermißt die Revision mit Recht ausreichende Feststellungen, aus denen sich ergeben könnte, daß der Verkehr dann, wenn die Kl. in Zukunft wieder eine eigene geschäftliche Tätigkeit entfalten sollte, darin noch die Fortsetzung des in der SBZ enteigneten Unternehmens erblicken würde. Das Berufungsgericht hat entgegen dem ausdrücklichen Bestreiten der Bekl. angenommen, daß die Kl. mit den der R. GmbH zum Gebrauch überlassenen beiden Zeichen, in deren einem der Firmenname der Kl. vorkommt, einen ‚Ruf' erlangt habe, worunter hier offenbar ein besonders hoher Grad von Verkehrsbekanntheit verstanden werden soll. Die Unterlagen, auf die es sich hierbei gestützt hat, betreffen jedoch lediglich Werbebehauptungen, die in jüngster Zeit in vereinzelten Werbemitteln für Erzeugnisse der Firma R., nämlich in einem Werbeschreiben des Kölner Großhändlers K. aus dem Jahre 1959 und in einem vom November 1960 stammenden Rundschreiben der damals bereits von dem Einzelkaufmann E. betriebenen R.-Bandagenfabrik aufgestellt worden sind. Der Revision ist darin beizutreten, daß diese Werbebehauptungen eines Unternehmens, das lediglich zwei ihm zum Gebrauch überlassene Warenzeichen der Kl. benutzt, keine Schlüsse auf den Grad der Verkehrsbekanntheit zulassen, welche die Kl. bis zur Enteignung ihres in der sowjet. Besatzungszone belegenen Betriebsvermögens erworben hatte. Da die Einstellung des Verkehrs gegenüber einem von der Kl. neu eröffneten Betrieb wesentlich von dieser Verkehrsbekanntheit abhängen würde, hätten hierüber genaue und zuverlässige Feststellungen getroffen werden müssen. Solche Feststellungen wären um so notwendiger gewesen, als das Herstellungsprogramm der Kl., worauf die Revision ebenfalls zutreffend hinweist, Erzeugnisse zum Gegenstande hatte, die verhältnismäßig raschem Verschleiß ausgesetzt sind und anders als langlebige Wirtschaftsgüter (vgl. dazu BHG, GRUR 1960, 137 — ‚Astra'[4]) die Erinnerung an einen nicht mehr am Markt beteiligten Hersteller regelmäßig nicht wachzuhalten vermögen. Auch die Beantwortung der Frage, ob der bloße Gebrauch zweier Warenzeichen der Kl. durch die Firma R. GmbH genügen konnte, um den Verkehr die erzwungene Betriebseinstellung der Kl. als nur vorübergehend empfinden zu lassen, hängt ausschlaggebend davon ab, wie stark diese Zeichen sich dem Verkehr als solche der Kl. eingeprägt hatten.

In diesem Zusammenhang muß außerdem berücksichtigt werden, daß bislang nichts darüber festgestellt ist, ob die ohnehin nicht erschöpfend geklärten Beziehungen der Kl. zur R. GmbH, insbesondere etwa die der R. GmbH nach dem Vorbringen der Kl. zugedachte Funktion einer bloßen Auffanggesellschaft, für die beteiligten Verkehrskreise hinreichend erkennbar geworden sind. Das Berufungsgericht hat es für die Fortdauer des Kennzeichenschutzes bei einem stillgelegten Unternehmen offenbar als genügend angesehen, wenn das Unternehmen dem Verkehr überhaupt in irgendeiner Weise in Erinnerung bleibt. Damit werden indessen an die Erhaltung dieses Schutzes zu geringe Anforderungen gestellt. Es muß vielmehr hinzukommen, daß auf Grund dieser Erinnerung die Betriebseinstellung nicht als eine endgültige und dauernde betrachtet, sondern mit dem Wiedererscheinen des Unternehmens auf dem Markte gerechnet wird. Daran kann es fehlen, wenn Kennzeichen des stillgelegten Betriebes zur Kennzeichnung von Waren oder gewerblichen Leistungen eines anderen Betriebes verwendet werden, dessen Inhaber — wie die R. GmbH — im Verkehr als selbständiger, dem stillgelegten Betriebe gegenüber unabhängiger Unternehmer auftritt. Der Verkehr wird im Zweifel dazu neigen, einen solchen Unternehmer nicht mehr als vorübergehenden Platzhalter des ursprünglichen Kennzeicheninhabers, sondern als dessen endgültigen Nachfolger und damit den Betrieb des ursprünglichen Kennzeicheninhabers als erloschen zu betrachten. Hierfür spricht im vorliegenden Falle noch besonders, daß nach der Feststellung des Berufungsgerichts hinter der R. GmbH nicht einmal mehr der goodwill der Kl. steht. Die Erhaltung des goodwills des stilliegenden Betriebs bildet aber gerade die Rechtfertigung dafür, dem früheren Inhaber dieses Betriebes trotz des Ruhens der Geschäftstätigkeit weiterhin Schutz für seine Kennzeichen zu gewähren. Diese Rechtfertigung entfällt, wenn die Kennzeichen dazu benutzt werden, einen goodwill für Erzeugnisse eines *anderen* Unternehmens zu schaffen.

b) Das angefochtene Urteil muß nach dem Vorhergehenden schon deshalb aufgehoben werden, weil das Berufungsgericht die Voraussetzungen, unter denen einem stillgelegten Unternehmen der Schutz für seine Kennzeichnungen ausnahmsweise erhalten bleibt, für den vorliegenden Fall in rechtlich nicht einwandfreier Weise bejaht hat.

Darüber hinaus kann dem Berufungsgericht aber auch in seinen das Klagezeichen selbst betreffenden Ausführungen nicht beigetreten werden.

Das Berufungsgericht hat das Klagezeichen als Vorratszeichen angesehen und den Zeichenschutz für diesen Fall zutreffend davon abhängig gemacht, daß auf seiten der Kl. der Wille besteht, das Zeichen später in Benutzung zu nehmen. Es hat ferner zunächst richtig erkannt, daß bei der Prüfung, ob dieser Wille vorhanden ist, die bisherige Nichtbenutzung des Zeichens unterstellt werden mußte; denn der von der Kl. behauptete Gebrauch des Zeichens für einen Herren-Schlauchschlüpfer von 1935 bis 1943 war von der Bekl. bestritten worden, und das Berufungsgericht hat die dafür von der Kl. erbotenen Beweise nicht erhoben. Hiermit steht indessen im Widerspruch, daß in dem angefochtenen Urteil abschließend gesagt wird, die 17 bis 18 Jahre, während deren die Kl. das Klagezeichen unstreitig nicht benutzt habe, könnten nicht dazu führen, am Benutzungswillen der Kl. zu zweifeln und ihr die Darlegungs- und Beweislast hierfür aufzuerlegen. Der an dieser Stelle des Urteils zugrunde gelegte Zeitraum von 17 bis 18 Jahren, der vom Zeitpunkt der letzten Tatsachenverhandlung zurück zu rechnen ist, ergibt nämlich eine Nichtbenutzung lediglich vom Jahre 1943, das heißt von dem Jahre an, bis zu dem die Kl. das Zeichen nach ihrer von der Bekl. bestrittenen Behauptung gebraucht haben will. Das Berufungsgericht ist mithin bei der zusammenfassenden und von seinem Standpunkt ausschlaggebenden Würdigung entgegen seiner vorherigen Unterstellung dem Vorbringen der Kl. über die frühere Benutzung des Zeichens gefolgt. Auf Grund jener Unterstellung wäre, solange dieses Vorbringen nicht nachgeprüft war, von einer Nichtbenutzung des Zeichens seit der Anmeldung, das heißt seit dem 10. 8. 1932 und mithin von einer nicht 17- bis 18jährigen, sondern rund 28jährigen Nichtbenutzung eines bislang im Verkehr überhaupt noch nicht verwendeten Zeichens auszugehen gewesen. Dies hätte hinsichtlich des Benutzungswillens eine andere Beurteilungsgrundlage ergeben als die, auf die das Berufungsgericht sich letztlich gestützt hat (vgl. dazu BGH, GRUR 1957, 224, 225 — ‚Odorex').

Inwiefern auch für den Fall, daß das Klagezeichen niemals benutzt worden sein sollte, aus dem bloßen gegenteiligen Vorbringen der Kl. auf einen Benutzungswillen wenigstens in der Zeit von 1935 bis 1943 geschlossen werden kann, wie das Berufungsgericht dies anzunehmen scheint, ist nicht ersichtlich. Der Umstand, daß die Schutzdauer des Zeichens in den Jahren 1952 und 1962 verlängert worden ist, läßt einen solchen Schluß um so weniger zu, als die erste Verlängerung noch in die Zeit vor der Enteignung der Kl. in der sowjet. Besatzungszone fiel und die zweite Verlängerung nach Erlaß des Berufungsurteils, also während des vorliegenden Rechtsstreits vorgenommen worden ist.

Außerdem hat das Berufungsgericht den Umstand nicht beachtet, daß die behauptete Benutzung von 1935 bis 1943 sich nur auf einen Herren-Schlauchschlüpfer, d. h. auf einen Artikel bezog, von dem die Kl. selbst nicht behauptet, daß sie seine Herstellung wieder aufnehmen wolle. Dafür, daß der angebliche frühere Benutzungswille sich auch auf Gummistrümpfe erstreckt hat, für die sein Gebrauch nach der Annahme des Berufungsgerichts in Zukunft vorgesehen sein soll, ist nichts festgestellt. Dagegen spricht, daß die Kl. für Gummistrümpfe andere Zeichen, nämlich die Zeichen G. und H. benutzt hat, mit denen sie nach der Annahme des Berufungsgerichts sogar einen Ruf erlangt hatte, und daß sie der R. GmbH, die Gummistrümpfe herstellt, auch nur diese Zeichen, nicht dagegen das Klagezeichen zum Gebrauch überlassen hat.

c) Die hier dargelegten Mängel müssen gleichfalls zur Aufhebung des angefochtenen Urteils führen. Einer Zurückverweisung der Sache an das Berufungsgericht bedarf es indessen nicht, da der Rechtsstreit auf Grund des festgestellten Sachverhalts aus einem weiteren rechtlichen Gesichtspunkt zur abschließenden Entscheidung reif ist.

Das Warenzeichen ist grundsätzlich an einen lebenden Geschäftsbetrieb gebunden. Der Zeichenschutz entfällt also im allgemeinen mit der Betriebseinstellung. Wenn der Senat in Anlehnung an die Rechtsprechung des RG (RGZ 170, 265, 274) von dieser Regel unter bestimmten Voraussetzungen eine Ausnahme zugelassen hat, so beruht dies auf der Erwägung, daß es Fälle gibt, in denen die Betriebseinstellung aus besonderen Gründen, z. B. dann, wenn sie durch höhere Gewalt wie durch eine Enteignungsmaßnahme in der sowjet. Besatzungszone erzwungen war, nicht als endgültig und dauernd zu betrachten ist und daher mit der Wideraufnahme des stillgelegten Betriebs durch den bisherigen Inhaber gerechnet werden muß. Wie schon in anderem Zusammenhang dargelegt wurde, soll in diesen Fällen dem bisherigen Betriebsinhaber für die Zeit nach der Wiederaufnahme der geschäftlichen Tätigkeit der goodwill seines Unternehmens und damit auch der Wert erhalten bleiben, den die zu seinem Unternehmen gehörenden Kennzeichnungsrechte für ihn darstellen. Dazu muß aber verlangt werden, daß dem jeweils zu schützenden Kennzeichen auch tatsächlich ein schutzwürdiger Wert für den wieder zu eröffnenden Betrieb beigemessen werden kann und seine Aufrechterhaltung nicht etwa nur zu einer unangemessenen Behinderung anderer Gewerbetreibender führt. Wann hiernach ein schutzwürdiges Interesse des Zeicheninhabers an der Fortdauer des Zeichenschutzes anzunehmen ist, richtet sich nach den Umständen des Einzelfalles. Außer der Ursache der Betriebseinstellung kann dafür unter anderem von Bedeutung sein, in welchem Maße das Zeichen im Verkehr bekannt geworden und wie lange es unbenutzt geblieben war. Die in Betracht kommenden Gesichtspunkte werden sich dabei vielfach mit denjenigen berühren, von denen bei der Beurteilung des schutzwürdigen Interesses an einem längere Zeit hindurch nicht benutzten Vorratszeichen auszugehen ist (vgl. BGH, GRUR 1957, 224, 225 — ‚Odorex'; 1957, 499, 500 — ‚Wipp'). Indessen darf nicht verkannt werden, daß die Entscheidungen des Senats, die sich mit dem Schutz von Vorratszeichen zu befassen hatten, immerhin Kennzeichnungen betrafen, die mit einem lebenden Unternehmen verbunden waren, die also diese regelmäßige Vorbedingung des Zeichenschutzes erfüllten, während die Zeichen eines stillgelegten Unternehmens für einen Betrieb bereitgehalten werden sollen, der vorerst aus dem Geschäftsverkehr ausgeschieden ist und für den ein Zeichenschutz sich daher nur ausnahmsweise aufrechterhalten läßt.

Für das Zeichen ‚Formfit' der Kl. kann nach dem festgestellten Sachverhalt das hiernach erforderliche schutzwürdige Interesse nicht anerkannt werden.

Wenn man dem zweitinstanzlichen Vortrag der Kl. folgt, so hat sie dieses Zeichen lediglich in den Jahren 1935 bis 1943 und nur für einen Herren-Schlauchschlüpfer verwendet. Für Gummistrümpfe, den früheren Hauptartikel, den die Kl. auch nach der etwaigen Betriebswiederaufnahme herausbringen will, ist das Zeichen niemals benutzt worden. Für diesen Artikel wie überhaupt für alle Erzeugnisse außer Herren-Schlauchschlüpfern stellt es also ohnehin ein seit etwa 28 Jahren nicht gebrauchtes Vorratszeichen dar. Bei dieser Sachlage verkörpert das Zeichen für die Kl. keinen Wert, der ihr für den wieder zu eröffnenden Betrieb erhalten bleiben müßte. Eine abweichende Beurteilung wäre nur dann gerechtfertigt, wenn das Zeichen als Kennzeichnung jener Herren-Schlauchschlüpfer für das Unternehmen der Kl. so weitgehend durchgesetzt worden wäre, daß der Verkehr es aus diesem Grunde namentlich auch bei einer etwaigen Benutzung für andere Waren als Herren-Schlauchschlüpfer, zum Beispiel für Gummistrümpfe, als ein ihm von früher her bekanntes Zeichen wiedererkennen würde. Einen solchen Sachverhalt hat die Kl. jedoch selbst nicht behauptet. Er läge auch außerhalb jeder Erfahrung; denn einmal handelt es sich bei dem Herren-Schlauchschlüpfer um einen Artikel für einen immerhin begrenzten Abnehmerkreis und von entsprechend beschränkter Bedeutung, und zum anderen würde seit der letzten Benutzung des Zeichens für diesen Artikel inzwischen gleichfalls schon der erhebliche Zeitraum von 19 Jahren verstrichen sein.

Hiernach ist es als ausgeschlossen zu betrachten, daß der Vertrieb von Waren, insbesondere von Gummistrümpfen, unter dem Zeichen ‚Formfit' im Verkehr heute und in Zukunft noch irgendeine Erinnerung an ein Erzeugnis, das sich vor Kriegsende im Verkehr befand, oder gar an die Kl. als die Herstellerin dieses Erzeugnisses wachrufen könnte. Auf diesem Standpunkt steht auch das Berufungsgericht; denn es spricht im Hinblick auf das Zeichen ‚Formfit' im Gegensatz zu den Zeichen G. und H. sogar von einer ‚Neueinführung unbekannter Zeichen'. Anders als in den bisher vom Senat entschiedenen Fällen, in denen einem in der sowjet. Besatzungszone enteigneten und noch stilliegenden Unternehmen trotz der Betriebseinstellung Schutz für seine Kennzeichen gewährt worden ist, würde daher der Kl. durch die Fortdauer des Zeichenschutzes für das Zeichen ‚Formfit' nicht etwa ein goodwill erhalten werden, den sie unter dem Zeichen früher schon erlangt hatte (vgl. dazu BGH, GRUR 1960, 137 — ‚Astra'[4]; 1961, 420 — ‚Cuypers'[5]). Ein Interesse der Kl. an diesem Schutz könnte deshalb nur anerkannt werden, wenn die Kl. für ihren Betrieb nach der angeblich geplanten Wiedereröffnung auf das Zeichen ‚Formfit' aus einem anderen Grund als dem der Erhaltung eines früher darunter erworbenen goodwills angewiesen wäre. Ein solcher Grund ist nicht ersichtlich. Aus dem eigenen Verhalten der Kl. ist vielmehr zu entnehmen, daß die Kl. gerade des Zeichens ‚Formfit' zur Kennzeichnung etwaiger eigener Erzeugnisse nicht bedarf. Die Kl. hat auf dieses Zeichen erst zurückgegriffen, als die Bekl. aus ihrem Warenzeichen ‚formfit' gegen die U. Import GmbH vorging, die sich der für sie nicht geschützten Bezeichnung beim Vertrieb von Miederwaren der amerikanischen ‚Formfit Co., Chicago' bediente. Sie macht die Rechte aus dem Zeichen mithin nur geltend, um ein anderes Unternehmen, die U. Import GmbH oder die hinter dieser stehende Formfit Co., Chicago, in einer zeichenrechtlichen Auseinandersetzung mit der Beklagten zu unterstützen, deren ‚formfit'-Zeichen im Verhältnis zu jenen beiden Unternehmen den besseren Rang hat, im Verhältnis zur Bekl. [gemeint ist wohl: Kl.] dagegen das jüngere ist. Hiermit steht im Zusammenhang, daß die Kl., wie aus dem angefochtenen Urteil hervorgeht, den Gebrauch ihres Zeichens für die Miederwaren des amerikanischen Unternehmens gestatten, also das an ihr Unternehmen gebundene Zeichen in nicht unbedeutendem Umfange und ohne zeitliche Beschränkung, d. h. auch für die Zeit nach der etwaigen Wiederaufnahme ihres Betriebs, einem Dritten überlassen will. Die Kennzeichnungskraft des Zeichens für die Erzeugnisse der Kl. selbst wird hierdurch wesentlich geschwächt. Wenn man weiterhin berücksichtigt, daß die Bekl. seit langem für Bekleidungsstücke das weithin bekannte Zeichen ‚formtreu' verwendet, das dem Zeichen ‚Formfit' nach Schriftbild, Klang und Sinngehalt zumindest außerordentlich nahesteht, so würde es dem Interesse der Kl. am Gebrauch unterscheidungskräftiger Zeichen, aber auch dem Interesse der Allgemeinheit an der Vermeidung irreführender Herkunftshinweise entsprechen, daß die Kl. für die Waren, die sie in Zukunft vielleicht einmal herstellen und vertreiben will, namentlich für Gummistrümpfe, ein anderes Zeichen als das für ihr eigenes Unternehmen praktisch ohnehin unbekannte Zeichen ‚Formfit' wählt, sofern ihr dann nicht überhaupt die von früher bekannten Zeichen G. und H. wieder zur Verfügung stehen und genügen. Dagegen vermag die Unterstützung der Formfit Co., Chicago, bzw. der U. Import GmbH im Rechtsstreit gegen die Bekl. und die möglicherweise entgeltliche Überlassung des Gebrauchs des Klagezeichens für die Miederwaren dieser Unternehmen kein schutzwürdiges Interesse der Kl. an der Aufrechterhaltung des Schutzes für dieses Zeichen zu begründen. Denn schutzfähig kann nur ein Interesse der Kl. am eigenen Gebrauch des Zeichens sein. Das Warenzeichen ist dazu bestimmt, die Erzeugnisse des Zeicheninhabers zur Unterscheidung von Erzeugnissen anderer Unternehmer zu kennzeichnen. Die Ziele, welche die Kl. zur Zeit mit Hilfe des Klagezeichens verfolgt, stehen mit dieser Zweckbestimmung im Widerspruch.

Nach alledem muß der Anspruch der Kl. daran scheitern, daß an der Aufrechterhaltung des Schutzes für das Zeichen, aus dem er hergeleitet wird, kein schutzwürdiges Interesse besteht, die Geltendmachung von Rechten aus diesem Zeichen vielmehr hier ohne eigenes Rechtsschutzbedürfnis der Zeicheninhaberin lediglich der unangemessenen Beeinträchtigung fremden Wettbewerbs, nämlich desjenigen der Bekl., dienen kann und daher als Mißbrauch einer formalen Rechtsstellung angesehen werden muß.

d) Da für die Entscheidung nach den zuletzt dargelegten rechtlichen Gesichtspunkten eine weitere tatsächliche Aufklärung nicht mehr erforderlich ist, war unter Aufhebung der angefochtenen Entscheidung das klagabweisende Urteil des LG wiederherzustellen. Auf die Ausführungen des Berufungsgerichts zur Frage der Warengleichartigkeit von Gummistrümpfen einerseits sowie gewöhnlichen Strümpfen und Unterbekleidungsstücken andererseits, die von der Revision gleichfalls angegriffen werden, braucht unter diesen Umständen nicht mehr näher eingegangen zu werden. Die Revision der Bekl. rügt indessen insoweit mit Recht, daß das Berufungsgericht die Gleichartigkeit der genannten Waren ohne Ermittlung der Verkehrsauffassung bejaht hat. Die eigenen Überlegungen, die das Berufungsgericht in diesem Zusammenhang angestellt hat, sind um so weniger ausreichend, als das angefochtene Urteil nicht erkennen läßt, worauf das Berufungsgericht seine Sachkunde auf dem hier in Betracht kommenden, zum Teil abgelegenere Artikel betreffenden Warengebiet stützt, obwohl es bei der Beurteilung bewußt von der Praxis des früheren Reichspatentamts abgewichen ist.

IV. Revision der Kl. Die Revision der Kl. wendet sich im wesentlichen dagegen, daß das Berufungsgericht die Gleichartigkeit der Waren des Klagezeichens und derjenigen des angegriffenen Zeichens der Bekl. insoweit verneint hat, als es sich um *Ober*bekleidungstücke handelt. Die Frage der Warengleichartigkeit würde jedoch für die Entscheidung erst erheblich werden, wenn die Kl. aus ihrem Zeichen ‚Formfit' überhaupt zeichenrechtliche Ansprüche gegen die Bekl. geltend machen könnte. Da dies nach dem früher Ausgeführten nicht der Fall ist, muß die Revision der Kl. erfolglos bleiben.

V. [Kostenentscheidung]".

78. Zur Rechtsgrundlage der Verwaltung ausländischen Vermögens in der Sowjetzone. — Die Verwaltung des ausländischen Vermögens stellt keine Enteignung dar und soll eine solche auch nicht vorbereiten. — Die Rechtsprechung der westdeutschen Gerichte über die räumliche Beschränkung in der Sowjetzone erlassener Hoheitsakte ist auf Fälle beschränkt, in denen vor Kriegsende Vermögenswerte des Enteigneten in Westdeutschland belegen waren. — Namens- und Firmenrechte sind nur am Ort ihres jeweiligen Gebrauchs belegen. — Für verstorbene Aktionäre einer Gesellschaft kann nicht ein Abwesenheitspfleger bestellt werden. — Eine Feststellungsklage kann in der Sowjetzone erhoben werden, wenn infolge der abweichenden Auffassung der westdeutschen Gerichte feststeht; daß im Bundesgebiet eine Leistungsklage gegen den dort ansässigen Verletzer erfolglos bleiben wird.

Bezirksgericht Leipzig (sowjet.), Urt. v. 26. 10. 1962 — 3 BCP 5/62: ROW 1963, 124 (abl. *Samson*).

Die Firma I. AG wurde 1941 mit Sitz in D. (jetzt: sowjet.) gegründet; Gegenstand des Unternehmens ist die Herstellung und der Vertrieb photographischer und optischer Geräte und ähnlicher Waren. Von dem Aktienkapital von 750 000 RM besaßen der Kaufmann S., ein in D.

wohnhafter Kaufmann niederländischer Staatsangehörigkeit, 300 000 RM und die Firma I. Kamerawerk S. & Co. OHG in D. 315 000 RM; weiter waren fünf Aktionäre mit je 27 000 RM beteiligt. Während des Krieges wurde für die Gesellschaft ein Feindvermögensverwalter bestellt.

Nach Kriegsende hatte die sowjet. MilReg. das Gesellschaftsvermögen vorübergehend übernommen und genutzt. Auf Grund der Dratwin'schen Instruktion über ausländisches Vermögen vom 17. 11. 1947 ist das Unternehmen dem Wirtschaftsminister des Landes Sachsen unterstellt worden; jede Verfügung über das ausländische Vermögen außerhalb einer ordnungsgemäßen Verwaltung war untersagt. Nach der VO über die Verwaltung und den Schutz ausländischen Eigentums vom 6. 9. 1951 steht das Unternehmen nunmehr unter der Verwaltung der DDR; das ist im Januar 1952 in das Handelsregister D. eingetragen worden.

Am 30. 11. 1959 hielten S. und vier andere Personen in F. (Bundesgebiet) eine Versammlung ab, die als Hauptversammlung der I. AG bezeichnet wurde und verschiedene Beschlüsse faßte. S. handelte für sich selbst und die I. Kamerawerk S. & Co. OHG in D.; ein weiterer Anwesender handelte als vom AG F. bestellter Abwesenheitspfleger für die fünf inzwischen verstorbenen Kleinaktionäre. Die Versammlung beschloß, den Sitz der I. AG von D. nach F. zu verlegen und die Satzung neu zu fassen. Die Sitzverlegung ist im Januar 1960 in das Handelsregister des AG F. eingetragen worden. Eine Produktion hat dieses Unternehmen noch nicht aufgenommen.

Die Kl., die I. AG in Verwaltung in D., besitzt drei Altwarenzeichen, die sowohl in der Sowjetzone als auch im Bundesgebiet aufrechterhalten worden sind. Außerdem hat die Kl. nach Kriegsende mehrere Warenzeichen angemeldet, und zwar einige auch im Bundesgebiet. Die Bekl., die I. AG in F., hat beim Deutschen Patentamt in München die Eintragung der Sitzverlegung nach F. und die Umschreibung der Warenzeichen auf sich erwirkt. Ein Rechtsstreit, in dem die zivilrechtliche Wirksamkeit der Umschreibung geklärt werden soll, schwebt in F. Die Bekl. hat in mehreren Schreiben von der Kl. Lizenzgebühren für die Benutzung der auf ihren eigenen Namen umgeschriebenen Warenzeichen hinsichtlich aller Exportlieferungen der Kl. gefordert.

Die Kl. hat Klage erhoben auf Feststellung, daß sie allein Trägerin der Namens-, Firmen- und Warenzeichenrechte der Firma I. AG sei, daß die Sitzverlegung nach F. unwirksam sei und der Sitz der Firma sich nach wie vor ausschließlich in D. befinde, ferner auf Unterlassung und Schadensersatz wegen des Gebrauchs der Warenzeichen der Kl. und schließlich auf die Befugnis zur Veröffentlichung des Urteils.

Die Bekl. hat sich im Rechtsstreit nicht vertreten lassen; sie hat sich lediglich durch zwei Schriftsätze geäußert. Das Bezirksgericht gab der Klage statt.

Gründe:

„VI. Für die Entscheidung dieses Rechtsstreites ist es erforderlich, zu prüfen:

1. Ist das Bezirksgericht örtlich und sachlich zuständig für die Entscheidung des Rechtsstreites und ist der ordentliche Gerichtsweg gegeben?

2. Kann seitens der Bekl. die Einrede der Rechtshängigkeit mit Erfolg geltend gemacht werden?

3. Schließt die VO vom 6. 9. 1951 die Tätigkeit der Organe einer Aktiengesellschaft und die der Aktionäre grundsätzlich für die Zeit aus, so lange ein Verwalter bestellt ist?

Ist insbesondere dieser Ausschluß auch dort begründet, wo mit Zustimmung und unter Berufung auf den ‚ordre public' des westdeutschen Staates die Aktionäre zusammentreten und Beschlüsse fassen?

4. Kann davon ausgegangen werden, daß in Westdeutschland Vermögen der I. AG vorhanden ist, welches vor Gültigkeit der VO vom 6. 9. 1951 belegt war?

5. Sind die von der Kl. gestellten Feststellungsansprüche rechtlich möglich und wie ist darüber zu entscheiden?

6. Welche Voraussetzungen sind für die anderen Klaganträge für die Entscheidung gegeben?

VII. 1. Die Zuständigkeit des Bezirksgerichts Leipzig ergibt sich aus § 32 ZPO. Für die Feststellung des Gerichtsstandes der unerlaubten Handlung genügt die schlüssige Behauptung der Kl., wonach ihr durch die unerlaubte Handlung der Bekl. ein Schaden entstanden sei. Unwesentlich ist dabei, ob die von der Kl. unerlaubten Handlungen durch die Bekl. begangen worden sind; wesentlich ist allein, daß eine derartige Behauptung schlüssig vorliegt. Unwiderlegbar hat die Kl. Schreiben der Bekl. vorgelegt, die den Namen und Firmennamen der Kl. als Anschrift der Bekl. ausweisen. Ein solches Verhalten kann eine unerlaubte Handlung nach § 12 BGB oder § 37 HGB darstellen. Da nach der mit Beweismitteln versehenen schlüssigen Behauptung die Verletzung des Namensrechtes möglich ist, ist auch der Gerichtsstand der unerlaubten Handlung begründet. Ob eine unerlaubte Handlung vorliegt, muß dem Verfahren vorbehalten bleiben.

Die sachliche Zuständigkeit des Bezirksgerichts ergibt sich aus §§ 52, 59 GVG v. 2. 10. 1952 i. d. F. vom 1. 10. 1959.

Die Zulässigkeit des ordentlichen Rechtsweges (Gerichtsweg) ergibt sich aus § 11 GVG. Es geht im vorliegenden Fall allerdings nicht um die Einräumung des Besitzes des in D. gelegenen Unternehmens, wie die Bekl. behauptet, sondern um das Abwehren von behaupteten Verletzungshandlungen seitens der Bekl. durch Benutzen und Führen des Namens der Kl., durch Anrichten einer Verwirrung bei Käuferkreisen und behauptete widerrechtliche Benutzung von der Kl. gehörenden Warenzeichen bzw. der Gefahr der weiteren Benutzung anderer Warenzeichen der Kl. und einer damit verbundenen Schadenszufügung.

Die Bekl. kann sich auch nicht darauf berufen, daß die Verwaltung der Kl. ähnlich der Treuhandschaft (Sequester) nach der ZPO geregelt ist. Nach § 5 II der VO vom 6. 9. 1951 sind die mit der Verwaltung ausländischen Vermögens Beauftragten ausdrücklich *bis zum Abschluß des Friedensvertrages* mit Deutschland befugt, alle gerichtlichen und außergerichtlichen Rechtshandlungen vorzunehmen, die die Verwaltung des Vermögens mit sich bringen. Dazu gehört vornehmlich der Schutz des übertragenen Vermögens als Gesamtheit. Durch die 1. Durchführungsbestimmung vom 11. 8. 1952 zur genannten VO hat jedes wirtschaftliche Unternehmen von ausländischem Vermögen ab 9. 5. 1945 die Rechtsform einer juristischen Person und ist nach den gesetzlichen Bestimmungen auch berechtigt, zu klagen. Das konnte selbst das LG Frankfurt a. Main nicht bestreiten (Urt. vom 25. 10. 1961 — 276 O 116/61).

2. Auch soweit die Bekl. die Einrede der Rechtshängigkeit erhebt, kann sie damit nicht durchdringen. Zutreffenderweise ist beim OLG Frankfurt a. M. ein Berufungsverfahren der Kl. gegen die Bekl. anhängig. In diesem Rechtsstreit geht es ausschließlich um die nach Behauptung der Kl. vom Patentamt München zu Unrecht umgeschriebenen Rechte an Warenzeichen, Patenten und Gebrauchsmustern. Das ergibt sich auch aus dem oben genannten Urteil des LG Frankfurt a. Main.

Für diesen Rechtsstreit in Frankfurt a. Main ist es nach den Grundsätzen der westdeutschen Rechtsprechung nicht unbedingt erforderlich, zu prüfen, ob die Bekl. den Namen ‚I. AG' zu Recht führt und inwieweit die Bekl. berechtigt ist, ‚eine Sitzverlegung' vorzunehmen. Wie die Bekl. selbst vorträgt, ist gegen die Eintragung des Beschlusses über die ‚Sitzverlegung' im Handelsregister Frankfurt a. Main seitens der Kl. noch keine Anfechtungsklage erhoben worden. Nach den bekannten formalrechtlichen Entscheidungen der Gerichte der Deutschen Bundesrepublik zur Verschleierung eines tatsächlich vorgenommenen Rechtsbruches zur Schädigung der Volkswirtschaft der DDR oder ihrer Rechtsordnung wird aber allgemein von der erfolgten Eintragung ausgegangen, ohne Prüfung der tatsächlichen materiellen Berechtigung für die Eintragung, wie das u. a. in dem Verfahren Fa. Carl Zeiß, Oberkochen ./. VEB Carl Zeiß Jena — LG Frankfurt a. Main[1] — oder Bibliographisches Institut AG ./. VEB Bibliographisches Institut — LG Stuttgart[2] — festgestellt werden kann. Die konkreten Ansprüche in dem westdeutschen Verfahren und in dem Vorliegenden sind also verschieden.

Die Zulässigkeit der Entscheidung der Sache durch Urteil nach Lage der Akten ist gemäß § 331a ZPO gegeben. § 331a Satz 2 ZPO ist durch § 7 der 4. VereinfachungsVO vom 12. 1. 1943 aufgehoben worden und hat nicht wieder Geltung erlangt. Eine solche Entscheidung ist auch erforderlich, weil die Bekl. durch ihre Einlassungsschriftsätze zu erkennen gegeben hat, daß sie eine sachliche Entscheidung mit Begründung wünscht. Der Sachverhalt ist ausreichend aufgeklärt, so daß auch keine Bedenken gegen eine solche Entscheidung bestehen können.

3. Die Klaganträge sind begründet.

Zur Klarstellung der Rechtslage ist auf die Rechtsgrundlage der VO vom 6. 9. 1951 einzugehen, da auf der bewußten Ignorierung des rechtlichen Ausgangspunktes durch die Gerichte der Deutschen Bundesrepublik die DDR diffamiert wird und im wesentlichen die vorsätzlichen Rechtsbrüche der westdeutschen Gerichte darauf beruhen. Diese Rechtsbrüche sind Anlaß für die falschen Schlußfolge-

---

[1] Gemeint ist wohl IzRspr. 1945—1953 Nr. 580.

[2] Gemeint ist wohl IzRspr. 1960—1961 Nr. 133.

rungen der Bekl. im vorliegenden Verfahren und mancher Personen in ihrem Verhältnis zur DDR in ihren eigenen Angelegenheiten.

Sowohl durch die Konferenz von Jalta seitens der UdSSR, der USA und Großbritanniens als auch durch das Potsdamer Abkommen der genannten Großmächte, dem sich auch Frankreich angeschlossen hat, ist stets das Recht des deutschen Volkes auf Selbstbestimmung und einen Friedensvertrag deklariert worden.

Entsprechend der ‚Erklärung des Vereinigten Königsreichs, der Vereinigten Staaten von Amerika, der Union der Sozialistischen Sowjetrepubliken und der Französischen Republik' vom 5. 6. 1945 ist mit der Niederlage Deutschlands im 2. Weltkrieg die Regierungsgewalt in Deutschland auf die genannten Alliierten übergegangen, welche ihre Machtbefugnisse durch die vier Oberbefehlshaber, jeder in seiner Besatzungszone, ausübten und gemeinsam den Kontrollrat bildeten.

Der Kontrollrat faßte Beschlüsse, die Deutschland als Ganzes betrafen und für alle Besatzungszonen verbindlich waren.

In bezug auf die Behandlung des Vermögens von Angehörigen der Vereinten Nationen, wozu auch das des Herrn S. gehört, für welches bis dahin die VO vom 15. 1. 1940 i. V. m. der VO vom Mai 1940 in Kraft war (VO über die Verwaltung feindlichen Vermögens), ordnete der Alliierte Kontrollrat als Inhaber der gesetzgebenden Gewalt in Deutschland in der Proklamation Nr. 2 vom 20. 9. 1945 (KRABl. S. 8) folgendes an:

„Abschnitt VI.

19 b) Die deutschen Behörden müssen sich ferner allen solchen Anweisungen fügen, die die alliierten Vertreter anordnen mit Bezug auf Eigentum, Guthaben, Rechte, Anrechte und Interessen innerhalb Deutschlands, die irgendeiner der Vereinten Nationen oder ihren Staatsangehörigen gehören oder ihnen bei Kriegsausbruch oder zu irgendeinem Zeitpunkt seit Ausbruch des Krieges zwischen Deutschland und der betreffenden Nation oder seit der Besetzung durch Deutschland irgendeines Teiles ihrer Gebiete gehört haben. Die deutschen Behörden sind verantwortlich für die Sicherstellung, Aufrechterhaltung und Verhinderung von Verschleuderung alles solchen Eigentums, solcher Guthaben, Rechte, Anrechte und Interessen und für die Übergabe derselben unversehrt auf Aufforderung der alliierten Vertreter. Zu diesem Zweck müssen die deutschen Behörden alle Auskunft erteilen und nötige Hilfe leisten, die zur Auffindung solchen Eigentums, solcher Guthaben, Rechte, Anrechte und Interessen erforderlich sind."

In Ausführung dieser Bestimmung wurden z. B. in der amerikanischen Zone Deutschlands das Gesetz Nr. 52 der amerik. MilReg. und mit dem entsprechenden Inhalt in der östlichen Besatzungszone die Befehle Nr. 124/1945 und Nr. 104/1946 der SMAD erlassen.

Im Befehl Nr. 124/1945 des Obersten Chefs der SMAD über die Beschlagnahme und provisorische Übernahme einiger Eigentumskategorien in Deutschland vom 30. 10. 1945 (Befehle der SMAD S. 10) heißt es:

„2. Das herrenlose Gut, das sich auf dem von den Truppen der Roten Armee besetzten Territorium Deutschlands befindet, ist in provisorische Verwaltung der sowjetischen Militärverwaltung zu nehmen."

Der Begriff ‚herrenloses Gut' wurde im Befehl Nr. 104/46 der SMAD näher erläutert. Es wird dort ausgeführt:

„Durch den Befehl des Obersten Chefs der Sowjetischen Militärverwaltung in Deutschland Nr. 124 vom 30. 10. 45 ist das herrenlose Gut, das sich auf dem Territorium Deutschlands befindet, das von den Truppen der Roten Armee besetzt ist, einschließlich des herrenlosen Gutes, das Regierungen und physischen und juristischen Personen der Länder der Vereinten Nationen und der neutralen Länder gehört, zeitweilig von der Sowjetischen Militärverwaltung zur Verwaltung übernommen worden."

In Ausführung dessen heißt es in diesem Befehl weiter: Der Verwaltung unterliegen:

„a) bewegliches und unbewegliches Eigentum, das zum Teil oder vollständig Bürgern ausländischer Staaten gehört;

b) Teilhaberschaft von Bürgern ausländischer Staaten an deutschen Unternehmen, Firmen, Einrichtungen und Organisationen,

c) Wertpapiere (Aktienanteile, Obligationen, Schecks, Bankguthaben, Wechsel, Patente, Versicherungspolicen deutscher und ausländischer Gesellschaften) und beliebige andere, auf Zahlung gerichtete Urkunden, die ganz oder zum Teil im Besitz von Bürgern ausländischer Staaten stehen."

Durch die Instruktion des Chefs der SMAD vom 17. 11. 1947 (Dratwin'sche Instruktion) wurden in Ausführung der Proklamation Nr. 2 des Alliierten Kontrollrates und der Befehle Nr. 124/45 und 104/46 der SMAD die Wirtschaftsminister der Länder der sowjet. Besatzungszone mit der Verwaltung des ausländischen Vermögens beauftragt. Die Wirtschaftsminister übten diese Funktion im Namen und im Auftrage der sowjet. Militärverwaltung aus. Jede nicht autorisierte Verfügung über dieses Vermögen war verboten.

Eine Übergabe dieser Vermögenswerte an die ausländischen Eigentümer war zu diesem Zeitpunkt nicht möglich, weil die staatsrechtliche Form des künftigen Deutschlands noch nicht geklärt war. Hinzu kam, daß durch das Verhalten der westlichen Besatzungsmächte der Kontrollrat gesprengt wurde und keine ganz Deutschland betreffenden Beschlüsse mehr faßte. Wenn dieser Schritt auch mit Bedacht deshalb gefaßt wurde, um Deutschland zu spalten, wie es die Londoner Empfehlungen zeigen, wurde es dadurch unmöglich, das ausländische Eigentum an die Berechtigten im Rahmen staatsrechtlicher Verträge zurückzugeben.

Mit Gründung der DDR ging die Regierungsgewalt im östlichen Teil Deutschlands auf die Regierung der DDR über.

Vom ersten Tage ihres Bestehens haben die Volkskammer, die Regierung der DDR, der Präsident der DDR und nunmehr der Staatsrat der DDR über 100 Vorschläge unterbreitet für die Vorbereitung und den Abschluß eines Friedensvertrages mit Deutschland, um die Reste des Krieges zu beseitigen. In diesem Bemühen wurde die DDR in ständiger Hilfsbereitschaft und in Sorge um die Erhaltung des Friedens in der Welt von der UdSSR und den anderen sozialistischen Staaten unterstützt.

Durch das Verhalten der Westmächte und der derzeitigen Bonner Regierung war die Regierung der DDR gezwungen, weiterhin die Vermögenswerte ausländischer Bürger in ihrer Gesamtheit zu verwalten. Eine solche Verwaltung konnte hinsichtlich der Betriebe nur operativ erfolgen. Die entsprechenden gesetzlichen Grundlagen wurden durch die VO vom 6. 9. 1951 (GBl. 1951, 839) und die erste Durchführungsbestimmung zur VO über die Verwaltung und den Schutz ausländischen Eigentums in der DDR vom 11. 8. 1952 (GBl. 1952, 745) geschaffen.

Durch die VO vom 6. 9. 1951 wurde entgegen der Behauptung der Bekl. keine neue Beschlagnahme ausländischen Vermögens angeordnet. Es geht vielmehr, wie aus der Präambel der VO zu entnehmen ist, nur um die *Übernahme der Verwaltung* der bereits durch die Anordnungen der Besatzungsmächte ausgesprochenen Beschlagnahme des ausländischen Vermögens durch die Organe der DDR.

Soweit von der ‚Rechtsprechung' der Bundesrepublik die Behauptung aufgestellt wird, daß es sich bei der Durchführung der VO um eine die Enteignung des ausländischen Vermögens vorbereitende Maßnahme handele (Urt. des BGH, I ZR 62/58 Kodak ./. Kodak[3]), ist das eine bewußt irreführende und diffamierende Behauptung, die nur dem Zweck dient, dem Ansehen der DDR Schaden zuzufügen, obwohl Zweck und Ziel der VO aus ihrem Text klar ersichtlich sind. Auch die von der Bekl. aufgestellte Behauptung ist eine reine Zweckbehauptung und durch nichts bewiesen.

Zutreffenderweise wurden auf dem Gebiet der DDR nach 1945 durch Volksentscheid und die zuständigen Gesetzgebungsorgane auch Enteignungen vorgenommen. Diese Enteignungen betrafen ausschließlich das Vermögen von deutschen Staatsangehörigen, welche sich als Angehörige des Naziregimes oder Kriegsverbrecher schwerer Verbrechen gegen das deutsche Volk und die Völker anderer Länder schuldig gemacht hatten. Diese durchgeführten Enteignungen haben ihre völkerrechtliche Rechtsgrundlage in dem von den vier Großmächten nach der Kapitulation des Hitlerfaschismus abgeschlossenen Potsdamer Abkommen. Dort wurden die notwendigen Folgerungen aus dem verbrecherischen Aggressionskrieg der deutschen Faschisten gezogen und die zur Überwindung und Ausrottung des Faschismus und Militarismus in ganz Deutschland erforderlichen Maßnahmen festgelegt. Obwohl das Potsdamer Abkommen für Gesamtdeutschland die völkerrechtliche Grundlage schaffte, zeigte es sich, daß nur in einem Teil Deutschlands, nämlich auf dem Territorium der DDR, die Forderungen des Potsdamer Abkommens verwirklicht worden sind, während in Westdeutschland noch heute hohe Funktionäre des faschistischen Staates als Staatsbeamte, insbesondere auch als Staatsanwälte und Richter, tätig sind, erneut einen Krieg vorbereiten und von der derzeitigen Bonner Regierung mit Billigung der westlichen Besatzungsmächte geschützt und gefördert werden. Es kann also festgestellt werden, daß weder in der sowjet. Besatzungszone noch in der heutigen DDR Enteignungen ausländischer

[3] IzRspr. 1958—1959 Nr. 144.

Vermögenswerte vorgenommen wurden. Die gesetzlichen Maßnahmen der VO vom 6. 9. 1951 dienten und dienen, wie in der VO selbst betont wird, ausschließlich dem Schutz und der Sicherstellung ausländischen Eigentums bis zur Beendigung des Kriegszustandes, d. h. bis zum Abschluß eines Friedensvertrages mit Deutschland.

Es entspricht im übrigen der allgemeinen völkerrechtlichen Praxis, daß im Falle eines Krieges für die Dauer vom Kriegsbeginn bis zum Abschluß des Friedensvertrages das Vermögen von Staatsangehörigen feindlicher Länder unter Beschlagnahme gestellt und auf diese Weise der Verfügung der Vermögensinhaber entzogen wird. Wenn auch der Begriff ‚feindliche Länder' unter den heutigen Bedingungen 17 Jahre nach Einstellung der Kampfhandlungen zufolge der bedingungslosen Kapitulation des faschistischen Deutschlands nicht mehr zutreffend ist, so sind dennoch seitens der Westmächte einschließlich des holländischen Staates noch keine ernsthaften Anstrengungen unternommen worden, dem Recht des deutschen Volkes auf einen echten Friedensvertrag zu entsprechen. Im Gegenteil, gerade sie verzögern den Abschluß eines Friedensvertrages.

Bereits bei der VO vom 15. 1. 1940, d. h. mit der Einsetzung des Verwalters am 30. 7. 1943, ging die Vertretungsbefugnis für die Aktiengesellschaft, die bis dahin jeweils von zwei Vorstandsmitgliedern oder von einem Vorstandsmitglied zusammen mit einem Prokuristen ausgeübt wurde, auf den Verwalter über. Nach der Niederlage Hitler-Deutschlands wurde dieser staatlich eingesetzte Verwalter abberufen und zugleich am 28. 9. 1945 auf Weisung der SMAD der Diplomingenieur R. in D. von der Landesverwaltung Sachsen als Treuhänder bestellt. Infolgedessen erlangten die Organe der AG, d. h. der Vorstand und die Hauptversammlung, auch nach der Niederlage Deutschlands nicht die ihnen seit dem 30. 7. 1943 entzogenen Vertretungsbefugnisse zurück.

Durch die VO vom 6. 9. 1951 und die Verfügung des verantwortlichen Fachministeriums ist die ‚Vereinigung Volkseigener Betriebe für feinmechanische und optische Geräte' als Treuhänder zum Verwalter der Aktiengesellschaft bestellt worden. Durch die Eintragung im Handelsregister am 26. 1. 1952 ist geklärt, daß auch in der Folgezeit die früheren Vertretungsorgane der AG ihre Befugnisse nicht wieder erlangt haben.

Durch diese rechtliche Festlegung sind entsprechend § 5 III der VO vom 6. 9. 1951 die Befugnisse der Eigentümer oder Berechtigten oder der bisher zur Verwaltung oder Vertretung ermächtigten Personen nicht völlig erloschen, sondern sie bestehen fort, können aber nur mit Zustimmung der Regierung der DDR ausgeübt werden. Die Notwendigkeit der Zustimmung zur Ausübung der Befugnisse der Eigentümer oder früheren Vertretungsbefugten ergibt sich aus dem Zweck des Gesetzes, welcher, wie schon ausgeführt, darin besteht, den Bestand des Vermögens bis zum Abschluß eines Friedensvertrages sicherzustellen. Könnten die Eigentümer des Vermögens ohne

Zustimmung der Regierung der DDR darüber verfügen, so wäre damit einer Vereitelung der Sicherstellung des Vermögens Tür und Tor geöffnet.

4. Dieser Rechtsansicht stimmt bis dahin z. T. auch das LG Frankfurt/Main mit dem Urteil in dem Verfahren der Kl. gegen die Bekl. wegen Patentumschreibung usw. (276 O 116/61) vom 25. 10. 1961 zu. Es zieht nur die falsche Schlußfolgerung insoweit daraus, als es ausführt, daß diese Vertretungsbefugnis nur für das Gebiet der DDR gelte, während die Aktionäre, bzw. die Vertretungsorgane der Aktiengesellschaft außerhalb der DDR in der Lage seien, rechtswirksame Beschlüsse über die unter Treuhandschaft stehende Aktiengesellschaft zu fassen. Diese auch von der Bekl. vertretene Auffassung widerspricht allen bisherigen Rechtsauffassungen, selbst denen des BGH.

In der bisherigen Rechtsprechung des BGH ist nur dann von den allgemeinen Regeln des internationalen Privatrechts unter Darlegung von Rechtssätzen eines sog. nirgends formulierten oder statuierten Interzonenrechtes abgewichen worden, wenn nachweisbar auf dem Gebiet der Bundesrepublik Vermögensgegenstände des innerhalb der DDR enteigneten Betriebes oder unter Treuhandschaft befindlichen Vermögens vor der Enteignung oder der angeordneten Treuhandschaft belegen waren. Von diesem Grundsatz ist nur einmal das LG Stuttgart in der Sache 4 KfH O 49/60 vom 26. 7. 1960[2] abgewichen. Es führte dazu aus, daß dann eben ‚andere Gründe gefunden werden müßten', um das ‚Recht' der Aktionäre und Gesellschafter usw. zu begründen. Daraus ist ersichtlich, daß es den Gerichten der Bundesrepublik in solchen Verfahren gar nicht um eine auf gesetzlicher Grundlage durchzusetzende Entscheidung geht, sondern allein um den Faschisten und Kriegsverbrechern nach einer erfolgten Enteignung die ihnen nicht mehr zustehenden Vermögenswerte zuzuschieben, unter Berufung auf den ‚ordre public' des Bonner Staates, der von Faschisten bestimmt und zur Staatsdoktrin erhoben wird, ohne jedoch in dem Grundgesetz oder anderen Gesetzen der Bundesrepublik eine Grundlage zu haben. Diese Grundlage soll möglicherweise mit den gegen die Interessen des ganzen deutschen Volkes gerichteten Notstandsgesetzen geschaffen werden, die es der westdeutschen Regierung ermöglichen sollen, ohne Beachtung von anerkannten Rechtsgrundsätzen zu handeln und somit der Justiz eine weitgehende ‚Auslegung' der Gesetze gestatten.

Andererseits wird durch das in keinem Gesetz erwähnte, von den Gerichten der Bundesrepublik unterstellte ‚Interzonenrecht', in Verfahren betreffend ausländischen Eigentums, welches in der DDR wegen des noch nicht abgeschlossenen Friedensvertrages unter Treuhandschaft steht, eine Lage geschaffen, die eine ordnungsgemäße Verwaltung dieser Vermögenswerte erschwert und nach Möglichkeit verhindern soll. Auf die Unhaltbarkeit der von den Gerichten der Bundesrepublik vertretenen Rechtsauffassung hinsichtlich des Interzonenrechts und der ‚Verlagerung' von Betrieben aus der DDR nach

Westdeutschland unter Berufung auf das Territorialprinzip hat das OG der DDR schon mehrfach, besonders in dem Urteil vom 23. 3. 1961 — 1 UZ 4/60 Pa — Carl-Zeiss-Stiftung Jena und VEB Carl Zeiss Jena ./. Firma Carl Zeiss Oberkochen/Württemberg[4], hingewiesen (NJ 1961, 714).

Unabhängig davon, treffen aber all diese ‚Rechtstheorien' der Gerichte der Bundesrepublik, außer der des LG Stuttgart in der Sache 4 KfH O 49/60 vertretenen Auffassung, die jeglicher rechtlicher Begründung ermangelt, im vorliegenden Fall nicht zu, auch nicht die des BGH in dem Verfahren der Firma Kodak AG ./. Firma Kodak AG, vom 18. 12. 1959 (I ZR 62/58)[3], weil vor 1945 keinerlei Vermögen der I. AG in D., insbesondere kein Produktionsbetrieb in Westdeutschland vorhanden war. Es ist also entsprechend der VO über die Verwaltungen und den Schutz des ausländischen Eigentums in der DDR gar kein vor dem 8. 5. 1945 in Westdeutschland belegenes Vermögen der I. AG unter Verwaltung gestellt worden. Es bestand somit auch selbst nach der bisherigen Rechtsprechung des BGH keine Möglichkeit, daß die Aktionäre oder die zur Vertretung befugten Organe der Aktiengesellschaft rechtswirksame Beschlüsse fassen konnten. Es kommt deshalb auch gar nicht darauf an, daß die VO vom 6. 9. 1951 nur auf dem Territorium der DDR Geltung hat. Wenn nunmehr die Bekl. glaubt, durch die jetzt von Rechtsapologeten geschaffene Theorie des überall belegenen Namens- und Firmenrechts einen Besitzstand in der Bundesrepublik geschaffen zu haben, so ist auch das unrichtig.

Tatsächlich tritt ein Name oder Firmenname erst dann in einem anderen Hoheitsgebiet in Erscheinung, wenn er von dem Berechtigten oder einem Unberechtigten benutzt wird. Die Benutzung durch den Berechtigten setzt logisch voraus, daß er in irgendeiner Weise seine Interessen vertritt oder durchsetzt, d. h. für eine Firma, daß sie für ihre Erzeugnisse wirbt, Handel treibt, Schutzrechte in Anspruch nimmt oder irgendwie auf ihr Bestehen und ihre Produktion oder die Handelstätigkeit aufmerksam macht. Solange das nicht geschieht, ist der Name als ‚belegener Besitzstand' nicht vorhanden. Im Augenblick der Nennung oder Verwendung des Namens ist er aber der untrennbare Teil des Namensträgers, also der natürlichen oder juristischen Person.

Daran wird auch nichts geändert durch die Möglichkeit der Duldung des Gebrauchs des Namens durch andere, gleichgültig ob entgeltlich oder unentgeltlich, weil auch dann der Name nur mit der mit ihm in Verbindung stehenden natürlichen Person oder der juristischen Person oder dem Produktions- oder Handelsbetrieb Bedeutung gewinnt.

Die Verwaltung und der Schutz des ausländischen Vermögens auf dem Territorium der DDR umfaßt daher im Fall der ‚Firma I. AG' zwangsläufig auch vollständig den Namen dieser Firma sowie die ihr

[4] IzRspr. 1960—1961 Nr. 135.

gehörenden Schutzrechte, weil sie untrennbare Bestandteile des in der DDR belegenen Gesamtvermögens sind. Das Recht der Benutzung des Namens, der Firma sowie der Schutzrechte ergibt sich dabei eindeutig aus der VO vom 6. 9. 1951, wonach der Schutz und die Sicherung des Vermögens gewährleistet sein muß, was einmal durch Sicherung des vorhandenen Vermögens, aber auch durch aktive Verwaltung, d. h. durch Weiterführung des Betriebes im Interesse der ausländischen Eigentümer unter Berücksichtigung der dafür vom Staat eingesetzten Mittel erfolgen kann (§ 4 II der VO vom 6. 9. 1951).

Das willkürliche Auseinanderreißen, insbesondere die Nichtbenutzung des Firmennamens und der Kennzeichnungsrechte des verwalteten Betriebes, würde bedeuten, daß eine ordnungsgemäße Verwaltung im Interesse der ausländischen Eigentümer nicht durchgeführt werden könnte. Es kann auch nicht damit argumentiert werden, daß die Verwendung des Namens und Firmennamens sowie der Kennzeichnungsrechte sich gegen die Interessen des Eigentümers richte. Das ist nur dann der Fall, wenn entgegen den in beiden deutschen Staaten geltenden Bestimmungen, Personen, denen vorübergehend wegen des noch ausstehenden Friedensvertrages die Verfügungsmacht über ihr Eigentum entzogen ist, versuchen, sich unrechtmäßig ohne staatsrechtliche Verträge zwischen der DDR und seinem Lande die Verfügungsgewalt über das Vermögen wieder zu verschaffen. Es gibt deshalb keinerlei Begründung für die Einberufung einer ‚Hauptversammlung'.

Soweit Herr S. nun von sich aus dazu anregte, eine Hauptversammlung der Aktionäre einzuberufen, mußte deshalb bei den verantwortlichen Personen darüber Klarheit bestehen, daß sie wirksame Beschlüsse ohne Zustimmung der Regierung der DDR über das in der DDR befindliche Vermögen und über das durch die aktive Verwaltung des Treuhandbetriebes entstandene Vermögen außerhalb der DDR nicht verfügen konnten. Diese Verfügungsbefugnis ist durch § 5 III der VO vom 6. 9. 1951 ausdrücklich nur mit Zustimmung der Regierung der DDR möglich.

Die Einberufung der Hauptversammlung, deren Zusammensetzung und die Beschlüsse der Hauptversammlung, verstoßen jedoch nicht nur gegen die VO vom 6. 9. 1951, sondern auch gegen die in beiden deutschen Staaten gleichlautenden geltenden Gesetze.

Unabhängig davon, daß die Aktionäre vor Aufhebung der Treuhandschaft zu einer Hauptversammlung gar nicht zusammenkommen durften, hätte die Hauptversammlung nur von den in der Satzung vorgesehenen Personen einberufen werden können. Das heißt vom Vorstand der Aktiengesellschaft gemäß § 105 I AktG oder dem Aufsichtsrat, entsprechend der Satzung der I. AG § 11.

Die ‚Hauptversammlung' vom 30. 11. 1959 hat aber weder der Vorstand noch der Aufsichtsrat der AG einberufen, und es waren auf der Versammlung auch keine der Vorstandsmitglieder und nur zwei der früheren Aufsichtsratsmitglieder zugegen. Es kann dabei dahingestellt bleiben, ob die letzteren zwei noch dem Aufsichtsrat angehören, da ihre Amtsperiode nach § 7 nur vier Jahre andauert und ihre Wahl vor 1945 stattgefunden hat. Herr S., der die Zusammenkunft oder Einberufung der ‚Hauptversammlung' veranlaßte, war zu keiner Zeit Mitglied des Vorstandes noch Mitglied des Aufsichtsrates.

Die Einberufung der ‚Hauptversammlung' ist auch nicht in den entsprechenden Gesellschaftsblättern veröffentlicht worden. Das entsprechende Gesellschaftsblatt war der ‚Deutsche Reichsanzeiger', an dessen Stelle in der DDR das ‚Zentralblatt der Deutschen Demokratischen Republik' getreten ist. An dieser so zusammengetretenen ‚Hauptversammlung' haben auch nicht alle Aktionäre teilgenommen, sondern für die verstorbenen Aktionäre D., E., F., K. und Sch. trat der Rechtsanwalt Dr. Kö. als Abwesenheitspfleger auf und für die I. Kamerawerk S. & Co. in D., die gleichfalls unter Treuhandverwaltung steht, der z. Z. nicht vertretungsberechtigte Herr S.

Die Begründung, daß trotz Kenntnis des Todes der Aktionäre D., E., F., K. und Sch. sie ‚im Rechtssinn als lebend behandelt werden müssen', widerspricht dem in beiden deutschen Staaten geltenden BGB.

Ein Abwesenheitspfleger kann danach nur dann bestellt werden, wenn der Aufenthalt eines Volljährigen unbekannt ist und seine Vermögensangelegenheiten der Fürsorge bedürfen (§ 1911 BGB). Die von der Bekl. gegebene Begründung für die Zulässigkeit der angeordneten Pflegschaft hält einer ernsten Nachprüfung nicht stand, da es den Begriff ‚im Rechtssinn als lebend behandeln' trotz Kenntnis des Todes im deutschen Recht nicht gibt. Auch aus diesem Grunde konnte daher die ‚Hauptversammlung' keine wirksamen Beschlüsse fassen. Im übrigen kann auch durch diesen Umstand, daß für die verstorbenen Aktionäre nicht die Erben oder ein vom zuständigen Organ bestellter Nachlaßpfleger bestellt war, sofern die Erben nicht auffindbar wären, von keiner ‚Heilung der Formmängel' ausgegangen werden. Soweit die ‚Hauptversammlung' dennoch den Beschluß faßte, den Sitz der AG von D. nach F. zu verlegen, verstößt auch das gegen weitere gesetzliche Bestimmungen des Aktiengesetzes. Nach § 106 AktG und § 11 der Satzung muß die ‚Hauptversammlung' der I. AG in D., d. h. am Sitz der Aktiengesellschaft, abgehalten werden. Nach § 5 AktG ist der Sitz einer Aktiengesellschaft in der Regel dort zu bestimmen, wo die Gesellschaft einen Betrieb hat. Von diesem Regelfall kann abgewichen werden, wenn sich die Geschäftsleitung oder die Verwaltung an einem anderen Ort befindet.

Der Produktionsbetrieb der I. AG befindet sich jedoch ausschließlich in D. In F. existierte weder 1959 noch heute eine Produktionsstätte. Soweit die Bekl. dazu ausführt, daß dieser Produktionsbetrieb noch geschaffen werde, ist das für die Begründung zur Durchführung einer ‚Hauptversammlung' völlig bedeutungslos. Gleichfalls ist auch der Hinweis auf einen in West-Berlin bestehenden Produktionsbetrieb bedeutungslos, weil einmal West-Berlin nicht zur Bundesrepublik gehört und zum anderen die dortigen Rechtsverhältnisse nicht geklärt sind.

Soweit die ‚Hauptversammlung‘ die Sitzverlegung von D. nach F. beschlossen hat, und F. die Eintragung in das Handelsregister vornahm, ist das ein Verstoß gegen § 13c HGB. Die Argumentation der Bekl., daß nach der Rechtsprechung der Gerichte in der Bundesrepublik die Mitwirkung des Gerichts des alten Sitzes nicht erforderlich sei, wenn diese versagt werde, findet im Gesetz keine Stütze. Im übrigen wäre diese Mitwirkungshandlung eben wegen Verletzung bindender Vorschriften, selbst bei Nichtbeachtung der VO vom 6. 9. 1951, wegen der nicht unter Mitwirkung aller Aktionäre oder deren Berechtigten durchgeführten ‚Hauptversammlung‘ nicht möglich gewesen. Das hätte aber auch das Handelsregister in F. erkennen müssen. Ein Zuwiderlaufen gegen die zu schützenden ausländischen Interessen findet nicht statt, wenn der ausländische Eigentümer die Gesetze der DDR beachtet.

Durch das Schreiben der Briefe vom 22. 3. 1960, 10. 2. 1960, 24. 2. 1960, 16. 2. 1960 und 23. 3. 1961 seitens der Bekl. an die Kl. bzw. an die Deutsche Kamera-Außenhandelsgesellschaft unter Benutzung des Namens, der Firma und der Warenzeichen der Kl. auf diesen Schreiben, ist der Kl. das widerrechtliche Handeln der Bekl. offenbar geworden.

Die Bekl. hat damit in die Vermögensrechte der Kl. eingegriffen und deren Recht zur alleinigen Benutzung des Namens, Firmen- und Warenzeichenrechte verletzt. Diese Verletzung geschah wie ausgeführt vorsätzlich und widerrechtlich, um der Kl. Schaden zuzufügen, wie es sich besonders aus der Forderung auf Lizenzzahlung für der Bekl. nicht zustehende gewerbliche Schutzrechte ergibt.

Die Bekl. kann auch nicht damit gehört werden, daß die von ihr in das Gebiet der DDR mit den Namen der Kl. versandten Briefe keine Verletzungshandlungen seien, weil damit keine Wettbewerbshandlungen vorgenommen worden seien und sie mit einem Verantwortlichen verhandeln müsse, zumal sie als Absender nur den Namen verwenden könne, der ihr nach dem Recht der Bundesrepublik zustehe.

Tatsächlich haben die Schreiben der Bekl. alle Wettbewerbscharakter, da die Bekl. damit anstrebte, die Verfügungsgewalt der Kl. über das nach dem 8. 5. 1945 während der Treuhandschaft entstandene Vermögen zu ihren (der Bekl.) Gunsten einzuschränken, wenn das bis zu diesem Zeitpunkt auch nicht gegenüber einem unbestimmten Käuferkreis in der DDR erfolgte.

Abgesehen davon lassen sich erkennbare Grenzen zwischen der Führung des Namens und Firmennamens für die Zwecke der Werbung und für den sonstigen geschäftlichen und behördlichen Verkehr kaum finden. Darüber hinaus ist das Recht auf Führung des bürgerlichen und des Handelsnamens unteilbar.

Zu seiner Verletzung genügt der *objektive* Tatbestand des unbefugten Gebrauchs. Zweck und Beweggründe dafür sind irrelevant.

Niemand braucht es sich gefallen zu lassen, daß ein anderer seinen Namen oder seine Firma, gleichgültig wie und zu welchen Zwecken, unbefugt gebraucht. Der Schutz des Namens beginnt, wie schon ausgeführt, mit der Ingebrauchnahme. Mit der Behauptung der Bekl., ihrer völligen Identität der Rechtspersönlichkeit mit der Kl. und dem Anspruch des alleinigen Rechts zu ihrer gesetzlichen Vertretung, außerhalb der DDR, durch die von ihr bestellten Organe mit ihrem Schreiben, und zwar allein auf der Grundlage gesetzwidriger und zugleich willkürlicher, also absolut nichtiger Akte westdeutscher Staatsorgane, hat sie noch nicht das Recht zur Führung des Namens erlangt.

Die Führung des Namens wurde auch nicht dadurch gestattet, daß vorübergehende Vereinbarungen zwischen den Parteien über bestimmte wirtschaftliche Fragen erfolgten. Soweit das geschah, ist die Bekl. als Rechtspersönlichkeit und als berechtigte Trägerin des Namens ‚I.' von der Kl. niemals anerkannt worden.

Den von der Kl. gestellten Anträgen war daher stattzugeben.

5. Entgegen der Auffassung der Bekl. sind auch die Feststellungsanträge zu 1 und 2 gerechtfertigt. Zwar ist es zutreffend, daß auf Feststellung eines Rechtsverhältnisses grundätzlich nur dann geklagt werden kann, wenn eine Leistungsklage nicht möglich ist; das muß aber dann eine Einschränkung erfahren, wenn schon zum Zeitpunkt der Entscheidung feststeht, daß eine solche Entscheidung durch bewußte Mißachtung der Gesetze sich dort nicht durchsetzen läßt, wo der Verletzer seine Haupttätigkeit ausübt. Das aber ist bei der Ignorierung des Rechts durch die Gerichte der Deutschen Bundesrepublik bekannt.

Tatsächlich wird von der Bekl. zwischen ihr und der Kl. ein Rechtsverhältnis dergestalt behauptet, daß sie, die Bekl., der durch ‚rechtmäßige Organe der Aktiengesellschaft' vertretene, also auch zur Führung des Namens berechtigte Teil der Gesellschaft sei, während die Kl. ihr zugehörig und unterstellt sei, worüber sie zur Zeit nur nicht verfügen könne.

Der Kl. kann deshalb die Feststellung darüber, daß sie alleinberechtigte Trägerin der Namens-, Firmen- und Warenzeichenrechte der Firma I. AG, und zwar unbeschränkt ist, nicht verwehrt werden. Aus dieser Feststellung ergibt sich eindeutig, daß zwischen den Parteien keinerlei den Namen, die Firma oder die Warenzeichen betreffende Rechtsverhältnisse bestehen. Das rechtliche Interesse an der Feststellung ergibt sich aus dem Verhalten der Bekl. und der sich daraus ergebenden Nachteile für die Kl.

Ebenso ist es mit der Feststellung, daß sich der alleinige Sitz der Firma I. AG in D. befindet. Durch die widerrechtlich behauptete und vom westdeutschen Staat anerkannte Sitzverlegung ergibt sich unter Nichtkenntnis aller Verletzungshandlungen der Bekl. und Dienststellen der Bundesrepublik ein Rechtsverhältnis dergestalt, daß F. der Sitz des Unternehmens sei, während sich in D. nur eine zur Zeit noch unter Verwaltung befindliche Zweigniederlassung oder ähnliches befinde. Unabhängig von dem Verbot zur Führung des Namens und der Firmenrechte ist deshalb auch das dringende Interesse der Kl. für diese Feststellung begründet, die klar herausstellt, daß zwischen F. als Sitz des Pseudounternehmens und D. keine Verbindungen bestehen und D. der alleinige Sitz der Firma ist. Soweit darüber hinaus die Feststellung des Verstoßes gegen zwingende gesetzliche Vorschriften begehrt wird, ist eine solche Feststellung für sich allein zwar nicht zulässig, aber zur besseren Charakterisierung des Feststellungsantrages nicht als Feststellung, sondern als Erläuterung gerechtfertigt.

6. Der Unterlassungsanspruch zu 3a) ist begründet hinsichtlich des Namens und der Firma aus § 12 BGB i. V. m. § 37 HGB und §§ 1 und 16 UWG. Ziff. 3b) ist begründet gemäß §§ 29, 30 WZG vom 17. 2. 1954 insbesondere auch der übrigen bisher von der Bekl. auf Briefen nicht erwähnten Warenzeichen, weil deren Benutzung durch das bisherige Verhalten, insbesondere der widerrechtlich beantragten und erfolgten Umschreibung zu befürchten ist.

Aus der gesamten Handlungsweise ergibt sich, daß die Bekl. vorsätzlich und widerrechtlich zum Schaden der Kl. gehandelt hat. Diese Handlungsweise, dem Entstehen einer Firma gleichen Namens, dem Aneignen der Kennzeichnungsrechte der Kl. und dem Schreiben der im Tatbestand genannten Briefe in das Gebiet der DDR stellt eine unerlaubte Handlung gemäß 823 I BGB dar. Durch die Handlungsweise der Bekl. ist in den Käuferkreisen der Kl. eine von der Bekl. nicht bestrittene und damit zugestandene erhebliche Verwirrung entstanden (§ 138 III ZPO), durch die ihr auch, wie im Tatbestand dargelegt, ein Schaden entstanden ist und durch weitere Wettbewerbshandlungen noch entstehen kann. Dieser Schaden kann zur Zeit noch nicht beziffert werden. Es war deshalb die Bekl. dem Grunde nach zu verurteilen, daß sie allen Schaden zu ersetzen hat, der der Kl. durch die widerrechtliche Benutzung des Namens, der Firma und durch die Benutzung der Warenzeichen entstanden ist.

Der Klaganspruch zu 5 ergibt sich aus § 260 BGB.

Die Befugnis zur Veröffentlichung des erkennenden Teils des Urteils ergibt sich aus § 249 BGB und § 33 II WZG. Der Senat sieht die Veröffentlichung in den genannten Zeitungen und Zeitschriften als erforderlich an, um die beteiligten Verkehrskreise auf den wahren Sachverhalt hinzuweisen."

79. Hat ein in ausländischem Eigentum stehendes westdeutsches Unternehmen seinem in der Sowjetzone gelegenen und dort unter Verwaltung gestellten Erzeugungsbetrieb die Verwendung von Firma und Warenzeichen untersagt, so kann das westdeutsche Unternehmen nicht aus zeichenrechtlichen Gründen der Verwendung neugebildeter Warenzeichen des sowjetzonalen Betriebs im Bundesgebiet entgegentreten. — Meldet ein volkseigener Betrieb, dem ein verwalteter Betrieb ausländischer Eigentümer verpachtet worden ist,

neugebildete Warenzeichen im Bundesgebiet an, so wird Inhaber der Zeichen nicht der ausländische Eigentümer, sondern der pachtende Betrieb. — Mit dem Schutzzweck der in der Sowjetzone angeordneten Verwaltung ausländischen Eigentums läßt es sich vereinbaren, daß ein verwalteter Betrieb auch gegen den Widerspruch des ausländischen Eigentümers im Bundesgebiet Vorbereitungen zum Vertrieb seiner Waren trifft. — Sowjetzonale Enteignungsmaßnahmen haben im Bundesgebiet keine Wirkung. — Wird die Verwaltung ausländischen Eigentums in der Sowjetzone enteignungsrechtlich beurteilt, so ist die Anmeldung neugebildeter Warenzeichen, die sich nicht an den Namen des ausländischen Eigentümers anlehnen, im Bundesgebiet grundsätzlich zulässig.

BGH, Urt. v. 23. 1. 1963 — Ib ZR 78/61: LM Nr. 50 zu Art. 7 ff. EGBGB (Interzonales Privatrecht); GRUR 1963, 473 (zust. *Bussmann*); NJW 1963, 1543 (abl. *Drobnig*); MDR 1963, 470; DB 1963, 729; Leitsätze in BB 1963, 533 (abl. *Samson* S. 1080), MittDVGR 1963, 46, BlfPMZ 1963, 349 und GRUR/Ausl. 1964, 470 Nr. 1303.

Die Kl., die Kodak AG in S. (Bundesgebiet), befaßt sich mit der Herstellung und dem Vertrieb fotografischer Artikel aller Art, die sie unter der Bezeichnung „Kodak" in den Handel bringt. Ihre Aktien befinden sich in den Händen der Eastman-Kodak-Company in Rochester (USA). Sie ist Inhaberin des deutschen Warenzeichens „Kodak", das sowohl vom Deutschen Patentamt in München als auch vom Amt für Erfindungs- und Patentwesen der sowjet. Besatzungszone für sie aufrecht erhalten worden ist.

In Berlin-Köpenick, das nach der Besetzung Berlins zum sowjet. Sektor gehörte, unterhielt die Kl. eine Filmfabrik. Der Betrieb dieser Fabrik wurde im Jahre 1945 beschlagnahmt und in der Folgezeit unter die Verwaltung wechselnder Treuhänder gestellt. Auf Grund der für die sowjet. Besatzungszone (VO vom 6. 9. 1951, GBl. DDR 839) und mit gleichem Inhalt für Ost-Berlin (VO vom 18. 12. 1951, VOBl. I 565) erlassenen Vorschriften über die Verwaltung und den Schutz ausländischen (d. h. nicht deutschen) Eigentums erlangte die Fabrik später mit Rückwirkung vom 9. 5. 1945 die Rechtsform einer juristischen Person. Nach mehrfacher Änderung ihrer Bezeichnung wurde für sie am 3. 12. 1953 im Handelsregister des AG Berlin-Mitte (Ost-Berlin) die Firma „Kodak AG Filmfabrik Köpenick in Verwaltung" eingetragen. Auf die Klage der Kl. ist dem so bezeichneten Unternehmen durch Urteil des Ersten Zivilsenats, des BGH vom 18. 12. 1959 — I ZR 62/58[1] — untersagt worden, im Gebiet der Bundesrepublik, von West-Berlin, der sowjet. Besatzungszone und von Ost-Berlin im geschäftlichen Verkehr das Wort „Kodak" als Bestandteil seiner Firma und/oder zur Kennzeichnung seiner Erzeugnisse zu gebrauchen, insbesondere, den Namen „Kodak" bei der Anmeldung gewerblicher Schutzrechte beim Deutschen Patentamt in München als Bestandteil seiner Firma zu führen. Wegen der Unterlassungsansprüche der Kl. für andere als die genannten Gebiete ist der betreffende Rechtsstreit, der seinerzeit insoweit an das Berufungsgericht zurückverwiesen wurde, inzwischen erneut bei dem Revisionsgericht anhängig.

Im April 1956, als der erwähnte Rechtsstreit in der ersten Berufungsinstanz schwebte, hat die „Kodak AG Filmfabrik Köpenick in Verwaltung" mit dem um diese Zeit durch behördliche Anordnung ins Leben gerufenen Beklagten, dem VEB Fotochemische Werke in Berlin-Köpenick,

[1] IzRspr. 1958—1959 Nr. 144.

zwei Abkommen getroffen. In dem einen Abkommen übertrug sie auf unbestimmte Zeit, mindestens jedoch für die Dauer der auf Grund der VO vom 6. 9. 1951 eingerichteten Verwaltung, ihre gesamten Anlagewerte dem Bekl. zur Nutzung. Ihre eigene Tätigkeit hatte sie mit Wirkung vom 1. 1. 1956 ab einzustellen. Das zweite Abkommen betraf die Übertragung von Warenzeichen, die für sie eingetragen bzw. von ihr angemeldet worden waren, auf den Bekl.

Die „Kodak AG Filmfabrik Köpenick in Verwaltung" hatte zur Warenzeichenrolle des Deutschen Patentamts in München für bestimmte Fotoartikel unter anderem die Warenzeichen DIASINEX und DIAVIDOX angemeldet.

Diese Anmeldungen sind im Jahre 1956 auf den Bekl. umgeschrieben worden. Von den genannten beiden Warenzeichen wurde das Zeichen DIASINEX für den Bekl. eingetragen. Die Eintragung des Zeichens DIAVIDOX wurde dagegen auf Widerspruch der Kodak-Pathé SA Paris wegen Übereinstimmung mit einem Zeichen der Widersprechenden versagt. Gegen die Versagungsbescheide hat der Bekl. Beschwerde eingelegt.

Außerdem hat er seinerseits noch die nachstehenden weiteren Zeichen angemeldet: VIDAPAN, VIDORA und VIDABROM.

Die Kl., für die keines der hier aufgeführten insgesamt fünf Zeichen geschützt ist und die auch keines von ihnen für ihre Erzeugnisse verwendet hat oder verwendet, tritt mit der vorliegenden Klage der Anmeldung oder Eintragung der Zeichen für den Bekl. entgegen. Sie hat geltend gemacht, da der Betrieb in Köpenick auch nach sowjetzonaler Auffassung noch zu ihrem Vermögen gehöre und lediglich treuhänderisch für sie verwaltet werde, wachse ihr alles an, was von dem sequestrierten Betrieb erworben werde. Dies gelte auch für neue Schutzrechte wie die neu angemeldeten oder eingetragenen Warenzeichen. Es widerspreche aber dem Wesen der Treuhandverwaltung, wenn der Treuhänder Bestandteile des ihr gehörigen Vermögens, hier die Rechte aus der Anmeldung und Eintragung von Warenzeichen, einem Dritten wie dem Bekl. übertrage. Diese Übertragung sei daher unwirksam. Ebensowenig sei es mit dem Treuhandcharakter der Verwaltung vereinbar, wenn das ihr gehörige Vermögen ohne ihre Zustimmung gegen sie selbst im Wettbewerb eingesetzt werde. Die Anmeldung und Eintragung von Warenzeichen für Erzeugnisse des Betriebs in Köpenick diene einem solchen Einsatz; denn der Bekl. beabsichtige, die mit diesen Zeichen versehenen Erzeugnisse im Wettbewerb mit den von ihr, der Kl., selbst hergestellten Waren auf den Markt zu bringen. Wenn dies zugelassen werde, so werde außerdem die Wirkung der sowjetzonalen Sequestration, die nach dem hier eingreifenden Territorialitätsgrundsatz auf das Gebiet der sowjet. Besatzungszone beschränkt sei, auf das Gebiet der Bundesrepublik ausgedehnt. Dies laufe der rechtlichen Ordnung der Bundesrepublik zuwider. Abgesehen hiervon verstoße die Übertragung der Warenzeichenrechte auf den Bekl. gegen die Vorschrift des § 8 WZG, weil sie ohne Übertragung des Geschäftsbetriebs vorgenommen worden sei.

Die Kl. hat Klage erhoben auf Löschung der Zeichen DIASINEX, VIDORA und VIDOBROM, auf Zurücknahme der Beschwerde gegen die Nichteintragung von DIAVIDOX und auf Zurücknahme der Anmeldung von VIDAPAN. Die Klage blieb in allen Instanzen ohne Erfolg.

Gründe:

I. (Umschreibung der in der Revisionsinstanz noch anhängigen Anträge.)

„II. 1. Das Berufungsgericht hat unter Bezugnahme auf die entsprechenden Darlegungen des LG zunächst ausgeführt, soweit der Bekl. Rechte aus den Warenzeichenanmeldungen der ‚Kodak AG

Filmfabrik Köpenick in Verwaltung' erworben habe, handele es sich entgegen der Ansicht der Kl. nicht um eine nach § 8 WZG unzulässige Leerübertragung; denn der Bekl. habe in dem zwischen ihm und der Anmelderin abgeschlossenen Nutzungsvertrag auch den Geschäftsbetrieb übernommen, zu dem die Zeichenrechte gehörten; eine Trennung der Zeichen vom Geschäftsbetrieb, die jene Vorschrift verhindern solle, habe mithin nicht stattgefunden. Wie der Hinweis auf das Urteil des LG ergibt, will das Berufungsgericht hiermit sagen, daß die Ansprüche der Kl., soweit sie sich auf die in diesem Zusammenhang allein in Betracht kommenden Zeichen DIASINEX und DIAVIDOX beziehen, nicht etwa schon auf Grund der Vorschrift des § 11 I Nr. 2 WZG gerechtfertigt seien, wonach die Löschung eines Warenzeichens beantragt werden kann, wenn der Geschäftsbetrieb, zu dem das Zeichen gehört, vom Inhaber des Zeichens nicht mehr fortgesetzt wird, sondern daß es für diese Ansprüche ebenso wie für die Ansprüche, die sich gegen die vom Bekl. selbst angemeldeten Zeichen VIDORA, VIDABROM und VIDAPAN richten, nur auf die weiterhin geltend gemachten nicht-zeichenrechtlichen Klagegründe ankomme.

Diese Auffassung des Berufungsgerichts, welche die Revision nachzuprüfen bittet, begegnet keinen rechtlichen Bedenken. Nach den mit einer Verfahrensrüge nicht angegriffenen Feststellungen der Vorinstanzen ist der Betrieb der Filmfabrik Köpenick, für den die Zeichen DIASINEX und DIAVIDOX angemeldet worden waren, durch den Nutzungsvertrag vom 3. 4. 1956 auf den Bekl. übertragen worden. Der Betrieb wird vom Bekl. auch tatsächlich fortgeführt. Die Bindung der Zeichenrechte an den Geschäftsbetrieb der Filmfabrik in Köpenick ist daher durch den in dem Warenzeichenvertrage vom gleichen Tage geregelten Übergang dieser Rechte auf den Bekl. nicht aufgehoben worden. Daß die Betriebsmittel dem Bekl. nicht zu Eigentum übertragen, sondern ihm nur pachtweise zur Nutzung überlassen worden sind, begründet in dieser Hinsicht keinen Unterschied. Die Kennzeichnungs- und Herkunftsfunktion des Warenzeichens bezieht sich auf den Betrieb, aus dem die gekennzeichneten Erzeugnisse stammen, nicht auf den Eigentümer der Produktionsanlagen. Für die Frage, ob eine Übertragung der Zeichenrechte mit oder ohne den Geschäftsbetrieb vorgenommen worden ist, zu dem sie gehören, ist daher entscheidend, ob der Erwerber der Rechte nach wirtschaftlicher Betrachtungsweise Inhaber dieses Betriebes, nicht dagegen, ob er nach den Regeln des Sachenrechts Eigentümer der im Betriebe benutzten Anlagewerte ist, die häufig dem Betriebsinhaber nicht gehören werden (vgl. dazu BGH, GRUR 1957, 231, 232 — ‚Taeschner'[2]). Wie schon das LG festgestellt hat, lassen aber die Bestimmungen des Nutzungsvertrages keinen Zweifel darüber, daß der Bekl. den Betrieb der Filmfabrik in Köpenick ebenso im eigenen Namen und in eigener Verantwortung führt, wie dies vorher die

[2] IzRspr. 1954—1957 Nr. 221.

,Kodak AG Filmfabrik Köpenick in Verwaltung' getan hatte. Auch in zeitlicher Hinsicht sind seine Befugnisse grundsätzlich nur durch die Geltungsdauer der VO vom 6. 9. 1951 (GBl. DDR 839) begrenzt, nach deren Vorschriften in Verbindung mit den dazu erlassenen Durchführungsbestimmungen die Filmfabrik in Köpenick als ausländisches Vermögen in Verwaltung genommen worden ist. Dies bedeutet, daß der Bekl. außer im Falle einer Änderung der erwähnten Vorschriften den Betrieb so lange innehaben soll, als das Betriebsvermögen überhaupt unter Verwaltung steht. Bei Beendigung des Nutzungsvertrages ist der Bekl. ferner verpflichtet, die Zeichenrechte auf die ,Kodak AG Filmfabrik Köpenick in Verwaltung' zurückzuübertragen. Auch für den Fall ist mithin Vorsorge getroffen, daß die Zeichenrechte mit dem Geschäftsbetrieb verbunden bleiben.

Bei dieser Sachlage kann die Kl. die Löschung der auf den Bekl. übertragenen Zeichenrechte bzw., soweit noch keine Eintragung vorliegt, die Abstandnahme von der Anmeldung nicht mit der Begründung verlangen, die Übertragung sei als Leerübertragung unwirksam und der Geschäftsbetrieb, zu dem die Rechte gehört hätten, werde vom Inhaber der Rechte, der ,Kodak AG Filmfabrik Köpenick in Verwaltung', nicht mehr fortgesetzt.

2. a) Der weitere Klagevortrag, mit dem sowohl die noch von der ,Kodak AG Filmfabrik Köpenick in Verwaltung' als auch die unmittelbar vom Bekl. selbst angemeldeten Zeichen angegriffen werden, ist vom Berufungsgericht dahin aufgefaßt worden, daß nach Ansicht der Kl. die unmittelbare Verwalterin des sequestrierten Vermögens, also die ,Kodak AG Filmfabrik Köpenick in Verwaltung', ihre Befugnisse überschritten oder mißbraucht habe und daß daher der Rechtserwerb des Bekl. — unter dem das Berufungsgericht hier ersichtlich nicht nur den Erwerb von Zeichenrechten, sondern auch den der Befugnisse aus dem Nutzungsvertrag versteht — nicht wirksam sei, zumindest, daß der Bekl. sitten- und wettbewerbswidrig handele, wenn er sich der Kl. gegenüber auf die erlangte Rechtsstellung berufe.

Das Berufungsgericht hat diese Auffassung für unrichtig gehalten. Es hat dazu im wesentlichen dargelegt, die Sequestrierung des nur in der sowjet. Besatzungszone belegenen Vermögensteils der Kl. sei als Machtbetätigung ohne Prüfung ihrer Vereinbarkeit mit rechtsstaatlichen Grundsätzen in der Bundesrepublik ebenso hinzunehmen wie eine Enteignung. Da die Rechte aus den Anmeldungen der umstrittenen Zeichen mangels eines für diese Zeichen erworbenen zeichen- oder wettbewerbsrechtlichen Besitzstandes der Kl. nur Ausstrahlungen jenes sequestrierten Vermögensteiles darstellten, seien die Anmeldungen als wirksam anzuerkennen, sofern sie nach dem Recht der sowjet. Besatzungszone durch die Sequestrationsauswirkungen gedeckt seien. Dies sei der Fall. Es widerspreche nicht dem Zweck der angeordneten Verwaltung, daß das beschlagnahmte Vermögen, dessen werbende Verwendung ausdrücklich vorgesehen sei, im Wettbewerb auch gegen die Kl., die ursprüngliche Eigentümerin und potentielle Anwärterin auf Rückübertragung, eingesetzt werde. Die Verwaltung habe nämlich der Kl. nicht nach Art eines rechtsgeschäftlichen Treuhandverhältnisses die Stellung einer Treugeberin verschaffen sollen, deren Interessen der Treuhänder wahrzunehmen habe, sondern sie sei zur Sicherung anderer, der Kl. im Zweifel zuwiderlaufender Interessen und mithin, wenn überhaupt als Treuhänderschaft, so als solche aus fremdem Recht eingerichtet worden. Dafür, daß der hiernach nicht pflichtwidrige Wettbewerb mit der Kl. unlauter sei oder die Kl. in höherem Maße als der Wettbewerb jedes beliebigen Dritten schädigen könne, liege kein Anhalt vor, da die fraglichen Zeichen mit den von der Kl. selbst geführten keinen Zusammenhang hätten. Ohne einen solchen Anhalt werde in der Bundesrepublik der Wettbewerb von Unternehmen, die in der sowjet. Besatzungszone in nicht rechtsstaatlicher Weise enteignet worden seien, mit ihren früheren Inhabern allgemein hingenommen. Die sowjetzonalen Vorschriften hätten auch die Übertragung der Rechte aus den noch von der Rechtsvorgängerin des Bekl. bewirkten Anmeldungen auf den Bekl. zugelassen.

Im Wege einer Hilfserwägung fügt das Berufungsgericht hinzu, die Zeichenanmeldungen des Bekl. in der Bundesrepublik seien auch dann geboten gewesen, wenn die Verwaltung des Zeichenbesitzes der Filmfabrik in Köpenick sich nach den Interessen der Kl. richten müßte; denn es entspreche der Gepflogenheit eines vorsorglichen Kaufmanns, eingeführten Zeichen — womit hier offenbar die vom Bekl. in der sowjet. Besatzungszone verwendeten, mit den angemeldeten gleichlautenden Zeichen gemeint sind — auch einen Platz in Nachbarländern — d. h. also u. a. in der Bundesrepublik — zu sichern, die für den Absatz später in Frage kommen könnten.

b) Die Revision macht geltend, das Berufungsgericht habe schon bei seinem Ausgangspunkt nicht beachtet, daß die sowjetzonale Machtbetätigung ihre Grenze am ordre public der Bundesrepublik finde. Auch die Verschaffung von Kennzeichen, die aus dem sequestrierten Betriebe entwickelt seien, sei eine enteignungsgleiche Maßnahme, deren Wirkung auf das Gebiet der enteignenden Macht beschränkt sei. Der Bekl. könne daher in der Bundesrepublik ohne Zustimmung der Kl. als der Eigentümerin des Betriebes keine Schutzrechte erwerben. Vielmehr sei die Kl. berechtigt, außerhalb der sowjet. Besatzungszone diese Ausstrahlungen ihres eigenen Vermögens, durch welche die Funktion der Kennzeichen ihres gewerblichen Unternehmens gestört, eine Marktverwirrung hervorgerufen und mithin ihr vom Berufungsrichter nicht hinreichend gewürdigtes Interesse verletzt werde, zu verhindern. Das Berufungsgericht habe schließlich auch das in der sowjet. Besatzungszone geltende Recht nicht zutreffend beurteilt, insbesondere den Charakter der angeordneten Verwaltung als einer Schutzverwaltung nicht berücksichtigt, die nicht dazu führen dürfe, daß die Ausübung eines etwaigen Nutzungsrechtes in der Bundesrepublik der Kl. zum Nachteil gereiche.

c) Weder das Berufungsgericht noch die Revision haben hiermit die unterschiedlichen rechtlichen Gesichtspunkte, die für die Beurteilung der Klageansprüche heranzuziehen sind, erschöpft und klar voneinander getrennt. Im Ergebnis ist indessen der angefochtenen Entscheidung beizutreten.

aa) Die Kl. kann ihre Ansprüche nicht darauf stützen, daß der Bekl. durch die Anmeldung und Eintragung der in der Revisionsinstanz noch umstrittenen Zeichen ihre eigenen Kennzeichnungsrechte verletze. Es steht fest, daß weder eines dieser Zeichen noch ein Zeichen, welches mit einem von ihnen verwechselt werden könnte, für die Kl. eingetragen war oder ist oder von ihr verwendet worden ist oder wird. Die Meinung der Revision, durch die Eintragung der Zeichen in die Warenzeichenrolle des Deutschen Patentamts werde die Funktion der Kennzeichen des Unternehmens der Kl. gestört und eine Marktverwirrung hervorgerufen, ist daher nicht verständlich. Selbst wenn unterstellt wird, daß der Bekl. die angemeldeten und eingetragenen Zeichen in der Bundesrepublik benutzen will, sobald eine Ausfuhr seiner Erzeugnisse dorthin möglich ist, würde durch eine solche Benutzung doch weder die Kennzeichnungsfunktion der eigenen Kennzeichnungsmittel der Kl. beeinträchtigt noch der Verkehr verwirrt werden können; denn anders als in den vom BGH entschiedenen Fällen, in denen volkseigene Betriebe der sowjet. Besatzungszone ihre Erzeugnisse unter den Kennzeichen des früheren Betriebsinhabers vertrieben haben, wäre hier durch die abweichende Kennzeichnung sowohl des Herstellerbetriebs als auch der Waren für den Verkehr klargestellt, daß es sich nicht um Erzeugnisse aus einem unter der Leitung des früheren Betriebsinhabers, nämlich der Kl., stehenden Unternehmen handeln kann (vgl. dazu auch die Entscheidung BGH, GRUR 1961, 294, 297, 298 = NJW 1961, 668, 669 r. Sp., 670 — ‚ESDE'[3]). Zeichenrechtliche Belange der Kl. werden auch nicht dadurch berührt, daß in den neu geschaffenen Zeichen die Zugehörigkeit der lediglich unter fremder Verwaltung und Nutzung stehenden Produktionsanlagen in Köpenick zum Vermögen der Kl. nicht in Erscheinung tritt; denn die Funktion gewerblicher Kennzeichnungen als Herkunftshinweise knüpft, wie schon in anderem Zusammenhang dargelegt wurde, an den Betrieb und seinen tatsächlichen Inhaber, nicht dagegen an die Vermögenszugehörigkeit der Betriebsmittel an. Überdies entspricht es dem eigenen Willen der Kl., daß im geschäftlichen Verkehr für die Dauer der Verwaltung jeder Hinweis auf die Zugehörigkeit der Filmfabrik in Köpenick zu ihrem Vermögen unterbleibt. Gerade deshalb hat sie der ‚Kodak AG Filmfabrik Köpenick in Verwaltung' den Gebrauch des Namens und Zeichens ‚Kodak' im geschäftlichen Verkehr untersagen lassen. Nach alledem kann nicht von einem Eingriff in die Kennzeichnungsfunktion ihrer Zeichen oder von einer Marktverwirrung gesprochen werden, wenn der derzeitige Betriebsinhaber der Filmfabrik in Köpe-

[3] IzRspr. 1960—1961 Nr. 84 b.

nick sich nunmehr Zeichen zulegt, in denen die Beziehung des Betriebs zur Kl. nicht erkennbar ist.

bb) Rechtsirrig ist weiterhin die Annahme der Kl., sie werde, da das in Köpenick belegene Betriebsvermögen nicht enteignet worden und da es mithin in ihrem Eigentum verblieben sei, ohne weiteres auch Inhaberin etwaiger für den Betrieb in Köpenick neu begründeter Zeichenrechte; sie könne also außerhalb des Bereichs der Sequestration über diese Rechte verfügen und mithin in der Bundesrepublik die Löschung der hier für den Köpenicker Betrieb eingetragenen Zeichen oder die Rücknahme schwebender Anmeldungen verlangen. Allerdings kann sich aus dem Zweck der Verwaltung eines sequestrierten Betriebs und aus der Art ihrer Durchführung ergeben, daß Gegenstände, die mit Mitteln des Betriebs erlangt werden, mit dinglicher Wirkung dem Inhaber des Betriebsvermögens anwachsen, obwohl dies sich nicht von selbst versteht. Von Warenzeichen, die der von der Verwaltung eingesetzte tatsächliche Betriebsinhaber neu geschaffen hat, läßt sich jedoch nicht sagen, sie seien mit Mitteln des Betriebes erworben. Die Rechte aus der Anmeldung oder Eintragung solcher Zeichen entstehen daher grundsätzlich in der Hand dessen, der die Zeichen angemeldet hat oder für den sie eingetragen worden sind. Zu Unrecht beruft die Kl. sich für ihre gegenteilige Auffassung auf die in der sowjet. Besatzungszone erlassenen Vorschriften, insbesondere auf den treuhänderischen Charakter der angeordneten Verwaltung als einer Schutzverwaltung. Das Köpenicker Betriebsvermögen der Kl. ist nämlich für die Dauer der auf Grund der VO vom 6. 9. 1951 angeordneten Verwaltung rechtlich verselbständigt worden (§ 5 der 1. DVO vom 11. 8. 1952, GBl. DDR 745). Die neue juristische Person hat den Betrieb dem Bekl., der gleichfalls eine juristische Person ist (§ 2 der Anordnung vom 3. 4. 1956, GBl. DDR II 126), in Übereinstimmung mit den dafür geltenden Bestimmungen (§ 20 der 1. DVO aaO) zur Nutzung überlassen. Aus dieser Regelung ist zu entnehmen, daß nach den sowjetzonalen Vorschriften die mit den Betriebsmitteln geschaffenen Vermögenswerte, soweit es sich um die dingliche Rechtslage handelt, zumindest vorläufig dem Bekl. als dem Nutzungsberechtigten zufallen sollen. Die Belange des Vermögensinhabers sind in mittelbarer Weise, nämlich durch die Ansammlung der Betriebsgewinne auf einem Sonderkonto zu wahren (§ 12 der 1. DVO aaO). Aus der Regelung in der sowjet. Besatzungszone läßt sich mithin nichts dafür herleiten, daß die Kl. in der Bundesrepublik und in West-Berlin kraft Anwachsung selbst Inhaberin der umstrittenen Zeichenrechte geworden sei. Vielmehr stehen danach diese Rechte auch in der Bundesrepublik und in West-Berlin nicht ihr, sondern dem Bekl. zu.

cc) Unabhängig davon, ob die Zeichenrechte unmittelbar für die Kl. entstanden sind, ist die andere Frage, ob die Kl. mit Erfolg geltend machen kann, der Bekl. sei nach den in der sowjet. Besatzungszone erlassenen, von ihm zu beachtenden Vorschriften über die Verwaltung und den Schutz ausländischen Eigentums nicht befugt,

Erzeugnisse der Filmfabrik Köpenick im Wettbewerb gegen sie, die Kl., einzusetzen, und er dürfe daher einen solchen Einsatz auch nicht durch die Anmeldung und Eintragung von Warenzeichen in der Bundesrepublik vorbereiten. Die Revision ist der Meinung, daß dem Bekl. nach jenen Vorschriften solche Befugnisse nicht zuständen. Wenn ihr hierin beizupflichten wäre, so würde die Kl. selbst dann, wenn der Beurteilung die Rechtslage in der sowjet. Besatzungszone zugrundezulegen wäre, dem Wettbewerb des Bekl. in der Bundesrepublik und zur Ausräumung der sonst bestehenden Beeinträchtigungsgefahr auch dessen Vorbereitung durch den Erwerb von Zeichenrechten jedenfalls unter dem Gesichtspunkt einer Verletzung ihres Rechtes am eingerichteten und ausgeübten Gewerbebetrieb (§ 823 I BGB) entgegentreten können; denn ein zu Wettbewerbszwecken vorgenommener gesetzwidriger Einsatz des verwalteten Vermögens würde einen gegen den Betrieb der Kl. gerichteten widerrechtlichen Eingriff bedeuten. Die Auffassung der Revision trifft indessen nicht zu.

Zwar ist es bedenklich, wenn das Berufungsgericht entgegen dem in der VO vom 6. 9. 1951 ausdrücklich hervorgehobenen Schutzzweck und entgegen dem vorläufigen Charakter der Sequestrierung ohne nähere Begründung annimmt, die Verwaltung sei nicht im Interesse der Kl., sondern zur Sicherung anderer, diesem Interesse im Zweifel zuwiderlaufender Belange eingerichtet worden, *und* wenn es gerade aus dieser von ihm angenommenen Zielrichtung der Maßnahme den der Kl. nachteiligen Schluß zieht, der Einsatz des verwalteten Vermögens im Wettbewerb gegen die Kl. stelle der Kl. gegenüber keine Pflichtverletzung dar. Dem Wortsinne der Vorschriften nach dient die Verwaltung der Fürsorge für das verwaltete ausländische Vermögen. Sie darf alsdann nicht zu einem Einsatz dieses Vermögens führen, der den zu schützenden ausländischen Interessen zuwiderläuft. Der Erste Zivilsenat des BGH hat aus diesem Grunde in seiner zwischen der Kl. und der ‚Kodak AG Filmfabrik Köpenick in Verwaltung' ergangenen Entscheidung vom 18. 12. 1959 (I ZR 62/58, GRUR 1960, 372, 375[1]) die Verwendung der Firma und des Warenzeichens ‚Kodak' für den Betrieb in Köpenick angesichts des für die Dauer der Verwaltung bestehenden Wettbewerbsverhältnisses zwischen diesem Betrieb und der Kl. als mit dem treuhänderischen Zweck der Verwaltung nicht vereinbar erklärt, weil das Kennzeichen hierdurch in seinem Wert für die Kl. nicht, wie jener Zweck es erfordert, erhalten, sondern geschwächt werden würde. Bei der Firma und dem Warenzeichen ‚Kodak' war indessen die — in jener Entscheidung auch hervorgehobene — Besonderheit zu beachten, daß das Kennzeichen ‚Kodak', auf das die Verwaltung in der sowjet. Besatzungszone sich nach dortiger Auffassung miterstreckt, auch und in erster Linie von der Kl. selbst für den der Verwaltung nicht unterliegenden Teil ihres Unternehmens und für die in diesem Teil hergestellten Erzeugnisse gebraucht wird. Durch die Schutzverwaltung in der sowjet. Besatzungszone durfte die Kennzeichnungskraft des Wortes für diesen Gebrauch nicht beeinträchtigt werden. Dies wäre geschehen, wenn dasselbe Wort im geschäftlichen Verkehr zur Kennzeichnung von Waren benutzt worden wäre, die im Wettbewerb mit den Erzeugnissen der Kl. stehen. Eine solche Beeinträchtigung eines Kennzeichnungsrechts der Kl. hätte dem Schutzzweck der Verwaltung auch nach den sowjet. Vorschriften widersprochen, auf welche die Kl. sich im vorliegenden Zusammenhang selbst bezieht und von denen daher bei der rechtlichen Prüfung hier zunächst ausgegangen wird. Das gleiche kann jedoch nicht auch für jedwede wettbewerbliche Tätigkeit des Betriebs in Köpenick schlechthin, namentlich nicht für eine solche Tätigkeit gelten, bei der Eingriffe in die vor Anordnung der Verwaltung für die Kl. begründeten Ausschließungsrechte vermieden werden. Wie schon in der erwähnten Entscheidung des Ersten Zivilsenats dargelegt worden ist, erfordern die zu schützenden Interessen der ausländischen Aktionäre es, daß der verwaltete Betrieb, dessen Wert in der Zusammenfassung der Betriebsmittel zum Zweck der Gütererzeugung liegt, weiterhin als Produktionsstätte genutzt wird. Im Rahmen einer dieses Ziel verfolgenden ordnungsmäßigen Nutzung ist der Vertrieb der hergestellten Waren nicht allein schon deshalb unzulässig, weil in dem Gebiet, in dem er stattfinden soll, auch die Kl. Erzeugnisse auf den Markt bringt und somit ein Wettbewerb zwischen der Kl. und dem Verwalter des sequestrierten Betriebs entstehen kann. Für die hier zu treffende Entscheidung kann dahingestellt bleiben, ob Umstände denkbar sind, unter denen der Verwalter durch einen solchen Wettbewerb gegen die aus dem Zweck der Verwaltung sich ergebende Fürsorgepflicht verstoßen würde. Die Beurteilung dieser Frage wird im Einzelfalle von einer Abgrenzung des Interesses an einer ordnungsmäßigen Nutzung des unter Verwaltung gestellten Betriebes und der Interessen der Kl. abhängen. Solange es sich jedoch wie im vorliegenden Falle nur um die Anmeldung und Eintragung von Warenzeichen, also um bloße Vorbereitungsmaßnahmen handelt, durch die kein eigenes Kennzeichnungsrecht der Kl. verletzt wird, kann von einer Zuwiderhandlung gegen den Fürsorgezweck der Verwaltung nicht gesprochen werden. Mit diesem Zweck lassen sich folglich die mit der Klage erhobenen Ansprüche nicht begründen.

dd) Diese Ansprüche sind schließlich auch nicht unter dem Gesichtspunkt gerechtfertigt, daß die über den Betrieb in Köpenick verhängte Verwaltung einen enteignungsähnlichen Eingriff in die Rechte der Kl. darstelle, der in der Bundesrepublik keine Wirkung äußern könne, zumindest aber gegen die hier geltende rechtliche Ordnung verstoße.

Nach der ständigen Rechtsprechung der Gerichte in der Bundesrepublik ist den sowjetzonalen Enteignungsmaßnahmen jede rechtliche Wirkung im Gebiet der Bundesrepublik versagt (BGHZ 5, 27, 35[4]; 17, 209, 213[5]; GRUR 1956, 555 — ‚Jurid‘[6]; 1958, 189 — ‚Zeiss‘[7];

[4] IzRspr. 1945—1953 Nr. 413.
[5] IzRspr. 1954—1957 Nr. 215.
[6] IzRspr. 1954—1957 Nr. 220.
[7] IzRspr. 1954—1957 Nr. 222.

1960, 372, 375 unter bb) — ‚Kodak'[1]). Es kann auf sich beruhen, ob die auf Grund der VO vom 6. 9. 1951 getroffene Anordnung einer Schutzverwaltung für ausländisches Eigentum einer Enteignungsmaßnahme gleichsteht, obwohl, wenn man den sowjetzonalen Vorschriften folgt, dem ausländischen Berechtigten lediglich die Befugnis zur Nutzung des der Verwaltung unterworfenen Vermögens und zur Verfügung darüber zeitweilig, nämlich bis zum Abschluß eines Friedensvertrages, entzogen werden soll. Für die rechtliche Beurteilung der vorliegenden Klage mag unterstellt werden, daß auch auf diese zeitweilige Entziehung der Nutzungs- und Verfügungsbefugnis die Regeln anzuwenden sind, welche die Rechtsprechung für die Vollenteignung von Industriebetrieben in der sowjet. Besatzungszone und für ihre Überführung in Volkseigentum entwickelt hat. Auch auf dieser Grundlage würde die Klage keinen Erfolg haben können.

Bei den Rechten aus den Zeichenanmeldungen und -eintragungen, über welche die Parteien streiten, handelt es sich nicht um Vermögensgegenstände, die der Nutzungs- und Verfügungsgewalt der Kl. auf Grund der Sequestrierung entzogen worden sind; denn diese Rechte gehörten zur Zeit der Beschlagnahme nicht zum Vermögen der Kl. Durch die Anmeldungen und Eintragungen solcher Zeichen bei dem Deutschen Patentamt in München wird entgegen der Auffassung der Revision jedenfalls dann nicht die Wirkung einer enteignungsähnlichen Maßnahme auf das Gebiet der Bundesrepublik übertragen und mithin auch nicht der Territorialitätsgrundsatz verletzt, wenn die Zeichen nicht mit den von dem Unternehmen bereits im Zeitpunkt der Beschlagnahme benutzten oder für sie eingetragenen Zeichen verwechselt werden können. Die Auffassung der Revision ist ersichtlich von der schon in anderem Zusammenhang behandelten Vorstellung beeinflußt, daß Warenzeichen, die nach der Beschlagnahme für den sequestrierten Betrieb neu geschaffen worden sind, mit Mitteln des Betriebes erworben seien und daß die Rechte daraus kraft Anwachsung dem rechtmäßigen Inhaber des beschlagnahmten Vermögens, hier also der Kl., zuständen. Unter dieser Voraussetzung wäre es folgerichtig, in der Inanspruchnahme solcher Rechte durch den Verwalter des Vermögens im Gebiet der Bundesrepublik eine unzulässige Ausdehnung der Enteignung auf dieses Gebiet zu erblicken. Die erwähnte Voraussetzung trifft jedoch, wie bereits dargelegt wurde, schon deshalb nicht zu, weil die Rechte aus der Anmeldung und Eintragung neu geschaffener Warenzeichen jedenfalls nicht mit solchen Mitteln des Betriebes erlangt sind, die diesem durch die Enteignung entzogen worden sind. Der Erwerb dieser Rechte kann daher nicht wie derjenige von zur Zeit der Beschlagnahme vorhandenen Vermögenswerten dem Territorialitätsgrundsatz unterworfen werden.

Es bleibt dagegen noch zu prüfen, ob der Erwerb von Kennzeichnungsrechten durch den Bekl. in der Bundesrepublik im Hinblick darauf, daß der Bekl. Inhaber eines dem Berechtigten durch Beschlagnahme vorläufig entzogenen Betriebes ist und die Zeichen dieses Betriebes gegebenenfalls auch im Wettbewerb gegen den Berechtigten verwendet werden sollen, mit der rechtlichen Ordnung der Bundesrepublik im Widerspruch steht (Art. 30 EGBGB). Wäre dies der Fall, so würden der Kl. gegen die alsdann in der Bundesrepublik ungesetzlichen Wettbewerbsmaßnahmen des Bekl. und deren Vorbereitung Unterlassungsansprüche aus denselben Gründen zuzubilligen sein, aus denen die Kl. sich auch gegen einen nach den Vorschriften der sowjet. Besatzungszone widerrechtlichen Wettbewerb des Bekl. hätte zur Wehr setzen können. Der vorgetragene Sachverhalt rechtfertigt jedoch nicht den Schluß, daß die rechtliche Ordnung der Bundesrepublik durch eine Teilnahme des Bekl. am geschäftlichen Verkehr unter Benutzung der umstrittenen Warenzeichen gestört werde.

Die Rechtsprechung des BGH hat der gewerblichen Betätigung sowjetzonaler Betriebsinhaber, die einen dem Berechtigten durch Enteignung entzogenen Betrieb fortführen, in der Bundesrepublik insofern eine Schranke gesetzt, als diesen Betriebsinhabern grundsätzlich der Gebrauch der dem Berechtigten zustehenden Kennzeichen und darüber hinaus jede Anlehnung an das Unternehmen des Berechtigten und an seinen geschäftlichen Ruf verwehrt worden ist, durch welche die Tatsache der Enteignung und des damit verbundenen Inhaberwechsels hätte verwischt werden können (BGH, GRUR aaO; ferner GRUR 1959, 367, 275 — ‚Ernst Abbe‘[8]; 1961, 91, 96 — ‚Jenaer Glas‘; 1961, 420, 424 — ‚Cuypers‘[9]). Im übrigen ist dieser Betätigung jedoch aus Rechtsgründen kein Hindernis in den Weg gelegt worden. Der BGH hat insbesondere auch die Schutzfähigkeit gewerblicher Kennzeichnungen anerkannt, unter denen im Gebiet der Bundesrepublik volkseigene Betriebe der sowjet. Besatzungszone im geschäftlichen Verkehr aufgetreten sind, und er hat der nach §§ 12 BGB, 16 UWG von Natur aus schutzfähigen, in Kennzeichnungsrechte des früheren Betriebsinhabers nicht eingreifenden Unternehmensbezeichnung eines solchen Betriebs von der Ingebrauchnahme in der Bundesrepublik an einen Zeitvorrang gegenüber hier in Benutzung genommenen prioritätsjüngeren Kennzeichnungen zugesprochen (BGH, GRUR 1961, 294, 297, 298 = NJW 1961, 668, 670 — ‚ESDE‘[3]). Aus dem Umstande, daß der Betrieb als solcher in der sowjet. Besatzungszone dem Berechtigten durch Enteignung entzogen worden war und das volkseigene Unternehmen die unter der neuen Kennzeichnung vertriebenen Erzeugnisse in diesem Betriebe hergestellt hatte, sind auch unter dem Gesichtspunkt der rechtlichen Ordnung der Bundesrepublik keine Bedenken gegen diesen Kennzeichnungsschutz hergeleitet worden.

Es ist kein Grund ersichtlich, den Erwerb formeller, durch Eintragung in die Warenzeichenrolle des Deutschen Patentamts entstehender Warenzeichenrechte durch ein sowjetzonales Unternehmen in

---

[8] IzRspr. 1958—1959 Nr. 140. [9] IzRspr. 1960—1961 Nr. 134.

der Bundesrepublik, um den es in der vorliegenden Sache geht, anders als den Erwerb von Unternehmensbezeichnungen zu beurteilen, die ihren Schutz durch Ingebrauchnahme erlangen. Die Erwägungen, die für den Schutz dieser Bezeichnungen maßgebend waren, gelten für einen in der Bundesrepublik beantragten oder erwirkten Warenzeichenschutz in gleicher Weise. Die sowjet. Besatzungszone wird von der Bundesrepublik nach wie vor als Teil Deutschlands betrachtet. Die Anwendung des inländischen Wettbewerbs- und Kennzeichnungsrechtes auf sowjetzonale Unternehmen wird zwar dadurch erschwert, daß die sowjet. Besatzungszone von Staats- und Wirtschaftsauffassungen beherrscht wird, die von der Bundesrepublik abgelehnt werden. Ungeachtet dieses Gegensatzes findet aber auf Grund interzonaler Handelsabkommen ein Wirtschaftsverkehr zwischen beiden Teilen Deutschlands statt. An diesem Verkehr nehmen die volkseigenen Unternehmen der sowjet. Besatzungszone, deren Betriebe zumindest in ihrer Mehrzahl den früheren Inhabern durch Enteignung entzogen worden sind, ebenso wie etwa noch bestehende private Unternehmen teil, ohne daß danach unterschieden wird, ob das Unternehmen des von der Enteignung betroffenen Berechtigten infolge der Enteignung untergegangen ist oder ob sein Inhaber es in der Bundesrepublik fortführt und daher durch Lieferungen des volkseigenen Betriebs in die Bundesrepublik dem Wettbewerb des ihm in der sowjet. Besatzungszone weggenommenen Betriebes ausgesetzt werden würde. Der Wettbewerb zwischen dem volkseigenen Betrieb, der in der sowjet. Besatzungszone die enteignete Betriebsstätte innehat, und dem früheren Betriebsinhaber wird hiernach im Rahmen der durch Abkommen geregelten Handelsbeziehungen der beiden deutschen Gebiete in der Bundesrepublik grundsätzlich zugelassen und mithin nicht schon deshalb als mit ihrer rechtlichen Ordnung unvereinbar empfunden, weil die wettbewerbliche Betätigung des sowjetzonalen Unternehmens letztlich auf eine in der Bundesrepublik nicht anerkannte Enteignung zurückzuführen ist.

Dieser Sachlage muß die Regelung des Kennzeichenschutzes sich schon im Interesse eines geordneten Geschäftsverkehrs in der Bundesrepublik selbst anpassen. Der Verkehr muß in der Lage sein, die hier auf den Markt gelangenden Erzeugnisse von Herstellern aus der sowjet. Besatzungszone auf Grund ihrer Kennzeichnungen von den Waren anderer Hersteller sicher zu unterscheiden. Dazu gehört, daß jene Erzeugnisse mit Kennzeichnungen versehen werden können, die nach den in der Bundesrepublik maßgebenden Vorschriften für den Hersteller geschützt sind. Anmeldung und Eintragung von Warenzeichen für ein sowjetzonales Unternehmen, das einen dem früheren Inhaber durch Enteignung oder Sequestration entzogenen Betrieb übernommen hat und sich unter Verwendung der Kennzeichen im interzonalen Handel betätigen will, können daher ohne weiteres noch nicht gegen die rechtliche Ordnung der Bundesrepublik verstoßen.

Dies bedeutet nicht, daß der Wettbewerb des sowjetzonalen Unternehmens mit dem rechtmäßigen Betriebsinhaber in der Bundesrepublik, sofern er sich nur im Rahmen der Bestimmungen über den Interzonenhandel hält, unter dem Gesichtspunkt des Art. 30 EGBGB überhaupt keiner Beschränkung unterliegen könnte. Vielmehr können zu dem Tatbestand der Enteignung als solchem besondere Umstände hinzutreten, die es in Verbindung mit ihm rechtfertigen, dem sowjetzonalen Unternehmen, welches die enteignete Betriebsstätte innehat, im Gebiet der Bundesrepublik die rechtliche Anerkennung auch insoweit zu versagen, als der Vertrieb der in der Betriebsstätte hergestellten Erzeugnisse und der Erwerb hierfür bestimmter eigener Kennzeichnungsrechte in diesem Gebiet in Betracht kommen. Solche Umstände könnten sich beispielsweise aus tatsächlichen Vorgängen, die sich im Zusammenhang mit der Enteignung abgespielt haben, oder auch aus der Art ergeben, auf die das sowjetzonale Unternehmen dem rechtmäßigen Betriebsinhaber in der Bundesrepublik als Wettbewerberin gegenübertritt. Die Tatsache der Enteignung allein kann jedoch angesichts der Entwicklung, welche die wirtschaftlichen Beziehungen der beiden Teile Deutschlands genommen haben, nicht ausreichen, um das geschäftliche Auftreten des sowjetzonalen Unternehmens in der Bundesrepublik bereits als Verletzung der rechtsstaatlichen Ordnung erscheinen zu lassen.

Im vorliegenden Falle sind keine Umstände erkennbar, die hiernach dem Erwerb der streitigen Kennzeichnungsrechte durch den Bekl. entgegenstehen könnten. Es handelt sich um die Eintragung von Warenzeichen, die nach der Beschlagnahme geschaffen worden sind und bei denen jede Bezugnahme auf den rechtmäßigen Betriebsinhaber und den good will seines Unternehmens vermieden worden ist. Die Eintragung stellt zudem vorerst nur eine vorsorgliche Maßnahme dar, da ein tatsächlicher Wettbewerb der Parteien in der Bundesrepublik zur Zeit noch nicht stattfindet. Durch eine solche Maßnahme wird die rechtliche Ordnung der Bundesrepublik nicht gestört. Wie die Widersprüche der Kodak-Pathé SA in Paris gegen einige der vom Bekl. bewirkten, insoweit in der Revisionsinstanz nicht mehr umstrittenen Anmeldungen gezeigt haben, liegt im Gegenteil die frühzeitige Klärung der Frage, ob die Eintragung der angemeldeten Zeichen in der Bundesrepublik zeichenrechtlichen Hindernissen begegnet, im Interesse auch der Unternehmen, die in der Bundesrepublik Schutzrechte innehaben oder mit gleichartigen Erzeugnissen auf dem Markt vertreten sind.

III. Aus dem Vorhergehenden folgt, daß keine der in Betracht kommenden rechtlichen Erwägungen den Klageansprüchen hinsichtlich des in der Revisionsinstanz noch anhängigen Teils des Rechtsstreits zum Erfolge verhelfen kann. Bei dieser Rechtslage bedarf es keines Eingehens auf den — im übrigen auch nicht hinreichend substantiierten — Vortrag des Bekl. in der Revisionserwiderung, daß Maßnahmen, wie sie gegen den Köpenicker Betrieb der Kl. ergriffen worden seien, ihre Grundlage in einer für das Gebiet von Berlin noch rechtsgültigen gemeinsamen Verlautbarung der vier Besatzungsmächte hätten, und daß ihre Rechtswirksamkeit aus diesem Grunde auch in der Bundesrepublik nicht in Zweifel gezogen werden könne. Die Klage ist vielmehr ohne Rücksicht hierauf in den Vorinstanzen mit Recht abgewiesen worden. Die Revision der Kl. mußte mithin zurückgewiesen werden."

IX. WIEDERGUTMACHUNGSRECHT

1. Amerikanische Zone

79 A. Auch bei Schadensersatzansprüchen wegen der Entziehung von Vermögensgegenständen sind die Wiedergutmachungsbehörden der amerikanischen Besatzungszone nur dann zuständig, wenn der Entziehungsort in der späteren amerikanischen Zone gelegen hat. — Entziehungsort ist der Ort, an dem der entzogene Vermögensgegenstand im Augenblick des Eigentumsübergangs belegen war. — Da eine Wiedergutmachungsbehörde in der amerikanischen Zone nur nach dem Rückerstattungsgesetz dieser Zone entscheiden kann, ist eine Vereinbarung über die interzonale Zuständigkeit einer solchen Behörde unwirksam. — Sind die Wiedergutmachungsbehörden der amerikanischen Zone nicht zuständig, so kann das Verfahren auf Antrag an die Wiedergutmachungsbehörden einer anderen Zone abgegeben werden.

OLG München, Beschl. v. 22. 8. 1962 — WiS 13/62: RzW 1962, 540.

Für die Berechtigte verwahrte die D. Bank in D. (jetzt: sowjet.) am 1. 9. 1939 verschiedene Aktien im Nennbetrag von rund 40 000 RM. Auf Anweisung des Finanzamts R. (jetzt: amerik.) lieferte die D. Bank die Aktien zur Erfüllung der Judenvermögensabgabe an die Pr. Staatsbank in Berlin ab. Die ASt. verlangt vom Deutschen Reich Schadensersatz für die Entziehung dieser Wertpapiere. Die Parteien haben sich geeinigt, daß die Wiedergutmachungsbehörde Oberbayern örtlich zuständig sein soll.

Das LG hat den Antrag mangels interzonaler Zuständigkeit abgewiesen. Das OLG hat die Beschwerde der ASt. zurückgewiesen, hat jedoch auf den Hilfsantrag der ASt. die Sache an die Wiedergutmachungsbehörde in Berlin-West abgegeben.

Aus den Gründen:

„II. ... 1. Die Kammer hat geprüft, ob ihr das REG (amerik. Zone) die Gerichtsbarkeit für die Entscheidung dieses Falles verliehen hat. Dazu hat sie untersucht, ob und wo das Reich die Eigentümerstellung an den Aktien erlangt hat. Sie hat dabei nach der Rechtsprechung des ORG (III. Senats) darauf abgestellt, ob und wo das Reich nach den damaligen Vorschriften das Eigentum an den Wertpapieren erworben hat. Nach ihrer Ansicht trat der Eigentumserwerb in Berlin anläßlich der Einlieferung bei der Pr. Staatsbank oder später ein. Diese Ansicht entspricht der feststehenden Rechtsprechung des ORG (ORG/III/650, NJW/RzW 1958, 292 für Wertpapiere). Daran hat das ORG seitdem in einer großen Zahl von Entscheidungen festgehalten, zuletzt in der Entscheidung III/697 (RzW 1962, 65) mit Nachweisen. Die Frage der Eigentümerstellung an Wertpapieren betreffen die Entscheidungen III/583, 601, 614, 615, 649, 650 (NJW/RzW 1958, 292) 664, 691 und 699.

Diese Rechtsprechung nimmt auch Stellung zu den Ausführungen der Beschwerde darüber, daß sich das Reich durch die behauptete Anweisung des Finanzamtes R. zur Ablieferung der Wertpapiere in Berlin so aufgeführt habe, als sei es bereits Eigentümer der Wertpapiere. Diese Rechtsprechung betrachtet jedoch solche Anweisungen und andere Maßnahmen lediglich als vorbereitende Schritte für die Entziehung, nicht aber als den Beginn der Entziehung (ORG/III/687, NJW/RzW 1961, 240[1]). Die Einzelheiten sind dieser Rechtsprechung zu entnehmen; ihr hat sich der Senat angeschlossen, nachdem das ORG Ausführungen, wie sie die Beschwerde zur Eigentümerstellung macht und wie sie der Senat früher als ausreichend erachtet hatte (vgl. Senatsbeschlüsse in NJW/RzW 1958, 214 Nr. 4, 5) mißbilligt hat. So tritt die Entscheidung III/659 (NJW/RzW 1959, 59) der Ansicht entgegen, die „Anmaßung" der Eigentümerstellung, d. h. das Verhalten des Reiches, als sei es Eigentümer, stehe der Erlangung der Eigentümerstellung gleich. Weiter versagt die Entscheidung III/631 (NJW/RzW 1958, 131) eine Abhilfe nach dem REG, wenn sich in dessen Geltungsbereich lediglich die zur Ablieferung führende Tätigkeit der Behörden abgespielt hat, in diesem Bereich aber nicht das Eigentum auf das Reich übergegangen ist.

Nach diesen Grundsätzen kommt es auch bei Schadensersatzforderungen wegen der Entziehung von Vermögensgegenständen ausschließlich darauf an, ob und wo das Eigentum an den Vermögensgegenständen auf den Entzieher übergegangen ist. Der Entziehungsort ist daher dort, wo der Vermögensgegenstand im Augenblick des Eigentumsübergangs ‚belegen' war (ORG/III/651; Senatsbeschluß Wi 60/61 vom 20. 6. 1962: Übergang des Eigentums an Steuerbeträgen, die bei einem Finanzamt außerhalb des Geltungsbereichs des REG eingezahlt waren).

Die Beschwerde rügt, daß die Kammer nicht den Verfall des Vermögens der Verfolgten zugunsten des Reichs auf Grund der 11. DVO geprüft und als entscheidend angesehen habe. Richtig ist zwar, daß die Kammer zu dem Zeitpunkt der behaupteten Entziehung keine Feststellung getroffen hat. Nach den ihr vorliegenden Entziehungsakten hat das Reichssicherheitshauptamt unter dem 4. 6. 1943 den Verfall des Vermögens auf Grund der 11. DVO festgestellt.

Indessen brauchte die Kammer darauf nicht näher einzugehen, denn nach den Ausführungen der ASt., die den Inhalt der noch vorhandenen Unterlagen berücksichtigen, sind die Wertpapiere für Sonderabgaben verwendet worden und daher mit größter Wahrscheinlichkeit schon vor dem Inkrafttreten der 11. DVO ins Eigentum des Reichs gelangt, wie sie denn auch nicht unter den vom Vermögensverfall erfaßten Vermögensgegenständen aufgeführt

[1] IzRspr. 1960—1961 Nr. 139.

sind. Weitere Ermittlungen der Kammer waren aber schon deshalb nicht geboten, weil die Wertpapiere nach den Umständen und nach dem Vortrag der ASt. nie in den Geltungsbereich des REG gelangt sein können. Sie wurden mit größter Wahrscheinlichkeit von der D.-Bank in D. nach Berlin gesandt, so daß die Entziehung nach dem oben Ausgeführten nicht im Geltungsbereich dieses Gesetzes eingetreten sein kann. Die Kammer hat daher ohne Rechtsirrtum ausgeführt, es bestehe keine Gerichtsbarkeit auf Grund des REG; sie durfte daher auch nicht in die Prüfung der örtlichen Zuständigkeit eintreten (CoRA-Entscheidung 398, NJW/RzW 1954, 199[2]; ORG/III/687, NJW/RzW 1961, 240[1]). Ob sich die Beteiligten über die örtliche Zuständigkeit geeinigt hatten, war daher rechtlich bedeutungslos. Die Angriffe der Beschwerde in dieser Richtung bleiben erfolglos; sie verkennen namentlich, daß es sich bei der von der Kammer behandelten Frage nicht um solche der Zweckmäßigkeit — wie etwa bei der Zuständigkeit im Entschädigungsverfahren — sondern darum handelt, daß die Rückerstattungsgesetze verschiedenen Inhalt haben, und daß z. B. die Wiedergutmachungskammer in München auf Grund einer schweren Entziehung zu entscheiden hätte, während die übrigen Rückerstattungsgesetze eine solche nicht kennen. Eine Zuständigkeitsvereinbarung enthielte daher in Fällen wie hier eine — unzulässige — Vereinbarung über die Anwendbarkeit eines anderen Rechts. Es scheidet auch aus, daß etwa die Wiedergutmachungskammer in München die Entziehung nach einem anderen Rückerstattungsgesetz beurteilt (vgl. dazu: *Himmel* und *Burkhardt*, NJW/RzW 1958, 131, 204).

Nach alledem hält die Abweisung des Rückerstattungsantrags als unzulässig der rechtlichen Nachprüfung stand.

2. Die ASt. hatte im Schriftsatz ihres Bevollmächtigten vom 5. 2. 1962, also erst nach Zustellung des Beschlusses vom 29. 12. 1961 beantragt, das Verfahren an die Wiedergutmachungsbehörde in Berlin zu verweisen. Sie ist darauf in der Beschwerde zurückgekommen und hat die Verweisung an die Wiedergutmachungsbehörde oder die Wiedergutmachungskammer in Berlin für den Fall beantragt, daß der Senat der Beschwerde nicht stattgeben sollte. Im Schriftsatz vom 8. 5. 1962 hat sie den Antrag wiederholt.

Gegen die ‚Verweisung' einer vor den Wiedergutmachungsorganen im Geltungsbereich des REG anhängigen Sache an ein Wiedergutmachungsorgan in Berlin bestehen Bedenken. Sie sind in der Rechtsprechung wiederholt erörtert worden; das KG (NJW/RzW 1960, 426 Nr. 106) hat sie dahin zusammengefaßt, daß eine formelle Verweisung von einem Wiedergutmachungsgericht in Berlin an ein Wiedergutmachungsgericht im Geltungsbereich des REG in entsprechender Anwendung des § 276 ZPO mit bindender Wirkung für das Gericht, an das die Sache verwiesen wird, vor dem Inkrafttreten des BRüG für unzulässig angesehen worden ist, da sich die beteilig-

---

[2] IzRspr. 1954—1957 Nr. 241.

ten Gerichte in dem Geltungsbereich verschiedener Rückerstattungsgesetze befinden.

Die Praxis hatte sich bis dahin durch eine formlose ‚Abgabe' über die Wiedergutmachungsbehörden geholfen.

Eine solche formlose Abgabe enthält für den Antragsteller gewisse Risiken. Die neu angegangene Wiedergutmachungsbehörde könnte geltend machen, bei ihrem zuständigen Zentralanmeldeamt liege keine Anmeldung vor. Auch könnten die Wiedergutmachungsorgane ihre Zuständigkeit verneinen, weil sie den Zeitpunkt und den Ort der Entziehung anders als die herrschende Rechtsprechung im Bereich des REG beurteilen. Diese Möglichkeit ist nicht nur weit entfernt, denn die Gesetze haben für die Begründung des Schadensersatzanspruchs verschiedenen Wortlaut (ORG/III/697, RzW 1962, 65). Wollte es ein Antragsteller auf eine rechtskräftige Entscheidung zur Gerichtsbarkeit im Geltungsbereich des REG ankommen lassen, um danach das Verfahren bei der zuständigen Wiedergutmachungsbehörde in Gang zu bringen, so könnte ihm möglicherweise entgegengehalten werden, die Anmeldung sei ‚verbraucht' (*Burkhardt*, NJW/RzW 1958, 204).

Um Schwierigkeiten zu vermeiden, die sich daraus ergeben, daß verschiedene Rückerstattungsgesetze der Militärregierungen gelten und daß diese Gesetze grundsätzlich nicht geändert werden durften, hat der Senatsvorsitzende der ASt. anheimgegeben, beim zuständigen Zentralanmeldeamt eine ‚vorsorgliche Neuanmeldung' (*Burkhardt* aaO) vorzunehmen, bevor über die Beschwerde entschieden wird. Zu einer solchen Anmeldung ist es aber nicht gekommen, da der Bevollmächtigte nicht Abschriften seiner Anmeldung bei der zuständigen Wiedergutmachungsbehörde eingereicht und vom bisherigen Zentralanmeldeamt lediglich die Bescheinigung des Eingangs dieser Anmeldung gefordert hat, wie dies in anderen Fällen geschehen ist.

Die Verfahren mit Schwierigkeiten, wie sie sich hier ergeben, haben sich vermehrt. Das beruht zu einem Teil auf der oben behandelten Rechtsprechung zur Erlangung der Eigentümerstellung, die sich in den unteren Instanzen erst voll auswirkte, als bereits die Anmeldungen auf Grund der bisherigen Rechtsprechung vorgenommen worden waren. Weiter sind aber die Wiedergutmachungsorgane auf Grund der §§ 5, 12 BRüG mit zahlreichen Verfahren befaßt, bei denen sich erst im Laufe der Ermittlungen ergibt, daß ihnen keine Gerichtsbarkeit beigelegt ist. Deshalb kommt nunmehr der ‚Verweisung' der Verfahren erhöhte praktische Bedeutung zu; aus den bekannten Gründen geht es meist darum, ob Sachen an die Wiedergutmachungsorgane in Berlin oder Hamburg (als Verschiffungsplatz für Umzugsgut) oder von dort aus abgegeben werden sollen. So hat sich eine (in der RzW nicht veröffentlichte) Rechtsprechung des ORG Berlin entwickelt, nach der in Fällen wie hier ein Rückerstattungsverfahren auf den Antrag des Berechtigten an die zuständige Wiedergutmachungsbehörde zur weiteren Bearbeitung nach Maßgabe der dort geltenden Bestimmungen ‚verwiesen' werden darf (ORG/A/886 vom 4. 6. 1958; A/1253 vom 22. 10. 1958; A/1110 vom 2. 12. 1958). Zur Begründung wird angeführt, das BRüG habe für die Bereiche der verschiedenen Rückerstattungsgesetze gemeinschaftliches Recht geschaffen, es wolle ferner die Anmeldefristen auch bei der Einreichung einer Anmeldung bei einem unzuständigen Zentralanmeldeamt gewahrt wissen (§§ 27, 29 BRüG), und weiter, daß eine Zurückweisung von Anträgen wegen des Mangels der Gerichtsbarkeit nicht sinnvoll erscheine: der Verlust an Zeit, Mühe und Kosten sei nicht vertretbar. Das KG hat sich dieser Rechtsprechung angeschlossen (NJW/RzW 1960, 426 Nr. 106).

Im Geltungsbereich des REG (brit. Zone) hat das OLG Hamburg (NJW/RzW 1959, 16 Nr. 11[3]) die ‚Weitergabe eines anhängigen Verfahrens an eine andere örtliche Instanz' für zulässig erachtet. Das ORG (II. Senat) hat sich damit zwar nicht ausdrücklich befaßt, immerhin aber ausgesprochen, daß ein Verfahren vor einem Wiedergutmachungsorgan im Geltungsbereich des einen Rückerstattungsgesetzes nicht von der Tatsache beeinflußt werde, daß wegen desselben Anspruchs im Geltungsbereich eines anderen Rückerstattungsgesetzes eine Anmeldung schwebe (ORG/II/764, RzW 1961, 448[4]).

Dem Hauptargument dieser Rechtsprechung kann man allerdings entgegenhalten, das BRüG setze die verschiedenen Geltungsbereiche der Rückerstattungsgesetze voraus und habe diesen gegenüber keine selbständige Bedeutung (vgl. LG Berlin, NJW/RzW 1961, 57 Nr. 6). Auf der anderen Seite spricht für diese Rechtsprechung der Grundsatz des Art. 49 REG, den auch die übrigen Rückerstattungsgesetze enthalten. Jedenfalls erscheint es gerechtfertigt, für den Geltungsbereich der Berliner REAO für diese Frage des Verfahrensrechts einen nunmehr feststehenden Gerichtsgebrauch zu bejahen. Die Praxis zeigt, daß die Wiedergutmachungskammern die Abgabe von Verfahren über die Wiedergutmachungsbehörden ohne Schwierigkeiten durchführen, daß sich insbesondere keine Nachteile für die Berechtigten ergeben. Ob es sich dabei um eine ‚Verweisung' in dem Sinne handelt, daß das Wiedergutmachungsorgan, an das die Sache abgegeben wird, daran gebunden ist, braucht hier nicht abschließend beurteilt zu werden. Jedenfalls trägt der Senat nunmehr keine Bedenken, die Sache über die beteiligten Wiedergutmachungsbehörden und Zentralanmeldeämter abzugeben. Um das zu ermöglichen, war daher der Kammerbeschluß vom 29. 12. 1961 aufzuheben und die Sache auf den Antrag des Berechtigten über die Wiedergutmachungsbehörde Oberbayern an das Amt für innere Restitution — Außenstelle München — zurückzuleiten, damit dieses Amt sie an den Treuhänder für Rückerstattungsvermögen in Berlin (vgl. Art. 59 REG, Art. 49, 53 REAO) abgibt und sie dort nach den einschlägigen Vorschriften weiterbehandelt wird."

---

[3] IzRspr. 1958—1959 Nr. 150.

[4] IzRspr. 1960—1961 Nr. 168.

2. Britische Zone

80. Die Wiedergutmachungsbehörden der britischen Zone sind interzonal nicht zuständig für einen Schadensersatzanspruch wegen der Entziehung von Inhaberpapieren, die außerhalb der britischen Zone verwahrt wurden. — Ein Kux ist weder Inhaberpapier noch bewegliche Sache.

Oberstes Rückerstattungsgericht, 2. Senat Herford, Entsch. v. 19. 6. 1962 — ORG/II/796: ORGE II 5 (1962—1964) 724; Leitsatz in RzW 1962, 541.

Der Berechtigte beauftragte Anfang 1938 die Zentrale der Dr. Bank in Berlin (jetzt: Berlin-Ost), seine bei der R. Bank in Berlin-M. (jetzt: Berlin-Ost) verwahrten Anleihen und Aktien westdeutscher Gesellschafter zu verkaufen. Die Dr. Bank übernahm die Wertpapiere zum Börsenpreis. Auf dieselbe Weise verwertete die Dr. Bank auch einen Kux einer westdeutschen bergrechtlichen Gewerkschaft für sich.

Der Schadensersatzanspruch des Berechtigten gegen die Dr. Bank blieb in allen Instanzen ohne Erfolg.

Aus den Gründen:

„Wir unterscheiden zunächst zwischen den Inhaberpapieren und dem Kux. Die Inhaberpapiere befanden sich im Depot der Reichshauptbank und wurden börsenmäßig von der Dr. Bank verkauft. Die Erwerber dieser Inhaberpapiere sind gemäß Art. 17 MilRegGes. Nr. 59 vor Rückerstattungsansprüchen geschützt. Träfe das nicht zu, so hätte der Berechtigte unmittelbare Ansprüche gegen die Besitzer der entzogenen Inhaberpapiere erhoben, soweit die Inhaber heute im Westen leben. Die Inhaberpapiere sind außerhalb der früheren Brit. Zone entzogen worden und in Verlust geraten, so daß uns die Gerichtsbarkeit fehlt (vgl. die Sache desselben Berechtigten Otten gegen Deutsches Reich, ORG/II/691). Aus dem besonders gelagerten Fall Flick (ORG/II/167, ORGE II 1 (1956—57) 133[1]), der einen Anspruch aus Art. 13 wegen einer maßgeblichen Beteiligung betraf, folgt nicht, daß wir im vorliegenden Falle Gerichtsbarkeit in Beziehung auf die Inhaberpapiere haben.

Was den Kux anlangt, der sich gleichfalls im Depot der Reichshauptbank befunden hatte und durch die Zentrale der Dr. Bank in Berlin verwertet wurde, so ist der Kux weder Inhaberpapier im Sinne des Art. 17 noch eine bewegliche Sache im Sinne des Art. 15 MilRegGes. Nr. 59 (vgl. Westfalenbank AG, ORG/II/555)."

81. Nach dem Bundesrückerstattungsgesetz hängt ein Schadensersatzanspruch wegen Entziehung von Sachen davon ab, daß die Entziehung im Geltungsbereich des Gesetzes vorgenommen worden ist. — Eine Entziehung liegt schon dann vor, wenn die Sachen des Berechtigten beschlagnahmt und seiner Verfügungsgewalt entzogen

[1] IzRspr. 1954—1957 Nr. 257.

werden, auch wenn er sie zunächst noch im unmittelbaren Besitz behält.

Oberstes Rückerstattungsgericht, 2. Senat Herford, Entsch. v. 23. 7. 1962 — ORG/II/765: ORGE II 5 (1962—1964) 725.

Der Berechtigte R. wurde im Frühjahr 1943 in B. (jetzt: brit.) verhaftet und in das Konzentrationslager Auschwitz gebracht. Bei der Verhaftung wurde erklärt, daß alle Sachen, auch diejenigen, die mitgenommen werden durften, beschlagnahmt seien. Der Wert der Sachen, die der Berechtigte in B. zurückließ, betrug weniger als 1000 RM. Die Sachen, die er mitnehmen durfte, wurden ihm in Auschwitz fortgenommen.

Das LG lehnte einen Schadensersatzanspruch nach dem Bundesrückerstattungsgesetz ab, da der Wert der zurückgelassenen Sachen des Berechtigten nicht 1000 RM erreiche und die mitgenommenen Sachen außerhalb des Geltungsbereichs des Gesetzes entzogen worden seien.

Das ORG hob die Entscheidung auf und verwies die Sache an das LG zurück.

Aus den Gründen:

„Dem Senat ist bekannt, daß im Falle Strauss gegen Deutsches Reich (WgA Bielefeld Rü 224/51) das Finanzamt Minden anerkannt hat, daß das Vermögen eines nach Auschwitz deportierten Zigeuners zugunsten des Reichs auf Grund des Gesetzes über die Einziehung kommunistischen Vermögens vom 26. 5. 1933 (RGBl. I 293), des Gesetzes über die Einziehung volks- und staatsfeindlichen Vermögens vom 14. 7. 1933 (RGBl. I 479) und des Erlasses des Führers und Reichskanzlers über die Verwertung des eingezogenen Vermögens von Reichsfeinden vom 29. 5. 1941 (RGBl. I 303) eingezogen wurde. Die Kammer hat daher zu prüfen, ob im vorliegenden Falle die angeblich bei der Verhaftung der Familie R. erlassene behördliche Anordnung der Beschlagnahme all ihrer Sachen bewirkte, daß den Familienmitgliedern ihre Verfügungsgewalt über alle diese Sachen rechtlich entzogen wurde, obwohl sie diese Sachen zunächst noch in ihrem unmittelbaren Besitz behalten durften, und daß rechtlich die Verfügungsgewalt über diese Sachen auf das Deutsche Reich überging.

Sollte die Kammer nach erneuter Prüfung zu dem Schluß kommen, daß rechtlich die Sachen, die die Mitglieder der Familie R. nach Auschwitz mitnehmen durften, in B. entzogen wurden, so wird sie hinsichtlich des Küchenherdes und des Sofas zu prüfen haben, ob der Gesamtwert der in B. entzogenen Vermögensgegenstände bei der Beschlagnahme 1000 RM oder mehr war, in welchem Falle Art. I Ziff. 2 der Allgemeinen Verfügung Nr. 10 keine Anwendung fände."

82. Der Inhaber von Reichsbankanteilscheinen, dem das Recht auf Umtausch der Scheine entzogen worden ist, kann einen Anspruch auf Rückerstattung des Tauschrechts nicht in der britischen Zone, sondern nur am Sitz der Reichsbank in Berlin-Ost geltend machen. — Deshalb fehlt den Wiedergutmachungsbehörden der britischen Zone auch die interzonale Zuständigkeit für einen auf die Entziehung gestützten Schadensersatzanspruch.

Oberstes Rückerstattungsgericht, 2. Senat Herford, Entsch. v. 11. 12. 1962 — ORG/II/684: ORGE II 5 (1962—1964) 751; RzW 1963, 259.

Der Rechtsvorgänger der Berechtigten war Inhaber von Reichsbankanteilscheinen, die bei Banken in K. (jetzt: brit.) verwahrt wurden. Er lieferte auf Grund des § 33 I des Gesetzes über die Deutsche Reichsbank vom 15. 6. 1939 in den Jahren 1939 und 1940 Anteilscheine im Nennwert von insgesamt 12 000 RM an die Reichsbank in Berlin ab; die Scheine wurden nach Berlin gesandt. Nach § 11 II des Reichsbankgesetzes war der Berechtigte als Jude von dem gesetzlich festgelegten Recht, die abgelieferten Anteilscheine in neue umzutauschen, ausgeschlossen. Er erhielt dagegen insgesamt 21 600 RM Reichsschatzanweisungen. Die abgelieferten Anteile wurden gemäß § 33 II des Reichsbankgesetzes für kraftlos erklärt.

Die Berechtigte verlangt wegen der Verweigerung des Umtauschs, in der eine Entziehung liege, Schadensersatz nach Art. 26 II des Gesetzes Nr. 59 von der Deutschen Reichsbank. Diese bestreitet die Zuständigkeit der Wiedergutmachungsbehörden der brit. Zone.

Das LG K. bejahte seine Zuständigkeit, da die Deutsche Reichsbank in der brit. Zone Vermögen habe, und stellte die Schadensersatzpflicht der Reichsbank fest. Das ORG hat diese Entscheidung aufgehoben.

Aus den Gründen:

„Die Wiedergutmachungsbehörden der früheren Brit. Zone haben keine Gerichtsbarkeit über den geltend gemachten Anspruch. Dem Rechtsvorgänger der Berechtigten ist gemäß § 33 I i. V. m. § 11 II des Reichsbankgesetzes das Recht auf Umtausch der Anteilscheine und der Anspruch auf die Stellung eines Anteilscheinsinhabers entzogen worden. Ein Anspruch auf Rückerstattung dieses Umtauschrechts kann nicht in der früheren Brit. Zone geltend gemacht werden, da er nur am Sitze der Schuldner, der Deutschen Reichsbank, im heutigen Ostsektor von Berlin, nicht jedoch im Geltungsbereich des brit. Rückerstattungsges. Nr. 59 verwirklicht werden könnte. Ist aber ein Anspruch auf Rückerstattung des Umtauschrechts in der früheren Brit. Zone nicht durchsetzbar, so entfällt auch für die Wiedergutmachungsbehörden dieser Zone die Gerichtsbarkeit für einen Schadensersatzanspruch (vgl. Hofstein, ORG/II/10, ORGE II 1 [1956—57] 66[1]; Berent, BoR/51/50, BoRE 3, 67[2]; Tilbury, BoR/52/577, BoRE 21, 185[3]).

Die Rechtsstellung der wegen ihrer Rasse nach § 11 II des Reichsbankgesetzes ausgeschlossenen Reichsbankanteilseigner ist nunmehr durch § 3 II des Gesetzes über die Liquidation der Deutschen Reichsbank und Golddiskontbank vom 2. 8. 1961 (BGBl. I 1165) dahin geregelt worden, daß diese unter der Voraussetzung rechtzeitiger Anmeldung und Anerkennung ihres Anspruchs gegen Rückgabe der Entschädigung wieder Reichsbankanteile nebst Gewinnbezugsrechten für die Geschäftsjahre 1939 bis 1944 erhalten. Der Prozeßbevollmächtigte der Berechtigten ist durch den Senat hierauf rechtzeitig hingewiesen worden."

---

[1] IzRspr. 1954—1957 Nr. 257.
[2] IPRspr. 1950—1951 Nr. 38.
[3] IPRspr. 1954—1955 Nr. 41.

83. **Eine Forderung ist im allgemeinen am Sitz des Schuldners belegen. — Die Wiedergutmachungsbehörden der britischen Zone sind interzonal nicht zuständig, wenn der entzogene Gegenstand nicht innerhalb dieser Zone belegen war.**

Oberstes Rückerstattungsgericht, 2. Senat Herford, Entsch. v. 14. 2. 1963 — ORG/II/818: ORGE II 5 (1962—1964) 763; RzW 1963, 307.

Der Berechtigte wohnte früher in H. (jetzt: brit.). Im August 1938 untersagte der Oberfinanzpräsident nach § 37 (a) des Devisengesetzes dem Berechtigten, über sein Vermögen zu verfügen. Im November 1938 wurde der Berechtigte in ein Konzentrationslager gebracht und Ende Dezember mit der Auflage entlassen, seinen Grundbesitz zu verkaufen und Deutschland so schnell wie möglich zu verlassen. Der Berechtigte wanderte Anfang März 1939 aus. In demselben Monat setzte der Oberfinanzpräsident einen Treuhänder für das Vermögen des Berechtigten ein. Dieser überwies Wertpapiere und einen Barbetrag in Höhe von rund 4 800 RM an die Deutsche Golddiskontbank in Berlin (jetzt: Berlin-Ost) zum Transfer an den Berechtigten. Dieser behauptet, keine Beträge in ausländischer Währung erhalten zu haben, und begehrt daher auf Grund des Bundesrückerstattungsgesetzes Schadensersatz vom Deutschen Reich.

Alle Instanzen wiesen diesen Anspruch ab, das ORG wegen fehlender Zuständigkeit.

Aus den Gründen:

„Eine Forderung ist im allgemeinen da belegen, wo der Schuldner seinen Wohnsitz hat. Es besteht kein Rechtsgrund anzunehmen, daß eine etwaige Forderung des Berechtigten gegen die Golddiskontbank im vorliegenden Fall an einem anderen Orte als am Sitz der Golddiskontbank belegen war. Diese Bank hatte ihren Sitz im heutigen Ostsektor von Berlin, auf jeden Fall nicht in der früheren Brit. Zone, so daß uns die Gerichtsbarkeit fehlt, über den Anspruch zu entscheiden (vgl. Rainer, SRC/52/579, SRCE 4/5, 175[1]). Der Anspruch wegen der 4812 RM ist deshalb abzuweisen, weil uns die Gerichtsbarkeit fehlt."

84. **Ein Schadensersatzanspruch wegen Entziehung kann gegen das Deutsche Reich in der britischen Zone geltend gemacht werden, wenn die Entziehung in dieser Zone stattgefunden hat. — Eine Entziehung liegt schon dann vor, wenn dem Berechtigten die rechtliche Verfügungsgewalt entzogen wird, auch wenn er die beschlagnahmten Sachen zunächst noch im unmittelbaren Besitz behält.**

OLG Hamburg, Beschl. v. 16. 4. 1963 — 5 WiS 27/62: RzW 1963, 405.

Die Mutter der ASt. wurde im Oktober 1942 nach Theresienstadt deportiert. Dort ist sie im Januar 1943 verstorben. Die ASt. verlangen vom AGg., dem Deutschen Reich, Schadensersatz für die Sachen, die ihre Mutter bei der Deportation mit sich genommen hat.

---

[1] IzRspr. 1954—1957 Nr. 253.

Das LG hat den AGg. zur Zahlung von 300 DM verurteilt. Das OLG hat die sofortige Beschwerde des AGg. zurückgewiesen.

Aus den Gründen:

„Der erkennende Senat hat bereits mit seinem Beschluß vom 16. 6. 1958 in der Sache Proschatzka ./. Deutsches Reich (5 WiS 64/57) entschieden, daß den Verfolgten das Reisegepäck bereits bei Beginn ihrer Deportation in Hamburg entzogen wurde. Den Juden wurde nämlich, soweit sie an einen Ort innerhalb des damaligen Reichsgebiets deportiert wurden, z. B. nach Theresienstadt oder Lodz, zunächst von der Gestapo (Staatspolizeileitstelle Hamburg, Tgb.Nr. II B 2) durch Einschreiben ein ‚Evakuierungsbefehl' übersandt, nach dessen Inhalt dem Verfolgten u. a. mitgeteilt wurde, er unterliege mit dem heutigen Tage besonderen Ausnahmebestimmungen und sein Vermögen gelte als beschlagnahmt. Ferner wurde den Verfolgten anläßlich ihrer Deportation durch einen Gerichtsvollzieher eine ‚Verfügung' des Reichsstatthalters in Hamburg — Staatsverwaltung — (II B 2 — 4941/41) förmlich zugestellt, durch welche nach dem vorliegenden Wortlaut

> „auf Grund des § 1 des Gesetzes über die Einziehung kommunistischen Vermögens vom 26. 5. 1933 — RGBl. I 293 — in Verbindung mit dem Gesetz über die Einziehung volks- und staatsfeindlichen Vermögens vom 14. 7. 1933 — RGBl. I 479 —, der VO über die Einziehung volks- und staatsfeindlichen Vermögens im Lande Österreich vom 18. 11. 1938 — RGBl. I 1620 —, der VO über die Einziehung volks- und staatsfeindlichen Vermögens in den sudetendeutschen Gebieten vom 12. 5. 1939 — RGBl. I 911 — und der VO über die Einziehung von Vermögen im Protektorat Böhmen und Mähren vom 4. 10. 1939 — RGBl. I 1998 — in Verbindung mit dem Erlaß des Führers und Reichskanzlers über die Verwertung des eingezogenen Vermögens von Reichsfeinden vom 29. 5. 1941 — RGBl. I 303 — das *gesamte* Vermögen des Juden (es folgen die Personalien) zugunsten des Deutschen Reichs eingezogen"

wurde. Mit dieser Verfügung wurde den Verfolgten jede rechtliche Verfügungsgewalt über ihr gesamtes Vermögen und insbesondere das Eigentum an ihren Sachen abgesprochen, gleich ob es sich um Hausrat oder persönliche Habe handelte. Das ORG hat schon in der Entscheidung Levi ./. Deutsches Reich (SRC 53/638, SRCE 4/5, 7 ff.) ausgesprochen, es sei möglich, allein auf Grund einer solchen Verfügung des Reichsstatthalters die Folgerung zu ziehen, daß die Sachen bereits in Hamburg entzogen worden seien. Diese Beurteilung ist vereinbar mit der Tatsache, daß den Verfolgten der Besitz an ihrer Kleidung, an ihrem Gepäck und an ihrem Gelde (bis zu RM 100) zunächst belassen und die Entziehung dieser Sachen durch deren Wegnahme erst später im Getto tatsächlich vollendet worden ist. Die Auffassung, die Einziehungsverfügung habe ihrem Sinn nach den Zweck gehabt, nur das am Wohnort zurückbleibende Vermögen ähnlich einem herrenlosen Gut zugleich vor Dritten sicherzustellen und dem Reich zugute kommen zu lassen (so LG Köln, NJW/RzW 1960, 445), ist mit ihrem eindeutigen und umfassenden Wortlaut nicht vereinbar. Hinzu kommt, daß die Verfolgten — wie es in dem

Evakuierungsbefehl heißt — besonderen Ausnahmebestimmungen unterworfen, ihrer Freiheit und ihres Eigentums beraubt wurden und von ihrer Verhaftung ab völlig rechtlos waren. Was mit ihrem Reisegepäck und ihren sonstigen persönlichen Sachen zu geschehen hatte, bestimmten allein die mit der Deportation beauftragten Organe (so OLG Hamm, NJW/RzW 1960, 204[1]). Nicht entscheidend ist daher, ob die Sachen schon in Hamburg der Gestapo auch tatsächlich in die Hände fielen, wie in dem vom ORG aaO entschiedenen Fall. Es macht auch keinen Unterschied, ob die Juden in ein Vernichtungslager (wie im Fall ORG, RzW 1962, 496 Nr. 6), in ein Konzentrationslager oder — wie in dem vorliegenden Fall — in ein Getto verschleppt wurden, da es nicht hierauf, sondern auf die Zustellung der Verfügung betreffend die Einziehung des gesamten Vermögens ankommt. Inzwischen hat das ORG in seiner Entscheidung vom 23. 7. 1962 (RzW 1963, 106)[2] bereits zu erkennen gegeben, daß seine Erwägungen in der gleichen Richtung laufen wie diejenigen des erkennenden Senats.

Der Hinweis der Vertreterin des AGg. auf die zitierten obergerichtlichen Entscheidungen kann keinen Erfolg haben. In den vom KG (RzW 1960, 252) und vom OLG Frankfurt a. M. am 7. 8. 1962 (2 W 9/62 -R-, nicht veröffentlicht) entschiedenen Fällen von Deportationen nach dem Getto in Riga bzw. nach Theresienstadt ist eine Verfügung betreffend die Entziehung des gesamten Vermögens des Deportierten nicht behandelt worden, so daß jene Fälle hinsichtlich ihrer tatsächlichen Feststellungen anders liegen und daher für den hier zu entscheidenden Fall nichts Wesentliches ergeben. Die Zustellung einer Einziehungsverfügung war bei einer Deportation nach dem 25. 11. 1941 und nach einem Ort im Ausland — wie z. B. nach Riga — auch entbehrlich, weil das Vermögen der Juden ohne weiteres (erst) beim Verlassen des damaligen Reichsgebietes nach § 3 der 11. DVO zum RBG automatisch dem Reich verfiel."

3. Berlin

84 A. Die Anwendung der Berliner Rückerstattungsanordnung auf entzogene Gegenstände, die nachträglich in ihren Geltungsbereich gelangt sind, beruht auf dem Grundsatz der Belegenheit und nicht etwa auf einer Erstreckung des Grundsatzes des Entziehungsortes. — Sind die verschiedenen Stücke eines Sachinbegriffs wie „Hausrat" in verschiedene Zonen gelangt, so kann die Zuständigkeit der Wiedergutmachungsbehörden einer einzigen Zone begründet sein. — Die bindende Verweisung einer Wiedergutmachungssache an Behörden oder Gerichte einer anderen Zone ist unzulässig; das gleiche gilt für eine unverbindliche Abgabe vor rechtskräftiger Entscheidung.

---

[1] IPRspr. 1958—1959 Nr. 83.

[2] Siehe oben Nr. 81.

KG Berlin-West, Beschl. v. 23. 11. 1961 — 14 W 945/60: unveröffentlicht.

Der ASt., ein in S. (Frankreich) wohnhafter Franzose, begehrt vom Deutschen Reich Schadensersatz für die Entziehung verschiedener Sachen. Der ASt. war im August 1941 wegen seiner französischen Staatsangehörigkeit zum „Volks- und Reichsfeind“ erklärt worden. Aus diesem Grunde wurde seine Geschäfts- und Wohnungseinrichtung in S. sichergestellt. Der größte Teil der Sachen ist nach der Behauptung des ASt. im Jahre 1942 an B. in K. (jetzt: brit.) verkauft worden, um an bombengeschädigte Einwohner verteilt zu werden. Andere Gegenstände sollen an D. und R. veräußert und später in das jetzige Bundesgebiet verbracht worden sein.

Das LG hat den Antrag zurückgewiesen (LG Berlin, Beschl. v. 16. 2. 1960 — 154 WGK 413/59: NJW/RzW 1960, 254). Das KG hat diesen Beschluß aufgehoben und die Sache an das LG zurückverwiesen.

Aus den Gründen:

„Das LG hat den Rückerstattungsanspruch des ASt. allein unter dem nach der Rechtsprechung des ORG nicht zu billigenden Gesichtspunkte zurückgewiesen, daß die nachträgliche Verbringung der in S., also außerhalb des Geltungsbereichs des BRüG, entzogenen Einrichtungsgegenstände des ASt. in dessen Geltungsbereich jedenfalls nicht durch die in § 1 BRüG genannten Rechtsträger erfolgt ist. Mit dieser, von dem LG in eingehender Begründung dargelegten, der Auffassung des AGg. entsprechenden Rechtsansicht hat sich inzwischen das ORG auseinandergesetzt und gerade zu der vorliegenden, in NJW/RzW 1960, 254 veröffentlichten Entscheidung des LG ausgeführt, das LG habe irrigerweise die Frage der Belegenheit, von der allein die Anwendbarkeit des jeweiligen Rückerstattungsgesetzes bestimmt werde, mit der Frage der Schadenshaftung verstrickt (vergl. ORG/A/2360, NJW/RzW 1961, 204 [205][1]). Der Senat teilt die Rechtsauffassung des ORG. Denn auch nach seiner und der übrigen Senate ständigen Rechtsprechung ist nicht der Entziehungsort, sondern die Belegenheit des entzogenen Gegenstandes im Zeitpunkte der Entziehung oder in einem danach folgenden Zeitpunkte der die Anwendbarkeit der Rückerstattungsgesetze bestimmende Anknüpfungspunkt.

Der beschließende Senat hat in ständiger Rechtsprechung die Unterwerfung eines außerhalb des Geltungsbereichs der REAO nach deren Normen ungerechtfertigt entzogenen, aber später in deren Geltungsbereich gelangten Vermögensgegenstandes unter die Anwendung der REAO nicht mit der Fiktion begründet, daß eine außerhalb der REAO vollendete Entziehung mit dem Gelangen des entzogenen Gegenstandes in den Geltungsbereich fortgesetzt werde, sondern mit dem realen Sinn und Zweck der REAO, daß der Rückerstattungsgesetzgeber in seinem Herrschaftsbereiche den von ihm verpönten Rechtsbestand eines ungerechtfertigt entzogenen Gegenstandes in der Person des Inhabers nicht duldet, weil er solchem

[1] IzRspr. 1960—1961 Nr. 152.

Gegenstande, wenn er noch vorhanden wäre, wegen seiner aus der Entziehung anhaftenden Makelhaftigkeit in der Person des Inhabers nicht den Schutz seiner Rechtsordnung (‚Zuflucht' vgl. BoR 51/131, NJW/RzW 1952, 110[2]) zukommen lassen würde. Die Fiktion, das Gelangen eines außerhalb des Geltungsbereichs der REAO entzogenen Gegenstandes in diesen Bereich als Fortsetzung der Entziehung anzusehen, ist in der Rechtsprechung des ORG Berlin — ORG/A/87/88[3] — nur bei der Anwendung der BK/O(54)15 aufgetaucht, insofern die BK/O(54)15 eine in Ostberlin vollzogene Entziehung als Entziehung in Westberlin fingierte, nicht aber ebenso das Gelangen in den Ostsektor als ein Gelangen nach Westberlin. Erst die Vorschrift des § 5 Satz 2 BRüG hat unter anderem eindeutig diese Lücke in der räumlichen Anwendbarkeit der REAO geschlossen. Daß es nach der Entwicklung der Rechtsprechung für die Frage nach der räumlichen Anwendbarkeit der Rückerstattungsgesetze hinsichtlich des Begriffs des ‚Gelangens' auf die Belegenheit des entzogenen Gegenstandes, nicht auf den Akt der Entziehung oder seine Fortsetzung ankam, war auch dem Gesetzgeber des BRüG, insbesondere durch die grundlegenden Entscheidungen BoR 51/131 und ORG Berlin/A/2[4], bekannt. Wenn er den Begriff des ‚Gelangens' im Bereiche des BRüG durch das Erfordernis einer Verbringung seitens eines Rechtsträgers im Sinne des BRüG hätte einschränken wollen, so hätte er dies unschwer zum Ausdruck bringen können und anstatt des eindeutigen Wortlautes eine andere einschränkende Formulierung wählen müssen etwa dahin: ‚... und nach der Entziehung nachweislich in diesen Geltungsbereich von den in § 1 genannten Rechtsträgern verbracht worden sind'.

Ohne einen ausdrücklichen gegenteiligen Hinweis des Gesetzgebers kann es mithin in der Tat nicht darauf ankommen, ob der entzogene Gegenstand in den Geltungsbereich des BRüG in der Hand eines der in § 1 BRüG genannten Rechtsträger oder in der eines Nacherwerbers verbracht wurde. Da das LG seine zurückweisende Entscheidung allein auf seine einschränkende, nicht zu billigende Rechtsansicht gestützt hat, mußte die Beschwerde des ASt. zum Erfolge führen, denn die landgerichtliche Entscheidung konnte auch nicht gemäß Art. 62 II REAO in Verbindung mit § 563 ZPO unter dem Gesichtspunkte aufrechterhalten werden, daß die Entscheidungsgründe zwar eine Gesetzesverletzung darstellen, die Entscheidung selbst sich aber aus anderen Gründen als richtig erweist.

Der AGg. weist in diesem Zusammenhange zwar darauf hin, daß nach dem eigenen Vortrage des ASt. der weitaus größte Teil der Einrichtungsgegenstände nach K. verbracht worden sei, somit der Ort innerhalb der Bundesrepublik feststehe, an den die entzogenen Gegenstände wenigstens zum Teil nachträglich gelangt seien. Nach § 5 BRüG sei daher allenfalls das für K. gültige REG (brit. Zone),

[2] IPRspr. 1952—1953 Nr. 70a.
[3] IzRspr. 1954—1957 Nr. 272.
[4] IzRspr. 1954—1957 Nr. 270.

nicht aber die Berliner REAO anwendbar, so daß eine Gerichtsbarkeit durch die Berliner Rückerstattungsbehörden entfalle. Dennoch konnte die abweisende Vorentscheidung auch nicht unter dem Gesichtspunkte mangelnder Gerichtsbarkeit bestätigt werden, da die bisherige Sachaufklärung des LG nicht ausreicht, um bereits eine *alle* als entzogen beanspruchten Gegenstände umfassende einheitliche Entscheidung zu treffen. Denn nach den bisher von dem ASt. eingereichten Unterlagen wird wohl davon ausgegangen werden können, daß der weitaus größte Teil seiner Einrichtungsgegenstände nach K. gelangt ist; hinsichtlich des Restes, insbesondere auch der von R. und D. erworbenen Gegenstände, ist der Verbleib noch ungeklärt. Eine Teilentscheidung erschien aber vor völliger Klärung des Sachverhalts schon im Hinblick auf einen möglichen negativen Kompetenzkonflikt zwischen den K.er und den Berliner Rückerstattungsbehörden nicht sachdienlich. Zudem würde eine Entscheidung, bei der zwecks Ermittlung des Verbleibs der entzogenen Gegenstände das von dem AGg. in seinen Schriftsätzen vom ... erwähnte und in den vom LG beigezogenen Akten .. enthaltene Material verwendet würde, gegen die verfahrensrechtlichen Grundsätze der Parteiöffentlichkeit, insbesondere des rechtlichen Gehörs, verstoßen, da das LG jene Akten zwar beigezogen, aber nicht zum Gegenstand der mündlichen Verhandlung, somit dem ASt. nicht zugänglich gemacht hatte (vgl. ORG/A/2069, ORGE Berlin 13, 151 [153][5]; *Rosenberg,* Lehrbuch des deutschen Zivilprozeßrechts, 1960, § 24 Anm. IV 3, S. 99).

Ohne zu dem von dem ASt. vorgetragenen Sachverhalt besondere Feststellungen zu treffen, ist das LG zutreffend davon ausgegangen, daß diesem die in den Inventarlisten aufgeführten Einrichtungsgegenstände ungerechtfertigt entzogen worden sind. Es begegnet keinen Bedenken, wenn das LG auf Grund der vom ASt. in beglaubigter Abschrift eingereichten, nicht bestrittenen Mitteilung der Sicherheitspolizei, Einsatzkommando III/1, vom 18. 8. 1941 an den Chef der Zivilverwaltung im Elsaß den ASt. als wegen seiner Nationalität Verfolgten im Sinne von Art. 1 REAO angesehen hat, denn der ASt. wurde in jenem Schreiben wegen seiner Eigenschaft als ‚Innerfranzose' zum Volks- und Reichsfeind erklärt und damit unter die diskriminierenden Gesetze vom 26. 5. und 14. 7. 1933 gestellt. Auch hat das LG mit Recht die in dem Aktenvermerk des Chefs der Zivilverwaltung vom 26. 5. 1942 erwähnte, am 21. 8. 1941 erfolgte Beschlagnahme und Sicherstellung des Vermögens des ASt. als Verfolgungsmaßnahme und die anschließende Verwertung der beschlagnahmten Einrichtungsgegenstände als ungerechtfertigte Entziehung gemäß Art. 2 Ib REAO gewertet.

Ungenügend in diesem Zusammenhange, wenn auch im Hinblick auf die vom LG vertretene Rechtsansicht über den Verbringungsnachweis des § 5 BRüG verständlich, ist jedoch die Prüfung des

[5] IzRspr. 1960—1961 Nr. 155.

Umfangs der entzogenen Gegenstände und des geltend gemachten Anspruchs. Der Prüfung des Anspruchsumfangs bedarf es auch im Rahmen der vor dem materiellen Anspruch zu klärenden Frage des Geltungsbereichs der REAO, denn gemäß § 5 BRüG hängt diese Frage davon ab, ob als entzogen behauptete feststellbare Vermögensgegenstände nach der Entziehung außerhalb des Geltungsbereichs des BRüG in diesen Geltungsbereich gelangt sind, und zwar an einen unbekannten Ort daselbst oder nach Berlin innerhalb der in § 4 der Berliner Verfassung von 1950 festgelegten Grenzen. Um diese Frage beantworten zu können, ist die Klärung des Umfangs der beanspruchten Gegenstände und ihres Schicksals nach der Entziehung erforderlich.

Nach den der Anmeldung beigefügten Inventarlisten scheint der ASt. auch die Entziehung der Ladeneinrichtung seines Schuhgeschäftes und eines Postens von Schuhen geltend gemacht zu haben. Davon ist auch das LG ausgegangen. In der Anmeldung selbst und in den späteren Schriftsätzen spricht er dagegen nur von seiner Wohnungseinrichtung, während er nach dem in der Beschwerdeinstanz eingereichten Schriftsatze vom ... sogar nur die nachweislich nach K. gelangten sowie die an die Nacherwerber D. und R. veräußerten Hausratsstücke zu verlangen scheint. Das LG wird daher in erster Linie zu klären haben, ob der ASt. alle in den Inventarlisten aufgeführten Gegenstände mit seinem Begehren verfolgt oder sich nunmehr unter Verzicht auf den Anspruch im übrigen auf jene von Frau G. und den Aufkäufern D. und R. erworbenen Gegenstände beschränkt.

Sobald der Umfang der Gegenstände geklärt ist, hinsichtlich deren Entziehung der ASt. rückerstattungsrechtlichen Schadensersatz begehrt, wird das LG ebenfalls noch im Rahmen des § 5 BRüG zu prüfen haben, inwieweit die entzogenen Gegenstände in den Geltungsbereich des BRüG gelangt und ob, soweit der konkrete Nachweis für das Gelangen des Sachinbegriffs ‚Hausrat' an einen bestimmten Ort innerhalb der Bundesrepublik — hier voraussichtlich K. — erbracht ist, etwa der verbleibende Rest ebenfalls einen Sachinbegriff darstellt, für den der Geltungsbereich eines anderen Rückerstattungsgesetzes in Betracht kommt, oder ob diese Teile etwa als Einzelstücke dem Sachinbegriff ‚Hausrat' zu folgen haben und daher auch der Gerichtsbarkeit der für den Sachinbegriff zuständigen Rückerstattungsbehörden unterliegen, auch wenn sie nachweislich in den Geltungsbereich eines anderen Rückerstattungsgesetzes gelangt sein sollten. Erst hiervon wird abhängen, ob die Anwendbarkeit der REAO und die Gerichtsbarkeit durch die Berliner Rückerstattungsgerichte überhaupt in Betracht kommt. Bei Prüfung und Entscheidung dieser Fragen wird das LG jedoch darauf bedacht sein müssen, daß kein negativer Kompetenzkonflikt entsteht, denn wie gerade den §§ 27 ff. BRüG und auch schon den Bestimmungen der BK/O(51)30 vom 31. 5. 1951 und entsprechend der DVO Nr. 3 vom 21. 3. 1951 für die brit. Zone und der AVO Nr. 5 zum REG (amerik.

Zone) zu entnehmen ist, wollen die Gesetzgeber der Rückerstattungsgesetze auf jeden Fall negative Kompetenzkonflikte ausgeschaltet sehen und einer Anmeldung auch bei einem unzuständigen Zentralanmeldeamt (ZAA) zum Zuge verhelfen.

Bei der Prüfung, ob und wohin in den Geltungsbereich des BRüG ‚nachweislich' im Sinne des § 5 BRüG die in S. entzogenen Vermögensgegenstände des ASt. gelangt sind, wird das LG neben dem unwiderlegbar konkreten Nachweise, für den im vorliegenden Falle das Schreiben an Frau G. vom 9. 6. 1942 in Betracht kommen dürfte, die Grundsätze des Prima-facie-Beweises zu beachten haben. In diesem Zusammenhange wird es die in den Akten ... enthaltene Korrespondenz zum Gegenstand erneuter mündlicher Verhandlung und damit auch dem ASt. zugänglich zu machen haben und sich darüber schlüssig werden müssen, inwieweit aus jenen Unterlagen auch für den vorliegenden Fall nach dem gewöhnlichen Laufe der Dinge Rückschlüsse auf ein als typisch anzusehendes Schicksal der in S. beschlagnahmten Einrichtungsgegenstände gezogen werden kann.

Was den erstmals in der Beschwerdeinstanz von dem ASt. gestellten Antrag auf Abgabe des die nach K. gelangten Sachen betreffenden Rückerstattungsverfahrens an die Wiedergutmachungsbehörden in K. anbelangt, so widerspricht sowohl die unverbindliche Abgabe vor rechtskräftiger Entscheidung als auch die Verweisung einer hier anhängigen Rückerstattungssache an die Rückerstattungsbehörden eines anderen Rückerstattungsbereichs der ständigen Rechtsprechung des Senats. Wie der Senat kürzlich erneut in eingehender Begründung und unter Stellungnahme zu ORG/A/886 und A/1100 ausgeführt hat, hält er schon im Hinblick auf die verschiedenen rückerstattungsrechtlichen Regelungen in den verschiedenen Besatzungszonen, an deren Verschiedenartigkeit auch durch das BRüG nichts geändert worden ist, im Gegensatz zum 3. Zivilsenat (vgl. 3 W 145/60 vom 14. 4. 1960 und 3 W 194/60 vom 30. 5. 1960) eine Verweisung mit bindender Wirkung nicht für zulässig und eine unverbindliche Abgabe auch erst *nach* rechtskräftiger Entscheidung hier anhängiger Verfahren für prozessual möglich (vgl. 14 W 957/61 und 14 W 2589/60, beide vom 24. 7. 1961).

Gerade im Hinblick auf diese Rechtslage bleibt es aber dem ASt. unbenommen, auf Grund der beim Haupttreuhänder in Berlin eingereichten Anmeldung den angemeldeten Rückerstattungsanspruch, der vom Haupttreuhänder den Berliner Rückerstattungsgerichten zugeleitet worden ist, auch vor dem Rückerstattungsgericht des Geltungsbereichs eines anderen Rückerstattungsgesetzes unter Berufung auf dessen Zuständigkeit geltend zu machen. Denn nach § 27 III BRüG wahrt die Anmeldung beim unzuständigen Zentralanmeldeamt (ZAA) die Frist für die Anmeldung beim zuständigen Zentralanmeldeamt. Daraus folgt, daß die Anmeldung wie eine beim zuständigen Zentralanmeldeamt eingegangene behandelt werden muß. Denn es ist gerade in Zweifelsfällen zulässig, denselben Anspruch bei mehreren Zentralanmeldeämtern, die als zuständig in Betracht kommen, anzumelden (vgl. ORG Herford, NJW/RzW 1961, 448). Dies muß erst recht gelten, wenn mehrere Zentralanmeldeämter in der Tat zuständig sind. Denn entschieden wird über die aus einem prozessualen Anspruchstatbestand begehrte Rechtsfolge. Nur diese Entscheidung erwächst in Rechtskraft.

Da die Entscheidung nur unter dem jeweiligen Rückerstattungsgesetz getroffen wird, diese Gesetze aber, wie schon erwähnt, gerade für die Haftung auf Schadensersatz Verschiedenartigkeiten aufweisen, kann der Anspruchstatbestand im Hinblick auf die gesetzliche Grundlage, auf der aus dem Tatbestand die begehrte Rechtsfolge hergeleitet wird, ein verschiedener sein, je nachdem, in welchem gesetzlichen Geltungsbereiche, auf Grund welchen Gesetzes er verfolgt wird. Wie das ORG Herford in der vorerwähnten Entscheidung ausspricht, steht daher die Rechtshängigkeit des Rückerstattungsanspruchs in dem Geltungsbereiche des einen Rückerstattungsgesetzes seiner Verfolgung im dem Bereiche eines anderen Rückerstattungsgesetzes nicht entgegen. Ja, es bedarf nicht einmal einer erneuten Anmeldung in dem anderen Gebiet, denn aus den §§ 27 ff. BRüG folgt, daß in den vom Gesetz genau statuierten Fällen die Anmeldung bei einem unzuständigen Zentralanmeldeamt so behandelt wird, als ob sie bei dem zuständigen Amt erfolgt wäre. Selbst wenn also die Anmeldung bei dem Berliner Haupttreuhänder sich als bei einem unzuständigen Zentralanmeldeamt erfolgt herausstellen sollte, bleibt es dem ASt. unbenommen, auf Grund dieser Anmeldung seine Ansprüche nach dem REG (brit. Zone) vor den Rückerstattungsbehörden und Gerichten in K. zu verfolgen und das in Berlin anhängige Verfahren zu diesem Zwecke aussetzen zu lassen oder es durch Rücknahme unter Verzicht auf den auf die REAO gestützten Anspruch hier zu beenden und in K. zu betreiben.

Das LG wird nach Klärung des Sachverhalts zwecks Ermittlung der als zuständig in Betracht kommenden Rückerstattungsgerichte den ASt. auf sachdienliche Anträge hinzuweisen haben...

Aus allen diesen Gründen war der angefochtene Beschluß aufzuheben und die Sache an das LG zurückzuverweisen.

Dagegen konnte die vom LG aufgestellte These, daß das Deutsche Reich nicht schadensersatzpflichtig sei, wenn Entziehung und Verlust der Sachen durch Veräußerung bereits außerhalb des Geltungsbereichs des BRüG eingetreten seien, vom Beschwerdegericht nicht näher erörtert werden. Wie schon ORG/A/2360[1] hervorgehoben hat, ist dies eine Frage der materiellen Rechtsanwendung der REAO, insbesondere ihrer Art. 27 II und 26 III, deren Beantwortung schon die Bejahung der Gerichtsbarkeit und der räumlichen Anwendbarkeit der REAO voraussetzt, also noch nicht in dem Rahmen der Prüfung der Gerichtsbarkeit zu erörtern war. Ohne daß deshalb dem LG für eine materielle Entscheidung bindend vorgegriffen werden soll und kann, ist jedoch die Argumentation des ASt. beachtlich, daß der AGg. die Veräußerung der Sachen zu einem wesentlichen Teile mit dem Zwecke der Versendung nach K. vorgenommen hat.

Es ist grundsätzlich davon auszugehen, daß das Deutsche Reich für einen Verlust der von ihm entzogenen Sachen schadensersatzpflichtig ist, wenn sein Verhalten den Verlust adäquat verursacht und vermutlich verschuldet hat. Dies ist der Fall, wenn bei der Veräußerung der Sachen im Elsaß oder in Lothringen nach dem gewöhnlichen Laufe der Dinge die Möglichkeit eines Gelangens der Sachen in das Gebiet des späteren Geltungsbereichs des BRüG allgemein nicht so weit entfernt war, daß das spätere tatsächliche Gelangen dem Deutschen Reiche zuzurechnen ist. In vorliegender Sache ist dies ganz besonders der Fall bei den nach K. gelangten Sachen, insofern das Deutsche Reich bei der Veräußerung der Sachen an K.er Einzelhändler nicht nur gewußt und gewollt, sondern sogar bezweckt hat, daß die Sachen nach K. zur Verteilung an die dortigen Kriegsgeschädigten verbracht würden. Es ist auch ganz besonders der Fall bei den übrigen Sachen, die das Deutsche Reich, soweit überhaupt deren Veräußerung feststeht, an Personen mit Wohnsitz in Westdeutschland (Ka. und O.) verkauft hat, ohne daß es im allgemeinen die Ausfuhr dieser Sachen aus dem Elsaß oder Lothringen — sei es bei der Veräußerung, sei es später — verboten oder sonstwie unterbunden hätte."

85. Das Bundesrückerstattungsgesetz gilt im Bundesgebiet und in Berlin nach Maßgabe der Berliner Rückerstattungsanordnung. — Der Anwendungsbereich der Berliner Rückerstattungsanordnung ist auf Berlin-West beschränkt. — Nach § 5 Satz 1 des Bundesrückerstattungsgesetzes besteht ein Wiedergutmachungsanspruch auch dann, wenn ein Gegenstand außerhalb des Geltungsbereichs dieses Gesetzes entzogen worden ist und nachträglich in seinen Geltungsbereich gelangt. — Zur Verbringung in Ost-Berlin abgelieferter Wertgegenstände.

KG Berlin-West, Beschl. v. 12. 12. 1961 — 18 W 769/61: RzW 1962, 155.

Die ASt. wohnten früher in Ostberlin. Sie mußten im Frühjahr 1939 verschiedene Wertsachen an die Städtische Pfandleihanstalt in Berlin abliefern und verlangen dafür nach § 5 BRüG Schadensersatz vom Deutschen Reich. Das LG hat den AGg. nach Antrag verurteilt. Die Beschwerde des AGg. wies das KG zurück. (Ein beim ORG Berlin eingelegter Überprüfungsantrag wurde Ende 1964 zurückgenommen.)

Aus den Gründen:

„Der Geltungsbereich des Bundesrückerstattungsgesetzes (BRüG) erstreckt sich auf das Gebiet der Bundesrepublik und auf Berlin nach Maßgabe der Berliner Rückerstattungsanordnung BK/O (49) 180 (§ 11 Ziff. 1d aaO). Die Berliner Rückerstattungsanordnung (REAO) ist nach einhelliger Rechtsüberzeugung begrenzt und beschränkt auf das Gebiet der drei Westsektoren. Darüber hinaus ‚gilt' ihr Anwendungsbereich als gegeben in den in der BK/O (54) 15 vorgesehenen Fällen, d. h. bei den durch das Deutsche Reich begangenen

Entziehungshandlungen, die sich gegen Geschädigte oder deren Rechtsnachfolger mit Wohnsitz, dauerndem Aufenthalt oder geschäftlicher Hauptniederlassung im Geltungsbereich des Gesetzes richteten. Hiernach hat im vorliegenden Fall die Entziehung gegen die im Ostsektor Berlins wohnhaft gewesenen Verfolgten in Ost-Berlin, also außerhalb des Geltungsgebiets des BRüG stattgefunden.

Zur Anwendung des § 5 Satz 1 BRüG, der hier allein in Betracht kommt, ist tatbestandliche Voraussetzung, daß der außerhalb des Geltungsbereichs des Bundesrückerstattungsgesetzes entzogene Gegenstand nach der Entziehung in den Bereich dieses Gesetzes, d. h. in die Bundesrepublik oder nach West-Berlin gelangt ist. Die Anwendung von § 5 Satz 1 BRüG, wonach ein nachträgliches Gelangen auch in den Ost-Sektor Berlins anspruchsbegründend wäre, scheidet im vorliegenden Falle aus, da schon die Entziehung selbst im Ost-Sektor stattgefunden hat und bei Verbleiben im selben Sektor nach der Rechtsprechung des ORG (vgl. ORG/A/2024 vom 8. 12. 1958[1]; ORG/A/1412 vom 7. 11. 1958, ORGE Berlin 11, 93[2]) keine Lageveränderung, d. h. kein nachträgliches Gelangen im Sinne von § 5 BRüG stattgefunden hätte.

Im vorliegenden Fall kann also der geltend gemachte Anspruch auf rückerstattungsrechtlichen Geldersatz nur durchdringen, wenn das in Ost-Berlin abgelieferte Edelmetall nachweislich, d. h. gemäß den allgemeinen Beweisregeln, zu denen auch die Grundsätze des prima-facie-Beweises gehören, von Ost-Berlin in die Bundesrepublik oder nach West-Berlin gelangt sind.

Hierzu hat das LG festgestellt, daß von den entzogenen Wertgegenständen das Gebrauchssilber und die mit Edelsteinen verarbeiteten Schmuckstücke sowie die reinen Goldsachen nach der Entziehung zum Einschmelzen oder zur anderweitigen Verwendung in das Gebiet von West-Berlin oder der Bundesrepublik gebracht seien. Dieser Entscheidung tritt der Senat im Ergebnis bei.

Die von dem ASt. abgelieferten Edelmetallgegenstände sind in drei Kategorien einzuordnen, und danach ist ihr annehmbarer Verwertungsgang zu verfolgen. Der Senat verwendet dabei die in seiner grundlegenden, beiden Parteien bekannten Entscheidung 18 W 2657.60 vom 6. 6. 1960 getroffenen Feststellungen und gewonnenen Erkenntnisse.

A. Die Silbersachen:

Wie in jenem Beschluß, dessen Entscheidungsgründe im Auszug diesem Beschluß noch einmal beigefügt werden, eingehend erläutert ist, haben die Erhebungen nach der Belegenheit der bei dem Einschmelzvorgang über die Degussa beteiligten bzw. zu beteiligenden weiteren Scheideanstalten zu dem Ergebnis geführt, daß die auf Grund der Ablieferungsanordnung vom 21. 2. 1939 entzogenen Silbersachen der Verfolgten, soweit sie nicht ganz ausnahmsweise in

---

[1] IzRspr. 1958—1959 Nr. 162.

[2] IzRspr. 1958—1959 Nr. 160.

den ersten Wochen örtlich verwertet wurden, von allen Leihämtern bei folgenden Scheideanstalten zusammengeflossen und dort dem Einschmelzvorgang zugeführt worden sind:

2 Scheideanstalten in Österreich,
1 Scheideanstalt in der Ostzone (Freiberg/Sachsen)
4 (kleinere) Scheideanstalten in Pforzheim,
1 Scheideanstalt (Degussa) in Frankfurt/M. mit je einer Zweigstelle (Einschmelzwerk) in Düsseldorf, Pforzheim und West-Berlin (Berlin-Reinickendorf)

8 Scheideanstalten

Die beiden in Österreich belegenen Scheideanstalten können für das Altreich außer Betracht bleiben, da sie lediglich den dortigen Anfall (und auch diesen noch nicht vollständig, er ging zum Teil zum Verfeinerungsprozeß unmittelbar weiter an die Degussa in Frankfurt) aufnahmen.

Die Degussa schätzt ihren eigenen Anteil auf 50—60% der effektiven Beteiligungsquote, die Kapazität der Staatl. Sächsischen Hüttenwerke Freiberg/Sachsen auf etwa 12%.

Es hat sich dabei herausgestellt, daß nach der an den 3. Senat zum Aktenzeichen 3 W 265/60 gerichteten Auskunft der Degussa vom 7. 7. 1960 die in Berlin abgelieferten Silbersachen zum weitaus größten Teil in die Silberschmelze der Degussa nach Berlin-Reinickendorf (französ. Sektor) verbracht worden sind. Jedenfalls hat sich keinerlei Anhaltspunkt dafür ergeben, daß im Gebiet des heutigen Ost-Berlin irgendeine Scheideanstalt oder die Filiale einer solchen existiert hat, an die ein Teil der angefallenen Mengen gelangt wäre.

Unter diesen Umständen ist bei den in Ost-Berlin angefallenen Silbersachen mit einer fast an Gewißheit grenzenden Wahrscheinlichkeit davon auszugehen, daß sie nach dem typischen Geschehensablauf im wesentlichen zum Einschmelzprozeß der Filiale der Degussa in West-Berlin zugeführt und im übrigen an die in der Bundesrepublik belegenen Scheideanstalten, vornehmlich wiederum die Degussa, gegangen sind.

Mithin ist insoweit der Verbringungsnachweis als geführt anzusehen.

B. Die reinen Goldsachen:

Goldsachen (und zwar Goldwaren, Bruchgold und Altgold) waren nach Ziff. 3 des Erlasses vom 1. 3. 1939 — RWM III Jd. 1/5055/39 — ohne Rücksicht auf Mindestgewicht und Feingehalt und ungeachtet der anderenfalls vorgeschriebenen Wertgrenze (zunächst 300 RM, ab 23. 3. 1939 RM 150) von der örtlichen Verwertung ausgenommen und der in Berlin, Danziger Straße domizilierenden Zentralstelle zuzuführen.

Diese Zentralstelle, die als zentrale Ankaufsstelle des Reiches unmittelbar dem Reichswirtschaftsministerium unterstand, ist von der Städtischen Pfandleihanstalt in der Jägerstraße, welche als Einrichtung der Stadt Berlin eine der örtlichen Ankaufsstellen des Reiches wie auch die übrigen 65 öffentlichen Leihämter im Reiche war, zu unterscheiden.

Für Platin erfolgte die gleiche Regelung durch den Erlaß des Reichswirtschaftsministers vom 5. 6. 1939 — III Jd. 1/12491/39 —.

Außerdem waren seit dem Erlaß vom 2. 3. 1939 — III Jd. 7981/39 — an die Zentralstelle abzuliefern

a) Juwelen mit einem Ankaufswert über 150 RM und
b) Silbersachen mit besonderem Seltenheits- oder Kunstwert bzw. mit einem Ankaufswert über 150 RM
c) gebrauchsfähige goldene Uhren mit einem Ankaufswert über 150 RM.

In der Folgezeit läßt sich die Tendenz verfolgen, die Verwertung möglichst durch die Zentralstelle in Berlin durchführen zu lassen und dort die Verwertungsaktion zu konzentrieren. So enthielt bereits das Rundschreiben des Deutschen Gemeindetages vom 7. 9. 1939 — IV — 2856/39 — die Anweisung an die örtlichen Pfandleihanstalten, daß eine Verwertung von örtlich anfallenden Edelmetallgegenständen mit einem Auszahlungswert von weniger als 150 RM nicht mehr zulässig sei. Ihren Abschluß fanden diese Maßnahmen mit den beiden Erlassen des Reichswirtschaftsministers vom 30. 1. 1940 — III L 6128/40 und 31. 1. 1940 — III L 6162/40 —, die bestimmten, daß nunmehr sämtliche örtlich noch vorhandenen Wertgegenstände mit Ausnahme von Silber (Sonderregelung: Einschmelzverfahren) an die Zentralstelle abzuführen waren (vgl. hierzu 18 W 2657.60 S. 8).

Was nun die Verwertung der bei der Zentralstelle in Berlin abgelieferten Gegenstände betrifft, so sollte nach Ziff. V des Erlasses vom 23. 3. 1939 — RWM III Jd. 1/7167/39 — besondere Weisung ergehen, bis zu deren Herausgang Verkäufe jeglicher Art zu unterbleiben hatten. Erst mit dem vorzitierten Schnellbrief vom 31. 1. 1940 — III L 5/6162/40 — wies der Reichswirtschaftsminister die Zentralstelle an, nunmehr auch die dort befindlichen Gegenstände aus Gold und Platin den den Pfandleihanstalten in dem gleichen Erlaß aufgegebenen Anstalten zu den an der nämlichen Stelle festgelegten Bedingungen abzugeben. Da alle reinen Goldsachen an die Zentralstelle abzuliefern waren, hat die Verwertung der reinen Goldsachen als Schmelzgold mithin überhaupt erst ab Februar 1940 ihren Weg genommen.

Von diesen in dem zitierten Erlaß aufgeführten 18 Scheideanstalten, an die nunmehr die Gegenstände weiterzugeben waren, befanden sich drei in Wien und 15 im Altreich. Mit Ausnahme von zwei Werken, nämlich der Dresdner Gold- und Silberscheideanstalt in Dresden und der Staatlich Sächsischen Hütten- und Blaufarbenwerke Freiberg in Sachsen, lagen die übrigen 13 Schmelzanstalten innerhalb des Bereichs der heutigen Bundesrepublik. Die beiden einzigen zugelassenen Platinschmelzen hatten ihren Sitz in Hanau, mithin in der heutigen Bundesrepublik.

Wohin die Zentralstelle die bei ihr lagernden Mengen im wesentlichen abgeführt hat und wie sich die abgelieferten Mengen prozentual im einzelnen aufschlüsselten, wird mit mathematischer Genauigkeit nicht mehr aufzuklären sein. Auch die Erhebungen des 3. Senats werden zu keiner hinreichend exakten Aufklärungsmöglichkeit führen können. Hier spricht bei einer Betrachtung des Zahlenverhältnisses (13 gegenüber nur zwei Scheideanstalten) und der bekannten vorrangigen Aufnahmekapazität der Degussa mitsamt ihren Tochteranstalten die ganz überwiegende Wahrscheinlichkeit dafür, daß das weitaus größte Potential der angefallenen Menge in den Geltungsbereich des BRüG zum Einschmelzprozeß gelangt ist.

Diese Feststellung reicht aus, um nach dem typischen Geschehensablauf die Annahme zu rechtfertigen, daß jeweils im Einzelfall das im Ostsektor abgelieferte Gold von dort in den Bereich des BRüG gelangt ist. Auch insoweit verweist der Senat auf seine Ausführungen in dem Beschluß 18 W 2657.60 bezüglich der Ablieferungen im Altreich, die in gleicher Weise die Ostberliner Ablieferungen decken.

Demnach ist auch bezüglich dieser entzogenen Gegenstände der Schadensersatzanspruch der ASt. gerechtfertigt.

C. Die mit Juwelen verarbeiteten Schmuckstücke und die gebrauchsfähigen goldenen Uhren mit einem Annahmewert bis zu 150 RM.

Diese Gegenstände[3] durften zunächst, und zwar bis zu der über den Deutschen Gemeindetag ergehenden Weisung vom 7. 9. 1939, örtlich verwertet werden. Diese örtliche Verwertung war aber keine beliebige. Gemäß Ziff. I B des Erlasses des Reichswirtschaftsministers vom 5. 6. 1939 — III Jd. 1/12491/39 waren bei der Verwertung von Juwelen und anderen ablieferungspflichtigen Gegenständen außer Silber, soweit eine örtliche Zurückbehaltung überhaupt zugelassen war, ebenfalls die in Ziff. I 3 a des Erlasses vom 23. 3. 1939 aufgeführten Organisationen der gewerblichen Wirtschaft, deren Hauptsitz in West-Berlin lag, einzuschalten, d. h. es war ihnen der vorhandene Bestand anzubieten. Das bedeutete nun nicht schlechthin eine Anbietung in corpore, wie der Senat wiederholt erläutert hat. Die Zentralstellen (Wirtschaftsgruppen) leiteten von ihrem Standort aus die planmäßige Verwertung. Sie konnten einer Verwertung über die örtlichen Fachgruppen zustimmen, die dann ihrerseits die Abgabe an die gewerblichen Abnehmer dirigierten. Sie konnten aber ebensowohl die Zuteilung der vorhandenen Kapazität örtlich verlagern, d. h. dahin leiten, wo ein kriegswirtschaftlicher oder sonstiger Bedarf vorhanden war oder sich aus irgendwelchen

---

[3] Fußnote im Original: Wegen der Unklarheit, die zunächst hinsichtlich der Abgrenzung der Juwelen, d. h. der unverarbeiteten und der verarbeiteten, „gefaßten" Juwelen bestand, vgl. 18 W 2657/60 S. 7. Es kann mit Sicherheit vermutet werden, daß bis zur Klarstellung über die Abgrenzung, die in Ziffer IV des Erlasses vom 5. 6. 1939 — III Jd. 12 491/39 — als Erläuterung der Bestimmungen des Erlasses vom 23. 3. 1939 erging, jede örtliche Verwertung unterblieben ist.

Gründen (wirtschaftspolitische Planung) angestaut hatte. Mit dieser in Ziff. B des angezogenen Erlasses ausgesprochenen Anbietungspflicht an die Organisationen der gewerblichen Wirtschaft ging Hand in Hand die Vorschrift in Ziff. III des gleichen Erlasses vom 5. 6. 1939, nach der eine örtliche Veräußerung von abgelieferten Gegenständen an Privatpersonen (freihändige Veräußerung bzw. öffentliche Versteigerung) zu unterbleiben hatte. Die Abgabe durfte fortab nur an gewerbliche Abnehmer (Handwerker, Industrie, Handel) stattfinden. Ausnahmen von dieser Einschränkung galten lediglich bei dem Verkauf von Gegenständen mit besonderem Seltenheits- oder Kunstwert, soweit ihre Verwertung überhaupt örtlich zulässig war (Wertgrenze bis zu 150 RM).

Diese Regelung dauerte bis zu der oben erwähnten Anweisung des Deutschen Gemeindetages vom 7. 9. 1939, wonach fortab keine örtliche Verwertung mehr zugelassen war. Sie erstreckte sich mithin nur über einen Zeitraum von drei Monaten. Schon daraus erhellt, daß nur ein relativ geringfügiger Teil der unter diese Wertgrenze fallenden Stücke erfaßt werden konnte, dies um so mehr, als sich ja überhaupt erst eine gewisse Praxis in der Zusammenarbeit zwischen den zentralen Wirtschaftsgruppen, den regionalen Fachgruppen und dem Kreis der gewerblichen Abnehmer ausbilden mußte.

Wie der erkennende Senat bereits in der Entscheidung 18 W 2657.60 erläutert hat, zwingen allgemeine Überlegungen unter Berücksichtigung der vorgenannten Anweisungen in Ziff. III des Erlasses vom 5. 6. 1939 zu der Annahme, daß ein mehr oder minder großer Teil auch dieser örtlich verwerteten Sachen nachträglich zwar nicht in der Hand des Deutschen Reiches, wohl aber in der Hand der Erwerber und Nacherwerber in den Geltungsbereich des BRüG gelangt sein müssen. Auch dieser Teil der örtlich verwerteten Sachen erfüllt die Voraussetzungen des § 5 BRüG (vgl. ORG/A/2360 vom 20. 3. 1961[4]) und begründet geldliche Ersatzansprüche gegen das Deutsche Reich.

Hier ist vorliegend die besondere Lage des damals ungeteilten Berlin zu beachten. Die zentralen Wirtschaftsgruppen domizilierten in West-Berlin. Die Fachgruppen umfaßten den ganzen Stadtbereich. Die Organisation ihrer Verteilung erstreckte sich auf den gesamten gewerblichen Abnehmerkreis des Stadtgebietes. Es ist auch retrospektiv zahlenmäßig nicht mehr zu ermitteln, in welchen Stadtteilen die größte Aufnahmefrequenz vorhanden war. Zwar verteilte sich der Fachhandel auf alle Stadtteile, jedoch läßt sich annehmen, daß die privaten Abnehmer, die schließlich die Schmucksachen erwarben, aus den wohlsituierteren Westberliner Stadtteilen stammten, weniger sich aus den finanziell schwächeren Kleinbürger- oder Arbeiterkreisen Ost-Berlins zusammengesetzt haben. Auch der Teil der entzogenen, in Ost-Berlin abgelieferten Wertsachen aber, der über

[4] IzRspr. 1960—1961 Nr. 152.

Erwerber und Nacherwerber in den Geltungsbereich des Gesetzes verbracht wurde, ist dem Prozentsatz der Entziehungsfälle hinzuzurechnen, in denen prima facie eine Verbringung gemäß § 5 Satz 1 BRüG anzunehmen ist.

Man wird deshalb auch insoweit nach den Beweisregeln des prima-facie-Beweises der Vermutung Raum geben müssen, daß hinsichtlich dieser unter der Wertgrenze von 150 RM liegenden mit Juwelen verarbeiteten Schmuckwaren der Verbringungsnachweis im Sinne des § 5 BRüG als geführt anzusehen ist."

86. Das Deutsche Reich haftet für die Entziehung von Wertpapieren, die in einem Bankdepot in der Ostzone verwahrt wurden, nur nach § 5 des Bundesrückerstattungsgesetzes. — Die Haftung nach dieser Vorschrift setzt voraus, daß die Wertpapiere in das Bundesgebiet oder nach Berlin gelangt sind. — Die vom Reich entzogenen Wertpapiere sind regelmäßig in Berlin verwertet worden, ausgenommen Wertpapiere von lediglich lokaler Bedeutung.

KG Berlin-West, Beschl. v. 3. 1. 1962 — 3 W 1708/61: RzW 1962, 298.

Aus den Gründen:

„Gegenstand des Beschwerdeverfahrens sind nur noch die 4000 RM 5% Hapag-Obligationen von 1936, die das Deutsche Reich dem ASt. am 14. 3. 1939 zur Tilgung der Judenvermögensabgabe (1. bis 4. Rate) entzogen hat. Da diese Obligationen damals in einem Streifbanddepot des ASt. bei der A. Creditanstalt, Abt. D. in D. verwahrt wurden, hat die Entziehung dieser Papiere in D. (Ostzone) stattgefunden, wie das LG zutreffend ausgeführt hat. Die Anwendbarkeit der Westberliner Rückerstattungsanordnung vom 26. 7. 1949 (REAO) und des Bundesrückerstattungsgesetzes vom 19. 7. 1957 (BRüG) kann sich daher nur aus § 5 BRüG ergeben.

Danach sind die genannten Gesetze auf den Entziehungsfall nur anwendbar, falls der entzogene Vermögensgegenstand nach der Entziehung nachweislich an einen unbekannten Ort der Bundesrepublik Deutschland oder in das Gebiet Gesamt-Berlins gelangt sein sollte. Das LG hat diesen Verbringungsnachweis als nicht erbracht angesehen. Hiergegen richtet sich die Beschwerde des Landes Berlin.

Abgesehen von Verfahrensmängeln ist das Gericht der Rechtsbeschwerde an die vom Vorderrichter vorgenommene Beweiswürdigung regelmäßig gebunden, sofern die Beweiswürdigung möglich, insbesondere frei von Widersprüchen ist, das LG alle wesentlichen Beweismittel berücksichtigt hat und seine Beweiswürdigung nicht im Widerspruch zu den Gesetzen der Logik und zur Lebenserfahrung steht (*Baumbach-Lauterbach*, [ZPO] Anm. 4 zu § 561).

Auch das ORG Berlin hat wiederholt ausgesprochen, daß das Beschwerdegericht an die Feststellungen und die Beweiswürdigung der

Tatsacheninstanz gebunden ist, wenn sie vernünftigerweise getroffen werden konnten, und daß die Beweiswürdigung des LG nur aus zwingenden Gründen beseitigt werden kann (ORG Berlin, ORG/A/34; ORG/A/114; ORG/A/60, NJW/RzW 1955, 85; ORG/A/1240, NJW/RzW 1956, 303; ORG/A/148, NJW/RzW 1956, 303 und ORG/A/184).

Hier liegen jedoch zwingende Gründe für die Beseitigung der Beweiswürdigung des LG vor, da der Beweiswürdigung des LG schwerwiegende Erfahrungstatsachen entgegenstehen. Dem LG ist zwar darin zuzustimmen, daß die Entziehung der Wertpapiere in der Weise durchgeführt wurde, daß die Papiere bei der A. Credit-Anstalt, Abteilung D. aus dem Streifbanddepot des ASt. entnommen und in ein Depot der Preußischen Staatsbank bei der genannten Bank in D. umgelegt wurden, so daß die Papiere also zunächst bei derselben Bank in D. verblieben. Dies ergibt sich aus den Runderlassen des Reichsministers der Finanzen über die Inzahlungnahme von Wertpapieren für Judenvermögensabgabe vom 13. 12. 1938 und 31. 1. 1939 (RStBl. 1938, 1129 und 1939, 246). Diese Erlasse sind auszugsweise in den Entscheidungen des KG vom 17. 1. 1953 — 3 W 2593/52 — und vom 12. 2. 1954 — 3 W 4416/53 wiedergegeben.

Wenn nun aber das LG aus dieser Art der Entziehung der Wertpapiere folgert, daß die Preußische Staatsbank als Treuhänderin des Reiches die Obligationen in D. weiterverkauft und verwertet habe, so entspricht diese Schlußfolgerung nicht den Tatsachen. Das LG hätte zum mindesten eine gutachtliche Stellungnahme der Preußischen Staatsbank einholen müssen, die heute in Berlin-C. [Berlin-West] domiziliert. Einer solchen Stellungnahme der Preußischen Staatsbank bedarf es aber nicht mehr. Dem Beschwerdegericht ist aus zahlreichen Verfahren eindeutig bekannt, daß die Preußische Staatsbank damals die für Judenvermögensabgabe entzogenen Wertpapiere ganz überwiegend nach Berlin beordert hat, um sie für das Reich an der Berliner Wertpapierbörse zu verkaufen. Ausnahmen wurden nur für Wertpapiere gemacht, die lediglich von lokaler Bedeutung waren und an der Berliner Wertpapierbörse nicht oder fast nicht gehandelt wurden (beispielsweise Stadtanleihen, Pfandbriefe ostdeutscher Pfandbriefbanken u. dgl.). Alle anderen entzogenen Wertpapiere hat die Preußische Staatsbank nach und nach schon deshalb selbst an der Berliner Wertpapierbörse verkauft, um die Kurse genau kontrollieren zu können, da von einem plötzlichen Großangebot von Wertpapieren Kursstürze zu befürchten waren. Prima facie ist also davon auszugehen, daß die vom Reich für Judenvermögensabgabe und Reichsfluchtsteuer entzogenen Wertpapiere nach Berlin gelangt sind, sofern es sich nicht um Wertpapiere von lokaler Bedeutung handelte (so auch die vom Lande Berlin erwähnte Auskunft der Preußischen Staatsbank vom 7. 10. 1957, die in der Entscheidung des KG vom 11. 11. 1958 — 18 W 1401/58 — auszugsweise wiedergegeben ist). Diesen Prima-facie-Beweis hat das LG verkannt.

Bei den hier entzogenen Obligationen der Hapag-Tilgungsanleihe von 1936 handelte es sich nicht um Wertpapiere, die nur von lokaler Bedeutung waren. Die genannte Gesellschaft war sogar von internationaler Bedeutung. Danach ist als erwiesen anzusehen, daß die dem ASt. am 14. 3. 1939 entzogenen 4000 RM 5% Hapag-Obligationen von 1936 nach Berlin gelangt sind, ohne daß es weiterer Ermittlung über den Verbringungsnachweis bedarf. Das BRüG und die REAO sind daher auf den vorliegenden Entziehungsfall anwendbar. Da die Entziehung der genannten Obligationen nachgewiesen ist, ist der rückerstattungsrechtliche Ersatzanspruch somit nach Art. 26 und 27 REAO begründet. Auch wegen der Höhe des Ersatzanspruchs braucht die Sache nicht an das LG zurückverwiesen zu werden, da das Beschwerdegericht die Höhe des Anspruchs und den Anteil des Landes Berlin selbst ausrechnen kann..."

87. Ein europäischer Ort „außerhalb des Geltungsbereichs dieses Gesetzes" ist im Sinne des § 13 des Bundesrückerstattungsgesetzes auch ein Ort in der Sowjetzone. — Der letzte Wohnsitz vor der Auswanderung liegt im Sinne des § 13 des Bundesrückerstattungsgesetzes im Geltungsbereich dieses Gesetzes, wenn auch nur einer von zwei Wohnsitzen eines Verfolgten im Geltungsbereich liegt.

LG Berlin-West, nicht rechtskräftiger Beschl. v. 13. 2. 1962 — 154 WGK 1661/60: RzW 1962, 394.

Der ASt., der persönlich haftender Gesellschafter eines Bankhauses in D. (jetzt: sowjet.) war, bewohnte mit seiner Familie eine große Wohnung in D. Daneben besaß er seit 1928 eine vollständig eingerichtete, abgeschlossene Wohnung in einem Stockwerk des Hauses seines Schwiegervaters in Berlin-X. (jetzt: Berlin-West); hier wohnte der ASt., wenn er geschäftlich in Berlin zu tun hatte oder wenn er mit seiner Familie nach Berlin kam.

Der ASt. begehrt vom Deutschen Reich Schadensersatz für die Entziehung seiner Wohnungseinrichtung in D., deren Wert er auf Grund eines Gutachtens auf ca. 310 000 DM schätzt. Das LG hat der Klage stattgegeben. Vor Rechtskraft der Entscheidung haben sich die Parteien etwa in Höhe des dem ASt. zuerkannten Betrages verglichen.

Aus den Gründen:

(1. Das Gericht legt zunächst dar, daß es sich bei der Wohnungseinrichtung in D. um Umzugsgut im Sinne des § 13 BRüG handelt.)

„2. Nach dem Wortlaut des § 13 BRüG muß die Entziehung an einem ‚außerhalb des Geltungsbereichs dieses Gesetzes gelegenen europäischen' Ort erfolgt sein. Der dritte Senat des KG versteht darunter einen Ort ‚außerhalb der Grenzen des ehemaligen Reiches' (vgl. KG Beschl. vom 16. 5. 1960 — 3 W 606/60, NJW/RzW 1960, 441). Diese einengende Auslegung findet, worauf bereits *Salpeter* in NJW/RzW 1961, 56 hingewiesen hat, im Gesetzeswortlaut keine Stütze. Sie entspricht auch nicht dem Willen des Gesetzgebers, wie das KG meint. Dr. *Greve* hat mit Schreiben vom 9. 3. 1961 eingehend dazu wie folgt Stellung genommen:

„Nach dem Willen des Ausschusses sollte eindeutig für dasjenige entzogene Gut Schadenersatz geleistet werden, das ein Auswanderer, der in der Bundesrepublik oder in Westberlin seinen letzten innerdeutschen Wohnsitz hatte, als Umzug bereitgestellt und entsprechend darüber verfügt hatte, ohne Rücksicht darauf, wo immer es innerhalb Europas dem Zugriff des Deutschen Reiches ausgesetzt war, also am Ausgangsort und weiterhin bis es Europa verlassen hatte oder bis es an einen vom Auswanderer gewählten europäischen Ort außerhalb der Reichsgrenzen zu seiner freien Verfügung gelangt war.

Der Bundestag erhob den Entwurf in der Fassung und mit dem Inhalt, die ihm der Ausschuß gegeben hatte, zum Gesetz."

Das Gericht vermag der Ansicht des KG mithin nicht zu folgen. Unter ‚europäischer Ort' im Sinne des § 13 BRüG muß *jeder* außerhalb des Geltungsbereiches des BRüG gelegene Ort verstanden werden, auch wenn er im ehemaligen Reichsgebiet lag, also auch die in der heutigen Ostzone gelegene Stadt D.

3. Der AGg. hatte auch ‚vor der Auswanderung ... seinen letzten Wohnsitz' im Geltungsbereich des BRüG.

Der Wohnsitz kann gleichzeitig an mehreren Orten bestehen (§ 7 II BGB). Voraussetzung eines doppelten Wohnsitzes ist, ‚daß an mehreren Orten dauernd Wohnungen unterhalten werden, in denen abwechselnd Aufenthalt genommen wird, so daß von ihm aus jeweils die gesamten Lebensverhältnisse bestimmt werden' (vgl. *Palandt*, [BGB] 19. Aufl., Anm. 4 zu § 7 BGB). Aus der eidesstattlichen Versicherung des Zeugen R. vom 2. 8. 1960 ergibt sich, daß der ASt. die Berliner Wohnung seit 1928 innehatte. Sie stand ausschließlich ihm und seiner Familie zur Verfügung. Die Zeugin S. W. hat in ihrer eidesstattlichen Versicherung vom 22. 8. 1960 ausgeführt, daß der ASt. seit 1928 bis zu seiner Auswanderung entweder allein oder mit Familie ‚aus beruflichen Gründen Jahr für Jahr sich häufig und oft für längere Zeit' in der Berliner Wohnung aufgehalten hat. Diese Angaben werden bestätigt durch die eidesstattliche Versicherung des Zeugen K. vom 29. 7. 1960 und die Erklärung des Bruders des ASt. W. M. vom 20. 3. 1960. Es besteht daher kein Zweifel, daß der ASt. einen doppelten Wohnsitz hatte, und zwar den ersten Wohnsitz in D. und den zweiten Wohnsitz in Berlin im Gebiet der heutigen Westsektoren. Daß es sich bei der Berliner Wohnung um einen ordnungsgemäßen, regelrechten Wohnsitz handelte, geht auch daraus hervor, daß der ASt. am 22. 2. 1937 von diesem Wohnsitz ordnungsgemäß polizeilich abgemeldet worden ist (vgl. auch KG Urt. v. 10. 4. 1961 — 19 U Entsch. 2332/60).

Der ASt. hat also einen weiteren Wohnsitz im Rechtssinne in Westberlin gehabt (vgl. die Rechtsprechung zu § 7 BGB).

Für die Anwendbarkeit des § 13 BRüG muß es genügen, wenn einer der beiden Wohnsitze im Geltungsbereich des Gesetzes liegt, weil damit bereits der erstrebte territoriale Anknüpfungspunkt (vgl. *Blessin-Wilden*, [BRüG] Rdz. 3 zu § 13 BRüG) gewonnen wird.

Auch in der Rechtsprechung zu Art. 27 III REAO ist die Wohnsitzvoraussetzung als erfüllt angesehen worden, wenn der Verfolgte einen zweiten Wohnsitz in Westberlin hatte (15 W 3542/53 v. 11. 2. 1955).

Zwar schließt der Kommentar zum Bundesrückerstattungsgesetz *Kemper-Burkhardt* (§ 13 BRüG Anm. Z 1) die Anwendbarkeit des § 13 BRüG bei doppeltem Wohnsitz unter Berufung auf die Entscheidung des KG 3 W 1871/56 vom 25. 9. 1957 in dem Fall aus, in dem es sich um das Umzugsgut des außerhalb des Geltungsbereichs der Rückerstattungsgesetze belegenen Wohnsitzes oder dauernden Aufenthalts handelt. Er begründet die Auffassung mit dem Hinweis, daß die entzogenen Gegenstände eine räumliche Beziehung zu dem Geltungsbereich des BRüG gehabt haben müssen, so daß § 13 BRüG nur auf Umzugsgut aus dem Geltungsbereich des BRüG abgestellt sei. Diese Ansicht verkennt, daß die erforderliche territoriale Beziehung durch die gesetzliche Fiktion des § 13 I Satz 2 BRüG hergestellt worden ist; denn hiernach *gilt* die Entziehung als am Ort des letzten Wohnsitzes im Geltungsbereich des Gesetzes erfolgt, wobei unerheblich ist, ob noch ein zweiter Wohnsitz in der heutigen Ostzone bestanden hat. Daher kann auch dem KG (aaO) nicht gefolgt werden, wenn es die Ansicht vertreten hat, daß das Umzugsgut von einem innerhalb des Geltungsbereichs des BRüG belegenen Ort aus versandt worden sein muß (vgl. hierzu *Salpeter* aaO unter Bezugnahme auf *Blessin-Wilden,* Rdz. 3 zu § 13 BRüG). Der Vorsitzende des Bundestagsausschusses für Fragen der Wiedergutmachung, Dr. *Greve,* kommt gleichfalls zum Ergebnis, daß *jedes* Umzugsgut, und nicht nur das in West-Berlin oder der Bundesrepublik belegene bzw. von dort versandte nach dem Willen des Gesetzgebers ersetzt werden soll.

Für die weitere Frage der ‚Auswanderung aus dem Geltungsbereich des BRüG' ist unerheblich, an welchem der beiden Wohnsitze sich der ASt. zuletzt aufgehalten hat, da es auf den letzten Aufenthalt an einem der beiden Wohnsitze nicht ankommt, abgesehen davon, daß der ASt. nach den tatsächlichen Feststellungen des Gerichts zwei Tage in Berlin war, bevor er von hier aus das damalige Reichsgebiet verlassen hat. Vielmehr umfaßt der Begriff des doppelten Wohnsitzes ein einheitliches Lebensverhältnis, so daß im Falle einer Auswanderung diese von beiden Wohnsitzen aus erfolgt ist. Der ASt. ist also nicht nur aus D., sondern auch aus West-Berlin ausgewandert."

88. **§ 5 des Bundesrückerstattungsgesetzes will diejenigen Entziehungen durch das Deutsche Reich in die Wiedergutmachung einbeziehen, die zwar außerhalb des Geltungsbereichs des Gesetzes stattgefunden haben, bei denen jedoch die Verbringung der entzogenen Gegenstände in den Geltungsbereich eine örtliche Beziehung zu ihm hergestellt hat.**

Oberstes Rückerstattungsgericht Berlin, Entsch. v. 7. 3. 1962 — ORG/A/2946: RzW 1962, 346.

Der ASt. begehrt vom Deutschen Reich Schadensersatz wegen Verlusts von Schmucksachen, Einrichtungsgegenständen und Fahrzeugen, die ihm im Jahre 1938 in J. (Sudetenland) weggenommen worden sind. Die Vorinstanzen haben den Antrag zurückgewiesen, da der Nachweis fehle, daß die Sachen in den Geltungsbereich des BRüG gelangt seien.

Im Überprüfungsverfahren greift der ASt. § 5 BRüG als unsittlich und unvernünftig an, da kein Verfolgter die Verbringung von Sachen nachweisen könne. Das ORG wies den Antrag zurück.

Aus den Gründen:

„II. Die Angriffe der Berechtigten gegen § 5 BRüG gehen fehl; denn sie übersieht einmal, daß der Verbringungsnachweis an Hand noch vorhandener Erlasse und sonstiger Unterlagen aus früherer Zeit geführt werden kann und in zahlreichen Fällen auch bereits geführt worden ist. Zum anderen läßt sie außer acht, daß es keineswegs der Sinn und Zweck des BRüG ist, alle ungerechtfertigten Entziehungen des Deutschen Reiches, die außerhalb des Geltungsbereiches dieses Gesetzes stattgefunden haben, in die Rückerstattung einzubeziehen. Vielmehr sollen — abgesehen von der Sondervorschrift des § 13 BRüG — nur diejenigen außerhalb des Geltungsbereiches des BRüG vorgenommenen Entziehungen erfaßt werden, bei denen zufolge der Verbringung der entzogenen Gegenstände in das Gebiet der heutigen Bundesrepublik Deutschland oder nach Berlin eine Beziehung zu diesem Geltungsbereich besteht. Gegen diese in § 5 BRüG zum Ausdruck gebrachte Regelung können um so weniger Vorwürfe erhoben werden, als die Bundesrepublik Deutschland nur einen Teil des früheren deutschen Reichsgebietes umfaßt. Sie mußte und durfte sich vorbehalten, in welchem Umfang sie bereit ist, für Entziehungen des ehemaligen Deutschen Reiches einzustehen, die in den nicht zu ihrem derzeitigen Gebiet gehörenden früheren deutschen Reichsgebieten oder gar außerhalb dieser Gebiete stattgefunden haben.

Im übrigen kann der Verbringungsnachweis des § 5 BRüG hier in der Tat nicht als geführt angesehen werden, zumal da sich — wie das KG zutreffend bemerkt hat — ‚kein typischer Geschehensablauf über die Verbringung des Eigentums der Verfolgten bei der Besetzung des Sudetengaues an bestimmte Orte und in bestimmte Gebiete erkennen läßt‘ und ‚auch keine allgemeine Regel für den Verbleib jener Gegenstände aufgestellt werden kann, die prima facie zu einem Rückschluß über das Schicksal des der ASt. und ihrem Ehegatten entzogenen Gutes berechtigte‘.

Soweit die Berechtigte in diesem Zusammenhang bezüglich der Gold- und Schmucksachen erneut vorträgt, es hätten generelle Anweisungen bestanden, derartige Werte nach Berlin zu senden, übersieht sie, daß solche Anweisungen erst im Februar 1939 ergangen sind. Die in Rede stehende Entziehung war jedoch schon im Herbst 1938 vorgenommen worden, und es liegen keine Anhaltspunkte für bereits um diese Zeit bestehende Anweisungen des behaupteten Inhalts vor.“

89. **Das Oberste Rückerstattungsgericht hält an seiner ständigen Rechtsprechung fest, nach der es nicht zuständig ist für Ersatzansprüche mit Bezug auf Grundstücke, die in Ost-Berlin entzogen worden sind.**

Oberstes Rückerstattungsgericht Berlin, Entsch. v. 20. 3. 1962 — ORG/A/1978: Leitsatz in ORGE Berlin 17, 204.

Der ASt. war Eigentümer zweier Grundstücke in Ostberlin. Diese wurden auf Grund der VO über die Behandlung des Vermögens von Angehörigen des ehemaligen polnischen Staates vom 17. 9. 1940 von der Haupttreuhandstelle Ost (HTO) beschlagnahmt und später verkauft. Den Barkaufpreis zog das Deutsche Reich ein.

Die Vorinstanzen wiesen den Antrag auf Verurteilung des Deutschen Reiches zu Schadensersatz in Höhe des Barkaufpreises zurück, da die Entziehung außerhalb des Geltungsbereichs der Berliner REAO erfolgt sei. Das ORG bestätigte diese Entscheidungen.

Aus den Gründen:

„II. Der Überprüfungsantrag hat keinen Erfolg. Die beiden Grundstücke waren bereits mit der Beschlagnahme durch die HTO dem Berechtigten entzogen. Ihr späterer Verkauf stellt sich nur als eine Verwertungshandlung des Entziehers dar. Zur Vermeidung von Wiederholungen kann dieserhalb auf die dem Berechtigten bereits bekannte Entscheidung des Gerichts zu ORG/A/2186 (ORGE Berlin 16, 93) verwiesen werden, in der u. a. unter Bestätigung der früheren Rechtsprechung des Gerichts ausgeführt worden ist:

„... daß vom Tage der Anordnung der kommissarischen Verwaltung an eine vollständige und sofortige Einziehung des Vermögens von Juden, die Angehörige des ehemaligen polnischen Staates waren, zugunsten des Deutschen Reiches bewirkt werden sollte. Diese Absicht wird durch die Bestimmungen der 1. DVO (RGBl. 1942 I 331), nach der das beschlagnahmte Vermögen die Unkosten der Haupttreuhandstelle Ost decken und zur Entwicklung der angegliederten Ostgebiete dienen sollte, bestätigt. Demnach kommt eine nachfolgende selbständige Einziehung des Veräußerungserlöses, der ... bereits dem Deutschen Reich gehörte, nicht in Betracht. ... Bei einer solchen ungerechtfertigten Entziehung ist der spätere Verkauf als eine nachträgliche Verfügung durch den Entzieher und der Verkaufserlös als eine von einem früheren Inhaber i. S. von Art. 26 I REAO empfangene pekuniäre Entschädigung anzusehen."

Der Berechtigte kann einen Anspruch auf Herausgabe dieser pekuniären Entschädigung i. S. des Art. 26 I REAO mangels Geltungsbereiches des Gesetzes jedoch nicht durchsetzen. Die Grundstücke, d. h. die Entziehungsgegenstände, waren im Gebiet des heutigen Ostsektors von Berlin und damit außerhalb des Geltungsbereiches der REAO belegen. Bereits in seiner Entscheidung vom 11. 5. 1956 zu ORG/A/2 (ORGE Berlin 5, 170 = NJW/RzW 1956, 205[1]) hat das Gericht u. a. ausgeführt:

„War der Entziehungsgegenstand zur Zeit der Entziehung nicht im Gebiet West-Berlins gelegen oder später dorthin gelangt, so ist die Zuständigkeit auch für die aus der Rückerstattungsordnung sich ergeben-

---

[1] IzRspr. 1954—1957 Nr. 270.

den Geldansprüche, darunter der Nachzahlungsanspruch aus Art. 14 und auch der Anspruch auf Ersatz in Geld aus Art. 26 REAO, nicht gegeben."

Von dieser ständigen Rechtsprechung abzugehen, besteht kein Anlaß."

90. Das Oberste Rückerstattungsgericht hält an seiner ständigen Rechtsprechung fest, nach der es nicht zuständig ist für Ersatzansprüche mit Bezug auf Grundstücke, die in Ostberlin entzogen worden sind. — Das gilt auch dann, wenn der Erlös aus einer späteren Verwertung des Grundstücks in Westberlin vorhanden ist. — Hingegen kann die Rückerstattung des auf einem Sonderkonto in Westberlin eingezahlten Kaufpreises für ein Ostberliner Grundstück angeordnet werden, wenn dieses Bankguthaben als solches entzogen worden ist. — Ein Gericht handelt nicht ermessenswidrig, wenn es den Streitwert eines Verfahrens auf Rückerstattung eines Ostberliner Grundstücks unter Anlehnung an den in DM-Ost festgesetzten Einheitswert des Grundstücks in DM-West festsetzt.

Oberstes Rückerstattungsgericht Berlin, Entsch. v. 22. 3. 1962 — ORG/A/1846: Leitsatz in ORGE Berlin 18, 154.

Die F. Grundstücks-GmbH war Eigentümerin des Grundstücks I. 14 in Ostberlin. Der ASt. war alleiniger Gesellschafter der Gesellschaft. Mit Vertrag vom 29. 9. 1941 verkaufte der Wirtschaftsprüfer R., der Abwesenheitspfleger für den ASt. und zugleich Liquidator der F. Grundstücks-GmbH war, das Grundstück für rund 140 000 RM an den AGg. Der ASt. beantragte zunächst nur die Rückerstattung des Grundstücks. Diesen Antrag wies das Wiedergutmachungsamt zurück, da das Grundstück außerhalb des Geltungsbereichs der Berliner REAO liege. Im Einspruchsverfahren vor dem LG beantragte der ASt., das Verfahren auf den Barkaufpreis für das Grundstück zu erstrecken. Von diesem seien rund 43 000 RM auf ein Anderkonto des Notars Dr. B. in Westberlin gelangt, dort vom Deutschen Reich beschlagnahmt, jedoch nicht eingezogen worden. Das LG wies den Einspruch des ASt. zurück, da die Berliner REAO weder auf das Grundstück noch auf den Kaufpreis anwendbar sei. Das KG bestätigte diese Entscheidung im wesentlichen.

Das ORG hat die Vorentscheidungen teilweise aufgehoben und die Sache an das LG zurückverwiesen.

Aus den Gründen:

„II. 1. Seit der schon vom KG zitierten Entscheidung in der Sache ORG/A/2[1] vertritt das Gericht in ständiger, dem Berechtigten bekannter Rechtsprechung die Ansicht, daß die REAO nicht auf Ansprüche angewendet werden könne, die die Rückerstattung außerhalb ihres Geltungsbereiches belegener Grundstücke betreffen. Mit Recht haben deshalb beide Vorinstanzen den Anspruch des Berechtigten auf Rückerstattung des im derzeitigen Ostsektor Berlins belegenen Grundstücks I. 14 abgewiesen.

---

[1] IzRspr. 1954—1957 Nr. 270.

2. Was weiterhin den vom Berechtigten außerdem wegen des angeblich vom Deutschen Reich ungerechtfertigt entzogenen Kaufpreises für dieses Grundstück erhobenen Anspruch anbelangt, ist folgendes zu sagen:

a ... b ... c. Indessen bedarf es noch weiterer Aufklärung durch das LG, bevor nach der außerdem nachzuholenden Einbeziehung des Deutschen Reiches in das Verfahren über den den Kaufpreis für das Grundstück I. 14 betreffenden Anspruch entschieden werden kann.

Im einzelnen wird zunächst zu prüfen sein, ob die Vermögenswerte der Voreigentümerin des Grundstücks, der F. Grundstücks-GmbH, (und nicht nur die Anteile des Berechtigten an dieser Gesellschaft) als vom Deutschen Reich schon vor dem Verkauf des Grundstücks mit der Wirkung eines Eigentümerwechsels entzogen angesehen werden können oder nicht. Denn wenn eine frühere Entziehung stattgefunden haben sollte, würde ein Anspruch wegen des Kaufpreises von vornherein entfallen, weil das Rechtsgeschäft vom 29. 9. 1941 dann lediglich eine Verwertungshandlung des Deutschen Reiches gewesen wäre, deren Erlös wegen Nichtanwendbarkeit der REAO (Entziehung im Ostsektor) nicht über Art. 26 I REAO herausverlangt werden könnte.

Sollte sich indessen ergeben, daß eine solche frühere Entziehung der Vermögenswerte der F. nicht angenommen werden kann oder daß eine Freigabe nach solcher vorangegangenen Entziehung erfolgt ist, wird ferner zu untersuchen sein, ob nach dem Verkauf des Grundstücks die Vermögenswerte der F. und damit die Ansprüche gegen den amtierenden Notar auf Auszahlung der bei ihm entsprechend dem Vertrag vom September 1941 hinterlegten Teile des Kaufpreises (Anzahlung von 30 000 RM und die in Rede stehenden 43 270,33 RM) dem Deutschen Reich auf Grund der 11. VO zum Reichsbürgergesetz oder auf Grund anderweiter Entziehung angefallen waren oder nicht. Gegebenenfalls wird alsdann die Nichtigkeit des Verfalles bezüglich der 43 270,33 RM auszusprechen sein, die zuzüglich Zinsen auf dem Anderkonto des Notars Dr. B. bei der Depositenkasse Z der D. Bank wieder aufgefunden worden sind. Dasselbe hätte wegen der 30 000 RM Anzahlung (abzüglich Wertzuwachssteuer?) zu gelten, wenn sie ebenfalls noch gefunden werden sollten. Anderenfalls könnte insoweit, sofern die Voraussetzungen hierfür gegeben sind, Schadensersatz in Betracht kommen ...

4. Soweit der Überprüfungsantrag des Berechtigten schließlich gegen die Streitwertfestsetzung durch das Kammergericht gerichtet ist, kann sich das Gericht darauf beschränken, auf die dem Berechtigten bekannte, den insoweit gleichen Sachverhalt betreffende Entscheidung vom 15. 12. 1961 in der Sache ORG/A/1835[2] zu verweisen, in der es u. a. heißt:

„Es ist richtig, daß das KG von dem ihm bekannt gewordenen Einheitswert des in Rede stehenden Grundstücks von 14 000 DM Ost (Anm.:

[2] IzRspr. 1960—1961 Nr. 120.

hier von 63 500 DM Ost) ausgegangen ist. Weiter ist auch nicht zu beanstanden, daß das KG diese 14 000 DM Ost (Anm.: hier 63 500 DM Ost) alsdann mit dem Hinweis darauf mit 14 000 DM West (Anm.: hier 63 500 DM West) angesetzt hat, ‚daß es sich hier um einen Sachwert handelt', bei dessen Streitwertfestsetzung nicht wie im Falle von Ostmark*forderungen* eine Umstellung nach dem Wechselkurs erfolge. Wenn das KG schließlich die 14 000 DM West (Anm.: hier 63 500 DM West) auf den ihm angemessen erscheinenden Streitwert von 10 000 DM West (Anm.: hier 40 000 DM West) herabgesetzt hat, um so dem Wert des Grundstücks im Währungsgebiet der Ostmark Rechnung zu tragen, liegt das nach Ansicht des Gerichts im Rahmen des freien Ermessens, nach dem das KG die Streitwertfestsetzung gemäß § 3 ZPO vornehmen durfte."

Eine mündliche Verhandlung hält das Gericht im Hinblick auf die Sach- und Rechtslage nicht für erforderlich."

91. Nach der ständigen Rechtsprechung des Obersten Rückerstattungsgerichts von Berlin sind die Westberliner Wiedergutmachungsbehörden nicht zuständig, wenn der entzogene Vermögensgegenstand zur Zeit der Entziehung nicht im heutigen Gebiet West-Berlins belegen war und auch späterhin (sei es auch nur in Form eines Surrogats) nicht in dieses Gebiet gelangt ist. Bei der Entziehung von Wertpapieren ist ein Anspruch auf Wertpapierbereinigung ein Surrogat. — Wertpapiere sind im allgemeinen als Sache und nicht als Rechte zu behandeln; daher kommt es auf den Verwahrungsort der Urkunden bei oder nach der Entziehung an.

Oberstes Rückerstattungsgericht Berlin, Entsch. v. 27. 4. 1962 — ORG/A/1839: Leitsatz in ORGE Berlin 18, 153, 166.

Der Verfolgte verlangt vom Deutschen Reich Schadensersatz für die Entziehung von Pfandbriefen der D. AG. Die Pfandbriefe wurden bei der Filiale der De. Bank in B. (östlich der Oder-Neiße-Linie) verwahrt. Das Depotkonto für den Verfolgten führte jedoch die Depositenkasse Y der De. Bank in Berlin W 15 (jetzt: Berlin-West). Nachdem die Wertpapiere eingezogen worden waren, hat sie die Depositenkasse Y der De. Bank mit Zustimmung des Oberfinanzpräsidenten Niederschlesien verkauft und hat letzterem den Verkaufserlös überwiesen.

Die Vorinstanzen haben die Ansprüche mit Rücksicht auf den Verwahrungsort der Wertpapiere mangels Zuständigkeit abgewiesen. Das ORG hat diese Entscheidungen aufgehoben und die Sache an das LG zurückverwiesen.

Aus den Gründen:

„II. Die Vorinstanzen haben den Geltungsbereich der REAO für den vorliegenden Fall verneint, obwohl erst eine abschließende, vom LG nunmehr nachzuholende weitere Sachaufklärung ergeben kann, ob die REAO hinsichtlich der noch strittigen zwei Posten Wertpapiere anwendbar ist oder nicht. Die REAO ist nämlich auch dann anwendbar, wenn nach der Entziehung Wertpapierbereinigungsansprüche bezüglich der noch strittigen zwei Posten nach West-Berlin gelangt sind (vgl. ORG/A/1663 vom 1. 11. 1961[1]). Die Vor-

[1] IzRspr. 1960—1961 Nr. 161.

instanzen haben etwaige Wertpapierbereinigungsansprüche als Anknüpfungspunkt für den Geltungsbereich der REAO deshalb unberücksichtigt gelassen, weil die Papiere unverzüglich nach der Entziehung börsenmäßig an Dritte weiterveräußert worden sind und deshalb gegen die Nacherwerber dieser Papiere Rückerstattungsansprüche nicht gerichtet werden können (Art. 18, 16 REAO). Für die Anwendbarkeit der REAO ist es jedoch gleichgültig, ob ein außerhalb des Geltungsbereiches entzogener Vermögensgegenstand in der Hand des Entziehers oder in der Hand eines — gutgläubigen — Nacherwerbers in diesen Bereich gelangt ist (vgl. ORG/A/2360, ORGE Berlin 16, 63 = NJW/RzW 1961, 204[2]). Sollte sich ergeben, daß die noch strittigen Pfandbriefe der Wertpapierbereinigung unterlegen haben, so sind die bisher von den Vorinstanzen geäußerten Bedenken hinsichtlich des Geltungsbereiches der REAO ausgeräumt. In jenem Falle hat sich das LG alsdann mit der Prüfung des materiellen Anspruchs zu befassen.

Wenn das LG dagegen feststellen sollte, daß keine Wertpapierbereinigungsansprüche bezüglich der noch strittigen Pfandbriefe nach West-Berlin gelangt sind, so hat es die noch verfolgten Ansprüche erneut wegen fehlenden Geltungsbereiches der REAO abzuweisen. Mit Recht haben die Vorinstanzen nämlich unter Hinweis auf die seit ORG/A/2 (ORGE Berlin 5, 170 =NJW/RzW 1956, 205[3]) herrschende ständige Rechtsprechung des angerufenen Gerichts ausgesprochen, daß — abgesehen von den hier nicht vorliegenden Tatbeständen der BK/O(54) 15 und des § 5 BRüG — die Zuständigkeit der Westberliner Wiedergutmachungsbehörden nicht gegeben ist, wenn der Entziehungsgegenstand zur Zeit der Entziehung nicht im Gebiet der heutigen Westsektoren Berlins belegen war und auch späterhin — und sei es auch nur in der Form eines Surrogats — in dieses Gebiet gelangt ist.

Zutreffend haben die Vorinstanzen ferner darauf hingewiesen, daß Wertpapiere im allgemeinen als Sachen und nicht als Rechte zu behandeln sind und daß es deshalb bei der Frage des Geltungsbereiches auf deren Lageort bei oder nach der Entziehung ankommt (vgl. ORG/A/1446, ORGE Berlin 6, 113 = NJW/RzW 1956, 306[4]; ORG/A/87/88, ORGE Berlin 6, 17 = NJW/RzW 1956, 304[5]).

Wenn der Berechtigte demgegenüber geltend macht, daß er allein in Berlin, am Sitz der depotführenden Bank, seinen Anspruch auf Herausgabe der Papiere habe durchsetzen können und daß nur dieser und damit ein innerhalb des Geltungsbereiches der REAO belegener Anspruch Gegenstand der Entziehung gewesen sei, so übersieht er, daß dieser Anspruch praktisch auf die Herausgabe der Papiere selbst hinauslief und daß über die Möglichkeit der Herausgabe einer Sache allein die am Belegenheitsort herrschenden tatsächlichen Machtverhältnisse entscheiden."

[2] IzRspr. 1960—1961 Nr. 152.
[3] IzRspr. 1954—1957 Nr. 270.
[4] IzRspr. 1954—1957 Nr. 268b.
[5] IzRspr. 1954—1957 Nr. 272.

92. **Die Westberliner Wiedergutmachungsbehörden sind zuständig für einen Entschädigungsanspruch gegen das Deutsche Reich, wenn dieses einem in West-Berlin wohnhaften Verfolgten eine Hypothek an einem Ostberliner Grundstück entzogen hat.**

Oberstes Rückerstattungsgericht Berlin, Entsch. v. 7. 8. 1962 — ORG/A/1667: Leitsatz in ORGE Berlin 18, 156, 160.

Der aus rassischen Gründen Verfolgte war u. a. Gläubiger einer Hypothek über 12 000 RM an einem Ostberliner Grundstück gewesen. Diese Hypothek wurde in einem Devisenstrafverfahren eingezogen. Der Grundstückseigentümer zahlte im Mai 1943 die gesicherte Forderung an das Deutsche Reich; daraufhin bewilligte dieses die Löschung der Hypothek.

Das LG hat den Ersatzanspruch gegen das Deutsche Reich hinsichtlich der Hypothek wegen mangelnder Gerichtsbarkeit abgewiesen. Die Beschwerde blieb erfolglos. Das ORG hat das Deutsche Reich zur Zahlung von 3000 DM verurteilt.

Aus den Gründen:

„Hinsichtlich der Hypothek ist der Geltungsbereich der REAO entsprechend der BK/O(54) 15 gegeben. Die Hypothek war auf einem Grundstück im Ostsektor eingetragen. Sie ist durch Zahlung des Hypothekenbetrages seitens der Grundstückseigentümer untergegangen (Art. 25 REAO). Der Sohn der Grundstückseigentümer hat am 2. 12. 1951 folgende Auskunft erteilt:

„Am 1. 5. 1943 Überweisung von 12 000 RM an die Gerichtskasse beim LG Berlin für die gemäß Pfändungs- und Überweisungsbeschluß des AG Charlottenburg vom 3. 3. 1942 eingezogene und gepfändete Hypothek des Herrn S. unter Bd. 19 Bl. 567 Abt. III Nr. 16 (Schönhausertorbezirk).

Die Löschung der Hypothek wurde am 26. 7. 1943 durch das AG Berlin Abt. 403 vorgenommen."

Die Gerichtskasse Tiergarten hat am 5. 10. 1951 die Auskunft erteilt, daß in der Strafsache gegen S. bei der Gerichtskasse Moabit ein Hypothekenbrief über 12 000 RM betreffend das Grundbuch Schönhausertorbezirk Bd. 19 Bl. 567 Abt. III Nr. 16 hinterlegt war. Dieser Hypothekenbrief sei am 21. 7. 1943 an die Staatsanwaltschaft herausgegeben worden. Am 21. 7. 1943 hatte der Staatsanwalt G. für die Generalstaatsanwaltschaft des LG Berlin NW bekannt, daß die Hypothek nebst Zinsen in voller Höhe von dem Grundstückseigentümer zurückgezahlt worden sei, und die Löschung der Hypothek im Grundbuch bewilligt.

S. hatte seinen Wohnsitz bis zum Herbst 1938 in Berlin-C.

Da der Verlust der Hypothek auf einer Entziehungshandlung des Deutschen Reiches beruhte, hat es hierfür Schadensersatz zu leisten (vgl. ORG/A/1484, ORGE Berlin 15, 156 [158])."

93. **Die Westberliner Wiedergutmachungsbehörden sind nicht zuständig für einen Anspruch auf Ersatz von Nutzungen, die aus einem vom Deutschen Reich entzogenen Grundstück in Ostberlin gezogen worden sind.**

Oberstes Rückerstattungsgericht Berlin, Entsch. v. 9. 10. 1962 — ORG/A/1910: ORGE Berlin 18, 98.

Aus den Gründen:

„In bezug auf Nutzungen aus einem dem Reich verfallenen und im Sowjetsektor von Berlin belegenen Grundstück ist ein Anspruch nach der REAO nicht gegeben, da bei Grundstücken der Anspruch nach Art. 28 REAO von dem Vorhandensein eines Anspruchs auf Naturalrestitution abhängig ist.

Daher ist insoweit der Angriff der Berechtigten gegen die Entscheidung des KG unbegründet."

94. Die Westberliner Wiedergutmachungsbehörden sind nicht zuständig für die Rückerstattung eines Grundstücks in Ostberlin.

Oberstes Rückerstattungsgericht Berlin, Entsch. v. 10. 10. 1962 — ORG/A/1960: Leitsatz in ORGE Berlin 18, 155.

Die Berechtigten verlangen von den in Westberlin bzw. im Bundesgebiet wohnhaften Eigentümern eines Grundstücks in Ostberlin die Rückerstattung dieses Grundstücks. Alle Instanzen wiesen den Antrag ab.

Aus den Gründen:

„Die Vordergerichte haben entsprechend der ständigen Rechtsprechung dieses Gerichts seit ORG/A/2 (ORGE Berlin 5, 170 = NJW/RzW 1956, 265[1]) zutreffend entschieden, daß die Zuständigkeit der Westberliner Wiedergutmachungsbehörden nicht gegeben ist, wenn der Entziehungsgegenstand, im vorliegenden Falle das Grundstück K.Str. 33, zur Zeit der Entziehung und auch danach im Gebiet des heutigen Ostsektors von Berlin belegen ist."

95. Die Westberliner Wiedergutmachungsbehörden sind nicht zuständig für die Rückerstattung von Nutzungen, die aus einem vom Deutschen Reich entzogenen Ostberliner Grundstück gezogen worden sind. — Forderungen gegen eine Großbank, die bei einer Depositenkasse verbucht sind, sind am Sitz der Bank belegen. — (Eine Forderung gegen eine natürliche Person ist an ihrem Wohnsitz belegen.)

Oberstes Rückerstattungsgericht Berlin, Entsch. v. 11. 10. 1962 — ORG/A/1931: Leitsatz in ORGE Berlin 18, 155.

Die F. Grundstücks-GmbH war Eigentümerin des Grundstücks I. 14 in Ostberlin. Der ASt., Dr. K., war alleiniger Gesellschafter der Gesellschaft. Der ASt. macht wegen der Verwertung dieses Grundstücks und anderen Grundbesitzes verschiedene Ansprüche geltend gegen R., der zum Abwesenheitspfleger des ASt. und zugleich zum Liquidator der F. Grundstücks-GmbH bestellt worden war, und gegen D., der als Notar

---

[1] IzRspr. 1954—1957 Nr. 270.

die von R. abgeschlossenen Verträge über die Veräußerung des Grundbesitzes des ASt. beurkundet hatte. R. und D. wohnen im Bundesgebiet.
Die Vorinstanzen wiesen die Anträge zurück. Das ORG bestätigte diese Entscheidungen bis auf einen Nebenpunkt.

Aus den Gründen:

„A. Zu den gegen den Verpflichteten R. erhobenen Ansprüchen ist folgendes zu sagen:

1.—2. . .

3. Guthaben von 1286 RM bei der C. Bank.

Von einem bei der Depositenkasse D der C. Bank Berlin von R. unter der Bezeichnung ‚R. und B. Anderkonto Abwesenheitspflegschaft Dr. K.' für die F. Grundstücks-GmbH, deren alleiniger Anteilseigner der Berechtigte war, eröffneten Konto sind in der Zeit vom 1. 1. 1943 bis 30. 4. 1945 insgesamt 1286 RM — darunter am 10. 1. 1945 zugunsten des Notars D. 650 RM — abgebucht worden, die der Berechtigte von R. zurückverlangt. Dieser hatte auf das nach der ungerechtfertigten Entziehung des Vermögens des Berechtigten eingerichtete Konto die Nutzungen des der F. gehörenden Grundstücks I. 14 eingezahlt.

Sollte das Deutsche Reich das Vermögen der F. ebenso wie das Vermögen des Berechtigten mit der Bestellung des R. zum Abwesenheitspfleger am 14. 3. 1941 (s. ORG/A/1514, ORGE Berlin 15, 105[1]) ungerechtfertigt entzogen haben, würde es sich bei den in Rede stehenden Abbuchungen um Maßnahmen des R. in seiner Eigenschaft als bloßes Werkzeug des Deutschen Reiches gehandelt haben, deretwegen Rückerstattungsansprüche nicht gegeben sind, weil das Grundstück I. 14 im derzeitigen Ostsektor Berlins belegen ist und diesbezügliche Nebenansprüche daher mangels Geltungsbereiches der REAO ohnehin entfallen.

Sollte dagegen das Deutsche Reich das Vermögen der F. nicht gleich dem Vermögen des Berechtigten entzogen haben (vgl. ORG/A/1846, Entsch. vom 22. 3. 1962[2]), würde abgesehen von der Frage des Geltungsbereiches ein Anspruch wegen der 1286 RM schon deshalb nicht gegeben sein, weil R. solchenfalls lediglich in seiner Eigenschaft als Geschäftsführer der F. über die von ihm auf dem bezeichneten, am damaligen Sitz der Commerzbank im derzeitigen Ostsektor von Berlin belegenen Konto (ORG/A/577/581/582, ORGE Berlin 10, 79 = NJW/RzW 1958, 290[3]) eingezahlten Nutzungen des Grundstücks I. 14 verfügt hätte. Bei Verfügungen über Vermögenswerte einer Gesellschaft seitens ihres Geschäftsführers — wie hier über Teile des Kontos — zum Zwecke der Erfüllung von Verpflichtungen der Gesellschaft fehlt es aber an den Merkmalen einer ungerechtfertigten Entziehung.

4.—6. . . .

---

[1] IzRspr. 1960—1961 Nr. 149. [2] Siehe oben Nr. 90.
[3] IzRspr. 1958—1959 Nr. 158.

B. Bezüglich der Ansprüche gegen D. gilt folgendes:
1. . . . 2. Prozeßkostenvorschuß.

Am 10. 1. 1945 war von dem Konto der F. GmbH. bei der Depositenkasse D der C. Bank Berlin ein Betrag von 650 RM als Kostenvorschuß für einen Prozeß an D. überwiesen worden, der von diesem im Zusammenhang mit dem Verkauf des der F. GmbH. gehörenden Grundstücks I. 14 wegen der Löschung einer Hypothek gegen die betreffende Gläubigerin geführt werden sollte, aber wegen des deutschen Zusammenbruches nicht mehr geführt worden ist.

Auch diesen Betrag kann der Berechtigte nicht zurückverlangen. Dieserhalb wird zur Vermeidung von Wiederholungen auf die Ausführungen unter A 3 Bezug genommen.

Soweit der Berechtigte noch meint, es müsse zumindest geklärt werden, wer die 650 RM von D. fordern könne, kann hierzu mangels Gerichtsbarkeit nicht Stellung genommen werden."

96. Zum Nachweis, daß Gegenstände aus Edelmetall und Schmucksachen, die einem Verfolgten in den deutschen Gebieten östlich der Oder-Neiße-Linie entzogen worden sind, in den Geltungsbereich des Bundesrückerstattungsgesetzes gelangt sind.

Oberstes Rückerstattungsgericht Berlin, Entsch. v. 11. 10. 1962 — ORG/A/2617: RzW 1963, 56 (krit. *Ackermann* S. 208).

Die Berechtigten wohnten früher in Elbing (Ostpreußen). Sie lieferten am 29. 3. 1939 zahlreiche Schmuck-, Gold- und Silbersachen bei der Pfandleihanstalt Elbing ab. Sie verlangen vom Deutschen Reich Schadensersatz in Höhe des Wiederbeschaffungswertes von insgesamt 4 124 DM.

Das LG hat das Deutsche Reich zur Zahlung von 1 918 DM verurteilt und die weitergehenden Ansprüche zurückgewiesen. Die sofortige Beschwerde der Berechtigten hat das KG nach umfangreichen Ermittlungen im wesentlichen zurückgewiesen (KG Berlin-West, Beschl. v. 5. 9. 1960 — 3 W 1846/59: NJW/RzW 1960, 545). Der Überprüfungsantrag blieb ohne Erfolg.

Aus den Gründen:

„II. Beide Vorinstanzen sind zutreffend davon ausgegangen, daß es in Fällen der vorliegenden Art, in denen Schmucksachen und Gegenstände aus Edelmetall vom Deutschen Reich im ehemaligen Reichsgebiet, jedoch außerhalb des Geltungsbereiches des BRüG, entzogen worden sind, entscheidend darauf ankommt, ob der Nachweis des § 5 BRüG als geführt angesehen werden kann oder nicht, daß die betreffenden Wertsachen nach der Entziehung nach Groß-Berlin oder in das Gebiet der heutigen Bundesrepublik Deutschland gelangt sind, ohne daß der Ort, an den sie innerhalb dieses Gebietes gelangten, feststeht. Ebenfalls zutreffend haben die Vorinstanzen ihren diesbezüglichen Untersuchungen in erster Linie die behördlichen Anweisungen, vor allem die Schnellbriefe des Reichswirtschaftsministers, zugrundegelegt, die die Verwertung der von inländischen und staatenlosen Juden nach Vorschrift der 3. VO des Beauftragten für den Vierjahresplan vom 21. 2. 1939 (RGBl. I 282) bei den als Ankaufstellen bestimmten öffentlichen Pfandleihanstalten zwangsabgelieferten Edelsteine, Perlen, Schmucksachen sowie Gegenstände jeglicher Art und jeglichen Zustandes (Roh-, Halb- und Fertigwaren) aus Gold, Platin oder Silber betrafen, und zu denen das Gericht in seiner Entscheidung in der Sache ORG/A/1412 (ORGE Berlin 11, 93 = NJW/RzW 1959, 63[1]) gesagt hat, daß ihre ‚strikte Befolgung prima facie anzunehmen' sei.

Nach diesen behördlichen Anweisungen sind die abgelieferten Schmucksachen und Gegenstände aus Edelmetall im wesentlichen wie folgt zu behandeln gewesen:

Anfangs galt gemäß Schnellbrief des Reichswirtschaftsministers (RWM) vom 24. 2. 1939 (III Jd. 1/4387/39) die in dem vor Einführung der Zwangsablieferung ergangenen Runderlaß des RWM vom 25. 1. 1939 (III Jd. 1965/39) für von Juden angekaufte Wertsachen getroffene Regelung weiter, nach der die Pfandleihanstalten alle Gegenstände bis zu einem Annahmewert von 300 RM außer solchen aus Gold mit einem Gewicht ab 20 g und einem Feingehalt ab 333/1000 für eigene Rechnung erwerben konnten. Die für eigene Rechnung erworbenen Gegenstände waren den örtlichen Fachgruppen des Handels und Handwerks zum Verkauf anzubieten und, falls diese den Verkauf ablehnten, öffentlich zu versteigern, während die Gegenstände mit einem Annahmewert von mehr als 300 RM sowie diejenigen aus Gold mit einem Gewicht ab 20 g und einem Feingehalt ab 333/1000 an die Zentralstelle in Berlin übersandt werden mußten, die sich zunächst bei der Städtischen Pfandleihanstalt in Berlin W 8, Jägerstraße 64, später in Berlin NO 55, Danziger Straße 64, befand. Diese Regelung wurde am 1. 3. 1939 (Schnellbrief des RWM III Jd. 1/5055/39) dahin abgeändert, daß sämtliche Gegenstände aus Gold ohne Rücksicht auf Gewicht und Feingehalt an die Zentralstelle in Berlin zu senden waren, und am 21. 3. 1939 (Runderlaß des RWM III Jd. 7981/39) weiter dahin, daß nur noch Gegenstände bis zu einem Annahmewert von 150 RM örtlich verwertet werden konnten, und zwar einschließlich gebrauchsfähiger goldener Uhren, aber ausschließlich aller außer Kurs gesetzten Münzen, münzenähnlichen Prägungen und Medaillen. Dem folgte am 23. 3. 1939 der Schnellbrief des RWM III Jd. 1/7167/39, der bezüglich des örtlich verwertbaren Silbers folgende, sinngemäß auch für andere örtlich verwertbare Gegenstände geltende Regelung brachte: Schmelzsilber (Bruchsilber, Altsilber) war der Wirtschaftsgruppe Metallwaren in Berlin-Halensee, der Fachgruppe Schmuckwarenindustrie in Pforzheim bzw. dem Reichsinnungsverband des Juwelier-, Gold- und Silberschmiedehandwerks in Berlin W 35 und Gebrauchssilber war der Fachgruppe Edelmetallwaren in Berlin W 35, der Fachgruppe Juwelen, Gold- und Silberwaren in Berlin W 35 bzw. der Zweckgemeinschaft Gebrauchtwarenhandel der Wirtschaftsgruppe Einzel-

---

[1] IzRspr. 1958—1959 Nr. 160.

handel in Berlin W 35 anzubieten. Lehnten diese Gruppen bzw. ihre den einzelnen Pfandleihanstalten zugeteilten Beauftragten (vgl. Rundschreiben der Fachgruppe Edelmetallwaren vom 30. 3. 1939) den Ankauf ab, waren die betreffenden Gegenstände öffentlich zu versteigern oder freihändig zu verkaufen. Auch diese Anweisung wurde alsbald insofern wieder geändert (Schnellbrief des Reichskommissars für die Preisbildung — RfPr. III A 132/4383 — vom 11. 4. 1939), als die Deutsche Gold- und Silberscheideanstalt vorm. Roessler in Frankfurt a. M. (Degussa) unter gleichzeitiger angemessener Beteiligung der übrigen deutschen Scheideanstalten beauftragt wurde, das bei den Pfandleihanstalten anfallende Schmelzsilber für Rechnung der im Schnellbrief des RWM vom 23. 3. 1939 genannten einschlägigen drei Gruppen anzukaufen und zu scheiden (vgl. auch Rundschreiben der Degussa vom 13. 4. 1939 an alle Pfandleihanstalten). In gleicher Weise war ab 24. 8. 1939 (Schnellbrief des RWM III L 5/18895/39) mit Gebrauchssilber (außer Stücken mit besonderem Seltenheits- oder Kunstwert) zu verfahren, das schon seit dem 10. 6. 1939 nicht mehr den am 23. 3. 1939 genannten Fachgruppen anzubieten war. Bereits am 5. 6. 1939 (Schnellbrief des RWM III Jd. 1/12491/39) war im übrigen noch angeordnet worden, daß sämtliche Gegenstände aus Platin gleich denen aus Gold an die Zentralstelle in Berlin abzugeben und daß ‚Gegenstände, bei denen Edelsteine oder Perlen mit Gold, Platin oder Silber verbunden sind, und die einen im Verhältnis zum Gesamtwert nur unbedeutenden Edelmetallgehalt aufweisen (z. B. Brillantringe), nicht als Gegenstände aus Gold, Platin oder Silber anzusehen‘ seien. Am 30. bzw. 31. 1. 1940 (Schnellbriefe des RWM III L 6128/40 und III L 5/6162/40) ist dann auch die örtliche Verwertung durch Abgabe an die Gruppen der gewerblichen Wirtschaft von Juwelen und goldenen Uhren mit einem Annahmewert unter 150 RM untersagt worden, so daß lediglich Gegenstände aus Silber mit besonderem Seltenheits- oder Kunstwert zu einem Annahmewert bis 150 RM noch örtlich verwertet werden konnten. Mit dem 31. 12. 1940 hatten die Pfandleihanstalten schließlich ihre Tätigkeit als öffentliche Ankaufsstellen einzustellen und danach etwa noch eingehende Ablieferungen unbearbeitet an die Zentralstelle in Berlin weiterzuleiten (Schnellbrief des RWM vom 10. 12. 1940 — III WoS 8/24051/40).

Die vorstehende Darstellung der seinerzeit ergangenen, einschlägigen behördlichen Anordnungen in zeitlicher Reihenfolge läßt die Frage aufkommen, nach welchem Stand der Verwertungsmaßnahmen innerhalb des Zeitraumes vom 24. 2. 1939 bis zum 31. 1. 1940 die einzelnen Ablieferungen an die Pfandleihanstalten zu beurteilen sind, die im wesentlichen in der vorgeschriebenen Zeit zwischen dem 22. 2. und dem 31. 3. 1939 stattgefunden haben, verschiedentlich aber auch noch danach vorgenommen werden durften (vgl. Schnellbrief des RWM vom 31. 3. 1939 — III Jd. 1/9165/39). In diesem Zusammenhang hat der 3. Senat des KG im vorliegenden Verfahren im Hinblick darauf, daß der Schnellbrief des RWM vom 6. 6. 1939 nach im Überprüfungsverfahren aufrechterhaltener Ansicht der Berechtigten auf ihre am 29. 3. 1939 erfolgte Ablieferung nicht anzuwenden sei, folgendes ausgeführt:

„Die Leihämter waren mit der Sichtung, abschließenden Bewertung und Verwertung der abgelieferten Wertsachen erfahrungsgemäß längere Zeit beschäftigt. Über die Möglichkeiten der Verwertung haben vielfach langwierige Erörterungen mit den örtlichen Stellen der gewerblichen Wirtschaft, anderen Leihämtern und weiteren Stellen stattgefunden. Wie sich aus den späteren Schnellbriefen des RWM ergibt, hat sich die Abwicklung der ganzen Aktion bis in das Jahr 1940 erstreckt. Es würde der Lebenserfahrung widersprechen anzunehmen, daß alle Leihämter die Aktion binnen zwei Monaten abgewickelt hätten. Es entspricht vielmehr der Lebenserfahrung, wenn das LG bei der Beweiswürdigung den Schnellbrief des RWM vom 5. 6. 1939 berücksichtigt hat."

In gleichem Sinne, wie folgt, der 18. Senat des KG in seiner Entscheidung vom 6. 6. 1961 (18 W 2657/60):

„In sämtlichen Fällen ist in Betracht zu ziehen, daß die planmäßige Sichtung, Aussortierung und Weiterleitung bzw. Verwendung der Wertsachen nur sukzessive und verhältnismäßig verspätet den einzelnen Erlassen nachfolgte, da zunächst der Anfall der eingehenden Wertgegenstände bewältigt werden mußte.

Wie groß der Anfall war, dem die örtlichen Stellen kaum gerecht zu werden vermochten, ergibt sich aus zwei erhalten gebliebenen urkundlichen Belegen. So wandte sich der Deutsche Gemeindetag in Berlin in einem Schnellbrief vom 25. 3. 1939 an die ‚Städte mit kommunalen Pfandleihanstalten', es sei Klage geführt, daß einzelne Anstalten infolge Überlastung Juden, die nicht aus der eigenen Gemeinde stammten, abgewiesen hätten. Es ist ferner ein Schnellbrief des Deutschen Gemeindetages vom 20. 3. 1939 an die ‚Städte mit kommunalen Pfandleihanstalten' erhalten, wonach der Deutsche Gemeindetag bei dem Reichswirtschaftsminister und dem Reichsleiter SS und Chef der Deutschen Polizei vorstellig geworden war, daß voraussichtlich in den letzten Tagen vor Fristablauf ein außerordentlich starker Andrang bei den Ankaufsstellen stattfinden werde, und daß deshalb den Pfandleihanstalten besondere Polizeikräfte für diese Tage zur Verfügung zu stellen seien.

Vergegenwärtigt man sich die damaligen Gegebenheiten und bedenkt man, daß die in diesem Umfange auch personell ad hoc zusammengestellten Annahmestellen sich überhaupt erst einmal mit den für die Sortierung und Sichtung geltenden Vorschriften vertraut machen mußten, so erscheint es schlechterdings ausgeschlossen, daß die Pfandleihanstalten sich mit der Aussonderung oder gar mit der Verwertung befassen und sie ernstlich in Angriff nehmen konnten, bevor die Frist für die Ablieferung mit dem 31. 3. 1939 abgelaufen war. Auch nach diesem Zeitpunkt galt es zunächst einmal, eine allgemeine Praxis herauszuarbeiten und einen gewissen Überblick über den Arbeitsvorgang zu gewinnen. Die Möglichkeit, daß gelegentlich im Einzelfalle eine frühere Verwertung stattgefunden habe, ist jedenfalls gegenüber der Annahme, daß die planmäßige Verwertung annehmbar erst sehr geraume Zeit nach Abschluß der Ablieferungsaktion vom 31. 3. 1939 angelaufen ist, als so fernliegend anzusehen, daß sie nicht ernstlich in Betracht gezogen werden kann."

Diesen Erwägungen des 3. und 18. Senats stimmt das Gericht zu, das demgemäß keine Bedenken dagegen zu erheben hat, wenn grundsätzlich vom Stand der Verwertungsmaßnahmen am 10. 6. 1939 ausgegangen wird, sofern nicht im Einzelfall der Sachverhalt eine frühere Verwertung (oder etwa auch eine Verwertung nach dem

30./31. 1. 1940) erkennen läßt. Mit dem Schnellbrief vom 10. 6. 1939 hatten die behördlichen Anweisungen einen gewissen Abschluß gefunden, von dem angenommen werden darf, daß er etwa mit dem Zeitpunkt zusammenfiel, in dem die Pfandleihanstalten bereit waren, die Verwertung der Masse der angefallenen Wertsachen in Angriff zu nehmen.

Hiernach kann für den Regelfall folgender Stand der Verwertungsmaßnahmen zugrunde gelegt werden:

1. Gegenstände aus Gold und aus Platin: Abgabe an die Zentralstelle in Berlin ohne Rücksicht auf den Annahmewert.

Ausnahme: gebrauchsfähige goldene Uhren bis zu einem Annahmewert von 150 RM konnten örtlich verwertet werden.

2. Juwelen, d. h. Edelsteine und Perlen sowie Gegenstände, bei denen Edelsteine oder Perlen und Edelmetall verbunden sind und die einen im Verhältnis zum Gesamtwert unbedeutenden Edelmetallgehalt aufweisen: Örtliche Verwertung bis zu einem Annahmewert von 150 RM für den einzelnen Gegenstand erlaubt, im übrigen Abgabe an die Zentralstelle in Berlin.

3. a) Schmelzsilber: Abgabe an Scheideanstalten bei einem Annahmewert bis 150 RM, im übrigen Abgabe an die Zentralstelle in Berlin.

b) Gebrauchssilber: Gegenstände im Annahmewert von mehr als 150 RM für das einzelne Stück waren ebenfalls an die Zentralstelle in Berlin abzugeben; Gegenstände bis zu einem Annahmewert von 150 RM waren zunächst zurückzuhalten (seit 10. 6. 1939), um später (ab 24. 8. 1939) gleichfalls an die Scheideanstalten abgegeben zu werden.

Ausnahme: Stücke von besonderem Seltenheits- oder Kunstwert bis zu einem Annahmewert von 150 RM, die örtlich verwertet werden konnten.

Bezüglich der gemäß Vorstehendem von den Pfandleihanstalten im ehemaligen Reichsgebiet (einschließlich Österreichs und des Sudetenlandes), jedoch außerhalb des Geltungsbereiches des BRüG, an die Zentralstelle in Berlin abgegebenen Gegenstände, mit Ausnahme derjenigen, die im heutigen Ostsektor von Berlin von Personen abgeliefert worden sind, bei denen die Wohnsitzvoraussetzung der BK/O(54)15 nicht erfüllt ist, bedarf es keiner weiteren Erörterungen. Diese Gegenstände sind ohne weiteres als ‚nachweislich in das Gebiet von Berlin innerhalb der in § 4 der Berliner Verfassung von 1950 festgelegten Grenzen gelangt' (§ 5 Satz 2 BRüG) anzusehen, womit der sog. Verbringungsnachweis des § 5 BRüG erfüllt ist.

Hinsichtlich der örtlich verwertbaren Gegenstände ist zu sagen, daß es im Sinne des Vortrages der Berechtigten dieses Verfahrens zwar richtig ist, daß örtliche Verwertung nicht stattfinden mußte, sondern stattfinden konnte. Indessen vermag sich das Gericht nicht der Ansicht der Berechtigten anzuschließen, daß daraus auf eine Ablieferung auch dieser Gegenstände bei der Zentralstelle in Berlin geschlossen und damit der Verbringungsnachweis des § 5 BRüG auch insoweit als erbracht angesehen werden müsse.

Nach § 5 BRüG müssen die betreffenden Vermögensgegenstände nach der Entziehung ‚nachweislich' in den Geltungsbereich des BRüG gelangt sein, was das Gericht in der Sache ORG/A/1982 (ORGE Berlin 12, 130) zu dem Hinweis veranlaßt hat, daß es ‚*Blessin-Wilden* insoweit beipflichtet, als sie in ihrem Kommentar zum Bundesrückerstattungsgesetz in der Anmerkung 4 zu § 5 u. a. ausführen:

‚Welche Anforderungen an die Nachweisbarkeit zu stellen sind, richtet sich nach Lage des Einzelfalles. Das Gericht entscheidet hierüber in den Grenzen und im Rahmen der §§ 286, 287 ZPO nach seinem pflichtgemäßen, freien Ermessen. Allgemeine Erfahrungssätze spielen hier eine bedeutende Rolle.'

Als solche zulässigerweise zu berücksichtigende Erfahrungssätze gelten Folgerungen, die auf Grund allgemeiner Erfahrung aus gleichartigen Tatsachen gezogen werden können (vgl. *Baumbach,* [ZPO] 22. Aufl., Einf. zu §§ 282—294 ZPO Anm. 4 D). Es muß — auf § 5 BRüG bezogen — mit anderen Worten die auf allgemeiner Erfahrung beruhende Annahme gerechtfertigt sein, daß mit den jeweils in Rede stehenden Gegenständen in der gleichen Weise verfahren worden ist wie mit anderen gleichartigen entzogenen Gegenständen. Dabei genügt es nicht, worauf besonders hinzuweisen ist, daß die anderen, gleichartigen Gegenstände mutmaßlich in einer bestimmten Weise behandelt worden sind, sondern es muß insoweit ein jeden berechtigten Zweifel ausschließender Nachweis geführt werden. Denn wenn es als ausreichend anerkannt würde, eine bestimmte Behandlung anderer gleichartiger Gegenstände, von der auf die gleiche Behandlung der streitigen Gegenstände geschlossen werden soll, nur zu vermuten, würde das ausdrückliche und eindeutige Erfordernis des ‚nachweislichen' Gelangens im Ergebnis unzulässigerweise durch ‚vermutbares' Gelangen ersetzt werden. Kann wegen des Gelangens der im Einzelfall streitigen Gegenstände in das Gebiet der heutigen Bundesrepublik Deutschland oder in das Gebiet von Groß-Berlin lediglich darauf Bezug genommen werden, daß gleichartige Gegenstände mutmaßlich in diese Gebiete gelangt sind, kann nicht von einer entsprechenden Erfahrungstatsache die Rede sein und damit auch nicht von einem Nachweis im Sinne des § 5 BRüG (in diesem Sinne auch der 14. Senat des KG in seiner Entscheidung vom 25. 1. 1962 — 14 W 112/60).

Demgemäß kann es nicht als Nachweis für das Gelangen örtlich verwertbarer Gegenstände nach Groß-Berlin anerkannt werden, daß die örtliche Verwertung nicht stattfinden mußte, sondern nur stattfinden konnte. Wenn es auch zutreffen mag, daß einzelne Pfandleihanstalten von dieser Möglichkeit keinen bzw. nur einen beschränkten Gebrauch gemacht haben (so offenbar Freiburg gemäß Auskunft vom 27. 5. 1960), so ist damit jedoch noch nicht bewiesen, was nach Vorstehendem bewiesen werden müßte, um von einem diesbezüglichen allgemeinen Erfahrungssatz sprechen zu können, daß nämlich örtlich verwertbare Gegenstände allgemein nicht örtlich verwertet, sondern grundsätzlich nach Berlin abgegeben worden sind. In dieser Richtung können nach Lage der Dinge allenfalls Vermutungen angestellt werden, die — wie oben ausgeführt — für einen allgemeinen Erfahrungssatz aber nicht ausreichen. Dasselbe gilt auch bezüglich der vom 18. Senat in der bereits erwähnten Entscheidung vom 6. 6. 1961 (18 W 2657/60 — ORG/A/2871) in diesem Zusammenhang herangezogenen Gesichtspunkte. Weder aus der vom 18. Senat in Bezug genommenen angeblichen Neigung, die örtliche Verwertung fortlaufend einzuschränken, noch daraus, daß die in die örtliche Verwertung eingeschalteten Organisationen der gewerblichen Wirtschaft (Fachgruppen) die angefallenen Gegenstände nach anderen Plätzen — so von einem außerhalb des Geltungsbereichs des BRüG gelegenen Ort an einen in diesem Geltungsbereich gelegenen Ort oder nach Groß-Berlin — leiten konnten, noch aus dem Umstand, daß örtlich verwertete Gegenstände in der Hand der Erwerber und Nacherwerber in den Geltungsbereich des BRüG gelangt sein mögen, können allgemeine Erfahrungssätze hergeleitet werden, mit denen der Verbringungsnachweis des § 5 BRüG geführt wäre. Auch insoweit kann lediglich von Vermutungen gesprochen werden und nicht davon, daß gleichartige Gegenstände nachgewiesenermaßen allgemein auf dem einen oder dem anderen der vom 18. Senat angedeuteten Wege in den Geltungsbereich des BRüG oder nach Groß-Berlin gelangt seien und daß somit nach allgemeiner Erfahrung die Folgerung gerechtfertigt sei, daß das eine oder das andere auch für die jeweils in Rede stehenden Gegenstände zu gelten habe. Ebensowenig kann ein allgemeiner Erfahrungssatz bezüglich der Verbringung nach § 5 BRüG etwa daraus hergeleitet werden, daß nach dem Schnellbrief des RWM vom 24. 2. 1939 die örtlich verwertbaren Gegenstände an die Zentralstelle in Berlin weiterzuleiten waren, wenn anzunehmen war, daß eine örtliche Verwertung nicht innerhalb von zwei Monaten im wesentlichen durchgeführt werden konnte. Hinsichtlich dieser dritten, vom 18. Senat angeführten Möglichkeit fehlt es schon an jedem Anhalt, daß eine maßgebliche Anzahl örtlich verwertbarer Gegenstände von ihr überhaupt betroffen worden ist.

Was weiter die an die Scheideanstalten abgegebenen Gegenstände (das Silber) anbelangt, kann von den eingehenden Ermittlungen des 3. Senats des KG in der vorliegenden Sache ausgegangen werden, die auch der 18. Senat in der Parallelsache 18 W 2657/60 (ORG/A/2871) seinen Ausführungen zu der Frage zugrunde gelegt hat, ob der Verbringungsnachweis des § 5 BRüG bezüglich des an die Scheideanstalten abgegebenen Silbers als erbracht angesehen werden kann oder nicht. Danach ergibt sich im wesentlichen, daß die in Betracht kommenden Gegenstände aus Silber von den Pfandleihanstalten an

1 Scheideanstalt (Degussa) in Frankfurt a. M. mit je einer Zweigstelle in Düsseldorf, Pforzheim und Berlin-Reinickendorf,
4 kleinere Scheideanstalten in Pforzheim,
1 Scheideanstalt in der heutigen Ostzone,
2 Scheideanstalten in Österreich

abgegeben worden sind, und zwar jeweils an diejenige Scheideanstalt, die die Degussa jeder Pfandleihanstalt angegeben hatte. Welche Scheideanstalt welchen Pfandleihanstalten im einzelnen zugewiesen war, kann wegen des Verlustes der einschlägigen Unterlagen von der Degussa nicht mehr angegeben werden. Bekannt ist gemäß Auskunft der Degussa vom 7. 7. 1960 lediglich, daß die beiden Scheideanstalten in Österreich nur in Österreich angefallene Silbersachen verarbeitet haben, daß bei der Pfandleihanstalt Berlin abgeliefertes Silber an die Zweigstelle Berlin-Reinickendorf der Degussa abgegeben worden ist und daß die beteiligten Scheideanstalten bis zum 31. 12. 1939 folgende Mengen Feinsilber in Kilogramm im Wege der Scheidung gewonnen und der Reichsstelle für Edelmetalle in Berlin zur weiteren Disposition zur Verfügung gestellt haben:

Altreichsgebiet	27 277,001
Degussa aus Lieferungen der Scheideanstalt Louis Roessler in Wien	8 203,205
Staatl. Sächs. Hütten- und Blaufarbenwerke Freiberg/Sachsen (Ostzone)	10 495,687
Allgem. Gold- und Silber-Scheideanstalt AG, Pforzheim	13 711,841
Scheideanstalt Dr. Th. Wieland, Pforzheim	3 283,535
Heimerle und Meule KG, Pforzheim	2 431,881
Scheideanstalt Dr. E. Dürrwächter, Pforzheim	3 481,427
Louis Roessler, Wien	4 566,312
G. A. Scheid'sche Affinerie, Wien	5 871,140
	79 322,029 kg.

Weiter ist durch Auskunft der Pfandleihanstalten — soweit diese noch Angaben machen konnten — bekanntgeworden, daß das Silber abgegeben haben:

Gelsenkirchen und Wuppertal an die Degussa Düsseldorf,
Essen, Hanau, Recklinghausen, Osnabrück, Freiburg/Br. und Heidelberg an eine der vier Scheideanstalten in Pforzheim,
Hof an die Scheideanstalt in Freiberg,
Nürnberg und München an die Degussa in Frankfurt a. M.,
Dorotheum Wien, Salzburg und Graz an eine der beiden Scheideanstalten in Wien.

Dieses Ermittlungsergebnis hat der 3. Senat dahin gewürdigt, ‚daß die Degussa den Leihämtern nach Möglichkeit jeweils die nächstgelegene der genannten Scheideanstalten zur Ablieferung ihres Silbers aufgegeben hat, was auch der Rationalisierung der Transportwege diente', und daß, ‚da nach der Auskunft der Degussa die

Kapazität ihres Schmelzwerkes in Berlin-Reinickendorf durch das Berliner Silber erschöpft gewesen sein dürfte', eine hohe Wahrscheinlichkeit bestehe, ‚daß den Leihämtern in Ostdeutschland die Staatl. Sächs. Hütten- und Blaufarbenwerke in Freiberg/Sachsen zur Belieferung zugeteilt wurden', die eine der größten und leistungsfähigsten Scheideanstalten gewesen sei. Es könne daher nicht als erwiesen angesehen werden, daß in Ostdeutschland abgelieferte, an Scheideanstalten abzugebende Silbersachen in das Gebiet der Bundesrepublik oder nach Berlin gelangt seien. In einer späteren Entscheidung vom 30. 11. 1960 — 3 W 1949/60 — (ORG/A/2735) hat der 3. Senat seine im vorliegenden Verfahren vertretene Ansicht dann noch an Hand einschlägigen Zahlenmaterials durch den Hinweis darauf erhärtet, daß bei einem Anteil der Mitte 1939 in Mitteldeutschland und Ostdeutschland sowie im Sudetenland lebenden Juden von 13% (42 982) an der Gesamtzahl der um diese Zeit in Deutschland lebenden Juden (330 539) und bei einem Anteil des Sächsischen Hüttenwerkes in Freiberg von 13,24% (10 496 kg) an der Gesamtmenge des 1939 hergestellten Feinsilbers (79 322 kg) die Kapazität dieses Werkes auch ausgereicht habe, das in Mittel- und Ostdeutschland sowie im Sudetenland und außerdem das in Hof angefallene Silber zu verarbeiten.

Demgegenüber meint der 18. Senat in 18 W 2657/60 (ORG/A/2871), daß es, da ‚unstreitig die wesentliche Frequenz des Schmelzvorganges (nach den vorliegenden Belegen mindestens 75% der gesamten Kapazität im Jahre 1939, im folgenden offenbar noch mehr) im Gebiete des BRüG lag', keineswegs unvernünftig sei zu sagen, ‚es bestehe nach dem Beweis des ersten Anscheins eine hohe Wahrscheinlichkeit dafür', daß das in Ostdeutschland ‚abgelieferte Silber zum Prozeß des Einschmelzens ebenfalls in das Bundesgebiet oder nach Groß-Berlin verbracht worden sei'.

Nach Ansicht des Gerichts kann aus dem Ermittlungsergebnis des 3. Senats ein Beweis des ersten Anscheins weder dafür hergeleitet werden, daß in Ost- bzw. Mitteldeutschland und im Sudetenland abgelieferte und an Scheideanstalten weiterzuleitende Gegenstände aus Silber an derartige Anstalten im heutigen Bundesgebiet bzw. in Berlin abgegeben worden sind, noch daß sie nach Freiberg/Sachsen gelangten. Denn gleichviel, ob man den Anteil der jüdischen Bevölkerung Ost- und Mitteldeutschlands an der jüdischen Bevölkerung des gesamten früheren Reichsgebietes und die Kapazität der Freiberger Scheideanstalt oder ob man den Anteil dieser Scheideanstalt an der Gesamtmenge des von den deutschen Scheideanstalten seinerzeit gewonnenen Feinsilbers in Betracht zieht, fehlt es immer noch an dem, was nachzuweisen ist, nämlich an dem Nachweis von solchen Tatsachen, die als Grundlage des prima-facie-Beweises wirklich geeignet sind, aus ihnen Schlüsse bezüglich der Weiterleitung des in Ost- bzw. Mitteldeutschland angefallenen Silbers in der einen oder der anderen Richtung zu ziehen. Das vom 3. Senat zusammengetragene Beweismaterial ist für diesen Zweck nicht ausreichend, weil es nicht zu der hinreichenden tatsächlichen Vermutung führt, daß die Pfandleihanstalten in Ost- bzw. Mitteldeutschland grundsätzlich entweder nach Freiberg oder an die anderen Scheideanstalten geliefert haben, sondern insoweit allenfalls anfechtbare Wahrscheinlichkeitsberechnungen zuläßt. Solche Wahrscheinlichkeitsberechnungen genügen aber nicht, um auf sie eine hinreichende tatsächliche Vermutung zu stützen, die ihrerseits für den Verbringungsnachweis des § 5 BRüG genügen soll. Vielmehr bleiben beide Möglichkeiten so lange offen, wie kein konkreter Anhaltspunkt gegeben ist, daß das Silber aus Ost- bzw. Mitteldeutschland allgemein und damit auch im Einzelfall in den Geltungsbereich des BRüG zu versenden war. Dieserhalb sei auf die oben bereits zitierte Sache ORG/A/1982 hingewiesen, in der es um den Verbringungsnachweis für in Triest entzogenes Umzugsgut ging und in der das Gericht noch folgendes zum Ausdruck gebracht hat:

„Es sollte genügen, wenn dargetan wird, daß das betreffende Gut in einer etwaige Zweifel an der tatsächlichen Absendung ausschließenden Weise zum Transport in das heutige Bundesgebiet oder nach Groß-Berlin bestimmt worden war, und nicht noch der mutmaßlich kaum zu führende Nachweis gefordert werden, daß der Transport alsbald die Grenzen der nachmaligen Bundesrepublik passiert hat. Kann aus dem jeweils vorliegenden Beweismaterial gefolgert werden, daß das Gut zum Rücktransport in das heutige Bundesgebiet oder nach Groß-Berlin beordert war und dorthin abgesandt worden ist, wird angenommen werden dürfen, daß es dann auch über die Grenzen dieses Gebietes gelangt ist, es sei denn, daß besondere Gründe für die gegenteilige Annahme vorliegen, die darzutun und zu beweisen Sache der Verpflichteten wäre."

Diese Hinweise sinngemäß auf den hier in Rede stehenden Verbringungsnachweis für Silber angewendet bedeuten, daß mindestens noch irgendein Beweis zu fordern ist, dem entnommen werden kann, daß das ost- bzw. mitteldeutsche Silber zur Versendung an Scheideanstalten im heutigen Bundesgebiet oder nach Berlin-Reinickendorf bestimmt war. Ein solcher Beweis kann indessen wegen des unstreitigen Verlustes jeglicher diesbezüglicher Unterlagen heute nicht mehr erbracht und der Verbringungsnachweis des § 5 BRüG daher bezüglich des streitigen Silbers nicht geführt werden. Kann aber der Verbringungsnachweis nicht geführt werden, geht dies zu Lasten des insoweit beweispflichtigen Berechtigten.

An diesem Ergebnis ist nicht mit allgemeinen Erwägungen vorbeizukommen, wie sie der 18. Senat in 18 W 2657/60 (ORG/A/2871) als für die von ihm vertretene Ansicht entscheidend angeführt hat. Im einzelnen kommt der 18. Senat zu der ‚Schlußfolgerung, daß prima facie aus Rechtsgründen sowie im Blickpunkte der Billigkeit, die eine gleichmäßige Behandlung gleichgelagerter Unrechtstatbestände erheischt, der Verbringungsnachweis zugunsten des Berechtigten als geführt anzusehen ist', um anschließend noch auszuführen:

„Der Senat verweist in diesem Zusammenhang auf den vom BGH für das gesamte Gebiet der Wiedergutmachung schlechthin aufgestellten Grundsatz, der im Zweifel auch hier maßgeblich sein muß, daß, wenn zwei Lösungen möglich und vernünftig sind, derjenigen der Vorzug zu geben ist, die sich als die für den Berechtigten günstigere darstellt (vgl. BGH vom 22. 11. 1954 — IV ZS 107/54, NJW/RzW 1955, 57 —)[2].

An diesem Grundsatz findet auch die umstrittene Interpretation des Begriffs ‚nachweislich' in § 5 BRüG ihren Orientierungsmaßstab. Dieses Wort kann der Gesetzgeber, der in § 5 selbst davon ausgeht, daß man den Weg, den die Entziehungsgegenstände genommen haben, nur ganz im allgemeinen und nicht bis ans Ende zu verfolgen vermag, im herkömmlichen, juristisch-technischen Sinne eines wirklichen Nachweises nicht gemeint haben. Dieser Ausdruck ist daher ganz extensiv auszulegen und muß unter dem übergeordneten ethischen Aspekt — dem Ziel, das verursachte Unrecht sobald und soweit als irgend möglich wiedergutzumachen — verstanden werden."

Einmal kann der vom BGH aufgestellte Grundsatz hier nicht herangezogen werden, weil es nicht darum geht, einer oder der anderen möglichen Auslegung des Gesetzes (§ 5 BRüG) den Vorzug zu geben. Vielmehr ist die entscheidende Frage allein die, welche Anforderungen erfüllt sein müssen, um dem vom Gesetzgeber in § 5 BRüG ausdrücklich eingefügten Erfordernis des ‚nachweislichen' Gelangens in den Geltungsbereich des BRüG oder nach Groß-Berlin Genüge zu tun. Zum anderen kann keine Rede davon sein, daß ‚nachweislich' nicht im Sinne ‚eines wirklichen Nachweises' zu verstehen sei. Wenn der Gesetzgeber von ‚nachweislich' spricht, muß angenommen werden, daß er meint, was er sagt, und es bleibt allein noch offen, ob dieser Nachweis im einzelnen Fall lediglich ein sogenannter exakter Nachweis sein kann oder ob er auch durch die Bezugnahme auf allgemeine Erfahrungssätze oder durch den Beweis des ersten Anscheins erbracht werden darf. Letzteres hält das Gericht — wie aus ORG/A/1982 und dieser Entscheidung hervorgeht — für zulässig, und nur insoweit vermag es dem 18. Senat bezüglich einer extensiven Auslegung zu folgen, die ihre Grenze dort findet, wo nicht einmal Tatsachen nachgewiesen sind, auf die ein Erfahrungssatz oder ein Beweis des ersten Anscheins gegründet werden kann. Jede weitergehende Auslegung, bei der mit bloßen Annahmen, zweifelhaften Wahrscheinlichkeiten, angeblichen Vermutungen oder gar allgemeinen Billigkeitserwägungen argumentiert wird, führt im Ergebnis zu einem Verstoß gegen das die REAO beherrschende, in § 5 BRüG zweifelsfrei beibehaltene Territorialitätsprinzip (ORG/A/2, ORGE Berlin 5, 170 = NJW/RzW 1956, 205[3], und ORG/A/2360, ORGE Berlin 16, 63 [66 f.] = NJW/RzW 1961, 204[4]) und damit letzten Endes zur Beseitigung jeglicher Abgrenzung der Rückerstattung von der Entschädigung.

---

[2] Fußnote im Original: „Ziel und Zweck der Rückerstattungs- und Entschädigungsgesetzgebung ist, das verursachte Unrecht sobald und soweit als irgend möglich wiedergutzumachen. Eine Auslegung des Gesetzes, die möglich ist und diesem Ziel entspricht, verdient den Vorzug gegenüber jeder anderen Auslegung, die die Wiedergutmachung erschwert und zunichte macht."

[3] IzRspr. 1954—1957 Nr. 270.

[4] IzRspr. 1960—1961 Nr. 152.

Nach alledem gilt für die in diesem Verfahren streitigen Gegenstände folgendes:

Zutreffend und im übrigen auch unangefochten ist einerseits den Ansprüchen der Berechtigten wegen der Gegenstände aus Gold (Positionen 3, 7, 8, 10, 13, 15 bis 18 und 23 bis 25) und wegen des Brillantringes mit einem Annahmewert von über 150 RM (Position 21) stattgegeben worden, weil solche Gegenstände an die Zentrale in Berlin abzugeben waren, der Verbringungsnachweis des § 5 BRüG mithin als erbracht angesehen werden kann. Gleichermaßen zutreffend sind andererseits die Ansprüche wegen der übrigen Gegenstände mangels Verbringungsnachweises abgewiesen worden. Die goldenen Uhren (Positionen 2, 9 und 40) und die Gegenstände, bei denen Edelsteine bzw. Perlen mit Edelmetall verbunden waren — alle mit einem Annahmewert bis 150 RM für das Stück — (Positionen 1, 4 bis 6, 11, 12, 14, 19, 20, 22 und 26), durften örtlich verwertet werden, was bei den letzteren nicht mit dem bloßen Hinweis der Berechtigten darauf in Zweifel gezogen werden kann, ‚daß gar nicht feststeht, ob hier der Edelmetallgehalt im Verhältnis zum Gesamtwert unbedeutend war'. Es fehlt insoweit an jeglicher Angabe von Einzelheiten seitens der Berechtigten, denen entnommen werden könnte, daß bei den in Betracht kommenden Gegenständen entgegen der Annahme beider Vorinstanzen der Edelmetallgehalt im Verhältnis zum Gesamtwert nicht unbedeutend war und somit wie bei den Gegenständen aus Gold Abgabe nach Berlin stattzufinden hatte. Ebensowenig können sich die Berechtigten darauf beziehen, daß ihnen in der Pfandleihanstalt Elbing erklärt worden sei, sie könnten einige alte Familienschmuckstücke nicht zurückerhalten, weil ‚alle Schmuckgegenstände (Edelmetall) von den Juden direkt nach Berlin an die großen Sammelstellen abgingen' (eidesstattliche Versicherung der Berechtigten vom 10. 11. 1959). Zu dieser erstmalig im Beschwerdeverfahren vorgetragenen Behauptung hat schon das KG mit Recht bemerkt, daß sie als neues tatsächliches Vorbringen in der Beschwerdeinstanz nicht mehr berücksichtigt werden könne. Was schließlich die Gegenstände aus Silber anbelangt (Positionen 27 bis 39), deren Annahmewert ebenfalls ausnahmslos unter 150 RM lag, waren dieselben an eine der damaligen Scheideanstalten abzugeben, ohne daß im Sinne des § 5 BRüG nachgewiesen wäre, daß eine solche Anstalt im heutigen Bundesgebiet die Empfängerin war."

97. Die Westberliner Wiedergutmachungsbehörden sind nicht zuständig, wenn der entzogene Gegenstand zur Zeit der Entziehung nicht in Westberlin belegen war und auch später nicht dorthin gelangt ist. — Diese Regel gilt auch für Schiffe; (es kommt daher auf ihren tatsächlichen Standort zur Zeit der Entziehung an und nicht auf den Ort, an dem das Schiffsregister geführt wird).

Oberstes Rückerstattungsgericht Berlin, Entsch. v. 17. 11. 1962 — ORG/A/2048: ORGE Berlin 19, 27.

Der Berechtigte war Inhaber eines Schiffahrts- und Speditionsunternehmens; dieses hatte seinen Sitz in Berlin NW 87. Zu dem Schiffspark gehörten die Schleppschiffe Ostschlepp I (eingetragen im Binnenschiffsregister des AG Berlin-C. [Berlin-West]), Ostschlepp III (eingetragen beim AG E. [jetzt: sowjet.]), Ostschlepp V (eingetragen beim Binnenschiffsregister des AG Hamburg [jetzt: brit.]) sowie ein nicht eingetragenes Motorboot. Die Schiffe Ostschlepp III und V hatte der Berechtigte erst 1941 erworben; sie blieben in den Registern eingetragen, in denen sie der Verkäufer hatte eintragen lassen. Im Sommer 1941 fuhren die Schiffe auf der Weichsel für die spätere B. Schiffs AG. In den Berliner Gewässern wurden die Schiffe wegen ihres geringen Tiefgangs nicht eingesetzt.

Im Jahre 1941 veräußerte der Berechtigte die Schiffe für 175 000 RM an die B. Schiffs AG. Bei Kriegsende waren die Schiffe in Polen. Ihr Verbleiben ist nicht bekannt.

Der Berechtigte verlangt Rückerstattung des Schiffes Ostschlepp I und fordert die Herausgabe der gezogenen Nutzungen. Die Vorinstanzen haben den Antrag wegen fehlender Zuständigkeit zurückgewiesen. Der Überprüfungsantrag blieb ohne Erfolg.

Aus den Gründen:

„Die Frage des Geltungsbereiches ist allein zu beurteilen nach der seit der Entscheidung dieses Gerichts ORG/A/2 (ORGE Berlin 5, 170 = NJW/RzW 1956, 205[1]) herrschenden ständigen Rechtsprechung, daß — abgesehen von den hier nicht vorliegenden Tatbeständen der BK/O (54) 15 und des § 5 BRüG — die Zuständigkeit der Westberliner Wiedergutmachungsbehörden nicht gegeben ist, wenn der Entziehungsgegenstand zur Zeit der Entziehung nicht im Gebiet der heutigen Westsektoren Berlins belegen war und auch weiterhin — und sei es auch nur in der Form eines Surrogates — nicht in dieses Gebiet gelangt ist. Schiffe sind ihrer Natur nach bewegliche Sachen und unterscheiden sich in dieser Beziehung nicht von anderen beweglichen Gegenständen.

Die Rechtsprechung dieses Gerichts, so wie es in ORG/A/2 zum Ausdruck gekommen ist, gilt auch für bewegliche Sachen, und es besteht kein Grund, von der dort nach den Grundsätzen der REAO entwickelten Rechtsprechung abzuweichen, auch wenn Schiffe dazu bestimmt sind, in dauernder Bewegung beschäftigt zu sein."

98. Die Einlieferung in ein Konzentrationslager begründet einen dauernden Aufenthalt des Verfolgten. — Zum Nachweis der Verbringung entzogener Silbersachen nach Westdeutschland.

KG Berlin-West, Beschl. v. 5. 12. 1962 — 3 W 2308/61: RzW 1963, 164.

Der ASt. lebte bei seinen Eltern in Ostberlin und wurde dort verhaftet. Er blieb bis Ende 1944 im Konzentrationslager Auschwitz (Polen) und kam anschließend in das Konzentrationslager Dachau (jetzt: amerik.). Er begehrt vom Deutschen Reich Schadensersatz für die Entziehung einer Wohnungseinrichtung und verschiedener persönlicher Gegenstände.

---

[1] IzRspr. 1954—1957 Nr. 270.

Das LG wies den Antrag mangels Zuständigkeit zurück. Das KG hob diese Entscheidung auf und verwies die Sache an das LG zurück.

Aus den Gründen:

„IV. Wohnsitzvoraussetzungen. Hat das Deutsche Reich Vermögensgegenstände, die verloren gegangen sind, im heutigen sowjet. Sektor Berlins entzogen, so gilt die Entziehung als innerhalb des Geltungsbereichs der REAO vorgenommen, wenn der Verfolgte oder sein Rechtsnachfolger zu irgendeinem Zeitpunkt während der Herrschaft des Nationalsozialismus seinen Wohnsitz oder dauernden Aufenthalt oder eine geschäftliche Hauptniederlassung im Gebiet der jetzigen Westsektoren von Berlin oder innerhalb des Geltungsbereichs des Grundgesetzes, also in der Bundesrepublik Deutschland hatte (Art. 27 III REAO). Das LG hat diese Wohnsitzvoraussetzungen verneint, wogegen sich die Beschwerde des ASt. richtet.

...

Danach ist der ASt. im Dezember 1944 von Auschwitz [Polen] in das Konzentrationslager Dachau bei München [jetzt: amerik.] transportiert worden, wo er bis zum April 1945 inhaftiert blieb. Sollte das LG auf Grund dieser Unterlagen als hinreichend glaubhaft gemacht ansehen, daß der ASt. von Dezember 1944 bis April 1945 im Konzentrationslager Dachau festgesetzt war, so wäre Dachau zwar nicht als sein Wohnsitz, aber als dauernder Aufenthalt des ASt. anzusehen. Hierbei ist nicht entscheidend, daß der Aufenthalt des ASt. im Lager Dachau ein unfreiwilliger war. Bei dem Begriff des ‚dauernden Aufenthalts' handelt es sich nur um die Frage des tatsächlichen Verweilens für längere oder unbestimmte Zeit, wobei nicht die Willensrichtung des Verfolgten, sondern die des Verfolgers maßgebend ist. Die Annahme eines ‚dauernden Aufenthalts' wird auch nicht dadurch ausgeschlossen, daß der Häftling nach einiger Zeit durch die Alliierten befreit wurde. Diese Auslegung des Begriffs ‚dauernder Aufenthalt' ist in der Rechtsprechung zum Entschädigungsrecht, insbesondere zu § 8 BEG entwikkelt worden (OLG Celle vom 29. 5. 1956, *Frenkel,* Entschädigungsrecht Entscheidung Nr. 311; OLG Karlsruhe, NJW/RzW 1954, 308 insoweit mit zustimmender Anmerkung von *Berg,* NJW/ RzW 1955, 21; OLG München, NJW/RzW 1953, 236 und NJW/RzW 1956, 144; ferner BGH, NJW/RzW 1955, 220). Ebenso ist der Begriff ‚dauernder Aufenthalt' im Sinne des Art. 27 III REAO auszulegen. Da es die Absicht der Nazis war, den ASt. als rassisch Verfolgten für unbestimmte Zeit im Lager Dachau festzuhalten, ist sein Aufenthalt dort als ‚dauernder Aufenthalt' anzusehen, auch wenn er infolge der Kriegsereignisse nur noch etwa ein Vierteljahr lang währte (ebenso KG vom 17. 2. 1960 — 3 W 1071/59).

...

Was die entzogenen Silbersachen anbetrifft, ist noch folgendes zu berücksichtigen: In ihrer Auskunft vom 7. 7. 1960 hat die Degussa folgendes mitgeteilt:

‚Die in Berlin abgelieferten Silbersachen sind — mindestens zum weitaus größten Teil — zum Einschmelzen in unser Werk Berlin-Reinickendorf (französ. Sektor) gebracht worden. Die dort erschmolzenen Scheidgutblöcke wurden zur Scheidung nach Frankfurt/Main transportiert.‘

Danach ist zumindest für die entzogenen Silbersachen prima facie als erwiesen anzusehen, daß sie in den Geltungsbereich der REAO gelangt sind (KG vom 17. 9. 1960 — 3 W 265/60, NJW/RzW 1961, 15[1] insbes. S. 16 Spalte 2 unten; ferner KG vom 5. 9. 1960 — 3 W 1846/59, NJW/RzW 1960, 544[2]).“

99. Die Westberliner Wiedergutmachungsbehörden sind nicht zuständig für einen Ersatzanspruch wegen der Entziehung von Nutzungen eines Ostberliner Grundstücks.

KG Berlin-West, Beschl. v. 14. 1. 1963 — 3 W 1479/62: Leitsatz in RzW 1963, 262.

Aus den Gründen:

„Die ASt. haben zwar nach Art. 28 REAO gegen das Deutsche Reich einen Anspruch auf Herausgabe der gezogenen Nutzungen. Dieser Nutzungsanspruch ist aber ein Nebenanspruch zum Hauptanspruch auf Rückerstattung des Grundstücks. Der Nebenanspruch kann nur dort geltend gemacht werden, wo auch der Hauptanspruch geltend gemacht werden könnte. Der Hauptanspruch kann vor den Westberliner Wiedergutmachungsbehörden nicht geltend gemacht werden, da der Geltungsbereich der REAO auf die drei westlichen Sektoren von Berlin beschränkt ist und das Grundstück im heute sowjet. Sektor von Berlin liegt. Der Anspruch auf Herausgabe des Reinertrages der vom Deutschen Reich gezogenen Nutzungen kann daher auch nicht vor den West-Berliner Wiedergutmachungsbehörden geltend gemacht werden.“

100. Die Westberliner Wiedergutmachungsbehörden sind nur zuständig, wenn der entzogene Gegenstand entweder zur Zeit der Entziehung oder später in Westberlin belegen war. — Eine Hypothek ist am Ort des belasteten Grundstücks belegen. — Eine hypothekarisch gesicherte Forderung ist an dem Ort belegen, an dem das belastete Grundstück liegt und der Schuldner der Forderung wohnt. — Ist die Rückerstattung einer entzogenen Hypothek mangels Zuständigkeit ausgeschlossen, so ist auch eine Rückerstattung von Hypothekenzinsen nicht möglich.

Oberstes Rückerstattungsgericht Berlin, Entsch. v. 7. 2. 1963 — ORG/A/2200: ORGE Berlin 19, 56.

---

[1] IzRspr. 1960—1961 Nr. 148.

[2] Hinweis oben in Nr. 96.

Die Erblasserin der Berechtigten hatte eine Hypothek an dem Grundstück Berlin N 58, S. Allee 15 (jetzt: Ostberlin). Der Grundstückseigentümer und Schuldner der gesicherten persönlichen Forderung wohnt auf dem Grundstück. Er hatte seit Einziehung der Hypothek durch das Deutsche Reich bis zum 31. 3. 1945 insgesamt 9 450 RM als Hypothekenzinsen an das Deutsche Reich gezahlt.

Die Berechtigten verlangen vom Deutschen Reich als Ersatz für diese Zahlungen den Betrag von 945 DM. Die Vorinstanzen wiesen den Antrag zurück. Auch der Überprüfungsantrag hatte keinen Erfolg.

Aus den Gründen:

„II. Der hier geltend gemachte rückerstattungsrechtliche Anspruch hängt entscheidend davon ab, ob die vom Verpflichteten vereinnahmten Zinsen auf Grund einer verselbständigten Zinsforderung oder als Nebenanspruch zu der auf das Hypothekenkapital gerichteten Hauptforderung zu leisten waren.

Auf diese Frage ist bereits das KG eingegangen und hat frei von Rechtsirrtum entschieden, daß der Verpflichtete als Inhaber der Hypothek die Zinsen als Erträgnisse vereinnahmt hat, welche das Hypothekenkapital seiner Bestimmung nach gewährt, und nicht auf Grund eines von der Hypothekenforderung selbständigen Anspruchs. Denn diese Zinsforderungen sind während der Entziehungszeit fällig und zahlbar geworden. Bei ihnen handelt es sich also um Nebenrechte der entzogenen Hypothek, die deren Schicksal teilen, wie das Vordergericht zutreffend ausgeführt hat. Zinsen, die bei der Entziehung der Hypothek bereits fällig waren und selbständige vom Hypothekenkapital unabhängige Forderungen darstellten, hat der Verpflichtete ausweislich der OFP-Akten nicht erhalten. Bei dieser Sach- und Rechtslage richtet sich der Zinsanspruch nach dem Anspruch auf die Hypothek.

Die Vordergerichte haben zutreffend festgestellt, daß die Hypothek und die ihr zugrunde liegende persönliche Forderung im jetzigen Ostsektor von Berlin und damit außerhalb des Geltungsbereichs der REAO belegen sind. Diese Hypothek hat der Verpflichtete zwar entzogen, aber nicht verwertet. Er hat weder die Hypothekenvaluta vereinnahmt noch sonst über die Hypothek verfügt. Unverändert seit der Entziehung ist der Verpflichtete Inhaber der Hypothek geblieben. Die Rückerstattung der Hypothek nach Maßgabe der REAO ist freilich wegen fehlender Gerichtsbarkeit ausgeschlossen; denn das erkennende Gericht hat seit der Entscheidung ORG/A/2 (ORGE Berlin 5, 170 = NJW/RzW 1956, 205[1]) in ständiger Rechtsprechung die Auffassung vertreten, daß die Zuständigkeit der Berliner Wiedergutmachungsbehörden nur dann gegeben ist, wenn der entzogene Vermögensgegenstand entweder zur Zeit der Entziehung oder später mindestens in Gestalt eines Surrogats im Geltungsbereich der REAO belegen war. Kommt wegen der fehlenden Zuständigkeit eine Rückerstattung der Hypothek nicht in Betracht, entfällt auch der von der Hauptforderung als Nebenrecht

[1] IzRspr. 1954—1957 Nr. 270.

abhängige Zinsanspruch. Ein Verfahren auf Rückerstattung der Hypothek wäre aber gegebenenfalls selbst dann erforderlich, wenn die Verfolgte, der die Hypothek entzogen wurde, im Grundbuch noch als Gläubigerin der Hypothek eingetragen stände. Denn in ORG/A/535 (ORGE Berlin 9, 91 [93] = NJW/RzW 1958, 96) hat dieses Gericht entschieden, daß auch die Fälle eines Rückerstattungsverfahrens bedürfen, in denen der entzogene Vermögensgegenstand formell durch Eintragung in öffentlichen Büchern als dem Verfolgten noch zugehörig erscheint."

101. Die Zuständigkeit der Westberliner Wiedergutmachungsbehörden ist begründet, wenn ein außerhalb Westberlins entzogener Gegenstand später nach Westberlin gelangt. — Sind in Ostberlin Inhaberaktien einer Aktiengesellschaft mit Sitz in Westberlin entzogen worden, deren Aktien der Wertpapierbereinigung unterliegen, so sind die Bereinigungsansprüche nach Westberlin gelangt.

Oberstes Rückerstattungsgericht Berlin, Entsch. v. 23. 4. 1963 — ORG/A/2340: Leitsatz in ORGE Berlin 20, 221.

Eine in Liquidation befindliche Firma behauptet, ihr seien im Jahre 1937 im Zuge der erzwungenen Liquidierung ihres Vermögens 144 000 RM Stammaktien und 190 000 RM Vorzugsaktien der K. Brauerei AG mit Sitz in Westberlin entzogen worden. Diese Inhaberpapiere habe die Verpflichtete, eine Bank, die damals ihren Sitz in Ostberlin hatte, später weiterverkauft.

Das LG hat den Anspruch mangels Zuständigkeit abgewiesen. Es hat angenommen, die Inhaberaktien seien der Verpflichteten an ihrem Sitz in Ostberlin übergeben worden. Das KG bestätigte diese Entscheidung. Das ORG hat beide Entscheidungen aufgehoben und die Sache an das LG zurückverwiesen.

Aus den Gründen:

„II. Der Überprüfungsantrag ist begründet. Zu Unrecht haben die Vordergerichte die Gerichtsbarkeit über den erhobenen Anspruch verneint. Nach der Entscheidung ORG/A/2 (ORGE Berlin 5, 170 = NJW/RzW 1956, 205[1]) ist die Gerichtsbarkeit der Berliner Wiedergutmachungsbehörden gegeben, wenn der außerhalb entzogene Vermögensgegenstand oder sein Surrogat später in den Geltungsbereich gelangt. In ORG/A/2360 (ORGE Berlin 16, 63 [65] = NJW/RzW 1961, 204[2]) ist weiter entschieden, daß der Gegenstand nicht nur durch den Entzieher, sondern auch durch einen Nacherwerber in den Geltungsbereich gelangen kann. Im vorliegenden Falle sind aber Wertpapierbereinigungsansprüche der hier in Rede stehenden Aktien in den Geltungsbereich des Gesetzes gelangt. Dies folgt aus dem in der Entscheidung des KG wiedergegebenen Schreiben des Vorsitzenden der Wertpapierbereinigungskammer vom 8. 12. 1951, wonach bei den beiden Aktiengattungen Überanmeldungen im Wertpapierbereinigungsverfahren vorlägen. Es ergibt sich weiter aus den

[1] IzRspr. 1954—1957 Nr. 270. [2] IzRspr. 1960—1961 Nr. 152.

Bekundungen des Zeugen W., daß die als Aktienpaket von der Berechtigten veräußerten Wertpapiere mit Ausnahme geringfügiger Beträge außerhalb des üblichen Börsenverkehrs geschlossen weiterverkauft wurden. Diese Tatsache berechtigt aber zu der Annahme, daß das Aktienpaket in seinem wesentlichen Bestande erhaltengeblieben und auch durch die Wertpapierbereinigung gelaufen ist. Die Feststellungen lassen sich treffen, ohne daß die in Betracht kommenden Stückenummern bis jetzt angegeben werden konnten. Bei dieser Rechtslage braucht auf die Frage nach der Bedeutung des Interessenabkommens, wie die Berechtigte behauptet, nicht näher eingegangen zu werden."

102. Die Westberliner Wiedergutmachungsbehörden sind für einen Nachzahlungsanspruch nur zuständig, wenn sie für einen Anspruch auf Rückerstattung der Hauptsache zuständig wären. — Ist ein in Ostberlin gelegenes Geschäft entzogen worden, so ist die Westberliner Rückerstattungsanordnung nur anwendbar, wenn das Geschäft oder wesentliche Teile davon in feststellbarer Form (sei es auch nur in Form eines Surrogats) nach Westberlin gelangt sind. — Einige Einrichtungsstücke und Waren bilden keinen wesentlichen Teil des Geschäfts. — Surrogat können auch die Lastenausgleichsansprüche des Entziehers sein.

KG Berlin-West, Beschl. v. 29. 4. 1963 — 3 W 1934/62: RzW 1963, 491.

Der Berechtigte verlangt von den Pflichtigen eine Nachzahlung gemäß Art. 14 REAO wegen der Entziehung des Geschäftsbetriebes der Firma M. in Ostberlin.

Der ASt. und X. waren Gesellschafter der OHG M.; die Gesellschaft stellte Damenbekleidung her und verkaufte sie. Im Zuge der sogenannten „Arisierung" verkauften die beiden rassisch verfolgten Gesellschafter ihr Unternehmen durch mehrere Verträge Ende 1938 / Anfang 1939 an die AGg.

Die AGg. führten das Geschäft in der Rechtsform einer Kommanditgesellschaft unter neuer Firma fort. Infolge der Kündigung des Mietvertrages über das Geschäftslokal mußten sie die Firma bald nach Berlin-K. (jetzt: Ostberlin) verlegen.

Im Jahre 1941 wurde nahezu der gesamte Herstellungsbetrieb nach W. (östlich der Oder-Neiße-Linie) verlegt. Die AGg. nahmen dort auf einem erworbenen Grundstück einen mehr fabrikmäßigen Betrieb auf. In Berlin verblieben einige Angestellte, um den Geschäftsbetrieb aufrechtzuerhalten. Auch die AGg. selbst zogen 1942 mit ihren Familien nach W. Das Betriebs- und Privatvermögen ging bei Kriegsende nahezu völlig verloren. Die AGg. kehrten nach Berlin zurück.

Wegen dieser Verluste haben die AGg. beim Bezirksamt Sch. (Berlin-West) Entschädigung nach dem Lastenausgleichsgesetz für Vertreibungsschäden beantragt. Das Verfahren wurde zunächst wegen falscher Angaben der AGg. zeitweise ausgesetzt.

Nach Kriegsende eröffneten die AGg. in Berlin-West unter Benutzung einiger Einrichtungsstücke und Bestände des alten Geschäfts erneut ihr Geschäft. Der Geschäftswert betrug nach der Eröffnungsbilanz per 1. 6. 1945 8 200 RM. Im Jahre 1956 ging die Firma in Konkurs.

Die ASt. verlangen von den AGg. Nachzahlung für den Kaufpreis und den good will des Geschäfts. Das LG hat den Antrag mangels Zuständigkeit zurückgewiesen. Das KG hat diese Entscheidung aufgehoben und die Sache an das LG zurückverwiesen.

Aus den Gründen:

„1. Das LG ist zutreffend davon ausgegangen, daß der Nachzahlungsanspruch gemäß Art. 14 REAO die Anwendbarkeit der Rückerstattungsanordnung für die ‚sonstigen Ansprüche' im Sinne dieser Vorschrift voraussetzt (vgl. ORG/A/1031 vom 14. 5. 1959, NJW/RzW 1959, 384; ORG/A/2 vom 11. 5. 1956, ORGE Berlin 5, 170 = NJW/RzW 1956, 205[1]; ORG/A/860 vom 8. 5. 1957, ORGE Berlin 8, 265[2]). Das Vorliegen dieser Voraussetzung hat das LG jedoch zu Unrecht verneint.

Für die Anwendbarkeit der REAO für das Land Berlin auf Ansprüche wegen der Entziehung eines Geschäfts ist erforderlich, daß entweder das Geschäft im Zeitpunkt der Entziehung in den heutigen Westsektoren Berlins belegen war oder, wenn dies nicht der Fall ist, wie hier, bei einer Entziehung im heutigen Sowjetsektor von Berlin, daß das Geschäft oder zumindest ein wesentlicher Teil desselben (z. B. Warenbestände, Inventar o. ä.) in feststellbarer Form — sei es auch nur in Form eines Surrogats — nach Westberlin gelangt ist (vgl. ORG/A/2 aaO; ORG/A/860 aaO; ferner KG 15/14 W 1098.55 vom 14. 5. 1957).

2. Mit dem LG ist davon auszugehen, daß die zugunsten der ASt. streitende Entziehungsvermutung des Art. 3 REAO von den AGg. nicht widerlegt worden ist. Bei der gegebenen Sachlage bedarf es keiner näheren Erörterung, daß der ASt. zu 1) und X. das ihre Existenzgrundlage darstellende Geschäft ohne die Herrschaft des Nationalsozialismus nicht verkauft hätten.

Das LG hat auch ohne Rechtsirrtum festgestellt, daß weder das frühere Handelsgeschäft der OHG M. noch Teile desselben in erheblichem Umfange körperlich in den Geltungsbereich der Rückerstattungsanordnung gelangt sind.

Die Beweiswürdigung des LG, daß die AGg. nur einige Regale, Tische und Stühle aus den früheren Geschäftsräumen in der O. Straße und somit nur weniges Mobiliar des ursprünglichen Betriebes in die Westsektoren überführt haben, ist nicht zu beanstanden. Das Rechtsbeschwerdegericht ist an die tatsächlichen Feststellungen der Tatsacheninstanz gebunden, wenn diese, wie im vorliegenden Verfahren, ihrer Pflicht, die Tatsachen soweit wie möglich aufzuklären, durch Anstellung erschöpfender Ermittlungen nachgekommen und vernünftigerweise zu ihren Schlußfolgerungen gelangt ist (vgl. ORG/A/1828 vom 4. 4. 1963). Keiner der vernommenen Zeugen hat bekundet, daß Inventar in größerem Umfange, Warenbestand oder Maschinen aus den Geschäftsräumen in der O. Straße oder aus dem

---

[1] IzRspr. 1954—1957 Nr. 270.

[2] Hinweis in IzRspr. 1954—1957 Nr. 270.

nach W. verlagerten Betriebsteil in die Westsektoren von Berlin verbracht worden sind. Weitere erreichbare Beweismittel bieten sich nicht an.

Auch hinsichtlich der nach B. in etwa 20 Postpaketen (vgl. die glaubhafte Aussage des Zeugen A.) geschickten Waren ist die auf das Ergebnis der Beweisaufnahme gestützte Schlußfolgerung des LG, daß die AGg. diese Gegenstände wahrscheinlich gegen Lebensmittel eingetauscht hätten, nicht unmöglich und verstößt auch nicht gegen die Denkgesetze und gegen allgemeine Erfahrungssätze.

Allerdings ist nicht zu übersehen, daß möglicherweise diese Waren zum Teil auch in dem neuen Betrieb in Westberlin verarbeitet worden sein können. Darauf deutet insbesondere die Aussage der Zeugin B. hin, soweit diese u. a. bekundet hat, daß ihr mancher dort verarbeiteter Stoff bekannt vorgekommen sei.

Das Beschwerdegericht ist jedoch nicht schon dann zu einem Eingreifen berechtigt, wenn bloß eine andere als die vom LG vorgenommene Beweiswürdigung möglich erscheint. Ein Eingreifen ist vielmehr nur möglich, wenn das LG bei der Ausübung seines Ermessens die Grenzen vernünftiger Schlußfolgerung eindeutig überschritten hätte (vgl. ORG/A/1285 vom 11. 4. 1957, ORGE Berlin 8, 65; ferner ORG/A/1898 vom 13. 5. 1960 und ORG/A/1828 vom 4. 4. 1963). Davon kann hier keine Rede sein.

Das LG hat auch zu Recht darauf hingewiesen, daß die Verwendung der geretteten Einrichtungsgegenstände in dem neuen Betrieb in der R. Straße nicht ausreicht, die Verbringung des Betriebes nach Westberlin anzunehmen. Diese wenigen Einrichtungsgegenstände haben keinen erheblichen, sondern nur einen verhältnismäßig unwesentlichen Teil des ursprünglichen Geschäftsinventars dargestellt.

Es könnte auch keine andere Beurteilung Platz greifen, wenn man zugunsten der ASt. unterstellen würde, daß die AGg. die nach B. geschickten Waren überwiegend in den neuen Betriebsräumen in Westberlin hätten verarbeiten lassen. Diese Stoffe fielen offensichtlich im Verhältnis zu dem gesamten Warenlager der AGg. nicht wesentlich ins Gewicht. Nach der Aussage des glaubhaften Zeugen A. hat ihr Wert 4000 bis 5000 DM nicht überschritten.

3. Die Ansicht der ASt., die Anwendbarkeit der REAO müsse schon deshalb bejaht werden, weil zumindest der good will des Geschäfts nach Westberlin gelangt sei, geht fehl.

In der Tat ist zwar nach dem Ergebnis der Beweisaufnahme die Annahme gerechtfertigt, daß die AGg. den good will des früheren Unternehmens der Firma M. für ihren neuen Geschäftsbetrieb in Westberlin genutzt haben. Der good will eines Unternehmens wird nicht nur bestimmt durch den Firmenwert. Er stellt sich vielmehr darüber hinaus als Inbegriff solcher Werte dar, wie Organisation des Unternehmens, Geschäftsbeziehungen zu Liefer- und Erwerberkreisen, kaufmännischen Ruf usw., die den Betrieb ermöglichen und fördern (vgl. ORG/A/1031 aaO; BGH vom 7. 1. 1959, NJW/RzW 1959, 170; KG vom 11. 3. 1955 — 15 W 2563.54).

Nach den glaubhaften Aussagen der Zeugen C. vom 17. 3. 1955 und D. hat sich der Kundenstamm nach der Übernahme des Geschäfts durch die AGg. im März 1939 nicht wesentlich verändert. Daß die AGg. nach Wiedereröffnung ihres Geschäftsbetriebes in Westberlin auf ihren alten Kundenstamm, soweit er noch vorhanden war, zurückgegriffen haben, kann nach der Lebenserfahrung unter den gegebenen Umständen nicht zweifelhaft sein.

Die AGg. haben sich auch den offensichtlich guten Ruf der Firma M., von dem die Zeugin E. glaubhaft berichtet hat, zunutze gemacht. Denn sie haben zunächst die übernommene Firma mit dem alten, in der Branche eingeführten Firmenkern fortgeführt. Der Umstand, daß sie dann noch im Laufe des Jahres 1939 den alten Firmenkern aufgeben mußten, steht dem nicht entgegen. Der mit der Firmenfortführung erstrebte Zweck war bereits weitgehend erreicht. Die AGg. waren inzwischen in ihrer Branche und insbesondere gegegenüber den Geschäftspartnern der ehemaligen Firma M. als Nachfolger bekannt geworden. Unter dieser Firma haben die AGg. ihr Geschäft auch nach 1945 betrieben.

Die AGg. haben im wesentlichen auch die Organisation des Unternehmens, insbesondere den alten Stamm der Zwischenmeister übernommen. Dieser hat sich auch nach der glaubhaften Aussage der Zeugin E. nach 1945 nicht wesentlich verändert.

Demgegenüber vermag sich der Senat der Auffassung der AGg., daß es im Bekleidungsgewerbe überhaupt keinen good will gebe, nicht anzuschließen. Auch die Ausführungen des Diplom-Kaufmanns S. über den Firmenwert einer Konfektionsfirma können nicht überzeugen. Abgesehen davon, daß S. den Firmenwert nicht als völlig wertlos, sondern als lediglich von untergeordneter Bedeutung bezeichnet, ist nicht zu übersehen, daß den übrigen zum good will eines Unternehmens gehörenden ideellen Werten, wie z. B. den Geschäftsbeziehungen zu Lieferanten und Kunden, der Organisation des Unternehmens, auch bei Konfektionsbetrieben eine nicht unerhebliche Bedeutung beizumessen ist (vgl. auch schon KG vom 23. 5. 1956 — 15 W 3448.54).

Andererseits verkennen die ASt. aber, daß die bloße Nutzung des good will des früheren Unternehmens in dem neuen Betrieb in Westberlin nicht ausreicht, die Anwendbarkeit der REAO zu rechtfertigen. Der good will eines Unternehmens ist zwar ein bei der Bewertung desselben zu berücksichtigender Aktivposten und als solcher bei der Beurteilung der Angemessenheit des Kaufpreises (vgl. Art. 3 II REAO) zu beachten. Er ist jedoch kein feststellbarer Vermögensgegenstand im Sinne der REAO, der in feststellbarer Form nach Westberlin gelangt sein könnte. Als immaterieller Wert stellt sich der good will lediglich als ein Rechnungsposten für die Beurteilung eines Unternehmens dar (vgl. ORG/A/1031 aaO; CoRA vom 13. 12. 1951 Nr. 157, NJW/RzW 1952, 98; CoRA vom 16. 11. 1954 Nr. 444, NJW/RzW 1955, 65; BGH, NJW/RzW 1959, 170; OLG Düsseldorf, NJW/RzW 1961, 392; KG vom 11. 3. 1955 — 15 W 2563.54; vom

23. 5. 1956 — 15 W 3448.54 und vom 14. 5. 1957 — 15/14 W 1098.55 mit zahlreichen weiteren Hinweisen auf die Rechtsprechung).

4. Die Anwendbarkeit der REAO ist entgegen der Auffassung des LG dennoch im vorliegenden Fall zu bejahen. Das LG hat verkannt, daß das frühere Unternehmen der Firma M., wenn auch nicht körperlich, so doch in Form eines Surrogats in erheblichem Umfange in den Geltungsbereich der REAO gelangt ist. Das Surrogat ist in den Lastenausgleichsansprüchen der AGg. und, soweit diese bereits erfüllt worden sind, in der gewährten Entschädigung für den Verlust des nach W. verlagerten Betriebsteils zu erblicken.

In Übereinstimmung mit dem ORG Berlin kann nicht zweifelhaft sein, daß Ansprüche auf Ausgleichsleistungen nach dem LAG als Surrogat der verloren gegangenen Vermögensgegenstände anzusehen sind. Die ASt. hätten die Abtretung dieser Ansprüche und die Herausgabe einer gewährten Entschädigung gemäß Art. 26 I und II REAO verlangen können, wenn sie nicht unter Verzicht auf alle sonstigen Ansprüche gemäß Art. 14 REAO zur Geltendmachung des Nachzahlungsanspruches übergegangen wären (vgl. ORG/A/1031 aaO). Denn die AGg. haben die Lastenausgleichsansprüche wegen Vertreibungsschadens und die bereits zum Teil darauf gewährte Entschädigung allein für den Verlust des nach W. verlagerten Betriebsteiles erworben.

Der Betrieb in W. war nicht etwa eine Neugründung der AGg., sondern lediglich ein Teil des von der Firma M. übernommenen Unternehmens, der zusammen mit dem in Berlin verbliebenen Betriebsteil das Gesamtunternehmen bildete. Das zeigt deutlich auch der Umstand, daß der Hauptsitz und die Geschäftsleitung der Firma bis Kriegsschluß in Berlin verblieben, wie u. a. die glaubhafte Aussage der E. ergibt. Der Betriebsteil in W. stellte hingegen den weitaus größeren Teil des Unternehmens dar. Dort befand sich die gesamte Produktion. Sogar die Berliner Zwischenmeister wurden von dort aus mit Arbeit versorgt. Fast alle Maschinen und Waren des Unternehmens hatten die AGg. nach W. bringen lassen (vgl. u. a. Aussage des Zeugen A.). Auch ein großer Teil der Angestellten war mit dem Betrieb nach W. gezogen, wie die Aussage der Zeugin E. vom 14. 3. 1955 ergibt.

Demgegenüber vermag der Umstand, daß die AGg. die Produktion nach der Verlagerung in W. mehr fabrikmäßig aufgezogen haben, die Identität des Betriebes mit dem von der Firma M. übernommenen Unternehmen nicht in Frage zu stellen. Es handelte sich insoweit lediglich um eine den veränderten Verhältnissen in W. angepaßte und notwendige Umwandlung der Organisation und möglicherweise auch um eine Erweiterung des Geschäftsbetriebes, dessen Produktion bis dahin entsprechend den Verhältnissen in Berlin mehr auf Zwischenmeister und Heimarbeiter aufgebaut war. Zudem ist nicht zu übersehen, daß die AGg. daneben die Geschäftsverbindungen zu den bisherigen Zwischenmeistern und Heimarbeitern in Berlin aufrechterhielten.

An der rechtskräftigen Feststellung der Anspruchsberechtigung der AGg. nach dem LAG wegen Vertreibungsschadens für den Verlust des Betriebsvermögens in W. — ohne Grundstücke — durch das zuständige Ausgleichsamt Schöneberg sind die Wiedergutmachungsgerichte gebunden. Das Beschwerdegericht hat diese neuen Tatsachen zu beachten. Zwar unterliegt der Nachprüfung durch das Beschwerdegericht gemäß Art. 62 II Satz 5 REAO i. V. m. § 561 ZPO grundsätzlich nur der Sachverhalt, der dem LG als letzter Tatsacheninstanz vorgelegen hat. Das gilt jedoch dann nicht, wenn, wie im vorliegenden Fall, dem Beschwerdegericht neue Tatsachen bekannt werden, deren Vorbringen den Parteien ohne ihr Verschulden vor dem LG nicht möglich war (vgl. ORG/A/177, ORGE Berlin 6, 165; ferner ORG/A/1941 vom 27. 12. 1961 sowie ORG/A/1944 vom 1. 8. 1961 und ORG/A/2147 vom 27. 12. 1961).

Der Senat ist zur Verwertung dieser neuen Tatsachen auch ohne besondere Anhörung der Parteien berechtigt. Den AGg. sind die inzwischen ergangenen und ihnen zugestellten Bescheide des Ausgleichsamts bekannt. Die ASt. sind nicht beschwert. Diese Tatsachen finden lediglich zu ihren Gunsten Berücksichtigung. Bei der neuen Verhandlung vor dem LG erhalten sie ausreichend Gelegenheit, dazu Stellung zu nehmen. Abgesehen davon hätte das LG an Hand der ihm vorliegenden Akten des Ausgleichsamts Schöneberg ohne Schwierigkeiten feststellen können, daß das Ausschließungsverfahren bei dem Landesausgleichsamt bereits seit über einem Jahr zugunsten der AGg. abgeschlossen war und das Ausgleichsamt Schöneberg die Bearbeitung der Anträge der AGg. inzwischen wieder aufgenommen hatte. Das LG hätte unter Auswertung der Akten des Ausgleichsamts auch weiterhin die Anspruchsberechtigung der AGg. nach dem LAG für den angemeldeten Vertreibungsschaden bezüglich des Betriebes in W. feststellen können (vgl. §§ 12, 228 ff. LAG). Denn die AGg. sind gemäß § 11 LAG als Vertriebene anzusehen. Sie wohnten etwa ab 1942 im Gebiet östlich der Oder-Neiße-Grenze und sind unstreitig im Januar 1945 infolge der Kriegsereignisse von dort vertrieben worden. Ihre Antragsberechtigung zur Feststellung des Vertreibungsschadens folgt aus § 9 des Feststellungsgesetzes. Daß die AGg. am Stichtag ihren ständigen Aufenthalt in Westberlin hatten, steht nach dem Inhalt der Ausgleichsakten außer Frage.

§ 359 LAG steht den Ansprüchen der AGg. nicht entgegen.

Nach dieser Vorschrift sind allerdings Schäden und Verluste an ungerechtfertigt entzogenen Vermögensgegenständen nicht geeignet, Ansprüche nach dem LAG zu begründen. Die Entziehung wird gemäß § 1 I der 11. VO über Ausgleichsleistungen nach dem LAG vom 18. 12. 1956 i. d. F. vom 17. 9. 1957 und 28. 2. 1961 (11. Leistungs-DV—LA) entsprechend Art. 3 REAO vermutet, wenn der frühere Eigentümer zu einem kollektiv verfolgten Personenkreis gehörte. Das war bei dem ASt. zu 1) und bei X. auch rassischen Gründen der Fall.

Dennoch bestehen gegen die Anspruchsberechtigung der AGg. keine Bedenken. Bei Kriegssachschädenansprüchen gilt gemäß der ausdrücklichen Regelung in § 3 IV 11. LeistungsDV-LA der Erwerber der entzogenen Vermögensgegenstände als unmittelbar Geschädigter im Sinne der §§ 40, 229 LAG und § 10 des Feststellungsgesetzes, wenn er im Rückerstattungsverfahren durch rechtskräftige Entscheidung der Wiedergutmachungsbehörden oder durch Vergleich oder sonstige Vereinbarung das Eigentum an den entzogenen Gegenständen behält. Auf Kriegssachschädenansprüche soll sich nach Nr. 9 II der Durchführungsbestimmungen zur 11. LeistungsDV-LA vom 27. 4. 1960 und 4. 6. 1962 in Rückerstattungsfällen eben stets derjenige berufen können, der den der Rückerstattung unterliegenden Vermögensgegenstand ‚abschließend zu Eigentum erhalten hat'.

Nichts anderes kann nach dem Sinn und Zweck dieser Vorschriften für Ansprüche wegen Vertreibungsschadens in einem Fall wie dem vorliegenden, wo in der Person des Verfolgten die Voraussetzungen für die Geltendmachung von Lastenausgleichsansprüchen wegen Vertreibungsschadens nicht vorliegen, gelten. Denn es kann in diesem Falle rechtlich keinen Unterschied begründen, ob der Erwerber die entzogenen Gegenstände durch ‚Kriegssachschaden' oder durch sog. ‚Vertreibungsschaden' verloren hat. Der Grundgedanke für die Regelung bei den Kriegssachschädenansprüchen, daß keine Veranlassung besteht, dem Erwerber der entzogenen Gegenstände die Ansprüche nach dem LAG zu versagen, wenn der Verfolgte selbst auf diese Ansprüche ausdrücklich verzichtet hat, gilt für beide Fälle gleichermaßen. Andernfalls würde der Verfolgte, der keine eigenen Ansprüche wegen Vertreibungsschaden geltend machen kann, weil in seiner Person die Anspruchsvoraussetzungen nicht gegeben sind, und der folglich in einem solchen Falle auf die Abtretung der Lastenausgleichsansprüche durch den Entzieher gemäß Art. 26 I und II REAO oder auf den Nachzahlungsanspruch gemäß Art. 14 REAO angewiesen ist, in einer vom Gesetzgeber nicht beabsichtigten und durch nichts gerechtfertigten Weise benachteiligt werden. Zudem ist davon auszugehen, daß der Verfolgte mit dem Nachzahlungsanspruch eine ausreichende Entschädigung für den entzogenen Vermögensgegenstand erhält oder erhalten wird, so daß es nicht gerechtfertigt erscheint, in einem solchen Falle dem Erwerber die Lastenausgleichsansprüche zu versagen.

Im vorliegenden Verfahren steht bereits abschließend fest, daß im Lastenausgleichsverfahren nur die AGg. als unmittelbar Geschädigte in Betracht kommen können. Denn mit dem Übergang auf den Nachzahlungsanspruch gemäß Art. 14 REAO haben die ASt. unwiderruflich auf alle sonstigen Ansprüche nach der REAO, also auch auf die Ansprüche auf Abtretung von Ersatzansprüchen und Herausgabe von Entschädigungen gemäß Art. 26 I und II REAO verzichtet.

Das LG wird nunmehr in der Sache selbst über den Nachzahlungsanspruch zu entscheiden haben."

103. Zum Nachweis, daß Gegenstände aus Edelmetall und Schmucksachen, die einem Verfolgten in Wien entzogen worden sind, in den Geltungsbereich des Bundesrückerstattungsgesetzes gelangt sind. — Westberliner Wiedergutmachungsbehörden sind nicht zuständig und die Westberliner Rückerstattungsanordnung ist nicht anwendbar, wenn Sachen im Ausland entzogen worden sind und später an einen Ort in der jetzigen amerikanischen Zone gelangt sind. — Nach Inkrafttreten des Bundesrückerstattungsgesetzes ist es in Analogie zu § 30 I dieses Gesetzes zulässig, eine Rückerstattungssache auf übereinstimmenden Antrag der Parteien an die zuständige Rückerstattungsbehörde in einer anderen Zone zu verweisen.

KG Berlin-West, Beschl. v. 16. 10. 1963 — 3 W 2666/62: RzW 1964, 113.

Ende April 1938 durchsuchte die Gestapo in Wien das Haus des Erblassers der Berechtigten und beschlagnahmte zahlreiche Gegenstände aus Edelmetall und Schmucksachen. Die Gestapo verwahrte die Gegenstände zunächst und lieferte sie erst im August 1939 an das Dorotheum in Wien ab, die Ankaufstelle des Deutschen Reiches für beschlagnahmte Gegenstände.

Einen Teil der beschlagnahmten Sachen hat das Dorotheum an die Städtische Pfandleihanstalt Berlin abgeliefert. Hinsichtlich dieser Gegenstände haben sich die Parteien verglichen. Der andere Teil der Sachen wurde an zwei Wiener Einlöseanstalten, Louis Rössler und G. A. Scheid'sche Affinerie, abgeliefert.

Die Berechtigten verlangen Schadensersatz auch für die nicht nach Berlin versandten Gegenstände; sie haben hilfsweise Verweisung des Verfahrens an das LG Frankfurt/Main (amerik.) beantragt. Das LG hat diese Anträge zurückgewiesen. Das KG hat auf den Hilfsantrag einen Teil des Verfahrens an die für Frankfurt/Main zuständige Wiedergutmachungsbehörde verwiesen.

Aus den Gründen:

„V. Hauptantrag. Der Hinweis der ASt. zu 1) auf den Schnellbrief des Reichswirtschaftsministers vom 10. 6. 1939 und auf die Entscheidung des ORG Berlin in ORG/A/2617, RzW 1963, 56[1] ist in der vorliegenden Sache verfehlt. Der Schnellbrief des Reichswirtschaftsministers vom 10. 6. 1939 enthält lediglich eine Anordnung über abgeliefertes Gebrauchssilber. Da es sich hier nur noch um abgelieferte Gold- und Platinsachen handelt, ist eine Anwendung des Schnellbriefes vom 10. 6. 1939 mithin ausgeschlossen.

Die ASt. meint augenscheinlich den Schnellbrief des Reichswirtschaftsministers vom 1. 3. 1939 — III Jd 1/5055/39 —, wonach alle Gegenstände aus Gold ohne Rücksicht auf Mindestgewicht und Feingehalt von der örtlichen Verwertung durch die Pfandleihämter ausgenommen wurden und von diesen an die Zentralstelle in Berlin weiterzugeben waren. Eine Ausnahme wurde am 21. 3. 1939 nur für gebrauchsfähige goldene Uhren zugelassen (vgl. KG, NJW/RzW 1960, 545). Nach dem Schnellbrief des Reichswirtschaftsministers vom 5. 6. 1939 — III/Jd 1/12491/39 — waren auch Gegenstände aus reinem

[1] Siehe oben Nr. 96. [2] Hinweis oben bei Nr. 96.

Platin von einer örtlichen Verwertung ausgeschlossen und an die Zentralstelle in Berlin weiterzugeben.

Beide Parteien haben jedoch die Besonderheit des vorliegenden Falles augenscheinlich nicht erkannt. Sie liegt darin, daß die Wertsachen hier nicht entsprechend der Ablieferungsanordnung vom 27. 2. 1939 (RGBl. 282) von dem Verfolgten selbst im März 1939 an die Pfandleihanstalt, hier das Dorotheum in Wien, abgeliefert wurden. Die Gestapo hatte hier die Wertsachen vielmehr bereits am 30. 4. 1938 beschlagnahmt und entzogen und ihrerseits erst am 26. 8. 1939 zur Verwertung an das Dorotheum übergeben. Das Dorotheum hat die Wertsachen nach seiner Auskunft vom 15. 12. 1958 erst im Frühjahr 1940 verwertet, zum Teil sogar erst im Januar 1941.

Demgemäß hatte das Dorotheum nicht mehr die oben genannten Schnellbriefe zu beachten, sondern den Schnellbrief des Reichswirtschaftsministers vom 31. 1. 1940 — III L 5/6162/40 —, wonach die Leihämter Gegenstände aus reinem Golde und reinem Platin zur Vereinfachung des Verfahrens auch unmittelbar an eine Scheideanstalt weitergeben konnten. Entsprechend diesem Schnellbrief hat daher das Dorotheum die noch anhängigen Wertsachen an die Einlöseanstalt Louis Rössler oder die Scheid'sche Affinerie in Wien zur Verwertung weitergegeben.

Damit erweist sich die Behauptung der ASt. zu 1) als nicht zutreffend, daß das Dorotheum die noch anhängigen Wertsachen aus Gold oder Platin an die Zentralstelle in Berlin hätte weitergeben müssen und hierfür eine tatsächliche Vermutung bestehe. Noch weniger richtig ist die Behauptung, daß die Scheideanstalt Louis Rössler und die Scheid'sche Affinerie die Wertsachen an die Zentralstelle in Berlin hätten weitergeben müssen, da sich die Weisungen des Reichswirtschaftsministers überhaupt nicht an die Scheideanstalten richteten, sondern nur an die 66 Pfandleihanstalten, die mit der Entgegennahme der Wertsachen aus jüdischem Besitz als Ankaufsstellen des Deutschen Reiches betraut waren.

Es besteht somit weder ein unmittelbarer Beweis noch ein primafacie Beweis dafür, daß die Wertsachen des Erblassers, die den Gegenstand der Beschwerde bilden, nach Berlin oder nachweislich an einen unbekannten Ort der heutigen Bundesrepublik Deutschland gelangt seien, so daß die Voraussetzungen des § 5 BRüG nicht erfüllt sind. Damit entfällt die Anwendbarkeit der REAO und die Zuständigkeit der Westberliner Rückerstattungsbehörden auf die noch anhängigen Ansprüche, so daß der ASt. zu 1) rückerstattungsrechtlicher Ersatz für die noch anhängigen Wertsachen nach den Bestimmungen der Berliner Rückerstattungsanordnung vom 26. 6. 1949 (REAO) nicht zuerkannt werden kann. Der Hauptantrag der ASt. zu 1) ist daher unbegründet, so daß ihre Beschwerde insoweit zurückzuweisen war.

VI. Verweisungsantrag. Der hilfsweise gestellte Verweisungsantrag der ASt. zu 1) ist jedoch in vollem Umfange begründet. Das LG hat diesen Hilfsantrag zu Unrecht abgelehnt, soweit es sich um die im Beschwerdeverfahren noch anhängigen Ansprüche handelt.

Die Beschwerde erstreckt sich einmal auf die Wertsachen der Ablieferungsliste Nr. 26.504

Posten 48 bis 49 und

Posten 53 bis 57.

Nach Auskunft des Dorotheum vom 15. 12. 1958 sind diese Posten am 3. 3. 1940 an die Einlöseanstalt Louis Rössler in Wien weitergegeben worden.

Wie gerichtsbekannt ist, hat die Einlöseanstalt Louis Rössler in Wien die Edelmetallsachen nicht selbst geschieden, sondern nur eingeschmolzen und die eingeschmolzenen Metallbarren zum Scheiden an die Degussa in Frankfurt/Main weitergegeben.

Das LG hat den Anspruch insoweit mit der Begründung abgewiesen, die entzogenen Edelmetallsachen hätten durch das Einschmelzen in Wien ihre Feststellbarkeit verloren und seien daher nicht als feststellbare Vermögensgegenstände in den Bereich des BRüG gelangt. Die Bestimmung des § 5 BRüG setze jedoch voraus, daß die entzogenen Sachen in feststellbarer Form in den Anwendungsbereich des BRüG gelangt seien, so daß der Anspruch unbegründet sei (ebenso KG 24. 11. 1959 — 18 W 1440/59, NJW/RzW 1960, 150 mit abl. Anm. von *Schwarz*).

Das LG hat also den Anspruch als sachlich unbegründet abgewiesen. Es hätte aber zunächst von Amts wegen prüfen müssen, ob die Berliner Rückerstattungsgerichte überhaupt befugt sind, über den Anspruch sachlich zu entscheiden, oder ob die Entscheidung über den Anspruch anderen Rückerstattungsbehörden obliegt. Die Zuständigkeit und Entscheidungsbefugnis der Berliner Rückerstattungsgerichte ist hier aber zu verneinen. Da die bei der Firma Louis Rössler in Wien eingeschmolzenen Metallbarren an einen bestimmten Ort der Bundesrepublik Deutschland, nämlich an die Degussa in Frankfurt am Main geliefert wurden, scheidet die Zuständigkeit der Berliner Wiedergutmachungsbehörden für diesen Teil der Ansprüche aus. Es kommt vielmehr nur die Zuständigkeit der Wiedergutmachungsbehörde in Frankfurt/Main in Betracht. Hierbei ist zunächst davon abzusehen, ob vorauszusetzen ist, daß die entzogenen Edelmetallsachen in unveränderter Form nach Frankfurt/Main gelangten oder ob es genügt, daß ein Surrogat nach Frankfurt gelangte und ob das eingeschmolzene Material überhaupt als Surrogat der entzogenen Edelmetallsachen anzusehen sei.

Die Entscheidung über alle diese zweifelhaften, jedoch bereits zur Entscheidung in der Sache gehörenden Fragen ist aber in dem vorliegenden Fall gerade den Westberliner Rückerstattungsgerichten entzogen, da die Zuständigkeit der Westberliner Rückerstattungsgerichte nicht gegeben ist. Denn es steht fest, daß die entzogenen Wertsachen in der Form eingeschmolzener Metallbarren an die Degussa in Frankfurt/Main gelangt sind.

Die Anwendbarkeit der Westberliner REAO und die Zuständigkeit der Westberliner Rückerstattungsbehörden ist daher für diejenigen Edelmetallsachen zu verneinen, die das Dorotheum an die Einlöseanstalt Louis Rössler in Wien weitergegeben hat und die in der Form eingeschmolzener Metallbarren zur Degussa in Frankfurt am Main gelangt sind. Das LG Berlin war insoweit zu einer Sachentscheidung nicht befugt, da über diesen Teil der Ansprüche die Wiedergutmachungsbehörde in Frankfurt/Main nach den Bestimmungen des Rückerstattungsgesetzes für die amerik. Zone zu entscheiden hat.

Das LG hätte daher dem bereits in erster Instanz schriftlich gestellten Antrag der ASt., die Sache an die Wiedergutmachungsbehörde in Frankfurt/Main zu verweisen, insoweit stattgeben müssen, als es sich um die an die Einlöseanstalt Louis Rössler weitergegebenen Wertsachen handelt.

Das ORG Berlin hat in seiner Entscheidung vom 4. 6. 1958 — ORG/A/886, ORGE Berlin 10, 82 entschieden, daß nach dem Inkrafttreten des BRüG in sinngemäßer Anwendung des § 30 I BRüG keine Bedenken mehr bestehen, auch vor der rechtskräftigen Erledigung des Anspruchs in Berlin auf übereinstimmenden Antrag beider Parteien die Sache an die zuständige Rückerstattungsbehörde einer Westzone zu verweisen. Dem ist beizutreten.

Auf die Beschwerde des ASt. war daher die Entscheidung des LG insoweit aufzuheben, als der rückerstattungsrechtliche Ersatzanspruch wegen Entziehung der an die Einlöseanstalt Louis Rössler in Wien weitergegebenen Edelmetallsachen abgewiesen ist. In diesem Umfang war die Sache über den Haupttreuhänder für Rückerstattungsvermögen in Berlin und über das Verwaltungsamt für innere Restitution in München 2, Deroystr. 4 an die zuständige Wiedergutmachungsbehörde in Frankfurt/Main zu verweisen (ebenso KG vom 30. 3. 1960 — 3 W 2099/59, NJW/RzW 1960, 426).

Der Verweisungsantrag ist aber auch begründet, soweit es sich um die entzogenen Golddosen der Ablieferungsliste 26.502

Posten 1 bis 6
Posten 8 bis 10
Posten 12 bis 20

handelt. Das Dorotheum hat in seiner Auskunft angegeben, es habe diese Golddosen am 6. 5. 1940 teilweise an die Einlöseanstalt Louis Rössler und teilweise an die Scheid'sche Affinerie in Wien weitergegeben, wobei das Dorotheum nähere Angaben jedoch nicht mehr machen kann. Diese Auskunft des Dorotheums kann — für sich allein betrachtet — den Schluß zulassen, es stehe effektiv fest, daß ein Teil der Golddosen an die Scheid'sche Affinerie gelangt ist. Dieser Schluß ist jedoch fehlsam, wie sich aus einer weiteren Auskunft des Dorotheums vom 4. 11. 1961 ergibt. Der Senat hat keine Bedenken, diese Auskunft, die in dem Verfahren (148 WGK) 41 WGA 5487/59 (516/61) erteilt und dem AGg. abschriftlich mitgeteilt ist, zu verwenden. Das Verfahren ist jetzt zu Wi/Ffm 22 142 N bei dem Landesamt für Vermögenskontrolle und Wiedergutmachung in Frankfurt a. M. anhängig. Diese Auskunft lautet wörtlich:

„Unter Bezugnahme auf die dortige Anfrage vom 26. 10. 1961 wird mitgeteilt, daß aus den hier vorhandenen Unterlagen nicht festgestellt werden kann, ob die in den Ablieferungslisten Nr.... angeführten Teilposten... an die Einlöseanstalt Louis Rössler oder an die G. A. Scheid'sche Affinerie weitergeleitet wurden.

Hierzu wird erläuternd bemerkt, daß die an die Wiener Edelmetallscheideanstalten weitergeleiteten Gegenstände in den Ablieferungslisten durch Beisetzung eines Datums gekennzeichnet sind. Auf Grund dieses Datums kann sodann aus den ebenfalls vorhandenen Abrechnungen mit den Edelmetallscheideanstalten festgestellt werden, ob vom Dorotheum an dem betreffenden Tage Gegenstände an die G. A. Scheid'sche Affinerie oder an die Einlöseanstalt Louis Rössler abgeliefert wurden, da in der Regel am gleichen Tage nur Ablieferungen an eine der beiden Scheideanstalten erfolgt sind. An einigen Tagen sind jedoch gleichzeitig Gegenstände an *beide* Scheideanstalten abgeliefert worden. In diesen Fällen kann nicht festgestellt werden, *welche* Gegenstände an die eine und welche an die andere Scheideanstalt übergeben wurden."

Somit ist die im vorliegenden Verfahren erteilte Auskunft, die Dosen seien teilweise an die eine, teilweise an die andere Wiener Scheideanstalt weitergeleitet, irreführend. Es besteht vielmehr auch die Möglichkeit, daß alle diese Golddosen an die Einlöseanstalt Louis Rössler gelangt sind. Es ist aber auch möglich, daß alle Golddosen an die Scheid'sche Affinerie gegeben wurden.

Soweit das Dorotheum die Golddosen an die Scheid'sche Affinerie in Wien zur Verwertung weitergegeben hat, ist zwar weder die Zuständigkeit der Berliner noch der Frankfurter Wiedergutmachungsbehörden gegeben. Die an die Scheid'sche Affinerie gelieferten Edelmetallsachen sind dort eingeschmolzen worden. Die Scheid'sche Affinerie hat das Metall geschieden und nach den Weisungen der Reichsstelle für Edelmetalle an Interessenten geliefert. Die entzogenen Edelmetallsachen sind daher bei der Scheid'schen Affinerie in Wien untergegangen. Der Verbringungsnachweis gemäß § 5 BRüG kann für diese Gegenstände nicht erbracht werden. Ein Anhaltspunkt dafür, daß die Gegenstände oder ihr Surrogat in das Gebiet der heutigen Bundesrepublik Deutschland insbesondere nach Frankfurt oder nach Berlin gelangt seien, besteht nicht. Die Scheid'sche Affinerie hat ihre Metallbestände auch nicht an die Degussa in Frankfurt/Main weitergegeben, sondern vermutlich überwiegend an Abnehmer im Gebiet Österreichs weiterverkauft. Für die an die Scheid'sche Affinerie in Wien gelieferten Sachen kann demzufolge auch eine Zuständigkeit der Wiedergutmachungsbehörde in Frankfurt/Main nicht festgestellt werden.

Das Beschwerdegericht hat in seiner Entscheidung vom 16. 1. 1963 — 3 W 1625/62 — zwar entschieden, daß der Anspruch abzuweisen sei, wenn im einzelnen nicht festgestellt werden könne, welche Wertsachen einer Mehrheit entzogener Gegenstände das Dorotheum an die Einlöseanstalt Louis Rössler oder an die Scheid'sche Affinerie weitergegeben habe. Da in diesem Falle auch nicht festgestellt werden könne, welche Wertsachen in der Form eingeschmolzener Metallbarren nach Frankfurt/Main gelangt seien, sei auch der Verweisungsantrag unbegründet.

Das Beschwerdegericht hat diese Auffassung in seiner späteren Entscheidung vom 23. 3. 1963 — 3 W 2648/62 — jedoch nicht mehr aufrecht erhalten. Das Beschwerdegericht hat hier ausgeführt, daß die Beweiswürdigung darüber, welche Wertsachen dieser Mehrheit an die Einlöseanstalt Louis Rössler und welche Wertsachen an die Scheid'sche Affinerie gegeben wurden, der Entscheidung des Beschwerdegerichts als eines Revisionsgerichts entzogen und der Wiedergutmachungsbehörde in Frankfurt/Main als Tatsacheninstanz zu überlassen sei. Die Wiedergutmachungsbehörde in Frankfurt/Main werde den Anteil der genannten Scheideanstalten an den fraglichen Posten in entsprechender Anwendung der §§ 286, 287 ZPO gegebenenfalls zu schätzen haben, falls sie eine solche Schätzung für richtig und angemessen halten sollte.

Das Beschwerdegericht verbleibt aus folgenden Erwägungen bei dieser Auffassung:

Die Verweisung einer Sache an eine andere Wiedergutmachungsbehörde setzt regelmäßig zwar voraus, daß die Zuständigkeit dieser Wiedergutmachungsbehörde in vollem Umfange festgestellt werden kann. Im Rückerstattungsverfahren mit seinen gelockerten Formvorschriften ist eine Verweisung aber auch dann als zulässig zu erachten, wenn die Anwendbarkeit des Rückerstattungsgesetzes einer anderen Zone und die Zuständigkeit der Rückerstattungsbehörden dieser Zone allein in Betracht kommen, ohne daß diese Voraussetzungen schon in vollem Umfange festgestellt werden können, es hierzu vielmehr einer Beweiswürdigung oder ergänzender Beweiserhebungen nach Maßgabe des anderen Rückerstattungsgesetzes bedarf, dessen Anwendung dem erkennenden Gericht verschlossen ist. Die Anwendbarkeit der Berliner REAO und die Zuständigkeit der Westberliner Rückerstattungsbehörden ist, wie dargelegt wurde, auf die noch anhängigen Ansprüche der ASt. zu 1) in keinem Falle gegeben. Sofern überhaupt ein Rückerstattungsanspruch gegeben ist, kommt nur ein Anspruch auf Grund des Rückerstattungsgesetzes für die (ehemalige) amerik. Zone vom 10. 11. 1947 sowie die Zuständigkeit der Wiedergutmachungsbehörden dieser Zone in Betracht.

Es würde der Prozeßökonomie zuwiderlaufen, die noch anhängigen Ansprüche in Berlin mangels Zuständigkeit der Westberliner Rückerstattungsbehörden abzuweisen, da die ASt. zu 1) in diesem Falle im Hinblick auf § 27 III BRüG nicht gehindert wäre, unter Bezugnahme auf ihre Rückerstattungsanmeldung in Berlin den Anspruch bei den Wiedergutmachungsbehörden in Frankfurt/Main weiterzuverfolgen (ORG Berlin vom 12. 2. 1963 — ORG/A/2958). Wie sich auch aus § 30a des Entwurfs eines Dritten Gesetzes zur Änderung des BRüG (Drucksache des Bundesrats Nr. 266/63, S. 3) ergibt, ist es der Wille des Gesetzgebers, im Rückerstattungsverfahren eine Abweisung des Anspruchs wegen örtlicher Unzuständigkeit tunlichst zu vermeiden, sondern den Anspruch beschleunigt einer Sachentscheidung zuzuführen. Für diese Sachentscheidung kommt hier aber allein die für Frankfurt/Main zuständige Wiedergutmachungsbehörde in Betracht, die über den Anspruch nach den Bestimmungen des Rückerstattungsgesetzes für die (ehemalige) amerik. Zone vom 10. 11. 1947 zu entscheiden hat. Der für die Sachentscheidung zuständigen Wiedergutmachungsbehörde muß es auch überlassen bleiben, etwa weitere Ermittlungen über die Weitergabe der Golddosen an die eine *oder* andere Wiener Scheideanstalt anzustellen. Die Berliner Wiedergutmachungsgerichte jedenfalls sind mangels Zuständigkeit gehindert, weitere Beweise hierüber zu erheben.

Auf den Hilfsanstrag der ASt. zu 1) war daher die Sache, soweit es sich um die noch anhängigen Ansprüche handelt, an die für Frankfurt/Main zuständige Wiedergutmachungsbehörde zu verweisen."

104. Die Westberliner Rückerstattungsanordnung ist nicht anwendbar und Westberliner Wiedergutmachungsbehörden sind nicht zuständig, wenn die Entziehung von Gegenständen außerhalb Westberlins erfolgte und der entzogene Gegenstand auch nicht später in feststellbarer Form nach Westberlin gelangt ist.

Oberstes Rückerstattungsgericht Berlin, Entsch. v. 8. 11. 1963 — ORG/A/3194: Leitsatz in ORGE Berlin 20, 221.

Der Berechtigte verlangt vom Deutschen Reich Schadensersatz dafür, daß dieses die Kaufpreisforderung, die ihm aus dem Verkauf seiner Mühle in K. (östlich der Oder-Neiße-Linie) zugestanden habe, auf Antrag des Käufers herabgesetzt und den Kaufpreisrest gestundet habe. Außerdem sei ihm für seine Mühle in P. (östlich der Oder-Neiße-Linie) weniger Getreide zugeteilt worden, als ihm zugestanden habe.

Das LG hat den Antrag aus Sachgründen zurückgewiesen, das KG wegen fehlender Zuständigkeit. Der Überprüfungsantrag blieb erfolglos.

Aus den Gründen:

„II. Zur Begründung seiner abweisenden Entscheidung hat das KG u. a. ausgeführt:

‚Nach ständiger Rechtsprechung der Berliner Gerichte ist der Geltungsbereich der Rückerstattungsanordnung (REAO) und des Bundesrückerstattungsgesetzes (BRüG) — abgesehen von den hier nicht gegebenen Sondertatbeständen des Art. 27 III REAO und des § 5 BRüG — auf das Gebiet Westberlins und der Bundesrepublik Deutschland beschränkt (so u. a. das ORG für Berlin ständig seit der grundsätzlichen Entscheidung ORG/A/2, ORGE Berlin 5, 170[1]). Nach dem Vorbringen des ASt. haben sich aber die angeblichen Verfolgungsmaßnahmen in Pommern und damit außerhalb des Geltungsbereichs der Rückerstattungsgesetze abgespielt und ausgewirkt. Da weiter kein Anhalt dafür gegeben ist, daß dem ASt. entzogene Vermögensgegenstände nach ihrer Entziehung in feststellbarer Form

[1] IzRspr. 1954—1957 Nr. 270.

in den Geltungsbereich der Rückerstattungsgesetze gelangt sein könnten und sich daraus eine Anwendbarkeit der Rückerstattungsgesetze ergeben könnte, ist weder der Geltungsbereich der Rückerstattungsgesetze noch die Zuständigkeit der Berliner Wiedergutmachungsbehörden gegeben.‘

Diese Ausführungen lassen keinen Rechtsirrtum erkennen. Der Überprüfungsantrag des Berechtigten ist deshalb zurückzuweisen.“

X. ZIVILPROZESSRECHT

1. Gerichtsstand

105. Ein westdeutsches Gericht kann einen Rechtsstreit an ein sowjetzonales Gericht verweisen. — Zur Vereinbarung eines Gerichtsstandes in einem Interzonenhandelsgeschäft.

LG Hamburg, Urt. v. 14. 11. 1960 — 61 O 13/60: unveröffentlicht.

Die Kl., eine Gesellschaft mit Sitz in Hamburg (Bundesgebiet), stellt Melkanlagen und Zubehör her. Sie begehrt von der Bekl., der DIA Transportmaschinen Export-Import in Berlin-Ost, Schadensersatz wegen Nichterfüllung von Verträgen, die sie mit der Rechtsvorgängerin der Bekl. abgeschlossen haben will. Der Sachverhalt im einzelnen ergibt sich aus dem oben unter Nr. 54 abgedruckten Urteil des LG Hamburg vom 6. 6. 1962.

Das LG wies die Klage wegen Unzuständigkeit ab. Im Berufungsverfahren nahm die Bekl. später die Einrede der örtlichen Unzuständigkeit zurück, und es erging in der Sache das erwähnte Urteil des LG Hamburg vom 6. 6. 1962 (oben Nr. 54).

Aus den Gründen:

„Die Einrede der Bekl. greift durch, so daß die Klage — mangels eines Antrags der Kl. auf Verweisung an das für die Bekl. örtlich zuständige Gericht, der die Zonenaufteilung nicht entgegenstehen würde (*Baumbach*, ZPO, § 276 Anm. 1 C) — durch Urteil ohne Wirkung in der Sache (Prozeßabweisung) abzuweisen ist.

I. Die Kl. hat zwar dargelegt, daß sie am 2. 5. 1955 die Aufträge der Rechtsvorgängerin der Bekl. vom 9. 3. 1955 bestätigt habe, und zwar zu ihren — der Kl. — Liefer- und Garantiebedingungen, die in Ziff. IX als Gerichtsstand örtlich Hamburg vorsehen. Indessen beruft sich die Bekl. zu Recht demgegenüber auf ihre Bestellung vom 9. 3. 1955, nach deren § 9 als Gerichtsstand für alle Streitigkeiten aus diesem Vertrag für beide Teile das Stadtbezirksgericht Berlin-Mitte vereinbart ist.

Wenn demgegenüber die Kl. geltend macht, daß die widerspruchslose Entgegennahme ihrer Bestätigungen vom 2. 5. 1955 und schließlich die bereits vorher erteilte mündliche Zustimmung der Vertreter der Rechtsvorgängerin der Bekl. zu den Liefer- und Garantiebedingungen der Kl. zu einer Vereinbarung über Hamburg als Gerichtsstand geführt hätten, so steht dem § 11 der Auftragserteilung vom 9. 3. 1955 entgegen, wonach Änderung und Zusätze des Vertrages der vertraglichen Schriftform bedürfen. Entfällt damit schon ohne weiteres die Zustimmung der Rechtsvorgängerin der Bekl. durch ihr Schweigen auf die Bestätigungen der Kl. vom 2. 5. 1955, so hat die Kl. auch nichts dafür vorgetragen und etwa unter Beweis gestellt, daß bei Entgegennahme des Auftrages der Rechtsvorgängerin der Bekl. *deren damalige Vertreter* und die Vertreter der Kl. in bewußter Abweichung von dem Erfordernis der Schriftform des § 11 und unter Offenlegung der Gründe von den [die] Bedingungen des Auftrags vom 9. 3. 1955 völlig abweichende Bedingungen vereinbart haben sollen. Hinzu kommt, daß die Bekl., deren Schreiben vom 4. 5. 1955/56 offenbar vor Eingang der Bestätigungen der Kl. vom 2. 5. 1955 geschrieben ist, sich in ihrem Schreiben vom 2. 8. 1955/57 auf § 10 ihrer Bedingungen vom 9. 3. 1955 beruft.

Nach alledem hat die Kl. nicht glaubhaft dargetan, daß für ihren Schadensersatzanspruch aus Bestellung von 12 000 Melkstrümpfen Hamburg als Gerichtsstand vereinbart ist.

II. Hinsichtlich ihrer geltend gemachten Ansprüche auf Schadensersatz aus einem von der Rechtsvorgängerin der Bekl. erteilten wirksamen Auftrag auf Melkanlagen, ebenso hinsichtlich ihres Anspruchs auf Auskehrung eines Garantiebetrages aus dem Kontingent der Kl. auf der Leipziger Frühjahrsmesse 1955, fehlt es auf seiten der Kl. an einer glaubhaften Darlegung eines Gerichtsstandes, der zwischen den Parteien vereinbart wäre und damit die Zuständigkeit des angerufenen Gerichts begründen könnte.

Nach alledem fehlt es an der Zuständigkeit des angerufenen Gerichts, und es ist wie geschehen zu erkennen."

106. Ist in einem Kaufvertrag des Interzonenhandels die Zuständigkeit des Schiedsgerichts bei der Kammer für Außenhandel der DDR oder der Gerichtsstand Berlin-Mitte vereinbart, so kann darin die Vereinbarung eines ausschließlichen Gerichtsstandes in Berlin-Mitte liegen.

LG Hamburg, Beschl. v. 16. 11. 1962 — 23 O 10/62: unveröffentlicht.

Die ASt., eine Firma mit Sitz in D. (Bundesgebiet), verkaufte an die AGg., den DIA Holz und Papier in Berlin-Ost, 2000 ccm tropischer Hölzer. Die Bezahlung sollte im Rahmen des Abkommens über den innerdeutschen Handel durch Überweisung der Deutschen Notenbank in Berlin-Ost auf das Konto der ASt. bei der De. Bank in D. erfolgen gegen Vorlage der Dokumente bei der Deutschen Notenbank. Die Parteien hatten vereinbart, daß die „Allgemeinen Einkaufsbedingungen für Laubrundholz exot." der AGg. gelten sollten. Diese bestimmen in § 4:

„Alle Streitigkeiten aus diesem Vertrag werden entweder durch das Schiedsgericht bei der Kammer für Außenhandel der DDR oder durch ein ordentliches Gericht entschieden. Die Wahl des Gerichts obliegt der Partei, die einen Anspruch geltend macht.

Das Verfahren beim Schiedsgericht der Kammer für Außenhandel regelt sich nach dessen Satzung.

Der Ort des Zusammentritts ist Berlin-Mitte. Für Verfahren vor dem ordentlichen Gericht wird als Gerichtsstand Berlin-Mitte vereinbart.
Es ist deutsches Recht anzuwenden."

Die ASt. sandte der AGg. am 2. 8. 1962 eine Rechnung über rund 140 000 DM über eine Teilladung Holz. Die De. Bank in D. sandte an demselben Tage die Dokumente an die Deutsche Notenbank in Berlin zur Vorlage bei der AGg. Die ASt. mahnte am 23., 24. und 31. 8. sowie am 2. und 3. 9. die Zahlung an. Durch Schreiben vom 3. 9. teilte die Firma M. in Hamburg, bei der das Holz lagerte, der ASt. mit, daß die AGg. durch einen Spediteur ein Konnossement vorgelegt und Auftrag zur Verladung erteilt habe. Die De. Bank teilte durch Schreiben von demselben Tage mit, daß keine Zahlung eingegangen und die Deutsche Notenbank auch keinen Termin für die Zahlung genannt habe.

Daraufhin beantragte die ASt. am 5. 9. 1962 beim LG Hamburg wegen ihrer Forderung einen Arrest gegen die AGg. In dem Arrestgesuch heißt es, die Deutsche Notenbank habe vertragswidrig die Dokumente an die AGg. ausgehändigt, so daß die Gefahr bestehe, daß die AGg. über das Holz verfüge und die ASt. wegen ihrer Forderung gegen die AGg. in Berlin-Mitte vollstrecken müsse.

Das LG erließ den beantragten Arrest. Auf Grund des Arrestes wurden die Ansprüche der AGg. gegen die Firma M. auf Herausgabe des Holzes gepfändet.

Durch Schreiben vom 11. 9. 1962 zeigte die ASt. an, daß inzwischen ein Teilbetrag von der AGg. eingegangen sei. Bald darauf ging auch der Rest ein. Die AGg. legte am 19. 9. 1962 Widerspruch gegen den Arrest ein. In der mündlichen Verhandlung erklärten beide Parteien die Hauptsache für erledigt. Jede Partei beantragte, die Kosten des Verfahrens der anderen Partei aufzuerlegen.

Das LG legte die Kosten der ASt. auf.

Aus den Gründen:

„II. Die Kosten des erledigten Verfahrens hat gemäß § 91a ZPO die ASt. zu tragen, weil das LG Hamburg für die Anordnung des Arrestes nicht zuständig war.

Gemäß § 919 ZPO ist für die Anordnung des dinglichen Arrestes sowohl das Gericht der Hauptsache als das Amtsgericht zuständig, in dessen Bezirk der mit Arrest zu belegende Gegenstand sich befindet.

Aus § 4 der Allgemeinen Einkaufsbedingungen geht hervor, daß für alle Streitigkeiten aus dem Kaufvertrag entweder das Schiedsgericht oder das ordentliche Gericht in Berlin-Mitte zuständig sein soll.

Danach ist als Gericht der Hauptsache im Sinne des § 919 ZPO das LG Berlin-Mitte anzusehen.

Nach Ansicht der Kammer ist die Vereinbarung der Parteien weiter dahin auszulegen, daß das Gericht in Berlin-Mitte ausschließlich — nicht nur zusätzlich — zuständig sein solle.

Dafür spricht der Wortlaut des § 4, wonach die Parteien nur die Wahl haben, das Schiedsgericht oder das ordentliche Gericht in Berlin-Mitte anzurufen.

Weiter ist zu berücksichtigen, daß die Gerichtsstandsvereinbarung, die in einem Formular der AGg. enthalten ist, in ihrem Interesse aufgenommen wurde, um Rechtsstreitigkeiten vor auswärtigen Gerichten zu vermeiden. Würde man die Vereinbarung nur im Sinne einer zusätzlichen Zuständigkeit auslegen, dann hätte sie bezüglich der gegen die AGg. gerichteten Verfahren praktisch keinen Sinn (vgl. zu dieser Frage auch *Baumbach,* [ZPO] § 38 Anm. B; *Wieczorek,* [ZPO] § 38 Anm. C b 2; RG, WarnRspr. 1922 Nr. 60; RG, WarnRspr. 1936 Nr. 162; OLG Hamburg, MDR 1949, 368).

Daraus folgt, daß eine Zuständigkeit des LG Hamburg als Gericht der Hauptsache gemäß § 23 ZPO (Gerichtsstand des Vermögens) auf Grund der Vereinbarung über den Gerichtsstand ausgeschlossen war.

Eine Zuständigkeit des LG Hamburg gemäß § 32 ZPO war auch nicht gegeben; denn die ASt. beantragte den Arrest wegen ihrer Kaufpreisforderung, nicht wegen einer Forderung aus unerlaubter Handlung.

Die ASt. hätte den Arrest daher entweder bei dem LG Berlin-Mitte oder bei dem AG Hamburg, in dessen Bezirk sich der mit Arrest zu belegende Anspruch der AGg. befand, beantragen müssen.

Da das LG Hamburg für die Anordnung des Arrestes unzuständig war, so hätte der Arrestbefehl auf den Widerspruch der AGg. aufgehoben werden müssen, wenn die Parteien das Verfahren nicht für erledigt erklärt hätten. Daraus folgt, daß die Kosten des erledigten Verfahrens der ASt. aufzuerlegen sind."

107. Der Gerichtsstand des § 23a ZPO gilt nicht für den interzonalen Rechtsverkehr. — § 23a ZPO ist nicht anwendbar, wenn nicht feststeht, ob der Bekl. keinen Gerichtsstand im Inland hat.

LG Berlin-West, Beschl. v. 24. 6. 1963 — 71 T 47/63: DAVorm. 36 (1963) 275.

Der Kl. ist ein uneheliches Kind, das zur Zeit in Westberlin lebt. Kurz nach seiner Geburt hat der Bekl. im März 1950 die Vaterschaft anerkannt und sich zur Zahlung einer monatlichen Unterhaltsrente von 35 DM verpflichtet. Der Kl. ist im Jahre 1954 mit seiner Mutter nach Westberlin übergesiedelt.

Der Kl. behauptet, er habe seit September 1951 vom Bekl. keinen Unterhalt mehr erhalten. Der Aufenthalt des Bekl. sei unbekannt; Nachforschungen nach ihm seien sowohl in der Sowjetzone als auch in Westdeutschland ohne Ergebnis geblieben. Der Kl. beabsichtigt, um die Verjährung zu unterbrechen, gegen den Bekl. eine Feststellungsklage zu erheben. Er hat um Bewilligung des Armenrechts und der öffentlichen Zustellung gebeten.

AG und LG haben den Antrag mangels örtlicher Zuständigkeit zurückgewiesen.

Aus den Gründen:

„Mit Recht hat das AG Sch. seine örtliche Zuständigkeit für die von dem Kl. beabsichtigte Klage verneint. Ein ausschließlicher Gerichtsstand bei dem AG Sch. ist für diese Klage gesetzlich nicht begründet. Der Bekl. hat im Bezirk des AG Sch. auch keinen allgemeinen Gerichtsstand (§§ 12, 13, 16, 20 ZPO).

Entgegen der Auffassung des Kl. begründen im vorliegenden Falle des weiteren die Vorschriften des § 23a ZPO keine Zuständigkeit für das angerufene Amtsgericht. Nach § 23a ZPO ist für Klagen in Unterhaltssachen gegen eine Person, die im Inlande keinen Gerichtsstand hat, das Gericht zuständig, bei dem der Kl. im Inland seinen allgemeinen Gerichtsstand hat. Diese gesetzliche Bestimmung, die einen Hilfsgerichtsstand in Unterhaltssachen einführt, ist durch § 12 des Ausführungsgesetzes vom 18. 7. 1961 zu dem Haager Übereinkommen über die Anerkennung und Vollstreckung von Entscheidungen auf dem Gebiet der Unterhaltspflicht gegenüber Kindern vom 15. 4. 1958 (BGBl. 1961 II 1006, BGBl. 1961 I 1033) in die Zivilprozeßordnung eingeführt worden. Diesem Übereinkommen sind außer der Bundesrepublik bisher erst einige Staaten beigetreten. Die Entstehungsgeschichte des § 23a ZPO zeigt eindeutig, daß er eine Regelung des inter*nationalen* Rechtsverkehrs darstellt und dazu dienen soll, Unterhaltskläger von Schwierigkeiten, die Klagen im Auslande verursachen, zu befreien. Hieraus folgt, daß die Anwendung der Bestimmung des § 23a ZPO auch nur auf die Fälle beschränkt werden kann, in denen feststeht, daß der Beklagte keinen Gerichtsstand im Inlande hat. Nach dem eigenen Vorbringen des Kl. steht aber nicht fest, daß sich der Bekl. im Inlande befindet. Selbst wenn Nachforschungen des Kl. und Fahndungsmaßnahmen erfolglos geblieben sind, steht nicht fest, daß der Bekl. sich nicht im Inlande aufhält. Eine ausdehnende Anwendung des § 23a ZPO auf die Fälle, in denen es zweifelhaft ist, ob der Bekl. im Inlande einen Gerichtsstand hat, widerspricht dem Wortlaut dieser Vorschrift und ihrer im Rahmen des internationalen Rechtsverkehrs gegebenen Zweckbestimmung. Im vorliegenden Falle handelt es sich um Fragen und Probleme des *interzonalen* Rechtsverkehrs. Denn der Kl. hat die Möglichkeit, die beabsichtigte Klage gemäß § 16 ZPO bei dem für den letzteren Wohnsitz des Bekl. zuständigen Gericht der sowjet. Besatzungszone zu erheben. Eine entsprechende Anwendung des § 23a ZPO auf alle Fälle, in denen, wie hier, Probleme des interzonalen Rechtsverkehrs auftauchen, hält die Kammer nach der Entstehungsgeschichte dieser Vorschrift nicht für zulässig. Derartige Probleme des interzonalen Rechtsverkehrs sind nicht nur der Rechtsprechung, sondern auch dem Gesetzgeber hinreichend bekannt. Wenn dennoch der § 23a ZPO eine Fassung erhalten hat, die diesen Problemen nicht Rechnung trägt, kann hieraus nur gefolgert werden, daß eine gesetzliche Regelung insoweit nicht beabsichtigt war.

Hiernach bleibt dem Kl. nur die Möglichkeit, die Klage gemäß § 16 ZPO bei dem Gericht des letzten bekannten Wohnsitzes des Bekl. zu erheben. Dies ist für den Kl. auch nicht unzumutbar, zumal die Klage nur zur Unterbrechung der Verjährung erhoben werden soll."

2. Armenrecht

108. Einem Bewohner der Sowjetzone kann im Verfahren auf Patenterteilung die Beschwerdegebühr nicht entsprechend § 17 I des 6. Überleitungsgesetzes gestundet werden. — Ein Bewohner der So-

wjetzone ist auch dann „bedürftig", wenn er nicht durch Armut, sondern durch Transferschwierigkeiten an der Entrichtung einer Gebühr gehindert ist.

Bundespatentgericht, Beschl. v. 19. 9. 1962 — 17 W 191/62: BPatGE 4, 22; Leitsätze in GRUR 1964, 258 und MittDVGR 1964, 27.

Aus den Gründen:

[*22*] „Die Patentanmeldung des in N. [sowjet.] wohnhaften Anmelders betreffend Brillengestelle aus Zellhorn, Kunststoff oder dgl. ist durch Beschluß des Deutschen Patentamts vom 29. 3. 1962 aus sachlichen Gründen [*23*] zurückgewiesen worden, nachdem die Anmeldegebühr gemäß § 16 III des 5. Überleitungsgesetzes (ÜG) gestundet worden war.

Gegen den Zurückweisungsbeschluß hat der Anmelder rechtzeitig am 24. 5. 1962 Beschwerde eingelegt und beantragt, ihm die Beschwerdegebühr zu stunden, falls die gleichzeitig beantragte Genehmigung zur Zahlung dieser Gebühr nicht rechtzeitig eingehe. Mit Schreiben vom 20. 6. 1962 hat er an Eidesstatt erklärt, daß er, obgleich er alle erforderlichen Schritte unternommen habe, die Genehmigung bisher nicht erhalten habe.

Nach dem inzwischen aufgehobenen § 16 III des 5. ÜG konnten Ostzonenbewohnern bestimmte Gebühren gestundet werden. Der 1. Beschwerdesenat hat in einer Entscheidung vom 11. 7. 1958 diese Bestimmung analog auch auf die Beschwerdegebühr angewandt, die in der genannten Bestimmung nicht erwähnt war.

Nach dem an ihre Stelle getretenen § 17 I des 6. ÜG können Bewohner der sowjet. besetzten Zone und bestimmte andere Personen ‚bis zum Ablauf der Frist zur Entrichtung patentamtlicher Gebühren, die durch Zustellung der Nachricht nach § 11 III und IV, § 26 II, § 31 III des PatG ... in Lauf gesetzt werden, ... Stundung der Gebühren beantragen, wenn sie durch außergewöhnliche Umstände an der rechtzeitigen Zahlung gehindert sind'. Wenn hier auch von ‚Stundung der Gebühren' ganz allgemein die Rede ist, so sind damit doch offensichtlich nur die zu Beginn des Satzes näher gekennzeichneten Gebühren gemeint, deren gemeinsame Besonderheit darin liegt, daß durch Bewilligung des Armenrechts in der Regel keine einstweilige Befreiung von der Pflicht zur Entrichtung gewährt werden kann (§ 46b PatG). Ist aber die Stundungsmöglichkeit nach dem Wortlaut des § 17 I des 6. ÜG auf diese Gebühren beschränkt, so offensichtlich deshalb, weil in anderen Fällen, z. B. hinsichtlich der hier in Betracht kommenden Beschwerdegebühr durch Bewilligung des Armenrechts geholfen werden kann, so auch *Ballhaus*, MittDVGR 1962, 8. Eine analoge Anwendung des § 17 I des 6. ÜG auf die Beschwerdegebühr erscheint deshalb nicht gerechtfertigt. Wenn in der Begründung zu dieser Bestimmung ausgeführt wurde, daß sie — von einer hier nicht in Betracht kommenden Ausnahme abgesehen — sachlich mit dem aufgehobenen § 16 III des 5. ÜG übereinstimme, so ist dabei sicher nur der sich aus dem Wortlaut ergebende Gehalt des

§ 16 aaO in Betracht gezogen worden, nicht aber der erweiterte Gehalt, den er im Wege der analogen Anwendung durch die oben erwähnte, nicht veröffentlichte Entscheidung des 1. Senats vom 11. 7. 1958 erfahren hat.

Kann dem Anmelder hiernach die beantragte Stundung der Beschwerdegebühr nicht gewährt werden, so war ihm doch das Armenrecht zur [24] Durchführung des Beschwerdeverfahrens zu bewilligen. Gegen eine entsprechende Umdeutung seines Antrages bestehen angesichts der Wirkungsverwandtschaft beider Wohltaten keine Bedenken. Ebensowenig bildet der Umstand, daß der Anmelder nicht durch Armut, sondern durch Transferschwierigkeiten an der Entrichtung der Beschwerdegebühr gehindert ist, einen Hinderungsgrund. ‚Bedürftigkeit' im Sinne des § 46b PatG liegt auch in diesem Falle vor, vgl. BGH, BlfPMZ 1958, 262[1]. Die Bewilligung des Armenrechts hat weiter zur Voraussetzung, daß eine hinreichende Aussicht auf Erteilung des Patents besteht. Da im gegenwärtigen Stadium des Verfahrens das Patentbegehren nicht aussichtslos erscheint, war das Armenrecht hiernach zu bewilligen. Um ein endgültiges Urteil über die Patentfähigkeit des Anmeldegegenstandes gewinnen zu können, war dem Anmelder gleichzeitig die Vorlage eines Modells aufzugeben."

109. Einem Bewohner der Sowjetzone ist das Armenrecht entsprechend § 114 II ZPO nur bei Verbürgung der Gegenseitigkeit zu gewähren. — Die Gegenseitigkeit ist mit der Sowjetzone nicht verbürgt, da nach sowjetzonaler Auffassung der Unterhaltsschuldner von seiner Unterhaltspflicht befreit wird, wenn ein uneheliches Kind mit seiner Mutter ohne polizeiliche Genehmigung von der Sowjetzone in das Bundesgebiet übersiedelt.

AG München, Beschl. v. 12. 11. 1963 — 15 C 1663/63: ZBlJugR 1964, 58.

Die in der Sowjetzone lebende Kl. ist die Tochter des in M. wohnhaften Bekl. aus seiner Ehe mit M. P., die 1955 geschieden wurde. Das Recht der Personensorge über die Kl. erhielt die Mutter zugesprochen. In einem gerichtlichen Vergleich verpflichtete sich der Bekl., der damals ebenfalls in der Sowjetzone lebte, der Kl. monatlich 35 DM Unterhalt zu zahlen. Am 26. 8. 1961 übergab der Bekl. der Mutter der Kl. für diese den Betrag von 1500 DM-Ost zur Erfüllung der Unterhaltsansprüche bis zum Februar 1965.

Die Kl. verlangt die Erhöhung ihres Unterhalts ab 20. 8. 1963 auf 75 DM-West monatlich. Der Bekl. weist darauf hin, daß er das uneheliche Kind seiner zweiten Ehefrau unterhalten müsse; dessen in D. (sowjet.) lebender Erzeuger verweigere nämlich die Zahlung des Unterhalts, da die Mutter des Kindes „republikflüchtig" geworden sei.

Das AG hat das Armenrecht für die Erhöhungsklage abgelehnt.

---

[1] IzRspr. 1954—1957 Nr. 292.

Aus den Gründen:

„II. Der Kl. war das Armenrecht zu versagen. Zwar besteht Deutschland noch in den Grenzen von 1937 und D. und seine Umgebung liegen daher nicht im Ausland. § 114 II ZPO ist aber auf das Armenrechtsgesuch eines in Sachsen lebenden Klägers deutscher Staatsangehörigkeit angesichts der tatsächlichen Machtverhältnisse entsprechend anzuwenden. Danach kann ihm das Armenrecht nur bewilligt werden, soweit die Gegenseitigkeit verbürgt erscheint. Unstreitig hat aber der Vater des unehelichen Kindes der zweiten Ehefrau des Bekl. die Unterhaltszahlung an dieses mit der Begründung verweigert, dessen Mutter sei ‚republikflüchtig'. Wenn es aber Unterhaltspflichtigen durch die Behörden in D. ermöglicht wird, sich mit solchen Begründungen den naturgegebenen Pflichten zu entziehen, erscheint die Gegenseitigkeit der Armenrechtsgewährung nicht mehr verbürgt, weshalb der Kl. für ihre Unterhaltserhöhungsklage das Armenrecht zu versagen war."

3. Verkehrsanwalt

110. Ist in einem Scheidungsstreit vor einem westdeutschen Gericht die Rechtsverteidigung der in der Sowjetzone lebenden beklagten Partei behindert, weil die Gefahr ihrer politischen Verfolgung vermieden werden muß, so ist die Bestellung eines westdeutschen Verkehrsanwalts für diese Partei notwendig, auch wenn die Partei mit dem Anwalt nur schriftlich verkehrt.

OLG Oldenburg, Beschl. v. 29. 5. 1962 — 2 W 62/62: NdsRpfl. 1962, 180; DRpfl. 1963, 249; MDR 1962, 742; Büro 1962, 428; DRspr. I (181) 63e; Leitsatz in DRiZ 1962 B 113 Nr. 1511 und KostRspr. Nr. 147 zu § 91 Abs. 1 ZPO.

In einem Scheidungsstreit vor dem LG O. (Bundesgebiet) war als Bekl. Frau Z. in T. (sowjet.) beteiligt. Sie bediente sich des Rechtsanwalts X. in A. (Bundesgebiet) als Verkehrsanwalt.

Der Urkundsbeamte der Geschäftsstelle hat die Gebühren des Verkehrsanwalts als nicht erstattungsfähig abgesetzt, da die Bekl. dem Anwalt nur schriftliche Informationen erteilt habe. Das LG hat diese Entscheidung bestätigt. Das OLG erkannte hingegen die Kostenansprüche des Anwalts als erstattungsfähig an.

Aus den Gründen:

„Die Zuziehung eines Verkehrsanwalts, mit dem die Partei nur schriftlich verkehren kann, ist in aller Regel nicht zur zweckentsprechenden Rechtsverfolgung notwendig. Um einen Anspruch auf Erstattung der Gebühren des Verkehrsanwaltes zu begründen, genügt es nicht, daß der Anwalt ständiger Berater der Partei ist, daß er zu ihr in einem Vertrauensverhältnis steht oder daß er den Streitstoff bereits aus einem Vorprozeß kennt (*Gerold*, Bundesgebührenordnung für Rechtsanwälte, § 52 BRAGO Anm. 22). Hier liegt jedoch ein Ausnahmefall vor. Die Schriftsätze des Kl. konnten der Bekl. nicht in ihrem vollen Wortlaut mitgeteilt werden, weil sonst die

Gefahr bestand, daß die Bekl. in der sowjet. Besatzungszone politisch zur Verantwortung gezogen würde. Die Klageschrift ist erst zugestellt worden, nachdem auf Veranlassung des Gerichts der Kl. einen in der ursprünglichen Fassung enthaltenen Absatz herausgelassen hatte. Der Schriftsatz des Kl. vom 16. 9. 1961 ist der Bekl. nicht übersandt worden, stattdessen hat der Verkehrsanwalt an sie eine Anzahl von Fragen gerichtet. Die Bekl. war danach in ihrer Rechtsverteidigung erheblich beeinträchtigt, und aus diesem Grunde muß ihr zugebilligt werden, daß sie sich an einem Anwalt ihres Vertrauens wandte. Das trifft auf Rechtsanwalt X. zu, denn er hatte bereits Unterhalt für sie und den Sohn der Parteien eingeklagt und die Unterhaltsleistungen vom Kl. beigetrieben und war dadurch mit den persönlichen Verhältnissen der Parteien vertraut geworden. Außerdem kannte er die Bekl. persönlich, er verwaltete auch ein Sperrkonto, dessen Mittel er nach den Wünschen der Bekl. verwendete."

4. Aussetzung des Verfahrens

111. Das Verfahren ist auf Antrag der in der Sowjetzone wohnhaften Prozeßpartei auszusetzen, wenn diese Partei ihr Recht auf persönlichen Vortrag in der mündlichen Verhandlung vor einem westdeutschen Gericht nicht ausüben kann.

KG Berlin-West, Beschl. v. 4. 1. 1962 — 16 W 2322/61: NJW 1962, 542; MDR 1962, 313; Leitsatz in DRiZ 1962 B 50 Nr. 728.

In dem zwischen den Parteien vor dem LG Berlin-West anhängigen Rechtsstreit verlangt die Kl. von der Bekl. Zahlung von 2 000 DM Zug um Zug gegen Herausgabe eines näher bezeichneten Brillantringes. Das LG hat beschlossen, über die bestrittenen Klagebehauptungen Beweis durch Vernehmung von Zeugen zu erheben.

Der Prozeßbevollmächtigte der Kl. hat dem Gericht mitgeteilt, daß sowohl die zu vernehmenden Zeugen als auch die Kl. selbst im sowjet. besetzten Gebiet wohnten und die im Klagerubrum angegebene Anschrift nur die Deckadresse der Kl. gewesen sei. Das LG hat daraufhin antragsgemäß das Verfahren nach § 247 ZPO ausgesetzt. Das KG hat die Beschwerde der Bekl. zurückgewiesen.

Aus den Gründen:

„Die angefochtene Entscheidung ist nicht zu beanstanden, denn die Voraussetzungen für die Aussetzung des Rechtsstreits nach § 247 ZPO sind gegeben. Die Kl. ist durch die Absperrmaßnahmen der Behörden des sowjet. besetzten Gebiets von dem Verkehr mit dem Prozeßgericht abgeschnitten; sie kann deshalb die ihr als Partei zustehenden Rechte nicht ausüben. In diesem Zusammenhang ist es unerheblich, daß die Kl. durch einen am Orte des Prozeßgerichts ansässigen Bevollmächtigten vertreten ist. Die Voraussetzungen des § 247 ZPO sind bereits dann erfüllt, wenn die Partei gehindert ist, persönlich vor Gericht zu erscheinen und die ihr vom Gesetz eingeräumten Befugnisse wahrzunehmen. Hierzu gehört nicht nur das

Recht, während der Beweisaufnahme anwesend zu sein und Fragen an Zeugen zu stellen (§ 397 ZPO). Ob die Kl. die Möglichkeit, dieses Recht auszuüben, durch ihre eigene Behinderung verloren hat, kann hier zweifelhaft sein, weil die in Aussicht genommene Beweisaufnahme bereits infolge der Verhinderung der Zeugen vereitelt worden ist. In diesem Fall wäre, wie die Bekl. mit Recht ausführt, die Aussetzung nach § 247 ZPO nicht möglich. Die Kl. ist indessen in gleicher Weise gehindert, das ihr zustehende Recht auf eigenen Vortrag in der mündlichen Verhandlung (§ 137 IV ZPO) auszuüben. Dies allein bedeutet eine so entscheidende Einengung der Rechte der verhinderten Partei gegenüber denen der nicht verhinderten, daß das Verfahren nicht grundsätzlich gegen ihren Willen fortgeführt werden darf. Überdies kann die Kl. auch über ihre Prozeßbevollmächtigten nicht so mit dem Gericht in Verbindung treten, daß ihre Rechte hinreichend gewahrt bleiben. Es ist angesichts des Streitstoffs offenkundig, daß die Kl. ihre Bevollmächtigten auch auf schriftlichem Wege nicht uneingeschränkt informieren kann. Sie kann keinen Sachverhalt mitteilen, dessen Bekanntwerden ihre Bestrafung zur Folge hätte, weil sie mit einer Kontrolle ihres Schriftverkehrs durch sowjetzonale Organe rechnen muß."

5. Beweisaufnahme

112. Hängt die Entscheidung eines Rechtsstreits von dem erbbiologischen Gutachten einer Klinik im Bundesgebiet ab, erscheinen jedoch die in der Sowjetzone lebende Klägerin und deren Mutter nicht zur Beweisaufnahme, so muß die hierdurch hervorgerufene Beweisnot dem beweispflichtigen westdeutschen Beklagten nicht unbedingt zur Last fallen. — Ein erbbiologisches Gutachten läßt sich nicht auf Grund getrennter Untersuchungen in einer westdeutschen und in einer sowjetzonalen Klinik erstatten.

LG Frankenthal, Urt. v. 7. 11. 1962 — 2 S 21/60: unveröffentlicht.

Die im Mai 1952 in L. (sowjet.) geborene Kl. lebt bei ihrer Mutter in A. (sowjet.). Sie verlangt mit der im April 1959 erhobenen Klage Unterhalt von dem im Bundesgebiet lebenden Bekl.

Das AG Frankenthal (Urt. v. 25. 9. 1959 — C 139/59: DAVorm. 32 [1959/60] 285) hat festgestellt, daß der Bekl. als Vater der Kl. gelte, und hat ihn zur Unterhaltsleistung verurteilt.

Im Berufungsverfahren ordnete das Gericht auf Antrag des Bekl. die Einholung eines erbbiologischen Gutachtens von der Universitätsklinik G. (Bundesgebiet) an. Während der Bekl. erschien, blieben die Kl. und ihre Mutter aus. Der Rat des Kreises A. teilte mit, die Mutter könne den Termin nicht wahrnehmen; er beantragte die Aussetzung des Verfahrens. Die Kl. wurde darauf hingewiesen, daß aus ihrem Ausbleiben nachteilige Schlüsse gezogen werden könnten. Die Kl. beantragte, das Gutachten durch zusammenfassende Würdigung zweier getrennter Gutachten der Universitätskliniken G. und L. (sowjet.) einzuholen.

Das LG änderte die Entscheidung des AG und wies die Klage ab.

Aus den Gründen:

„Weil der Bekl. durch das eingeholte Blutgutachten als Vater nicht auszuschließen ist, erschien es angebracht, durch Einholung des vom Bekl. beantragten erbbiologischen Gutachtens die Möglichkeit eines Ausschlusses des Bekl. als Vater an Hand von Ähnlichkeitsmerkmalen, unter Einbeziehung der Parteien und der Kindesmutter, zu untersuchen. Der Bekl., der trotz seiner einfachen wirtschaftlichen Verhältnisse bereits für das Blutgutachten einen Vorschuß von 350 DM erlegt hatte, ist, nach weiterer Zahlung eines Vorschusses von 500 DM, zum Untersuchungstermin in G. erschienen. Eine Teiluntersuchung wurde durchgeführt. Im übrigen mußte das Gutachten abgebrochen werden, weil die Kl. und deren Mutter nicht erschienen. Sie erhielten keine Einreisegenehmigung nach dem nahe der Grenze gelegenen G. Ob die angeregte Aussetzung, etwa im Sinne des § 247 ZPO, vorliegend überhaupt rechtlich möglich gewesen wäre, kann dahingestellt bleiben. Auf jeden Fall ist die Kammer davon überzeugt, daß es dem Rat der Stadt A., welcher im Namen von Mutter und Kind die Klage erhoben hat und diese auch vertritt, möglich sein mußte, Wege zu finden, um eine Einreisebewilligung für einen kurzfristigen Aufenthalt zu beschaffen. Hat er dies nicht getan, so kann die dadurch geschaffene Beweisnot des Bekl. jedenfalls nicht zu dessen Lasten gehen, zumal der Prozeßbevollmächtigte der Kl. ausdrücklich auf die prozessualen Folgen hingewiesen wurde. Eine Aussetzung des Verfahrens, in welchem die Kl. allein an Rückständen vom Bekl. etwa 6000 DM verlangt, würde, zumal das Ende der Reiseschwierigkeiten nicht abzusehen ist, zudem für den Bekl. eine unzumutbare wirtschaftliche Unsicherheit für die Zukunft bedeutet haben.

Bei der gegebenen Sach- und Rechtslage ist sonach die Durchführung der vom Bekl. beantragten Beweisaufnahme auf Grund von ihm nicht vertretbarer Umstände nicht möglich. Das Gericht ist nicht in der Lage, das Erscheinen der Kl. und ihrer Mutter zu erzwingen. Aus diesem Grunde mußte von dieser Beweiserhebung Abstand genommen werden.

Die nunmehr von der Kl. beantragte zusammenfassende Begutachtung auf Grund zweier getrennter Gutachten der Universitäten G. und L., die sich nur mit der Untersuchung des Bekl. bzw. von Mutter und Kind befassen könnten, ist als Beweismittel ungeeignet. Wie der hierzu gemäß Gerichtsbeschluß vom 13. 6. 1962 gehörte Sachverständige Professor Dr. B. überzeugend dargelegt hat, erscheint es wissenschaftlich undurchführbar, ein im Ergebnis richtiges Gutachten über die Abstammung eines Kindes zu erstatten, das der Gutachter nie gesehen hat. Schließlich aber wäre die Kammer auch nicht in der Lage, aus einem solchen Gutachten Schlüsse zu Lasten des Bekl. zu ziehen.

Dem entsprechenden Antrag der Kl. war deshalb nicht stattzugeben. Die Möglichkeit einer weiteren Klärung durch Zeugen oder Sachverständigenbeweis ist sonach erschöpft. Das Ergebnis der Verhandlungen und der Beweisaufnahme reicht nicht aus, um die Überzeugung des Gerichts von der Wahrheit oder Unwahrheit der Behauptung der Kl. zu begründen."

113. Beantragt die beweispflichtige Partei die Vernehmung von Zeugen, die in der Sowjetzone wohnen und die sich zu einer nach sowjetzonalem Recht verbotenen und strafbaren Handlung äußern sollen, so ist die Zeugenvernehmung unzulässig.

LG Braunschweig, Beschl. v. 1. 11. 1963 — 7 SH 24/63: NdsRpfl. 1964, 63; DRspr. IV (415) 59 d.

Die Parteien streiten über die Berechnung eines Nachlasses. Die Bekl. erstrebt den Abzug verschiedener Aufwendungen, die sie aus Anlaß des Todes des Erblassers gehabt hat. Sie hat sich u. a. darauf berufen, sie habe zwei in der Sowjetzone wohnhaften Schwestern des Erblassers, die zum Begräbnis in das Bundesgebiet gekommen seien, Bargeld oder Waren im Wert von rund 200 DM übergeben. Das Bargeld bzw. die dafür eingekauften Waren hätten die Schwestern des Erblassers bei ihrer Rückreise in die Sowjetzone mitgenommen. Zum Beweis beruft sich die Bekl. auf das Zeugnis der beiden Schwestern des Erblassers.

Das LG hat den Antrag der Bekl., ihr das Armenrecht für das Berufungsverfahren zu gewähren, zurückgewiesen.

Aus den Gründen:

„Die Zeugenvernehmung kommt nicht in Betracht. Der Zeugenvernehmung steht ein Hindernis von ungewisser Dauer entgegen (§ 356 ZPO). Die Zeuginnen vermögen unter den gegenwärtigen Verhältnissen vor dem Prozeßgericht nicht zu erscheinen. Sie sind in Mitteldeutschland wohnhaft. Ihre Vernehmung im Wege der Rechtshilfe könnte die Zeuginnen der Gefahr einer Bestrafung aussetzen, die in der Bundesrepublik nicht rechtens wäre. Der Anwalt der Bekl. hat dem Bedenken, ob diese Beweisantritte durch anwaltliche Unterschrift gedeckt sein sollen, gemäß seiner Aufgabe als eigenverantwortliches Organ der Rechtspflege insoweit Rechnung getragen, als er nunmehr die Erklärung abgegeben hat, eine Bestrafung der Zeuginnen würde nicht gewollt. Entscheidend ist allerdings nicht, ob die etwaige Gefährdung beabsichtigt ist. Vielmehr muß die Gefahrenlage — ob sie beabsichtigt wird oder nicht — sorgfältig vermieden werden. Eine Gefährdung aber steht nach dem Vorbringen der Bekl. zu erwarten. Die Durchführung der von der Bekl. beabsichtigten Maßnahme muß deshalb unterbleiben. Eine Rechtsdurchsetzung ohne Rücksicht auf vorrangige Belange Dritter ist mißbräuchlich. Sie ist, gewissenhaft betrachtet, Unrecht, verdient infolgedessen keinen Schutz und würde hier darüber hinaus grundgesetzwidrige und möglicherweise strafbare Unrechtshandlungen der Beteiligten mit sich bringen. Diese Bedeutung der beantragten Beweisaufnahme für die Bekl., der es um die Berücksichtigung eines weiteren Abzuges von 200 DM bei der Nachlaßberechnung geht (Nachlaßmasse ca. 1500 DM, bisheriger Abzugsbetrag rund 1100 DM), steht zu dem Ausmaß der zu befürchtenden Gefährdung in keinem Verhältnis, das die Durchführung der Beweisaufnahme vertretbar erscheinen ließe. Einer Fristsetzung nach § 356 ZPO bedarf es nicht, da sie von vorneherein für die Behebung des Hindernisses nach dem erörterten Sachverhalt ohne Bedeutung sein würde.

...

Eine Parteivernehmung der Bekl. als der beweispflichtigen Partei gemäß § 447 ZPO ist nicht möglich, da die Kl. sich damit nicht einverstanden erklärt haben. Sie dürfte auch unter dem Gesichtspunkt des § 448 ZPO nicht vorgenommen werden. Es mag zwar eine gewisse Wahrscheinlichkeit für die Richtigkeit des zu beweisenden Verteidigungsvorbringens der Bekl. gegeben sein. Sie allein reicht jedoch nicht aus, um eine zur Bewilligung des Armenrechts hinreichende Erfolgsaussicht zu rechtfertigen. Die Bekl. hat ihr Vorbringen, den Schwestern des Erblassers Sachen im Werte von 50 DM sowie 150 DM Bargeld ausgehändigt zu haben, gewechselt. Die Bekl. macht seit der Armenrechtsprüfungsverhandlung geltend, kein Bargeld, sondern Waren im Werte von 200 DM gegeben zu haben. Unter diesen Umständen ist nicht in dem zur Bewilligung des Armenrechts erforderlichen Maße die Überzeugung zu gewinnen, daß das, was die Bekl. behauptet, seine Richtigkeit haben kann."

6. Rechtshängigkeit

114. **Die Rechtshängigkeit der Streitsache vor einem sowjetzonalen Gericht ist zu beachten, wenn nicht dem zu erwartenden sowjetzonalen Urteil mit an Sicherheit grenzender Wahrscheinlichkeit die Anerkennung versagt werden muß. — Ein sowjetzonales Scheidungsurteil ist im Bundesgebiet nicht anzuerkennen, wenn es mit der hier geltenden Auffassung von der Ehe schlechterdings unvereinbar ist oder wenn grobe Verfahrensverstöße vorliegen.**

OLG Celle, Beschl. v. 9. 4. 1963 — 3 W 2/63: NJW 1963, 1555.

Die Parteien sind Eheleute und hatten früher ihren Wohnsitz im Bundesgebiet. Der AGg. hatte beim LG L. (Bundesgebiet) eine Scheidungsklage eingereicht und für dieses Verfahren das Armenrecht erbeten. Die Klageschrift war der Bekl. formlos zur Stellungnahme übersandt worden. Die ASt. erhob daraufhin „Widerklage".

Bevor über das Armenrecht des AGg. entschieden und bevor seine Klage der ASt. förmlich zugestellt worden war, verzog der AGg. in die Sowjetzone. Am 16. 6. 1962 erhob der AGg. vor dem Kreisgericht St. (sowjet.) Scheidungsklage. Zugleich zog er sein Armenrechtsgesuch für die bei dem LG L. eingereichte Klage zurück.

Die ASt. hat für die „Widerklage", die sie als selbständige Klage ansieht, das Armenrecht beantragt. Das LG hat den Antrag abgelehnt. Die Beschwerde hatte keinen Erfolg.

Aus den Gründen:

(Das Gericht legt zunächst dar, daß die „Widerklage" nicht rechtswirksam gewesen sei und auch nicht nachträglich in eine selbständige Klage umgedeutet werden könne. Für die Zeit bis zum 16. 6. 1962 fehle es an einer entsprechenden Willenserklärung der ASt.)

„Für die Zeit nach dem 16. 6. 1962 steht einer Scheidungsklage der ASt. der Einwand der Rechtshängigkeit entgegen. Mit der vom AGg. am 16. 6. 1962 bei dem Kreisgericht in St. erhobenen Scheidungsklage ist der Bestand der Ehe in vollem Umfange rechtshängig geworden (RGZ 104, 156). Erst nach diesem Zeitpunkt hat die ASt. aber zu erkennen gegeben, daß sie ihre Widerklage als selbständige Hauptklage aufrechterhalten wolle; ganz eindeutig sagt sie es sogar erst in ihrer Beschwerdeschrift vom 14. 12. 1962. Diese Erklärung wirkt nicht auf die Zeit vor dem 16. 6. 1962 zurück, so wenig wie eine Klage mit Rückwirkung erhoben werden kann. Der Einwand der Rechtshängigkeit besteht unabhängig davon, ob das Kreisgericht in St. für die Klage des AGg. zuständig ist (RG, JW 1907, 391; RGZ 151, 238).

Schließlich steht dem Einwand der Rechtshängigkeit auch nicht entgegen, daß die Sache in der sowjet. Besatzungszone Deutschlands rechtshängig ist (BGH, NJW 1958, 103[1]; OLG Celle, NJW 1955, 26[2]). Gesichtspunkte, aus denen dem in der Sowjetzone zu erwartenden Urteil mit an Sicherheit grenzender Wahrscheinlichkeit die Anerkennung zu versagen wäre, sind in dem zur Entscheidung stehenden Verfahren nicht hervorgetreten; nur solche Gesichtspunkte könnten es aber rechtfertigen, die Rechtshängigkeit in der sowjet. Besatzungszone unbeachtet zu lassen (BGH aaO).

Die ASt. ist jedoch bei dieser Rechtslage dem Ehescheidungsverfahren in der sowjet. Besatzungszone nicht schutzlos preisgegeben, da dem sowjetzonalen Urteil unter gewissen Voraussetzungen die Anerkennung in der Bundesrepublik versagt werden kann. Das wird insbesondere der Fall sein, wenn es mit der in der Bundesrepublik geltenden Auffassung von der Ehe schlechterdings unvereinbar ist oder wenn grobe Verfahrensverstöße vorliegen."

7. Anerkennung von Entscheidungen

a) Allgemeine Grundsätze

115. Entscheidungen sowjetzonaler Gerichte über privatrechtliche Ansprüche sind im Bundesgebiet grundsätzlich anzuerkennen. — Die Anerkennung ist jedoch entsprechend § 328 I Nr. 4 ZPO ausgeschlossen, wenn das sowjetzonale Gericht den Grundsatz des rechtlichen Gehörs oder andere grundlegende verfahrensrechtliche Vorschriften nicht beachtet hat. — Zur Bewilligung der öffentlichen Zustellung nach Flucht eines Unterhaltsschuldners aus der Sowjetzone. — Ein sowjetzonales Gericht versagt einem Beklagten das rechtliche Gehör, wenn es ihm auf seine Anfrage fälschlich mitteilt, ein Versäumnisurteil gegen ihn sei schon rechtskräftig.

LG Düsseldorf, Beschl. v. 12. 4. 1962 — 14 T 929/61: MDR 1962, 828; DRspr. I (181) 63c.

---

[1] IzRspr. 1954—1957 Nr. 307. [2] IzRspr. 1954—1957 Nr. 298.

Die in N. (sowjet.) wohnhafte Gläubigerin, ein uneheliches Kind des zur Zeit im Bundesgebiet lebenden Schuldners, vollstreckt gegen diesen aus einem Versäumnisurteil des Kreisgerichts Z. (sowjet.) vom März 1958 wegen Unterhaltsrückständen im Betrag von rund 4 000 DM. Der Schuldner hat der Verpflichtung zum Offenbarungseid mit der Begründung widersprochen, das Versäumnisurteil sei unwirksam, weil ihm die Ladung zu dem Verhandlungstermin vor dem Kreisgericht Z. nicht zugestellt worden sei. Die öffentliche Zustellung sowohl dieser Ladung als auch des darauf ergangenen Versäumnisurteils sei unzulässig gewesen, da er, nachdem er Ende Juni 1957 die Sowjetzone ohne polizeiliche Abmeldung verlassen hatte, dem Gericht Anfang August 1957 auf einer Postkarte seine neue Anschrift im Bundesgebiet mitgeteilt habe.

Das AG hat den Widerspruch des Schuldners zurückgewiesen Das LG hat diese Entscheidung aufgehoben und den Antrag der Gläubigerin auf Ladung zur Ableistung des Offenbarungseides zurückgewiesen.

Aus den Gründen:

„Die Zwangsvollstreckung aus privatrechtlichen Urteilen sowjetzonaler Gerichte ist zwar grundsätzlich zulässig, da es sich um Entscheidungen deutscher Gerichte handelt (vgl. BGH, NJW 1956, 1436[1]; BVerfG, NJW 1960, 1611; ROW 1961, 18).

Jedoch ist der Schuldner berechtigt, im Zwangsvollstreckungsverfahren Einwendungen gegen die Vollstreckung aus einem sowjetzonalen Urteil geltend zu machen, wenn in dem Erkenntnisverfahren vor dem sowjetzonalen Gericht der Grundsatz des rechtlichen Gehörs (Art. 103 II GG) oder grundlegende verfahrensrechtliche Vorschriften nicht beachtet oder verletzt worden sind und deshalb dem Urteil als Vollstreckungstitel in entsprechender Anwendung des § 328 I Nr. 4 ZPO die Anerkennung zu versagen ist (vgl. BGHZ 20, 323[1]; KG, NJW 1955, 27[2]; *Beitzke*, JZ 1958, 53 ff.).

Soweit der Schuldner vorträgt, die öffentliche Zustellung sowohl der Terminsladung als auch des Versäumnisurteils hätte nicht erfolgen dürfen, weil die für die Bewilligung der öffentlichen Zustellung nach § 203 ZPO erforderlichen Voraussetzungen nicht vorgelegen hätten, ist die darauf gestützte Beschwerde nicht gerechtfertigt.

Auf Grund des Vorbringens des Schuldners, der Bekundung der Zeugin M. sowie des Inhalts der Prozeßakten konnte nämlich die Kammer ebenso wie das AG nicht feststellen, daß die neue Anschrift des Schuldners in der Bundesrepublik dem Kreisgericht oder der Gläubigerin bei der Bewilligung der öffentlichen Zustellung bekannt gewesen war.

Dies wäre nur dann der Fall, wenn die Postkarte des Schuldners mit der Mitteilung seiner neuen Anschrift zu den Prozeßakten gelangt war. Dagegen spricht zwar der Umstand, daß die Zeugin M. die Absendung der von dem Schuldner in ihrer Gegenwart geschriebenen Postkarte nicht beobachtet hat und sich diese Mitteilung auch nicht bei den Prozeßakten befindet. Andererseits widerspricht es aber den Erfahrungsgrundsätzen des täglichen Lebens, daß der Schuldner die Absendung einer derart wichtigen Nachricht verges-

[1] IzRspr. 1954—1957 Nr. 322. [2] IzRspr. 1954—1957 Nr. 310.

sen oder bewußt unterlassen haben sollte, nachdem ihn die Zeugin M. ausdrücklich auf die Notwendigkeit dieser Mitteilung hingewiesen hatte.

Die Prozeßakten sind für die Klärung dieser Frage nicht geeignet, weil ihre Folierung und Führung mangelhaft sind. Außerdem erscheint es im Hinblick auf ein Schreiben des Kreisgerichts vom 2. 8. 1961, in dem es wörtlich heißt: ‚Dem Kreisgericht muß es wohl überlassen bleiben, zu welchem Vorgang ein Schreiben genommen wird', nicht ausgeschlossen, daß die Mitteilung des Schuldners zu einem anderen Vorgang genommen worden ist. Ebenso besteht eine gewisse Möglichkeit, daß die Nachricht des Schuldners nachträglich entfernt wurde; denn mit Schreiben vom 23. 9. 1961 an das Kreisgericht nimmt der Vertreter der Gläubigerin zur Bitte des AG Düsseldorf um Übersendung der Akten Stellung und führt dazu u. a. aus: ‚Wir stellen Ihnen anheim, selbst zu entscheiden, ob die dort geführte Prozeßakte übersandt werden kann. Sie wollen jedoch bedenken, daß die Übersendung der Akte nur dann für den Verlauf des Prozesses günstig sein wird, wenn dadurch der Nachweis erbracht wird, daß die Behauptungen des Bekl. unrichtig sind.'

Alle diese Umstände begründen zwar eine Wahrscheinlichkeit, aber nicht die erforderliche sichere Überzeugung der Kammer, daß dem Kreisgericht die Anschrift des Schuldners bekannt war.

Wenn auch nicht auszuschließen ist, daß für das Prozeßgericht einer der Gründe für die Bewilligung der öffentlichen Zustellung die Republikflucht des Schuldners war (vgl. KG, ROW 1957, 256[3]), so hätte jedoch auch ein Gericht in der Bundesrepublik der Gläubigerin die öffentliche Zustellung auf Grund der von ihr erbrachten Nachweise über die Unbekanntheit des Aufenthalts des Schuldners (Auskunft des Kreisamtes und postalische Ermittlungsanfrage) bewilligt. Ebenso wie dem Schuldner aus verständlichen Gründen nicht zum Vorwurf gemacht werden kann, daß er sich vor seiner Flucht aus der SBZ nicht polizeilich abmeldete, konnte es nämlich unter diesen Umständen der Gläubigerin nicht zugemutet werden, weitere Nachforschungen und Ermittlungen über das Gebiet der SBZ hinaus anzustellen. Eine besondere, über das gewöhnliche Maß hinausgehende Ermittlungspflicht bestand für die Gläubigerin nicht, da sie zuvor mit dem Schuldner nicht in näherer Verbindung gestanden hatte.

Das Kreisgericht hat aber dem Schuldner das rechtliche Gehör dadurch entzogen, daß es ihm auf dessen Schreiben vom 5. 3. 1959 durch Verfügung vom 20. 3. 1959 mitteilen ließ: ‚1. Das am 6. 3. 1958 ergangene Urteil ist rechtskräftig. 2. Gegen dieses Urteil ist kein Rechtsmittel mehr zulässig', obwohl zu dieser Zeit das Versäumnisurteil noch nicht rechtskräftig und dementsprechend die Einlegung des Einspruchs nach §§ 338, 340, 503 II ZPO noch möglich war. Entgegen der Auffassung des Kreisgerichts ist nämlich das Versäum-

---

[3] IzRspr. 1954—1957 Nr. 332.

nisurteil durch die öffentliche Zustellung nicht rechtskräftig geworden, denn mangels einer besonderen Fristbestimmung nach § 339 II ZPO hatte die Einspruchsfrist noch nicht zu laufen begonnen (vgl. *Stein-Jonas,* ZPO, 18. Aufl., § 339 Anm. II; *Wieczorek,* ZPO, 1957, § 339 Anm. B III). Nach § 339 II ZPO, der auch im Bereich der SBZ noch gilt, hätte das Gericht von Amts wegen die Einspruchsfrist im Veräumnisurteil selbst oder nachträglich durch einen besonderen Beschluß bestimmen müssen. Dies ist, wie aus den Prozeßakten ersichtlich, nicht erfolgt.

Das Versäumnisurteil ist vielmehr erst am 30. 10. 1959 rechtskräftig geworden; denn der Mangel der Fristbestimmung ist später dadurch geheilt worden, daß dem Schuldner das Versäumnisurteil am 22. 10. 1959 durch Niederlegung beim Postamt ordnungsgemäß nach dem § 181 ZPO zugestellt wurde und damit die Einspruchsfrist von einer Woche zu laufen begann.

Dem auf diese Art rechtskräftig gewordenen Versäumnisurteil ist aber in entsprechender Anwendung des § 328 I Nr. 4 ZPO die Anerkennung zu versagen. Zwar hätte der Schuldner die Möglichkeit gehabt, bis zum 30. 10. 1959 gegen das Versäumnisurteil Einspruch beim Kreisgericht Z. einzulegen. Daß er es unterließ, kann ihm nicht zum Vorwurf gemacht werden; denn auf Grund der Verfügung des Kreisgerichts vom 20. 3. 1959 mußte er annehmen, gegen das Urteil sei kein Rechtsmittel mehr zulässig.

Der Schuldner hatte sich nämlich vor der am 22. 10. 1959 erfolgten Zustellung des Versäumnisurteils mit Schreiben vom 24. 9. 1958, das sich bei den Kostenakten befinden soll, und mit Schreiben vom 5. 3. 1959 an das Kreisgericht gewandt. Seinem Vorbringen nach will der Schuldner in dem ersten Schreiben gegen das Versäumnisurteil Berufung eingelegt haben, nachdem er durch die ihm im September 1958 zugegangene Kostenrechnung des Kreisgerichts von seiner Verurteilung erfahren habe. Diese Berufung sei aber verworfen worden, weil das Urteil bereits rechtskräftig sei. Hierüber können jedoch weder positive noch negative Feststellungen getroffen werden, da sich in den Prozeßakten selbst darüber keine Unterlagen befinden. In dem Schreiben vom 5. 3. 1959 trägt jedoch der Schuldner vor: ‚Mit diesem Schreiben an das Kreisgericht Z., erkläre ich nochmals, daß ich in dieser Unterhaltsklage, nach wie vor auf eine Einstellung des Verfahrens gegen meine Person dringe, da ich in keiner Weise schuldig bin'. Der Schuldner hat zwar damit selbst keinen Einspruch gegen das Versäumnisurteil eingelegt. Das Kreisgericht hätte aber aus diesem Schreiben erkennen müssen, daß der Schuldner ein nur irgendwie geeignetes Rechtsmittel gegen das Urteil einlegen wollte. Als Prozeßgericht, bei dem der Einspruch gegen das Versäumnisurteil nach § 340 I ZPO einzulegen gewesen wäre, hätte es daher den Schuldner nach § 139 ZPO darauf hinweisen müssen, das in diesem Fall einzig nur mögliche Rechtsmittel des Einspruchs einzulegen. Das Gericht ist zwar grundsätzlich nicht verpflichtet, Rechtsauskünfte zu erteilen. Wird es jedoch von einer rechtsunkundigen Partei wie dem Schuldner in dieser Weise um Hilfe angegangen, so hat es sich entweder jeglicher Auskunft zu enthalten oder aber den Rat nach bestem Wissen zu erteilen.

Die Verfügung des Gerichts stellt zwar auch keine Entscheidung in der Form eines Urteils oder eines Beschlusses dar. Dem Schuldner aber mußte sie in dieser bestimmenden Form als eine unanfechtbare, endgültige Entscheidung erscheinen. Es ist deshalb durchaus verständlich, wenn der Schuldner sich im Vertrauen auf die Richtigkeit dieser Mitteilung eines Gerichts den in ihr getroffenen Feststellungen beugte und es daher unterließ, Einspruch gegen das Versäumnisurteil einzulegen, als es ihm am 22. 10. 1959 zugestellt wurde. Hätte das Gericht an Stelle der Verfügung ein Urteil erlassen, in dem es die Einlegung des Einspruchs wegen verspäteter Einlegung für unzulässig erklärt hätte, so wäre einem solchen in Rechtskraft erwachsenen Versäumnisurteil wegen Verletzung wesentlicher Verfahrensvorschriften und wegen des darin liegenden Verstoßes gegen den Grundsatz des rechtlichen Gehörs in entsprechender Anwendung des § 328 ZPO die Anerkennung zu versagen (vgl. KG, ROW 1957, 256[3]). Nach Auffassung der Kammer besteht kein Anlaß, in vorliegendem Fall anders zu entscheiden. Das Kreisgericht hat gegen den Grundsatz des rechtlichen Gehörs dadurch verstoßen, daß es dem Schuldner durch die Verfügung vom 20. 3. 1959 die Möglichkeit genommen hat, den an sich noch zulässigen Einspruch gegen das Versäumnisurteil einzulegen und in dem sich anschließenden Verfahren vor dem gleichen Gericht seine Rechte geltend zu machen."

116. Interzonales und interlokales Recht folgen weitgehend den Regeln des internationalen Privatrechts. — Im interzonalen Recht ist Anknüpfungspunkt für das Personalstatut der Wohnsitz oder der gewöhnliche Aufenthalt der maßgebenden Personen. — Der Todeserklärungsbeschluß eines sowjetzonalen Gerichts ist im Bundesgebiet grundsätzlich anzuerkennen, wenn er nicht gegen den westdeutschen ordre public verstößt. — Die westdeutsche Vorbehaltsklausel greift nur ein, wenn die Anwendung des sowjetzonalen Rechts für die Anschauung von Sitte und Recht, wie sie im Bundesgebiet herrscht, schlechthin untragbar wäre. — Die Festsetzung des Todeszeitpunkts für Kriegsverschollene in der Sowjetzone verstößt nicht gegen den westdeutschen ordre public.

BSG, Urt. v. 11. 5. 1962 — 4 RJ 69/61: BSGE 17, 50; NJW 1962, 1541; ROW 1963, 83; Leitsatz in DRiZ 1962 B 112 Nr. 1490.

Die Kl. ist im September 1915 geboren worden und lebt als kinderlose Witwe in Westberlin. Ihr Ehemann ist seit 1945 als Soldat verschollen. Er ist am 2. 6. 1950 durch Beschluß des AG B. (sowjet.), in dessen Bezirk er seinen letzten Wohnsitz hatte, mit Wirkung vom 31. 7. 1949 für tot erklärt worden.

Im September 1953 hat die Kl. bei dem bekl. Sozialversicherungsträger eine Witwenrente beantragt. Die Bekl. hat den Antrag abgelehnt, da der sowjetzonale Todeserklärungsbeschluß im Bundesgebiet nicht anerkannt werden könne. Als Todestag müsse vielmehr der 31. 12. 1944 festgesetzt werden. Dann aber sei der Antrag unbegründet, da der Ehemann der Kl. vor dem 1. 7. 1949 verstorben sei und die Kl. die Voraussetzungen der §§ 23 und 49 des Rentenversicherungs-Überleitungsgesetzes (RVÜG) in Verbindung mit § 1256 RVO nicht erfüllt habe.

Das Sozialgericht hat die Klage abgewiesen, das LSozG der Berufung der Kl. stattgegeben; das BSG hob diese Entscheidung im ersten Revisionszug auf und verwies die Sache zurück. Daraufhin wies das LSozG die Berufung gegen das Urteil des Sozialgerichts zurück, ließ jedoch die Revision zu. Das BSG hat der zweiten Revision stattgegeben, die Urteile der Vorinstanzen und die Bescheide der Bekl. aufgehoben und diese verurteilt, der Kl. Witwenrente ab 1. 10. 1953 zu gewähren.

Aus den Gründen:

[52] „Gleichgültig, ob sich der Witwenrentenanspruch der Kl. nach §§ 23, 49 des Berliner RVÜG vom 10. 7. 1952 (GVBl. 588) oder gemäß § 2 des Fremdrenten- und Auslandsrentengesetzes (FAG) vom 7. 8. 1953 (BGBl. I 848) nach §§ 1256, 1259 RVO a. F. i. V. m. §§ 3 I, 21 V Sozialversicherungs-Anpassungsgesetz (SVAG) i. d. F. des 3. Gesetzes zur Änderung des SVAG vom 21. 1. 1956 (BGBl. I 16) und § 15 der DVO zum SVAG richtet, stände der Kl., da sie nicht invalide und selbst am 31. 12. 1956 erst 42 Jahre alt war sowie kinderlos geblieben ist, Witwenrente nur zu, wenn ihr Ehemann erst nach dem 31. 5. 1949 gestorben wäre. Da sein Tod nicht feststeht, kommt es darauf an, ob der Eintritt seines Todes nach dem 31. 5. 1949 zu vermuten ist. Ist der Eintritt seines Todes dagegen vor dem 1. 6. 1949 zu vermuten, so steht der Kl. ein Anspruch auf Witwenrente für diese Zeit nicht zu. Dies hat das Berufungsgericht nicht verkannt.

Nach dem Beschluß des Großen Senats des BSG vom 11. 5. 1960 (BSGE 12, 139) richtet sich bei Verschollenen, falls eine Todeserklärung vorliegt, der vermutliche Todeszeitpunkt nach dem in der Todeserklärung festgestellten Todeszeitpunkt. Die Landesversicherungsanstalt hat keine Möglichkeit, in diesen Fällen einen anderen Todestag festzustellen. Dieser Grundsatz ist zwar nur für das bundesdeutsche Recht und das Recht West-Berlins ausgesprochen worden, muß aber auch [53] angewandt werden, wenn die Todeserklärung nach der sowjetzonalen VO über die Zulässigkeit von Anträgen auf Todeserklärungen von Kriegsteilnehmern vom 22. 2. 1949 (ZVOBl. 124) in Verbindung mit der DVO vom 23. 7. 1949 (ZVOBl. 550) ausgesprochen worden ist. Denn die von einem zuständigen Gericht der sowjet. besetzten Zone ergangene Todesfeststellung ist auch im Gebiet der Bundesrepublik und West-Berlins wirksam.

Die Frage der Wirksamkeit sowjetzonaler Todeserklärungen beantwortet sich nach den Grundsätzen des interzonalen Rechts, das grundsätzlich jedenfalls dem interlokalen Recht entspricht. Allerdings ergeben sich aus dem Unterschied zwischen Zonen einerseits und Ländern eines Bundesstaats andererseits naturgemäß gewisse Abweichungen. Da auf dem Gebiet der freiwilligen Gerichtsbarkeit das interzonale Recht nur schwach ausgebildet ist, muß auf die Grundsätze des interlokalen Privatrechts zurückgegriffen werden, das wiederum weitgehend den Regeln des internationalen Privatrechts folgt (*Soergel*, Bürgerliches Gesetzbuch, 8. Aufl., Bd. IV Anm. 13 zur Vorbem. zu Art. 7 EGBGB). Während aber im internationalen Privatrecht die Staatsangehörigkeit maßgebender Anknüpfungspunkt ist, die Staatsangehörigkeit also darüber entscheidet, welches Recht anzuwenden ist, wird für das interzonale Recht allgemein — da es an unterschiedlichen Staatsangehörigkeiten fehlt — der Wohnsitz oder der gewöhnliche Aufenthaltsort als maßgebender Anknüpfungspunkt angesehen (*Ficker*, Grundfragen des Deutschen interlokalen Rechts, 29 ff.; *Staudinger*, Komm. zum BGB, 11. Aufl., Anm. 4 zu § 12; *Soergel*, Anm. 8 zu § 12 BGB). Für das Verschollenheitsrecht ergibt sich dies zudem auch aus § 15 VerschG, der ausdrücklich das Gericht für zuständig erklärt, in dessen Bezirk der Verschollene seinen letzten Wohnsitz oder gewöhnlichen Aufenthalt im Inland (d. h. auch in der heutigen sowjet. besetzten Zone) hatte. Dies war im vorliegenden Falle B. § 15a VerschG kommt hier nicht zum Zuge, da ein Gerichtsstand nach § 15 VerschG begründet war und in B. weiterhin eine deutsche Gerichtsbarkeit ausgeübt wird. Zwar würde nach Art. 2 § 7 VerschÄndG u. U. nicht § 15 VerschG, sondern § 15a VerschG maßgebend und damit das AG Berlin (West) zuständig sein. Das VerschÄndG ist aber, da zur Zeit seines Inkrafttretens der Beschluß des AG B. bereits ergangen war, auf den vorliegenden Fall nicht anwendbar (vgl. dazu Art. 4 § 1 VerschÄndG). Auch nach dem Recht der sowjet. besetzten Zone war das AG B. zuständig, weil der letzte Wohnsitz und gewöhnliche Aufenthalt des Ehemanns der Kl. im Bezirk des AG B. lag (vgl. dazu *Soergel*, Anm. 3 zu § 15 VerschG; *Staudinger*, Anm. 4 zu § 12 BGB). Der Beschluß des AG B. ist daher auch in der Bundesrepublik und Berlin (West) grundsätzlich wirksam.

Die Frage, ob ein sowjetzonales Urteil innerhalb der Bundesrepublik und Berlins (West) vollstreckt werden kann (§ 328 ZPO), spielt hier keine Rolle, weil dies naturgemäß nur für [54] Leistungsurteile, allenfalls für Leistungsentscheidungen der freiwilligen Gerichtsbarkeit von Bedeutung sein kann, nicht aber für ihrer Art nach überhaupt nicht vollstreckungsfähige Entscheidungen der freiwilligen Gerichtsbarkeit (vgl. *Soergel*, Anm. 5 Vorbem. vor Art. 7 EGBGB).

Zu prüfen war allerdings, ob dieser Beschluß nicht ausnahmsweise nach dem auch im interzonalen Recht entsprechend anwendbaren Art. 30 EGBGB unberücksichtigt bleiben mußte. Dies wäre der Fall, wenn er gegen die guten Sitten oder gegen den Zweck eines Gesetzes der Bundesrepublik Deutschland oder West-Berlins verstoßen würde. Ein solcher Verstoß kann aber nur angenommen werden, wenn der Unterschied zwischen den staatspolitischen oder sozialen Anschauungen, auf denen das nach den Vorschriften des interzonalen Rechts an sich maßgebende Recht der sowjet. besetzten Zone und das davon abweichende Recht der Bundesrepublik Deutschland und West-Berlins beruhen, so erheblich ist, daß die Anwendung des sowjetzonalen Rechts direkt die Grundlagen des staatlichen oder wirtschaftlichen Lebens der Bundesrepublik Deutschland und West-Berlins angreifen würde. Es muß sich also schon um einen schweren Verstoß gegen die guten Sitten oder gegen den Zweck eines Gesetzes der Bundesrepublik Deutschland oder West-Berlins handeln, um die Nichtanwendung sowjetzonalen Rechts zu rechtfertigen. Die Anwendung des sowjetzonalen Rechts muß für die Anschauung von Sitte und Recht, wie sie in der Bundesrepublik Deutschland und West-Berlin herrschen, schlechthin untragbar sein (so für das internationale Privatrecht das RG in ständiger Rechtsprechung, vgl. RGZ 138, 214, 216; *Soergel*, Anm. 1 und 3 zu Art. 30 EGBGB). Der Senat sah keinen Anlaß, für das interzonale Recht andere Grundsätze als die vom RG in ständiger Rechtsprechung für das internationale Privatrecht entwickelten anzuerkennen. Ein solch schwerer Verstoß liegt hier aber nicht vor. Da sich das Verfahren bei Todeserklärungen in der sowjet. besetzten Zone im Grundsatz jedenfalls nicht wesentlich von dem in der Bundesrepublik und West-Berlin geltenden Verschollenheitsrecht unterscheidet, wären allenfalls hinsichtlich der zu unterschiedlichen Todestagen führenden Vorschriften Bedenken möglich. Dieser Unterschied aber allein kann nicht als so wesentlich angesehen werden, daß der von dem sowjetzonalen Amtsgericht festgestellte Todestag für das Gebiet der Bundesrepublik Deutschland und West-Berlins schlechthin untragbar wäre. Es muß bedacht werden, daß diese Frage nur einheitlich beantwortet werden kann, daß es also nicht möglich ist, wegen der sich für einzelne Rechtsgebiete, hier für das Sozialversicherungsrecht, ergebenden unterschiedlichen Folgen gegenüber dem in der Bundesrepublik und in West-Berlin bestehenden Rechtszustand einen solchen Todestag mit Wirkung für dieses Rechtsgebiet nicht anzuerkennen. Werden solche unterschiedliche Folgen nicht als tragbar angesehen, so steht es dem Gesetzgeber frei, eine entsprechende Regelung zu treffen. Während dies für das Recht der privaten Lebensversicherung in Art. 4 § 3 VerschÄndG geschehen ist, fehlt es an einer solchen Regelung für das Sozialversicherungsrecht. Aus dem Umstand, [55] daß der Gesetzgeber für das Recht der privaten Lebensversicherung ausdrücklich die Folgen der unterschiedlichen Todestage (vor bzw. nach dem Stichtag der Währungsumstellung) ausgeräumt hat, ist im übrigen zu schließen, daß er die von Gerichten der sowjet. besetzten Zone festgestellten Todestage auch in der Bundesrepublik Deutschland und in Berlin (West) als maßgebend ansieht. Denn andernfalls wäre diese Regelung überflüssig gewesen. Eine analoge Anwendung des Art. 4 § 3 aaO auf das Recht der Sozialversicherung, an die man vielleicht denken könnte, ist schon deshalb nicht möglich, weil es sich um ganz andersartige Folgen der unterschiedlichen Todestage handelt.

Die Bekl. meint, diese unterschiedliche Regelung verstoße gegen den Gleichheitsgrundsatz. Sie übersieht hierbei aber, daß ein Verstoß gegen den Gleichheitsgrundsatz überhaupt nur dann vorliegen kann, wenn es sich bei beiden zu vergleichenden Gesetzen um solche der Bundesrepublik und West-Berlins handelt, wenn beide zu vergleichenden Gesetze dem Gleichheitsgrundsatz der Verfassung unterworfen sind. Ein solcher Verstoß kann nicht deshalb gegeben sein, weil ein ausländisches oder sowjetzonales Gesetz einen von einem Gesetz der Bundesrepublik und West-Berlins abweichenden Inhalt hat. Allenfalls könnte daran gedacht werden, einen solchen Verstoß darin zu erblicken, daß der Gesetzgeber das interzonale Recht, welches seiner Verfügungsgewalt unterliegt, in dem Sinne geregelt hat, daß die nach sowjetzonalem Recht festgestellten — abweichenden — Todestage in der Bundesrepublik und in West-Berlin anerkannt werden, oder daß er es verabsäumt hat, wie für das Recht der privaten Lebensversicherung, die unterschiedlichen Folgen verschiedener Todestage auszuräumen. Diese Überlegungen könnten aber nur dann zur Annahme einer Verletzung des Gleichbehandlungsgrundsatzes führen, wenn die unterschiedliche Regelung sachfremd und willkürlich wäre. Für eine solche Annahme besteht jedoch hier kein Anhalt. Es darf nicht übersehen werden, daß das interzonale Recht, wenn es auch bundesdeutsches Recht und Recht West-Berlins ist, praktisch mit dem interzonalen Recht der sowjet. besetzten Zone insofern verknüpft ist, als jede Änderung des interzonalen Rechts der Bundesrepublik oder West-Berlins die Gefahr einer entsprechenden Änderung des interzonalen Rechts der sowjet. besetzten Zone heraufbeschwören würde. Man kann dem Gesetzgeber nicht den Vorwurf der Sachfremdheit und der Willkür machen, wenn er von einer Regelung absieht, die eine solche Gefahr heraufbeschwören könnte.

Da somit die Todeserklärung des sowjetzonalen Amtsgerichts auch im Gebiet der Bundesrepublik und West-Berlins maßgebend ist, steht der Kl. die Witwenrente auch für die Zeit vom 1. 10. 1953 bis zum 31. 12. 1956 zu."

117. Im Rahmen des Erinnerungsverfahrens nach § 766 ZPO kann geprüft werden, ob eine sowjetzonale Entscheidung mit dem westdeutschen ordre public vereinbar ist. — Zu Verfahrensverstößen, die den westdeutschen ordre public verletzen.

LG Frankfurt am Main, Beschl. v. 26. 10. 1962 — 2/9 T 432/62: DAVorm. 36 (1963) 22; Mitteilungsblatt des Königsteiner Kreises 1963 Nr. 1 no. 7.

Der in B. (sowjet.) wohnhafte Gläubiger betreibt auf Grund eines Urteils des Kreisgerichts W. (sowjet.), durch das der Schuldner als außerehelicher Erzeuger des Gläubigers zur Zahlung von Unterhalt verurteilt wurde, die Zwangsvollstreckung gegen den Schuldner. Der Schuldner lebte früher ebenfalls in der Sowjetzone, ist jedoch während des Rechtsstreits vor dem Kreisgericht W. ohne polizeiliche Genehmigung in das Bundesgebiet übergesiedelt.

Das AG hat die Erinnerung des Schuldners zurückgewiesen. Das LG hat diese Entscheidung aufgehoben und den auf Grund des sowjetzonalen Titels erwirkten Pfändungs- und Überweisungsbeschluß aufgehoben.

Aus den Gründen:

„Das vom Kreisgericht in W. erlassene Urteil vom 24. 1. 1956 ist kein zur Zwangsvollstreckung gegen den Schuldner geeigneter Titel, weil er unter Außerachtlassung rechtsstaatlicher Grundsätze zustandegekommen ist. Dieser Mangel des Vollstreckungstitels ist auch im Zwangsvollstreckungsverfahren zu beachten. Zwar hat das OLG Koblenz (NJW 1962, 1352)[1] die Ansicht vertreten, daß Mängel dieser Art nur auf dem Wege über eine negative Feststellungsklage bzw. über § 722 ZPO beseitigt werden können. Dieser Ansicht kann jedoch nicht gefolgt werden. Jede Vollstreckungsmaßnahme setzt das Vorliegen eines wirksamen Titels voraus, der in einem förmlichen Verfahren ergangen ist und der nicht gegen den Grundsatz des ordre public verstößt. Dieser Grundsatz ist, wie *Zorn* in der Besprechung zu der genannten Entscheidung (NJW 1962, 1730) zutreffend dargelegt hat, in jedem Verfahren zu beachten, ein Verstoß hiergegen stellt die Gültigkeit des Titels in Frage. Entscheidungen von Gerichten der sowjet. besetzten Zone, auf Grund deren an sich in der Bundesrepublik ohne weiteres vollstreckt werden kann, können deshalb auch im Verfahren gemäß § 766 ZPO auf ihre Vereinbarkeit mit dem Grundsatz des ordre public überprüft werden. Hierbei können auch materielle Einwendungen gegen den titulierten Anspruch insoweit berücksichtigt werden, als sie einen Verstoß gegen den genannten Grundsatz erkennen lassen (*Zorn* aaO). Der vom Gläubiger vorgelegte Titel verstößt hiergegen. Bereits aus den einzelnen vom Kreisgericht in W. begangenen Verstößen gegen zwingende verfahrensrechtliche Normen lassen sich erhebliche Bedenken gegen den ergangenen Titel herleiten. Dies gilt zunächst für den Erlaß des Urteils auf Grund einer mündlichen Verhandlung, zu der die Ladung des Schuldners nicht hatte erfolgen können, wie das AG zutreffend ausgeführt hat. Es mag nun zwar sein, daß der Schuldner im früheren Verhandlungstermin seine Einwendungen gegen den geltend gemachten Anspruch bereits vorgebracht hatte. Dem Schuldner sind jedoch solche Einwendungen nicht möglich gewesen, die sich auf den zu diesem Zeitpunkt gegebenen Verfahrensstand bezogen haben. Hierzu muß gerechnet werden, daß er nicht in der Lage war, die Gründe anzuführen, die auf seiner Seite eine Beendigung der Blutgruppenuntersuchung verhindert haben. Daß das Kreisgericht bei seiner Entscheidung durch die Flucht des Schuldners beeinflußt worden ist, ergibt sich zudem daraus, daß es keine Nachforschungen über den Aufenthalt angestellt, vielmehr die Blutgruppenbegutachtung ohne weiteres abgebrochen hat. Als eine mit rechtsstaatlichen Grundsätzen vereinbare Beweiswürdigung kann es auch nicht angesehen werden, wenn das Gericht aus der Erklärung des Bekl. vom

[1] Siehe oben Nr. 57.

8. 7. 1955 den offensichtlich fehlerhaften Schluß gezogen hat, er habe anerkannt, der Vater des Gläubigers zu sein, obgleich sich dies der Erklärung nicht entnehmen läßt. Die gleiche unrichtige Beweiswürdigung hat das Gericht nach dem Inhalt des vorliegenden Aktenauszuges weiter einem von der Kindesmutter vorgelegten Brief zuteil werden lassen.

Auch eine Vernehmung der Kindesmutter als Zeugin ist unterblieben, ohne daß erkennbar gemacht ist, warum das Gericht eine solch naheliegende Beweisaufnahme unterlassen hat. Schließlich lassen sich auch aus dem Ehescheidungsurteil des Bekl. keinerlei Anhaltspunkte dafür entnehmen, daß der Schuldner der Erzeuger des Gläubigers ist. Mögen auch aus jedem einzelnen dieser Mängel entscheidende Einwendungen gegen die Gültigkeit des Titels nicht zu erheben sein, so stellen sie zumindest doch bei einer Gesamtwürdigung in ihrer Gesamtheit eine erhebliche Verletzung des Rechtsgefühls aller billig und gerecht Denkenden dar. Daß es dem erkennenden Gericht nicht um eine sachliche Entscheidung des Rechtsstreites gegangen ist, entnimmt die Kammer auch dem Vermerk im Terminsprotokoll, daß der Schuldner die sowjet. besetzte Zone ‚illegal' verlassen habe. Ob darüber hinaus auch aus der im Scheidungsurteil des Schuldners zum Ausdruck gekommenen Einstellung des von dem gleichen Gerichtsvorsitzenden unterzeichneten Urteils Schlüsse gezogen werden können, kann bei dieser Sachlage unerörtert bleiben. Ob der Schuldner auch nach einem in der Bundesrepublik durchführbaren Unterhaltsrechtsstreit als Zahlvater in Anspruch zu nehmen ist, ist für die Entscheidung ohne rechtliche Bedeutung, weil das Vollstreckungsgericht zwar die Unwirksamkeit eines Titels beachtet, nicht aber seine eigene Beweiswürdigung zugrunde legen kann.

Der Eintritt der Rechtswirkung der erkannten Aufhebung war zulässigerweise vom Eintritt der Rechtskraft abhängig zu machen."

118. Die Vollstreckung aus dem Urteil eines sowjetzonalen Gerichts ist im Bundesgebiet ohne Vollstreckungsurteil zulässig. — Einem sowjetzonalen Urteil ist im Bundesgebiet die Anerkennung zu versagen, wenn sein Inhalt mit den guten Sitten oder dem Zweck deutscher Gesetze in keiner Weise vereinbar ist oder wenn es auf einem Verfahren beruht, in dem rechtsstaatliche Grundsätze in erheblichem Maße verletzt worden sind. — Ob eine sowjetzonale Entscheidung im Bundesgebiet anzuerkennen ist, kann im Rahmen des Erinnerungsverfahrens nach § 766 ZPO, durch negative Feststellungsklage oder durch Vollstreckungsgegenklage geprüft werden. — Für eine negative Feststellungsklage ist entsprechend § 722 II ZPO das Gericht am westdeutschen Wohnsitz des Schuldners örtlich zuständig.

OLG Hamburg, Beschl. v. 10. 1. 1963 — 3 W 8/63: NJW 1963, 720; Mitteilungsblatt des Königsteiner Kreises 1963 Nr. 6 no. 41; Leitsatz in DRiZ 1963 B 79 Nr. 1163.

Aus den Gründen:

„I... Auszugehen ist bei der Entscheidung davon, daß die Vollstreckung aus dem Urteil des Stadtgerichts von Groß-Berlin vom 21. 4. 1961 in der Bundesrepublik ohne Erlaß eines Vollstreckungsurteils nach §§ 722, 723 ZPO zulässig ist (so OLG Hamburg, NJW 1959, 536[1] mit Nachw.; h. M.). Weiter ist davon auszugehen, daß einem ostdeutschen Titel in der Bundesrepublik die Beachtlichkeit versagt werden muß, wenn er wegen seines Inhalts mit den guten Sitten oder dem Zweck eines deutschen Gesetzes in keiner Weise vereinbar ist oder wenn er auf einem Verfahren beruht, in dem rechtsstaatliche Grundsätze in erheblichem Maße verletzt worden sind (s. BGH, NJW 1956, 1436 f.[2]; h. M.). Diese Erwägungen haben in der Praxis dazu geführt, § 328 I Ziff. 4 ZPO im Erinnerungsverfahren nach § 766 ZPO entsprechend anzuwenden. Aus dem dem Senat vorliegenden Beschluß des LG Hamburg, Zivilkammer 9, vom 5. 6. 1962 (9 T 141/61; 28 M 1298/61), der in einem Erinnerungsverfahren zwischen den jetzigen Parteien ergangen ist, ergibt sich, daß die Kl. ohne Erfolg diesen Weg beschritten hat.

Fraglich kann es nur sein, ob die Kl. als Schuldnerin außer im Verfahren nach § 766 ZPO auch durch die erhobene negative Feststellungsklage gegen den Titel des Ostberliner Gerichts vorgehen darf. Das ist zu bejahen. Soweit in der Literatur Bedenken gegen die Zulässigkeit einer Feststellungsklage des Schuldners, einer Vollstreckungsgegenklage aus § 767 ZPO oder einer Nichtigkeitsklage erhoben werden und das Erinnerungsverfahren als der richtige Weg bezeichnet wird, geschieht das vornehmlich im Hinblick auf eine in der Bundesrepublik nicht vorhandene örtliche Zuständigkeit eines Gerichts (s. *Zimmermann*, DRpfl. 1957, 363, 365). Dieser Begründung schließt sich der Senat nicht an. Da die Kl. als Schuldnerin die Zwangsvollstreckung schlechthin für unwirksam hält und sie ihre Einwendungen nicht in einem Verfahren nach § 722 ZPO vorbringen konnte, muß es ihr möglich sein, eine negative Feststellungsklage zu erheben, anstatt gegen jede Vollstreckung mit einer Erinnerung nach § 766 ZPO vorgehen zu müssen (s. dazu *Baumbach-Lauterbach*, ZPO, 27. Aufl., 2 D zu § 766). Daß negative Feststellungs- und Vollstreckungsgegenklagen speziell gegen ostdeutsche Titel zulässig sind, ist in der Rechtsprechung und Literatur anerkannt (s. OLG Koblenz, NJW 1962, 1352 f.[3]; *Beitzke*, JZ 1958, 53, 55; *Pernutz*, NJW 1961, 537, 539). Entgegen der Auffassung des LG bestehen auch keine Bedenken gegen seine örtliche Zuständigkeit. Sie ist, da sonst keine Zuständigkeit in der Bundesrepublik gegeben wäre, analog § 722 II ZPO beim Prozeßgericht am Wohnsitz des Schuldners anzunehmen (s. dazu OLG Koblenz aaO; *Beitzke* aaO).

Obgleich hiernach die Klage zulässig ist und damit auch eine entsprechende Anwendung des § 769 ZPO möglich wäre, kann dem Ein-

---

[1] IzRspr. 1958—1959 Nr. 122.

[2] IzRspr. 1954—1957 Nr. 322.

[3] Siehe oben Nr. 57.

stellungsantrag nicht entsprochen werden, weil die Klage nach dem bisherigen Vorbringen der Kl. keine Aussicht auf Erfolg bietet. Mit ihren Darlegungen hat sich die Zivilkammer 9 des LG in dem bereits erwähnten Beschluß vom 5. 6. 1962 nach Einholung einer Auskunft des Vorstandes der Rechtsanwaltskammer Berlin in allen Einzelheiten befaßt. Die Klage bringt demgegenüber nichts Neues. Bevor die Kl. nicht im einzelnen ausführt, warum im Verfahren nach § 766 ZPO falsch entschieden worden ist, sieht der Senat keine Veranlassung, sich im Verfahren nach § 769 ZPO erneut mit ihrem Vorbringen zu befassen."

119. Ob einem sowjetzonalen Urteil im Bundesgebiet die Anerkennung zu versagen ist, kann im Rahmen des Erinnerungsverfahrens nach § 766 ZPO geprüft werden. — Sowjetzonale Entscheidungen sind im Bundesgebiet nicht anzuerkennen, wenn ihr Inhalt mit den guten Sitten oder dem Zweck eines deutschen Gesetzes unvereinbar ist oder wenn sie auf einem Verfahren beruhen, in welchem die rechtsstaatlichen Grundsätze erheblich verletzt sind. — Die Anerkennung ist nicht schon dann zu versagen, wenn die Ladung der beklagten Partei nicht zugestellt worden ist und diese sich auf den Rechtsstreit auch nicht eingelassen hat. — Die öffentliche Zustellung von Klage und Ladung ist ordnungsgemäß, wenn nach Übersiedlung des Beklagten in das Bundesgebiet sein neuer Wohnort dem sowjetzonalen Gericht nicht bekannt wird. — Aus einem sowjetzonalen, auf DM-Ost lautenden Urteil, darf im Bundesgebiet nur unter Umrechnung nach dem Wechselstubenkurs in DM-West vollstreckt werden.

LG Braunschweig, Beschl. v. 30. 8. 1963 — 8 T 61/63: NdsRpfl. 1964, 14; MDR 1964, 332; Leitsätze in DRiZ 1964 B 51 Nr. 739 und FamRZ 1964, 461.

Die in B. (sowjet.) wohnhafte Gläubigerin hat am 19. 9. 1961 vor dem Kreisgericht O. (sowjet.) ein Versäumnisurteil gegen den Schuldner erwirkt. Dieser wurde zur Zahlung von 2450 DM nebst 4 % Zinsen seit dem 1. 1. 1957 verurteilt. Der Schuldner hatte früher ebenfalls in der Sowjetzone gewohnt und war mit dem verstorbenen Ehemann der Gläubigerin Gesellschafter einer Firma gewesen. Im Jahre 1959 oder 1960 hatte er die Sowjetzone verlassen. Klage und Ladung zu dem Verhandlungstermin vor dem Kreisgericht O. wurden dem Schuldner öffentlich zugestellt.

Gegen die Zwangsvollstreckung aus dem Urteil des Kreisgerichts O. hat der Schuldner Erinnerung eingelegt. Er hält die Vollstreckung in entsprechender Anwendung von § 328 I Nr. 2 und 4 ZPO für unzulässig, weil ihm kein rechtliches Gehör gewährt worden sei. Von dem Gerichtsverfahren habe er erst jetzt Kenntnis erhalten. Die Gläubigerin müsse seit Mitte 1960 oder Frühjahr 1961 seine Anschrift kennen. Das Kreisgericht sei auch örtlich unzuständig gewesen, da der erhobene Anspruch aus dem Gesellschaftsverhältnis mit dem verstorbenen Ehemann der Gläubigerin hergeleitet sei, die Gesellschaft aber ihren Sitz in M. (sowjet.) gehabt habe.

Das AG hat die Erinnerung zurückgewiesen. Das LG hat ihr auf den Hilfsantrag des Schuldners insoweit stattgegeben, als es die Vollstreckung nach dem Wechselstubenkurs angeordnet hat.

Aus den Gründen:

„Der Schuldner macht in erster Linie geltend, daß dem Versäumnisurteil des Kreisgerichts O. die Vollstreckungsfähigkeit in der Bundesrepublik zu versagen sei, weil es auf einem Verfahren beruhe, das gegen rechtsstaatliche Grundsätze verstoßen habe. Diese Einwendung kann, entgegen der Auffassung des AG, im Erinnerungsverfahren nach § 766 ZPO grundsätzlich geltend gemacht werden. Zwar dient der Rechtsbehelf der Erinnerung an sich nur dazu, Einwendungen gegen die Art und Weise der in Frage stehenden Zwangsvollstreckungsmaßnahme zu erheben. Voraussetzung für jede Zwangsvollstreckung ist jedoch, daß sie auf Grund eines wirksamen vollstreckbaren Titels erfolgt. Hieran fehlt es, wenn dem Titel, aus dem vollstreckt wird, die Vollstreckungsfähigkeit wegen Verstoßes gegen rechtsstaatliche Grundsätze in der Bundesrepublik abzuerkennen ist. Zur Klärung dieser Frage bedarf es entgegen der vom OLG Koblenz in NJW 1962, 1352[1] vertretenen Meinung keiner besonderen negativen Feststellungsklage, vielmehr ist die Vollstreckungsfähigkeit des ostzonalen Titels im Vollstreckungsverfahren, also auch auf die Erinnerung hin zu prüfen (so die h. M., vgl. z. B. OLG Stuttgart, JZ 1959, 670[2]; OLG Hamm, JMBl. NRW 1957, 197[3] und DRpfl. 1960, 298[4]; LG Frankfurt/Main, DAVorm. 1963, 22[5]; *Beitzke*, JZ 1958, 53; *Zorn*, NJW 1962, 1730).

Hinsichtlich der Frage, ob und unter welchen Voraussetzungen ostzonalen Urteilen in Zivilsachen die Anerkennung in der Bundesrepublik zu versagen ist, bestehen keine gesetzlichen Bestimmungen. Nur für West-Berlin ist diese Frage durch das Westberliner Gesetz über die Vollstreckung von Entscheidungen auswärtiger Gerichte i. d. F. vom 26. 2. 1953 geregelt. Nach § 1 dieses Gesetzes ist die Vollstreckung von Entscheidungen deutscher Gerichte, die ihren Sitz außerhalb des Geltungsbereiches der in Berlin zur Anwendung kommenden Gerichtsverfassung haben, nur zulässig, wenn die Entscheidungen oder ihre Vollstreckung nicht gegen die verfassungsmäßigen Grundsätze, gegen die guten Sitten oder gegen den Zweck bestehender Rechtsvorschriften verstoßen. Für die Bundesrepublik gilt dieses Gesetz jedoch nicht.

Auch § 328 ZPO findet keine unmittelbare Anwendung. Denn Urteile sowjetzonaler Gerichte sind keine Urteile ausländischer Gerichte im Sinne dieser Bestimmung. Sie sind trotz aller Verschiedenheiten der Gerichtsverfassung und des sonstigen materiellen und prozessualen Rechts Urteile deutscher Gerichtsbarkeit. Daraus folgt, daß sie in der Bundesrepublik grundsätzlich anzuerkennen sind und daß ihnen die Anerkennung nur ausnahmsweise unter bestimmten Voraussetzungen zu versagen ist (so BGHZ 20, 323[6] und h. M.). Nach dieser Entscheidung des BGH, der sich die Kammer anschließt, ist

---

[1] Siehe oben Nr. 57.
[2] IzRspr. 1958—1959 Nr. 189.
[3] IzRspr. 1954—1957 Nr. 326.
[4] IzRspr. 1960—1961 Nr. 102.
[5] Siehe oben Nr. 117.
[6] IzRspr. 1954—1957 Nr. 322.

nur solchen sowjetzonalen Urteilen die Anerkennung zu versagen, die entweder wegen ihres Inhaltes mit den guten Sitten oder dem Zweck eines deutschen Gesetzes nicht vereinbar sind (insoweit in entsprechender Anwendung des § 328 Ziff. 4 ZPO) oder die auf einem Verfahren beruhen, in welchem die rechtsstaatlichen Grundsätze, wie sie in der Bundesrepublik anerkannt sind, in erheblichem Maße verletzt sind, in welchem insbesondere das Recht auf Gehör versagt worden ist. Praktisch bedeutet dies, daß die Anerkennung in solchen Fällen zu versagen ist, in denen der Gesetzgeber für West-Berlin in dem oben angeführten Gesetz vom 26. 2. 1953 die Vollstreckbarkeit für West-Berlin ausgeschlossen hat. Hat sich, wie im vorliegenden Fall, die bekl. Partei auf den Prozeß nicht eingelassen, so ist die Anerkennung des sowjetzonalen Urteils nicht in entsprechender Anwendung des § 328 Ziff. 2 ZPO schon dann zu versagen, wenn ihr keine Ladung zugestellt ist, sondern nur dann, wenn das Urteil unter erheblicher Verletzung rechtsstaatlicher Verfahrensgrundsätze ergangen ist.

Daß das Versäumnisurteil des Kreisgerichts O. vom 19. 9. 1961 unter erheblicher Verletzung rechtsstaatlicher Verfahrensgrundsätze zustande gekommen ist, kann nicht festgestellt werden. Nach dem eigenen Vorbringen des Schuldners hatte dieser seinen früheren Wohnsitz in der sowjet. besetzten Zone verlassen, ohne nach dort seinen neuen Wohnsitz bzw. seine neue Anschrift mitzuteilen. Sein Aufenthalt war daher dort nicht bekannt. Die öffentliche Zustellung der Klage und Ladung war somit zulässig (§ 203 ZPO). Es kann auch nicht festgestellt werden, daß das Kreisgericht O. die öffentliche Zustellung der Klage und Ladung leichtfertig bewilligt habe. Es hat die öffentliche Zustellung nicht sogleich auf Grund der Bescheinigung des Volkspolizeiamtes M. vom 7. 9. 1960, in der bescheinigt war, daß der Schuldner am 1. 8. 1960 nach Westdeutschland verzogen sei, bewilligt, sondern hat zunächst Klärung der Frage verlangt, ob dort noch eine Treuhandschaft über das Vermögen des Schuldners bestehe. Erst nachdem bestätigt war, daß zwar eine Treuhandschaft bestanden hatte, diese aber inzwischen aufgehoben sei, hat es die öffentliche Zustellung der Klage und Ladung bewilligt. Daß dem Schuldner Klage und Ladung nicht anders als im Wege der öffentlichen Zustellung zugestellt werden konnten, hat seinen Grund letztlich darin, daß der Schuldner nach der Verlegung seines Wohnsitzes in die Bundesrepublik nicht dafür gesorgt hatte, daß an seinem bisherigen Wohnsitz seine neue Anschrift bekannt wurde. Sein Vorbringen, die Gläubigerin müsse seinen neuen Wohnsitz spätestens im Frühjahr 1961 erfahren haben, ist insoweit zu unbestimmt und wird von der Gläubigerin bestritten. Dieses Vorbringen ist im übrigen in diesem Zusammenhang nicht von Bedeutung. Denn selbst wenn die Gläubigerin etwa wirklich die Anschrift des Schuldners gekannt haben sollte, ohne dem Kreisgericht O. hiervon Mitteilung zu machen, so würde das Verfahren des *Gerichts* nicht auf einer erheblichen Verletzung rechtsstaatlicher Grundsätze beruhen. Daß etwa dem

Gericht die Anschrift des Schuldners bekannt gewesen sei, behauptet aber der Schuldner selbst nicht. Aufhebung eines von einer Partei im Sinne von § 826 BGB erschlichenen Urteils kann nur mittels Klage begehrt werden.

Auch das Vorbringen des Schuldners, das Kreisgericht O. sei örtlich unzuständig gewesen, ist nicht geeignet, in dem Verfahren vor diesem Gericht eine erhebliche Verletzung rechtsstaatlicher Grundsätze zu sehen. Im übrigen hat der Schuldner mit der Erinnerung selbst vorgetragen, daß er bis zum Jahre 1959 seinen Wohnsitz im Bezirk dieses Gerichtes gehabt habe. Seine im Verfahren 5 AR 2/62 des LG Braunschweig mit Schriftsatz vom 30. 7. 1962 vorgetragene Behauptung, niemals im Bezirk des Kreisgerichts O. gewohnt zu haben, hat er im vorliegenden Verfahren nicht wiederholt. Sie ist auch offenbar unzutreffend. O. dürfte daher der allgemeine Gerichtsstand des Schuldners gewesen sein (§ 16 ZPO). Das Kreisgericht O. war daher für die gegen ihn erhobene Klage örtlich zuständig (§ 12 ZPO). Ein *ausschließlicher* Gerichtsstand hat für die Geltendmachung der hier in Frage stehenden Forderung aus dem früheren Gesellschaftsverhältnis nicht bestanden.

Die Kammer vermag somit keine Gründe zu erkennen, die es rechtfertigen könnten, dem Versäumnisurteil des Kreisgerichts O. vom 19. 9. 1961 die Anerkennung und Vollstreckungsfähigkeit im vorliegenden Verfahren zu versagen. Insoweit ist die Beschwerde des Schuldners unbegründet.

Allerdings ist die Zwangsvollstreckung aus diesem Urteil nur in der Weise zulässig, daß der im Urteil genannte DM-Ost-Betrag unter Zugrundelegung des jeweiligen Wechselstubenkurses in DM-West umzurechnen ist. Dies ergibt sich aus der entsprechenden Anwendung des § 244 BGB. Daß diese Bestimmung entsprechend anzuwenden ist, wenn — wie hier — aus einem auf DM-Ost lautenden Urteil eines sowjetzonalen Gerichts gegen einen in der Bundesrepublik wohnenden Schuldner vollstreckt wird, entspricht ständiger Rechtsprechung der Kammer, die sich insoweit in Übereinstimmung mit dem OLG Braunschweig (1 W 96/59) und der weitaus überwiegenden Ansicht in Rechtsprechung und Schrifttum befindet (so u. a.: OLG Hamm, NJW 1955, 67[7]; DRpfl. 1960, 298[8]; 1962, 408[9]; OLG Köln, DRpfl. 1955, 192[10]; OLG Koblenz, NJW 1956, 383[11]; OLG Frankfurt, MDR 1956, 420[12]; OLG Düsseldorf, MDR 1957, 225[13]; OLG Hamburg, NJW 1959, 536[14]; KG, DRpfl. 1962, 172[15]; *Stein-Jonas-Schönke,* ZPO, Anm. X 2a vor § 704; *Soergel-Siebert,* BGB, 9. Aufl., § 244 Anm. 8; *Palandt,* BGB, 21. Aufl., § 244 Anm. 4d). Die vereinzelt vertretene Gegenmeinung, daß die Zwangsvollstreckung aus einem sowjetzonalen Urteil in der Bundesrepublik im Verhältnis 1 DM-Ost

[7] IzRspr. 1954—1957 Nr. 162.
[8] IzRspr. 1960—1961 Nr. 102.
[9] Siehe oben Nr. 66.
[10] IzRspr. 1954—1957 Nr. 164.
[11] IzRspr. 1954—1957 Nr. 169.
[12] IzRspr. 1954—1957 Nr. 170.
[13] IzRspr. 1954—1957 Nr. 173.
[14] IzRspr. 1958—1959 Nr. 122.
[15] IzRspr. 1960—1961 Nr. 112.

= 1 DM-West zulässig sei, betrifft vor allem Unterhaltsforderungen und beruht weitgehend auf der Erwägung, daß nur bei einer Umrechnung im Verhältnis 1:1 die Überweisung der Schuldbeträge durch Teilnahme am sog. Clearing-Verkehr der Jugendämter der Bundesrepublik und der sowjet. besetzten Zone möglich sei (so OLG Celle, MDR 1959, 494[16]; OLG Bremen, DRpfl. 1962, 173[17]). Diese Erwägung trifft jedoch im vorliegenden Falle nicht zu, so daß es sich erübrigt, hierauf näher einzugehen. Die Gläubigerin hat nur Anspruch auf DM-Ost. Die Höhe ihrer Forderung ist im Urteil genau beziffert. Die Gläubigerin kann nicht mehr verlangen, als wenn seitens des Schuldners Zahlung in DM-Ost zulässig wäre. Daß eine Überweisung der DM-Ost-Beträge auf Grund der ostzonalen Bestimmungen nicht möglich ist, kann nicht zu Lasten des in der Bundesrepublik lebenden Schuldners gehen. In der Bundesrepublik hat sich in den Wechselstuben ein Kurs herausgebildet, der zwar in der sowjet. besetzten Zone nicht anerkannt wird, der aber in der Bundesrepublik als legal anzusehen ist. Für die Zwangsvollstreckung sind die rechtlichen und tatsächlichen Verhältnisse am Orte der Zwangsvollstreckung maßgebend. Jeder in der Bundesrepublik lebende Schuldner hat die Möglichkeit, sich zur Erfüllung seiner DM-Ost-Verbindlichkeiten die erforderlichen DM-West-Beträge zum Wechselstubenkurs zu beschaffen. Kann er sich aber durch freiwillige Zahlung dieses Betrages von seiner Verbindlichkeit befreien, so kann auch im Wege der Zwangsvollstreckung kein höherer Betrag von ihm beigetrieben werden, als zur Beschaffung des zu zahlenden DM-Ost-Betrages erforderlich ist. Dies wird der Gerichtsvollzieher im vorliegenden Falle bei der Verwertung der gepfändeten Sachen und bei der Abrechnung zu beachten haben."

120. Entscheidungen sowjetzonaler Gerichte über die Bestellung von Vormündern und Pflegern sind im Bundesgebiet grundsätzlich anzuerkennen. — Hat ein sowjetzonales Gericht für einen Verein mit Sitz in der Sowjetzone einen Pfleger bestellt und diesen nach Abwicklung des Vereins abberufen, so ist diese Abberufung des Pflegers auch im Bundesgebiet anzuerkennen.

OLG Düsseldorf, Beschl. v. 2. 12. 1963 — 6 Wkf 10/63: WM 1964, 131.

Der R.Verein ist im Jahre 1882 nach sächsischem Recht entstanden und hatte seinen Sitz in L. (jetzt: sowjet.). Der letzte Vorstand des Vereins bestand aus fünf Herren. Von diesen starben zwei in sowjetischer Haft. Die anderen drei Vorstandsmitglieder verließen L. im Jahre 1946, nachdem sie zuvor ihre Vorstandsämter niedergelegt hatten. Darauf bestellte das AG L. den Rechtsanwalt N. in L. zum Pfleger.

Durch Befehl der sowjet. Kommandantur in L. wurde der Verein aufgelöst und im Vereinsregister gelöscht. Sein Vermögen ging auf Grund der Verordnung der Landesregierung Sachsen vom 14. 9. 1948 (GVBl. 513)

---

[16] IzRspr. 1958—1959 Nr. 124. [17] IzRspr. 1960—1961 Nr. 109.

auf die Stadt L. über. Darauf hob das AG L. die Pflegschaft auf. Nunmehr ließ sich Professor S., eines der in das Bundesgebiet übergesiedelten ehemaligen Vorstandsmitglieder, vom AG K. (Bundesgebiet) zum Pfleger für den Verein mit dem Wirkungskreis bestellen: „Vertretung der Vermögensinteressen".

Der R.Verein beantragt die Ablösung von rund 70 000 RM verschiedener Reichsanleihen. Die Bundesschuldenverwaltung sowie das LG haben den Antrag zurückgewiesen. Auch die sofortige Beschwerde blieb erfolglos.

Aus den Gründen:

„Zutreffend geht der angefochtene Beschluß von der Vorschrift des § 33 II Nr. 3 AKG aus. Hiernach ist ein Recht auf Ablösung nur gegeben, wenn der angemeldete Anspruch am 31. 12. 1952 einer juristischen Person zugestanden hat, die zu diesem Zeitpunkt ihren Sitz oder den Ort ihrer Geschäftsleitung im Geltungsbereich des Gesetzes hatte. Die Auffassung des LG, es sei nicht genügend glaubhaft gemacht, daß diese Voraussetzung erfüllt sei, ist rechtlich nicht zu beanstanden. Da der Anmelder seinen Sitz nicht in den Geltungsbereich des AKG verlegt hat, kommt es darauf an, ob er am Stichtag hier den Ort seiner Geschäftsleitung gehabt hat. Die Kammer verneint diese Frage aus der Erwägung, daß ein Ort der Geschäftsleitung nur von einer vertretungsberechtigten Person begründet werden kann, daß aber Professor S., als er vor dem 31. 12. 1952 in K. für den Anmelder tätig wurde, zur Vertretung nicht berechtigt war, weil er und die anderen früheren Vorstandsmitglieder ihr Amt bereits im Jahre 1946 niedergelegt hatten und eine Bevollmächtigung durch den vom AG L. im Jahre 1946 bestellten Pfleger nicht mehr erfolgen konnte, nachdem die Pflegschaft im Jahre 1948 aufgehoben worden war. Diese Ausführungen lassen einen Rechtsverstoß nicht erkennen. Der Territorialitätsgrundsatz ist nicht verletzt. Die Aufhebung der Pflegschaft ist nicht von der Stelle verfügt worden, welche den anmeldenden Verein aufgelöst hat, sondern vom AG L. erst nach erfolgter Auflösung des Vereins angeordnet worden. Die Maßnahme hat nicht nur Wirkung für die Sowjetzone, sondern auch für das Gebiet der Bundesrepublik, da Entscheidungen der sowjetzonalen Gerichte in bezug auf die Bestellung von Vormündern und Pflegern in der Bundesrepublik grundsätzlich anzuerkennen sind (*Keidel*, FGG, 8. Aufl. 1963, § 35 Randn. 17 m. Nachw.). Das muß jedenfalls dann gelten, wenn es sich um die Aufhebung vormundschaftsgerichtlicher Maßnahmen handelt, welche von dem sowjetzonalen Gericht selbst getroffen worden sind, wie es hier der Fall ist. Auch bedeutete die Aufhebung der Pflegschaft keine versteckte Enteignung. War somit die Pflegschaft spätestens im Jahre 1948 beendet, so ist es unerheblich, ob der Pfleger Rechtsanwalt N., L., später seine Zustimmung zu den von Professor S. getroffenen Maßnahmen erteilt hat. In keinem Falle erlangte dieser durch eine solche Zustimmung des früheren Pflegers die Befugnis zur Vertretung des Anmelders. Er konnte somit keinen Ort der Geschäftsleitung begründen. Der Hinweis darauf, daß Professor S. als Geschäftsführer ohne

Auftrag vor dem 31. 12. 1952 tätig geworden sei und nach seiner Bestellung zum Pfleger seine früheren Handlungen genehmigt habe, vermag nicht zu einer anderen Beurteilung zu führen. Wie der BGH (WM 1959, 322[1]) zu dem auch in § 6 der 35. DVO/UmstG verwandten Begriff ‚Ort der Geschäftsleitung' mit Recht ausgeführt hat, wäre es mit dem Sinn und Zweck der gesetzlichen Regelung, welche auf einen bestimmten Stichtag abstellt, nicht zu vereinbaren, wenn durch spätere Maßnahmen des Anmelders oder seiner Vertreter eine bis dahin für eine Geschäftsleitung nicht ausreichende Tätigkeit zu einer solchen gemacht werden könnte. Für den Bereich des AKG gilt nichts anderes, wie *Fögen* aus der Entwicklungsgeschichte des Begriffes ‚Ort der Geschäftsleitung' zutreffend entnommen hat (WM 1962, 234). Deshalb mag unerörtert bleiben, ob die Genehmigung des Pflegers für die Wirksamkeit der von ihm als Geschäftsführer ohne Auftrag vorgenommenen Rechtshandlungen in bürgerlich-rechtlicher Hinsicht von Bedeutung ist. Jedenfalls kann sie nicht mehr den Tatbestand schaffen, an den das AKG die Ablösbarkeit geknüpft hat."

121. Entscheidungen sowjetzonaler Gerichte sind im Bundesgebiet grundsätzlich anzuerkennen. — Die Einholung einer Stellungnahme der Staatsanwaltschaft in einem Zivilprozeß sowie die Schriftlichkeit eines Verfahrens in zweiter Instanz verstoßen nicht gegen rechtsstaatliche Grundsätze. — Die sachliche Unrichtigkeit einer sowjetzonalen Entscheidung allein führt nicht dazu, ihr die Anerkennung im Bundesgebiet zu versagen. — Zum Gerichtsstand für eine Feststellungs- oder Vollstreckungsgegenklage gegen ein sowjetzonales Urteil, mit der Gegenansprüche erhoben werden, die aus einer sowjetzonalen Enteignung abgeleitet sind. — Die Vollstreckung eines sowjetzonalen Urteils über eine Kaufpreisforderung verstößt gegen den westdeutschen ordre public, wenn die dem Titel zugrunde liegenden Verträge von dem westdeutschen Käufer, der zugleich Inhaber des sowjetzonalen Lieferbetriebs ist, unter der Voraussetzung geschlossen wurden, sein Betrieb in der Sowjetzone werde nicht sittenwidrig enteignet werden. — Diesen Einwand kann der enteignete Inhaber auch einem rechtlich selbständigen sowjetzonalen Außenhandelsunternehmen entgegensetzen, wenn die Enteignung erst nach Abschluß der dem Kaufpreistitel zugrundeliegenden Kaufverträge vorgenommen worden ist.

BGH, Urt. v. 18. 12. 1963 — I b ZR 88/62: BGHZ 42, 1; WM 1964, 734; NJW 1964, 1620; ROW 1964, 254; MDR 1964, 652; BB 1964, 736; DB 1964, 948; DRspr. I (120) 89a; Leitsätze im LM Nr. 26 zu § 767 ZPO, Nr. 103 zu § 242 (Cd) BGB und DAWRd. 1965, 208 Nr. 40.

Die Bekl. hat gegen den Kl. am 19. 8. 1958 ein rechtskräftiges Urteil des Stadtgerichts von Groß-Berlin (Berlin-Ost) erwirkt, durch das der Kl. verurteilt worden ist, an die jetzige Bekl. 24 455,14 DM (West) nebst

[1] IzRspr. 1958—1959 Nr. 73.

8 % Zinsen seit dem 15. 2. 1958 „auf dem Verrechnungswege zu zahlen, wie er im Abkommen vom 20. 9. 1951 über den Handel zwischen den Währungsgebieten der Deutschen Mark der Bundesbank (DM-West) und der Deutschen Mark der Deutschen Notenbank (DM-Ost) — Berliner Abkommen — Abschnitt C — Zahlungsverkehr — festgelegt worden ist". Aus diesem Urteil betreibt die Bekl. gegen den Kl. die Zwangsvollstreckung, gegen deren Zulässigkeit der Kl. sich mit der vorliegenden Klage wendet. Dem Streit der Parteien liegt folgender Sachverhalt zugrunde.

Der Kl. war Alleininhaber der Firma P. Ing.-Büro, Ing. K. S., in X. (sowjet.). In dem so bezeichneten Unternehmen, in dem etwa 300 Arbeiter beschäftigt waren, wurden im wesentlichen Feuchtigkeitsmeßgeräte hergestellt. Nachdem der Kl. bereits im Jahre 1953 vorübergehend verhaftet und sein Betrieb beschlagnahmt, ihm jedoch nach seiner Freilassung wieder zurückerstattet worden war, verließ er am 10. 2. 1956 X. und ließ sich in A. (Bundesgebiet) nieder. Er hatte bereits durch notarielle Urkunde vom 31. 8. 1954 seinen Bruder, den Zeugen A. S., zu seinem Generalbevollmächtigten bestellt, der nach der Flucht des Kl. den Betrieb in X. weiter leitete. Im April 1956 schloß der Bruder des Kl. einen sog. Beteiligungsvertrag, durch den der Betrieb in eine Kommanditgesellschaft unter staatlicher Beteiligung in der Weise umgewandelt wurde, daß der Kl. Komplementär und die Deutsche Investitionsbank, Filiale G., Kommanditistin mit einer hälftigen Kapitaleinlage wurden. Dem Bruder des Kl. wurde verboten, dem Kl. irgendwelche schriftliche Unterlagen über diesen Vorgang zukommen zu lassen. Auch erhielt der Kl. keinerlei Abrechnungen und Bilanzen des Betriebes übersandt.

In A. eröffnete daraufhin der Kl. die Firma P. Ing.-Büro in A., Ing. K. S., A. Dieses Unternehmen befaßt sich mit dem Vertrieb der gleichen technischen Feuchtigkeitsmeßgeräte, wie sie in X. gebaut wurden, und stellt seit 1958 auch selbst solche Geräte her. Der Kl. ließ sich dafür die Warenzeichen „Hygronom", „Hygrorekord" und das „System S. Germany" in die Zeichenrolle des Deutschen Patentamts in München eintragen. Bereits wenige Wochen, nachdem sich der Kl. in A. niedergelassen hatte, nahmen Vertreter der „Industrie- und Handelskammer der Deutschen Demokratischen Republik", der örtlichen Industrie- und Handelskammer in X. sowie des Landrates des Kreises X. mit dem Kl. schriftlich und mündlich Verbindung auf, um ihn zu veranlassen, in die sowjet. Besatzungszone (SBZ) zurückzukehren. Im Laufe dieser Besprechungen wurde dem Kl. das Alleinvertriebsrecht der Erzeugnisse des Betriebes in X. für die Bundesrepublik angeboten.

Bevor ein dahingehender Vertrag zustandekam, schloß der Kl. mit der Bekl., einer im Zuge der Neuordnung des Außenhandels der SBZ zum Zwecke der Abwicklung von Exportgeschäften des Sektors Feinmechanik-Optik gegründeten GmbH mit Sitz in Berlin-Ost, Verkaufsaufträge über Temperatur- und Luftfeuchtigkeitsmeßgeräte, für die bis einschließlich 21. 5. 1957 Bezugsgenehmigungen zu einem Gesamtbetrage von 524 555 DM erteilt worden waren. In der Bezugsgenehmigung vom 21. 5. 1957 über 200 000 DM ist als „Verkäufer (Zahlungsempfänger)" die Firma „Ing. Karl S., Fabrik elektrophys. Geräte in X." genannt.

Am 1. 6. 1957 kam es zwischen dem Kl. und der mit der Kurzform „Praezishandel" bezeichneten Bekl. zum Abschluß eines Vertrages, durch den dem Kl., dem „Vertreter", von der Bekl. der „Alleinvertrieb in der Bundesrepublik Deutschland für die Erzeugnisse des gesamten Fertigungsprogramms der Firma P. Ing.-Büro, Ing. K. S., in X., Fabrik elektrophysik. Geräte, mit Ausnahme der Foto-Laborgeräte" übertragen wurde. Dieser Vertrag enthält u. a. folgende Bestimmungen:

„. . .

3. Die Lieferungen erfolgen auf Grund evtl. bestehender Handelsabkommen und der zwischen dem Vertreter und Praezishandel abzuschließenden Einzelverträge, aus denen alle weiteren Bedingungen,

die zur Abwicklung, Berechnung und Zahlung erforderlich sind, sowie Transportvorschriften hervorgehen.

. . . ..

7. Der Vertreter erkennt an, daß alle Warenzeichen, Marken und Patente, die mit den von ihm vertriebenen Erzeugnissen in rechtlichem oder tatsächlichem Zusammenhange stehen, ausschließlich Eigentum der Firma P. Ing.-Büro, Ing. K. S., X., **Fabrik elektro-physikal. Geräte**, sind und bleiben.

. . . . .

Die Bestimmungen der Ziff. 7 gelten nicht als vereinbart, wenn der Vertrag unbegründet einseitig durch Praezishandel gelöst wird. In diesem Falle erhält der Vertreter seine ursprüngliche volle Handlungsfreiheit zurück.

. . . . .

20. . . . . .

Das Vertragsverhältnis kann ohne Einhaltung einer Kündigungsfrist von jedem der beiden Vertragspartner mit sofortiger Wirkung gekündigt werden, wenn eine schuldhafte Vertragsverletzung vorliegt. Das Vertragsverhältnis kann weiterhin ohne Einhaltung einer Kündigungsfrist gelöst werden, wenn der Vertreter seine Zahlung einstellt, in Konkurs gerät oder . . . . .

. . . . .

23. Für alle Streitigkeiten zwischen Vertreter und Praezishandel ist Gerichtsstand Berlin-Mitte vereinbart.

. . . . .".

Auf Grund dieses Vertriebsabkommens kam es zwischen den Parteien bis Februar 1958 zu weiteren Einzelkaufverträgen über Lieferungen von Geräten aus der Produktion des Betriebes in X. Die gesamte Kaufpreissumme, für die Genehmigungen erteilt worden sind, beläuft sich — einschließlich der schon vor Abschluß des Vertretervertrages getätigten Einzelkaufverträge — auf 888 315 DM-West. In den Einzelkaufverträgen war ergänzend auf den Abschnitt 2 der Allgemeinen Zahlungsbedingungen der Bekl. Bezug genommen, nach deren Ziff. 11 Zurückhaltung der Zahlung oder Aufrechnung wegen irgendwelcher Gegenansprüche ausgeschlossen sind. Nach Ziff. 14 a. a. O. ist Gerichtsstand „Berlin-Mitte". Ferner war festgelegt, daß die Lieferungen im Rahmen der geltenden Bestimmungen über den innerdeutschen Handel erfolgen sollten. Die nach dem MilRegGes. Nr. 53 erforderlichen Bezugsgenehmigungen sind dem Kl. erteilt worden.

Seit Beginn der Lieferungen wurde durch Mitglieder des Rates der Stadt X. und der Industrie- und Handelskammer X. auf den Bruder des Kl. eingewirkt, den Kl. zur Rückkehr in die SBZ zu veranlassen, da sonst die Beziehungen zu ihm abgebrochen werden müßten. Insgesamt lieferte die Bekl. dem Kl. im Jahre 1957 Waren in einem Gesamtwerte von 75 000 DM. Sie hatte diese Waren bei dem Betrieb in X. gekauft, der den Gesamtwert im Rechnungseinzugsverfahren erhalten hatte. Nachdem der Kl. im Sommer 1957 seinen Betrieb in X. und im Herbst des gleichen Jahres die Leipziger Messe besucht hatte, traten zwischen den Parteien Unstimmigkeiten wegen der Kosten der vom Kl. durchgeführten Werbemaßnahmen auf. Der Kl. übersandte der Bekl. am 22. 11. 1957 eine Abrechnung über den „Kontenstand", nach der er der Bekl. noch einen Betrag von 24 547,82 DM schuldete. Die Bekl. erteilte dem Kl. am 16. 1. 1958 eine Gegenabrechnung, in der sie ihre Forderung — unter Berücksichtigung einer am 29. 11. 1957 erfolgten Überweisung des Kl. und weiterer Lieferungen — auf 24 455,14 DM berechnete. Sie wies zugleich darauf hin, „daß weitere Lieferungen erst nach Ausgleich des Kontos erfolgen können".

Am 17. 1. 1958 eröffneten vier Mitglieder des Rates des Kreises G. dem Bruder des Kl., daß jegliche Geschäftsbeziehungen zum Kl. abgebrochen und die Lieferungen endgültig eingestellt worden seien. Der Kl. bestellte im Frühjahr 1958 weitere Waren und versprach Zahlung innerhalb 30 Tagen. In einer dieser Bestellungen erklärte er, sie erfolge, „damit unsere Geschäfte wieder in Gang kommen“.

Da der Kl. an die Bekl. keine Zahlungen mehr leistete, erhob diese vor dem Stadtgericht von Groß-Berlin (sowjet. Sektor) gegen den Kl. Klage auf Zahlung von 24 455,14 DM nebst 8 % Zinsen seit dem 15. 2. 1958. Der in jenem Rechtsstreit durch einen Westberliner Rechtsanwalt vertretene Kl. rechnete zunächst mit Gegenforderungen von 15 000 DM wegen mangelhafter Lieferungen und aus einem Ersatzanspruch für Werbungskosten auf und machte wegen des übersteigenden Betrages ein Zurückbehaltungsrecht bis zum Ablauf einer zugesagten Garantiefrist geltend. Nachdem das Gericht eine Stellungnahme des Generalstaatsanwalts von Groß-Berlin vom 11. 6. 1958 eingeholt hatte, hielt der Kl. diese Einwendungen nicht aufrecht und erhob seinerseits Widerklage, die er jedoch nicht durchführte. Im übrigen bestritt er, zur Zahlung in DM-West verpflichtet zu sein, zumal er in X. über ein Ostmark-Guthaben von 150 000 DM-Ost verfüge.

Auf die mündliche Verhandlung vom 13. 6. 1958 wurde der Kl. durch Urteil vom 19. 8. 1958 verurteilt, den eingeklagten Betrag auf dem im Interzonen-Handelsabkommen vom 20. 9. 1951 festgelegten Verrechnungswege zu zahlen. Die von dem Kl. gegen dieses Urteil eingelegte Berufung wurde durch einen mit Gründen versehenen Beschluß des Zivilsenats des KG von Groß-Berlin (sowjet. Sektor) vom 15. 11. 1958 als offensichtlich unbegründet verworfen.

Am 28. 7. 1958 richtete der Erste Stellvertreter des Rates des Kreises X. an den Bruder des Kl. ein Schreiben, in dem es unter Bezugnahme auf die diesem vom Kl. erteilte Vollmacht heißt:

> „. . . . . Ich halte Sie ab sofort hierfür nicht mehr geeignet, soweit es sich um den Anteil des Herrn K. S. an der Firma elektrophysik. Geräte, Ing. K. S., X., handelt. Die Vollmacht ist hinsichtlich des Gesellschaftsanteils der Firma hinfällig geworden.
> Diese Maßnahme bezieht sich auf die Anordnung über die Behandlung des Vermögens von Personen, die die Deutsche Demokratische Republik nach dem 10. 6. 1953 verlassen haben — Gesetz vom 1. 12. 1953, GBl. Nr. 130, S. 1231.“

Mit Schreiben vom gleichen Tage kündigte die Deutsche Investitionsbank, Filiale in G., in ihrer „Eigenschaft als Treuhänder des geschäftsführenden Komplementäranteiles der Firma K. S., X. . . . . .“ das „Angestelltenverhältnis“ mit dem Bruder des Kl., A. S., zum 31. 8. 1958. A. S. verließ hierauf im November 1958 gleichfalls die SBZ. Er ist seitdem als Prokurist in dem Betrieb des Kl. in A. tätig.

Bereits mit Schreiben vom 4. 8. 1958 hatte der Kl. die Deutsche Notenbank, Filiale in X., beauftragt, an die Bekl. den von ihr vor dem Stadtgericht von Groß-Berlin eingeklagten Betrag zu überweisen. Diese lehnte mit Schreiben vom 5. 9. 1958 die Ausführung des Auftrages ab, weil nach einer Auskunft, die sie bei der Bekl. eingeholt hatte, der Betrag in DM-West zu zahlen sei. Mit Schreiben vom 11. 3. 1959 wandte sich der Kl. erneut an die Deutsche Notenbank mit der Bitte um Freigabe und Überweisung eines Betrages von 248,20 DM-Ost an den Magistrat von Groß-Berlin zur Begleichung der Gerichtskosten. Der Kl. wurde hierauf von dem Rat der Stadt X., Abt. Eigentumsangelegenheiten, am 21. 4. 1959 dahin beschieden, daß sein Auftrag nicht durchgeführt werden könne, da „gemäß Anordnung 2 vom 20. 8. 1958“ seine „Verfügungsberechtigung über sein Konto erloschen“ sei. Auf Anfrage des Rechtsanwalts des Kl. teilte der Rat der Stadt X. diesem am 29. 9. 1959 mit, „daß ein Verfügungsrecht des Herrn Ing. K. S. auf Konten der DDR nicht mehr besteht“. Der Wortlaut der dieser Maßnahme zugrunde liegenden Anordnung könne „bei Begründungen außerhalb der DDR“ nicht angegeben werden.

Mit Schreiben vom 30. 8. 1959 und 3. 9. 1959 fragte die Bekl. bei der Firma E.-M. in W. (Bundesgebiet), die früher bereits die Geräte des Betriebes des Kl. in X. in der Bundesrepublik vertrieb, an, ob sie bereit sei, „ein Vertreterverhältnis für einen noch festzulegenden westdeutschen Bezirk einzugehen". Zugleich bot sie die Erzeugnisse des Betriebes in X. unter den für den Kl. geschützten Warenzeichen „Hygrorekord" und „Hygronom" an. In einer Anzeige in der Fachzeitschrift „Archiv für technisches Messen" (Ausgabe März 1960), in der auch der Kl. inseriert hatte, warb die Bekl. ferner für „bewährte Geräte aus X.". Auf einem in der Anzeige der Bekl. abgebildeten Gerät befindet sich ein Firmenschild mit der Aufschrift „Elektro-Thermo-Hygrometer System S.".

Die Bekl. vertrieb in der Zwischenzeit die Geräte des X.er Betriebes unter den früheren und von dem Kl. benutzten Warenzeichen in der Bundesrepublik weiter. Der Kl. ließ die Erzeugnisse seines Betriebes in A. in Belgien von einer Firma „A. R." in Chatelet vertreiben. Die Bekl. bestellte eine am gleichen Platze ansässige Firma mit dem gleichen Namen „A. R." zu ihrem Generalvertreter. Sie versandte noch im Jahre 1960 über diese Firma Prospekte, als deren Absender die Firma „P. Ing.-Büro, Ing. K. S., X." angegeben ist. In den Prospekten und für die Geräte werden das Warenzeichen „System S. Germany" und die für den Kl. geschützten Bezeichnungen verwendet. In gleicher Weise bot die Bekl. Geräte des Betriebes in X. — und zwar bis zu 40 % unter dem Herstellungspreis — auf dem jugoslawischen Markt an.

Als die Bekl. mit Vollstreckungsmaßnahmen aus dem Urteil vom 15. 8. 1958 begann, stellte der Kl. bei dem AG A. einen Antrag, die Zwangsvollstreckung gemäß § 765 a ZPO zu untersagen. Durch Beschluß des AG A. vom 30. 1. 1960 wurde der Antrag zurückgewiesen. Auf die von dem Kl. gegen diesen Beschluß eingelegte sofortige Beschwerde wurde das Verfahren durch Beschluß des LG A. vom 18. 1. 1961 bis zur Entscheidung des vorliegenden Rechtsstreits ausgesetzt.

Der Kl. hält die Zwangsvollstreckung aus dem Urteil des Stadtgerichts von Groß-Berlin vom 19. 8. 1959 für unzulässig. Er hat geltend gemacht, dem Urteil sei die gemäß §§ 328, 722, 723 ZPO erforderliche Anerkennung zu versagen, weil es gegen den ordre public der Bundesrepublik verstoße und auf einem Verfahren beruhe, in dem wichtige rechtsstaatliche Verfahrensgrundsätze verletzt worden seien. Weiterhin hat er gegen die Urteilsforderung mit mehreren Gegenforderungen aufgerechnet, die er im wesentlichen aus von ihm der Bekl. zur Last gelegten Vertragsverletzungen, Wettbewerbsverstößen und Kennzeichenverletzungen herleitet.

Der Kl. hat beantragt, die Zwangsvollstreckung aus dem Urteil für unzulässig zu erklären. Das LG hat der Klage stattgegeben; das OLG hat die Vollstreckung zugelassen Zug um Zug gegen Zahlung von rund 32 000 DM-West. Der BGH wies die Revision der Bekl. zurück.

Gründe:

„I. 1. a) Das Berufungsgericht ist davon ausgegangen, daß den Gerichten in der sowjet. Besatzungszone (SBZ) und im sowjet. Sektor von Berlin die Eigenschaft von Gerichten im Sinne der in der Bundesrepublik geltenden Gesetze zukomme, und daß es sich bei ihnen ferner nicht um ausländische, sondern um deutsche Gerichte handele, deren in bürgerlichen Rechtsstreitigkeiten ergangene Urteile daher im allgemeinen der die Anerkennung ausländischer Urteile betreffenden Regelung des § 328 ZPO nicht unmittelbar unterworfen und in der Bundesrepublik ohne den vorherigen Erlaß eines Vollstreckungsurteils (§§ 722, 723 ZPO) vollstreckbar seien. Indessen, so hat das Berufungsgericht dargelegt, sei die Anerkennung zu versagen, wenn das zu vollstreckende Urteil auf einem Verfahren beruhe, in dem die in der Bundesrepublik anerkannten rechtsstaatlichen Grundsätze erheblich verletzt worden seien, oder wenn der Inhalt des Urteils mit den guten Sitten oder mit dem Zweck eines deutschen Gesetzes in keiner Weise vereinbar sei.

b) Als Weg für die gerichtliche Prüfung, ob diese Voraussetzungen für die Nichtanerkennung des hier strittigen Urteils vorliegen, hält das Berufungsgericht in Übereinstimmung mit dem LG den einer vom Schuldner anzustrengenden Feststellungsklage für gegeben (§ 256 ZPO), wobei es gegen die im vorliegenden Fall gewählte Fassung des Klageantrages, die derjenigen einer Vollstreckungsgegenklage und damit einer Gestaltungsklage entspricht, keine rechtlichen Bedenken erhebt. Durch die Möglichkeit eines Vollstreckungsschutzverfahrens nach § 765a ZPO oder einer Erinnerung nach §§ 766, 793 ZPO, so hat es ausgeführt, werde das Rechtsschutzbedürfnis für eine solche Klage nicht ausgeschlossen, weil die Wirkung des Feststellungsurteils weiter reiche als die einer Entscheidung im Vollstrekkungsverfahren.

2. a) Im einzelnen hat das Berufungsgericht sich zunächst mit dem gerichtlichen Verfahren befaßt, in dem der angegriffene Titel ergangen ist. In diesem Verfahren sind nach seiner Auffassung rechtsstaatliche Grundsätze nicht verletzt worden.

b) Anschließend hat es sich dem sachlichen Inhalt des Urteils des Stadtgerichts zugewandt und die Ansicht vertreten, ein Verstoß gegen die guten Sitten könne darin nicht gefunden werden. Das LG habe einen Sittenverstoß angenommen, weil der Kl. durch das Urteil zur Zahlung von 24 455,14 DM an die Bekl. als eine staatseigene GmbH verurteilt worden sei, während ihm das Regime der SBZ jede Verfügungsgewalt über sein Eigentum in der Zone genommen habe. Dem sei insoweit zu folgen, als das LG die gegenüber dem Betrieb und dem Vermögen des Kl. in X. getroffenen Maßnahmen der dortigen Behörden — nämlich den Abschluß des Vertrags über die staatliche Beteiligung, den Entzug der dem Bruder des Kl. erteilten Generalvollmacht, die Einsetzung eines Treuhänders und die Entziehung der Verfügungsbefugnis des Kl. über seine Konten in der SBZ — als eine nach rechtsstaatlichen Grundsätzen sittenwidrige entschädigungslose Enteignung betrachtet habe. Es könne ferner dahingestellt bleiben, ob die Bekl., wenn es sich bei ihr auch rechtlich um eine selbständige juristische Person handele, sich diese Maßnahmen aus den gleichen Gründen entgegenhalten lassen müsse, aus denen die Rechtsprechung die Aufrechnung gegen Forderungen von sogenannten Kriegsgesellschaften mit Forderungen gegen eine andere Reichsstelle zugelassen habe. Denn in dem Zahlungsverlangen der Bekl. und in der Vollstreckung des diesem Verlangen entsprechenden Urteils sei ein Sittenverstoß und damit eine unzulässige Rechtsausübung nicht zu erblicken, weil der Kl., wenn er diesen aus dem Gesichtspunkt von Treu und Glauben sich ergebenden Einwand geltend mache, sich in Widerspruch zu seinem voraufgegangenen eigenen Verhalten setze und damit seinerseits gegen Treu und Glauben verstoße.

Der Kl. habe nämlich bei Abschluß der Kaufverträge, aus denen seine dem Urteil zugrunde liegende Kaufpreisschuld herrühre, diejenigen Eingriffe in seinen Betrieb in X., die damals, d. h. vor dem 21. 5. 1957, durchgeführt und bereits einschneidend gewesen seien, gekannt. Alle weiteren Maßnahmen seien zu erwarten gewesen. Gleichwohl habe der Kl. zunächst bis Mai 1957 Kaufverträge bis zu einem Gesamtbetrag von 524 255 DM und am 1. 6. 1957 den sogenannten Alleinvertretungsvertrag mit der Bekl. abgeschlossen und nach seinem eigenen Vortrag auf die in Höhe von insgesamt 75 000 DM bewirkten Lieferungen ungefähr 50 000 DM an die Bekl. gezahlt. Hiermit habe er zu erkennen gegeben, daß er in den erwähnten Eingriffen kein Hindernis für geschäftliche Beziehungen zur Bekl. erblicke. Die später liegenden weiteren Enteignungsmaßnahmen hätten auf der sowjetzonalen Anordnung vom 1. 12. 1953 ‚über die Behandlung des Vermögens von Personen' beruht, ‚die die DDR nach dem 10. 6. 1953 verlassen' (GBl. DDR 1953, 1231). Diese Anordnung sei gegen den Kl., der sie nach der Lebenserfahrung gleichfalls gekannt habe, offensichtlich nur deshalb nicht sofort in voller Schärfe angewendet worden, weil die betreffenden Kreise in der SBZ daran interessiert gewesen seien, sich die technischen und wirtschaftlichen Erfahrungen des Kl. zu erhalten und den Kl. zur Rückkehr zu bewegen. Der Kl. sei sich daher, so stellt das Berufungsgericht fest, im Zeitpunkt seiner Flucht, spätestens aber bei Aufnahme der Geschäftsbeziehungen zur Bekl. darüber klar gewesen, daß noch weitere, einer entschädigungslosen Enteignung gleichzusetzende Maßnahmen gegen sein Unternehmen in der SBZ bevorstanden. Zwar möge er vielleicht die Hoffnung gehabt haben, durch die geschäftliche Verbindung mit der Bekl. und die Übernahme der Alleinvertretung solche Maßnahmen verhindern zu können. Diese Hoffnung sei aber zunichte geworden, als er sich entschlossen habe, dem Wunsch nach Rückkehr in die SBZ nicht zu entsprechen, und als seinem Bruder spätestens am 17. 1. 1958 von Mitgliedern des Rates des Kreises G., wo man diesen Entschluß erkannt habe, die Einstellung weiterer Lieferungen mitgeteilt worden sei. Mit der anschließenden zwangsläufigen Entwicklung habe der Kl. zu rechnen gehabt. Dennoch habe er im Frühjahr 1958 noch weitere Bestellungen aufgegeben und Zahlung binnen 30 Tagen versprochen, um, wie er dabei ausdrücklich erklärt habe, die Geschäfte wieder in Gang zu bringen. Er habe damit die Bereitschaft ausgedrückt, ungeachtet der wegen seiner Weigerung zur Rückkehr unvermeidlich gewordenen und dann auch vollzogenen entschädigungslosen Enteignung mit der Bekl., die er selbst mit den Dienststellen der SBZ gleichsetze, in Geschäftsverbindung zu bleiben. Wenn er sich jetzt darauf berufe, die Eintreibung der Kaufpreisforderung sei wegen dieser Enteignung sittenwidrig, so setze er sich mit seinem voraufgegangenen Verhalten derartig in Widerspruch, daß sein Einwand mit Treu und Glauben nicht vereinbar sei. Daher stelle weder der Inhalt des Leistungsurteils noch die Vollstreckung aus diesem Urteil durch die Beklagte einen Verstoß gegen die guten Sitten dar.

c) Aus den vorstehenden Gründen hat das Berufungsgericht sich nicht in der Lage gesehen, die Zwangsvollstreckung aus dem Leistungsurteil des Stadtgerichts schlechthin zu unterbinden. Es hat den Klageantrag jedoch weiterhin unter dem rechtlichen Gesichtspunkt einer Vollstreckungsgegenklage (§ 767 ZPO) geprüft und ist dabei zu dem Ergebnis gelangt, daß der Kl. wegen ihm zustehender Gegenforderungen Einwände gegen den der Bekl. zugesprochenen Anspruch erheben könne. Dem Kl. seien nach der letzten mündlichen Verhandlung im Vorprozeß Schadensersatzforderungen gegen die Bekl. aus §§ 1 UWG, 826 BGB erwachsen, weil die Bekl. nach diesem Zeitpunkt unter seinem Namen und unter Benutzung der ihm geschützten Warenzeichen in wettbewerbswidriger Weise Erzeugnisse des X.er Betriebs in die Bundesrepublik geliefert habe und liefere. Mit diesen Forderungen, deren Höhe das Berufungsgericht auf einen zumindest die Vollstreckungssumme erreichenden Betrag geschätzt hat, könne der Kl. zwar im Hinblick auf das MilRegGes. 53 i. V. m. dem Interzonenhandelsabkommen nicht aufrechnen. Dem Kl. sei aber ein Zurückbehaltungsrecht nach § 273 BGB zuzubilligen, dessen Geltendmachung, die in der Aufrechnungserklärung enthalten sei, keine endgültige Verfügung über die beiderseitigen Forderungen darstelle, daher durch die erwähnten Vorschriften nicht verboten sei und auch keiner devisenrechtlichen Genehmigung bedürfe.

II. Die Revision rügt in erster Linie, das Berufungsgericht habe bei seinen Ausführungen über das dem Kl. zustehende Zurückbehaltungsrecht die Bestimmung des § 7 der 2. DVO zur InterzonenhandelsVO vom 18. 7. 1951 nicht beachtet, wonach die für eine Einfuhr von Waren aus der SBZ vorgeschriebene Bezugsgenehmigung nicht erteilt werden dürfe auf Grund eines Vertrags, nach dessen Inhalt die Zahlung eines Vertragsteils davon abhängig sei, daß der andere Teil eine ihm obliegende Zahlung leiste. Diese mit Strafandrohung versehene Bestimmung schließe ein Zurückbehaltungsrecht, dessen Ausübung bei beiderseits fälligen Geldforderungen zudem in Wahrheit als Aufrechnung anzusehen sei, aus.

Hilfsweise macht die Revision geltend, die vom Kl. erhobene Gegenforderung scheitere bereits an den Bestimmungen des Vertretervertrags. Außerdem habe das Berufungsgericht die Annahme eines Wettbewerbsverstoßes auf Seiten der Bekl. nicht ausreichend begründet. Die vom Berufungsgericht vorgenommene Schadensschätzung schließlich sei willkürlich und mit der Vorschrift des § 287 ZPO nicht zu vereinbaren.

III. Es kann dahingestellt bleiben, ob oder inwieweit diese Angriffe der Revision im einzelnen gerechtfertigt sind. Der Revision ist zuzugeben, daß zumindest die Gründe, aus denen das Berufungsgericht dem Kl. eine Schadensersatzforderung aus Verletzung gewerblicher Schutzrechte zugebilligt hat, in tatsächlicher Hinsicht nicht ausreichen, um die Entscheidung zu tragen. Der Bestand der angefochtenen Entscheidung wird hierdurch aber nicht in Frage gestellt, weil der Vollzug des Urteils des Stadtgerichts sich aus anderen Erwägungen als unzulässig erweist.

1. In der Frage der Anerkennung und der Vollstreckbarkeit des gegen den Kl. ergangenen Ostberliner Zivilurteils in der Bundesrepublik folgt das Berufungsgericht den Grundsätzen, die der BGH in erster Linie für sowjetzonale Entscheidungen in Ehesachen entwickelt hat (BGHZ 20, 323[1]; 34, 134[2]; 38, 1[3]; NJW 1961, 1922[4]), von denen aber ersichtlich auch in der einen Zahlungstitel betreffenden Entscheidung BGHZ 36, 11[5] ausgegangen wird (vgl. dazu ferner *Wittstatt*, Die Prüfung der Anerkennungsfähigkeit sowjetzonaler Zivilurteile in der Bundesrepublik: ROW 1962, 163).

Es kann auf sich beruhen, inwieweit diese Grundsätze in einem Falle wie dem vorliegenden Anwendung finden können. Was die Beurteilung des dem Titel zugrunde liegenden Verfahrens anbetrifft, so kann den Ausführungen des Berufungsgerichts jedenfalls aus Rechtsgründen nicht entgegengetreten werden. Denn die vom Kl. geltend gemachten Umstände, nämlich die Einholung einer Stellungnahme der Staatsanwaltschaft durch das Stadtgericht und die Schriftlichkeit des Verfahrens zweiter Instanz, bedeuten für sich allein noch keine Verletzung rechtsstaatlicher Grundsätze. Nähere Einzelheiten über den sonstigen Verfahrensverlauf, aus denen auf einen solchen Verstoß geschlossen werden könnte, hat der Kl. nicht vorgebracht.

2. Bei der Prüfung der weiteren Frage, ob die Vollstreckung aus dem Urteil des Stadtgerichts gegen die guten Sitten verstößt, hat das Berufungsgericht allerdings zwei Gesichtspunkte miteinander vermengt, die eine getrennte rechtliche Beurteilung erfordern, und zwar einmal den Gesichtspunkt, ob diesem Urteil als solchem die Anerkennung zu versagen ist, weil etwa sein Inhalt oder sein Ergebnis als sittenwidrig anzusehen wären, und zum anderen den, ob die Bekl. sich dem Einwand sittenwidrigen Verhaltens (§ 826 BGB) oder dem Einwand der unzulässigen Rechtsausübung (§ 242 BGB) aussetzt, wenn sie aus dem Urteil die Zwangsvollstreckung betreibt. Die erste Frage ist allein auf Grund des Titels selbst in Verbindung mit dem von den Parteien seinerzeit vorgetragenen Streitstoff zu beantworten (vgl. dazu RGZ 72, 127). Daß gegen das Urteil des Stadtgerichts insofern grundlegende Bedenken zu erheben sind, läßt der festgestellte Sachverhalt nicht erkennen; denn danach handelt es sich um nichts anderes als um die Verurteilung des jetzigen Kl. zur Bezahlung einer aus Warenlieferungen herrührenden Kaufpreisschuld, deren Entstehung auch der Kl. nicht in Zweifel zieht. Freilich sind Umstände denkbar, die auch eine solche Verurteilung sitten-

[1] IzRspr. 1954—1957 Nr. 322.
[2] IzRspr. 1960—1961 Nr. 178a.
[3] Siehe unten Nr. 125.
[4] IzRspr. 1960—1961 Nr. 185.
[5] IzRspr. 1960—1961 Nr. 108b.

widrig erscheinen lassen könnten. So könnte die Vereinbarkeit eines sowjetzonalen oder im sowjet. Sektor von Berlin erlassenen Titels mit der rechtlichen Ordnung der Bundesrepublik möglicherweise zu verneinen sein, wenn ein engerer Zusammenhang zwischen dem Erlaß dieses Titels und staatlichen Zwangseingriffen in das in der SBZ belegene Vermögen einer Prozeßpartei festgestellt wäre, denen in der Bundesrepublik keine rechtliche Wirkung zukommt. Für Umstände dieser Art ist jedoch im Streitfalle nichts vorgetragen worden. Aus einer etwaigen sachlichen Unrichtigkeit der Entscheidung, die sich z. B. aus einer unzureichenden oder rechtlich verfehlten Würdigung von Einwänden des Kl. ergeben würde, könnte dagegen noch nicht gefolgert werden, das Urteil verstoße nach seinem Inhalt oder Ergebnis gegen die guten Sitten.

3. Auch wenn das von der Bekl. gegen den Kl. erwirkte Urteil als Vollstreckungstitel anerkannt werden kann, ist der Kl. aber nicht gehindert, der Urteilsforderung mit sachlich-rechtlichen Einwendungen entgegenzutreten. Dabei braucht nicht zu der umstrittenen Frage Stellung genommen zu werden, in welchem Umfange solche Einwendungen allgemein gegenüber einem rechtskräftigen Zivilurteil durchgreifen können (vgl. dazu BGHZ 13, 71 m. w. Nachw.; BGHZ 40, 130). Sie sind jedenfalls insoweit zulässig, als der ihnen zugrunde liegende Sachverhalt nach der letzten Tatsachenverhandlung eingetreten ist. Dann kann der Schuldner die Zwangsvollstreckung mit der Vollstreckungsgegenklage abwehren (§ 767 II ZPO). Ob die Voraussetzungen für eine solche Klage im Streitfalle aus den vom Berufungsgericht angenommenen Gründen gegeben sind, erscheint zwar nach den getroffenen Feststellungen zweifelhaft. Hierzu bedarf es aber keiner abschließenden Stellungnahme, weil eine Vollstreckungsgegenklage im Streitfall, wie im Folgenden näher darzulegen ist, aus anderen Gesichtspunkten zulässig und begründet ist, nämlich deshalb, weil die Geltendmachung der Forderung der Bekl. aus Warenlieferungen infolge der gegen den Kl. ergriffenen Enteignungsmaßnahmen, die in ihrer Gesamtheit erst *nach* dem Abschluß des Verfahrens vor den Gerichten im sowjet. Sektor von Berlin übersehbar waren, im Hinblick auf die voraufgegangenen Rechtsbeziehungen der Parteien Treu und Glauben widerspricht und mithin eine nach § 242 BGB unzulässige Rechtsausübung darstellt.

a) Das Berufungsgericht hat die Klage, wenn auch in erster Linie im Sinne eines gegen die Wirksamkeit des Titels gerichteten Feststellungsbegehrens, so doch zugleich als Vollstreckungsgegenklage nach § 767 ZPO aufgefaßt, deren Durchführung vor einem Gericht der Bundesrepublik, also außerhalb des ausschließlichen Gerichtsstandes der §§ 767 I, 802 ZPO, mangels einer Unzuständigkeitsrüge schon nach den §§ 512a, 528 Satz 2 ZPO keinen Bedenken unterlag. Diese Auslegung des Klageantrags ist rechtlich nicht zu beanstanden und wird auch von der Revision nicht angegriffen. Deshalb kann unerörtert bleiben, ob nicht für Einwendungen gegen einen von einem Gericht der SBZ oder des sowjet. Sektors von Berlin festgestellten Anspruch, die wie hier unter Berufung auf sowjetzonale Enteignungsmaßnahmen erhoben werden, ohne Rücksicht auf die Zuständigkeitsregelung in den §§ 767 I, 802 ZPO und möglicherweise sogar ohne die sachlich-rechtlichen Einschränkungen in § 767 II ZPO schon deshalb eine auf Beseitigung der Vollstreckbarkeit gerichtete Klage vor einem Gericht der Bundesrepublik zugelassen werden müßte, weil solche Einwendungen vor dem für die Vollstreckungsgegenklage an sich zuständigen Prozeßgericht nach der dortigen Gesetzeslage nicht geltend gemacht werden können.

b) aa) In sachlich-rechtlicher Hinsicht ist das Berufungsgericht zutreffend davon ausgegangen, daß in der Gesamtheit der Maßnahmen, die in der SBZ gegen den Kl. und seinen Betrieb in X. verhängt worden sind, ein Eingriff zu sehen ist, der einer entschädigungslosen Enteignung gleichsteht und gegen die guten Sitten verstößt. Der sittenwidrige Charakter dieses Eingriffs tritt, von der Tatsache der entschädigungslosen Enteignung abgesehen, noch darin besonders zutage, daß er — worauf in dem angefochtenen Urteil wiederholt hingewiesen wird — auf die das Grundrecht der Freizügigkeit verletzende und deshalb mit einer rechtsstaatlichen Ordnung nicht zu vereinbarende sowjetzonale Anordnung vom 1. 12. 1953 über die Folgen der sogenannten Republikflucht (GBl. DDR 1231) gestützt ist. Diese Anordnung ist auf den Kl., solange er die Erzeugnisse des Werks in X. in der Bundesrepublik vertrieb, nicht angewendet worden, obwohl er die SBZ nach dem darin festgelegten Stichtag verlassen hatte. Auf sie wurde erst zurückgegriffen, als er sich nach dem Abbruch der Lieferbeziehungen nicht dazu bewegen ließ, in die SBZ zurückzukehren. Die Enteignung ist danach nicht zuletzt als eine Gegenmaßnahme dafür zu betrachten, daß der Kl. nach der Beendigung des Vertriebsabkommens seine Person der sowjetzonalen staatlichen Organisation nicht in der von ihr gewünschten Weise zur Verfügung stellte.

bb) Das Berufungsgericht hat weiterhin richtig erkannt, daß durch die sittenwidrige Enteignung die Geltendmachung der vorher entstandenen Forderung jedenfalls dann den Charakter einer unzulässigen Rechtsausübung annehmen konnte, wenn die Bekl. als Inhaberin der Forderung sich ungeachtet ihrer privatrechtlichen Rechtsform die Enteignungsmaßnahmen der sowjetzonalen staatlichen Organisation nach Treu und Glauben entgegenhalten lassen müßte. Dieser Gedanke wird aber in dem angefochtenen Urteil zu Unrecht nicht weiterverfolgt, weil das Berufungsgericht meint, wenn der Kl. sich gegenüber der Kaufpreisforderung auf die Enteignung berufe, so setze er sich damit in Widerspruch zu seinem voraufgegangenen eigenen Verhalten und verstoße hierdurch seinerseits gegen Treu und Glauben. Diese Auffassung beruht auf einer rechtsirrigen Anwendung des § 242 BGB.

Ein Einwand des Verpflichteten ist wegen Widerspruchs mit seinem früheren Verhalten treuwidrig, wenn der Berechtigte auf Grund dieses Verhaltens des Verpflichteten darauf vertrauen konnte, daß der Einwand nicht erhoben, die Verpflichtung vielmehr ohne Rücksicht auf die Tatsachen erfüllt werde, aus denen der Einwand hergeleitet wird. Das Berufungsgericht hätte daher die von ihm getroffenen Feststellungen unter dem rechtlichen Gesichtspunkt würdigen müssen, ob das Verhalten des Kl., das zur Entstehung seiner Kaufpreisschulden an die Bekl. geführt hat — nämlich die Anknüpfung von Geschäftsbeziehungen zu der Bekl., die Übernahme des Alleinvertriebs der Erzeugnisse des Unternehmens in X. in der Bundesrepublik sowie der Abschluß und die Durchführung von Lieferverträgen auf der Grundlage der Bestimmungen über den Interzonenhandel — bei der Bekl. das nach Treu und Glauben schutzwürdige Vertrauen erwecken konnte, der Kl. werde seinen vertraglichen Verpflichtungen auch dann widerspruchslos nachkommen, wenn ihm sein gesamtes in der SBZ belegenes Vermögen endgültig und entschädigungslos weggenommen wurde.

Diese Würdigung hat das Berufungsgericht in anderem Zusammenhang, nämlich bei der Beurteilung der Ziff. 7 des Vertriebsabkommens, wonach der Kl. verpflichtet war, seine Kennzeichnungsrechte grundsätzlich auch nach Vertragsende dem Betrieb in X. zu belassen, in dem Sinne vorgenommen, aus den Geschäftsbeziehungen des Kl. zur Bekl. sei nicht das Einverständnis des Kl. zu folgern, daß die Bekl. sich jener Rechte auch noch nach der Enteignung bediene, und die Bekl. handele sogar sittenwidrig, wenn sie den Kl. trotz der Enteignung an der Verpflichtung aus Ziff. 7 des Abkommens festhalte. Bei der Beurteilung der Frage, ob der Kl. sich gegenüber der Vollstreckung des auf denselben Rechtsbeziehungen beruhenden Zahlungstitels auf die Enteignung berufen dürfe, hat das Berufungsgericht jedoch gleichartige Erwägungen nicht angestellt; vielmehr hat es dem Kl. hier den Hinweis auf die Enteignung mit der Begründung versagt, er habe angesichts derjenigen behördlichen Eingriffe in den Betrieb in X., die bei Vertragsschluß schon bekannt gewesen seien, und im Hinblick auf die allgemeine Rechtslage in der SBZ mit der später vollzogenen endgültigen Enteignung von vornherein zu rechnen gehabt. Die Revision will den Widerspruch, den sie an sich zutreffend in dieser unterschiedlichen Betrachtung der Lieferverträge und der Kennzeichnungsrechte erblickt, dahin lösen, daß der Kl. ebenso wie an seine Zahlungspflicht auch an die Verpflichtung aus Ziff. 7 des Vertriebsabkommens gebunden sei, und daß er deshalb auch die ausschließliche Benutzung der Kennzeichnungsrechte für die Erzeugnisse des sowjetzonalen Betriebs dulden müsse. Die Sache liegt indessen nach den getroffenen Feststellungen umgekehrt so, daß wegen der Enteignung, die erst nach der Entstehung der Kaufpreisschuld und nach dem Abschluß des Vorpozesses endgültig vollzogen war, auch die Vollstreckung des Zahlungstitels unterbleiben muß, weil ihr der Einwand der unzulässigen Rechtsausübung entgegensteht.

Das Verhalten des Kl., das in dem Abschluß der hier in Betracht kommenden, am 21. 5. 1957 genehmigten Lieferverträge und des unmittelbar darauf zustandegekommenen Vertriebsabkommens vom 1. 6. 1957 zum Ausdruck gelangt ist, konnte weder hinsichtlich der Verpflichtungen aus dem Vertriebsabkommen noch hinsichtlich derjenigen aus den einzelnen Kaufverträgen dahin verstanden werden, daß der Kl. auch für den Fall seiner entschädigungslosen Enteignung zur Erfüllung bereit sei. Eine solche Annahme ist schon mit der Lebenserfahrung schlechthin unverträglich. Sie entspricht auch nicht dem vom Berufungsgericht festgestellten Sachverhalt.

Wenn dem mit Generalvollmacht versehenen Bruder des Kl. auch unter dem Druck der Verweigerung von Betriebskrediten damals schon eine 50%ige Kommanditbeteiligung der Deutschen Investitionsbank, also einer Einrichtung der sowjetzonalen staatlichen Organisation aufgezwungen worden war und der Betrieb einen von der Behörde bestimmten Personalchef erhalten hatte, so ergibt der Sachverhalt doch, daß bei Abschluß der Verträge mit der Bekl. der Kl. als Komplementär der Kommanditgesellschaft kapitalmäßig und gesellschaftsrechtlich noch maßgebend an dem Unternehmen und seinen Gewinnen beteiligt war. Wenn das Berufungsgericht in den Entscheidungsgründen des angefochtenen Urteils davon ausgeht, der Kl. sei nach dem Beteiligungsvertrage lediglich Kommanditist und die Deutsche Investitionsbank Komplementärin gewesen, so ist dies angesichts der gegenteiligen Feststellung im Urteilstatbestand, die mit der Feststellung des LG und dem unbestrittenen Parteivortrag übereinstimmt, ein offensichtlicher Irrtum. Darüber hinaus war der Kl. Inhaber eines sogenannten Westzonenkontos bei der Deutschen Notenbank X., dessen Höhe er mit 150 000 DM angegeben hat, ohne daß die Bekl. dem mit einem substantiierten Vortrag entgegengetreten ist. Durch seinen in X. verbliebenen Bruder hatte er wenigstens mittelbar sogar einen gewissen persönlichen Einfluß auf den Betrieb.

Es lag im Interesse der Erhaltung dieses für ihn vergleichsweise noch verhältnismäßig günstigen Zustandes, wenn der Kl. das nicht von ihm selbst gemachte, sondern von Persönlichkeiten der SBZ an ihn herangetragene Angebot, den Vertrieb seiner Geräte in der Bundesrepublik zu übernehmen, nicht ausschlug, das nach den in der SBZ geltenden Bestimmungen nur unter Einschaltung der Bekl. als des zuständigen Außenhandelsunternehmens verwirklicht werden konnte. Bei Ablehnung dieses Angebots hätte der Kl. mit der sofortigen Enteignung und voraussichtlich auch mit Zwangsmaßnahmen gegen seinen Bruder rechnen müssen. Das hat sich später gezeigt, als die erste Meinungsverschiedenheit unter den Parteien, die den Kl. zur Zurückbehaltung der danach eingeklagten Summe veranlaßte, im Ergebnis zur Vermögensentziehung und zur Entfernung des Bruders des Kl. aus dem Betriebe führte.

Die Bedeutung dieser von ihm festgestellten Sachlage hat auch das Berufungsgericht nicht völlig verkannt; denn es hat selbst angenommen, der Kl. habe vielleicht die Hoffnung gehabt, durch den Abschluß der Verträge mit der Bekl. weitere Maßnahmen gegen seinen Betrieb verhindern zu können. Wenn das Berufungsgericht dann aber ausführt, diese Hoffnung sei in dem Zeitpunkt zunichte geworden, als der Kl. sich entschlossen habe, nicht in die SBZ zurückzukehren, so setzt es sich damit in Widerspruch zu dem eindeutigen Inhalt des Vertriebsabkommens und der Lieferverträge, deren Erfüllung die Bekl. beansprucht; denn diese Abmachungen, auf Grund deren dem Kl. der Alleinvertrieb der X.er Erzeugnisse im Gebiet der Bundesrepublik oblag, konnten vom Kl. nur erfüllt werden, wenn er in der Bundesrepublik verblieb. Mit der sicherlich zutreffenden Annahme, der Kl. habe den Alleinvertrieb in der Bundesrepublik übernommen, weil er die Enteignung in der SBZ habe verhindern wollen, ist die Erwägung nicht vereinbar, der Kl. sei sich darüber klar gewesen, daß dieser Versuch zwecklos sei, falls er nicht in die SBZ zurückkehre.

Die vom Berufungsgericht für seine Auffassung noch herangezogenen späteren Ereignisse, namentlich die willkürliche Nichtigerklärung der vom Kl. auf seinen Bruder ausgestellten Generalvollmacht am 28. 7. 1958, die gleichzeitige Entfernung des Bruders aus dem Betriebe und die erst im Jahre 1959 bekannt gewordene Einziehung der Bankguthaben des Kl. müssen in diesem Zusammenhang außer Betracht bleiben. Sie haben sich erst nach dem Abschluß der Verträge und nach der dem Zahlungstitel zugrunde liegenden Warenlieferung abgespielt. Daher können sie nicht zur Beurteilung der Frage dienen, ob aus dem Verhalten des Kl. bei Vertragsabschluß und bei der Warenbestellung entnommen werden konnte, der Kl. werde aus solchen Gewaltmaßnahmen keine Einwände gegenüber Ansprüchen aus den Verträgen herleiten, obwohl die angeknüpften Geschäftsbeziehungen derartigen Maßnahmen gerade entgegenwirken sollten. Auch der Hinweis des Berufungsgerichts auf die sowjetzonale Anordnung vom 1. 12. 1953 über die sogenannte Republikflucht geht rechtlich fehl. Da diese Anordnung ihrerseits gegen die rechtsstaatliche Ordnung verstößt, kann dem Kl. nicht mit der Begründung ein Verstoß gegen Treu und Glauben vorgeworfen werden, er habe sie gekannt und ihre Anwendung in Rechnung stellen müssen. Abgesehen hiervon ergab sich aber aus dem Abschluß der Lieferverträge und des Vertriebsabkommens und aus der Durchführung dieser Abmachungen, daß gegen den Kl. auf Grund der Anordnung wegen der Vorteile, die ersichtlich auch die Bekl. sich von der Zusammenarbeit versprach, gerade *nicht* eingeschritten wurde. Mithin kann aus dem Bestehen der Anordnung nicht geschlossen werden, der Kl. habe ein solches Einschreiten bei den Abmachungen vorausgesehen und die Abmachungen ohne Rücksicht hierauf erfüllen wollen. Daß der Kl. sich im Frühjahr 1958, d. h. kurz nach Entstehung der Meinungsverschiedenheiten über die Insertionskosten und damit auch über die Bezahlung des Kaufpreisrückstandes um eine Fortsetzung der Geschäftsbeziehungen bemüht hat, worauf das Berufungsgericht gleichfalls Gewicht legt, ist unerheblich, weil sich zu diesem Zeitpunkt an den vermögensrechtlichen Verhältnissen des Kl. in der SBZ gegenüber dem Zeitpunkt des Vertragsabschlusses und der Lieferungen noch nichts wesentliches geändert hatte.

Nach alledem hatte der Kl. durch die Übernahme des Alleinvertriebs der X.er Erzeugnisse und durch den Kauf solcher Erzeugnisse bei der Bekl. keinen Vertrauenstatbestand geschaffen, der die Bekl. zu der Annahme hätte berechtigen können, der Kl. werde ihren etwaigen Kaufpreisforderungen auch aus einer entschädigungslosen Enteignung keine Einwände entgegenhalten. Für diese Annahme hätte nicht einmal dann ein Grund bestanden, wenn der Kl. bei Vertragsschluß ungeachtet seiner in erster Linie gehegten Hoffnung auf die Fortdauer des durch die Verträge geschaffenen Zustandes eine spätere Enteignung als immerhin möglich ins Auge gefaßt und die Bekl. dies erkannt hätte. Auch in diesem Falle konnte die Bekl. nicht das schutzwürdige Vertrauen haben, daß der Kl. sich dann, wenn durch die Wegnahme seines Betriebes und aller seiner sonstigen Vermögenswerte in der SBZ und durch die Vertreibung seines Bruders aus dem Unternehmen die Grundlage zerstört wurde, auf der er sich zu der Zusammenarbeit mit ihr entschlossen hatte, auf diesen Umstand gegenüber Ansprüchen nicht berufen werde, die sie aus der Zeit der Zusammenarbeit gegen ihn erhob. Es ist daher kein Widerspruch zu dem voraufgegangenen Verhalten des Kl. und folglich auch kein Verstoß gegen Treu und Glauben, wenn nach der grundlegenden Veränderung, die durch die Enteignung herbeigeführt worden ist, der Kl. nunmehr der Vollstreckung wegen seiner Restschuld aus den Lieferverträgen mit einem Einwand aus der Wegnahme seiner sowjetzonalen Vermögenswerte zu begegnen sucht, die nach den getroffenen Feststellungen den Betrag der Restschuld bei weitem überstiegen haben.

4. Für die Entscheidung kommt es hiernach darauf an, ob die Gründe, auf denen der Einwand beruht, nach dem Schluß der mündlichen Verhandlung im Vorprozeß entstanden sind (§ 767 II ZPO), und ob der Einwand sachlich gerechtfertigt ist, namentlich, ob der Kl. damit auch der Bekl. gegenüber durchdringen kann. Das Berufungsgericht hat diese Fragen nicht mehr geprüft. Die Sache braucht aber deswegen nicht an die Vorinstanz zurückverwiesen zu werden; denn die tatrichterlichen Feststellungen ermöglichen eine abschließende rechtliche Beurteilung durch das Revisionsgericht.

[2] a) Einwendungen aus der in der SBZ gegen ihn durchgeführten Enteignung konnten für den Kl. erst entstehen, als die in der SBZ getroffenen Maßnahmen in ihrer Gesamtheit abgeschlossen waren und in ihrer rechtlichen Bedeutung als entschädigungslose Enteignung erkannt werden konnten. Dies war erst der Fall, als dem Kl. die Einziehung seiner in der SBZ belegenen Konten mitgeteilt wurde und durch die notwendig gewordene Flucht auch des Bruders des Kl. aus der SBZ Klarheit darüber geschaffen war, daß die Wiederherstellung des früheren Zustandes, namentlich die einer persönlichen Beziehung zwischen dem Betrieb in X. und seinem rechtmäßigen Inhaber, von der sowjetzonalen staatlichen Organisation endgültig abgelehnt wurde. Der Sachverhalt, der hiernach den

Tatbestand der Enteignung vollendete, ist erst im Jahre 1959, also nach rechtskräftiger Erledigung des Vorprozesses eingetreten. Die Voraussetzung, unter welcher der vom Kl. erhobene Einwand im Wege der Vollstreckungsgegenklage geltend gemacht werden konnte, ist damit erfüllt.

b) Der Einwand ist auch sachlich gerechtfertigt.

[3] aa) Das LG hat die Stellung der Bekl. innerhalb der staatlichen Organisation der SBZ dahin gekennzeichnet, daß es sich um ein auf der Grundlage des staatlichen Außenhandelsmonopols der SBZ errichtetes Außenhandelsunternehmen handele, welches ähnlich wie die früheren sogenannten Kriegsgesellschaften des Deutschen Reiches staatliche Aufgaben wahrnehme und nur aus Zweckmäßigkeitsgründen in die privatrechtliche Rechtsform einer Gesellschaft mit beschränkter Haftung gekleidet worden sei. In dieser Beurteilung tritt kein Rechtsirrtum zutage. Sie steht im Einklang damit, daß der Außenhandel in der SBZ zum Staatsmonopol erklärt ist, und daß die Außenhandelsunternehmen der SBZ, darunter auch das Unternehmen Feinmechanik-Optik, ursprünglich als mit selbständiger Rechtspersönlichkeit ausgestattete volkseigene Handelsunternehmen, also als dem öffentlichen Recht unterstellte Staatsbetriebe errichtet worden sind (vgl. dazu namentlich: über die Stellung der Handelsunternehmen Deutscher Innen- und Außenhandel MinBl. DDR 1952, 137 i. V. m. GBl. DDR 1952, 225; GBl. DDR 1952, 56; ZBl. DDR 1953 Nr. 4; GBl. DDR 1955 II 244; 1956 II 83; über das Außenhandelsmonopol GBl. DDR 1958 I 69, 89). Es ist nichts darüber vorgetragen, daß die spätere Neuordnung, bei der die volkseigenen Unternehmen durch gleichnamige Gesellschaften mit beschränkter Haftung ersetzt wurden, an der Funktion der Unternehmen im Rahmen des nach wie vor bestehenden Staatsmonopols etwas geändert hat. Die Auffassung des LG, daß die Umstellung nur auf Zweckmäßigkeitserwägungen beruhte, unterliegt daher keinen rechtlichen Bedenken. Die Stellung der Bekl. würde nach alledem vorbehaltlich der Besonderheiten, die sich aus den Bestimmungen über den Interzonenhandel ergeben können, eine rechtsähnliche Anwendung der Grundsätze zulassen, die in der Rechtsprechung für die Aufrechnung gegen Forderungen von Kriegsgesellschaften mit innerhalb desselben hoheitlichen Aufgabenbereichs entstandenen Forderungen gegen eine andere Reichsstelle entwickelt worden sind (vgl. BGHZ 10, 205; BGH, LM Nr. 16, 17, 18 zu § 387 BGB, Nr. 28 zu § 242 BGB [Cd]).

bb) Allerdings kann auf dieser Grundlage den in der Bundesrepublik ansässigen Empfängern von Lieferungen im Interzonenhandel nicht schlechthin die Möglichkeit eröffnet werden, den durch die Lieferungen begründeten Kaufpreisforderungen von Außenhandelsunternehmen der SBZ Gegenrechte [4] entgegenzusetzen, die aus Enteignungsmaßnahmen in der SBZ hergeleitet werden. Ein rechtlich geregelter Handelsverkehr zwischen den beiden getrennten deutschen Gebieten, wie die Bestimmungen über den Interzonenhandel ihn vorsehen, ist angesichts der grundlegend verschiedenen Wirtschaftsstruktur beider Teile nur durchführbar, wenn Zahlungsverpflichtungen aus der Lieferung von Erzeugnissen der SBZ grundsätzlich ohne Rücksicht darauf erfüllt werden, daß einerseits die gelieferten Erzeugnisse weitgehend aus entschädigungslos enteigneten und in Volkseigentum überführten Unternehmen stammen, andererseits die Lieferungen von staatlichen Außenhandelsunternehmen der SBZ, also der Enteignungsmacht bewirkt werden, denen auch die Kaufpreisforderungen zustehen. Die Zahlung des Kaufpreises für solche Lieferungen kann daher den Außenhandelsunternehmen gegenüber regelmäßig nicht schon deshalb unter Berufung auf Treu und Glauben verweigert werden, weil der in die Bundesrepublik übergesiedelte berechtigte Betriebsinhaber für die ihm in der SBZ weggenommenen Vermögenswerte keine Entschädigung erhalten hat.

Dieses Ergebnis rechtfertigt sich indessen allein aus der Erwägung, daß beim Abschluß der Lieferverträge im Interzonengeschäft die Wirtschaftsstruktur der SBZ mit ihren tatsächlichen Gegebenheiten im Regelfalle in Kauf genommen wird. Es sind jedoch Ausnahmen denkbar, die für diese Erwägung keinen Raum lassen, um eine solche Ausnahme handelt es sich im vorliegenden Falle.

Die Lieferverträge, aus denen die zur Vollstreckung gebrachte Restforderung der Bekl. herrührt, weisen die Besonderheit auf, daß der Käufer beim Vertragsabschluß und bei der Lieferung noch selbst der Inhaber oder doch jedenfalls der dem Rechte nach maßgebende Teilhaber des Betriebes war, dessen Erzeugnisse geliefert wurden. Der Kl. bezog also als Käufer Erzeugnisse seines eigenen Unternehmens und damit im Grunde seine eigenen Waren. In der ursprünglichen Bezugsgenehmigung vom 21. 5. 1957 war dementsprechend als Verkäuferin und Zahlungsempfängerin auch nicht die Bekl., sondern die Firma Ing. K. S., Fabrik elektro-physik. Geräte in X., also das Unternehmen des [5] Kl. aufgeführt. Der Einschaltung der Bekl. bedurfte es nur deshalb, weil die sowjetzonale staatliche Organisation für sich das schon erwähnte Außenhandelsmonopol in Anspruch nimmt und dem Kl. daher der unmittelbare Geschäftsverkehr mit dem ihm noch gehörigen Unternehmen verwehrt war. Im wirtschaftlichen Ergebnis jedoch kamen die Geschäfte dem Unternehmen des Kl. zugute, das von der Bekl., wie sie selbst vorgetragen hat, den jeweiligen Gegenwert erhielt. Wenn in einem solchen Falle die Behörden der SBZ gegen dieses Unternehmen Maßnahmen ergreifen, die, wie beide Vorinstanzen rechtsfehlerfrei angenommen haben, einer entschädigungslosen Enteignung gleichstehen, so widerspricht es Treu und Glauben, wenn der enteignete Inhaber gezwungen wird, für die Waren, die er vorher als seine eigenen bezogen hatte und deren Gegenwert seiner erkennbaren Erwartung zufolge wieder in sein eigenes Unternehmen gelangen sollte, auch dann noch Zahlungen zu leisten, wenn die gezahlten Beträge nicht mehr einem ihm gehörigen Betriebe, sondern der sowjetzonalen staatlichen Organisation zufließen, weil diese Organisation inzwischen durch Zwangseingriffe alle Befugnisse zur Verfügung über den Betrieb und seine Vermögenswerte und darüber hinaus auch über die Bankkonten des rechtmäßigen Inhabers an sich gezogen hat, auf denen gegebenenfalls die im Verrechnungswege geleisteten Zahlungen hätten gutgebracht werden können. Unter diesen besonderen Umständen stellt es eine nach § 242 BGB unzulässige Rechtsausübung dar, wenn die Bekl. die Kaufpreisforderungen trotz der vollzogenen Enteignung aller in der SBZ belegenen Vermögensstücke des Kl. noch beizutreiben versucht. Ein Erfolg dieses Versuchs würde bedeuten, daß die Beträge, die nach der Rechtslage zur Zeit der Entstehung der Kaufpreisforderungen zumindest im wirtschaftlichen Ergebnis dem Vermögen des Kl. zuzuführen waren, nunmehr zum Vorteil der sowjetzonalen staatlichen Organisation die enteignete Vermögensmasse vermehren. Die Bekl. würde damit unter Mißbrauch ihrer privatrechtlichen Rechtsform ungeachtet der Funktion, die ihr im Bereich eines als Staatsmonopol organisierten Außenhandels zugewiesen ist und die ihr den Erwerb [6] der Kaufpreisforderung erst ermöglicht hat, die nachträgliche Ausdehnung der Enteignungsmaßnahmen auf den Gegenwert von Vermögensstücken — nämlich der bereits ausgelieferten Waren — herbeiführen, die sich zur Zeit der Enteignung schon nicht mehr in dem enteigneten Vermögen befunden hatten und deshalb von der Enteignung nicht erfaßt worden waren. Dieses Verhalten, dessen Ergebnis mit der rechtlichen Ordnung der Bundesrepublik nicht vereinbar wäre, ist im Verhältnis der Vertragsparteien treuwidrig, weil die Bekl. damit gegen die Grundlage verstößt, auf der die Lieferverträge der Parteien abgeschlossen worden sind. Die Bekl. muß hiernach den mit den Enteignungsmaßnahmen begründeten Einwand des Kl. gegen sich gelten lassen und von der Beitreibung der Restschuld des Kl. Abstand nehmen.

cc) Die Bestimmungen über den Interzonenhandel schließen den Einwand der unzulässigen Rechtsausübung nicht aus. Dabei kann auf sich beruhen, ob, wie die Revision meint, der Bestimmung des § 7 Nr. 2 der 2. Interzonenhandels-DVO in der jetzt maßgebenden Fassung vom 22. 8. 1958 (BAnz. Nr. 175; früher § 10 Nr. 2 der 1. Interzonenhandels-DVO vom 22. 9. 1951 — BAnz. Nr. 187) ein Verbot entnommen werden kann, gegenüber Kaufpreisansprüchen aus Interzonengeschäften mit Gegenforderungen aufzurechnen oder gegenüber solchen Ansprüchen wegen Gegenforderungen ein Zurückbehaltungsrecht geltend zu machen. Denn ein Verbot dieses Inhalts würde den Verpflichteten nicht hindern können, unter dem Gesichtspunkt der unzulässigen Rechtsausübung die Befriedigung des Gläubigers schlechthin zu verweigern. Darum handelt es sich hier aber. Soweit der Kl. sich auf die nach Entstehung der Titelforderung vorgenommene Enteignung beruft, setzt er der Klageforderung nicht im Wege der Aufrechnung oder des Zurückbehaltungsrechts eine Gegenforderung — wie etwa eine Forderung auf Zahlung einer Enteignungsentschädigung — entgegen; sein Einwand geht vielmehr dahin, daß wegen der Stellung der Bekl. innerhalb der Gewalt, welche die Enteignung vorgenommen hat, dem Anspruch selbst durch den Grundsatz von [7] Treu und Glauben eine rechtliche Schranke gesetzt sei. Dieser Einwand wird von den währungspolitischen Erwägungen, die zu dem in § 7 der 2. Interzonenhandels-DVO enthaltenen Verbot von Bezugsgenehmigungen für sogenannte Gegenseitigkeitsgeschäfte geführt haben, nicht berührt.

IV. Aus dem Vorhergehenden folgt, daß der Klage im Hinblick auf die Enteignung des Kl. in der SBZ ohne die vom Berufungsgericht vorgenommene Einschränkung hätte stattgegeben werden müssen, die dahin geht, daß die Zwangsvollstreckung aus dem Urteil des Stadtgerichts nur Zug um Zug gegen Befriedigung des Kl. wegen eines Schadensersatzanspruches in Höhe von 32 280,74 DM-West nebst Zinsen zulässig sein soll. Da der Kl. gegen das Berufungsurteil jedoch keine Revision eingelegt hat, kann diese Einschränkung vom Revisionsgericht nicht beseitigt werden. Die Bekl. ist hierdurch auch dann nicht beschwert, wenn der Schadensersatzanspruch, wegen dessen das Berufungsgericht dem Kl. ein Zurückhaltungsrecht zugebilligt hat, nicht bestehen sollte; denn auch in diesem Falle würde die Bekl. nicht berechtigt sein, aus dem Titel zu vollstrecken.

V. Die Revision der Bekl. mußte mithin zurückgewiesen werden. Die Kostenentscheidung beruht auf § 97 ZPO."

b) Entscheidungen in Familiensachen

122. Rechtskräftige Entscheidungen sowjetzonaler Gerichte sind im Bundesgebiet grundsätzlich anzuerkennen, wenn sie nicht gegen den westdeutschen ordre public verstoßen oder wenn nicht ein westdeutsches Gericht ihre Unwirksamkeit festgestellt hat. — Ein sowjetzonales Urteil, das eine Ehe mit bedenklicher Begründung scheidet, ist dennoch im Bundesgebiet anzuerkennen, wenn die geschiedene Ehe erst kurz vor der Inhaftierung des Ehemannes geschlossen worden ist und wenn beide Ehegatten mit der Scheidung einverstanden waren.

AG Hamburg, Beschl. v. 9. 4. 1958 — 60 III 21/58: Der Hamburger Standesbeamte 1964, 59.

Der ASt. hatte am 6. 5. 1950 in X. (sowjet.) die Ehe mit M. S. geschlossen. Am 30. 8. 1950 wurde der ASt. verhaftet, weil er Bibelforscher war. Er wurde deswegen zu 12 Jahren Zuchthaus verurteilt, jedoch nach 6 Jahren entlassen. Daraufhin siedelte er in das Bundesgebiet über. Er verlobte sich mit H. J., die er jetzt heiraten möchte.

Während der ASt. in Strafhaft war, erhob seine Ehefrau am 19. 5. 1954 vor dem Kreisgericht W. (sowjet.) Scheidungsklage. Die Klage wurde u. a. mit der Verurteilung des ASt. wegen seiner Einstellung als Bibelforscher begründet. Am 25. 6. 1954 schied das Kreisgericht W. die Ehe des ASt. mit folgender Begründung:

„Am 30. 8. 1950 ist der Verkl. inhaftiert worden, und seit dieser Zeit leben die Parteien getrennt. Durch die strafbare Handlung des Verkl. und durch die lange Trennungszeit ist eine unheilbare tiefgreifende Zerrüttung des ehelichen Lebens eingetreten, so daß die Wiederherstellung einer dem Wesen der Ehe entsprechenden Lebensgemeinschaft nicht mehr zu erwarten ist.

Gemäß § 48 EheG war daher die Ehe der Parteien ohne Schuldausspruch zu scheiden.

Die Kostenentscheidung beruht auf § 93 a ZPO."

Der Standesbeamte in H. (Bundesgebiet) hat die Vornahme der Eheschließung abgelehnt, da das Scheidungsurteil des Kreisgerichts W. im Bundesgebiet nicht anerkannt werden könne. Der ASt. beantragt, den Standesbeamten gemäß § 45 I PStG zur Vornahme der Amtshandlung anzuweisen. Das AG gab dem Antrag statt.

Aus den Gründen:

„Bei der durch dieses Gericht getroffenen Entscheidung ist das Gericht mit der herrschenden Rechtsprechung davon ausgegangen erstens, daß die Gerichte der Sowjetzone Gerichte sind, an deren Sitz deutsche Gerichtsbarkeit ausgeübt wird, und zweitens, daß die Gerichte der Bundesrepublik rechtskräftige Entscheidungen der Gerichte der Sowjetzone grundsätzlich zu beachten haben, drittens, daß eine Beachtung nur dann nicht zu erfolgen hat, wenn der ordre public gröblich verletzt ist.

Feststeht, daß das Ehescheidungsurteil des Kreisgerichts W. rechtskräftig geworden [ist]. An diese Rechtskraft wäre der Standesbeamte solange gebunden, als nicht ein Gericht der Bundesrepublik die Unwirksamkeit des Ehescheidungsurteils vom 25. 6. 1954 festgestellt hatte. Das ist unstreitig nicht der Fall und auch in Zukunft nicht zu erwarten, weil weder der ASt. noch — soweit ersichtlich — Frau M. S. irgendeine Äußerung verlautbart haben, aus der zu schließen wäre, daß sie das Ehescheidungsurteil des Kreisgerichts W. nicht anerkennen wollten. Der Standesbeamte hätte bei dieser Rechtslage nur dann von der Vornahme der Eheschließung Abstand nehmen dürfen, wenn der ordre public so gröblich verletzt worden wäre, daß das Urteil in seinem Ergebnis schlechthin nicht beachtlich wäre.

Von einer solchen gröblichen Verletzung kann nicht gesprochen werden. Allerdings ist dem Standesbeamten darin beizustimmen, daß es unmöglich scheint, jemand allein wegen der Tatsache, daß er Bibelforscher ist, zu 12 Jahren Zuchthaus zu verurteilen, und daß es weiter nicht vertretbar erscheint, eine Ehescheidung damit zu begründen, daß durch die strafbare Handlung des ASt. eine unheilbare tiefgreifende Zerrüttung des ehelichen Lebens eingetreten sei. Der Standesbeamte legt nach Auffassung des Gerichts jedoch zu wenig Wert darauf, daß, wie sich gleichfalls aus dem Inhalt des Ehescheidungsurteils ergibt, die Ehe des ASt. erst am 6. 5. 1950 geschlossen und der ASt. bereits am 30. 8. 1950 in Haft genommen war und daß z. Z. des Ehescheidungsverfahrens im Jahre 1954 noch nicht abzusehen war, wie lange der ASt. noch in Strafhaft bleiben sollte bzw. mußte. Hiernach war es zu einer wirklichen Ehe des ASt. mit der M. S. eigentlich nie gekommen und eine Entfremdung der Eheleute um so naheliegender. Es scheint durchaus vertretbar, daß durch die gewaltsame tatsächliche Trennung der Ehegatten eine so tiefgreifende unheilbare Zerrüttung des ehelichen Verhältnisses eingetreten ist, daß die Wiederherstellung einer dem Wesen der Ehe entsprechenden Lebensgemeinschaft nicht mehr zu erwarten war. Wenn die Gründe, welche im Hinblick auf den ordre public bedenklich sind, fortgedacht werden, so scheint der bleibende Sachverhalt ausreichend, um auch in der Bundesrepublik eine Ehescheidung ernstlich in Erwägung zu ziehen. Liegen die Dinge aber so, dann kann von einem gröblichen Verstoß gegen den ordre public nicht gesprochen werden. Allein aus diesem Grunde war bereits der Standesbeamte anzuweisen, die Eheschließung vorzunehmen.

Es kommt vorliegend aber ein weiteres hinzu: Sowohl der ASt. als auch Frau M. S. hatten ihren Wohnsitz z. Z. der Erhebung der Ehescheidungsklage und auch noch z. Z., als das Ehescheidungsurteil erging und rechtskräftig wurde, in der Sowjetzone. Beide Parteien hatten keine Möglichkeit, außerhalb der Sowjetzone ihre Ehescheidung zu betreiben; darüber hinaus waren beide Eheleute aber auch mit der Ehescheidung einverstanden. Beide sahen ein, daß eine Fortsetzung der Ehe unter den gegebenen Verhältnissen, an denen kein Ehepartner schuld war, schlecht vertretbar war. Würde der ASt., was er wegen seiner Vergangenheit nicht kann, mit seiner jetzigen Braut in die Sowjetzone übersiedeln, so würde er unbedenklich die Ehe schließen können. Diese Ehe wäre dann auch außerhalb der Sowjetzone anzuerkennen."

123. Ein sowjetzonales Urteil, das die Entführerin eines Kindes zur Rückgabe des Kindes an seine Eltern verurteilt, verstößt nicht gegen die guten Sitten oder gegen rechtsstaatliche Grundsätze und ist daher im Bundesgebiet anzuerkennen.

AG Gladbeck, Beschl. v. 19. 2. 1962 — 2 M 282/62: unveröffentlicht.

Die in G. (Bundesgebiet) wohnhafte Schuldnerin ist durch vorläufig vollstreckbares Urteil des Kreisgerichts Neustrelitz vom 10. 1. 1962 (NJ 1962, 226 mit Anm. *Oberthür*) verurteilt worden, das am 24. 4. 1961 geborene Kind Sylvia der in Q. (sowjet.) lebenden Gläubiger an diese herauszugeben.

Aus der Entscheidung des Kreisgerichts Neustrelitz ergibt sich, daß die Schuldnerin mit den Gläubigern verschwägert ist. Die Gläubiger hatten die Schuldnerin als Taufpatin ihres Kindes im Sommer 1961 nach Q. eingeladen. Bei diesem Besuch fragte die Schuldnerin die Gläubiger, ob sie ihr nicht Sylvia überlassen wollten; die Gläubiger lehnten das ab und waren allenfalls damit einverstanden, Sylvia für drei Monate zu Besuch nach G. zu schicken, wenn die staatlichen Behörden das genehmigen würden. Die Schuldnerin erklärte darauf, sich um die Genehmigung bemühen zu wollen. Sie versuchte in N. (sowjet.) vergeblich, eine Person dafür zu gewinnen, Sylvia nach Westberlin zu bringen. Ihren Verwandten, den Gläubigern, erklärte die Schuldnerin, daß sie die Genehmigung erhalten werde, das Kind jedoch in N. noch ärztlich untersuchen und impfen lassen müsse. Die Schuldnerin nahm in N. ein Taxi nach Berlin und fuhr mit dem Kind nach G. Die Gläubiger erstatteten am Tage nach der Abreise Anzeige wegen Kindesraub.

Die Schuldnerin ist nunmehr zur Herausgabe des Kindes bereit. Sie möchte das Kind jedoch den Eltern unmittelbar übergeben und es nicht an einem Bevollmächtigten ausliefern. Sie beantragt Vollstreckungsschutz nach § 765 a ZPO. Das AG wies den Antrag zurück.

Aus den Gründen:

„Der Schuldnerin mußte auch Vollstreckungsschutz nach § 765a ZPO versagt werden. Das Urteil des Kreisgerichts Neustrelitz verstößt in den die Entscheidung tragenden Gesichtspunkten, denen das Ergebnis der Beweisaufnahme nach Partei- und Zeugenvernehmungen zugrunde liegt, weder gegen die guten Sitten noch gegen rechtsstaatliche Grundsätze, wenn auch teilweise in den Gründen unverständliche und unsachliche politische Polemik enthalten ist. Grundsätzlich erkennt die Schuldnerin auch ihre im Urteil festgestellte Verpflichtung zur Herausgabe des Kindes Sylvia an die Eltern an, sie lehnt nur die von den Gläubigern beabsichtigte und im Urteilstenor vorgesehene Art der Vollstreckung durch Herausgabe des Kindes an Bevollmächtigte der Gläubiger ab. Ihrer Ansicht, daß die vorgesehene Vollstreckung durch Herausgabe des Kindes an Bevollmächtigte der Gläubiger eine Härte im Sinne des § 765a ZPO bedeute, die mit den guten Sitten nicht vereinbar sei, kann jedoch nicht gefolgt werden. Es muß den Gläubigern überlassen bleiben, in welcher Weise sie von den im Urteilstenor vorgesehenen Möglichkeiten der Vollstreckung zur Rückerlangung ihres Kindes Gebrauch machen wollen, und im Rahmen der Vollstreckung gibt § 184 der Geschäftsanweisung für Gerichtsvollzieher vor der Wegnahme dem Gerichtsvollzieher auch die Möglichkeit der Prüfung, ob die Auftraggeber alle notwendig erscheinenden Maßregeln zur Vermeidung von Härten für das Kind, gegebenenfalls durch Stellung einer Säuglingsschwester oder ähnliche Maßnahmen, getroffen haben. Es bleibt der Schuldnerin auch unbenommen, das Kind bis zur Zonengrenze zu begleiten und zu betreuen. Die Tatsache, daß die Gläubiger offensichtlich auf Grund von Aufenthaltsbeschränkungen das Kind nicht unmittelbar persönlich in Empfang nehmen können, was zweifellos im Interesse des Kindes am besten und am wünschenswertesten wäre, rechtfertigt es nicht, unter Berufung auf § 765a ZPO die Vollstreckung des Urteils des Kreisgerichts Neustrelitz und damit die Rückkehr des Kindes Sylvia zu den Eltern auf unbestimmte Zeit hinauszuzögern.

Der Einstellungs- bzw. Vollstreckungsschutzantrag der Schuldnerin war somit zurückzuweisen. Da die Durchführung von Vollstreckungsmaßnahmen unter den gegebenen Umständen sofort vollzogene Tatsachen schaffen würde, ist angeordnet worden, daß die Vollstreckung aus dem Urteil des Kreisgerichts Neustrelitz bis zur Rechtskraft dieses Beschlusses weiter ausgesetzt bleibt."

124. Das Scheidungsurteil eines sowjetzonalen Gerichts ist im Bundesgebiet anzuerkennen, wenn es nicht gegen die guten Sitten oder den Zweck eines deutschen Gesetzes verstößt und die Unwirksamkeit des Urteils auch nicht durch ein westdeutsches Gericht festgestellt worden ist. — Ein Ehegatte, der zur Zeit des Erlasses des Scheidungsurteils im Bundesgebiet wohnte, kann gegen den geschiedenen Ehegatten auf Schuldfeststellung klagen, wenn die Feststellung des Verschuldens an der Scheidung für die Rechtsverhältnisse des Klägers bedeutsam ist.

OLG Saarbrücken, Urt. v. 27. 3. 1962 — 2 U 94/61: JBl. Saar 1962, 121; Leitsatz in DRiZ 1962 B 116 Nr. 1571 (an beiden Stellen mit falschem Datum).

Die Parteien waren Eheleute. Sie haben Ende 1954 in X. (sowjet.) die Ehe geschlossen. Aus der Ehe ist ein Sohn hervorgegangen. 1957 siedelten die Parteien in das Bundesgebiet über. Der letzte gemeinsame Wohnsitz der Parteien war S. (Bundesgebiet).

Auf Grund eines Antrags der in S. lebenden Kl. fand im September 1959 ein Sühnetermin statt. An demselben Tag verließ der Bekl. die Kl. Er ist wieder in die Sowjetzone zurückgekehrt. Am 20. 10. 1959 beantragte die Kl. beim LG S. das Armenrecht für eine auf § 43 EheG gestützte Scheidungsklage und zugleich die öffentliche Zustellung der Klage an den Bekl. Nachdem dieser seine Anschrift bekannt gegeben hatte, ist ihm die Klage Anfang 1960 zugestellt worden.

Am 24. 10. 1959 reichte der Bekl. beim Kreisgericht W. (sowjet.) eine Scheidungsklage ein. Diese Klage ist der Kl. Anfang November 1959 zugestellt worden. Das Kreisgericht W. hat im Juli 1960 die Ehe der Parteien nach § 8 EheVO geschieden, das Sorgerecht für den Sohn dem Bekl. dieses Verfahrens übertragen und die Kl. zur Zahlung eines Unterhalts von monatlich 30 DM für das Kind verurteilt. Auf die Berufung der Kl. hat das Bezirksgericht M. (sowjet.) das Sorgerecht auf die Kl. übertragen, den Antrag der Kl. hingegen, den Bekl. zur Zahlung von Unterhalt für das Kind zu verurteilen, zurückgewiesen. Den auf Abweisung der Scheidungsklage gerichteten Berufungsantrag hatte die Kl. in der mündlichen Verhandlung vor dem Bezirksgericht zurückgezogen.

Das LG S. hat die Scheidungsklage der Kl. abgewiesen, da das Prozeßhindernis der Rechtshängigkeit eine sachliche Entscheidung ausschließe. Die Kl. hat Berufung eingelegt mit dem Antrag, den Rechtsstreit an das LG zurückzuverweisen, hilfsweise, die Ehe der Parteien aus dem Verschulden des Bekl. zu scheiden. Den Hilfsantrag hat die Kl. inzwischen abgeändert; sie beantragt nunmehr hilfsweise die Feststellung, daß der Bekl. die Schuld an der Scheidung der Ehe der Parteien trage. Das OLG hat die Sache nach dem Hauptantrag an das LG zurückverwiesen. Der Bekl. war in beiden Instanzen nicht vertreten.

Aus den Gründen:

„Da die nunmehr von der Kl. lediglich begehrte Feststellung des Verschuldens des Bekl. an der Scheidung sich als Einschränkung des ursprünglich auf Scheidung der Ehe aus § 43 EheG gerichteten Antrages darstellt, welcher dem Kl., wie sich aus seinem Schreiben vom 30. 6. 1961 ergibt, ebenso wie die Terminsladung rechtzeitig vor den Termin vom 6. 3. 1962 zugegangen ist (§§ 520 II, 262, 187, 335 I Nr. 2, 3 ZPO), war die Verhandlung über den Antrag in Abwesenheit des Bekl. zulässig. In Anbetracht dieser Einschränkung des Antrages erschien auch die Aufhebung und Zurückverweisung der Sache nach § 538 I Nr. 2 ZPO gerechtfertigt, da das LG bisher nur über die prozeßhindernde Einrede der Rechtshängigkeit entschieden hat.

Nachdem die Ehe der Parteien durch das Urteil des Kreisgerichts W. rechtskräftig geschieden worden ist, hat das Prozeßhindernis der Rechtshängigkeit seine Erledigung gefunden. Dem in der Rechtsprechung entwickelten Grundsatz der Anerkennung sowjetzonaler Ehescheidungsurteile folgend hat die Kl. einen begrenzten Sachantrag auf Feststellung des Verschuldens des Bekl. an der Scheidung gestellt. Ein solcher Antrag ist zulässig.

In Übereinstimmung mit den in diesem Zusammenhang angestellten eingehenden Erörterungen in dem Urteil des BGH vom 30. 11. 1960 in BGHZ 34, 134 ff.[1] ist der Senat der Auffassung, daß auch bei Anerkennung eines in der Sowjetzone ergangenen Scheidungsurteils derjenige Ehegatte, welcher zur Zeit seines Erlasses im Gebiet der Bundesrepublik seinen Wohnsitz oder dauernden Aufenthalt hatte, in einem Verfahren nach §§ 606 ff. ZPO auf Feststellung, daß den anderen Ehegatten ein Verschulden trifft, klagen kann, wenn es möglich ist, daß ihm ein von dem Verschulden abhängiger Unterhaltsanspruch gegen diesen zusteht, welcher den nach dem Recht der Sowjetzone gegebenen Unterhaltsanspruch übersteigt, — oder wenn die Feststellung der Schuld für andere Rechtsverhältnisse der klagenden Partei bedeutsam ist — und wenn die Ehe auf Grund des sowjetzonalen Rechts ohne Schuldausspruch geschieden wurde. Der für die Anerkennung eines solchen Rechts maßgebende Grundgedanke geht zutreffend dahin, daß die im Gebiete der Bundesrepublik ansässige Partei alle Rechte genießen soll, die ihr aus dem in Frage stehenden familienrechtlichen Verhältnis nach der hier geltenden Rechtsordnung zustehen würden, soweit dem nicht höhere Belange der Allgemeinheit entgegenstehen, was vorliegend nicht der Fall ist.

Die durch ein sowjetzonales Gericht ausgesprochene Scheidung der Ehe der Parteien ist, da ein der Anerkennung entgegenstehender, von Amts wegen zu beachtender Verstoß gegen die guten Sitten oder gegen den Zweck eines deutschen Gesetzes (§ 328 Nr. 4 ZPO) nicht ersichtlich und ein auf eine entsprechende Anwendung des § 328 Nr. 1—3 ZPO gestütztes Verfahren mit dem Ziel der Feststellung, daß die Ehe noch besteht, von der Kl. — mangels der entsprechenden Voraussetzungen — nicht durchgeführt worden ist (vgl. BGH aaO), als wirksam anzusehen. Im Zeitpunkt des Erlasses des Scheidungsurteils hatte die Kl. ihren Wohnsitz in der Bundesrepublik. Die Ehescheidung ist auf § 8 der sowjetzonalen EheVO gestützt, ohne daß die Frage des Verschuldens an der Zerrüttung geklärt worden wäre. Damit ist auch die Voraussetzung des rechtlichen Interesses an alsbaldiger Feststellung der Schuld zu bejahen, da dieses Interesse in allen Fällen vorliegt, in denen bei einem festgestellten

[1] IzRspr. 1960—1961 Nr. 178a.

Verschulden des bekl. Ehegatten ein Unterhaltsanspruch der klagenden Partei gegen ihn bestehen würde, sofern sich das Verschulden des Bekl. nicht eindeutig und von ihm unbestritten aus dem Scheidungsurteil ergibt (vgl. BGH aaO 152)."

125. Das Scheidungsurteil eines sowjetzonalen Gerichts ist im Bundesgebiet unwirksam, wenn der zur Zeit des Erlasses des Urteils hier ansässige Ehegatte dadurch Nachteile erlitten hatte, daß das Gericht die Ehe allein nach sowjetzonalem Recht geschieden hat. — Das Scheidungsrecht der Sowjetzone und das des Bundesgebiets sind nicht gleichwertig; deshalb kann Art. 17 EGBGB im interzonalen Recht nicht entsprechend angewendet werden. — Bei der Prüfung der Anerkennung eines sowjetzonalen Scheidungsurteils ist entsprechend § 328 I Nr. 3 ZPO zu prüfen, ob auch ein westdeutsches Gericht die Ehe geschieden hätte.

BGH, Urt. v. 28. 3. 1962 — IV ZR 272/61: BGHZ 38, 1; NJW 1963, 153; FamRZ 1963, 32; JZ 1963, 511 (zust. *Beitzke*); JR 1963, 223 (*Drobnig*); MDR 1963, 35; Leitsätze in LM Nr. 11 zu § 328 ZPO (*Johannsen*), DRiZ 1963 B 19 Nr. 356 und JuS 1963, 122 (Bh.).

Die Parteien haben Ende 1943 in X. (jetzt: sowjet.) die Ehe geschlossen. Der Bekl. war zur Zeit der Eheschließung Soldat. Nach Ende des Krieges nahm er in der brit. Zone Wohnsitz. Die Kl. blieb bis etwa Mai 1958 in X. Während sie dort noch wohnte, erhob der Bekl. beim Kreisgericht X. Klage auf Ehescheidung. Während der Rechtsstreit anhängig war, siedelte die Kl. in das Bundesgebiet über.

Das Kreisgericht X. hat die Ehe der Parteien im September 1958 nach den Bestimmungen der sowjetzonalen EheVO ohne Schuldausspruch geschieden. Das Bezirksgericht C. hat die Berufung der Kl. zurückgewiesen, hat jedoch der Kl. den ihr in erster Instanz zugesprochenen Unterhaltsanspruch aberkannt und die Sorgerechtsregelung des Kreisgerichts aufgehoben.

Am 4. 4. 1959 hat der Bekl. eine neue Ehe geschlossen. Am 12. 6. 1959 hat die Kl., nachdem ihr das Armenrecht bewilligt worden war, Klage erhoben auf Feststellung, daß die Ehe der Parteien noch bestehe. Die Vorinstanzen haben die Klage abgewiesen. Der BGH hat auf die vom OLG zugelassene Revision das Berufungsurteil aufgehoben und den Rechtsstreit an dieses Gericht zurückverwiesen.

Aus den Gründen:

„2. Die Revision ist begründet.

[2] Das Berufungsgericht ist zutreffend davon ausgegangen, daß das Urteil des sowjetzonalen Gerichts, durch das die Ehe der Parteien geschieden worden ist, entsprechend dem dem § 328 I Nr. 3 ZPO zugrunde liegenden Rechtsgedanken auf dem Gebiet der Bundesrepublik nur unwirksam wäre, wenn die zur Zeit des Erlasses dieses Urteils hier ansässige Kl. dadurch Nachteile erlitten hätte, daß das sowjetzonale Gericht ihre Ehe allein nach den Bestimmungen des dort geltenden Rechts geschieden hat (BGHZ 34, 134, 142[1]).

[1] IzRspr. 1960—1961 Nr. 178a.

Die von *Beitzke*, JZ 1961, 649, 652 vorgetragenen Bedenken gegen die Art, wie der BGH den dem § 328 I Nr. 3 ZPO zugrunde liegenden Rechtsgedanken anwendet, sind unbegründet; sie verkennen den Sinn der Darlegungen in dem BGHZ 34, 134 ff.[1] veröffentlichten Urteil. Der BGH geht bei der Entscheidung der Frage, in welchen Fällen Ehescheidungsurteile der Gerichte der sowjet. Besatzungszone in der Bundesrepublik nicht wirksam sind, von einer Grundeinstellung aus, die von derjenigen, die *Beitzkes* Ausführungen zugrunde liegt, erheblich abweicht. *Beitzke* will das Recht der Bundesrepublik und das der sowjet. Besatzungszone grundsätzlich paritätisch behandeln. Es können daher für ihn im Verhältnis der beiden Rechtsordnungen zueinander weitgehend die Vorschriften des internationalen Privatrechts entsprechend angewandt werden.

Eine solche Parität ist nicht anzuerkennen. Der BGH geht in seiner Rechtsprechung zur Frage der Wirksamkeit von Ehescheidungsurteilen der Gerichte der sowjet. Besatzungszone in Übereinstimmung mit dem BVerfG (NJW 1960, 1611; 1961, 1203) davon aus, [*3*] daß in der Bundesrepublik und in der sowjet. Besatzungszone zwei grundsätzlich miteinander nicht zu vereinbarende Rechtsordnungen gelten. Gesetzgebung und Rechtsprechung sind in der sowjet. Besatzungszone Deutschlands zum Teil andere Wege als in der Bundesrepublik gegangen. Sie beruhen auf politischen, sozialen und weltanschaulichen Grundlagen, die der verfassungsmäßigen Ordnung des Grundgesetzes entgegengesetzt sind. Der Inhalt der VO über Eheschließung und Eheauflösung vom 24. 11. 1955 (GBl. DDR I 849) zeigt, daß auch dieses Gesetz wesentlich mit den Zweck verfolgt, die Umgestaltung der gesellschaftlichen Struktur in der sowjet. Besatzungszone im kommunistischen Sinne durchzusetzen. Nach der Präambel dieser VO dient die Ehe in der sowjet. Besatzungszone der Entwicklung der Ehegatten und der Erziehung der Kinder im Geist der Demokratie, des Sozialismus, des Patriotismus und der Völkerfreundschaft. Dabei werden diese Begriffe entsprechend der Ideologie des Kommunismus verstanden. Der absolute Scheidungsgrund des Ehebruchs, § 42 EheG, und die speziellen Scheidungsgründe der §§ 44, 45, 46, 48 EheG sind beseitigt. Die EheVO kennt im § 8 nur einen relativen Scheidungsgrund. Voraussetzung für die Scheidung ist danach u. a. auch, daß die Ehe für die Gesellschaft ihren Sinn gemäß der in der Präambel der EheVO festgelegten Zielsetzung verloren hat.

Zwar werden von den Gerichten der sowjet. Besatzungszone auch nach dieser Bestimmung viele Ehen geschieden, die in der Bundesrepublik nach den hier geltenden Gesetzen gleichfalls geschieden worden wären, und Scheidungsklagen werden abgewiesen, die in der Bundesrepublik gleichfalls keinen Erfolg gehabt hätten. Auf der anderen Seite ist aber zu beachten, daß der Tatbestand des § 8 der EheVO unbestimmt ist und Gelegenheit bietet zu willkürlicher und parteilicher Auslegung.

Der Richter der Bundesrepublik müßte, wenn er in entsprechender Anwendung des Art. 17 EGBGB § 8 der EheVO anwenden müßte, diese Bestimmung in dem Sinne anwenden, [4] den sie nach dem in ihr zum Ausdruck gelangten Willen der gesetzgebenden Organe der sowjet. Besatzungszone hat. Wenn das aber geschehen würde, würden die Richter der Bundesrepublik damit gegen wesentliche Grundsätze unseres Verfassungsrechts, gegen Art. 6 GG verstoßen. Sie würden durch ihre Rechtsprechung das Machtsystem der sowjet. Besatzungszone stützen und unterstützen (BVerfG, NJW 1960, 1611). Daraus folgt, daß das Ehescheidungsrecht der sowjet. Besatzungszone und der Bundesrepublik nicht paritätisch sind und daß Art. 17 EGBGB im Verhältnis dieser beiden Teile Deutschlands nicht entsprechend angewandt werden kann.

Andererseits ist zu berücksichtigen, daß große Teile des deutschen Volkes nach dem Recht der sowjet. Besatzungszone leben müssen. Dieser Tatsache müssen auch die Gerichte der Bundesrepublik Rechnung tragen. Aus Gründen der Rechtssicherheit und letztlich auch im Interesse der in der sowjet. Besatzungszone lebenden Menschen müssen die von den Gerichten der sowjet. Besatzungszone nach dem dort geltenden Recht ausgesprochenen Ehescheidungen auch in der Bundesrepublik grundsätzlich als gültig hingenommen werden. Es muß daher im Interesse der Gesamtheit und der Ordnung in Kauf genommen werden, daß dadurch die in der sowjet. Besatzungszone lebende Partei in einzelnen Fällen schlechter gestellt sein kann als eine in der Bundesrepublik nach dem hier geltenden Recht lebende. Nur in engem Rahmen können jene Parteien vor den Nachteilen geschützt werden, die sie durch die Anwendung des Rechts der sowjet. Besatzungszone erleiden. Die Grenzen, in denen ihnen dieser Schutz gewährt werden kann, hat der BGH in dem BGHZ 34, 134 ff.[1] veröffentlichten Urteil aufgezeigt. Die dort dargelegten Rechtssätze sind nicht aus den Normen des internationalen Privatrechts hergeleitet. Sie lehnen sich teilweise an diese an. Letztlich hat aber der BGH die hier bestehende Gesetzeslücke in solcher Weise geschlossen, wie es im Hinblick auf dasselbe Interesse der Gesamtheit und das Gebot der Ordnung einerseits und das private Interesse des Einzelnen auf der anderen Seite geboten ist.

[5] 3. Das angefochtene Urteil muß aufgehoben werden, weil das Berufungsgericht die Frage, ob die Kl. dadurch Nachteile erlitten hat, daß das Gericht der sowjet. Besatzungszone ihre Ehe nach dem dort geltenden Recht geschieden hat, nicht unter dem richtigen rechtlichen Gesichtspunkt geprüft hat. Der der Kl. zu gewährende Schutz nötigt dazu, zu prüfen, ob ihre Ehe zu dem Zeitpunkt, als das Urteil des sowjetzonalen Gerichts rechtskräftig wurde, auch dann geschieden worden wäre, wenn der Rechtsstreit in der Bundesrepublik geführt worden und nach dem hier geltenden Recht zu entscheiden gewesen wäre. Das Berufungsgericht hat, wie insbesondere die Begründung für die Zulassung der Revision ergibt, allein geprüft, ob es möglich gewesen wäre, daß ein Gericht der Bundesrepublik

die Ehe geschieden hätte. Es hat nicht untersucht, ob die Ehe nach dem hier geltenden Recht gleichfalls zu scheiden gewesen wäre. Mit dieser Rechtsanwendung hat das Berufungsgericht der Kl. nicht den Schutz gewährt, den sie nach dem in § 328 I Nr. 3 ZPO enthaltenen Rechtsgedanken beanspruchen kann.

Nach § 328 Nr. 3 ZPO kommt es darauf an, ob das ausländische Urteil dem Deutschen zum Nachteil gereicht. Das ist der Fall, wenn es anders und für den Deutschen günstiger gelautet hätte, wenn das deutsche Recht angewandt worden wäre. Das Ergebnis, zu dem das ausländische Gericht gelangt, ist mit demjenigen eines angenommenen, nach deutschem Recht zu entscheidenden Rechtsstreits über denselben Sachverhalt zu vergleichen. Für diese Prüfung besteht keine Bindung an den vom ausländischen Gericht festgestellten Sachverhalt. Es sind vielmehr unabhängig hiervon alle für die Anwendung des deutschen Rechts in Betracht kommenden Tatsachen festzustellen. Die Parteien können dafür auch Tatsachen vortragen, die in dem Verfahren vor dem ausländischen Gericht nicht vorgetragen worden sind, sofern sie dort hätten vorgetragen werden können.

Nach diesen Grundsätzen ist zu prüfen, ob das von einem sowjetzonalen Gericht erlassene Urteil einer deutschen Partei zum Nachteil gereicht, die, als das Urteil erging, ihren Wohnsitz [6] oder ihren ständigen gewöhnlichen Aufenthalt in der Bundesrepublik oder in West-Berlin gehabt hat. Es ist darüber zu befinden, ob die Ehe auch nach dem Recht geschieden worden wäre, das hier in dem Zeitpunkt galt, als das Urteil des ostzonalen Gerichts rechtskräftig wurde. Die Parteien können dafür alle Tatsachen vortragen, die bis zu dem für die Entscheidung des sowjetzonalen Gerichts maßgebenden Zeitpunkt hätten vorgetragen werden können, ohne Rücksicht darauf, ob sie diesem Gericht unterbreitet worden sind oder nicht. Tatsachen, die erst zu einem späteren Zeitpunkt eingetreten sind, können insoweit nicht berücksichtigt werden, sie können aber, wenn sie die Scheidung der Ehe rechtfertigen, dazu führen, daß das Verlangen auf Feststellung des Bestehens der Ehe als rechtsmißbräuchlich abzuweisen ist. Das Gericht kann auf Grund des ihm unterbreiteten Sachverhalts nur prüfen, ob das Scheidungsbegehren nach dem anzuwendenden Recht der Bundesrepublik begründet gewesen wäre, nicht aber, ob es möglich gewesen wäre, daß die Ehe durch ein Gericht der Bundesrepublik gleichfalls geschieden worden wäre. Diese Prüfung würde für die klagende Partei keinen ausreichenden Schutz gewähren und sie würde auf einer unsicheren und daher unbrauchbaren Grundlage erfolgen; denn sie geht notwendig davon aus, daß Entscheidungen der Gerichte ergehen, die unrichtig sind, weil das Gesetz irrtümlich falsch angewandt worden ist.

Damit würde das sowjetzonale Urteil an einer falschen und unbestimmten Größe gemessen. Denn es läßt sich nicht eindeutig bestimmen, welche Rechtsfehler bei Entscheidungen der Gerichte der Bundesrepublik als möglich hinzunehmen sind.“

126. **Eine Klage auf Feststellung des Verschuldens an einer durch ein sowjetzonales Gericht ausgesprochenen Ehescheidung setzt ein rechtliches Interesse des klagenden Ehegatten voraus. — Ein solches rechtliches Interesse fehlt, wenn ein vom Verschulden abhängiger Unterhaltsanspruch des im Bundesgebiet lebenden Ehegatten nach den Einkommensverhältnissen der Parteien nicht besteht. — Für die Regelung des Sorgerechts über ein Kind, das sich in der Sowjetzone aufhält, sind die Gerichte der Sowjetzone zuständig; sie haben das am Aufenthaltsort des Kindes geltende sowjetzonale Recht anzuwenden.**

OLG Frankfurt am Main, Urt. v. 23. 1. 1963 — 7 U 94/61: unveröffentlicht.

Die Parteien haben im November 1954 in S. (sowjet.) die Ehe geschlossen. Aus der Ehe ist der im Juli 1955 geborene Sohn Michael hervorgegangen, der sich bei dem Bekl. in S. befindet. Der letzte gemeinsame Wohnsitz der Parteien war S.

Im Jahr 1957 erhob die Kl. vor dem Kreisgericht S. Klage auf Ehescheidung. Im April 1957 ist die Kl. allein in das Bundesgebiet geflüchtet. Das Kreisgericht S. hat Ende November 1957 die Ehe der Parteien ohne Schuldausspruch rechtskräftig geschieden.

Die Kl. lebt in F. (Bundesgebiet) und verdient monatlich 520 DM.

Die Kl. begehrt mit der Klage die Feststellung, daß der Bekl. die Schuld an der Scheidung trage. Das LG hat die Klage abgewiesen; die Berufung der Kl. blieb ohne Erfolg. Der Bekl. war in beiden Instanzen nicht vertreten.

Aus den Gründen:

„Die Klage ist unzulässig. Denn die Kl. hat kein rechtliches Interesse an der alsbaldigen Feststellung des begehrten Schuldausspruchs darzutun vermocht. Ein nur allgemeines, auf die Anforderungen der Rechtsstaatlichkeit gegründetes Interesse reicht zur Zulässigkeit der Feststellungsklage nicht aus. Die Kl. kann nicht verlangen, das Scheidungsurteil so zu gestalten, als ob es in der Bundesrepublik ergangen wäre. Vielmehr erfordert die Feststellungsklage nach der festen Rechtsprechung des BGH, der sich der Senat anschließt, ein besonderes, wegen bestimmter Auswirkungen rechtlich anzuerkennendes Interesse an dem erstrebten Erfolg (BGHZ 34, 134[1]).

Ein derartiges Interesse aber besitzt die Kl. nicht. Sie macht selbst nicht geltend, daß ihr gegen den Bekl. ein von der Schuld an der Scheidung abhängiger Unterhaltsanspruch zustehe. Wie sie entgegen der Auffassung des LG allerdings zutreffend ausführt, ist Art. 17 I EGBGB im Rahmen des interlokalen Privatrechts nicht analog anzuwenden. Jedoch steht dem Ehegatten in den Fällen, in denen er zur Zeit des Erlasses des auf Scheidung seiner Ehe lautenden Urteils seinen Wohnsitz in der Bundesrepublik hat, ein Unterhaltsanspruch gegen seinen geschiedenen Ehegatten nach dem in der Bundesrepublik geltenden Recht nur insoweit zu, als dieser Unter-

---

[1] IzRspr. 1960—1961 Nr. 178a.

haltsanspruch den für ihn nach dem Recht der sowjet. Besatzungszone bestehenden Unterhaltsanspruch übersteigt (BGH aaO). Nach dem in der Bundesrepublik geltenden Recht ist die Kl. nicht unterhaltsberechtigt. Sie ist bei einem monatlichen Nettoeinkommen in Höhe von 520 DM in der Lage, ihren standesgemäßen Unterhalt selbst zu bestreiten. Zwar sind die Einkommens- und Vermögensverhältnisse des Bekl. unbekannt. Immerhin ergibt sich aus dem Ehescheidungsurteil des Kreisgerichts S., daß der Bekl. zur Zeit des Ehescheidungsrechtsstreits nur über ein Einkommen in Höhe von 514 DM-Ost verfügte. Daß seine wirtschaftlichen Verhältnisse inzwischen besser geworden seien, hat die Kl. nicht vorgetragen. Sie kann daher auch nicht geltend machen, der Bekl. sei nach dem Recht der Bundesrepublik verpflichtet, zu ihrem Unterhalt beizutragen. Die Kl. ist jedoch nicht befugt, nur für den ungewissen, künftigen Fall einer Bedürftigkeit, sei es infolge Arbeitslosigkeit, Unfalls oder Krankheit, schon jetzt die Schuldfeststellung als Grundlage eines dann möglichen Unterhaltsanspruchs zu begehren. Sie ist bei einer Änderung ihrer wirtschaftlichen Lage nicht gehindert, eine neue Feststellungsklage zu erheben. Die Rechtskraft dieses Urteils steht einer solchen Klage nicht entgegen.

Die Kl. vermag schließlich ein Interesse an der Schuldfeststellung nicht mit dem Hinweis zu begründen, sie erstrebe eine Änderung der Sorgerechtsregelung für das Kind Michael. Denn das Vormundschaftsgericht hat ohne Rücksicht auf die Schuldfrage über das Recht zur Personensorge für das gemeinschaftliche Kind der Parteien zu entscheiden.

Zwar ist gemäß § 1671 III Satz 2 BGB der Schuldausspruch für die Sorgerechtsregelung dann bedeutsam, wenn ein Ehegatte *allein* für schuldig erklärt wird. Jedoch kann das in der Bundesrepublik geltende Recht hier nicht angewendet werden. Über einen Antrag auf Übertragung des Rechts zur Personensorge für das Kind Michael ist vielmehr gemäß § 9 der EheVO vom 24. 11. 1955 (SBZ) zu befinden.

Zur Entscheidung über das Sorgerecht ist das Vormundschaftsgericht berufen, in dessen Bezirk der Mündel seinen Wohnsitz oder in Ermangelung eines solchen im Inland seinen Aufenthalt hat (§§ 36, 43 FGG). Wie in der Rechtsprechung anerkannt ist, hat dieses Gericht das am gewöhnlichen Aufenthaltsort des Kindes maßgebende Recht anzuwenden (BGH, FamRZ 1956, 348[2]; KG, FamRZ 1957, 272[3]). Hier ist daher für eine Änderung der Sorgerechtsregelung das für den Aufenthaltsort des Kindes zuständige Gericht in der sowjet. Besatzungszone zur Entscheidung berufen. Dieses Gericht hat nicht § 1671 BGB, sondern § 9 der EheVO anzuwenden. Die auf dieser Vorschrift beruhenden Entscheidungen sind in der Bundesrepublik anzuerkennen. Sie verstoßen regelmäßig nicht gegen Art. 30 EGBGB. § 9 der EheVO stellt indessen nicht auf den Schuldausspruch ab. Für die Regelung der Personensorge ist gemäß dieser Be-

---

[2] IzRspr. 1954—1957 Nr. 368b. [3] IzRspr. 1954—1957 Nr. 370.

stimmung ausschließlich das Wohl des Kindes maßgebend. Schon aus diesem Grunde kann die Kl. ein Interesse an der begehrten Feststellung nicht damit begründen, sie wolle eine Änderung der Sorgerechtsregelung herbeiführen.

Weitere Gründe für die Rechtfertigung eines Feststellungsinteresses hat weder die Kl. vorgetragen noch sind solche ersichtlich."

127. **Sowjetzonale Gerichte sind für die Scheidung einer Ehe zuständig, wenn der klagende Ehegatte zur Zeit der Klageerhebung in der Sowjetzone wohnte und der letzte gemeinsame gewöhnliche Aufenthalt der Parteien dort gewesen war. — Die Unwirksamkeit eines sowjetzonalen Scheidungsurteils kann im Bundesgebiet grundsätzlich nur durch Feststellungsklage vor einem westdeutschen Gericht geltend gemacht werden. — Auch eine Änderung der in dem sowjetzonalen Scheidungsurteil festgelegten Scheidungsfolgen kann im Bundesgebiet nur durch Schuldfeststellungsklage vor einem westdeutschen Gericht erreicht werden.**

KG Berlin-West, Beschl. v. 28. 2. 1963 — 12 W 192/63: FamRZ 1963, 299; NJW 1963, 1160; JR 1963, 344; Leitsatz in DRiZ 1963 B 80 Nr. 1190.

Die Parteien haben im Mai 1957 in A. (Bundesgebiet) die Ehe geschlossen. Aus dieser Ehe sind zwei Kinder hervorgegangen. Anfang 1959 verzogen die Parteien nach Ostberlin. Im Herbst 1960 verließ die ASt. mit den beiden Kindern Ostberlin; sie wohnt seitdem in B. (Bundesgebiet).

Im Februar 1961 reichte der AGg. beim Stadtbezirksgericht P. (Berlin-Ost) Klage auf Ehescheidung ein. Die Klage wurde der ASt. öffentlich zugestellt. Im Sommer 1961 schied das Stadtbezirksgericht die Ehe der Parteien nach § 8 der sowjetzonalen EheVO. In dem Urteil wurde das Sorgerecht für die beiden Kinder dem AGg. übertragen; zugleich wurde die ASt. zur Zahlung von Unterhalt für die Kinder verurteilt. Dieses Urteil ist rechtskräftig. Der AGg. hat im Februar 1962 eine neue Ehe geschlossen.

Die ASt. steht auf dem Standpunkt, daß die Ehe noch bestehe. Sie hat das Armenrecht für eine auf § 43 EheG gestützte Scheidungsklage beantragt. Das LG hat den Antrag wegen fehlender Aussicht auf Erfolg abgewiesen. Das KG hat diese Entscheidung abgeändert und die Sache an das LG zurückgewiesen.

Aus den Gründen:

„Das Urteil des Stadtbezirksgerichts P. ist nicht deshalb unwirksam, weil dieses die Entscheidung in dem bei ihm anhängig gewesenen Ehescheidungsverfahren als in den Bereich seiner Gerichtsbarkeit fallend für sich in Anspruch genommen hat. Auch wenn die §§ 606 ff. ZPO als Bundesrecht nur im Inland gelten und die sowjetische Besatzungszone, wie der Sowjetsektor Berlins nicht als Inland im Sinne dieser Bestimmungen gelten (BGHZ 7, 218[1]), geben diese, weil auch die Gerichte der sowjet. Besatzungszone und des

[1] IzRspr. 1945—1953 Nr. 532.

Sowjetsektors Berlins trotz der Spaltung Deutschlands immer noch als deutsche Gerichte angesehen werden müssen, die deutsche Gerichtsbarkeit ausüben, dennoch einen Anhalt dafür, in welchen Fällen die Gerichtsbarkeit dieser Gerichte in der Bundesrepublik und in West-Berlin anzuerkennen ist. Danach ist jedenfalls die Gerichtsbarkeit der Gerichte der sowjet. Besatzungszone und des Sowjetsektors Berlins dann gegeben, wenn im Zeitpunkt der Klageerhebung der Kl. dort seinen Wohnsitz hatte und der letzte gemeinsame gewöhnliche Aufenthalt der Parteien dort gewesen war (BGH, FamRZ 1961, 203[2]). Das ist vorliegend der Fall.

Ob dem Urteil des Stadtbezirksgerichts P. deshalb die Anerkennung zu versagen ist, weil es — etwa wegen Versagung des rechtlichen Gehörs — gegen die guten Sitten oder gegen den Zweck eines deutschen Gesetzes verstößt (§ 328 I Nr. 4 ZPO), mag auf sich beruhen. Ebenso kann dahingestellt bleiben, ob die ASt. entsprechend der Schutzvorschrift des § 328 I Nr. 3 ZPO das Urteil des Stadtbezirksgerichts P. deshalb nicht hinzunehmen brauchte, weil es sich nach den Bestimmungen des in der Bundesrepublik und West-Berlin geltenden Ehegesetzes nicht halten ließe (BGH aaO), was allerdings nur dann in Betracht käme, wenn die ASt. an der Ehe festhalten will. Denn die Klärung, ob ein von einem Gericht der sowjetischen Besatzungszone oder des Sowjetsektors Berlins erlassenes Ehescheidungsurteil in der Bundesrepublik oder in West-Berlin anzuerkennen ist, kann nicht dem Standesbeamten oder sonstigen damit befaßten Stellen von Fall zu Fall vorbehalten bleiben. Die Entscheidung darüber kann auch nicht Gerichten überlassen werden, die, wie etwa bei einer neuen Ehescheidungsklage oder bei der Verfolgung von Unterhaltsansprüchen, lediglich incidenter darüber zu befinden hätten. Das würde die Gefahr widersprechender Entscheidungen heraufbeschwören. Das öffentliche Interesse und die Rechtssicherheit erfordern es vielmehr, daß diese Frage in Anwendung der Rechtsgedanken der §§ 1593, 1594 BGB, 23 EheG *ausschließlich* im Wege der Feststellungsklage nach den §§ 606 ff. ZPO entschieden wird, die zur Vermeidung eines Rechtsverlustes *alsbald* nach der Erlangung der Kenntnis von dem Scheidungsurteil zu erheben ist (BGH aaO).

Will die ASt. aber, worauf ihr bisheriger Vortrag hindeutet, diesen Weg nicht beschreiten, weil auch sie an der Ehe nicht mehr festhalten will, und will sie lediglich eine Änderung der in dem Urteil des Stadtbezirksgerichts P. ausgesprochenen Sorge- und Unterhaltsregelung erreichen und die Grundlagen für die Verfolgung eigener Unterhaltsansprüche schaffen, bleibt ihr ebenfalls *nur* die Feststellungsklage nach den §§ 606 ff. ZPO mit dem Ziele der Beseitigung der Sorgerechts- und Unterhaltsregelung hinsichtlich der Kinder, für die nach dem in der Bundesrepublik und in West-Berlin geltenden Recht im Ehescheidungsurteil kein Raum ist, und auf Feststel-

[2] IzRspr. 1960—1961 Nr. 178a.

lung des Verschuldens des AGg. an der Scheidung. Diese Feststellungsklage ist ihrer Natur nach eine Ehescheidungsklage. Sie kann hinsichtlich der Schuldfeststellung auf sämtliche Gründe gestützt werden, die bis zum Eintritt der Rechtskraft des Scheidungsurteils hätten vorgebracht werden können, ohne daß dem die Tatbestandswirkung dieses Urteils entgegenstehen würde. Die Rechtskraftwirkung des Scheidungsurteils verbietet es aber, die Schuldfeststellungsklage auf Gründe zu stützen, die erst nach der Rechtskraft jenes Urteils entstanden sind, weil mit dessen Rechtskraft die Ehe aufgelöst ist und später entstandene Schuldgründe hierfür nicht mehr von Bedeutung sein können.

Da die ASt. bisher keine Gelegenheit gehabt hat, ihre Anträge entsprechend dem Dargelegten zu überprüfen und gegebenenfalls zu berichtigen, erschien es angebracht, von der in § 575 ZPO eingeräumten Ermächtigung Gebrauch zu machen und die Sache zur anderweiten Behandlung und Entscheidung an das LG zurückzuverweisen."

128. Die Unwirksamkeit des Scheidungsurteils eines sowjetzonalen Gerichts kann durch Feststellungsklage vor einem westdeutschen Gericht geltend gemacht werden. — Sowjetzonale Gerichte sind für eine Scheidungsklage grundsätzlich zuständig, wenn der klagende Ehegatte in der Sowjetzone wohnt. — Auf die Anerkennung sowjetzonaler Scheidungsurteile ist § 328 ZPO entsprechend anzuwenden. — Die Anerkennung einer Ehescheidung ist entsprechend § 328 I Nr. 3 ZPO ausgeschlossen, wenn die Ehe im Bundesgebiet nicht geschieden worden wäre.

OLG Düsseldorf, Urt. v. 5. 3. 1963 — 4 U 175/62: MDR 1963, 845.

Die Parteien haben 1947 in A. (Bundesgebiet) die Ehe geschlossen. Aus der Ehe sind sechs Kinder hervorgegangen. Seit April 1959 leben die Parteien getrennt. Der Bekl. ist im November 1959 in die Sowjetzone verzogen.

Die Kl. hatte daraufhin vor dem LG D. (Bundesgebiet) Klage auf Herstellung der ehelichen Lebensgemeinschaft erhoben. Der Bekl. hatte widerklagend Scheidung der Ehe aus dem Verschulden der Kl. beantragt. Das LG D. gab der Klage im Februar 1960 statt und wies die Widerklage ab. Der Bekl. nahm seine Berufung gegen dieses Urteil zurück.

Der Bekl. erhob seinerseits vor dem Kreisgericht X. (sowjet.) Klage auf Ehescheidung. Das Kreisgericht schied die Ehe und übertrug das Sorgerecht für die Kinder auf den Bekl. Mit Urteil vom 8. 9. 1961 wies das Bezirksgericht Y. (sowjet.) die Berufung der Kl. zurück.

Die Kl. beantragt die Feststellung, daß die Scheidungsurteile des Kreisgerichts X. und des Bezirksgerichts Y. nichtig seien und die Ehe der Parteien noch bestehe. Das LG hat die Klage abgewiesen, da die sowjetzonalen Gerichte zu Recht festgestellt hätten, daß die Ehe der Parteien zerrüttet sei und jeden Sinn verloren habe. Auf die Berufung der Kl. hat das OLG festgestellt, daß die Scheidungsurteile der sowjetzonalen Gerichte nicht anzuerkennen seien und die Ehe der Parteien noch bestehe.

Aus den Gründen:

„Im Gegensatz zur Ansicht des LG war die von der Kl. erbetene Feststellung zu treffen.

I. Die Klage auf Feststellung der Nichtigkeit von in der sowjet. Besatzungszone (SBZ) ergangenen Scheidungsurteilen und des Fortbestehens der durch ein solches Urteil geschiedenen Ehe ist zulässig (BGHZ 30, 1 = NJW 1959, 1032 = MDR 1959, 470[1]; BGHZ 34, 134 = NJW 1961, 874 = MDR 1961, 396[2]; BGH, NJW 1963, 153[3]).

II. Es ist inzwischen anerkannten Rechts, daß ein in der SBZ lebender Ehegatte, auch wenn der andere Ehegatte noch in der Bundesrepublik wohnt, vor einem sowjetzonalen Gericht auf Scheidung klagen, also die für ihn zur Zeit bestehende Gerichtsbarkeit in Anspruch nehmen darf (BGHZ 7, 218[4]; BGH, LM Nr. 4 zu § 606 ZPO[5]). Für eine Erschleichung einer derartigen Zuständigkeit, bei deren Vorliegen anders entschieden werden könnte (BGHZ 30, 1[1]; OLG Celle, NJW 1959, 2124[6]), liegen keine Anhaltspunkte vor. Den ergangenen Urteilen ist also nicht schon wegen Verletzung der Bestimmungen über die ausschließliche Zuständigkeit in Ehesachen die Anerkennung zu versagen.

III. Urteile sowjetzonaler Gerichte sind nach überwiegender Ansicht keine ausländischen Urteile, soweit es sich um die Anwendbarkeit des § 328 ZPO handelt (vgl. BGHZ 20, 323, 331 m. Nachw.[7]). Jedoch ist § 328 ZPO entsprechend anzuwenden, wobei grundsätzlich von der Rechtsbeständigkeit sowjetzonaler Urteile auszugehen ist (BGHZ 20, 323[7]; BGHZ 21, 313[8]; BGHZ 30, 1[1]; BGHZ 34, 134[2]).

1. Es kann hier dahingestellt bleiben, ob den beanstandeten Urteilen gemäß § 328 I Nr. 4 ZPO die Anerkennung zu versagen wäre, weil sie gegen den Zweck eines deutschen Gesetzes oder die guten Sitten verstoßen, was bei sowjetzonalen Urteilen nicht ohne weiteres anzunehmen sein wird (vgl. BGHZ 34, 134[2]).

2. Den gegen die Kl. ergangenen Urteilen muß nämlich schon gemäß dem analog anzuwendenden § 328 I Nr. 3 ZPO, dessen Schutzgedanke verletzt ist, die Anerkennung versagt werden. Der BGH hat hierzu in seiner Entscheidung BGHZ 34, 134[2] ausgeführt, es stelle zwar keine Verletzung des Art. 17 EGBGB dar, daß die getroffene Entscheidung auf § 8 der in der SBZ gültigen EheVO vom 24. 11. 1955 gestützt sei; denn Art. 17 EGBGB gelte nur bei Konkurrenz mit ausländischem Recht, während das für das Recht der SBZ nicht zutreffe. Schutzwürdige Belange einer deutschen Partei seien aber verletzt, wenn ein anderes Recht angewendet worden sei, als es in der Bundesrepublik hätte angewendet werden müssen, und die Ehe nach dem Recht der Bundesrepublik nicht geschieden worden wäre. Die

---

[1] IzRspr. 1958—1959 Nr. 179.
[2] IzRspr. 1960—1961 Nr. 178a.
[3] Siehe oben Nr. 125.
[4] IzRspr. 1945—1953 Nr. 532.
[5] Hinweis in IzRspr. 1954—1957 Nr. 344b.
[6] IzRspr. 1958—1959 Nr. 180.
[7] IzRspr. 1954—1957 Nr. 322.
[8] IzRspr. 1954—1957 Nr. 368b.

Partei könne allerdings auf die Anwendung des Rechts der Bundesrepublik verzichten, und ein solcher Verzicht sei dann anzunehmen, wenn eine Partei ein in der SBZ ergangenes Urteil hinnehme. Dabei müsse im Interesse der Rechtssicherheit verlangt werden, daß die in der Bundesrepublik lebende Partei *alsbald* Schritte gegen ein ihr bekannt gewordenes Urteil der SBZ unternehme.

Den Angriffen *Beitzkes* gegen dieses Urteil (JZ 1961, 649) hat der BGH in der weiteren Entscheidung NJW 1963, 153[3] entgegengehalten, seine Rechtsprechung sei gerechtfertigt, weil Gesetzgebung und Rechtsprechung in den beiden Teilen Deutschlands zum Teil verschiedene Wege gegangen seien und die Verschiedenheit auf politischen, sozialen und weltanschaulichen Grundlagen beruhe, wobei die in der SBZ geltenden Grundsätze der verfassungsmäßigen Ordnung des Grundgesetzes entgegengesetzt seien. Der Inhalt der VO vom 24. 11. 1955, insbesondere die Präambel, zeige, daß auch dieses Gesetz wesentlich den Zweck verfolge, die Umgestaltung der gesellschaftlichen Struktur in der SBZ im kommunistischen Sinne durchzusetzen. Die VO kenne nur einen relativen Scheidungsgrund. Voraussetzung einer Scheidung sei u. a., daß die Ehe für die Gesellschaft im Sinne der Präambel der VO ihren Sinn verloren habe. Der unbestimmte Inhalt des § 8 der VO biete Gelegenheit zu willkürlicher und parteilicher Auslegung.

Diesen Ausführungen des BGH ist zuzustimmen. Die in der Bundesrepublik lebende Partei muß den Schutz der dort gültigen Gesetze, unter denen die Ehe eine zeitlang gestanden hat und unter dem sie für die hier verbliebene Partei noch steht, auch weiterhin für sich in Anspruch nehmen können.

Die Kl. hat im vorliegenden Falle alsbald gerichtliche Schritte gegen die in der SBZ ergangenen Urteile unternommen. Wie sich aus der Urteilsabschrift ergibt, ist das Berufungsurteil des Bezirksgerichts Y. vom 8. 9. 1961 dem Anwalt der Kl. am 23. 9. 1961 zugegangen. Die vorliegende Klage ist am 10. 10. 1961 bereits eingereicht worden.

Demnach war zu prüfen, ob die Ehe der Parteien auch nach dem Recht der Bundesrepublik geschieden worden wäre. Das ist nicht der Fall.

Vorab ist zu bemerken, daß bei Beurteilung dieser Frage nur der sich aus den Abschriften der Urteile des Kreisgerichts X. und des Bezirksgerichts Y. und aus dem Vortrag der Kl. ergebende Sachverhalt berücksichtigt werden kann, da der Bekl. im vorliegenden Verfahren keine Stellung genommen hat, obschon ihm sowohl die Klageschrift als auch die Berufungsschrift und die Berufungsbegründungsschrift sowie die Ladung zum Verhandlungstermin vom 19. 2. 1963 ordnungsgemäß zugestellt worden sind.

a) Wie sich aus dem Tatbestand der beanstandeten Urteile ergibt, war an Umständen, die eine Scheidung gemäß § 43 EheG hätten rechtfertigen können, nur vorgetragen worden, die Kl. habe den Haushalt und die Kinder vernachlässigt, sie habe den Bekl. auf einer

Neujahrskarte beleidigt und sie habe ihn bei seinem derzeitigen Arbeitgeber schlecht gemacht.

Die erstere Beschuldigung war bereits in dem rechtskräftigen Urteil des Vorprozesses — LG D. vom 16. 2. 1960 — als nicht zutreffend zurückgewiesen worden. Da der Bekl. in der Zwischenzeit (im November 1959) in die SBZ gegangen war, konnte er neue Umstände in dieser Hinsicht kaum zur Kenntnis bekommen haben.

Die Behauptung, die Kl. habe den Bekl. auf einer offenen Neujahrskarte (zu Neujahr 1960) beleidigt — es kann sich nur um die Karte Bl. 76 der Vorprozeßakten handeln — hätte der Bekl. schon in dem Vorprozeß, in dem am 2. 2. 1960 letztmalig mündlich verhandelt worden war, vortragen können. Er kann sich daher darauf nicht mehr berufen (§ 616 ZPO). Im übrigen würde dieses Verhalten der Kl. angesichts des eigenen Verhaltens des Bekl. — er hatte die Kl. mit sechs unmündigen Kindern einfach sitzengelassen — unter dem Gesichtspunkt des § 43 Satz 2 EheG eine Scheidung sittlich nicht rechtfertigen.

Das Gleiche müßte gelten, wenn die Kl. — wie sie zugibt — an den derzeitigen Arbeitgeber des Bekl. geschrieben hätte und dieses Schreiben auch einzelne beleidigende Erklärungen enthalten haben sollte.

b) Die Scheidung hätte auch nicht gemäß § 48 EheG erfolgen können, da die erforderliche dreijährige häusliche Trennung zur Zeit des Urteils des Bezirksgerichts Y. vom 8. 9. 1961 noch nicht vollendet war, denn die Parteien haben erst seit frühestens April 1959 getrennt gelebt."

129. Trotz Aufhebung des § 1595a BGB kann die Staatsanwaltschaft Klage auf Feststellung des Bestehens einer Ehe erheben, wenn die Ehe durch ein sowjetzonales Gericht geschieden worden ist und dieses Scheidungsurteil gegen den Zweck eines deutschen Gesetzes oder gegen die guten Sitten verstößt. — Zur Angemessenheit der Frist, innerhalb welcher die im Bundesgebiet ansässige Partei die Klage auf Feststellung des Bestehens ihrer in der Sowjetzone geschiedenen Ehe erheben muß.

BGH, Urt. v. 8. 5. 1963 — IV ZR 196/62: FamRZ 1963, 431; LM Nr. 12 zu § 328 ZPO; BGHWarn 1963 Nr. 96; NJW 1963, 1981; JR 1964, 61; ROW 1964, 77; MDR 1963, 749; DRspr. I (181) 65b, c; Leitsätze in DRiZ 1963 B 115 Nr. 1590.

Die Parteien sind deutsche Staatsangehörige. Sie haben 1938 in P. (jetzt: sowjet.) die Ehe geschlossen, aus der ein jetzt 22 Jahre alter Sohn hervorgegangen ist.

Der Bekl., der jetzt in Bergen (Norwegen) lebt, verließ im Februar 1951 seine Familie und begab sich nach A. (Bundesgebiet). Drei Scheidungsklagen, die er in den folgenden Jahren vor dem Kreisgericht P. und dem LG A. erhob, wurden abgewiesen.

Im Juli 1956 siedelte die Kl. mit dem Sohn der Parteien ebenfalls nach A. über. Nachdem sie beim AG A. Klage auf Unterhaltserhöhung erhoben hatte, ging der Bekl. im April 1957 nach L. (sowjet.). Im Mai 1958 schied das Kreisgericht L. die Ehe der Parteien nach § 8 der sowjetzonalen EheVO ohne Schuldausspruch. Der Antrag der Kl. auf Bewilligung des Armenrechts für das Berufungsverfahren wurde wegen Aussichtslosigkeit der Rechtsverfolgung zurückgewiesen.

Der Bekl. beantragte beim AG A. ein Zeugnis über die vermögensrechtliche Auseinandersetzung mit seinem Sohn, um ein Ehefähigkeitszeugnis zu erlangen. Das erfuhr die Kl. am 9. 7. 1959, als das AG A. sie zu dem Antrag vernahm. Daraufhin reichte die Kl. am 5. 8. 1959 eine Klage beim LG A. ein mit dem Antrag, den Fortbestand ihrer Ehe festzustellen, da der Bekl. die Zuständigkeit des Kreisgerichts L. für die Scheidungsklage erschlichen habe. Am 30. 3. 1960 versagte das LG A. der Kl. das Armenrecht, da die Rechtsverfolgung aussichtslos sei. Am 1. 12. 1960 legte die Kl. gegen diesen Beschluß Beschwerde ein; erst nach mehrfacher Erinnerung reichte sie Anfang März 1961 ihr Armutszeugnis ein. Im April 1961 nahm sie ihren Antrag auf Kostenbefreiung zurück.

In dem Rechtsstreit vor dem LG A. hat der Bekl. im Termin vom 27. 6. 1961, ohne die mangelnde Zustellung der Klage an sich zu rügen, Klageabweisung und Versäumnisurteil gegen die nicht vertretene Kl. beantragt. Gegen das Versäumnisurteil hat die Kl. Einspruch eingelegt.

Ende Mai 1961 bat die Kl. die Staatsanwaltschaft in A., das Verfahren aufzunehmen, um zu vermeiden, daß die Klage wegen Versäumung der Frist abgewiesen werde. Die Staatsanwaltschaft lehnte das ab, da die Klage völlig aussichtslos sei. Die Beschwerde der Kl. hat der Generalstaatsanwalt bei dem OLG Neustadt/Weinstraße zurückgewiesen. Er hält die Klage ebenfalls für aussichtslos. Bei der im pflichtgemäßen Ermessen der Staatsanwaltschaft liegenden Entscheidung über eine Aufnahme des Verfahrens sei zu berücksichtigen, daß mit der geplanten Aufhebung des § 1595 a BGB die Mitwirkung der Staatsanwaltschaft in familienrechtlichen Verfahren weiter eingeschränkt werden solle.

Die Vorinstanzen haben die Klage abgewiesen. Der BGH hat auf die vom OLG zugelassene Revision das Berufungsurteil aufgehoben und die Sache an das OLG zurückverwiesen.

Gründe:

„Das Berufungsgericht hat es dahingestellt sein lassen, ob die von der Rechtsprechung entwickelten Voraussetzungen, unter denen einem sowjetzonalen Scheidungsurteil im Gebiet der Bundesrepublik Deutschland die Anerkennung zu versagen ist, hier gegeben sind. Gestützt auf das BGHZ 34, 134[1] veröffentlichte Urteil des erkennenden Senats hat das Berufungsgericht ausgeführt, daß der in der Bundesrepublik ansässige geschiedene Ehegatte, der sich durch das sowjetzonale Urteil in seinen rechtlich geschützten Belangen verletzt glaube, im eigenen und allgemeinen staatlichen Interesse nach Klärung seiner familienrechtlichen Verhältnisse alsbald nach Bekanntwerden des Urteils Klage auf Feststellung des Bestehens der Ehe erheben müsse. Wenn das nicht geschehe, stehe unwiderlegbar fest, daß das Urteil ihn nicht benachteiligt habe und sonach — sofern es nicht gegen die guten Sitten oder den Zweck eines deutschen Gesetzes verstoße und aus diesem Grunde von dem Staatsanwalt entsprechend § 24 EheG und § 1595a BGB erfolgreich angefochten werde — auch in der Bundesrepublik voll wirksam sei. Das Beru-

[1] IzRspr. 1960—1961 Nr. 178 a.

fungsgericht hat ausgeführt, daß die Kl. die vorliegende Klage nicht alsbald und innerhalb angemessener Frist erhoben habe. Die Frist für die Klage habe zwar noch nicht an dem Tag zu laufen begonnen, an dem sie von dem Scheidungsurteil des Kreisgerichts L. Kenntnis erhalten habe, sondern erst an dem Tage, an dem ihr bekannt geworden sei, daß das Scheidungsverfahren in L. durch ein rechtskräftiges Urteil beendet sei. Nach Zustellung des Urteils des Kreisgerichts habe sie zunächst noch ihre Rechtsanwälte beauftragt, ein Armenrechtsgesuch beim Berufungsgericht einzureichen, und sie habe, nachdem ihr das Armenrecht versagt worden sei, noch einen Auftrag erteilt, Berufung einzulegen. Sie habe daher zunächst noch mit der Möglichkeit rechnen dürfen, daß die Scheidungsklage durch das Berufungsgericht abgewiesen werde. Von der Rechtskraft des Urteils des Kreisgerichts und der Beendigung des Scheidungsverfahrens vor den sowjetzonalen Gerichten habe sie erst durch das Schreiben ihrer L.er Anwälte vom 23. 9. 1958 Kenntnis erlangt. Hierin sei ihr mitgeteilt worden, daß kein Rechtsmittel eingelegt worden sei.

Vom Tage des Bekanntwerdens dieses Schreibens stehe der Kl. keine Jahresfrist für die Erhebung ihrer Feststellungsklage zur Verfügung. Es müsse vielmehr nach den besonderen Verhältnissen des Einzelfalles entschieden werden, ob die Kl. der Pflicht, die Klage alsbald zu erheben genügt habe. Das habe sie nicht getan. Sie habe ihre mit einem Armenrechtsgesuch verbundene Klage mehr als 10 Monate nach dem Tage erhoben, an dem sie von dem rechtskräftigen Verfahrensschluß Kenntnis erlangt habe. Mit der für die Wahrung einer Klagefrist allein maßgeblichen Klageerhebung habe sie sich aber noch viel mehr Zeit gelassen. Erst 8 Monate nachdem ihr das erbetene Armenrecht wegen Aussichtslosigkeit der Rechtsverfolgung versagt worden sei, habe sie gegen diesen Beschluß Beschwerde eingelegt. Erst am 2. 5. 1961 habe sie den Gerichtsgebührenvorschuß bezahlt. Die Klage gelte erst als am 27. 6. 1961 erhoben, da sie formell nicht zugestellt worden sei und der Bekl. sich in diesem Termin, ohne die mangelnde Zustellung zu rügen, auf die Klage eingelassen habe.

Die Kl. könne sich nicht darauf berufen, daß infolge eines Verschuldens ihres Prozeßbevollmächtigten die Klage nicht früher erhoben worden sei. Denn für dessen Verschulden habe sie nach allgemeinen Rechts- und Verfahrensgrundsätzen einzustehen.

Die von der Revision hiergegen vorgebrachten Rügen sind im Ergebnis begründet.

Die Ansicht der Revision, die Kl. könne unbefristet jederzeit geltend machen, daß das sowjetzonale Ehescheidungsurteil in der Bundesrepublik nicht wirksam sei, da es gegen den Zweck eines deutschen Gesetzes und die guten Sitten verstoße, ist nicht richtig. Der erkennende Senat hat in dem BGHZ 34, 134, 149 veröffentlichten Urteil ausgeführt, daß dann, wenn die Partei die Klage auf Feststellung des Bestehens ihrer Ehe nicht in angemessener Frist erhoben habe, nur noch der Staatsanwalt diese Klage erheben könne mit der Behauptung, daß das sowjetzonale Urteil gegen den Zweck eines deutschen Gesetzes oder die guten Sitten verstoße. Entgegen der Ansicht der Revision und der des Generalstaatsanwalts bei dem OLG Neustadt hat der Staatsanwalt diese Befugnis auch jetzt noch. Sie ist nicht deswegen erloschen, weil das FamRÄndG vom 11. 8. 1961 § 1595a BGB geändert und der Staatsanwaltschaft das Recht genommen hat, die Ehelichkeit eines Kindes durch Klage anzufechten. Der erkennende Senat hat bei Erlaß des oben angeführten Urteils bereits berücksichtigt, daß § 1595a BGB in Zukunft in der hier angeführten Weise geändert werden sollte. Er hat dennoch entschieden, daß der Staatsanwalt die Klage auf Feststellung des Bestehens der Ehe erheben könne. Diese Befugnis hat der Senat nicht aus dem dem § 1595a a. F. BGB zugrunde liegenden Rechtsgedanken entnommen, sondern daraus, daß der Staatsanwalt nach den Bestimmungen der §§ 607, 634 ZPO und des § 24 EheG in Ehesachen im öffentlichen Interesse mitwirken kann. Seine Aufgabe ist es nach § 607 III ZPO, dafür zu sorgen, daß Ehen nicht geschieden werden, wenn in Wahrheit kein Scheidungsgrund besteht. § 24 EheG gibt ihm die Befugnis, die Nichtigkeitsklage zu erheben, damit er das sittliche Ärgernis, das durch eine Doppelehe geschaffen wird, im allgemeinen öffentlichen Interesse beseitigen kann. Die rechtlichen Erwägungen, die diesen Bestimmungen zugrunde liegen, rechtfertigen es, dem Staatsanwalt das Recht zu geben, die Klagen der hier genannten Art zu erheben. Denn dadurch soll vermieden werden, daß eine Ehe auf dem Gebiet der Bundesrepublik im Widerspruch zu den Zwecken unserer Gesetzgebung und zu den guten Sitten geschieden wird, oder daß hier Doppelehen geführt werden.

Der erkennende Senat hat in seinem BGHZ 34, 134 ff. veröffentlichten Urteil ausgeführt, niemand könne sich auf die Unwirksamkeit eines Ehescheidungsurteils eines sowjetzonalen Gerichts in der Bundesrepublik berufen, solange nicht in Widerspruch zu diesem Urteil durch ein rechtskräftiges Urteil eines Gerichts der Bundesrepublik im Verfahren nach § 606 ff. ZPO das Bestehen der Ehe festgestellt sei. In erster Linie sei es Sache der in der Bundesrepublik ansässigen Partei, alsbald nachdem ihr das ihre Ehe scheidende Urteil des sowjetzonalen Gerichts zugestellt worden sei, vor dem zuständigen Gericht eine Klage auf Feststellung des Bestehens ihrer Ehe zu erheben, wenn sie geltend machen wolle, daß das Urteil ihre durch das Recht der Bundesrepublik geschützten Belange verletze und daß ihre Ehe noch bestehe. Wenn sie eine solche Klage nicht in angemessener Zeit erhebe, stehe unwiderlegbar fest, daß sie durch das Urteil nicht benachteiligt sei und daß das Urteil, sofern es nicht gegen die guten Sitten oder den Zweck eines deutschen Gesetzes verstoße, auch in der Bundesrepublik wirksam sei. Bei der Entscheidung der Frage, ob die Klage in angemessener Frist erhoben sei, seien alle Umstände, insbesondere auch die etwa seit dem Erlaß des Urteils eingetretenen neuen Verhältnisse zu berücksichtigen.

Grundsätzlich müsse der Ehegatte die Klage alsbald erheben, nachdem ihm das seine Ehe scheidende Urteil bekannt geworden sei. Er müsse darauf dringen, daß sein familienrechtlicher Status, der durch das sowjetzonale Scheidungsurteil zweifelhaft geworden sei, so schnell wie möglich geklärt werde. Versäume er dieses, dann begebe er sich des Schutzes, den die Gesetze der Bundesrepublik ihm insoweit gewährten. Er müsse dann hinnehmen, daß seine Ehe auch auf dem Staatsgebiet der Bundesrepublik durch das Urteil des sowjetzonalen Gerichts aufgelöst sei.

Dieses Urteil ist erst im Mai 1961 durch die Veröffentlichung in der NJW bekannt geworden. Daraus folgt indes nicht, daß die darin enthaltenen Rechtssätze für die Entscheidung der Frage, ob die Kl. ihre Klage rechtzeitig erhoben hat, nicht gelten. Mit dem BGHZ 34, 134 veröffentlichten Urteil hat der Senat nicht seine frühere Rechtsprechung aufgegeben. Er hat nicht denselben Sachverhalt anders als in den vorangegangenen Urteilen entschieden. Es handelt sich nicht darum, daß in Fortbildung des Rechts *im Gegensatz* zu dem bisherigen Rechtszustand eine Frist neu eingeführt worden ist. Der erkennende Senat hat vielmehr in seinem Urteil ausgeführt, daß durch das Inkrafttreten der sowjetzonalen EheVO andere Verhältnisse eingetreten seien, die zu einer neuen rechtlichen Beurteilung führen müßten. Während vor dem Inkrafttreten dieser VO in der Bundesrepublik Deutschland und in der sowjet. Besatzungszone materiell dasselbe Ehescheidungsrecht galt, gilt jetzt in beiden Teilen Deutschlands ein verschiedenes Recht. Vor dem Inkrafttreten der EhescheidungsVO waren die Fälle, in denen abweichende Entscheidungen über Ehescheidungsklagen möglich waren, verhältnismäßig selten. Es konnte hingenommen werden, daß wegen der Sachentscheidung als solcher die Anerkennung eines sowjetzonalen Ehescheidungsurteils nur versagt wurde, wenn das Urteil gegen die guten Sitten oder den Zweck eines deutschen Gesetzes verstieß.

Nachdem in der sowjet. Besatzungszone ein anderes Ehescheidungsrecht eingeführt worden ist, sind abweichende Entscheidungen in sehr viel mehr Fällen möglich, und nun bot auch die entsprechende Anwendung des § 328 I Nr. 4 ZPO allein keinen genügenden Schutz mehr für die in der Bundesrepublik ansässige Partei. Es war vielmehr geboten, ihr aus dem Rechtsgedanken des § 328 I Nr. 3 ZPO einen weiterreichenden Schutz zu gewähren. Dabei mußte auf der anderen Seite auch das allgemeine Interesse berücksichtigt werden. Das Zusammenleben in der Gesellschaft erfordert, daß möglichst keine Zweifel über den familienrechtlichen Status eines Menschen aufkommen und daß auf die Rechtsgültigkeit von Entscheidungen deutscher, auch sowjetzonaler Gerichte in Statussachen vertraut werden kann. Deswegen verlangt das Recht von der in der Bundesrepublik Deutschland ansässigen Partei, die vor den ihr nachteiligen Rechtsfolgen des Scheidungsurteils eines sowjetzonalen Gerichts geschützt werden will, daß sie alsbald, nachdem sie von der Rechtskraft dieses Urteils Kenntnis erlangt hat, diesen Schutz durch eine

Klage vor einem Gericht der Bundesrepublik in Anspruch nimmt.

Für die Erhebung der Klage gibt es keine bestimmte Frist. Insbesondere ist die in der Bundesrepublik Deutschland ansässige Partei nicht ohne weiteres berechtigt, ein Jahr zu warten, bis sie diese Klage erhebt. Ihr Recht kann bereits wesentlich früher erloschen sein. Andererseits kann eine Klage, die erst erhoben wird, nachdem dieses Jahr verstrichen ist, noch rechtzeitig sein.

Wie der erkennende Senat in seinem BGHZ 34, 134 veröffentlichten Urteil ausgeführt hat, sind bei der Entscheidung der Frage, ob die Klage in angemessener Frist erhoben ist, alle Umstände, insbesondere auch die etwa seit dem Erlaß des Urteils eingetretenen neuen Verhältnisse zu berücksichtigen (aaO 148). Diesem Gedanken hat das Berufungsgericht nicht genügend Rechnung getragen. Für die jetzt vom Revisionsgericht zu treffende Entscheidung muß entsprechend den Behauptungen der Kl. unterstellt werden, daß das Urteil des Kreisgerichts L., durch das die Ehe der Kl. geschieden worden ist, auf dem Gebiete der Bundesrepublik Deutschland unwirksam ist und daß der Kl. durch dieses Urteil Unrecht geschehen ist.

Bei den Umständen, die bei der Entscheidung der Frage, ob die Kl. ihre Klage rechtzeitig erhoben hat, zu berücksichtigen sind, muß auch beachtet werden, daß sie der Auffassung war, der Bekl. habe die Zuständigkeit des Kreisgerichts L. erschlichen. Angesichts der damaligen Rechtsprechung der Gerichte der Bundesrepublik konnte die rechtsunkundige Kl. davon ausgehen, daß sie diese Tatsache mit einer Klage auf Feststellung des Bestehens ihrer Ehe unbefristet so lange geltend machen konnte, bis sie das Recht, eine solche Klage zu erheben, verwirkt hatte. Angesichts des für die Revisionsinstanz zu unterstellenden arglistigen Verhaltens des Kl. bei der Erhebung seiner Scheidungsklage in L. kann eine derartige Verwirkung des Klagrechts nicht angenommen werden.

Unter diesen Umständen brauchte die Kl. nicht sofort, nachdem sie von der Rechtskraft des Urteils des Kreisgerichts L. Kenntnis erlangt hatte, vor einem Gericht der Bundesrepublik auf Feststellung des Fortbestands ihrer Ehe zu klagen. Sie konnte sich den Entschluß darüber, ob sie eine solche Klage erheben wollte, vorbehalten. Es war noch rechtzeitig, wenn sie diesen Entschluß sofort faßte, nachdem ihr bekannt geworden war, daß der Bekl. eine neue Ehe eingehen wollte. Nunmehr durfte sie mit der Klage grundsätzlich nicht länger warten. Sie hat allerdings das von ihr durch die Einreichung der Klage am 5. 8. 1958 in Gang gesetzte Verfahren nur sehr saumselig und nachlässig betrieben. Gegen den Beschluß des LG, durch den ihr das Armenrecht versagt worden war, hat sie zunächst kein Rechtsmittel eingelegt. Fast acht Monate hat sie verstreichen lassen, ehe sie eine Beschwerde einlegte. Sie hat die Beschwerde eingelegt, obwohl ihr mindestens zweifelhaft sein mußte, ob das Gericht bei ihrem Einkommen anerkennen würde, daß sie außerstande sei, die Prozeßkosten zu tragen. Dann hat sie, trotz wiederholter Erinnerung, zwei Monate verstreichen lassen, ehe sie das angeforderte Zeugnis zur Erlangung des Armenrechts einreichte. Schließlich hat sie den Prozeßkostenvorschuß erst am 2. 5. 1961 eingezahlt, obwohl sie das Gesuch um Bewilligung der Kostenbefreiung bereits am 10. 4. 1961 zurückgenommen hatte. Unter diesen Umständen trifft sie ein erhebliches Verschulden daran, daß ihre Klage erst am 27. 6. 1961 rechtshängig geworden ist.

Dennoch kann wegen dieser Säumnis allein ihre Klage nicht als verspätet angesehen werden. Es ist zu berücksichtigen, daß der Kl. bei den von ihr behaupteten und hier für die Revisionsinstanz zu unterstellenden Umständen durch den Bekl. ein schweres Unrecht zugefügt worden ist. Dieses Unrecht würde endgültig besiegelt, wenn ihre Klage abgewiesen würde. Die Säumnis der Kl. allein kann eine solche Folge nicht rechtfertigen. Da das oben erwähnte Urteil des Senats damals noch nicht bekannt war, konnte die Kl. nicht wissen, daß ihr aus ihrer Saumseligkeit ein so schwerer Nachteil erwachsen könnte. Ihre Klage kann daher auch nach Maßgabe der Rechtssätze, die in dem eben angeführten Urteil niedergelegt sind, nur als verspätet abgewiesen werden, wenn seit dem Zeitpunkt, zu dem das Urteil des Kreisgerichts L. rechtskräftig geworden ist, die Verhältnisse der Parteien sich in solcher Weise verändert haben, daß jetzt im allgemeinen Interesse die Scheidung der Ehe der Kl. durch das Kreisgericht L. hingenommen werden muß. Die Kl. hat ihre Klage erst im August 1959 eingereicht. Sie hat dann, nachdem ihr das Armenrecht durch Beschluß vom 30. 3. 1960 versagt worden war, das Verfahren erst im Mai 1961 weiter betrieben. Daß sie den das Armenrecht versagenden Beschluß am 1. 12. 1960 mit einer Beschwerde angefochten hat, kann ihr nicht zugute gehalten werden. Denn diese Beschwerde hat sie in der zutreffenden Erkenntnis zurückgenommen, daß ihr das Armenrecht mangels Armut nicht erteilt werden würde. Mit Rücksicht auf diese Umstände könnte die Kl. es hinnehmen müssen, daß ihre Ehe durch das Urteil des Kreisgerichts L. geschieden worden ist, wenn der Bekl. dadurch, daß sie ihre Klage erst so spät eingereicht und das Verfahren so saumselig betrieben hat, in den Glauben versetzt worden ist, sie werde das sowjetzonale Scheidungsurteil hinnehmen und wenn er, während er dieses annehmen konnte, eine neue Ehe geschlossen haben sollte. Dasselbe würde gelten, wenn während dieser Zeit Umstände eingetreten sein sollten, die ihn sittlich verpflichten, eine neue Ehe einzugehen. Liegen diese Voraussetzungen nicht vor, dann könnte die Klage selbst dann Erfolg haben, wenn der Bekl. eine neue Ehe zu einer Zeit eingegangen sein sollte, zu der er noch nicht oder nicht mehr damit rechnen konnte, die Kl. werde es bei dem Urteil des Kreisgerichts L. bewenden lassen. Anders wäre es wiederum, wenn die neue Ehe, die der Bekl. vielleicht während dieser Zeit geschlossen hat, dann später in einer Zeit, als er wiederum glauben konnte, die Kl. werde es jetzt bei dem Urteil des Kreisgerichts bewenden lassen, sich so entwickelt haben sollte, daß es jetzt nicht mehr als gerechtfertigt empfunden werden könnte, sie mit Rücksicht auf die erste Ehe des Bekl. in ihrem Bestand zu gefährden. Das könnte der Fall sein, wenn aus einer etwa eingegangenen zweiten Ehe des Bekl. ein Kind hervorgegangen wäre. In diesen Fällen hätte die Saumseligkeit der Kl. ein solches Gewicht, daß sie dadurch den Anspruch auf einen Schutz gegenüber dem ihr etwa durch das Urteil des Kreisgerichts L. zugefügten Unrecht verloren haben würde.

Da die bisher getroffenen Feststellungen des Berufungsgerichts die Abweisung der Klage nicht rechtfertigen, mußte das angefochtene Urteil aufgehoben und der Rechtsstreit an das Berufungsgericht zurückverwiesen werden."

130. Das Scheidungsurteil eines sowjetzonalen Gerichts ist im Bundesgebiet grundsätzlich anzuerkennen, wenn nicht ein westdeutsches Gericht festgestellt hat, daß die Ehe der Parteien noch besteht. — Die Anerkennung sowjetzonaler Scheidungsurteile richtet sich nach dem entsprechend anwendbaren § 328 ZPO. — Sowjetzonale Gerichte sind für die Scheidung einer Ehe zuständig, wenn die Klage am Wohnsitz des beklagten Ehegatten, der zugleich der letzte gemeinsame gewöhnliche Aufenthalt ist, erhoben wird. — Gegen die guten Sitten verstößt ein sowjetzonales Scheidungsurteil, wenn ein westdeutsches Gericht auf Grund derselben Umstände kurz zuvor die Scheidungsklage des im Bundesgebiet lebenden klagenden Ehegatten abgewiesen hatte.

OLG Stuttgart, Beschl. v. 17. 5. 1963 — 2 W 12/63: FamRZ 1963, 444; DRspr. I (181) 64b; Leitsatz in DRiZ 1963 B 115 Nr. 1591.

Die Parteien haben Ende 1939 in D. (jetzt: sowjet.) die Ehe geschlossen, aus der ein 1946 geborenes Kind hervorgegangen ist. Der letzte gemeinsame eheliche Wohnsitz war R., Kreis D.

Der Bekl. war von Mitte 1946 bis Mitte 1954 in der Sowjetzone aus politischen Gründen inhaftiert. Nach seiner Entlassung kehrte er zunächst zur Kl. zurück und siedelte dann im Mai 1955 allein in das Bundesgebiet über. Die Kl. blieb mit dem Kind in R. und lebt dort auch heute noch.

Im Januar 1958 erhob der Bekl. beim LG S. (Bundesgebiet) Scheidungsklage. Diese wurde abgewiesen. Seine Berufung war erfolglos. Kurz nach Zurückweisung der Berufung hat der Bekl. beim Kreisgericht D. Scheidungsklage erhoben. Das Kreisgericht hat die Ehe im August 1962 gemäß § 8 EheVO ohne Schuldausspruch geschieden. Der Bekl. hat im Januar 1963 eine neue Ehe geschlossen.

Die Kl. hatte zuvor beim LG T. (Bundesgebiet) das Armenrecht für eine Klage auf Feststellung erbeten, daß ihre Ehe noch bestehe. Das LG hat das Armenrecht wegen mangelnder Aussicht auf Erfolg abgelehnt. Auf die Beschwerde hat das OLG der Kl. das Armenrecht bewilligt.

Aus den Gründen:

„Der BGH hat schon wiederholt ausgesprochen, daß die von den Gerichten der Sowjetzone gefällten Urteile solche einer deutschen Gerichtsbarkeit sind und daher grundsätzlich auch im Gebiet der Bundesrepublik wirksam sind (vgl. BGHZ 20, 323[1]; 30, 1[2]; 34, 134[3]).

---

[1] IzRspr. 1954—1957 Nr. 322. [2] IzRspr. 1958—1959 Nr. 179.
[3] IzRspr. 1960—1961 Nr. 178 a.

Dementsprechend kann die Unwirksamkeit eines Urteiles eines sowjetzonalen Gerichts in der Bundesrepublik erst geltend gemacht werden, wenn durch Urteil eines Gerichts der Bundesrepublik im Verfahren nach §§ 606 ff. ZPO festgestellt ist, daß die Ehe der Parteien noch besteht (BGHZ 34, 134[3]). Zur Beurteilung der Frage, unter welchen Voraussetzungen Scheidungsurteile der Sowjetzone anzuerkennen sind, ist von der analogen Anwendung des § 328 ZPO auszugehen (vgl. BGHZ 20, 323[1]; 30, 1[2]; 34, 134[3]; BGH, NJW 1963, 153[4]).

Bei Anwendung dieser Grundsätze kann das Urteil des Kreisgerichts D. vom 24. 8. 1962 deshalb nicht anerkannt werden, weil ein Verstoß gegen § 328 I Ziff. 4 ZPO vorliegt. Nach dieser Bestimmung ist die Anerkennung zu versagen, wenn die Anerkennung des Urteiles gegen die guten Sitten oder gegen den Zweck eines deutschen Gesetzes verstoßen würde.

Zwar ist davon auszugehen, daß für die Scheidung der Ehe der Parteien neben der Gerichtsbarkeit der Bundesrepublik auch die Gerichtsbarkeit der sowjetzonalen Gerichte gegeben war, da der damalige Kl. (jetzige Bekl.) seinen Wohnsitz oder gewöhnlichen Aufenthaltsort im Gebiet der Bundesrepublik hatte, die bekl. Ehefrau (jetzige Kl.) dagegen noch in der Sowjetzone am Ort des letzten gemeinsamen gewöhnlichen Aufenthalts ansässig ist. Ein Verstoß gegen die guten Sitten oder den Zweck eines deutschen Gesetzes liegt dann vor, wenn die in dem Urteil ausgesprochene Rechtsfolge als solche unsittlich ist oder einer zwingenden deutschen Rechtsnorm zuwiderläuft. Dabei genügt es, daß gegen solche Rechtsgrundsätze verstoßen wird, die nach der Rechtsauffassung der Bundesrepublik als wesentlich angesehen werden, wobei es gleichgültig ist, ob es sich um Verstöße gegen das materielle oder gegen das Verfahrensrecht handelt. Zu den grundlegenden Verfahrensvorschriften der Bundesrepublik gehört auch der Verstoß gegen ein früheres rechtskräftiges Urteil (vgl. RG, JW 1915, 1264 Nr. 9; RGZ 157, 138; *Wieczorek*, [ZPO] Anm. E IV b 2 zu § 328 ZPO; *Stein-Jonas-Schönke*, [ZPO] Anm. III 4 und VII 2 b zu § 328 ZPO). Es verstößt gegen die in der Bundesrepublik herrschenden sittlichen Anschauungen, wenn ein deutscher und in der Bundesrepublik wohnhafter Ehegatte unter Mißachtung der hier geltenden Gesetze die für die Ehescheidung auch in der Sowjetzone gegebene Gerichtsbarkeit dazu ausnützt, um eine Scheidung herbeizuführen, die ihm nach den für ihn maßgebenden Gesetzen der Bundesrepublik versagt ist. Einer neuen Klage auf Scheidung in der Bundesrepublik wäre dem Bekl. die Rechtskraft der hier ergangenen Urteile entgegengestanden (§§ 322, 616 ZPO). Neue Tatsachen, die das Scheidungsverlangen des Bekl. hätten rechtfertigen können, hat er in dem Rechtsstreit vor dem Kreisgericht D. ersichtlich nicht vorgebracht und konnte er nicht vor-

[4] Siehe oben Nr. 125.

bringen. Das Kreisgericht D. hat zwar in seinem Urteil ausgeführt, daß die abweisenden Scheidungsurteile des LG und OLG S. für die Parteien, besonders für die damalige Bekl. hätten Veranlassung sein müssen, wieder geordnete Verhältnisse in der Ehe der Parteien herzustellen, die (damalige) Bekl. habe aber diese Angelegenheit gleichgültig behandelt. Dieser Umstand allein konnte nicht als neue Tatsache angesehen werden und war nicht geeignet, § 616 ZPO auszuschließen. Der Bekl. versuchte bewußt, die Rechtskraft der Urteile des LG und OLG S. zu umgehen, indem er sich kurz danach mit seiner Scheidungsklage an das sowjetzonale Gericht wandte. Dafür spricht auch, daß er bereits während der Durchführung der Berufung vor dem OLG S. die Rücknahme seiner damaligen Klage erklärte, die aber wirkungslos blieb, weil die Ehefrau ihr Einverständnis hierzu versagte."

131. Das Scheidungsurteil eines sowjetzonalen Gerichts ist im Bundesgebiet grundsätzlich anzuerkennen; die Anerkennung hängt nicht davon ab, daß das für die Anerkennung ausländischer Eheurteile vorgesehene Verfahren eingehalten ist. — Zur Bindung eines westdeutschen Gerichts an das Scheidungsurteil eines sowjetzonalen Gerichts gemäß § 616 ZPO. — Durch die Flucht eines Ehegatten aus der Sowjetzone in das Bundesgebiet wird die häusliche Gemeinschaft der Eheleute nicht aufgehoben.

OLG Schleswig, Urt. v. 27. 9. 1963 — 5 U 66/63: SchlHA 1964, 104.

Die Parteien haben 1933 die Ehe geschlossen, aus der eine 1940 geborene Tochter hervorgegangen ist. Der Kl. leistete seit 1939 Kriegsdienst und kehrte 1948 aus der Kriegsgefangenschaft zu der Bekl. zurück, die damals in B. (sowjet.) lebte. Anschließend ging der Kl. bis 1953 nach G. (sowjet.), wo er eine Dienstverpflichtung hatte.

Im März 1953 siedelte der Kl. in das Bundesgebiet über. Im April 1957 verzog auch die Bekl. mit der Tochter der Parteien in das Bundesgebiet. In den Jahren 1956—1958 führten die Parteien mehrere gerichtliche Verfahren gegeneinander. Die Bekl. erhob zweimal Klage auf Wiederherstellung der ehelichen Lebensgemeinschaft und ferner auf Unterhalt für sich und ihre Tochter. Der Bekl. erhob im Frühjahr 1957 bei dem Kreisgericht R. (sowjet.) Scheidungsklage; das Kreisgericht wies die Klage jedoch ab; auch die Berufung des Kl. wurde durch Urteil des Bezirksgerichts R. vom 20. 3. 1958 zurückgewiesen.

Der Kl. hat Klage auf Scheidung der Ehe nach § 48 EheG erhoben. Das LG hat die Klage abgewiesen, das OLG die Berufung zurückgewiesen.

Aus den Gründen:

„Das Scheidungsbegehren des Kl. ist zu Recht vom LG abgewiesen worden.

Das Scheidungsbegehren scheitert nicht schon deshalb, weil es bereits im Jahre 1958, durch das Urteil des Bezirksgerichts R. vom 20. 3. 1958, rechtskräftig abgewiesen worden ist. Nach § 616 ZPO kann ein Kl., der mit der Scheidungsklage abgewiesen worden ist, das

Recht, die Scheidung zu verlangen, nicht mehr auf Tatsachen gründen, die er in dem früheren Rechtsstreit geltend gemacht hat oder hätte geltend machen können. Das Scheidungsurteil eines sowjetzonalen Gerichts ist, verfahrensrechtlich gesehen, ‚inländisches' Urteil, so daß für seine Anerkennung im Grundsatz nicht die für ausländische Urteile gültigen Schranken des § 328 ZPO und auch nicht die Vorschrift des Art. 7 § 1 FamRÄndG gilt, wonach es in Ehesachen für die Anerkennung einer ausländischen Entscheidung der vorherigen Feststellung der Anerkennungsvoraussetzungen durch die Landesjustizverwaltung bedarf (vgl. *Baumbach-Lauterbach,* [ZPO] Vorbem. zu § 328 ZPO). Es ist daher im Grundsatz auch für den vorliegenden Fall zu prüfen, inwieweit durch das genannte Urteil des Bezirksgerichts R. nach §§ 322, 616 ZPO innere Rechtskraft geschaffen worden ist. Doch ist das Ergebnis solcher Prüfung negativ. Dem R.er Urteil kommt für den vorliegenden Rechtsstreit eine Bindungswirkung nicht zu. Das ihm zugrunde liegende materielle Ehescheidungsrecht der Sowjetzone ist allzu verschieden von dem der Bundesrepublik Deutschland, und der Vortrag des Kl. ist auch so geartet, daß im Ergebnis die Bindungswirkung des früheren Urteils, selbst wenn dieses von einem Gericht der Bundesrepublik erlassen worden wäre, verneint werden muß.

Das für die Bundesrepublik Deutschland gültige sachliche Ehescheidungsrecht — das klar vom Eheaufhebungsrecht (§§ 28 ff. EheG) abgegrenzt ist — kennt Tatbestände der Scheidung wegen Verschuldens (§§ 42 f. EheG) und der Scheidung aus anderen Gründen (§§ 44 ff.). Das für den vorliegenden Fall einschlägige Ehescheidungsrecht ist gesetzt in § 48 I und II EheG. Nach Abs. 1 kann jeder Ehegatte die Scheidung begehren, wenn die häusliche Gemeinschaft der Ehegatten seit drei Jahren aufgehoben und wenn infolge einer tiefgreifenden, unheilbaren Zerrüttung des ehelichen Verhältnisses die Wiederherstellung einer dem Wesen der Ehe entsprechenden Lebensgemeinschaft nicht zu erwarten ist. Nach Abs. 2 der Vorschrift darf, wenn der die Scheidung begehrende Ehegatte die Zerrüttung ganz oder überwiegend verschuldet hat, die Ehe gegen den Widerspruch des anderen Ehegatten nicht geschieden werden, es sei denn, daß dem widersprechenden Ehegatten die Bindung an die Ehe und eine zumutbare Bereitschaft fehlen, die Ehe fortzusetzen. Das bundesrepublikanische Recht macht also, wenn wie im vorliegenden Fall minderjährige Kinder nicht mehr vorhanden sind, den Scheidungsanspruch zunächst nur abhängig von dreijähriger Trennung und Zerrüttung, also von einem zeitlichen und daneben von einem inneren Sachverhalt, der nur in der Person des Scheidungsklägers gegeben zu sein braucht. Erst wenn der beklagte Ehegatte von dem — allerdings recht scharfen — Instrument des Widerspruchs Gebrauch macht, ist zu prüfen, wer schuld ist an der Zerrüttung und ob, wenn die Schuld allein oder überwiegend den Kläger trifft, allgemeinere, auf den beklagten Ehegatten bezogene Gründe vorliegen, die den Widerspruch des beklagten Ehegatten stützen oder ihn zu Fall bringen. Demgegenüber unterscheidet das Ehescheidungsrecht der Sowjetzone nicht so scharf. Es unterscheidet nicht einmal die Scheidung wegen Verschuldens und die Scheidung aus anderen Gründen, sondern enthält nur eine einzige, die Eheaufhebung mitumfassende Norm, die allerdings unter dem Obersatz einer Präambel steht. Das ergibt die Verordnung des Minsterrats über Eheschließung und Eheauflösung (vom 24. 11. 1955, GBl. I 849). Nach deren Präambel ist in der Sowjetzone die Ehe ,eine für das Leben geschlossene Gemeinschaft zwischen Mann und Frau, die, gegründet auf Gleichberechtigung, gegenseitige Liebe und Achtung, der gemeinsamen Entwicklung der Ehegatten und der Erziehung der Kinder im Geiste der Demokratie, des Sozialismus, des Patriotismus und der Völkerfreundschaft dient.' ,Ehe und Familie stehen' — so heißt es dort weiter — ,unter dem besonderen Schutz der Verfassung. Die Arbeiter- und Bauernmacht der DDR schützt und festigt die Entwicklung einer gesunden Ehe und Familie. Ein leichtfertiges Verhalten zur Ehe widerspricht den moralischen Anschauungen der Werktätigen.' Auf die Scheidung selbst bezieht sich nur der § 8 dieser VO. Er lautet:

„Eine Ehe kann nur geschieden werden, wenn ernstliche Gründe hierfür vorliegen und wenn das Gericht durch eine eingehende Untersuchung festgestellt hat, daß die Ehe ihren Sinn für die Eheleute, für die Kinder und für die Gesellschaft verloren hat. Dabei hat das Gericht insbesondere zu prüfen, ob die Folgen der Scheidung für den anderen Teil eine unzumutbare Härte bedeuten und ob das Wohl der minderjährigen Kinder einer Scheidung entgegensteht.
Die eine Scheidung rechtfertigenden Umstände können auch vor der Eheschließung eingetreten sein."

Der frühere Ehescheidungsprozeß der Parteien ist auf der Grundlage dieser Vorschrift geführt worden. Sowohl das Kreisgericht R. als auch das Bezirksgericht R. haben in ihren Urteilen, wenn auch Überlegungen zu den Fragen der Zerrüttung und der Schuld einfließen, doch entscheidend darauf abgestellt, ob die Ehe ,ihren Sinn verloren' habe, und haben das wesentlich deshalb verneint, weil damals die Tochter der Parteien erst 17 Jahre alt war. Man kann also, wenn man den in den früheren Urteilsformeln enthaltenen Gedanken (vgl. *Baumbach-Lauterbach*, Anm. 2 A zu § 322 ZPO) unter Heranziehung der Entscheidungsgründe auslegt, nicht sagen, daß die damalige Entscheidung in den Bereich hineinreichte, über den jetzt zu entscheiden ist. Schon deshalb muß nach § 616 ZPO die Bindungswirkung des früheren Urteils verneint werden.

Darüber hinaus beschränken beide Parteien sich nicht darauf, altes Vorbringen zu wiederholen. Vielmehr werfen sie beide sich — der Kl. zur Stützung seiner Klage und zur Abwehr des Widerspruchs der Bekl., die Bekl. zur Begründung ihres Widerspruchs — Verhaltensweisen auch aus der Zeit nach dem früheren Scheidungsrechtsstreit vor. Sie tragen sowohl zur Frage der Klagvoraussetzungen (§ 48 I EheG) als auch zur Schuldfrage und zur Frage der Beachtlichkeit des Widerspruchs (§ 48 II EheG) neue Sachverhalte vor.

In solchen Fällen ist der Weg für die neue Prüfung offen. Die Entwicklung der Ehe in der früheren Zeit kann dann in den Grenzen, die sonst für Verfehlungen früherer Zeit gesetzt sind, unterstützend vorgetragen und gewürdigt werden. Das ergibt § 51 II EheG, der trotz seiner engen Fassung nach allgemeiner und richtiger Meinung (vgl. *Palandt,* [BGB] Anm. 3 zu § 51 EheG) doch auch für solche Verfehlungen gilt, die nach § 616 ZPO ausgeschlossen sind.

Ist im vorliegenden Fall der Senat zu der Auffassung gekommen, daß ohne Rücksicht auf das frühere klagabweisende Urteil die Gesamtentwicklung der Ehe der Parteien neu zu würdigen ist, so kommt er trotz dieses weitgesteckten Rahmens seiner Würdigung doch zu dem Ergebnis, daß auch jetzt das Scheidungsbegehren des Kl. nicht gerechtfertigt ist: Gegenüber der Klage, für die an sich die Voraussetzungen gegeben sind, greift der Widerspruch durch.

Die häusliche Gemeinschaft der Parteien ist seit mehr als drei Jahren aufgehoben. Das ergibt sich zwar nicht schon daraus, daß die Parteien seit 1948 unverändert räumlich voneinander getrennt leben. Trennung im Sinne von § 48 I EheG ist, ähnlich wie in § 50 I EheG, eine freiwillige und auf Dauer berechnete. Sie liegt dann nicht vor, wenn vorübergehendes Getrenntsein sich nach den bestehenden Lebensverhältnissen aus dem natürlichen und regelmäßigen Ablauf der Dinge ergibt und ohne Entfremdung vollzieht. Man braucht also ebenso wie den Kriegsdienst, die Kriegsgefangenschaft und die Dienstverpflichtung des Kl. nach G. auch seine Flucht nach dem Westen noch nicht als Trennung zu würdigen . . ."

132. Gegen ein Urteil, durch das der Fortbestand einer durch ein sowjetzonales Gericht geschiedenen Ehe festgestellt wird, findet die Revision nur statt, wenn sie in dem Urteil zugelassen worden ist. — Die Revision ist nicht entsprechend § 547 I ZPO ohne weiteres schon dann zulässig, wenn in den Urteilsgründen dargelegt ist, daß die Scheidung der Ehe im Bundesgebiet nach § 48 EheG nicht hätte erfolgen können.

BGH, Beschl. v. 30. 10. 1963 — IV ZR 37/63: FamRZ 1964, 37; LM Nr. 6 zu § 547 Abs. 1 ZPO; BGHWarn 1963 Nr. 235; NJW 1964, 249; JR 1964, 262; MDR 1964, 128; Leitsatz in DRiZ 1964 B 52 Nr. 749.

Gründe:

„Die von dem Bekl. eingelegte Revision war als unzulässig zu verwerfen. Die Kl. klagt auf Feststellung des Bestehens ihrer durch ein Gericht der Sowjetzone geschiedenen Ehe. Dabei handelt es sich um eine nichtvermögensrechtliche Streitigkeit. Nach § 546 ZPO findet die Revision in nichtvermögensrechtlichen Streitigkeiten nur statt, wenn das OLG sie in dem Urteil zugelassen hat. Das ist nicht geschehen. § 547 I ZPO kann auf den hier zu entscheidenden Fall nicht entsprechend angewendet werden. Nach dieser Vorschrift findet die Revision ohne Zulassung nur statt, insoweit es sich bei einem auf § 48 EheG gestützten Scheidungsbegehren darum handelt, ob der Widerspruch des anderen Ehegatten gegen die Scheidung der Ehe zu beachten ist. Gegenstand dieses Rechtsstreits ist keine Ehescheidung, sondern die Frage, ob die Ehe der Parteien noch besteht. Im Zusammenhang hiermit hat das Berufungsgericht unter anderem auch die Frage zu prüfen, ob die durch das sowjet. Gericht geschiedene Ehe in der Bundesrepublik nach § 48 EheG hätte geschieden werden können. Das ist eine andere Rechtsfrage als die, wegen der nach § 547 I ZPO allein die Revision ohne Zulassung statthaft ist. § 547 I ZPO kann in diesem Falle nicht entsprechend angewendet werden, denn durch eine solche entsprechende Anwendung würde dem Gesetz ein anderer und weiterer Umfang beigelegt werden, der ihm vom Gesetzgeber nicht gegeben werden sollte. Zudem hat das Berufungsgericht weiter festgestellt, daß auch das wohlverstandene Interesse der Kinder der Scheidung entgegengestanden hätte. In einem solchen Falle wäre auch dann, wenn eine Scheidung nach § 48 EheG begehrt worden wäre, die Revision nach § 547 I ZPO nicht zulässig (LM Nr. 2 zu § 547 Abs. 1 ZPO) . . "

133. **Der Unterhaltsanspruch nach Scheidung ist im interzonalen Recht nicht entsprechend Art. 17 EGBGB zu beurteilen. — Haben Ehegatten ihren letzten gemeinsamen gewöhnlichen Aufenthalt im Bundesgebiet gehabt und lebt die Ehefrau weiterhin im Bundesgebiet, so richten sich die Folgen der Scheidung auch dann nach westdeutschem Recht, wenn der Ehemann jetzt in der Sowjetzone lebt und die Ehefrau die von einem sowjetzonalen Gericht ausgesprochene Scheidung hinnehmen will. — Eine Ehefrau, die in dem Scheidungsverfahren vor einem sowjetzonalen Gericht keinen Antrag auf Unterhaltszahlung stellt, verzichtet dadurch nicht auf ihren Unterhaltsanspruch. — Der im Bundesgebiet lebende Ehegatte hat kein Rechtsschutzbedürfnis an einer Klage auf Feststellung der Schuld an der Scheidung, wenn sich das Verschulden des anderen Ehegatten eindeutig aus den Gründen des sowjetzonalen Scheidungsurteils ergibt.**

OLG Celle, Beschl. v. 7. 11. 1963 — 8 W 227/63: FamRZ 1964, 264; NdsRpfl. 1964, 40; Leitsätze in DRiZ 1964 B 76 Nr. 1005.

Gründe:

„. . . Das LG hat mit Recht ausgesprochen, daß für ein besonderes Schuldfeststellungsurteil, durch das das auf Scheidung lautende Urteil des Kreisgerichts G. vom 6. 11. 1962 ergänzt werden soll, kein Rechtsschutzbedürfnis besteht und deshalb die beabsichtigte Rechtsverfolgung keine hinreichende Aussicht auf Erfolg bietet (§ 114 ZPO).

Allerdings entfällt das Feststellungsinteresse entgegen der Ansicht des Bekl. nicht schon deshalb, weil die Kl. es versäumt hat, einen Antrag auf Unterhaltszahlung im Ehescheidungsprozeß zu stellen und deshalb nach § 13 III der sowjetzonalen EheVO vom

24. 11. 1955 (GBl. I 849) der Unterhaltsanspruch in anderer Weise nicht mehr geltend gemacht werden kann. Aus diesem Grunde wäre zwar eine im gegenwärtigen allgemeinen Gerichtsstand des Bekl. (§ 13 ZPO) erhobene Unterhaltsklage aussichtslos, weil die Gerichte der Sowjetzone nur das dort geltende Recht anwenden würden. Die Kl. hat dadurch jedoch ihren nach dem hier geltenden Recht bestehenden Unterhaltsanspruch nicht verloren. Art. 17 EGBGB findet auf interzonale Rechtsbeziehungen keine entsprechende Anwendung (BGHZ 34, 134 = NJW 1961, 874[1]; BGHZ 38, 1 = NJW 1963, 153[2]). Haben die Ehegatten wie hier ihren letzten gemeinsamen gewöhnlichen Aufenthalt im Gebiet der Bundesrepublik gehabt, so richten sich die Rechtsfolgen der Scheidung für die hier verbliebene Ehefrau auch dann nach westdeutschem Recht, wenn der Ehemann seinen Wohnsitz in die Sowjetzone verlegt und vor einem dortigen Gericht ein Scheidungsurteil erstritten hat, das die Ehefrau an sich hinnehmen will. Die Kl. hat auf ihren Unterhaltsanspruch auch nicht dadurch verzichtet, daß sie von der Möglichkeit, einen entsprechenden Antrag im Ehescheidungsprozeß zu stellen, keinen Gebrauch gemacht hat. Sie ist deshalb nicht gehindert, diesen Anspruch vor einem Gericht der Bundesrepublik geltend zu machen, sofern der Bekl. seinen Wohnsitz später wieder in das Bundesgebiet verlegt, unter Umständen auch schon jetzt in entsprechender Anwendung des § 23 ZPO (vgl. BGHZ 4, 62[3]). Sofern die Voraussetzungen dieser Vorschrift nicht erfüllt sind, könnte auch eine entsprechende Anwendung des kürzlich in Kraft getretenen § 23a ZPO, durch den ein neuer Hilfsgerichtsstand in Unterhaltssachen geschaffen worden ist, zu erwägen sein.

Der Unterhaltsanspruch nach § 58 EheG setzt freilich voraus, daß der Beklagte im Scheidungsurteil allein oder überwiegend für schuldig erklärt worden ist. Fehlt der Schuldausspruch in der Urteilsformel — wie es in sowjetzonalen Urteilen seit der EheVO vom 24. 11. 1955 der Fall ist —, so genügen die Entscheidungsgründe, falls sich aus ihnen eine alleinige oder überwiegende Schuld eindeutig feststellen läßt. Diese Auffassung wird in Rechtsprechung (RGZ 99, 80; OLG Hamburg, OLGRspr. 38, 251; LG Berlin, MDR 1962, 573[4]) und Schrifttum (*Soergel-Siebert,* [BGB] 9. Aufl., § 58 EheG Anm. 5; *Palandt,* [BGB] 22. Aufl., § 58 EheG Anm. 2; *Erman,* [BGB] 3. Aufl., § 58 EheG Anm. 3; *Hoffmann-Stephan,* EheG, § 58 Anm. 3 A) so einhellig vertreten, daß die Befürchtung der Kl., ein später mit ihrer Unterhaltsklage befaßtes Gericht könnte einen anderen Standpunkt einnehmen, unbegründet erscheint und allein nicht ausreichen kann, um ein Rechtsschutzinteresse für eine im Verfahren nach §§ 606 ff. ZPO zu erhebende Schuldfeststellungsklage zu begründen. Auch der BGH will, wie seine Ausführungen in BGHZ 34, 134 (152)[1] zeigen, ein Feststellungsinteresse nur bejahen, wenn

---

[1] IzRspr. 1960—1961 Nr. 178 a.
[2] Siehe oben Nr. 125.
[3] IzRspr. 1945—1953 Nr. 467.
[4] Siehe oben Nr. 14.

Zweifel an der Schuldfeststellung im Scheidungsurteil bestehen können. Solche Zweifel sind hier nicht begründet.

Das Kreisgericht G. hat in seinem Urteil irgendeine die Kl. belastende Feststellung nicht getroffen, vielmehr ausdrücklich erklärt, daß der gegen sie erhobene Vorwurf nicht bewiesen worden sei. Dagegen hat es das Verhalten des Bekl., der sich nach langjähriger Ehe einer anderen Frau zugewandt und die Kl. verlassen hat, als verwerflich bezeichnet. Es hat deshalb auch abschließend festgestellt, daß ‚die Auflösung der Ehe in der Hauptsache durch das Verhalten des Kl. (jetzigen Bekl.) herbeigeführt worden' sei und hat ihm deshalb auch abweichend von dem nach § 19 I Satz 1 EheVO geltenden Grundsatz der Kostenteilung nach Satz 2 dieser Vorschrift die gesamten Kosten des Rechtsstreits auferlegt. Die Entscheidungsgründe sind hiernach eindeutig; sie lassen für Zweifel am Verschulden des Bekl. und eine Schuldabwägung keinen Raum.

Zutreffend weist die Kl. allerdings darauf hin, daß sich nach BGHZ 34, 134 (152)[1] die Schuld nicht nur eindeutig, sondern auch vom schuldigen Teil unbestritten aus dem Scheidungsurteil ergeben müsse. Die Ausführungen des BGH dürfen jedoch nach Ansicht des Senats nicht so verstanden werden, daß es darauf ankommt, ob der für schuldig erklärte Teil seine Schuld im Scheidungsprozeß noch bestritten hat. Ausschlaggebend ist vielmehr sein späteres Verhalten. Enthält das Scheidungsurteil in seinen Gründen eine eindeutige Feststellung seiner alleinigen oder überwiegenden Schuld, so kann ein Rechtschutzbedürfnis für eine besondere Schuldfeststellungsklage allenfalls dann zu bejahen sein, wenn der für schuldig erklärte Teil weiterhin die Richtigkeit oder die Eindeutigkeit der ihn belastenden Feststellung bestreitet. Das ist hier nicht der Fall. Das LG hat in seinem Beschluß vom 12. 10. 1963 mit Recht ausgeführt, daß der Bekl. die Richtigkeit und Eindeutigkeit der gegen ihn getroffenen Schuldfeststellung nicht bestreitet, sondern lediglich geltend macht, die Kl. könne ihn — trotz seines Verschuldens an der Scheidung — nach dem hier anzuwendenden sowjetzonalen Recht nicht mehr auf Unterhalt in Anspruch nehmen ..."

134. Das Scheidungsurteil eines sowjetzonalen Gerichts, das auch das Sorgerecht für ein Kind regelt, ist im Bundesgebiet auch ohne besonderes Anerkennungsverfahren grundsätzlich anzuerkennen, wenn es nicht gegen den ordre public verstößt. — Zur Pflicht eines im Bundesgebiet lebenden Vaters, seinem bei der Mutter in der Sowjetzone wohnhaften Kinde Unterhalt in Form einer Geldrente zu leisten. — (Die Unterhaltspflicht des im Bundesgebiet lebenden Vaters gegenüber seinem in der Sowjetzone wohnhaften Kind richtet sich nach westdeutschem Recht.)

a) OLG Hamm, Urt. v. 9. 12. 1963 — 4 Ss 1089/63: FamRZ 1964, 582.

Der Angekl. ist durch das AG wegen fortgesetzter Verletzung der Unterhaltspflicht gemäß § 170 b StGB verurteilt worden. Der aus der Ukraine stammende Angekl. hatte 1954 in X. (Bundesgebiet) die Ehe geschlossen, aus der ein in demselben Jahr geborenes Kind hervorgegangen ist. Im Mai 1958 verließ die Ehefrau mit dem Kind den Angekl. und begab sich nach R. (sowjet.). Dort erhob sie eine Scheidungsklage. Das Kreisgericht L. (sowjet.) schied die Ehe, übertrug der Mutter das Sorgerecht für die Tochter und verurteilte den Angekl. zur Zahlung eines Unterhalts von monatlich 35 DM. Später wurde die Unterhaltsrente durch Urteil eines westdeutschen Gerichts auf 40 DM erhöht. Der Angekl. hat niemals Unterhalt geleistet, obwohl er nach Feststellung des LG dazu imstande gewesen wäre. Auf die Revision des Angekl. hat das OLG das Urteil des LG aufgehoben und die Sache an das LG zurückverwiesen.

Aus den Gründen:

„II. In sachlich-rechtlicher Hinsicht gibt das Urteil jedoch in verschiedenen Punkten zu rechtlichen Bedenken Anlaß. Voraussetzung für die Bestrafung des Angekl. nach § 170b StGB ist, daß der Angekl. verpflichtet war, den Unterhalt für das Kind in Form einer *Geldrente* zu zahlen. Diese Verpflichtung bejaht die Strafkammer trotz der Einlassung des Angekl., er sei bereit, den Unterhalt an seine Tochter zu gewähren, wenn diese in die Bundesrepublik zurückkehre. Sie begründet ihre Ansicht nur damit, daß die tatsächliche Abwesenheit des Kindes von ihm die Unterhaltszahlung in Geld erfordere. Dem kann jedoch in dieser allgemeinen Form nicht gefolgt werden. Zwar ist der Unterhalt normalerweise in Form einer Geldrente zu leisten (§ 1612 I BGB). Die Eltern können jedoch gemäß § 1612 II BGB bestimmen, in welcher Form sie ihren Kindern den Unterhalt gewähren wollen, insbesondere also auch bestimmen, daß der Unterhalt in natura zu leisten ist. Eine solche Erklärung ist durch rechtsgeschäftliche Willenserklärung gegenüber dem Bedürftigen, also hier dem Kinde, abzugeben (*Soergel-Siebert,* [BGB] 9. Aufl., zu § 1612 BGB Anm. 4b). Ob der Angekl. eine solche Erklärung seinem *Kinde* gegenüber abgegeben hat, ist in dem angefochtenen Urteil nicht dargetan. Hierfür könnte sprechen, daß der Angeklagte sich jetzt darauf beruft, den Unterhalt des Kindes leisten zu wollen, wenn dieses Kind zu ihm zurückkehre. Die Strafkammer wird daher zuerst einmal festzustellen haben, ob der Angekl. eine solche Erklärung dem Kinde gegenüber abgegeben hat. Hat er eine solche Erklärung dem Kinde gegenüber *nicht* abgegeben, dann ist er allerdings zur Leistung des Unterhalts in Form einer Geldrente verpflichtet. Aber selbst wenn der Angekl. eine solche Erklärung dem Kinde gegenüber abgegeben haben sollte, könnte sie evtl. unwirksam sein. Das wäre der Fall, wenn das Sorgerecht über das Kind *rechtswirksam* der Mutter übertragen worden wäre, da das Bestimmungsrecht des Angekl. nicht in das Recht des anderen Elternteils eingreifen darf, dem die Sorge für die Person und die Aufenthaltsbestimmung rechtmäßig zusteht (RGZ 74, 77; *Soergel-Siebert,* zu § 1612 Anm. 4). Nach den getroffenen Feststellungen ist nun zugleich mit dem Ehescheidungsurteil des Kreisgerichts L. vom 19. 6. 1959 das Sorgerecht über das Kind der Mutter übertragen worden. Grundsätzlich sind solche Entscheidungen eines Gerichts der SBZ auch ohne besonderes Anerkennungsverfahren im Gebiet der Bundesrepublik als wirksam anzusehen, es sei denn, daß ihnen im Einzelfall aus Gründen des ordre public die Anerkennung versagt werden muß (KG, FamRZ 1961, 126[1]; BGHZ 21, 306, 313[2]). Ob ein solcher Verstoß gegen den ordre public vorliegt, hat die Strafkammer jedenfalls bisher nicht geprüft. Allerdings würde auch unter der Voraussetzung, daß die Übertragung des Sorgerechts auf die Mutter gegen den ordre public verstoßen würde, das Bestimmungsrecht des Angekl. — wenn er es überhaupt ausgeübt hat — dann unverbindlich für das Kind sein, wenn es den Unterhalt nicht in der von dem Angekl. festgesetzten Art entgegennehmen kann, weil die Mutter es in der SBZ festhält. In diesem Falle wäre der Angekl. auf jeden Fall verpflichtet, den Unterhalt in Form einer Geldrente zu zahlen (BayObLGZ 1958, 13, 15 = FamRZ 1958, 141). Nur ausnahmsweise könnte der Angekl. in einem solchen Falle von der Unterhaltsleistung in Form einer Geldrente befreit sein, wenn er alles getan hat, was ihm vernünftigerweise zugemutet werden kann, um das unterhaltsberechtigte Kind in seine tatsächliche Gewalt zu bekommen (BayObLGZ aaO). Da die Strafkammer sich mit allen diesen Fragen nicht befaßt hat, mußte das Urteil schon aus diesem Grunde aufgehoben werden.

Es wird jedoch noch auf folgendes hingewiesen: ...

Unklar bleibt auch, für welchen Zeitraum die Strafkammer eine Unterhaltsentziehung angenommen hat. Aus den Urteilsgründen ergibt sich lediglich, daß sich die Ehefrau im Mai 1958 mit dem Kind in die SBZ begeben hat und daß der Angekl. seit der Trennung keinen Unterhalt gezahlt hat. Sollte die Strafkammer davon ausgegangen sein, daß eine Unterhaltspflichtverletzung seit Mai 1958 vorliegt, dann ergeben sich folgende rechtliche Bedenken:

a) Die Rechtslage vor dem 1. 7. 1958 war eine andere als in der Zeit seit dem 1. 7. 1958. Für den Zeitraum vom 1. 4. 1953 bis zum 1. 7. 1958 stand auf Grund des Art. 3 II GG i. V. m. Art. 117 GG die Unterhaltspflicht der Mutter jedenfalls dann gleichrangig neben der Verpflichtung des Vaters, wenn beide Elternteile ohne Gefährdung ihres eigenen standesmäßigen Unterhalts imstande waren, dem Kind den vollen Unterhalt zu gewähren (BGHSt 12, 185 ff.; OLG Hamm, JMBl. NRW 1957, 107). Leistete die Mutter in einem solchen Fall den Unterhalt allein, dann erfüllte sie damit ihre gesetzliche Pflicht und war nicht als eine ‚andere' im Sinne von § 170b StGB anzusehen.

Da das angefochtene Urteil für den hier maßgebenden Zeitraum von Mai 1958 bis zum 1. 7. 1958 keinerlei Angaben über die Einkünfte und Vermögensverhältnisse der Mutter und des Vaters macht, bei letzterem nur angibt, daß er zur Leistung des Unterhalts in der

---

[1] IzRspr. 1960—1961 Nr. 181. [2] IzRspr. 1954—1957 Nr. 368 b.

Lage gewesen sei, vermag der Senat schon aus diesem Grunde nicht zu überprüfen, ob die Strafkammer zu Recht von einer Unterhaltspflichtverletzung des Angekl. in diesem Zeitraum ausgegangen ist, da jedenfalls nicht feststeht, daß die Mutter ohne Gefährdung ihres eigenen standesmäßigen Unterhalts nicht in der Lage gewesen ist, den Unterhalt des Kindes *allein* zu bestreiten.

Für die Zeit seit dem 1. 7. 1958 gilt allerdings die Neufassung des § 1606 III BGB, wonach sich die Haftung der Eltern für den Unterhalt des Kindes anteilig nach ihren Erwerbs- und Vermögensverhältnissen bestimmt, wobei im Hinblick auf den sinngemäß anzuwendenden § 1360 BGB der Wert der Betreuung des Kindes durch die Mutter auf den von ihr zu leistenden Anteil in angemessener Weise anzurechnen ist (OLG Hamm, NJW 1960, 1632[3]; OLG Celle, NJW 1960, 833). Leistet die Mutter über ihre anteilsmäßige Verpflichtung hinaus, leistet sie also als ‚andere' im Sinne des § 170b StGB.

b) Einer Verletzung der Unterhaltspflicht kann sich nur derjenige schuldig gemacht haben, dem der Aufenthaltsort des Berechtigten, an den er zu zahlen hat, bekannt war. Der Unterhaltsverpflichtete ist nicht zur Hinterlegung der geschuldeten Beträge verpflichtet (OLG Hamm, NJW 1960, 1632[3]). Die Strafkammer wird daher, um den Umfang der Straftat feststellen zu können, ermitteln müssen, wann der Angekl. erfahren hat, wohin sich die Mutter und das Kind begeben haben."

Nach Zurückverweisung hat das LG den Angekl. erneut verurteilt.

b) LG Bielefeld, Urt. v. 4. 8. 1964 — 5 Ds 34/63: unveröffentlicht.

Aus den Gründen:

„Mit dieser Einlassung konnte der Angekl. nicht gehört werden: Er hat niemals dem Kinde gegenüber die Erklärung abgegeben, den Unterhalt in natura leisten zu wollen. Sie wäre zudem ohne Bedeutung, weil das Sorgerecht über das Kind rechtswirksam der Mutter übertragen worden ist und der Angekl. infolgedessen in deren Bestimmungsrecht über den Verbleib des Kindes in R., was eine Naturalleistung ausschließt, nicht eingreifen darf: Die Übertragung ist zugleich mit dem Ehescheidungsurteil des Kreisgerichts L. vom 19. 6. 1959 erfolgt. Die Entscheidung eines Gerichts der sowjet. Besatzungszone ist auch ohne besonderes Anerkennungsverfahren im Gebiet der Bundesrepublik als wirksam anzusehen, es sei denn, daß ihr aus Gründen des ordre public die Anerkennung zu versagen wäre. Das ist hier jedoch nicht der Fall; denn die Regelung der Sorge für Kinder aus geschiedenen Ehen durch Entscheidung des Prozeßgerichts ist auch anderen Rechten nicht unbekannt, und den Entscheidungen der Gerichte der sowjet. Zone kann interlokalrechtlich keine geringere Wirksamkeit zuerkannt werden als denen ausländischer Gerichte und Behörden (BGHZ 21, 313 Ziff. 3b, S. 314[4]). Die

[3] IzRspr. 1960—1961 Nr. 23.

[4] IzRspr. 1954—1957 Nr. 368 b.

öffentliche Ordnung schließt also die Anerkennung der erfolgten Sorgerechtsregelung nicht aus. Insgesamt gesehen widerspricht das Urteil auch nicht rechtsstaatlichem Denken. Der Angekl. hat es somit zu achten.“

c) West-Berliner Gesetz vom 26. 2. 1953

135. Die Zwangsvollstreckung aus dem Kostenfestsetzungsbeschluß eines sowjetzonalen Gerichts verstößt regelmäßig nur gegen die guten Sitten, wenn der zugrunde liegende Schuldtitel seinerseits auf einem Verstoß gegen rechtsstaatliche Grundsätze beruht. — Beruht der Kostenfestsetzungsbeschluß auf dem Scheidungsurteil eines sowjetzonalen Gerichts, so kann die Unwirksamkeit dieses Urteils nur durch die Entscheidung eines westdeutschen Gerichts festgestellt werden.

KG Berlin-West, Beschl. v. 9. 2. 1962 — 4 WM 62/62: unveröffentlicht.

Die Parteien sind geschiedene Eheleute. Sie hatten ihren letzten gemeinsamen gewöhnlichen Aufenthalt in N. (sowjet.). Nachdem die Ehefrau vor dem Kreisgericht N. eine Scheidungsklage erhoben hatte, siedelte der Schuldner Anfang 1961 nach Westberlin über. Als er im Wege der Rechtshilfe zu der Klage vernommen wurde, widersprach er der Scheidung. Im Juli 1961 hat das Kreisgericht N. die Ehe geschieden und die Kosten des Verfahrens dem Schuldner auferlegt. Die der Gläubigerin zu erstattenden Kosten sind durch einen Beschluß des Kreisgerichts N. auf rund 190 DM festgesetzt worden.

Die Gläubigerin hat beantragt, die Zwangsvollstreckung aus dem Kostenfestsetzungsbeschluß für zulässig zu erklären. Das LG hat dem Antrag stattgegeben, da das Scheidungsurteil zwar sachfremde politische Erwägungen enthalte, jedoch auf den festgestellten schweren Eheverfehlungen des Schuldners beruhe. Die sofortige Beschwerde des Schuldners blieb erfolglos.

Aus den Gründen:

„Nach § 1 I des Gesetzes über die Vollstreckung von Entscheidungen auswärtiger Gerichte i. d. F. vom 26. 2. 1953 (GVBl. Berlin 152) ist die Vollstreckung von Entscheidungen deutscher Gerichte, die ihren Sitz außerhalb des Geltungsbereichs der in Berlin zur Anwendung kommenden Gerichtsverfassung haben, nur zulässig, wenn die Entscheidungen oder ihre Vollstreckung nicht gegen die verfassungsmäßigen Grundsätze, gegen die guten Sitten oder gegen den Zweck bestehender Rechtsvorschriften verstoßen. Mit Recht hat das LG angenommen, daß die Zwangsvollstreckung aus einem Kostenfestsetzungsbeschluß eines Gerichts der sowjet. Besatzungszone regelmäßig dann gegen die guten Sitten verstößt, wenn der zugrunde liegende Schuldtitel seinerseits auf einem Verstoß gegen rechtsstaatliche Grundsätze beruht. Von diesen Erwägungen ausgehend, hat das LG das Ehescheidungsurteil des Kreisgerichts N. vom 6. 7. 1961 auf seine Vereinbarkeit mit den in West-Berlin geltenden verfassungsmäßigen Grundsätzen geprüft, einen Verstoß hiergegen jedoch nicht feststellen können. Dieser Auffassung ist, jedenfalls im Ergebnis, zuzustimmen.

Da die Auflösung der Ehe mit der Rechtskraft des die Scheidung aussprechenden Urteils eintritt, kommt dem Urteil insoweit eine Vollstreckungswirkung im engeren Sinne nicht zu. Die Zwangsvollstreckung aus einem Kostenfestsetzungsbeschluß, der auf einem solchen Urteil beruht, verstößt daher nur dann gegen die guten Sitten, wenn das Urteil selbst verfassungsmäßigen Grundsätzen widerspricht und deshalb im Geltungsbereich des Grundgesetzes und in West-Berlin nicht anerkannt wird. Kann sich jedoch trotz eines solchen Verstoßes niemand auf die Unwirksamkeit des Urteils berufen, so kann auch die Zwangsvollstreckung aus dem hierauf beruhenden Kostenfestsetzungsbeschluß nicht als Verstoß gegen die guten Sitten angesehen werden. Die Unwirksamkeit eines Urteils eines sowjetzonalen Gerichts, durch das eine Ehe deutscher Ehegatten, von denen der Bekl. z. Z. des Erlasses des Urteils in der Bundesrepublik oder in West-Berlin ansässig war, geschieden worden ist, kann in diesen Gebietsteilen Deutschlands erst geltend gemacht werden, wenn durch Urteil eines Gerichts der Bundesrepublik oder West-Berlins in einem Verfahren nach den §§ 606 ff. ZPO auf eine Klage der Staatsanwaltschaft oder der im Ehescheidungsverfahren bekl. Partei festgestellt worden ist, daß die Ehe der Parteien noch besteht (BGH, FamRZ 1961, 203[1]). Bis zu diesem Zeitpunkt muß das Scheidungsurteil eines Gerichts der sowjet. besetzten Zone, vorausgesetzt, daß das Gericht — wie hier — nach interzonalem Recht örtlich zuständig war, grundsätzlich anerkannt werden. Hier ist bisher weder festgestellt worden, daß die Ehe der Parteien noch besteht, noch hat der Schuldner eine solche Klage überhaupt erhoben. Es bedarf mithin im vorliegenden Verfahren keiner Prüfung der Frage, ob das Scheidungsurteil des Kreisgerichts N. möglicherweise den in der Bundesrepublik und in West-Berlin geltenden verfassungsmäßigen Grundsätzen widerspricht. Da jedenfalls im gegenwärtigen Zeitpunkt die Unwirksamkeit des Scheidungsurteils nicht geltend gemacht werden kann, verstößt auch die Zwangsvollstreckung aus dem auf diesem Urteil beruhenden Kostenfestsetzungsbeschluß nicht gegen die guten Sitten. Da andere Umstände, aus denen ein Verstoß gegen die Grundsätze des Gesetzes vom 26. 2. 1953 hergeleitet werden könnte, nicht ersichtlich sind, hat das LG die Zwangsvollstreckung mit Recht für zulässig erklärt."

136. **In dem Verfahren über die Zulässigkeit der Vollstreckung kommt es auf die ungünstigen wirtschaftlichen Verhältnisse des in West-Berlin lebenden Schuldners nicht an. — Ein westdeutscher Schuldner kann seinen Gläubiger in der Sowjetzone nicht darauf**

---

[1] IzRspr. 1960—1961 Nr. 178 a.

verweisen, sich aus Geschäftsvermögen des Schuldners in der Sowjetzone zu befriedigen, wenn der Gläubiger aus diesem Geschäftsvermögen keine Zahlung erhalten hat.

KG Berlin-West, Beschl. v. 14. 2. 1962 — 4 WM 1712/61: unveröffentlicht.

Der in Berlin-Ost lebende Gläubiger hat gegen den Schuldner beim Stadtbezirksgericht W. (Berlin-Ost) im Januar 1959 einen Kostenfestsetzungsbeschluß über rund 235 DM erwirkt. Der in Westberlin wohnhafte Schuldner ist dem Antrag des Gläubigers, die Zwangsvollstreckung zuzulassen, entgegengetreten. Er hat darauf hingewiesen, daß er ohne Mittel sei und daß sich der Gläubiger aus dem Geschäftsvermögen oder dem Bankguthaben des Schuldners in W. befriedigen könne.

Das LG hat dem Antrag des Gläubigers stattgegeben. Die sofortige Beschwerde des Schuldners blieb erfolglos.

Aus den Gründen:

„Das LG ist zutreffend davon ausgegangen, daß die Vollstreckung von Entscheidungen auswärtiger Gerichte nach § 1 I des Gesetzes vom 26. 2. 1953 nur dann für zulässig erklärt werden kann, wenn die Entscheidung oder ihre Vollstreckung nicht gegen verfassungsmäßige Grundsätze, gegen die guten Sitten oder gegen den Zweck bestehender Rechtsvorschriften verstoßen. Ein solcher Verstoß ist jedoch nicht ersichtlich.

Das Vorbringen des Schuldners über seine ungünstigen wirtschaftlichen Verhältnisse kann, wie das LG zutreffend ausgeführt hat, in diesem Verfahren nicht berücksichtigt werden, das nur die Überprüfung auswärtiger Titel unter bestimmten Gesichtspunkten vorsieht. Hierzu gehört aber nicht die Frage, ob der Schuldner zur Zahlung in der Lage ist. Für die Entscheidung über Einwendungen dieser Art ist vielmehr ein besonderes Verfahren vor dem Vollstreckungsgericht vorgesehen.

Auch das Vorbringen des Schuldners über seinen Betrieb in W. und sein Bankkonto im Sowjetsektor Berlins ist nicht geeignet, die Unzulässigkeit der Zwangsvollstreckung aus dem Kostenfestsetzungsbeschluß darzutun. Zwar hat der früher mit Verfahren nach dem Gesetz vom 26. 2. 1953 befaßte 11. Zivilsenat wiederholt ausgesprochen, daß die Vollstreckung aus sowjetzonalen Titeln sittenwidrig und deshalb unzulässig ist, wenn dem Gläubiger die Vollstreckung in zurückgelassenes Vermögen des Schuldners im Sowjetsektor Berlins oder in der Sowjetzone möglich und zumutbar ist. Daß diese Voraussetzungen hier erfüllt sind, hat der Schuldner jedoch nicht dargetan. Er hat trotz einer entsprechenden Auflage des Gerichts keine näheren Angaben darüber gemacht, ob zur Zeit noch Vermögen für die Befriedigung des Gläubigers im Sowjetsektor Berlins zur Verfügung steht. Außerdem hat der Gläubiger unwidersprochen vorgetragen, daß er aus dem Betrieb des Schuldners keine Zahlungen habe erhalten können. Unter diesen Umständen ist es dem Schuldner (gemeint ist wohl Gläubiger) aber nicht zuzumuten, zunächst eine Vollstreckung im Sowjetsektor Berlins zu versuchen.

Andere Umstände, aus denen die Unzulässigkeit der Zwangsvollstreckung nach dem Gesetz vom 26. 2. 1953 hergeleitet werden könnte, hat der Schuldner nicht vorgetragen, sie sind auch nicht ersichtlich."

137. Der Verfahrensgrundsatz des rechtlichen Gehörs verlangt nicht, daß eine Partei in der mündlichen Verhandlung persönlich anwesend ist. — Nach der ständigen Rechtsprechung des Kammergerichts ist es sittenwidrig, einen Schuldner mit Forderungen zu verfolgen, die in dem in der Sowjetzone enteigneten Vermögen des Schuldners ihre Grundlage haben.

KG Berlin-West, Beschl. v. 17. 3. 1962 — 4 WM 1694/61: unveröffentlicht.

Der in Berlin-Ost ansässige Gläubiger hatte seinen Gewerbebetrieb, eine Bäckerei, an die Schuldner verkauft. Er machte den Restkaufpreis in einem Verfahren vor dem Stadtbezirksgericht K. (Berlin-Ost) gegen die damals ebenfalls in Berlin-Ost wohnenden Schuldner geltend. Während des Rechtsstreits flohen die Schuldner nach Westberlin. In dem Verhandlungstermin vom 15. 9. 1960 wies das Stadtbezirksgericht K. den Prozeßbevollmächtigten der Schuldner, Rechtsanwalt L., zurück, weil nach der Flucht der Schuldner der Rat des Stadtbezirks K. passiv legitimiert sei. In dem neuen Termin vom 6. 10. 1960 waren die Schuldner weder durch Rechtsanwalt L. noch durch den Stadtbezirk K. vertreten. Sie wurden durch Versäumnisurteil zur Zahlung von 5000 DM-Ost verurteilt; die Kosten des Verfahrens wurden später auf rund 526 DM-Ost festgesetzt.

Der Gläubiger hat beantragt, die Vollstreckung aus dem Versäumnisurteil und aus dem Kostenfestsetzungsbeschluß zuzulassen. Das LG gab dem Antrag statt, das KG wies ihn zurück.

Aus den Gründen:

„Nach § 1 des angegebenen Gesetzes [vom 26. 2. 1953 (GVBl. 152)] ist die Vollstreckung von Entscheidungen deutscher Gerichte, die, wie das Stadtbezirksgericht K., ihren Sitz außerhalb des Geltungsbereichs der in Berlin zur Anwendung kommenden Gerichtsverfassung haben, nur zulässig, wenn die Entscheidungen oder ihre Vollstreckung nicht gegen die verfassungsmäßigen Grundsätze, gegen die guten Sitten oder gegen den Zweck bestehender Rechtsvorschriften verstoßen.

Mit Recht geht das LG davon aus, daß es nicht Sache des Zulassungsverfahrens ist, den gesamten Rechtsstreit in tatsächlicher und rechtlicher Beziehung noch einmal aufzurollen. Die Prüfung muß sich darauf beschränken, ob bei der Entscheidung in der Sache selbst nicht begründete Erwägungen eine Rolle gespielt haben oder ob es sich um eine offensichtliche Fehlentscheidung handelt. Aus dem Versäumnisurteil des Stadtbezirksgerichts K. selbst ergibt sich ein Anhaltspunkt für eine derartige Annahme nicht unmittelbar. Insbesondere ist ein Verstoß gegen den verfassungsmäßigen Grundsatz des rechtlichen Gehörs (Art. 103 I GG) nicht erkennbar. Nach diesem Grundsatz besteht kein Anspruch auf persönliche Anwesenheit in einer mündlichen Verhandlung (BVerfGE 6, 19). Die Schuldner sind in dem Termin vom 15. 9. 1960 durch ihren Prozeßbevollmächtigten Rechtsanwalt L. vertreten gewesen. In diesem Termin ist der neue Verhandlungstermin vom 6. 10. 1960 verkündet worden. Mithin ist auch dieser Termin den Schuldnern in ordnungsmäßiger Weise bekanntgegeben worden. Aus welchen Gründen der Rat des Stadtbezirks K. als bestellter Prozeßvertreter diesen Termin nicht wahrgenommen hat, ist aus dem Vortrag der Schuldner nicht ersichtlich. Insbesondere ist ihren Ausführungen nicht zu entnehmen, daß sie ihrerseits alles getan haben, um den neuen Prozeßbevollmächtigten über den Rechtsstreit zu unterrichten bzw. gegen das ergangene Versäumnisurteil die zulässigen Rechtsmittel einzulegen. Weiterer Ermittlungen in dieser Hinsicht bedurfte es indessen nicht, da die angefochtene Entscheidung aus folgenden Gründen aufgehoben werden mußte: Nach der ständigen Rechtsprechung des KG ist es als sittenwidrig anzusehen, Schuldnern, denen ihr Vermögen in der sowjetischen Besatzungszone oder in dem sowjet. Sektor Berlins entschädigungslos weggenommen worden ist, mit Forderungen zu verfolgen, die in diesem Vermögen selbst ihre Grundlage haben (KG 11 WM 586/56[1]; 11 WM 313/59; 11 WM 582/60; 4 WM 1034/61[2]). Das gleiche muß für Forderungen gelten, die mit einem enteigneten Gewerbebetrieb zusammenhängen. Den Schuldnern ist nach ihrem glaubhaften Vortrag ihr Gewerbebetrieb zwar nicht formell enteignet worden. Sie haben sich indessen in einem Unterwerfungsverfahren verpflichten müssen, das gesamte Betriebsinventar dem Finanzamt zu übereignen, nachdem ihnen die Warenkontingente entzogen und damit jede Möglichkeit zur weiteren Ausübung des selbständigen Gewerbes genommen war. Diese Maßnahmen stehen einer entschädigungslosen Enteignung gleich. Die Restkaufgeldforderung, um die es sich hier handelt, bezieht sich aber gerade auf den genannten Gewerbebetrieb, aus dessen Erträgen sie getilgt werden sollte. Der Senat hatte danach keine Bedenken, die oben genannten Grundsätze auf den vorliegenden Fall anzuwenden. Für das Stadtbezirksgericht war der Sachverhalt bei Erlaß des Versäumnisurteils erkennbar. Denn nach dem Terminsprotokoll vom 15. 9. 1960 hatte es den Prozeßbevollmächtigten der Schuldner, Rechtsanwalt L., deshalb zurückgewiesen, weil er nach der Flucht seiner Auftraggeber diese nicht mehr habe vertreten können und nunmehr der Rat des Stadtbezirks K. Abteilung Industrie, Referat Betriebsverwaltung, für die Prozeßvertretung legitimiert gewesen sei. Für den Gläubiger, der in Kenntnis der Vorgänge den Erlaß eines Versäumnisurteils beantragt hatte, kann es nicht als eine unbillige Härte angesehen werden, wenn die Vollstreckung aus diesem Versäumnisurteil und dem darauf beruhenden Kostenfestsetzungsbeschluß versagt wird."

---

[1] IzRspr. 1958—1959 Nr. 182. [2] IzRspr. 1960—1961 Nr. 196.

138. **In dem Verfahren über die Zulässigkeit der Vollstreckung kann nur geprüft werden, ob die sowjetzonale Entscheidung oder ihre Vollstreckung gegen verfassungsmäßige Grundsätze, gegen die guten Sitten oder gegen den Zweck bestehender Rechtsvorschriften verstößt.**

KG Berlin-West, Beschl. v. 18. 6. 1962 — 4 WM 1029/62: unveröffentlicht.

Der in Westberlin lebende Schuldner ist durch Urteil der Verkehrsstrafkammer des Kreisgerichts E. (sowjet.) verurteilt worden, an den in E. wohnenden Gläubiger rund 5100 DM-Ost zu zahlen. Nach den Gründen des Urteils hat der Schuldner in der Hauptverhandlung einen Schadensersatzanspruch des Gläubigers in dieser Höhe anerkannt.

Der Schuldner ist dem Antrag des Gläubigers, die Vollstreckung in Höhe von rund 3890 DM zuzulassen, entgegengetreten. Er behauptet, er habe bereits 2880 DM gezahlt, so daß nur noch ein Restbetrag von rund 2210 DM offenstehe. Das LG hat dem Antrag stattgegeben; die sofortige Beschwerde des Schuldners blieb erfolglos.

Aus den Gründen:

„Mit Recht geht das LG davon aus, daß es nicht Sache des Zulassungsverfahrens ist, den gesamten Rechtsstreit in tatsächlicher und rechtlicher Beziehung noch einmal aufzurollen. Die Prüfung muß sich darauf beschränken, ob bei der Entscheidung in der Sache selbst nicht begründete Erwägungen eine Rolle gespielt haben oder ob es sich um eine offensichtliche Fehlentscheidung handelt. Aus dem Urteil des Kreisgerichts E. selbst ergibt sich kein Anhaltspunkt für eine derartige Annahme.

Der Schuldner macht auch im Beschwerdeverfahren nicht geltend, daß einer der Gründe vorläge, nach denen gemäß § 1 I des vorbezeichneten Gesetzes die Vollstreckung der Entscheidung des Kreisgerichts E., das seinen Sitz außerhalb des Geltungsbereichs der im Land Berlin zur Anwendung kommenden Gerichtsverfassung hat, unzulässig sei; denn er behauptet nicht, daß die Entscheidung oder ihre Vollstreckung gegen verfassungsmäßige Grundsätze, gegen die guten Sitten oder gegen den Zweck bestehender Rechtsvorschriften verstoßen. Andere als diese im Gesetz ausdrücklich aufgeführten Gründe können in dem hier vorliegenden Verfahren über die Zulässigkeit der Zwangsvollstreckung aus dem vom Gläubiger vorgelegten Urteil nicht berücksichtigt werden. Den Einwand, daß er auf die Urteilsforderung mehr gezahlt habe, als der Gläubiger anerkennt, kann der Schuldner, falls eine Zwangsvollstreckung gegen ihn erfolgt, nur mit einer Zwangsvollstreckungsabwehrklage (§ 767 ZPO) geltend machen."

139. **Betreibt ein in der Sowjetzone ansässiger Gläubiger die Zwangsvollstreckung aus dem Titel eines sowjetzonalen Gerichts, den er auf Grund des Titels eines sowjetzonalen Gerichts in der Sowjetzone hat pfänden und sich zur Einziehung überweisen las-**

sen, so kann die Vollstreckung nur zugelassen werden, wenn weder der gepfändete Titel noch die zusätzlichen Titel gegen die Grundsätze des Gesetzes vom 26. 2. 1953 verstoßen.

KG Berlin-West, Beschl. v. 11. 2. 1963 — 4 WM 2379/62: unveröffentlicht.

Der in Westberlin wohnhafte ASt. verpflichtete sich in einem im September 1952 vor dem Kreisgericht D. (sowjet.) abgeschlossenen Vergleich, an die Brüder H. 4000 DM zu zahlen, davon 2000 DM sechs Monate nach seiner Entlassung aus der Haft.

Der in der Sowjetzone wohnhafte AGg. hat auf Grund mehrerer Urteile und Kostenfestsetzungsbeschlüsse der Kreisgerichte A. (sowjet.) und B. (sowjet.) die Ansprüche des K. H. aus dem Vergleich mit dem ASt. gepfändet und sich zur Einziehung überweisen lassen (Pfändungs- und Überweisungsbeschluß des Kreisgerichts N. vom 10. 2. 1960). Auf Grund dieses Beschlusses hat sich der AGg. gemäß § 727 I ZPO eine vollstreckbare Ausfertigung des Vergleichs wegen eines Teilbetrages von 2000 DM erteilen lassen. Aus diesem Titel betreibt der AGg. die Zwangsvollstreckung gegen den ASt.

Das LG hat den Antrag des ASt., die Vollstreckung aus dem Vergleich für unzulässig zu erklären, zurückgewiesen. Auf die sofortige Beschwerde hat das KG diesen Beschluß aufgehoben und die Sache an das LG zurückverwiesen.

Aus den Gründen:

„Das LG ist zutreffend davon ausgegangen, daß der Antrag nach § 2 I des Gesetzes vom 26. 2. 1953 zulässig ist. Gegen den ASt. wird aus einem Vergleich vollstreckt, der vor einem deutschen Gericht außerhalb des Geltungsbereichs des Grundgesetzes geschlossen worden ist. Die Vollstreckung derartiger Titel ist gemäß § 1 V i. V. m. § 2 I des Gesetzes vom 26. 2. 1953 auf Antrag des Schuldners für unzulässig zu erklären, wenn der Titel oder seine Vollstreckung gegen verfassungsmäßige Grundsätze, gegen die guten Sitten oder gegen den Zweck bestehender Gesetze verstoßen. Ein entsprechender Antrag liegt hier vor.

Sachlich hat das LG sodann geprüft, ob der Vergleich selbst mit den Grundsätzen des Gesetzes vom 26. 2. 1953 vereinbar ist. Hierbei hat das LG nicht berücksichtigt, daß aus dem Vergleich nicht in seiner ursprünglichen Form vollstreckt wird. Aus der vorliegenden Ausfertigung ergibt sich vielmehr, daß dem AGg. die Vollstreckung aus dem Vergleich nur möglich ist, weil dieser auf Grund von anderen Titeln auf ihn umgeschrieben worden ist. Da es sich hierbei um Titel von Gerichten außerhalb des Geltungsbereichs des Grundgesetzes handelt, ist auf sie ebenfalls das Gesetz vom 26. 2. 1953 anzuwenden. Entsprechen die zusätzlichen Titel den Grundsätzen dieses Gesetzes nicht, dann ist dies auch bei der auf ihnen beruhenden veränderten Fassung des Vergleiches der Fall, und die Zwangsvollstreckung daraus wäre unzulässig.

Die Vollstreckung aus dem Vergleich in seiner jetzigen Form ist demnach nur zulässig, wenn weder hinsichtlich des Vergleiches selbst noch hinsichtlich der zusätzlichen Titel Umstände vorliegen, aus denen sich Verstöße gegen die Grundsätze des Gesetzes vom 26. 2. 1953 ergeben. Eine entsprechende Prüfung hat das LG hinsichtlich der zusätzlichen Titel nicht vorgenommen. Da der Sachverhalt insoweit bisher überhaupt nicht erörtert worden ist, erschien eine Zurückverweisung geboten. Bei der erneuten Erörterung des Sachverhalts wird das LG auch zu prüfen haben, ob und gegebenenfalls in welcher Form dem Schuldner des AGg. K. H. Gelegenheit zur Äußerung zu geben ist."

140. In dem Verfahren über die Zulässigkeit der Zwangsvollstreckung kann die sachliche Richtigkeit eines ordnungsgemäß zustande gekommenen sowjetzonalen Titels nicht nachgeprüft werden.

KG Berlin-West, Beschl. v. 20. 6. 1963 — 4 WM 577/63: unveröffentlicht.

Der in der Sowjetzone wohnhafte Gläubiger hat gegen die in Westberlin lebende Schuldnerin im September 1959 einen Kostenfestsetzungsbeschluß des Kreisgerichts X. (sowjet.) über rund 4200 DM erwirkt. Die Schuldnerin wendet sich gegen den Antrag des Gläubigers, die Vollstreckung aus diesem Titel zuzulassen, mit der Behauptung, sie habe im Mai 1958 mit dem Gläubiger vereinbart, nur 1500 DM-West zu zahlen.

Das LG hat dem Antrag stattgegeben. Die sofortige Beschwerde der Schuldnerin blieb ohne Erfolg.

Aus den Gründen:

„Das LG ist zutreffend davon ausgegangen, daß nach § 1 I des Gesetzes vom 26. 2. 1953 die Vollstreckung von Entscheidungen auswärtiger Gerichte nur dann zulässig ist, wenn die Entscheidung oder ihre Vollstreckung nicht gegen die verfassungsmäßigen Grundsätze, gegen die guten Sitten oder gegen den Zweck bestehender Rechtsvorschriften verstoßen. Umstände, aus denen ein derartiger Verstoß gefolgert werden könnte, hat die Schuldnerin nicht vorgetragen, sie sind auch sonst nicht ersichtlich.

Die Schuldnerin behauptet selbst nicht, daß der Kostenfestsetzungsbeschluß nicht ordnungsgemäß zustande gekommen sei. Sie macht vielmehr nur geltend, daß über die Kostenforderung eine private Vereinbarung getroffen worden sei. Da die Schuldnerin dies im Kostenfestsetzungsverfahren unstreitig nicht geltend gemacht hat, kann aus der Nichtberücksichtigung der Vereinbarung bei dem Erlaß des Kostenfestsetzungsbeschlusses ein Rechtsverstoß nicht hergeleitet werden. Auch sonst bestehen keine Anhaltspunkte dafür, daß der Beschluß selbst rechtlich zu beanstanden ist. Die Schuldnerin hat aber auch nicht dargetan, daß die Vollstreckung aus dem Titel mit rechtsstaatlichen Grundsätzen nicht vereinbar ist. Aus der Vereinbarung über die Kostenforderung kann dies schon deshalb nicht gefolgert werden, weil es sich hier um einen Einwand handelt, der sich gegen die materielle Richtigkeit des Titels richtet. Mit derartigen Einwänden kann aber allenfalls der Titel selbst angegriffen werden. Ist er jedoch wie im vorliegenden Fall ordnungsgemäß zustande gekommen, kann seine materielle Richtigkeit im vorliegenden Verfahren nicht mehr nachgeprüft werden. Insbesondere kann daraus nicht mehr hergeleitet werden, daß die Vollstreckung aus diesem Titel gegen rechtsstaatliche Grundsätze verstößt.

Auch der Einwand der Schuldnerin, es bestehe die Gefahr, daß der Gläubiger jetzt aus dem Kostenfestsetzungsbeschluß und der Vereinbarung Zahlung verlange, ist nicht geeignet, die Unzulässigkeit der Zwangsvollstreckung darzutun. Für das vorliegende Verfahren ist lediglich der Kostenfestsetzungsbeschluß maßgebend. Für die Vollstreckung hieraus ist es unerheblich, ob der Gläubiger andere Möglichkeiten hat, Zahlung zu erlangen. Falls der Gläubiger über die ihm nach dem Kostenfestsetzungsbeschluß zustehende Forderung hinaus Ansprüche geltend machen sollte, ist es Sache der Schuldnerin, sich der dann gegebenen Rechtsbehelfe zu bedienen. Ein entsprechendes Verfahren vorwegzunehmen, ist nicht Aufgabe des Verfahrens nach dem Gesetze vom 26. 2. 1953.

Nicht begründet ist schließlich der Einwand der Schuldnerin, der Gerichtsvollzieher müsse auf Grund des Beschlusses des LG in voller Höhe in DM-West vollstrecken. Durch den Beschluß wird lediglich die Zwangsvollstreckung zugelassen, so daß nur in Höhe der bestehenden Forderung vollstreckt werden darf, d. h. in Höhe von 4190 DM-Ost, gegebenenfalls zum Tageskurs in DM-West.“

141. a) Ein Vollstreckungsbefehl verstößt nicht gegen verfassungsmäßige Grundsätze, wenn der zugrunde liegende Zahlungsbefehl formelle Mängel aufweist. — Einwendungen des Schuldners gegen den Anspruch, der dem Titel zugrunde liegt, dessen Vollstreckung beantragt wird, können in dem Verfahren auf Zulässigkeit der Vollstreckung im allgemeinen nicht berücksichtigt werden.

KG Berlin-West, Beschl. v. 4. 7. 1963 — 4 WM 266/63: unveröffentlicht.

Der Gläubiger hat bei dem AG D. (sowjet.) im Dezember 1949 einen Zahlungsbefehl über rund 940 DM erwirkt. Dieser ist im Januar 1950 durch Vollstreckungsbefehl desselben Gerichts für vollstreckbar erklärt worden. Beide Parteien wohnen jetzt in Westdeutschland. Der Gläubiger hat beantragt, die Vollstreckung aus dem Titel für zulässig zu erklären. Die Schuldnerin hat verschiedene Einwendungen gegen den Titel vorgebracht: der Zahlungsbefehl sei ihr nicht zugestellt worden; über ihren Widerspruch gegen den Vollstreckungsbefehl sei noch nicht entschieden; die Forderung sei verjährt und sie müsse im Verhältnis 10 : 1 umgestellt werden.

Das LG hat dem Antrag des Gläubigers stattgegeben; die sofortige Beschwerde der Schuldnerin war ohne Erfolg.

Aus den Gründen:

„Das LG ist zutreffend davon ausgegangen, daß die Vollstreckung von Entscheidungen auswärtiger Gerichte nur zulässig ist, wenn die Entscheidung oder ihre Vollstreckung nicht gegen die verfassungsmäßige Ordnung, gegen die guten Sitten oder den Zweck bestehender Gesetze verstoßen. Dem LG ist im Ergebnis darin beizutreten, daß derartige Verstöße hier nicht festgestellt werden können.

Die Schuldnerin macht zwar zu Recht geltend, daß der Zahlungsbefehl nicht ordnungsgemäß zugestellt worden ist . . . Hierin liegt zwar ein Verfahrensverstoß beim Erlaß des Zahlungsbefehls, jedoch verstößt der daraufhin erlassene und inzwischen ordnungsgemäß zugestellte Vollstreckungsbefehl deshalb noch nicht gegen verfassungsmäßige Grundsätze. Auch im Geltungsbereich des Grundgesetzes wird ein Vollstreckungsbefehl in einem derartigen Fall vollstreckbar und rechtskräftig, wenn ein Schuldner nicht Einspruch einlegt (vgl. *Baumbach-Lauterbach*, ZPO, 26. Aufl., Anm. 1 zu § 693). Nach rechtsstaatlichen Grundsätzen ist es deshalb einem Schuldner zuzumuten, gegen einen in dieser Weise fehlerhaft zustande gekommenen Vollstreckungsbefehl mit dem Einspruch vorzugehen. Für die Anwendung des Gesetzes vom 26. 2. 1953 ist erst dann Raum, wenn es sich um Mängel handelt, die ihre Ursache in den Verhältnissen haben, die zum Erlaß des Gesetzes geführt haben. Ein solcher Mangel liegt aber hier bisher nicht vor. Falls sich in dem weiteren von ihr eingeleiteten Verfahren derartige Mängel ergeben sollten, wäre es Sache der Schuldnerin, diese in einem erneuten Verfahren nach dem Gesetz vom 26. 2. 1953 geltend zu machen.

Die Unzulässigkeit der Zwangsvollstreckung kann auch nicht daraus hergeleitet werden, daß in dem Zahlungsbefehl der Geschäftsführer der Schuldnerin nicht aufgeführt ist. Abgesehen davon, daß insoweit ein Rechtsverstoß überhaupt nicht vorliegt, da entsprechende Angaben nicht zwingend vorgeschrieben sind, würden insoweit die vorstehenden Ausführungen sinngemäß gelten. Dasselbe gilt für die Angabe einer falschen Anschrift.

Die übrigen Einwendungen der Schuldnerin richten sich gegen den Anspruch, der dem Titel zugrunde liegt. Derartige Einwendungen können im vorliegenden Verfahren im allgemeinen nicht berücksichtigt werden, vor allem dann nicht, wenn noch andere Rechtsbehelfe zur Verfügung stehen. Hiervon ist aber auszugehen, solange das Verfahren noch nicht rechtskräftig abgeschlossen ist.

Der Zulässigkeit der Zwangsvollstreckung steht auch nicht entgegen, daß der Vollstreckungsbefehl bisher nicht rechtskräftig ist. Da beide Parteien ihren Wohnsitz jetzt im Geltungsbereich des Grundgesetzes haben, ist die Rechtslage hier nicht anders als bei einem im Bundesgebiet oder in West-Berlin ergangenen Titel."

b) Auch wenn die Zwangsvollstreckung aus dem Titel eines sowjetzonalen Gerichts in West-Berlin für zulässig erklärt worden ist, hat über die Einstellung der Zwangsvollstreckung das sowjetzonale Prozeßgericht zu entscheiden. — Ein Einstellungsbeschluß des sowjetzonalen Prozeßgerichts ist in West-Berlin ohne weiteres anzuerkennen.

AG Tempelhof-Kreuzberg, Beschl. v. 23. 12. 1963 — 31 M 3907/63: DGVZ 1964, 92.

Nachdem die Vollstreckung auf Grund der unter a) abgedruckten Entscheidung zugelassen worden war und der Gläubiger sie eingeleitet hatte, beantragte die Schuldnerin beim AG T. (Berlin-West) und beim Kreisgericht D. (sowjet.), die Zwangsvollstreckung einstweilen einzustellen. Das AG T. hat sie durch Beschluß vom 8. 10., das Kreisgericht durch Beschluß vom 14. 10. 1963 eingestellt. Hiergegen richtet sich die Erinnerung des Gläubigers. Er hat beantragt, die Zwangsvollstreckung ungeachtet des Beschlusses des Kreisgerichts D. fortzusetzen.

Das AG wies die Erinnerung zurück.

Aus den Gründen:

„Der Einstellungsbeschluß des Kreisgerichts D. vom 14. 10. 1963 ist auch in West-Berlin zu beachten. Für die von der Schuldnerin beantragte Einstellung der Zwangsvollstreckung gemäß § 707 ZPO ist nach Maßgabe der §§ 707, 700, 340 ZPO das Prozeßgericht zuständig. Die Schuldnerin durfte daher die Entscheidung des Kreisgerichts D., des Prozeßgerichts, einholen. Auch das KG, das zwar die Zwangsvollstreckung durch Beschluß vom 4. 7. 1963 im Verfahren nach dem Berliner Gesetz vom 26. 2. 1953 in West-Berlin für zulässig erklärt hat, verweist in seinem Beschluß die Schuldnerin hinsichtlich ihrer außerhalb des Verfahrens nach dem Berliner Gesetz vom 26. 2. 1953 liegenden Einwendungen ausdrücklich auf andere Rechtsbehelfe. Es lag daher für den Gerichtsvollzieher keine Veranlassung vor, dem Beschluß des Kreisgerichts D. nicht zu folgen. Die Erinnerung des Gläubigers war daher zurückzuweisen.“

XI. SONSTIGES VERFAHRENSRECHT

1. Vormundschaftssachen

142. (Der Wohnsitz eines ehelichen Kindes ist, wenn es um die Zuständigkeit eines westdeutschen Vormundschaftsgerichts geht, auch dann nach westdeutschem Recht zu beurteilen, wenn sich das Kind tatsächlich in der Sowjetzone aufhält.) — Die örtliche Zuständigkeit eines Vormundschaftsgerichts ist wohl vor der interlokalen Zuständigkeit zu prüfen. — Westdeutsche Vormundschaftsgerichte sind interlokal nicht zuständig, wenn sich das Kind bei einem Elternteil außerhalb des Bundesgebiets aufhält und lediglich der andere Elternteil im Bundesgebiet wohnt.

OLG Stuttgart, Beschl. v. 22. 3. 1962 — 8 W 48/62: JR 1963, 421 (zust. *Jansen*); Leitsatz in DRiZ 1964 B 13 Nr. 228.

Die Ehe der Eltern der im Jahre 1954 geborenen V. ist durch Urteil des LG S. (Bundesgebiet) im November 1959 aus Alleinverschulden der Mutter des Kindes geschieden worden. Das Kind lebt bei seiner Mutter in X. (sowjet.). Der Vater wohnt in A. (Bundesgebiet) als Untermieter. Da er seine Tochter V. nicht betreuen kann, hat auf seine Anregung das AG S. eine Sorgerechtspflegschaft angeordnet, zum Sorgerechtspfleger die in Y. (sowjet.) lebende Mutter des Vaters bestellt und den restlichen Teil der elterlichen Gewalt auf den Vater übertragen.

Auf Antrag des Vaters ordnete das AG S. am 8. 8. 1961 gemäß § 35 FGG an, daß die Mutter das Kind an den Pfleger herauszugeben habe.

Die Mutter des Kindes erhob beim AG S. Einspruch gegen den Beschluß vom 8. 8. 1961 und beantragte zugleich, ihr das Sorgerecht für das Kind zu übertragen. Das LG hat auf die Beschwerde die Beschlüsse des AG mangels Zuständigkeit aufgehoben. Die weitere Beschwerde des Vaters blieb ohne Erfolg.

Aus den Gründen:

„Die in § 36 FGG geregelte *örtliche* Zuständigkeit des Vormundschaftsgerichts richtet sich nach dem Wohnsitz oder in Ermangelung eines inländischen Wohnsitzes nach dem Aufenthalt des Mündels in dem Zeitpunkt, in dem die vormundschaftsgerichtliche Regelung erforderlich wird. Für den verfahrensrechtlichen Wohnsitzbegriff gelten mangels eigener Bestimmungen des FGG die Vorschriften der §§ 7 bis 11 BGB. Im vorliegenden Falle hat die Mutter den früheren gemeinsamen Wohnsitz beider Elternteile in X. (SBZ) nicht aufgegeben und das Kind immer bei sich gehabt. Wie das LG zutreffend ausführt, behalten eheliche Kinder im Augenblick der Trennung der Eltern den bisherigen gemeinsamen ehelichen Wohnsitz (vgl. OLG Nürnberg, FamRZ 1961, 450). Ohne Zustimmung seiner Frau konnte daher der Vater den Wohnsitz des Kindes V. nach seiner Übersiedlung in die Bundesrepublik nicht ändern. Tatsächlich wollte er ihn auch nicht ändern, denn er hat das Kind zunächst bei seiner Frau zurückgelassen. Er will auch jetzt nach rechtskräftiger Scheidung das Kind noch in der SBZ belassen, nur will er es seiner in Y. (unweit vom bisherigen Wohnsitz der Mutter und des Kindes entfernt) wohnhaften Mutter als Sorgerechtspfleger anvertrauen. Damit steht zunächst fest, daß das Kind im Bezirk des AG S. weder seinen Wohnsitz noch seinen Aufenthalt hat, örtlich also dorthin nicht zuständig ist.

Zur Frage der interlokalen Zuständigkeit, die wohl nicht vor der örtlichen Zuständigkeit zu prüfen ist (vgl. BayObLGZ 1957, 213[1] gegen KG, FamRZ 1958, 426[2] und *Keidel,* FGG, 7. Aufl., § 36 Anmerkung 1a Abs. 2), ist nur vorsorglich zu bemerken: Nach allgemeiner Ansicht in Schrifttum und Rechtsprechung (vgl. *Keidel* aaO; *Jansen,* FGG, Vorbem. vor § 35 Anm. 6 sowie die weiteren dortigen Hinweise) ist für die westdeutsche Zuständigkeit des Vormundschaftsgerichts entscheidend, ob der Sachverhalt nach der Gesamtheit der Umstände so gewichtige Beziehungen zum westdeutschen Rechtsgebiet aufweist, daß das westdeutsche Vormundschaftsgericht sein Tätigwerden ohne Außerachtlassung schutzwürdiger Belange der Eltern und des Kindes nicht versagen kann. Derartige gewichtige Beziehungen zum westdeutschen Rechtsgebiet liegen dann nicht vor, wenn wie hier nur ein Elternteil in der Bundesrepublik seinen Wohnsitz hat, dagegen der andere Elternteil und das Kind seinen Wohnsitz in der sowjet. Besatzungszone haben. Es besteht kein

---

[1] IzRspr. 1954—1957 Nr. 373. [2] IzRspr. 1958—1959 Nr. 196.

Anlaß, von dieser bisherigen Rechtsprechung, die weitgehend eine konkurrierende Zuständigkeit zwischen westdeutschem Rechtsgebiet und sowjet. Besatzungszone vermeidet (vgl. *Keidel* § 36 aaO), abzugehen und etwa den Fall dem BGH vorzulegen.

Bei dieser jetzt anerkannten Lösung der Frage im allgemeinen entfällt auch die hilfsweise beantragte Verweisung an das AG Berlin-Schöneberg nach § 36 II FGG.

Die Rüge des Beschwf., daß der allgemeine Erfahrungssatz keine Berücksichtigung gefunden habe, die Richter in der sowjet. Besatzungszone reagierten in derartigen Fällen nicht und gewährten keinen Rechtsschutz, schlägt deshalb auch nicht durch. Dem Umstand, daß sich das Kind bei der Mutter aufhält und dort — als unvermeidliche Folge der Spaltung Deutschlands — anderen Umwelteinflüssen ausgesetzt ist, kann bei der Sorgerechtsregelung ein entscheidendes Gewicht nicht beigelegt werden (vgl. OLG Stuttgart — 8 W 270/57). Das rein Menschliche des Eltern-Kind-Verhältnisses zwischen dem in der sowjet. Besatzungszone verbliebenen Elternteil und dem Kind kann nicht außer Betracht bleiben. Nach dem Schreiben des Rates des Kreises X., Abteilung Jugendhilfe, vom 4. 10. 1961 hat er den Vollzug des Beschlusses des AG S. vom 8. 8. 1961 abgelehnt, weil eine Überprüfung der Verhältnisse der Mutter ergeben habe, daß sie ihr Kind V. sehr gut erziehe und versorge und daß es für das Kind eine seelische Erschütterung bedeuten würde, wenn es aus seiner gewohnten Umgebung herausgerissen würde. Daß diese Stellungnahme der dortigen Behörde auf rein politischen Erwägungen beruht, läßt sich nicht feststellen."

143. Die Sowjetzone ist in Vormundschaftssachen nicht „Inland" im Sinne des § 36 II FGG. — Die Bewohner der Sowjetzone sind jedoch nicht als „Ausländer" im Sinne des § 37 II FGG zu behandeln. — In Vormundschaftssachen von Kindern deutscher Staatsangehörigkeit, die ihren Wohnsitz in der Sowjetzone haben, ist daher gemäß § 36 II FGG das Amtsgericht Berlin-Schöneberg örtlich zuständig.

OLG Braunschweig, Beschl. v. 1. 10. 1962 — 2 AR 3/62: NdsRpfl. 1962, 279; DAVorm. 36 (1963) 259; MDR 1963, 163; DRspr. I (181) 63 d; Leitsätze in DRiZ 1963 B 12 Nr. 229 und FamRZ 1963, 312.

Die Eltern des Kindes wohnten früher in der Sowjetzone. Im Jahre 1957 siedelten sie in das Bundesgebiet über. Ihren Sohn W. ließen sie in der Sowjetzone bei einer Verwandten zurück. Er sollte erst nachkommen, wenn die Eltern im Bundesgebiet Fuß gefaßt haben würden. Die Ehe der Eltern ist im Februar 1960 durch Urteil des LG B. (Bundesgebiet) geschieden worden.

Zwischen dem AG V. (Bundesgebiet) und dem AG Berlin-Schöneberg besteht Streit über die Zuständigkeit für die Regelung der elterlichen Gewalt über das Kind. Das AG Schöneberg hat die Übernahme der Sache vom AG V. abgelehnt und um Bestimmung des zuständigen Gerichts gemäß § 5 FGG ersucht.

Das OLG bestimmte das AG Schöneberg als zuständiges Gericht.

Aus den Gründen:

„Die Zuständigkeit für das Verfahren betreffend die Übertragung der elterlichen Gewalt richtet sich gemäß den §§ 43, 36 FGG nach dem Wohnsitz des Kindes zur Zeit der Befassung des Gerichts. Der für die Zuständigkeitsregelung maßgebende Zeitpunkt ist daher der des Einganges des Scheidungsurteils bei dem Vormundschaftsgericht im Juni 1961. Das am 1. 1. 1962 in Kraft getretene Familienrechtsänderungsgesetz vom 11. 8. 1961 muß daher für die Entscheidung außer Betracht bleiben. Anzuwenden ist vielmehr § 36 II FGG in der früher geltenden Fassung. Die Neufassung dieser Vorschrift durch das FamRÄndG hat aber nur das noch ausdrücklich geregelt, was schon bisher — wenn auch ohne gesetzliche Regelung — Rechtens war (vgl. *Jansen*, [FGG] Anm. 1 zu § 36 FGG). Danach ist die Zuständigkeit des AG Berlin-Schöneberg dann gegeben, wenn das Mündel Deutscher ist und im Inland weder Wohnsitz noch Aufenthalt hat. Diese Voraussetzungen liegen bei dem Kind vor.

Das Kind hat seinen Wohnsitz und seinen Aufenthalt in der Sowjetzone. Die Eltern haben das Kind bei ihrer Übersiedlung in die Bundesrepublik bei der Großmutter zurückgelassen, bis ihnen ihre Lebensverhältnisse es gestatteten, das Kind zu sich zu nehmen. Aus diesen Umständen ergab sich der Wille der Eltern, einen eigenen Wohnsitz ihres Kindes für eine Übergangszeit zu begründen; eine solche Bestimmung ist sowohl nach dem Recht der Bundesrepublik (BGHZ 7, 110; BGH, FamRZ 1958, 178[1]) als auch nach sowjetzonalem Recht (KG-Ost, NJ 1952, 326) wirksam.

Daß die Sowjetzone in Vormundschaftssachen als nicht zum Inland gehörig gilt, ist seit BGHZ 21, 306[2] geklärt (vgl. *Keidel*, [FGG] Anm. 1a zu § 36 FGG). Das Kind wohnt somit nicht im Inland.

Wenn das AG Berlin-Schöneberg aber aus dem fehlenden Wohnsitz des Kindes im Inland weiterhin folgert, das Kind sei als Ausländer zu behandeln und unterliege daher der Zuständigkeitsregelung für Ausländer nach § 37 II FGG, so ist das nicht richtig. Wie der Entscheidung des BVerfG (BVerfGE 11, 150—158) zu entnehmen ist, muß an dem Grundsatz der Zugehörigkeit der Sowjetzone zu Deutschland festgehalten werden; die Rechtsentwicklung in der Sowjetzone zwingt aber aus Gründen der Praxis dazu, diesen Grundsatz zu beschränken. Nur in diesem Sinne kann die Eigenschaft der Sowjetzone als Inland verneint werden. Daraus läßt sich aber nicht die Folgerung ziehen, die Bewohner der Sowjetzone seien nicht mehr deutsche Staatsangehörige. Ausdrücklich hat vielmehr der BGH in NJW 1956, 1031[3] betont, daß es bis zum Erlaß des in Art. 73 Ziff. 2 GG [vorgesehenen Gesetzes] keine Bundesstaatsangehörigkeit gebe. In Übereinstimmung damit ist in BGHZ 21, 306—312[2] ausgeführt, die Staatsangehörigkeit in beiden Teilen Deutschlands sei dieselbe, nämlich die deutsche; an späterer Stelle (S. 317) heißt es bezüglich

---

[1] IzRspr. 1958—1959 Nr. 48.
[2] IzRspr. 1954—1957 Nr. 368 b.
[3] IzRspr. 1954—1957 Nr. 344 b.

eines Kindes mit Wohnsitz in der Sowjetzone, für Vormundschaftssachen bestehe die Zuständigkeit eines deutschen Vormundschaftsgerichts immer, wenn es sich um ein Mündel deutscher Staatsangehörigkeit handele, ungeachtet dessen, wo es seinen Wohnsitz habe. Gerade für diese Fälle ist die Zuständigkeit des AG Berlin-Schöneberg begründet worden."

144. Die örtliche Zuständigkeit eines Vormundschaftsgerichts ist eine gegenüber der interlokalen Zuständigkeit selbständige Verfahrensvoraussetzung; jene ist vor dieser zu prüfen. — In Vormundschaftssachen von Kindern deutscher Staatsangehörigkeit, die ihren Wohnsitz im Bundesgebiet haben, ist gemäß § 36 I FGG örtlich zuständig das Gericht am Wohnsitz des Kindes.

OLG Hamm, Beschl. v. 30. 11. 1962 — 15 Sbd 23/62: JMBl. NRW 1963, 109; Leitsatz in FamRZ 1963, 302.

Die Eltern des Kindes R. haben im Dezember 1953 in X. (sowjet.) die Ehe geschlossen. Im Herbst 1955 ist der Vater in das Bundesgebiet gekommen, einige Wochen später auch die Mutter. Anfang Januar 1956 wurde R. geboren.

Im Mai 1961 hat die Mutter ohne Wissen und Bewilligung des Vaters die eheliche Wohnung verlassen und ist mit R. nach X. zurückgekehrt. Im Juni 1962 hat das LG B. (Bundesgebiet) die Ehe der Eltern aus dem alleinigen Verschulden der Mutter geschieden.

Der Vater hat beim AG B. beantragt, ihm die elterliche Gewalt über R. zuzusprechen. Das AG B. und das AG Berlin-Schöneberg streiten über ihre Zuständigkeit in dieser Sache. Das OLG hat gemäß § 5 FGG das AG B. für zuständig erklärt.

Aus den Gründen:

„Da das Kind R. seinen gewöhnlichen Aufenthalt in der sowjet. besetzten Zone hat, bestehen Bedenken, ob nach den Grundsätzen des interlokalen Verfahrensrechts überhaupt eine Zuständigkeit von Gerichten der Bundesrepublik oder West-Berlins in dieser Angelegenheit gegeben ist (vgl. BGHZ 21, 306 [317 f.][1]; KG, NJW 1957, 1198[2]; BayObLG, NJW 1957, 1599[3]). Über diese Frage ist aber in dem Verfahren nach § 5 I Satz 1 FGG nicht zu befinden, da diese Vorschrift nur eine Entscheidung über die örtliche Zuständigkeit vorsieht. Die örtliche Zuständigkeit ist eine gegenüber der interlokalen Zuständigkeit selbständige Verfahrensvoraussetzung und vor der interlokalen Zuständigkeit zu prüfen (KG, FamRZ 1958, 426[4] und NJW 1961, 884[5]; a. A.: BayOblG, NJW 1957, 1599[3]). Diese Reihenfolge ergibt sich aus folgenden Erwägungen: Das interlokale Verfahrensrecht bestimmt, ob ein Gericht der Bundesrepublik oder West-Berlins in einer bestimmten Angelegenheit zu einer sachlichen Entscheidung befugt ist. Die Prüfung dieser Frage kann aber in einer bestimmten

[1] IzRspr. 1954—1957 Nr. 368 b.
[2] IzRspr. 1954—1957 Nr. 370.
[3] IzRspr. 1954—1957 Nr. 373.
[4] IzRspr. 1954—1957 Nr. 374.
[5] IzRspr. 1960—1961 Nr. 211.

Angelegenheit nicht irgendeinem beliebigen Gericht in der Bundesrepublik oder in West-Berlin obliegen. Vielmehr bedarf es einer vorgängigen Bestimmung, welches Gericht sich mit dieser Frage zu befassen hat. Die dafür maßgebenden Regeln sind nicht im interlokalen Verfahrensrecht enthalten, sondern allein dem Aufbau der Gerichtsbarkeit und den Vorschriften über die sachliche und örtliche Zuständigkeit der Gerichte in der Bundesrepublik und in West-Berlin zu entnehmen.

Die hiernach vorgängige und bei dem Streit der beiden Gerichte allein dem Senat obliegende Prüfung der örtlichen Zuständigkeit ergibt, daß das AG B. nach §§ 43 I, 36 I Satz 1 FGG örtlich zuständig ist, weil das Kind R. seinen Wohnsitz noch in B. hat. Diesen Wohnsitz hat das Kind mit seiner Geburt erworben. Er ist bisher auch nicht rechtsgültig aufgehoben (§ 11 I Satz 3 BGB), weil es an der dazu erforderlichen Mitwirkung beider Elternteile fehlt. Zwar kann davon ausgegangen werden, daß die Mutter mit der Aufgabe des Wohnsitzes in B. einverstanden ist. Es fehlt jedoch ein entsprechendes Einverständnis des Vaters. Dieser hat zwar auf eine formularmäßige Anfrage des AG B. mit Schriftsatz vom ... erklärt, er billige den jetzigen Aufenthaltsort des Kindes. Diese Billigung ist aber, wie sich aus dem Schriftsatz selbst und aus dem Bericht des Jugendamts der Stadt B. vom 3. 8. 1962 ergibt, in zweifacher Weise eingeschränkt. Sie ist einmal nur unter der Voraussetzung erteilt worden, daß das Verfahren eine ausreichende Versorgung und Betreuung in X. ergeben werde. Zum anderen hat der Vater sie ausdrücklich damit begründet, daß die Behörden der sowjet. besetzten Zone eine Übersiedlung des Kindes in die Bundesrepublik nie gestatten würden. Unter diesen Umständen kann aus den Erklärungen des Vaters nicht gefolgert werden, daß er etwa noch bestehende Rechtsbeziehungen seines Kindes zum Gebiet der Bundesrepublik in dem hier maßgeblichen Zeitpunkt (§ 43 I FGG) aufzugeben bereit war. Sie enthalten infolgedessen auch kein Einverständnis mit der Aufgabe des Wohnsitzes B."

145. **Die Sowjetzone ist in Vormundschaftssachen nicht „Inland" im Sinne von § 36 II FGG. — Die Bewohner der Sowjetzone sind jedoch nicht als „Ausländer" im Sinne des § 37 II FGG anzusehen. — In Vormundschaftssachen von Kindern deutscher Staatsangehörigkeit, die ihren Wohnsitz in der Sowjetzone haben, ist daher gemäß § 36 II FGG das Amtsgericht Berlin-Schöneberg örtlich zuständig. — Die örtliche Zuständigkeit eines Vormundschaftsgerichts ist vor der interlokalen Zuständigkeit und unabhängig von dieser zu prüfen.**

OLG Braunschweig, Beschl. v. 9. 1. 1963 — 2 AR 62/62: unveröffentlicht.

Die Eltern des Kindes wohnten früher in der Sowjetzone. Der Vater ist im Juni 1961 in das Bundesgebiet übergesiedelt; er ließ Mutter und Kind in der Sowjetzone zurück. Das LG B. (Bundesgebiet) hat im März 1962 die Ehe der Eltern aus dem Verschulden der Mutter geschieden.

Der Vater hat beim AG S. (Bundesgebiet) beantragt, ihm die elterliche Gewalt über sein Kind zu übertragen. Das AG S. und das AG Berlin-Schöneberg streiten darüber, welches Gericht örtlich zuständig ist. Das OLG hat gemäß § 5 FGG das AG Schöneberg als zuständiges Gericht bestimmt.

Aus den Gründen:

(Die Begründung deckt sich nahezu wörtlich mit dem Beschluß des Gerichts vom 1. 10. 1962 — oben Nr. 143. Ergänzend heißt es sodann:)

„Nun ist allerdings bei Angelegenheiten, die Beziehungen zur Sowjetzone aufweisen, außer der örtlichen Zuständigkeit auch die interlokale Zuständigkeit als selbständige Verfahrensvoraussetzung zu prüfen (BayOLGZ 1957, 213[1]; KG, FamRZ 1958, 426[2]). Die Prüfung dieser Frage obliegt jedoch nicht dem im Verfahren nach § 5 FGG mit der Gerichtsstandbestimmung befaßten Gericht. Die interlokale Zuständigkeit regelt entsprechend der internationalen Zuständigkeit die Frage, ob allgemein die Gerichte des einen oder anderen deutschen Teilrechtsgebiets im Verhältnis zum anderen überhaupt zur Entscheidung berufen sind, während die örtliche Zuständigkeit darüber befindet, welches der mehreren gleichgeordneten Gerichte des einen oder anderen Rechtsgebiets sich mit der Sache zu befassen hat. Die Entscheidung über die interlokale Zuständigkeit kann nur ein örtlich oder sachlich zuständiges Gericht treffen (KG aaO). Nur die Bestimmung dieses Gerichts ist die Aufgabe des um die Gerichtsstandbestimmung angegangenen Gerichts. Die Vorschrift des § 5 FGG beruht auf reinen Zweckmäßigkeitserwägungen; sie dient nicht der Verwirklichung von Rechten oder Ansprüchen, sondern allein der Bestimmung des Gerichts, vor dem Recht gesucht werden kann (BGHZ 19, 102[3]). Deshalb ist im Verfahren nach § 5 FGG nicht zu prüfen, ob und welche Anknüpfungspunkte für die interlokalverfahrensrechtliche Zuständigkeit des bestimmten Gerichts im Einzelfalle vorliegen. Hierüber hat vielmehr allein das nach § 36 II FGG zuständige AG Schöneberg in Berlin-Schöneberg zu befinden."

146. Die interlokale Zuständigkeit der westdeutschen Vormundschaftsgerichte ist eine selbständige Verfahrensvoraussetzung; sie ist nach der örtlichen Zuständigkeit zu prüfen. — (Der Wohnsitz eines ehelichen Kindes ist, soweit es um die örtliche Zuständigkeit eines westdeutschen Vormundschaftsgerichts geht, nach westdeutschem Recht zu beurteilen.) — Das Rechtsverhältnis zwischen den Eltern und ihrem Kind richtet sich entsprechend Art. 19 EGBGB nach westdeutschem Recht, wenn die Eltern im Bundesgebiet wohnen. — Im interlokalen Verfahrensrecht gelten im allgemeinen die Regeln des deutschen internationalen Verfahrensrechts. — Westdeutsche

---

[1] IzRspr. 1954—1957 Nr. 373. [2] IzRspr. 1958—1959 Nr. 196.
[3] IPRspr. 1954—1955 Nr. 200.

Vormundschaftsgerichte sind interlokal zuständig, wenn das Kind seinen Wohnsitz im Bundesgebiet hat, auch wenn es sich tatsächlich seit Jahren in der Sowjetzone aufhält.

OLG Hamm, Beschl. v. 22. 2. 1963 — 15 W 533/62: JMBl. NRW 1963, 265.

Die Eltern des Kindes H. haben im Januar 1956 in A. (Bundesgebiet) die Ehe geschlossen. H. ist im Juli 1956 in X. (sowjet.) geboren worden. H. befindet sich seit seiner Geburt bei den Eltern seiner Mutter in X. Die Ehe der Eltern des Kindes ist im Februar 1961 durch das LG A. aus beiderseitigem Verschulden geschieden worden.

Das AG A. hat der Mutter des Kindes die elterliche Gewalt übertragen. Das LG A. hat diesen Beschluß auf die Beschwerde des Vaters wegen Fehlens der interlokalen Zuständigkeit aufgehoben. Diesen Beschluß hat das OLG auf die weitere Beschwerde der Mutter aufgehoben; es hat die Sache an das LG zurückverwiesen.

Aus den Gründen:

„Das Kind H. befindet sich seit seiner Geburt in der Sowjetzone. Mit Recht hat daher das LG geprüft, ob das AG A. für das Verfahren betreffend die Regelung der elterlichen Gewalt nach § 1671 BGB interlokalverfahrensrechtlich zuständig gewesen ist. Jedoch hat das Gericht die interlokale Zuständigkeit als Verfahrensvoraussetzung erst dann zu prüfen, wenn es seine örtliche Zuständigkeit bejaht hat. Diese Reihenfolge ergibt sich aus folgenden Erwägungen: Das interlokale Verfahrensrecht bestimmt, ob ein Gericht der Bundesrepublik oder West-Berlins in einer bestimmten Angelegenheit zu einer sachlichen Entscheidung befugt ist. Die Prüfung dieser Frage kann aber in einer bestimmten Angelegenheit nicht irgendeinem Gericht in der Bundesrepublik oder in West-Berlin obliegen. Vielmehr bedarf es einer vorgängigen Bestimmung, welches Gericht sich mit dieser Frage zu befassen hat. Die dafür maßgebenden Regeln sind nicht im interlokalen Verfahrensrecht enthalten, sondern allein dem Aufbau der Gerichtsbarkeit und den Vorschriften über die sachliche und örtliche Zuständigkeit der Gerichte in der Bundesrepublik und in West-Berlin zu entnehmen (OLG Hamm, Beschl. vom 30. 11. 1962 — 15 Sbd 23/62[1]; KG, FamRZ 1958, 426[2] und NJW 1961, 884[3]; a. A. BayObLG, NJW 1957, 1599[4]).

Das LG hat zur örtlichen Zuständigkeit des AG A. keine Feststellungen getroffen. Dies stellt jedoch den Bestand der angefochtenen Entscheidung nicht in Frage. Der Senat ist bereits auf Grund des bisherigen Inhalts der Akten in der Lage, die örtliche Zuständigkeit des AG A. zu bejahen.

Für das Verfahren betreffend die Regelung der elterlichen Gewalt nach § 1671 BGB ist dasjenige Amtsgericht örtlich zuständig, in dessen Bezirk sich der Wohnsitz des Kindes befindet (§§ 43 I, 36 I Satz 1 FGG). Maßgebend ist der Zeitpunkt, in dem das Gericht erstmalig

[1] Siehe oben Nr. 144.
[2] IzRspr. 1958—1959 Nr. 196.
[3] IzRspr. 1960—1961 Nr. 211.
[4] IzRspr. 1954—1957 Nr. 373.

mit der Sache befaßt wird. Das ist hier der 30. 3. 1961. An diesem Tage ist das Scheidungsurteil beim AG A. eingegangen (vgl. *Keidel*, FGG, 7. Aufl., § 43 Anm. 5).

Nach § 11 I BGB teilt ein eheliches Kind den Wohnsitz der Eltern; haben die Eltern nicht denselben Wohnsitz, so teilt das Kind den Wohnsitz des Elternteils, der das Kind in den persönlichen Angelegenheiten vertritt. Das Kind behält den Wohnsitz, bis es ihn rechtsgültig aufhebt. Daraus hat der Senat gefolgert: Ein eheliches Kind, dessen gemeinsam vertretungsberechtigte Eltern sich nach der Geburt des Kindes getrennt haben, behält den bisherigen einheitlichen Wohnsitz der Eltern als gesetzlichen Wohnsitz solange bei, bis er durch das Kind, durch gemeinsames Handeln der vertretungsberechtigten Eltern oder durch Handeln eines allein vertretungsberechtigten Elternteils rechtsgültig aufgehoben wird (OLG Hamm, Beschl. vom 7. 2. 1963 — 15 W 539/62 — m. w. Nachw., vgl. auch JMBl. NRW 1962, 186).

Als das Kind H. geboren wurde, hatten seine Eltern, die Beteiligten, ihren gemeinsamen Wohnsitz in A. Auch am 30. 3. 1961, dem hier nach § 43 I FGG maßgeblichen Zeitpunkt, hatte jeder der Beteiligten seinen Wohnsitz in A. Ob der Beteiligte zu 1) nach diesem Zeitpunkt seinen Wohnsitz nach P. verlegt hat, ist ohne Bedeutung. Gemäß § 11 I BGB ist A. der Wohnsitz des Kindes H. Zwar ist H. in X. geboren worden und ist dort bei den Eltern der Beteiligten zu 2) geblieben. Doch haben die Beteiligten einen Wohnsitz des Kindes in X. nicht begründet. Sie haben zu keiner Zeit den Willen gehabt, X. zum Mittelpunkt oder Schwerpunkt der Lebensverhältnisse des Kindes zu machen. Das Kind ist lediglich deshalb in X. geboren worden und dort bei den Eltern der Beteiligten zu 2) geblieben, weil den Beteiligten in A. eine gemeinsame Wohnung nicht zur Verfügung gestanden hat. Mithin ist die örtliche Zuständigkeit des AG A. gegeben.

Entgegen der Auffassung des LG ist das AG A. auch interlokalverfahrensrechtlich zuständig; es ist mithin zu einer sachlichen Entscheidung in diesem Verfahren berufen.

Die örtliche Zuständigkeit des Amtsgerichts bildet in Personensorgesachen einen Anknüpfungspunkt für die deutsche internationale Zuständigkeit (vgl. BayObLG, FamRZ 1962, 480 m. w. Nachw.). Die Regeln des internationalen Verfahrensrechts gelten im allgemeinen auch für das interlokale Verfahrensrecht (*Soergel-Kegel*, BGB, 9. Aufl., Anm. 322 vor Art. 7 EGBGB). Das besagt allerdings nicht, daß nun in jedem Falle, in dem ein Gericht der Bundesrepublik oder West-Berlins örtlich zuständig ist, damit auch seine interlokale Zuständigkeit gegeben ist. Es kommt vielmehr auf die gesamten Umstände des Einzelfalles an (vgl. KG, FamRZ 1958, 426[2]; BayObLG, FamRZ 1960, 38[5]). Hier ist das AG A. deshalb örtlich zuständig, weil das Kind H. seinen Wohnsitz in A. hat. Dieser Wohnsitz ist

[5] IzRspr. 1958—1959 Nr. 198.

zugleich der Anknüpfungspunkt für die interlokale Zuständigkeit des Amtsgerichts. Dem steht nicht entgegen, daß es sich nur um einen sog. abgeleiteten Wohnsitz handelt und das Kind in der Sowjetzone ist. Denn die Eltern des Kindes, die Beteiligten, haben in der Bundesrepublik, in A., die Ehe geschlossen; sie leben noch heute in der Bundesrepublik. Für das Rechtsverhältnis zwischen den Eltern und dem Kind ist daher das Recht der Bundesrepublik maßgebend (entsprechende Anwendung von Art. 19 EGBGB). Auch um die Anwendung dieser Rechtsnormen zu gewährleisten, ist es hier gerechtfertigt, die interlokale Zuständigkeit an den in der Bundesrepublik liegenden Wohnsitz des Kindes anzuknüpfen (vgl. dazu OLG Hamm, JMBl. NRW 1955, 271[6]).

Allerdings wird in der Lehre und auch in der Rechtsprechung überwiegend die Auffassung vertreten, die interlokale Zuständigkeit sei nicht an den Wohnsitz, sondern an den gewöhnlichen Aufenthaltsort des Kindes zu knüpfen (*Soergel-Kegel*, BGB, Anm. 353 ff. vor Art. 7 EGBGB m. zahlreichen Nachw.). Dieser Meinung hat sich das LG angeschlossen. Demgegenüber ist jedoch darauf hinzuweisen, daß aus der vom LG herangezogenen Entscheidung des BGH in BGHZ 21, 306 ff.[7] nicht gefolgert werden kann, der gewöhnliche Aufenthaltsort des Kindes sei der alleinige Anknüpfungspunkt für die interlokale Zuständigkeit. Die vom LG weiter angeführte Entscheidung des Senats in JMBl. NRW 1956, 281[8] betrifft nur die örtliche Zuständigkeit. Auch hat die dem Senat bekannt gewordene Rechtsprechung die interlokale Zuständigkeit nur dann an den gewöhnlichen Aufenthaltsort des Kindes gebunden, wenn sich dieser Ort in der Bundesrepublik befunden hat (so BGHZ 21, 306[7]; vgl. auch BayObLG, NJW 1957, 1599[4]; 1958, 308[9] und 1959, 533[10]; KG, FamRZ 1958, 426[2]). Daraus kann aber nicht — wie das LG offenbar meint — gefolgert werden, die interlokale Zuständigkeit eines Gerichts in der Bundesrepublik oder in West-Berlin sei in keinem Falle gegeben, wenn der gewöhnliche Aufenthaltsort des Kindes in der Sowjetzone liegt. Zwar haben das KG in FamRZ 1957, 272[11] und das BayObLG, in BayObLGZ 1957, 213[4] die interlokale Zuständigkeit eines Gerichts der Bundesrepublik und West-Berlins verneint, weil der gewöhnliche Aufenthaltsort des Kindes in der Sowjetzone lag. Doch haben diese Gerichte, insbesondere in NJW 1955, 552[12] und NJW 1957, 1599[4], zu erkennen gegeben, daß der gewöhnliche Aufenthaltsort des Kindes in der Sowjetzone nicht schlechthin die interlokale Zuständigkeit eines Gerichts der Bundesrepublik oder West-Berlins ausschließt, vielmehr andere Anknüpfungspunkte zur Annahme der interlokalen Zuständigkeit führen können. Wann das der Fall ist, braucht hier nicht abschließend entschieden zu werden. Der Senat vermag schon der Auffassung des LG, der gewöhnliche Aufenthaltsort des Kin-

---

[6] IPRspr. 1954—1955 Nr. 103.
[7] IzRspr. 1954—1957 Nr. 368 b.
[8] IzRspr. 1954—1957 Nr. 369.
[9] IzRspr. 1954—1957 Nr. 374.
[10] IzRspr. 1958—1959 Nr. 197.
[11] IzRspr. 1954—1957 Nr. 370.
[12] IzRspr. 1954—1957 Nr. 363.

des H. sei X., nicht zu folgen. Der gewöhnliche Aufenthalt kann nur dort angenommen werden, wo eine Person ihren Daseinsmittelpunkt, den Mittel- oder Schwerpunkt ihrer Lebensverhältnisse hat. Der Wille, einen bestimmten Ort zum Daseinsmittelpunkt zu machen, ist nicht erforderlich; es kommt vielmehr auf die tatsächlichen Verhältnisse an. Nun ist zwar H. schon über sechs Jahre bei den Eltern seiner Mutter in X. Dies hat aber, worauf die Beteiligten hingewiesen haben, letztlich seinen Grund in den besonderen Verhältnissen des geteilten Deutschland. Diese Verhältnisse haben die Beteiligten gehindert, ihrem Willen entsprechend das Kind in die Bundesrepublik zu holen. Es kann daher in diesem Fall der Aufenthalt des Kindes in X. nur als schlichter Aufenthalt gewertet werden (vgl. *Soergel-Kegel,* BGB, 9. Aufl., Anm. 11—16 zu Art. 29 EGBGB). Dieser schlichte Aufenthalt begründet die einzige Beziehung des Kindes zur Sowjetzone. Demgegenüber sind seine Beziehungen zur Bundesrepublik erheblich stärker. Seine Eltern leben in der Bundesrepublik, für die Rechtsbeziehungen zu seinen Eltern ist das Recht der Bundesrepublik maßgebend. Es muß daher auch wegen der engen Beziehungen des Kindes zur Bundesrepublik der Wohnsitz des Kindes als ausreichend zur Begründung der interlokalen Zuständigkeit des AG A. angesehen werden.

Ob die in diesem Verfahren ergehende Sachentscheidung in der Sowjetzone anerkannt wird, kann dahinstehen. Denn auch eine mangelnde Durchsetzbarkeit der Entscheidung würde hier der Annahme der interlokalen Zuständigkeit nicht entgegenstehen (anders wohl *Soergel-Kegel* aaO Anm. 353 vor Art. 7 EGBGB; vgl. auch KG, FamRZ 1957, 272[11]). Falls eine sowjetzonale Stelle ihre Zuständigkeit zu einer Sachentscheidung in Anspruch nehmen sollte, wäre eine ‚konkurrierende Gerichtsbarkeit' gegeben (vgl. *Brunn,* MDR 1956, 513).

Demnach ist das AG A. für das Verfahren zur Regelung der elterlichen Gewalt über das Kind H. örtlich und interlokalverfahrensrechtlich zuständig. Es ist daher zu der von ihm erlassenen Sachentscheidung berufen gewesen. Diese Entscheidung hätte das LG auf die Beschwerde der Beteiligten zu 1) sachlich prüfen müssen."

147. Die interlokale Zuständigkeit der westdeutschen Vormundschaftsgerichte richtet sich nach dem gewöhnlichen Aufenthalt des Kindes, nicht nach seinem Wohnsitz. — Ebenso bestimmt sich das Rechtsverhältnis zwischen Eltern und Kind nach dem Recht des gewöhnlichen Aufenthalts des Kindes.

OLG Celle, Beschl. v. 26. 3. 1963 — 5 Wx 20/63: NdsRpfl. 1964, 158; Leitsätze in FamRZ 1964, 580 und DRiZ 1965 B 10 Nr. 174.

Die Eltern der in den Jahren 1952 und 1954 geborenen Kinder lebten mit diesen in Y. (sowjet.). Im Jahre 1957 hat der Vater den ehelichen Haushalt verlassen und ist in das Bundesgebiet gezogen. Die Ehe der Eltern der Kinder ist im Juli 1962 durch das LG A. (Bundesgebiet) geschieden worden.

Im November 1962 hat der Rat des Kreises Z. (sowjet.) das Recht der elterlichen Sorge über die Kinder der Mutter übertragen. Der Vater hat beim AG A. beantragt, ihm die elterliche Gewalt zu übertragen. AG und LG erklärten sich für unzuständig. Die weitere Beschwerde des Vaters blieb erfolglos.

Aus den Gründen:

„In einem Falle wie dem vorliegenden, in dem der Vater im Gebiete der Bundesrepublik, die Kinder mit der Mutter hingegen im Bereich der Sowjetzone leben, bemißt sich die Zuständigkeit für die Regelung des Sorgerechts und der elterlichen Gewalt über die Kinder nach interlokalem Verfahrensrecht, da die Bundesrepublik einerseits, die Sowjetzone andererseits keine einheitliche Gerichtsverfassung und Verfahrensordnung besitzen und die Gerichte in beiden Gebieten keine auf einer einheitlichen Rechtsordnung beruhende Gerichtsgewalt ausüben (BGHZ 21, 306, 315 = NJW 1956, 1439, 1441[1] und BayObLG, NJW 1957, 1599[2]). Es geht hier nicht nur um die Frage der örtlichen Zuständigkeit, sondern zunächst um die der interlokalen Zuständigkeit im internationalen Privatrecht (vgl. RGZ 157, 389, 392; *Pagenstecher,* JW 1938, 2293; KG, NJW 1955, 552 f.[3]). Das haben das LG und auch schon das AG mit Recht ausgeführt.

Zutreffend hat das LG weiterhin — im Anschluß an BGHZ 21, 306, 318[1] — dargelegt, daß es sich bei der Regelung der elterlichen Gewalt (Sorgerechtsregelung) nicht um die Verwirklichung subjektiver Rechte der Eltern, sondern um Maßnahmen der Fürsorge für die Kinder handelt, und daß deshalb für die räumliche Zuordnung nicht die Verhältnisse der Eltern, sondern allein die der Kinder maßgebend sind und als Anknüpfungspunkt für die interlokale Zuständigkeit nicht der Wohnsitz, insbesondere nicht der abgeleitete, sondern nur der gewöhnliche Aufenthalt (vgl. *Palandt-Lauterbach,* Komm. zum BGB, Anm. 2 zu Art. 29 EGBGB), dem im interlokalen Privatrecht auch sonst überwiegend der Vorzug vor dem gesetzlichen Wohnsitz gegeben wird (vgl. die vom LG zitierte Literatur), in Betracht kommt (verwiesen wird insoweit insbesondere auch auf BayObLG und KG in NJW 1957, 1599[2] und 1198[4]).

Mit Recht hat das LG im vorliegenden Falle den gewöhnlichen Aufenthalt der Kinder als entscheidend angesehen.

Dieser Grundsatz, wonach also der Aufenthaltsort oder Wohnsitz der Eltern (von dem der Beschwf. auch in der weiteren Beschwerde ausgeht) für die verfahrensrechtliche interlokale Zuständigkeit ohne Belang ist, gilt auch dann, wenn — wie im vorliegenden Falle, da sich die Kinder in der Sowjetzone aufhalten — interlokal-privatrechtlich nicht das Recht der Bundesrepublik anzuwenden ist (ebenso BGHZ 21, 306, 318[1]; desgleichen: BayObLG aaO).

Schließlich hat das LG auch ohne Rechtsirrtum dargelegt, daß auch der ordre public der Bundesrepublik (Art. 30 EGBGB) der Anerken-

---

[1] IzRspr. 1954—1957 Nr. 368 b.
[2] IzRspr. 1954—1957 Nr. 373.
[3] IzRspr. 1954—1957 Nr. 363.
[4] IzRspr. 1954—1957 Nr. 401.

nung sowjetzonaler Sorgerechtsentscheidungen nicht entgegensteht (ebenso: BGHZ 20, 323, 328, 335[5]; 21, 306, 314[1] und *Beitzke,* JR 1957, 24; BayObLG aaO).

Bei dieser Sachlage kommen auch die Zuständigkeitsregelungen in den §§ 44 und 36 II FGG nicht zum Zuge, ganz abgesehen davon, daß tatsächlich auch gar kein Fürsorgebedürfnis für die Kinder im westdeutschen Bereiche gegeben ist, wie das LG ebenfalls — hinsichtlich § 44 FGG — zutreffend festgestellt hat."

148. **Nach ständiger Rechtsprechung sind die westdeutschen Vormundschaftsgerichte interlokal zuständig, wenn das Kind seinen gewöhnlichen Aufenthalt im Bundesgebiet hat. — Das Rechtsverhältnis zwischen Eltern und Kind bestimmt sich nach dem Recht am gewöhnlichen Aufenthalt des Kindes. — Die Sorgerechtsentscheidung eines sowjetzonalen Gerichts ist im Bundesgebiet grundsätzlich anzuerkennen. — (Ein westdeutsches Gericht kann die Sorgerechtsentscheidung eines sowjetzonalen Gerichts abändern.)**

KG Berlin-West, Beschl. v. 18. 9. 1963 — 1 W 956/63: ROW 1964, 224; Leitsätze in FamRZ 1964, 580 und DRiZ 1965 B 9 Nr. 172.

Die Ehe der Eltern des Kindes A. ist im September 1960 durch das Kreisgericht X. (sowjet.) ohne Schuldausspruch geschieden worden. In dem Scheidungsurteil wird die elterliche Gewalt für A. selbst und ihre sieben Jahre ältere Schwester auf die Mutter übertragen.

Im Oktober 1960 begab sich der jetzt 57 Jahre alte, erwerbsunfähige Vater mit A. nach Westberlin. Er wohnt hier als Untermieter und lebt von Sozialunterstüzung. A. besucht die Schule und ist außerhalb der Schulzeit in einem Kinderhort. Der Vater betreibt für sich und A. die Auswanderung in die Vereinigten Staaten zu seiner dort wohnenden unverheirateten Schwester.

Auf Antrag des Vaters hat das AG im Juni 1961 dem Vater die elterliche Gewalt über A. übertragen. Das LG hat die Beschwerde, das KG die weitere Beschwerde der Mutter zurückgewiesen.

Aus den Gründen:

„Das LG ist zutreffend davon ausgegangen, daß sowohl die örtliche als auch die interlokale Zuständigkeit des AG Berlin-L. [West-Berlin] gegeben ist. Nach ständiger Rechtsprechung ist die interlokale Zuständigkeit eines Vormundschaftsgerichts der Bundesrepublik gegeben, wenn der gewöhnliche Aufenthalt des Kindes im Gebiet der Bundesrepublik liegt (BGHZ 21, 306 [318][1] mit Anm. v. *Beitzke* in JR 1957, 24 f.; KG, NJW 1957, 1198 f.[2]; *Erman-Marquordt,* BGB, 3. Aufl., Art. 19 EGBGB Anm. 9b; *Keidel,* FGG, § 36 Anm. 1a; *Jansen,* FGG, Vorbem. § 35 Anm. 6). Auf die Verhältnisse der Eltern kommt es für die Frage der räumlichen Zuordnung nicht an.

---

[5] IzRspr. 1954—1957 Nr. 322.

[1] IzRspr. 1954—1957 Nr. 368 b.

[2] IzRspr. 1954—1957 Nr. 370.

Hinsichtlich der Frage des anzuwendenden Rechts hat das LG zwar keine Ausführungen gemacht, unterstellt seine Erörterungen jedoch mit Recht ersichtlich der Rechtsordnung der Bundesrepublik, der in entsprechender Anwendung des Art. 19 EGBGB im Hinblick auf den gewöhnlichen Aufenthalt des Vaters der Vorzug gebührt (*Erman-Marquordt*, BGB, 3. Aufl., Art. 19 EGBGB Anm. 9a; a. M. *Soergel-Kegel*, BGB, 9. Aufl., Art. 19 EGBGB Randn. 62; *Achilles-Greiff*, BGB, 20. Aufl., Art. 19 EGBGB Anm. 4). Übrigens wäre die Entscheidung des LG bei dem festgestellten Sachverhalt auch bei Zugrundelegung des § 10 der EheVO vom 24. 11. 1955 gerechtfertigt.

Dem LG ist auch in seinem Ausgangspunkt beizutreten, daß die in dem Scheidungsurteil des Kreisgerichts X. vom 3. 9. 1960 enthaltene Übertragung des Sorgerechts auf die Mutter für das Gebiet der Bundesrepublik ebenfalls Wirksamkeit entfaltet (BGHZ 20, 323 ff.[3]; 21, 306 [313 f.][1]; 34, 134 ff.[4]). Dabei ist insbesondere unerheblich, daß abweichend von dem Recht der Bundesrepublik die Sorgerechtsregelung im Scheidungsurteil durch das Prozeßgericht getroffen worden ist (vgl. KG, JW 1935, 2750). Diese Entscheidung ist vielmehr der im Rechtsbereich der Bundesrepublik durch das Vormundschaftsgericht zu treffenden Regelung gleichzuachten und demzufolge der Antrag des Vaters ein Änderungsantrag nach § 1696 i. V. m. § 1671 BGB.

Als selbständiges von der ersten Entscheidung unabhängiges Verfahren (BGHZ 21, 306 [315][1]; Senat in NJW 1955, 552[5]; *Erman-Ronke* aaO § 1696 Anm. 2; *Palandt-Lauterbach*, BGB, 22. Aufl., § 1696 Anm. 1) setzt § 1696 voraus, daß das Vormundschaftsgericht die angestrebte Änderung als im Interesse des Kindes für erforderlich hält. Damit wird allerdings nicht eine beliebige Wiederaufrollung des Sorgerechtsverfahrens ermöglicht. Wie der beschließende Senat in ständiger Rechtsprechung angenommen hat, müssen triftige, das Wohl des Kindes nachhaltig berührende Gründe die Änderung angezeigt erscheinen lassen (1 W 537/56; FamRZ 1959, 253 f.; auch BayObLGZ 1961, 262 [263] und 383 [385]; *Soergel-Siebert-Lange*, BGB, 9. Aufl., § 1696 Randn. 4). Es müssen Gründe vorliegen, die geeignet sind, die Bedenken gegen einen dem Kinde grundsätzlich abträglichen Wechsel der Verhältnisse aufzuwiegen (OLG Freiburg, DRZ 1950, 207; Senat aaO; *Soergel-Siebert-Lange* aaO).

Das LG sieht diese Voraussetzungen insbesondere in zwei Umständen erfüllt: Einmal darin, daß sich A. seit Oktober 1960 in West-Berlin befindet und sich in der Obhut des Vaters günstig entwickelt hat, sowie zum anderen darin, daß die in X. verbliebene Mutter im Oktober 1961 den K. geheiratet hat, der sich im Jahre 1960 der A. unsittlich genähert hatte. Darin kann keine Rechtsverletzung erblickt werden . . ."

---

[3] IzRspr. 1954—1957 Nr. 322.

[4] IzRspr. 1960—1961 Nr. 178 a.

[5] IzRspr. 1954—1957 Nr. 363.

149. Das Deutsche Reich besteht noch als Einheit. — Die Rechtsverschiedenheiten innerhalb Deutschlands sind nach den Grundsätzen des interlokalen Privatrechts zu lösen. — Die interlokale Zuständigkeit der Vormundschaftsgerichte bestimmt sich nach dem jeweiligen Aufenthalt eines Kindes; das gilt auch bei Geschwistern. — Sorgerechtsentscheidungen sowjetzonaler Gerichte, die interlokal zuständig sind, müssen im Bundesgebiet grundsätzlich anerkannt werden, wenn sie nicht gegen den westdeutschen ordre public verstoßen. — Gegen den westdeutschen ordre public verstößt eine Entscheidung, welche das Sorgerecht über ein in der Sowjetzone lebendes Kind dem ebenfalls dort lebenden Vater nur deswegen überträgt, damit das Kind in der Sowjetzone bleibt.

AG Hamburg, Beschl. v. 4. 11. 1963 — 116 X St 6122: MDR 1964, 1005.

Die Ehe der Eltern des im November 1954 geborenen Kindes D. ist im Juli 1961 durch das Kreisgericht X. (sowjet.) ohne Schuldspruch geschieden worden. In dem Urteil ist das Sorgerecht für die beiden Kinder der Eheleute auf den im Kreis X. lebenden Vater übertragen worden. Auf Antrag der im Bundesgebiet wohnhaften Mutter hat das AG H. (Bundesgebiet) ihr das Sorgerecht über die bei ihr lebende Tochter E. übertragen. Die Mutter hat beantragt, ihr auch das Sorgerecht über D. zu übertragen, der sich bei dem Vater in der Sowjetzone befindet. Das AG hat dem Antrag stattgegeben.

Aus den Gründen:

„Durch die militärische Kapitulation der Deutschen Wehrmacht vom 8. 5. 1945 und die später darauffolgende zwangsweise Beseitigung der Organe der Reichsgewalt ist das Deutsche Reich als Völkerrechtssubjekt und staatsrechtliche Einheit nicht untergegangen; auch in dem Potsdamer Abkommen der Besatzungsmächte ist davon nicht die Rede, vielmehr ist die Neuerrichtung einzelner Regierungs- oder Verwaltungsorgane für ganz Deutschland ausdrücklich vorgesehen. Auch dadurch, daß der westliche Teil des Reiches, die Bundesrepublik Deutschland, Souveränität wieder erlangt hat, hat sich daran nichts geändert (BGHZ 20, 330[1]; OLG Celle, NJW 1955, 24[2]). Allerdings müssen die durch die faktische Zerreißung entstandenen getrennten Gesetzgebungsgebiete und die in diesen beiden Teilen Deutschlands teilweise unterschiedlichen Gesetze bei der Entscheidung über Rechtsangelegenheiten berücksichtigt werden. Diese Berücksichtigung findet ihren Niederschlag in den besonders ausgebildeten Grundsätzen des interlokalen Privatrechts, wie es auch früher schon, als noch keine Rechtseinheit in Deutschland bestand, zur Anwendung gekommen ist. Nach diesen Regeln des interlokalen Privatrechts ist als Anknüpfungspunkt speziell für die Zuständigkeit zu vormundschaftsgerichtlichen Verrichtungen der jeweilige Aufenthalt eines Minderjährigen maßgebend. Entscheidungen, die in einem danach zuständigen Rechtspflegegebiet Deutschlands ergangen sind,

[1] IzRspr. 1954—1957 Nr. 322. [2] IzRspr. 1954—1957 Nr. 311.

sind auch in dem anderen Teil grundsätzlich anzuerkennen. Danach ist im allgemeinen die interlokale Zuständigkeit eines Vormundschaftsgerichts der Bundesrepublik oder von West-Berlin nicht gegeben, wenn das Kind, um welches es sich im Einzelfall handelt, seinen gewöhnlichen Aufenthalt in dem sowjet. besetzten Teil Deutschlands hat (Beschl. des KG, FamRZ 1957, 272[3] und BGHZ 21, 306, 318[4]). Dies gilt auch, wenn der gewöhnliche Aufenthalt eines von mehreren Kindern aus einer geschiedenen Ehe im westdeutschen Rechtspflegegebiet, der eines anderen Kindes dagegen in einem der sowjet. besetzten Teile Deutschlands liegt.

Dann ist im allgemeinen eine Zuständigkeit des westlichen Vormundschaftsgerichts nur für dasjenige Kind, welches sich im westdeutschen Rechtspflegegebiet aufhält, gegeben, da die interlokale Zuständigkeit Vorrang vor der Bestimmung des § 36 I Satz 2 über den Geschwistergerichtsstand hat (BayObLG, NJW 1958, 110 Nr. 34[5]).

Grundsätzlich sind Entscheidungen, welche diesen Regeln entsprechend in einem Teil Deutschlands von einem Gericht oder einer mit der Ausübung gerichtlicher Verrichtungen betrauten Dienststelle erlassen sind, auch in dem anderen Teil als gültig hinzunehmen. Jedoch kann dies nicht ausnahmslos gelten. Vielmehr muß in entsprechender Anwendung der Grundsätze des § 328 ZPO einer in der Sowjetzone ergangenen Entscheidung hier die Anerkennung dann versagt bleiben, wenn die in der Sowjetzone ergangene Entscheidung grundlegend gegen die öffentliche Ordnung unseres freiheitlichen Rechtsstaates verstößt oder in dem Verfahren, das der Entscheidung zugrunde liegt, rechtsstaatliche Verfahrensgrundsätze nicht zur Anwendung gekommen sind. Dies ist von dem BGH im Urteil vom 28. 3. 1962 (NJW 1963, 153[6]) bezüglich der Wirksamkeit eines Ehescheidungsurteils im einzelnen dargelegt worden.

Dieselben Grundsätze müssen auch für die Anerkennung einer Entscheidung (eines Urteiles oder Beschlusses) über die Zuteilung der elterlichen Gewalt (des Sorgerechts) an einen Elternteil gelten (BGHZ 20, 323[1]). Hat danach eine Dienststelle in der sowjet. besetzten Zone Deutschlands auf Grund der dort geltenden, mit unserer weitgehend unvereinbaren Ordnung die Entscheidung über die elterliche Gewalt nicht unter dem allein maßgeblichen Gesichtspunkt des Kindes und nach dessen Belangen getroffen, sondern lediglich ohne Rücksicht auf das Wohl des Kindes, um die Umgestaltung der Lebensform des deutschen Volkes im kommunistischen Sinne durchzusetzen und das Kind im kommunistischen Machtbereich zu halten, so darf eine solche Entscheidung dem in Westdeutschland lebenden Elternteil, in dessen Elternrechte in einer gegen den Zweck der deutschen Gesetze verstoßenden Weise eingegriffen wird (Art. 30 EGBGB), nicht zugemutet werden. Diese Entscheidung kann nicht anerkannt werden.

---

[3] IzRspr. 1954—1957 Nr. 370. [4] IzRspr. 1954—1957 Nr. 368 b.
[5] Gemeint ist wohl IzRspr. 1954—1957 Nr. 374.
[6] Siehe oben Nr. 125.

So liegt der Fall aber hier. Aus den Gründen des Urteils des Kreisgerichts X. geht eindeutig hervor, daß das Sorgerecht für den Sohn D. (ebenso auch für die Tochter E., um die es hier aber nicht mehr geht), dem Vater nur deswegen übertragen ist, weil dieser im kommunistischen Machtbereich lebt und auch der Sohn D. dort unter allen Umständen aufwachsen soll. Wenn in dem Urteil gesagt ist, daß in der DDR alle Maßnahmen von Partei und Regierung der Erhaltung des Friedens und dem Aufbau des Sozialismus und der Wiedervereinigung dienen, so sind diese Worte im Sinne der speziellen kommunistischen Parteiausdrucksweise gebraucht und haben tatsächlich, wie der Augenschein lehrt, einen völlig anderen Sinn, nämlich den, das deutsche Volk und auch jeden einzelnen Deutschen in Abhängigkeit von der kommunistischen Macht zu bringen und zu erhalten. Das deutsche Volk soll insgesamt in ein Gefängnis hinter Stacheldraht, Türme und Minenfelder gesperrt und den Beauftragten der Sowjetmacht schlechthin ausgeliefert werden. Diese Absicht wird auch hier mit der Zuteilung der elterlichen Gewalt auf einen Elternteil in der Sowjetzone, die ohne Rücksicht auf seine Erziehungsqualität geschieht, verfolgt. Eine solche Entscheidung ist aber mit einer freiheitlichen Grundordnung unseres Staates unvereinbar. Sie darf deshalb auch im vorliegenden Falle nicht anerkannt werden.

Ein zuständiges Gericht, das über die elterliche Gewalt über D. in einer den rechtsstaatlichen Grundsätzen entsprechenden Weise entscheidet, gibt es in der Sowjetzone überhaupt nicht.

Da aber jeder Deutsche Anspruch darauf hat, seine Angelegenheiten durch ein deutsches Gericht nach rechtsstaatlichen Grundsätzen entschieden zu sehen, muß in solchem Fall, wenn auch nur ein Elternteil seinen Aufenthalt in der Bundesrepublik Deutschland hat, hier ein Gerichtsstand gegeben sein, damit die Rechtsstaatlichkeit zum Zuge kommt. Dieser Hilfsgerichtsstand ist in H. örtlich gegeben. Es muß nunmehr die Bestimmung des § 36 I Satz 2 FGG zur Anwendung kommen, nach der, wenn vormundschaftsgerichtliche Maßnahmen über Geschwister erforderlich sind, dasjenige Gericht zuständig ist, bei dem bereits für eines von mehreren Geschwistern eine Angelegenheit anhängig geworden ist. Damit ist aber das Vormundschaftsgericht H., wo gleichzeitig mit dieser Sache auch das Verfahren zur Entscheidung über die elterliche Gewalt für die Schwester E. anhängig geworden ist, zuständig.

Die Mutter hat im einzelnen dargelegt, und dies ist auch durch die Ermittlungen der Jugendbehörde bestätigt worden, daß sie sehr gut in der Lage ist, für ihre Kinder zu sorgen und auch den Willen dazu hat, während der Sohn D. bei dem Vater und dessen neuer Ehefrau — seiner Stiefmutter — gar nicht gut aufgehoben ist. Das Kind wird zu einer unheilvollen Abkehr von allen ethischen Grundsätzen und zu einer Denkweise gezwungen, die den Haß zum Prinzip erhebt. Seine Erziehung, soweit man von einer solchen überhaupt sprechen kann, zielt auf den künftigen ‚Klassenkämpfer' der kommunistischen Weltrevolution ab. Schule, Kindergarten, ‚Junge Pioniere' sind die Mittel, schon das Kind zum überzeugten Bolschewisten zu machen, weil das Elternhaus fehlt. Dem Wohle des Kindes dient nur, was der SED nützt, und die Flucht aus der häuslichen Unterdrükkung in die politische Jugendgemeinschaft ist eine willkommene Entwurzelung, weil dafür die ideologische Kette um so stärker wirkt. Es fördert deshalb das Gedeihen des Sohnes D., wenn er aus dieser Umgebung herausgenommen und von seiner Mutter aufgezogen werden kann und in deren Haushalt aufwächst.

Aus diesem Grunde ist gemäß § 1671 BGB der Mutter auch die elterliche Gewalt über ihren Sohn zu übertragen. Wenn auch diese Entscheidung derzeit nicht sofort vollzogen werden kann, so hat die Mutter doch ein berechtigtes Anliegen, die wirkliche Sach- und Rechtslage, wie sie sich nicht unter ideologischen Gesichtspunkten, sondern vor allem wegen der individuellen Umstände dieses Falles darstellt, festgestellt zu wissen. Zur Vermeidung von Zweifeln über das Verhältnis der beiden Entscheidungen über den gleichen Gegenstand war der Beschluß als Abänderungsentscheidung gemäß § 1696 BGB zu fassen, was auch formell gegenüber Urteilen zu diesem Gegenstande, wenn einmal die hiesige Zuständigkeit begründet ist, durchaus zulässig ist (BGHZ 21, 314[4])."

2. Nachlaßsachen

150. **Nach ständiger Rechtsprechung ist für die Erteilung eines Erbscheins nach einem in der Sowjetzone verstorbenen Deutschen grundsätzlich das Staatliche Notariat am Wohnsitz des Erblassers zuständig. — Ausnahmsweise war bisher ein westdeutsches Nachlaßgericht zuständig, wenn das Staatliche Notariat seine Mitwirkung aus unsachlichen Gründen verweigert oder mit einer solchen Weigerung sicher zu rechnen ist oder wenn aus besonderen Gründen seine Anrufung unzumutbar ist. — In diesen Fällen war das Amtsgericht Schöneberg zuständig. — Infolge der Sperrmaßnahmen vom 13. 8. 1961 ist einem Antragsteller mit Wohnsitz im Bundesgebiet in keinem Fall die Anrufung eines sowjetzonalen Staatlichen Notariats mehr zumutbar, so daß in diesen Fällen immer das Amtsgericht Schöneberg zuständig ist.**

KG Berlin-West, Beschl. v. 31. 8. 1961 — 1 W 1473/61: unveröffentlicht.

Die im Juli 1960 an ihrem letzten Wohnsitz in Berlin-K. (Berlin-Ost) verstorbene Erblasserin war zu $^{9}/_{40}$ Miteigentümerin eines Grundstücks in Westberlin. Ein weiterer Miteigentümeranteil steht ihrer Tochter B. in Berlin-L. (Berlin-Ost) zu. Die Erblasserin ist von ihren drei Kindern zu gleichen Teilen beerbt worden.

Der Miterbe A. hat beim AG Schöneberg (Berlin-West) einen gemeinschaftlichen Erbschein beantragt, nach dem er selbst und seine beiden Geschwister Miterben zu je $^{1}/_{3}$ geworden seien. Der Anteil an dem Haus sei der einzige wesentliche Vermögenswert des Nachlasses. Die Anrufung des an sich zuständigen Staatlichen Notariats Berlin-K. sei ihm nicht zuzumuten, weil weder der Anteil der Erblasserin noch der ihrer Tochter bei den Behörden von Berlin-Ost angemeldet worden seien.

AG und LG lehnten ihre Zuständigkeit ab. Das KG hob diese Entscheidungen auf und verwies die Sache an das AG zurück.

Aus den Gründen:

„Das LG nimmt in Übereinstimmung mit der ständigen Rechtsprechung des beschließenden Senats (JZ 1952, 119 = DNotZ 1952, 231[1]) zutreffend an, daß für die Erteilung eines Erbscheins nach einem in der sowjet. Besatzungszone oder im sowjet. besetzten Sektor Berlins verstorbenen Deutschen grundsätzlich dasjenige Staatliche Notariat gemäß § 73 I FGG zuständig ist, in dessen Bezirk der Erblasser seinen letzten Wohnsitz hatte. Es verkennt auch nicht, daß in gewissen Fällen die Notwendigkeit besteht, von diesem Grundsatz abzugehen, wenn nämlich das Staatliche Notariat seine Mitwirkung als Nachlaßgericht aus unsachlichen Gründen verweigert oder wenn mit einer solchen Weigerung sicher zu rechnen ist oder wenn dem Antragsteller die Anrufung des Staatlichen Notariats aus besonderen Gründen nicht zugemutet werden kann (Senat aaO; OLG Stuttgart, JR 1952, 73[2]; BayObLGZ 1954, 161[3]; *Jansen*, FGG, § 73 Anm. 4; *Keidel*, FGG, 7. Aufl., § 73 Anm. 4a). In diesen Fällen ist in entsprechender Anwendung des § 73 II FGG in Verbindung mit § 14 der VO vom 31. 5. 1934 die Zuständigkeit des AG Schöneberg begründet. Soweit das LG die von dem Beschwf. dargelegten Umstände nicht für ausreichend gehalten hat, um hier die Ersatzzuständigkeit des AG Schöneberg anzunehmen, kann die Richtigkeit der von dem LG für diese Annahme angeführten Gründe dahinstehen. Die Anrufung des Staatlichen Notariats in K. ist dem ASt. jedenfalls auf Grund der Ereignisse, die seit dem 13. 8. 1961 eingetreten sind, nicht mehr zumutbar. Diese Umstände sind zwar erst nach dem Erlaß des angefochtenen Beschlusses eingetreten; sie müssen aber von dem Rechtsbeschwerdegericht trotzdem beachtet werden, weil es sich bei ihnen um Tatsachen handelt, welche die interlokale Zuständigkeit des angerufenen Nachlaßgerichts und damit die Gesetzmäßigkeit des gerichtlichen Verfahrens betreffen (*Jansen* aaO § 27 Anh. zu § 561 ZPO Anm. 5).

Die Maßnahmen, welche von den Behörden des sowjet. besetzten Sektors Berlins seit dem 13. 8. 1961 einseitig eingeleitet und durchgeführt worden sind, haben zu einer fast vollständigen Unterbrechung des Personenverkehrs zwischen dem sowjet. besetzten Sektor und den Westsektoren der Stadt geführt; sie sind darüber hinaus einseitig darauf gerichtet, die sowjet. besetzte Zone Deutschlands und den sowjet. besetzten Sektor Berlins in jeder Beziehung noch stärker als bisher von den übrigen deutschen Gebieten abzutrennen. Diese Entwicklung kann zwar nicht anerkannt werden. Der beschließende Senat hält deshalb an seiner bisherigen Auffassung fest, daß

---

[1] IzRspr. 1945—1953 Nr. 550. [2] IzRspr. 1945—1953 Nr. 549.
[3] IzRspr. 1954—1957 Nr. 382.

die sowjet. besetzte Zone und der Ostsektor von Berlin nach wie vor als Inland im Sinne des § 73 I FGG anzusehen sind. Er hält jedoch nunmehr in allen Fällen, in denen ein Erbschein nach einem in diesen Gebietsteilen Deutschlands verstorbenen Erblasser von einem in der Bundesrepublik oder in West-Berlin wohnenden Erben für das hier belegene Nachlaßvermögen benötigt wird, die Ersatzzuständigkeit des AG Schöneberg nach § 73 II FGG für gegeben, weil einem solchen Antragsteller die Anrufung des nach § 73 I FGG zuständigen Staatlichen Notariats jedenfalls so lange nicht zugemutet werden kann, als die erwähnten Sperrmaßnahmen andauern.

Die Entscheidungen der Vorinstanzen müssen hiernach aufgehoben werden, weil das AG Schöneberg interlokal zuständig ist."

151. Für die Erteilung eines Erbscheins nach einem Erblasser, der seinen letzten Wohnsitz in der Sowjetzone hatte, ist grundsätzlich das Staatliche Notariat am letzten Wohnsitz des Erblassers zuständig. — In entsprechender Anwendung von § 73 II (und nicht § 73 III) FGG ist jedoch das Amtsgericht Schöneberg interlokal zuständig, wenn die sowjetzonale Nachlaßbehörde ihre Mitwirkung aus politischen Gründen verweigert oder mit einer solchen Verweigerung zu rechnen ist. — Die Staatlichen Notariate weigern sich, Erbscheine für Lastenausgleichssachen auszustellen.

OLG Oldenburg, Beschl. v. 30. 4. 1963 — 5 AR 2/63: NdsRpfl. 1963, 155; DRpfl. 1963, 297; Leitsatz in DRiZ 1963 B 109 Nr. 164.

Die ASt. hat beim AG A. (Bundesgebiet) beantragt, zwei Erbscheine nach ihrem 1930 verstorbenen Ehemann und nach ihrem 1933 verstorbenen Sohn zu erteilen. Beide Erblasser wohnten zuletzt in X. (jetzt: sowjet.). Die Erbscheine sind beantragt worden „zu Händen des Lastenausgleichsamts" in M. (Bundesgebiet).

Das AG A. hat das Verfahren an das AG M. abgegeben. Dieses hält das Kreisgericht K. (sowjet.) für zuständig und hat das OLG um Bestimmung des zuständigen Gerichts gemäß § 5 FGG ersucht. Das OLG hat die Bestimmung abgelehnt.

Aus den Gründen:

(Das Gericht legt zunächst dar, daß die Voraussetzungen des § 5 FGG nicht gegeben seien, da sich die beteiligten Gerichte nicht über die Zuständigkeit stritten.)

„III. Für die weitere Prüfung der örtlichen Zuständigkeit wird das AG M. in Erwägung ziehen müssen: Entgegen der Auffassung des AG A. wird eine entsprechende Anwendung des § 73 III FGG nicht in Betracht kommen können, weil die beiden Erblasser deutsche Staatsangehörige waren, § 73 III FGG aber nur auf Ausländer anwendbar ist. Zuständig ist an sich das Staatliche Notariat (an Stelle des Kreisgerichts) X. Indessen kann nicht unberücksichtigt bleiben, daß dieses die Erteilung der Erbscheine mit Sicherheit ablehnen würde (‚zu Händen des Lastenausgleichsamts', vgl. Rundverfügung des Leiters der Justizverwaltung der SBZ vom 7. 5. 1953, DNotZ

1953, 564). Ob ein Hinweis darauf, daß die Erbscheine für Zwecke des Lastenausgleichs benötigt werden, in den Anträgen hätte unterbleiben können oder sollen, mag dahingestellt bleiben. Hier handelt es sich um die Zuständigkeit für die nun einmal vorliegenden Erbscheinsanträge. *Diese* würde das Notariat in X. jedenfalls ablehnen. Die Frage, ob die SBZ unter diesen Umständen und für die hier beantragten Erbscheine verfahrensrechtlich noch als Inland im Sinne des § 73 II FGG anzusehen ist, bedarf jedoch keiner abschließenden Stellungnahme. In der Rechtsprechung und im Schrifttum hat sich die Auffassung durchgesetzt, daß § 73 II FGG entweder unmittelbar oder wenigstens entsprechend anzuwenden ist in den Fällen, in denen ein Erblasser in der SBZ gewohnt hat und entweder die für die Erteilung von Erbscheinen an sich zuständige Behörde der SBZ sich aus politischen Gründen weigert, einen Erbschein zu erteilen, oder eine solche Verweigerung mit Sicherheit zu erwarten ist (vgl. BayObLG, NJW 1954, 1646[1]; KG, DNotZ 1952, 231[2]; DNotZ 1953, 419 = NJW 1953, 1186[3]; JR 1954, 265 = DRpfl. 1954, 453[4]; OLG Stuttgart, DNotZ 1952, 231[5]; OLG Schleswig, SchlHA 1954, 231[6]; RGRK Anm. 13 vor § 2353 BGB; *Staudinger-Firsching,* [BGB] § 2353 Anm. 33; *Palandt-Rechenmacher,* [BGB] § 2353 Anm. 1a; *Keidel,* [FGG] § 73 Randn. 18; *Schlegelberger,* [FGG] § 73 Anm. 1b; *Jansen,* [FGG] § 73 Anm. 4). Danach wäre im vorliegenden Falle gemäß § 73 II FGG das AG Schöneberg als zuständig anzusehen."

3. Rechtshilfe

152. Die Vernehmung einer Prozeßpartei im Wege der Rechtshilfe für ein sowjetzonales Gericht ist unzulässig, wenn Aussagen zu dem Beweisthema die persönliche Freiheit der in der Sowjetzone wohnhaften Prozeßpartei gefährden können.

OLG Hamm, Beschl. v. 12. 6. 1962 — 15 W 191/62: JMBl. NRW 1962, 195; NdsRpfl. 1962, 222; Leitsatz in DRiZ 1962 B 110 Nr. 1446.

Das Kreisgericht X. (sowjet.) hat das AG A. (Bundesgebiet) ersucht, im Wege der Rechtshilfe die im Bundesgebiet wohnhafte Kl. als Partei zu vernehmen. Die Kl. soll u. a. dazu vernommen werden, ob die Parteien vereinbart hatten, der (noch in der Sowjetzone wohnhafte) bekl. Ehemann solle zu der Kl. nach Westdeutschland nachkommen und der Bekl. habe eine „Republikflucht" vorbereitet.

Das AG hat die Vernehmung der Kl. zu diesen Fragen abgelehnt. Das OLG wies die Beschwerde der Kl. zurück.

Aus den Gründen:

„Es kann nicht ausgeschlossen werden, daß der Verkl. als Einwohner der sowjet. Besatzungszone Deutschlands (SBZ), würde die Kl. wie begehrt vernommen, auf Grund ihrer Aussage, deren Inhalt

[1] IzRspr. 1954—1957 Nr. 382.
[2] IzRspr. 1945—1953 Nr. 350.
[3] IzRspr. 1945—1953 Nr. 551.
[4] IzRspr. 1954—1957 Nr. 380.
[5] IzRspr. 1945—1953 Nr. 549.
[6] IzRspr. 1954—1957 Nr. 381.

nicht vorauszusehen ist, erhebliche Nachteile, insbesondere einen längeren Freiheitsentzug erfahren wird. Schon jede Vorbereitung zum Verlassen des Gebiets der SBZ ohne die erforderliche Genehmigung ist mit hohen Gefängnisstrafen bedroht. Dieses Verbot ist mit den in der Bundesrepublik Deutschland geltenden und auch von den Gerichten zu beachtenden rechtsstaatlichen Grundsätzen (vgl. Art. 1 I Satz 2, III, Art. 2 II GG) nicht zu vereinbaren (BGH, NJW 1960, 876 ff., 877). Von dem AG ist es deshalb zutreffend als rechtlich unzulässig und im Sinne von § 158 II Satz 1 GVG verboten angesehen worden, die Kl. zu dem genannten Beweisthema zu vernehmen (vgl. *Dörffeldt*, NJW 1956, 209 ff., 210)."

153. Dem Rechtshilfeersuchen eines sowjetzonalen Gerichtes darf das ersuchte Gericht in der Bundesrepublik nicht stattgeben, wenn es damit zu solchen Entscheidungen und Maßnahmen Vorschub leisten würde, die mit den im Grundgesetz niedergelegten Grundrechten (wie dem der Freizügigkeit) und rechtsstaatlichen Grundsätzen in Widerspruch stehen.

OLG Köln, Beschl. v. 26. 10. 1962 — 2 W 99/62: MDR 1963, 228; Leitsätze in FamRZ 1963, 299 und DRiZ 1963 B 42 Nr. 591.

Die Parteien des Rechtsstreits sind Eheleute; sie hatten ihren gemeinsamen gewöhnlichen Aufenthalt in X. (sowjet.). Die Kl. lebt noch dort; der Bekl. hat im Mai 1961 die Sowjetzone verlassen und ist in das Bundesgebiet verzogen.

Die Kl. hat vor dem Kreisgericht X. (sowjet.) Klage auf Ehescheidung erhoben. Das Kreisgericht hat das AG K. (Bundesgebiet) im Wege der Rechtshilfe ersucht, den in K. lebenden Bekl. als Partei zu vernehmen. Das AG K. hat jedoch das Ersuchen abgelehnt. Auf die Beschwerde des Kreisgerichts X. hat das OLG angeordnet, dem Rechtshilfeersuchen stattzugeben.

Aus den Gründen:

„Das ersuchte AG geht zwar zutreffend davon aus, daß es den Gerichten in der Bundesrepublik nach § 158 II Satz 1 GVG verboten ist, zu solchen Entscheidungen und Maßnahmen Vorschub zu leisten, die mit den im Grundgesetz niedergelegten Grundrechten und rechtsstaatlichen Grundsätzen in Widerspruch stehen (*Dörffeldt*, NJW 1956, 209 f.; OLG Hamm, JMBl. NRW 1962, 195[1]). Es verkennt aber im vorliegenden Falle die Bedeutung und den Umfang der durch Art. 11 GG geschützten Freizügigkeit.

Ihr Inhalt ist das Recht auf ‚freien Zug' für jeden Deutschen, das heißt freie Ein- und Auswanderung über die Grenzen und Freiheit in der Wahl des Aufenthaltes und des Wohnsitzes innerhalb der Bundesrepublik (*Dürig* in *Neumann-Nipperdey-Scheuner*, Grundrechte II 519).

---

[1] Siehe oben Nr. 152.

Im Bereich des Zivilrechtes verstoßen nur solche Maßnahmen gegen Art. 11 GG, die darauf ausgerichtet sind, die Ausübung des Grundrechtes der Freizügigkeit zu verhindern. Eine solche Maßnahme ist aber nicht Gegenstand des Rechtshilfeersuchens. Dem Bekl. wird nur vorgeworfen, daß er ohne ersichtlichen Grund die Kl. verlassen habe. Die Tatsache, daß er in die Bundesrepublik gegangen ist, spielt hierbei keine, jedenfalls keine eindeutig erkennbare Rolle. Dem Bekl. bleibt es zudem unbenommen, die Aussage zu verweigern. Er hat es damit selbst in der Hand, Fragen, die die Gefahr strafrechtlicher Verfolgung nach sich ziehen oder der Kl. schaden können, zu verhindern.

Das ersuchte Gericht konnte daher nicht aus den von ihm aufgeführten Gründen das Rechtshilfeersuchen ablehnen."

154. In Ehesachen kann das Rechtshilfeersuchen eines sowjetzonalen Gerichts darauf nachgeprüft werden, ob das ersuchende Gericht zuständig ist. — In entsprechender Anwendung der §§ 328, 606a ZPO ist in Ehesachen grundsätzlich eine „staatliche" Zuständigkeit sowohl der Gerichte der Bundesrepublik als auch der der Sowjetzone gegeben, wenn einer der Ehegatten im Bundesgebiet und der andere in der Sowjetzone wohnt.

OLG Köln, Beschl. v. 20. 11. 1962 — 2 W 105/62: MDR 1963, 228; DRspr. I (181) 63b; Leitsatz in FamRZ 1963, 298 und DRiZ 1963 B 42 Nr. 542.

Die Parteien sind Eheleute; ihr letzter gemeinschaftlicher Wohnsitz war im Bundesgebiet. Die Kl. lebt seit Juni 1962 in M. (sowjet.). Sie hat vor dem Kreisgericht G. (sowjet.) Scheidungsklage erhoben. Dieses Gericht hat das AG H. (Bundesgebiet) im Wege der Rechtshilfe ersucht, den in L. (Bundesgebiet) lebenden Bekl. zu vernehmen. Das AG H. hat das Ersuchen jedoch abgelehnt. Auf die Beschwerde des Kreisgerichts G. hat das OLG angeordnet, daß das AG H. dem Rechtshilfeersuchen stattzugeben habe.

Aus den Gründen:

„Der Auffassung des Kreisgerichts G., dem AG H. komme es nicht zu, über die Zuständigkeit des Prozeßgerichts zu befinden, kann in dieser Allgemeinheit allerdings nicht gefolgt werden. Das Rechtshilfegericht hat zwar grundsätzlich nicht die Prozeßvoraussetzungen des Rechtsstreites zu prüfen. Es ist ihm aber verboten im Sinne des § 158 II Satz 1 GVG, zu solchen Entscheidungen oder Maßnahmen Vorschub zu leisten, die mit der in der Bundesrepublik geltenden rechtsstaatlichen Ordnung und zwingenden gesetzlichen Vorschriften in Widerspruch stehen. Insoweit steht ihm auch ein Prüfungsrecht hinsichtlich der Zuständigkeit des Prozeßgerichts in der Ostzone zu (vgl. Entsch. des Senats vom 26. 10. 1962 — 2 W 99/62[1]; OLG Hamm, JMBl. NRW 1962, 195[2]; *Dörffeldt*, NJW 1956, 209 f.).

---

[1] Siehe oben Nr. 153.

[2] Siehe oben Nr. 152.

Die nach dem Rechtshilfeersuchen des Kreisgerichts G. vorzunehmenden Handlungen sind dem AG H. jedoch nicht verboten.

Das AG verkennt, daß die nach § 606 ZPO begründete ausschließliche Zuständigkeit des LG, in dessen Bezirk die Ehegatten ihren gemeinsamen gewöhnlichen Aufenthalt haben oder zuletzt gehabt haben, keineswegs zur Folge hat, daß sowjetzonalen Gerichten auf Grund der dort geltenden Bestimmungen die Zuständigkeit zur Entscheidung von Eherechtsstreitigkeiten schlechthin abzusprechen ist.

Wie der BGH in ständiger Rechtsprechung zur Frage der Anerkennung sowjetzonaler Ehescheidungsurteile ausführt, ist auf Grund des in der Sowjetzone geltenden Ehescheidungsverfahrensrechts in entsprechender Anwendung der §§ 328, 606a ZPO grundsätzlich eine ‚staatliche' Zuständigkeit sowohl der Gerichte der Bundesrepublik als auch der sowjet. Besatzungszone gegeben. § 606 ZPO steht daher der Anerkennung einer von einem sowjetzonalen Gericht getroffenen Entscheidung nicht entgegen, wenn die klagende Partei ihren gewöhnlichen Aufenthalt in der Sowjetzone hat. Etwas anderes gilt nur dann, wenn sie dem dortigen Gericht einen gewöhnlichen Aufenthalt nur vortäuscht, um auf diese Weise die Zuständigkeit des Gerichts der Sowjetzone zum Zweck der Ehescheidung zu erschleichen (vgl. BGH, NJW 1961, 1922[3]; BGHZ 30, 1 ff. = NJW 1959, 1032 ff.[4]).

Da der dem ersuchten Gericht vorgetragene Sachverhalt nichts ergibt, was einer späteren Anerkennung eines in der Sowjetzone ergehenden Scheidungsurteils entgegensteht, ist also die von dem ersuchten Gericht vorzunehmende Handlung nach dem hier geltenden Recht nicht verboten. Im übrigen kann es dem späteren Verfahren auf Anerkennung eines in der Sowjetzone ergangenen Ehescheidungsurteils überlassen werden festzustellen, ob die Anerkennung in entsprechender Anwendung der §§ 328, 606a ZPO ausgeschlossen ist.

Die Ablehnung des Rechtshilfeersuchens würde zudem dem Bekl. nur nachträglich sein, da ihm dadurch die Möglichkeit einer Rechtfertigung seines Verhaltens genommen und somit das rechtliche Gehör versagt würde. Im übrigen bleibt es ihm unbenommen, die Aussage zu verweigern. Er hat es damit selbst in der Hand, Fragen, die die Gefahr einer strafrechtlichen Verfolgung nach sich ziehen oder der Kl. schaden können, zu verhindern.

Das ersuchte Gericht konnte daher nicht aus den von ihm aufgeführten Gründen das Rechtshilfeersuchen ablehnen."

4. Personenstandssachen

155. **Die besondere Zuständigkeit des Standesamts I in Berlin-West zur Fortführung der Personenstandsbücher aus Gebieten, in denen ein deutscher Standesbeamter nicht tätig ist, gilt nicht für**

---

[3] IzRspr. 1960—1961 Nr. 185.

[4] IzRspr. 1958—1959 Nr. 179.

Personenstandsbücher, die in den unter polnischer Verwaltung stehenden deutschen Ostgebieten von einem polnischen Standesbeamten angelegt worden sind.

KG Berlin-West, Beschl. v. 1. 2. 1962 — 1 W 5/62: StAZ 1962, 122; DAVorm. 35 (1962) 128.

Im März 1957 wurde in B. (Oberschlesien) das Kind W. außerehelich geboren. Die Geburt wurde beim Standesamt B. beurkundet. Im Jahre 1958 siedelte die Mutter mit dem Kind in das Bundesgebiet um. Im Jahre 1960 folgte auch der Erzeuger des Kindes. Im Juli 1960 erkannte er die Vaterschaft vor dem Kreisjugendamt H. (Bundesgebiet) an. Das Standesamt I in Berlin-West lehnte es ab, einen entsprechenden Vermerk am Rande des Geburtseintrags gemäß § 29 I PStG einzutragen, da die Geburt nicht von einem deutschen Standesbeamten beurkundet worden sei. AG und LG lehnten den Antrag des Kreisjugendamtes H. ab, das Standesamt I Berlin-West zur Eintragung anzuweisen. Auch die weitere Beschwerde blieb erfolglos.

Aus den Gründen:

„§ 72 I AVO/PStG bestimmt, daß Personenstandsbücher und Standesregister aus Gebieten, in denen ein deutscher Standesbeamter nicht tätig, nicht erreichbar oder zur Durchführung des Gesetzes nicht bereit ist, von dem Standesbeamten des Standesamts I in Berlin (West) geführt werden. Um diesem Standesbeamten die Erledigung seiner Aufgabe zu ermöglichen, sieht § 72 III AVO/PStG weiter vor, daß Personenstandsurkunden, Entscheidungen und Mitteilungen, die einem Standesbeamten zu übermitteln wären, der seinen Amtssitz in einem der in Abs. 1 dieser Vorschrift bezeichneten Gebiete hat, dem Standesbeamten des Standesamts I in Berlin (West) zu übersenden sind. Diese Vorschriften der AVO beruhen auf der in § 70 Nr. 1 PStG enthaltenen Ermächtigung zum Erlaß von Durchführungsvorschriften ‚über die Führung, Fortführung, Benutzung und Aufbewahrung der Personenstandsbücher, einschließlich der in der Zeit vom 1. 1. 1876 bis 30. 6. 1938 geführten Standesregister und der in der Zeit vom 1. 7. 1938 bis 31. 12. 1957 geführten Personenstandsbücher sowie der Personenstandsbücher aus Gebieten, in denen ein deutscher Standesbeamter nicht tätig, nicht erreichbar oder zur Durchführung dieses Gesetzes nicht bereit ist‘. B. liegt östlich der Oder-Neiße-Linie in dem Gebiet des Deutschen Reiches nach dem Gebietsstande vom 31. 12. 1937 und gehört damit unzweifelhaft zu den Gebieten im Sinne des § 72 I AVO/PStG, in denen ein deutscher Standesbeamter nicht tätig ist. Der beschließende Senat hat bereits in einer Entscheidung vom 4. 1. 1962 (1 W 2280/61) ausgeführt, daß die vom Standesamt I in Berlin (West) fortzuführenden Personenstandsbücher in Ausübung deutscher Hoheitsgewalt nach deutschen Rechtsvorschriften errichtet sein müssen. Diese Auffassung liegt auch dem § 213 der Dienstanweisung für die Standesbeamten und ihre Aufsichtsbehörden zugrunde, wo es heißt, daß eine beglaubigte Abschrift des Anerkenntnisses der Vaterschaft dem Standesbeamten des Standesamts I in Berlin (West) zu übersenden ist, wenn die Geburt des Kindes von einem *deutschen* Standesbeamten beurkundet worden ist, der nicht tätig, nicht erreichbar oder zur Durchführung des Personenstandsgesetzes nicht bereit ist. Wenn auch die Dienstanweisung als Verwaltungsvorschrift keine bindenden Rechtsnormen enthält, so beruht sie doch auf einer zutreffenden Auslegung des Gesetzes. Denn wenn in § 70 Nr. 1 PStG von der Fortführung von Personenstandsbüchern die Rede ist, so können damit nur Personenstandsbücher gemeint sein, die nach dem bis zum 31. 12. 1957 geltenden deutschen Personenstandsrecht errichtet worden sind. An der Voraussetzung aber, daß die fortzuführenden Personenstandsbücher von einem deutschen Standesbeamten errichtet worden sein müssen, fehlt es hier. Wenn auch die unter treuhänderischer Verwaltung des polnischen Staates stehenden deutschen Gebiete östlich der Oder-Neiße-Linie staatsrechtlich zum Gebiet des Deutschen Reiches nach dem Gebietsstand vom 31. 12. 1937 gehören, so üben doch die dort tätigen Behörden polnische Hoheitsgewalt aus, wie das LG zutreffend ausführt."

XII. LANDWIRTSCHAFTSRECHT

156. Für die Erteilung eines Hoffolgezeugnisses über einen Erbhof, der im Gebiet östlich der Oder-Neiße-Linie lag, ist grundsätzlich das Amtsgericht in Berlin-Schöneberg zuständig. — Dieses Gericht kann das Verfahren nur an ein Nachlaßgericht abgeben. — Die Zuständigkeit der Landwirtschaftsgerichte in der britischen Zone für die Ausstellung eines Erbscheins für einen Nachlaß, zu dem ein Hof gehört, ist auf Höfe beschränkt, die in der britischen Zone liegen. — Die sachliche Zuständigkeit eines Landwirtschaftsgerichts kann auch nicht vereinbart werden, da deren Zuständigkeit auf im Bundesgebiet belegene Höfe beschränkt ist.

OLG Celle, Beschl. v. 8. 3. 1963 — 7 WLw 38/62: NdsRpfl. 1963, 104.

Der Erblasser der Parteien war Eigentümer eines Erbhofs in W. (östlich der Oder-Neiße-Linie); er ist am 26. 7. 1944 gefallen. Die ASt., eine Schwester des Erblassers, stellte einen Antrag auf Erteilung eines Hoffolgezeugnisses beim AG Berlin-Schöneberg (Berlin-West); nachdem dieses Gericht sich gemäß § 7 ZustErgGes. für zuständig erklärt hatte, gab es die Sache an das Nachlaßgericht in L. (brit.) ab. Über den Antrag der ASt. entschied jedoch das Landwirtschaftsgericht in L. Es lehnte den Antrag der ASt. ab und stellte fest, daß der AGg., ein Bruder des Erblassers, Hoferbe geworden sei.

Das OLG (Senat für Landwirtschaftssachen) hob den angefochtenen Beschluß auf und gab die Sache an das Nachlaßgericht L. ab.

Aus den Gründen:

„Die Beschwerde der ASt. mußte zur Aufhebung des angefochtenen Beschlusses führen, weil das Landwirtschaftsgericht *zu Unrecht* seine *sachliche* Zuständigkeit angenommen hat. Das Landwirtschaftsgericht durfte über den Antrag der ASt. vom . . . nicht entscheiden. Zuständig für die Ausstellung des beantragten Hoffolgezeugnisses war ausschließlich das Nachlaßgericht (Amtsgericht) in L. Denn an *dieses* Gericht und *nicht* an das Landwirtschaftsgericht hat das AG Berlin-Schöneberg die Sache durch Verfügung vom 15. 3. 1961 abgegeben.

Nach § 7 ZustErgGes. vom 7. 8. 1952 (BGBl. I 407) war das AG Berlin-Schöneberg für die Erteilung des beantragten Hoffolgezeugnisses deshalb zuständig, weil die ASt. mit ihrem Antrag vom . . . die Erteilung eines Hoffolgezeugnisses für einen Erbhof begehrt hat, der sich im Gebiet östlich der Oder-Neiße, nämlich im Kreise W., befindet. Sie leitet ihren Erbanspruch von ihrem am 26. 7. 1944 in Rußland gefallenen Bruder W. R. ab, der seinen letzten Wohnsitz ebenfalls im Gebiet östlich der Oder-Neiße-Linie gehabt hat. Demgemäß hat das AG Berlin-Schöneberg seine Zuständigkeit nach § 7 ZustErgGes. mit Recht bejaht (vgl. die Rundverfügung des Präsidenten des OLG Schleswig vom 23. 7. 1953, abgedruckt in RdL 1953, 267, in der u. a. zutreffend ausgeführt ist: ‚Für die Feststellung von Vertreibungs- und Ostschäden [§§ 12, 14 und 235 LAG vom 14. 8. 1952 i. V. m. dem Feststellungsgesetz i. d. F. vom 14. 8. 1952] benötigen die Erben von Geschädigten vielfach Erbscheine. War der Erblasser in einem Gebiet östlich der Oder-Neiße-Linie verstorben und hatte er dort seinen letzten Wohnsitz oder Aufenthalt, bestimmt sich die Zuständigkeit für die Ersetzung oder Erteilung eines Erbscheins nach §§ 1, 6, 7 ZustErgGes. vom 7. 8. 1952. Wenn keine Nachlaßgegenstände in das Gebiet der Bundesrepublik gelangt sind, ist nach §§ 6, 7 das AG Berlin-Schöneberg zuständig‘). Das AG Berlin-Schöneberg konnte jedoch, nachdem es sich gem. § 7 ZustErgGes. für zuständig erklärt hatte, die Abgabe an ein anderes *Nachlaßgericht* gemäß § 14 der VO vom 31. 5. 1934 (RGBl. I 472) und der Bekanntmachung des KGPräsidenten vom 27. 3. 1948/LGPräsidenten Berlin vom 28. 3. 1949 (VOBl. Berlin 1949, 128) verfügen. Hiervon hat es durch die Verfügung vom 15. 3. 1961 mit dem Hinweis Gebrauch gemacht, daß die Abgabe an das *Nachlaßgericht* in L. sachdienlich sei, weil noch Ermittlungen zu führen seien und die ASt. im Amtsgerichtsbezirk L. wohne. Mit Recht hat der BGH im Beschluß vom 21. 4. 1953 (RdL 1953, 188)[1] hervorgehoben, daß für die Erteilung eines Erbscheins über die Anerbenfolge in einen östlich der Oder-Neiße-Linie gelegenen Erbhof nach § 7 ZustErgGes. vom 7. 8. 1952 das AG Berlin-Schöneberg getreten sei, das jedoch nach § 14 VO vom 31. 5. 1934 befugt sei, die Sache mit *bindender* Wirkung an ein anderes Gericht abzugeben. Dabei komme *nur* die Abgabe an ein Nachlaßgericht in Frage. Demnach durfte über die Erteilung des beantragten Hoffolgezeugnisses *ausschließlich das Nachlaßgericht* (Amtsgericht) in L. entscheiden.

Der Zuständigkeit des Nachlaßgerichts steht nicht entgegen, daß nach § 1 Nr. 5 und 6 LwVG für die Erteilung eines Erbscheins, wenn zu dem Nachlaß ein Hof oder Erbhof gehört, das Landwirtschafts-

---

[1] IzRspr. 1945—1953 Nr. 561.

gericht nach § 18 HöfeO zuständig ist. Denn diese Zuständigkeit bezieht sich nur auf die der Höfeordnung bzw. dem LwVG unterliegenden Höfe und damit *nicht* auf diejenigen Höfe oder Erbhöfe, die sich *außerhalb* des Gebiets der Deutschen Bundesrepublik befinden (OLG Köln, RdL 1960, 77[2]).

Im übrigen sei darauf hingewiesen, daß während der Geltungsdauer des Reichserbhofgesetzes für die Ausstellung des Erbscheins in einen Erbhof nicht das Anerbengericht, sondern ebenfalls das Nachlaßgericht *ausschließlich* zuständig war (§ 15 ErbhofrechtsVO vom 21. 12. 1936 — RGBl. I 1069). Nach Abs. 1 dieser Bestimmung war in dem Erbschein auch der Anerbe als solcher aufzuführen; nach Abs. 2 konnte der Anerbe auch beantragen, daß ihm das Nachlaßgericht einen Erbschein ausstellte, in dem lediglich seine Folge in den Erbhof bescheinigt wurde.

Es ist demnach, wie der BGH aaO mit Recht ausgeführt hat, insoweit ohne Bedeutung, daß in der früheren brit. Zone Erbscheine für einen Nachlaß, zu dem ein Hof gehört, durch die Landwirtschaftsgerichte ausgestellt werden. Denn deren Zuständigkeit erstreckt sich *nur* auf diejenigen Höfe, *die in der früheren brit. Zone gelegen sind.*

Aus diesem Grunde scheidet auch ein Feststellungsverfahren über die Hofnachfolge für solche Höfe aus, die nicht im Geltungsbereich des LwVG liegen.

Die Zuständigkeit des Landwirtschaftsgerichts ist schließlich auch *nicht* dadurch begründet worden, daß sich die Beteiligten rügelos auf eine schriftliche Verhandlung vor dem Landwirtschaftsgericht eingelassen haben. Denn die *sachliche* Zuständigkeit der Landwirtschaftsgerichte kann für Angelegenheiten, die *nicht* unter die §§ 1 oder 50 LwVG fallen, weder ausdrücklich noch stillschweigend vereinbart werden. Die §§ 38—40 ZPO, wonach die Zuständigkeit eines anderen Gerichts vereinbart werden kann, sind *nicht* für entsprechend anwendbar erklärt worden. Darüber hinaus wird im Gebiet der freiwilligen Gerichtsbarkeit eine Zuständigkeitsvereinbarung — sei sie ausdrücklich oder stillschweigend — mit Recht ganz allgemein als unzulässig angesehen (*Wöhrmann-Herminghausen*, LwVG, § 2 Anm. 8; *Schlegelberger*, FGG, 7. Aufl., Vorbem. 2 vor § 3)."

[2] IzRspr. 1958—1959 Nr. 208.

ENTSCHEIDUNGSREGISTER

(1) nach Gerichten

Die letzten Zahlen bezeichnen die Nummern der Entscheidungen
U = Urteil, B = Beschluß, E = Entscheidung, † = nur Hinweis

I. BUNDESREPUBLIK

Obergerichte

Oberlandesgerichte

III. DEUTSCHE DEMOKRATISCHE REPUBLIK

Oberstes Gericht

Bezirksgerichte

Kreisgerichte

(2) Nach Fundstellen

Die Zahlen der linken Kolonne weisen auf die Fundstelle hin, die der rechten geben die Nummer der Entscheidung an.

Arbeitsrechtliche Praxis

Archiv-Bericht

Ausgewählte Entscheidungen des Obersten Rückerstattungsgerichts, Zweiter Senat (Herford/Westf.)

Bayerisches Justizministerialblatt

Blatt für Patent-, Muster- und Zeichenwesen

1964
22 108

Buchholz, Sammel- und Nachschlagewerk der Rechtsprechung des Bundesverwaltungsgerichts

234 G 131
§ 4 Nr. 27 34
§ 4 Nr. 28 36

Bundesfinanzhof/Sammlung der Entscheidungen und Gutachten des Bundesfinanzhofes

76
463 62

Bundessteuerblatt

III 1963
168 62
278 64

Das juristische Büro

1962
428 110
591 3

Das Recht im Amt

1962
384 34
1964
47 36

Das Standesamt

1962
122 155
1963
124 9
185 4
241 5
1964
201 6

Der Amtsvormund

33
285 . . . . 112†
34
78 24
78 25
78 26
108 23
166 27
35
76 . . . . 17†
128 155
36
20 63
22 117
32 10
48 15
86 13
146 68
148 69
236 16
251 12
253 65
254 30
259 143
275 107
284 17
37
22 19
42 72
43 71
44 31
102 29
38
350 . . . . 13 A

Der Betrieb

1962
768 . . . . 56b
1337 66
1963
729 79
887 64
1081 47
1964
484 22
948 121

Der Betriebs-Berater

1962
497 50
1963
62 77
533 79
747 58
920 7
1036 47
1964
150 75
736 121

Der Hamburger Standesbeamte

Der Deutsche Rechtspfleger

Deutsche Außenwirtschafts-Rundschau

Deutsche Gerichtsvollzieher-Zeitung

Deutsche Notar-Zeitschrift

Deutsche Rechtsprechung

Deutsche Richterzeitung, Beilage: Rechtsprechung und Schrifttum

Deutsches Verwaltungsblatt

Die Aktiengesellschaft

Monatsschrift für Deutsches Recht

Neue Juristische Wochenschrift

Neue Juristische Wochenschrift
Beilage: Rechtsprechung zum Wiedergutmachungsrecht
(s. a. Rechtsprechung zum Wiedergutmachungsrecht)

Neue Justiz

Niedersächsische Rechtspflege

Recht der Arbeit

Recht der Landwirtschaft

Recht in Ost und West

Rechtsprechung zum Wiedergutmachungsrecht (s. a. Neue Juristische Wochenschrift, Beilage . . .)

Rundschreiben des Ausschusses zonenmäßig getrennter Betriebe

Schleswig-Holsteinische Anzeigen

Veröffentlichungen des Bundesaufsichtsamtes für das Versicherungs- und Bausparwesen

Versicherungsrecht

Warneyer, Rechtsprechung des Bundesgerichtshofs in Zivilsachen

Wertpapier-Mitteilungen Teil IV B: Wertpapier- und Bankfragen, Rechtsprechung

Wettbewerb in Recht und Praxis

Zentralblatt für Jugendrecht

GESETZESREGISTER

Die Zahlen hinter den Doppelpunkten bezeichnen die Seite

Gliederung:

A. Deutsches Recht bis zum Jahre 1945 — I. Reichsrecht — II. Landesrecht

B. Nach 1945 in Deutschland gesetztes Recht — I. Besatzungsrecht — 1. Kontrollrat — 2. Oberster Befehlshaber der Alliierten Streitkräfte in den drei westlichen Besatzungszonen — 3. Amerikanische Zone — 4. Britische Zone — 5. Französische Zone — 6. Sowjetische Zone — 7. Berlin — II. Westdeutsche Verwaltungsen und Länder — III. Ostdeutsche Verwaltungen und Länder — IV. Bundesrepublik Deutschland — V. Deutsche Demokratische Republik — VI. Berlin — 1. Groß-Berlin — 2. Berlin (West) — 3. Berlin (Ost)

C. Ausland

D. Internationale und interzonale Abkommen

(Durchführungs- und Ausführungsvorschriften finden sich unmittelbar unter der Hauptgesetzgebung, auch wenn sie von einer anderen Stelle erlassen wurden.)

A. DEUTSCHES RECHT BIS ZUM JAHRE 1945

I. Reichsrecht

II. Landesrecht

B. NACH 1945 IN DEUTSCHLAND GESETZTES RECHT

I. Besatzungsrecht

1. Kontrollrat

2. Der Oberste Befehlshaber der Alliierten Streitkräfte in den drei westlichen Besatzungszonen

3. Amerikanische Zone

4. Britische Zone

5. Französische Zone

6. Sowjetische Zone

7. Berlin

II. Westdeutsche Verwaltungen und Länder 1945—1949

Vereinigtes Wirtschaftsgebiet

III. Ostdeutsche Verwaltungen und Länder 1945—1949

IV. Bundesrepublik Deutschland

V. Deutsche Demokratische Republik

VI. Berlin

1. Groß-Berlin 1945—1949

2. Berlin (West)

3. Berlin (Ost)

C. AUSLAND

Polen

D. INTERNATIONALE UND INTERZONALE ABKOMMEN

SACHREGISTER

Die Zahlen bezeichnen die Seite
Zahlen in Fettdruck verweisen auf Entscheidungen der Oberen Bundesgerichte
s., s. a. = siehe, siehe auch

FSC
www.fsc.org
MIX
Papier | Fördert gute Waldnutzung
FSC® C083411

Kolibri 360 GmbH
Ferdinand-Jühlke-Straße 7
99095 Erfurt, Deutschland
produktsicherheit@kolibri360.de